软件入门与提高丛书

网店装修入门与提高

张 航 王秀华 李 伟 编著

清华大学出版社
北 京

内容简介

本书作者根据多年的开店经验，并借鉴多位资深买家的友情提示，由浅入深地介绍了网店装修的全过程，其内容翔实、层次分明，可以为想开店和已经开店的卖家提供很好的参考。

本书共分为15章，第1～3章介绍电子商务的概念、国内外网店现状及主流的网店平台；第4～5章介绍开设网店的基本流程；第6～9章介绍网店装修中常用的各种软件及使用方法；第10～15章全面系统地介绍装修的流程。综观全书，既有宏观的指导，也有微观细节的介绍；既有生动的实例讲解，也有典型经验的分享。

本书的配书光盘中不仅提供了实例所用的素材文件，还提供了实例制作的语音视频教学文件。通过阅读本书，可以使读者快速掌握网店装修的相关知识和技巧，制作出精美的店铺页面。本书不仅是广大淘宝卖家的装修参考宝典，也是新店主装修入门的必备书。

图书在版编目(CIP)数据

网店装修入门与提高/张航，王秀华，李伟编著. --北京：清华大学出版社，2012
(软件入门与提高丛书)
ISBN 978-7-302-29082-7

Ⅰ. ①网… Ⅱ. ①张… ②王… ③李… Ⅲ. ①电子商务—网站—设计 Ⅳ. ①F713.36 ②TP393.092

中国版本图书馆CIP数据核字(2012)第130344号

责任编辑：汤涌涛
装帧设计：刘孝琼
责任校对：李玉萍
责任印制：李红英

出版发行：清华大学出版社
网　　址：http://www.tup.com.cn，http://www.wqbook.com
地　　址：北京清华大学学研大厦A座　　**邮　　编**：100084
社 总 机：010-62770175　　**邮　　购**：010-62786544
投稿与读者服务：010-62776969，c-service@tup.tsinghua.edu.cn
质 量 反 馈：010-62772015，zhiliang@tup.tsinghua.edu.cn
课 件 下 载：http://www.tup.com.cn,010-62791865
印 刷 者：清华大学印刷厂
装 订 者：三河市新茂装订有限公司
经　　销：全国新华书店
开　　本：203mm×260mm　　**印　张**：20.75　　**字　　数**：545千字
附光盘1张
版　　次：2012年8月第1版　　**印　　次**：2013年4月第2次印刷
印　　数：4001～6000
定　　价：43.00元

产品编号：044222-01

Foreword

丛书序

普通用户使用计算机最关键也最头疼的问题恐怕就是学用软件了。软件范围之广，版本更新之快，功能选项之多，体系膨胀之大，往往令人目不暇接，无从下手；而每每看到专业人士在计算机前如鱼得水，把软件玩得活灵活现，您一定又会惊羡不已。

“临渊羡鱼，不如退而结网”。道路只有一条：动手去用！选择您想用的软件和一本配套的好书，然后坐在计算机前面，开机、安装，按照书中的指示去用、去试，很快您就会发现您的计算机也有灵气了，您也能成为一名出色的舵手，自如地在软件海洋中航行。

《软件入门与提高丛书》就是您畅游软件之海的导航器。它是一套包含了现今主要流行软件的使用指导书，能使您快速便捷地掌握软件的操作方法和编程技术，得心应手地解决实际问题。

本丛书主要特点有如下几个方面。

◎ 软件领域

本丛书精选的软件皆为国内外著名软件公司的知名产品，也是时下国内应用面最广的软件，同时也是各领域的佼佼者。目前本丛书所涉及的软件领域主要有操作平台、办公软件、计算机辅助设计、网络和 Internet 软件、多媒体和图形图像软件等。

◎ 版本选择

本丛书对于软件版本的选择原则是：紧跟软件更新步伐，推出最新版本，充分保证图书的技术先进性；兼顾经典主流软件，给广受青睐、深入人心的传统产品以一席之地；对于兼有中西文版本的软件，采取中文版，以尽力满足中国用户的需要。

◎ 读者定位

本丛书明确定位于初、中级用户。不管您以前是否使用过本丛书所述的软件，这套书对您都将非常合适。

本丛书名中的“入门”是指，对于每个软件的讲解都从必备的基础知识和基本操作开始，新用户无须参照其他书即可轻松入门；老用户亦可从中快速了解新版本的新特色和新功能，自如地踏上新的台阶。至于书名中的“提高”，则蕴涵了图书内容的重点所在。当前软件的功能日趋复杂，不学到一定的深度和广度是难以在实际工作中应用自如的。因此，本丛书在帮助读者快速入门之后，就以大量明晰的操作步骤和典型的应用实例，教会读者更丰富全面的软件技术和应用技巧，使读者能真正对所学软件做到融会贯通并熟练掌握。

◎ 内容设计

本丛书的内容是在仔细分析用户使用软件的困惑和目前电脑图书市场现状的基础上确定的。简而言之，就是实用、明确和透彻。它既不是面面俱到的“用户手册”，也并非详解原理的“功能指南”，而是独具实效的操作和编程指导，围绕用户的实际使用需要选择内容，使读者在每个复杂的软件体系面前能“避虚就实”，直达目标。对于每个功能的讲解，则力求以明确的步骤指导和丰富的应用实例准确地指明如何去做。读者只要按书中的指示和方法做成、做会、做熟，再举一反三，就能扎扎实实地轻松入行。

◎ 风格特色

1. 从基础到专业，从入门到入行

本丛书针对想快速上手的读者，从基础知识起步，直到专业设计讲解，从入门到入行，在全面掌握软件使用方法和技巧的同时，掌握专业设计知识与创意手法，从零到专迅速提高，让一个初学者快速入门进而设计作品。

2. 全新写作模式，清新自然

本丛书采用“案例功能讲解+唯美插画图示+专家技术点拨+综合案例教学”写作方式，书的前部分主要以命令讲解为主，先详细讲解软件的使用方法及技巧，在讲解使用方法和技巧的同时穿插大量实例，以实例形式来详解工具或命令的使用，让读者在学习基础知识的同时，掌握软件工具或命令的使用技巧；对于实例来说，本丛书采用分析实例创意与制作手法，然后呈现实例制作流程图，让读者在没有实际操作的情况下了解制作步骤，做到心中有数，然后进入课堂实际操作，跟随步骤完成设计。

3. 全程多媒体跟踪教学，人性化的设计掀起电脑学习新高潮

本丛书有从教多年的专业讲师全程多媒体语音录像跟踪教学，以面对面的形式讲解。以基础与实例相结合，技能特训实例讲解，让读者坐在家中尽享课堂的乐趣。配套光盘除了书中所有基础及案例的全程多媒体语音录像教学外，还提供相应的丰富素材供读者分析、借鉴和参考，服务周到、体贴、人性化，价格合理，学习方便，必将掀起一轮电脑学习与应用的新高潮！

4. 专业设计师与你面对面交流

参与本丛书策划和编写的作者全部来自业内行家里手。他们数年来承接了大量的项

目设计，参与教学和培训工作，积累了丰富的实践经验。每本书就像一位专业设计师，将他们设计项目时的思路、流程、方法和技巧、操作步骤面对面地与读者交流。

5. 技术点拨，汇集专业大量的技巧精华

本丛书以技术点拨形式，在书中安排大量软件操作技巧、图形图像创意和设计理念，以专题形式重点突出。它不同于以前图书的提示与技巧，是以实用性和技巧性为主，以小实例的形式重点讲解，让初学者快速掌握软件技巧及实战技能。

6. 内容丰富，重点突出，图文并茂，步骤详细

本丛书在写作上由浅入深、循序渐进，教学范例丰富、典型、精美，讲解重点突出、图文并茂，操作步骤翔实，可先阅读精美的图书，再与配套光盘中的立体教学互动，使学习事半功倍，立竿见影。

经过紧张的策划、设计和创作，本丛书已陆续面市，市场反映良好。本丛书自面世以来，已累计售近千万册。大量的读者反馈卡和来信给我们提出了很多好的意见和建议，使我们受益匪浅。严谨、求实、高品位、高质量，一直是清华版图书的传统品质，也是我们在策划和创作中孜孜以求的目标。尽管倾心相注，精心而为，但错误和不足在所难免，恳请读者不吝赐教，我们定会全力改进。

编　者

Preface

前言

为何编写本书

网店，作为电子商务的一种形式，是一种能够让人们在浏览的同时进行实际购买，并且通过各种支付手段完成交易全过程的网站。目前大多数网店都是依托于淘宝、易趣、有啊、拍拍、购铺商城等第三方平台来经营。与自己制作电子商务网站相比，使用第三方平台开店成本更低廉、推广更方便，所以，网上开店已被越来越多的人接受，并迅速发展成一种全新职业。

根据中国互联网络信息中心(CNNIC)于 2011 年 1 月 19 日发布的《第 27 次中国互联网络发展状况统计报告》显示，截至 2010 年底，我国网民规模达到 4.57 亿人，较 2009 年提高了 5.4 个百分点。电子商务用户规模增长到 16051 万人，网购销售总额约为 4980 亿元，并且这一数据仍在以惊人的速度增长。

但现阶段国内网店的整体质量不高，技术落后，急需一本能够引领广大网店初学者和有开店意愿的人进入此领域的相关书籍，这正是此书撰写的根本目的。本书从电子商务的基础知识讲起，逐步引导读者创建一个优秀的网店。

本书内容特色

1. 内容翔实、知识全面

全书从电子商务的概念和国内外网店的现状开始讲起，引导读者了解开设网店的基本流程，再详细讲述开设网店过程中常用的各种软件及使用方法，最后系统地介绍了装修网店的过程，做到了知识的全覆盖。

书中每章都给出了本章的学习要点和主要内容，可以帮助读者了解学习重点，制订学习计划。

纵观全书，内容由浅入深，从基础知识讲起，读者不需要专业知识就可以开始阅读此书。为了避免学习的枯燥性，全书采用图文并茂的形式，提高了学习的兴趣。

2. 层次分明，学习轻松

本书作者根据多年的开店经验，借鉴多位资深买家的友情提示，从普通店铺的装修到旺铺的装修，最后结合装修实例，全面介绍了网店装修知识和技术，其层次分明、重点突出，为想开店或已经开店的卖家提供了很好的参考。

3. 通俗易懂，针对性强

本书没有运用过多的专业术语，而是采用通俗易懂的文字、清晰形象的图片，便于读者理解和阅读，可以帮助读者快速掌握网店装修的技能以及经营管理网店的重点。

通过阅读本书，可以使读者快速掌握网店装修的相关知识和技巧，制作出精美的店铺页面。本书是广大淘宝卖家的装修参考宝典，也是新店主装修入门的必备书。

适用读者群

- 专业从事网店经营的店家。
- 准备从事网店经营的读者。
- 可作为大中专院校或者社会培训的教材。
- 学习网站制作和图片处理的专业人士。

本书由张航、王秀华、李伟老师共同编写。全书由张航统稿。同时，也要感谢河北联合大学的阚连合、吴涛、朱俊东等老师在本书编写过程中的大力支持。由于时间仓促，难免有疏漏和不妥之处，敬请读者朋友批评改正。

编　者

Contents

目 录

第1章 电子商务概述

随着国际互联网的高速发展，电子商务日益引起人们的关注。本章首先介绍电子商务的概念、发展历史及现状，并在此基础上展开阐述电子商务的基本应用模式，以及电子商务的特点和优势，给出了电子商务的具体实现方式。

学习要点

- 电子商务的概念
- 电子商务的发展历史及现状
- 电子商务的基本模式
- 电子商务的优势及实现

1.1 电子商务的概念

电子商务(Electronic Commerce，EC)可以认为是通过互联网络，实现电子化、数字化和网络化的整个商务过程，商务活动包括网上购物、在线电子支付、金融汇兑等。关于电子商务的定义可以从狭义和广义两个方面来阐述。

狭义的电子商务是指具有商务活动能力的企业、政府部门、金融机构、个人等实体利用网络和信息技术进行的各类商务活动，诸如企业对企业(B2B)、企业对消费者(B2C)、企业对政府(B2G)等。在整个商务活动过程中，包括信息发布、信息查询、价格谈判、电子合同订立、电子支付与认证、物流配送、售后服务等一系列活动，整个交易过程完全通过电子工具来操作。

广义的电子商务不仅包括企业外部的商务活动，还包括企业内部的商务活动，诸如在线采购、生产计划安排、财务核算、客户联系、物资调配等。利用网络可以实现企业内部信息共享，通过对供应链的整合，可以促进企业的业务流程重组，提高经济效益，降低运营成本，增强企业竞争力。

由于国际组织、各国政府以及各企业对电子商务研究的角度不同，对电子商务的理解和认识也存在着较大差异，因此对电子商务，还没有形成一个统一的概念。

电子商务是发生在开放网络上的包含企业之间、企业和消费者之间的商业交易，包括文本、声音和可视图像在内的基于数字化的数据加工、传递过程，包括一切与商务行为相关的交易形式，这是联合国经济合作与发展组织关于电子商务的定义。

世界贸易组织将电子商务定义为：电子商务就是通过电信网络进行的生产、营销、销售和流通活动，它不仅指基于 Internet 上的交易，而且指所有利用电子信息技术来解决问题、降低成本、增加价值和创造商机的商务活动，包括通过网络实现从原材料查询、采购、产品展示、订购到出品、储运以及电子支付等一系列的贸易活动。

在一些重要的国际学术会议中也曾经对电子商务进行过探讨，世界电子商务会议认为电子商务是实现整个贸易活动的电子化。从范围方面看，电子商务是交易各方以电子交易方式而不是通过当面交换或直接面谈方式进行的任何形式的商业交易；从技术方面看，电子商务是一种多技术的集合体，包括交换数据、获得数据等。

全球信息社会标准大会提出：电子商务是各参与方之间以电子方式而不是以物理交换或直接物理接触方式完成任何形式的业务交易。这里的电子方式包括电子数据交换(EDI)、电子支付手段、电子订货系统、电子邮件、传真、网络、电子公告系统条码、图像处理、智能卡等。

IBM 用公式的方式提出了电子商务的定义：电子商务=WEB+IT，它所强调的是在网络计算环境下的商业化应用，是把买方、卖方、厂商及其合作伙伴将因特网(Internet)、企业内部网(Intranet)和企业外部网(Extranet)结合起来的应用。

惠普提出电子商务，以现代扩展企业为信息技术基础结构，电子商务是跨时域、跨地域的电子化世界 E-Word，EW = EC (Electric Commerce) + EB (Electric Business) + EC (Electric Consumer)。惠普电子商务的范畴按定义包括所有可能的贸易伙伴：用户、商品和服务的供应商、承运商、银行保险公司以及所有其他外部信息源的收入。

1.2 电子商务的发展历史

电子商务开始于 20 世纪 70 年代末，其所拥有的开放性、全球性、地域性、低成本和高效率等内在特征，不仅非常符合商业经济的内在要求，而且还使其超越了作为一种新的贸易形式所具有的价值，并对传统贸易方式的发展产生了巨大的冲击。最初的电子商务通过租用网线在专用网络(VAN) 上实现，它的特点是安全性高。随着网络经济的高速深入发展，虚拟化、数字化、匿名化、无国界和支付方式电子化等电子商务的新特性被提上议程，并引起了业界的巨大关注。

总的来说，可以从两个发展阶段对电子商务的发展历程进行阐述，第一个阶段是始于 20 世纪 70 年代末的 EDI(Electronic Data Interchange)电子商务；第二个阶段是始于20世纪90 年代初期的国际互联网电子商务。

1. EDI 电子商务

① EDI 是将数据文件按照一个公开的协议标准从一台计算机传输到另一台计算机上去的电子传输方式。它产生于 20 世纪 70 年代末期，在当时的贸易往来中，商家们需要利用计算机处理各种各样的商务数据文件，久而久之，一些用户发现在他们处理的各类商务数据文件中，网络上发送端计算机输出的电子商务文件大部分将成为接收端计算机电子商务文件的输入。在电子数据的输入输出的过程中因为人的因素在一定程度上影响了数据的准确性，并且降低了工作效率。为了解决这一问题，人们开始尝试在贸易伙伴之间的计算机上使数据能够自动交换，于是 EDI 应运而生。

② 从技术上讲，20 世纪 90 年代之前的大多数 EDI 都不是在国际互联网上进行的，而是通过租用的专用线路在专用网络上实现的，这类专用的网络被称为 VAN(Value-Addle Network，增值网)，这样做的目的主要是考虑到安全问题。

③ 由于 EDI 电子商务只能在专用网及增值网上传输数据，费用非常昂贵，只有为数不多的大企业及政府部门有条件使用，另外 EDI 在标准化工作方面做得也不是很好，造成了很多地区的标准不一致，限制了基于 EDI 的电子商务应用范围的扩大。但随着国际互联网安全性的日益提高，作为一个费用更低、覆盖面更广、服务更好的系统其已经表现出代替 VAN 而成为 EDI 的硬件载体的趋势。这也就是电子商务的雏形。

2. 国际互联网电子商务

因为 EDI 电子商务的诸多不足，以及互联网的迅速发展，导致了基于国际互联网电子商务的出现。20 世纪 90 年代中期，互联网技术的发展也为电子商务的开展提供了更多的工具和手段，为电子商务的发展提供了强大的技术支撑；国际互联网逐步地从大学科研机构走向企业和百姓家庭，其功能也从信息共享演变为一种大众化的信息传播工具。同时，商务信息的标准化工作有条不紊地展开，也进一步推动了电子商务的发展。从 1991 年起一直排斥在互联网之外的商业贸易活动正式进入这个王国，因此使电子商务成为互联网应用的最大热点。

1.3 电子商务的发展现状

目前，无论是国内还是国外，电子商务都处在一个高速发展的时期。电子商务主要有 B2B、B2C、C2C 三大应用模式。从全球发展的态势来看，美国的电子商务发展最为成熟，亚洲市场潜力很大。用户规模不断扩大，电子商务地区差异逐步减小。

1.3.1 世界电子商务的发展现状

目前，具有“朝阳产业、绿色产业”之称的电子商务已经成为现代服务业中的重要产业。“三高”、“三新”是其重要的特点。所谓“三高”是指：人力资本含量高、技术含量高以及附加价值高；“三新”是指技术新、业态新、方式新。电子商务的核心价值体系可以用人流、物流、资金流、信息流“四流合一”来概括，电子商务所展现出来的市场全球化、交易连续化、成本低廉化、资源集约化等优势也越来越明显。

目前来看，根据参与主体和客户的不同，电子商务模式可以分为，B2B、B2C、C2C，其中 B2B 是最主要的应用模式。

从全球电子商务发展整体来看，不平衡各地区发展的一个主要特点，具体表现形式为美国、欧盟、亚洲电子商务市场的“三足鼎立”。

世界上最早发展电子商务、电子商务发展最为成熟的国家是美国，并且一直发挥着引领全球电子商务发展的作用，是全球电子商务成熟发达的地区。欧盟电子商务的发展起步较美国晚，但发展速度快，已经成为全球电子商务较为领先的地区。作为电子商务发展的新秀，亚洲市场潜力较大，但是近年来的发展速度和所占份额并不理想，是全球电子商务的持续发展地区。

1.3.2 国内电子商务的发展现状

电子商务在我国经过十多年的蓬勃发展，到如今，电子商务正以低成本、高效率、覆盖广、协调性强、透明度高等一系列明显的交易优势席卷经济的各个层面，包括产业经济、生活购物、电子政务等方方面面。纵观电子商务十几年来所取得的令人瞩目的成绩，不管是第三方服务企业的数量，还是电子商务应用的用户规模、电子商务的交易额等，都有了飞速的增长。

1. 国内电子商务市场交易规模

《2011 年度中国电子商务市场数据监测报告》显示，截至 2011 年 12 月，中国电子商务市场交易额达 6 万亿元，同比增长 33%，其中，B2B 电子商务交易额达到 4.9 万亿，同比增长 29%，如图 1-1 所示。

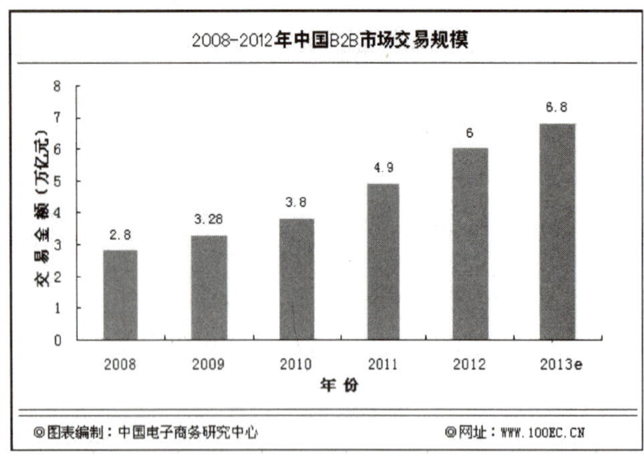

图 1-1 中国 B2B 交易规模增长

截至 2012 年 12 月，网络零售市场交易规模突破 8000 亿元大关达到 8019 亿元，同比增长 56%，如图 1-2 所示。

2. 企业数量规模

据中国电子商务研究中心数据显示，截至 2011 年 12 月，我国 B2B 电子商务企业达 10500 家，同比增长 14%，如图 1-3 所示。

截至 2011 年 12 月国内 B2C、C2C 与其他电子商务模式企业数量已达 20750 家，同比增长 43.1%，如图 1-4 所示。

图 1-2 中国网络零售市场交易规模增长

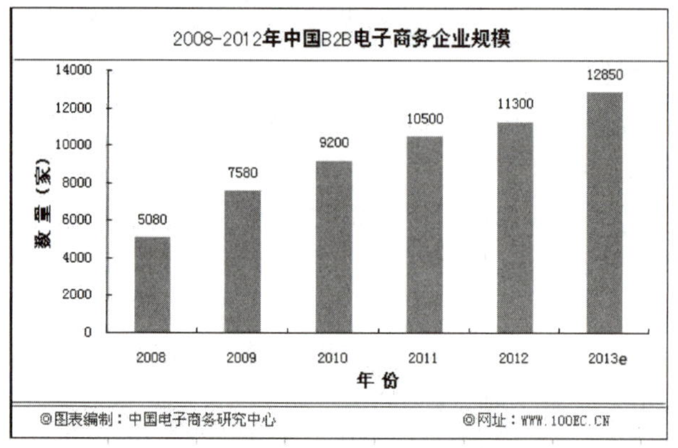

图 1-3 中国 B2B 电子商务企业规模增长

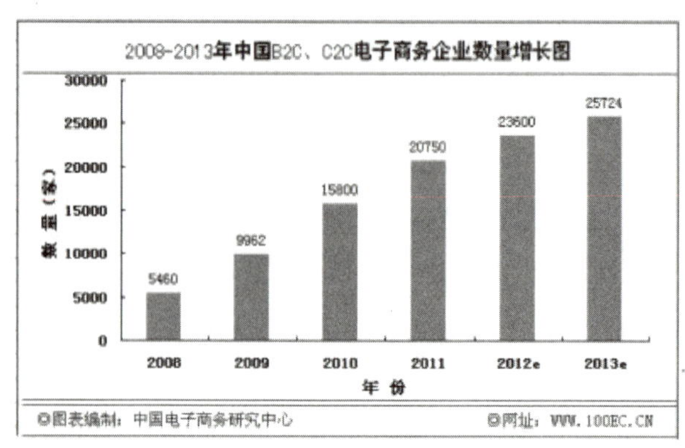

图 1-4 中国 B2C、C2C 电子商务企业规模增长

3. 区域分布

据中国电子商务研究中心数据显示，目前国内电子商务企业主要分布在长三角、珠三角一带，及北京、

上海等经济较为发达的省市，各地区区域分布如图1-5所示。

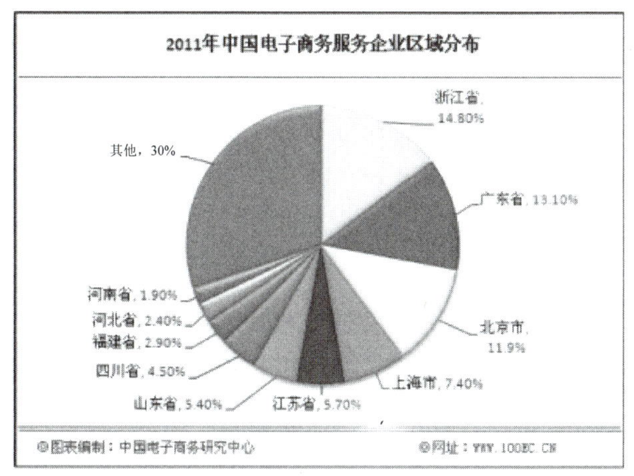

图 1-5　电子商务企业区域分布

4. 行业分布

据中国电子商务研究中心数据显示，目前电子商务企业所处的行业分布来看，排名依次为：服装鞋帽、纺织化纤、数码家电、农林畜牧、机械设备、化工塑料、建筑建材、五金工具、食品糖酒、医疗医药，如图1-6所示。

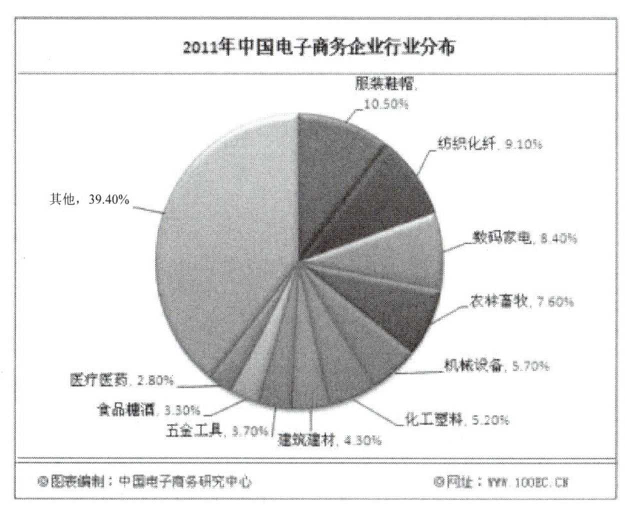

图 1-6　电子商务企业行业分布

5. 人力资源

电子商务正在成为创造新的经济增长点、新的就业方式的行业。根据中国电子商务研究中心数据显示，截至2011年12月，电子商务服务企业直接从业人员超过180万人，如图1-7所示。

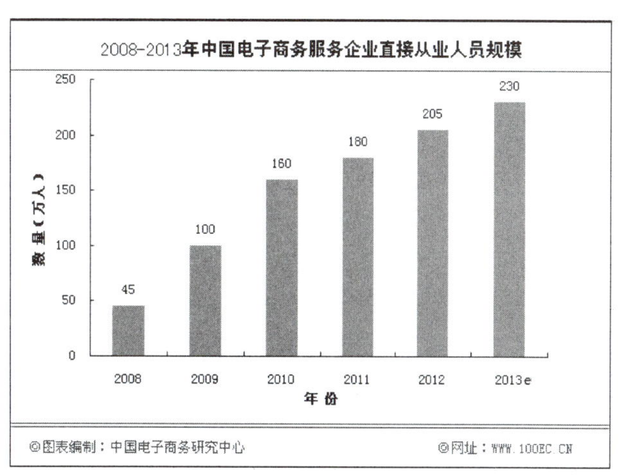

图 1-7　电子商务服务企业直接从业人员增长

另据数据显示：目前由电子商务间接带动的就业人数，已超过1350万人，如图1-8所示。

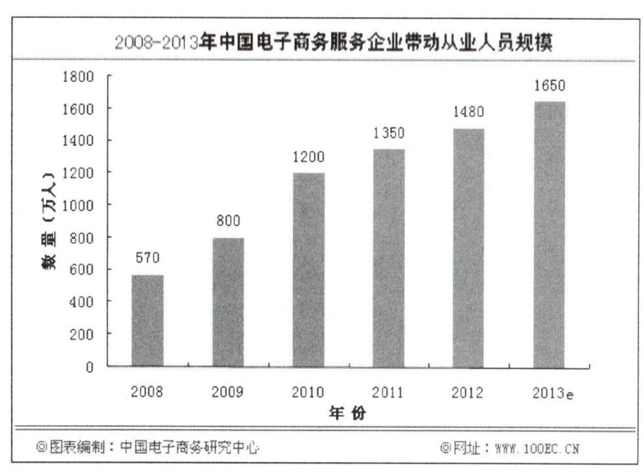

图 1-8　电子商务间接带动就业人员增长

6. 网购用户规模

目前，网络购物依旧是互联网上最吸引眼球的应用，据中国电子商务中心数据显示，截至2011年12月，中国网络购物用户规模达2.03亿人，同比增长28.5%，如图1-9所示。预计未来网络购物用户规模将持续增长。

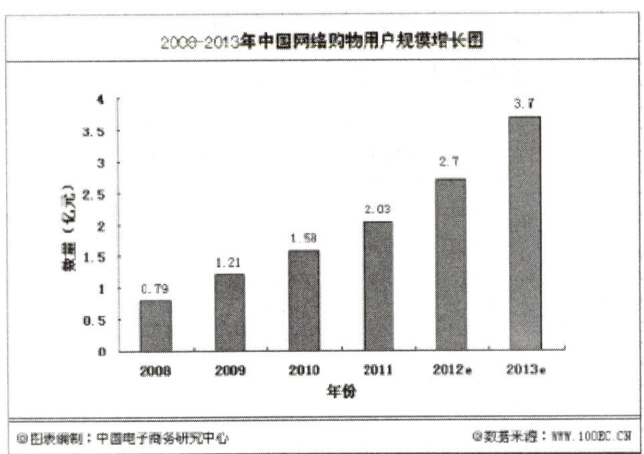

图 1-9 网购用户增长

7. 第三方电子支付

随着网购规模的快速增长，第三方电子支付市场交易规模持续增高。根据易观智库《2012Q1 中国第三方支付市场季度监测》数据报告显示，2012 年第一季度中国第三方互联网支付市场交易规模达到 7583 亿元，环比增长 2.7%，同比增长 90.9%，如图 1-10 所示。

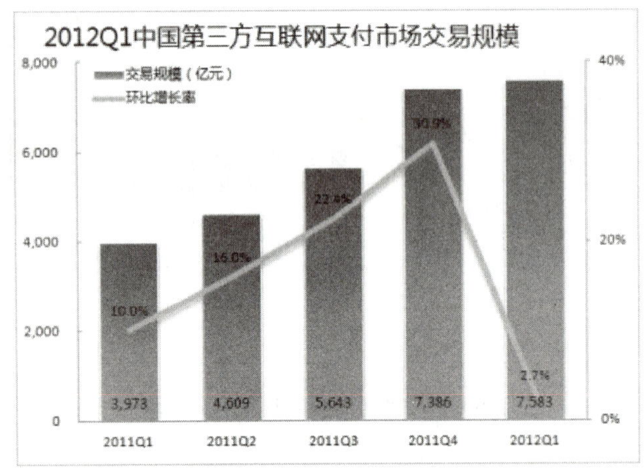

图 1-10 第三方电子支付交易规模增长

1.4 电子商务基本模式

本节主要介绍电子商务的基本模式的相关概念、分类以及各种基本模式的特点。

1.4.1 电子商务模式的定义和内容

所谓电子商务模式是指企业通过电子商务创造价值、获取利润的方式，即企业在网络环境中要生存、要发展所采取的运营方式和盈利模式，是应用 IT 技术实现的新的商务框架和方法，其本质是商务的新手法和商务新构想。它的组成部分应该包括客户价值、商业范围、定价、收入来源、关联活动、实现、核心能力、持续竞争优势等，如表 1-1 所示。

表 1-1 电子商务模式组成表

电子商务模式组成	说　明
客户价值	低成本、差异化等
商业范围	目标顾客、产品和服务
定价	策略定价
收入来源	业务类型、盈利模式
关联活动	增值服务、公关、社会责任等
实现	组织机构、管理制度、人力资源、企业文化
核心能力	培育和提高
持续竞争优势	危机意识

1.4.2 电子商务模式的分类

1. 按网络类型分类

(1) EDI 商务

EDI 商务是指主要应用于企业与企业、企业与批发商、批发商与零售商之间的批发业务，它的特点是节约时间和费用、安全性高。

(2) 互联网商务

它的特点是少投入、低成本、零库存、高效率。

(3) Intranet 商务

Intranet 又可以称为企业内部网，Intranet 商务就是跨国公司和大中型企业借助 Intranet 开展的商务活动，特点是企业各级管理人员可以分享内部信息，使在线业务取代一些纸面业务，从而有效地降低交易成本，提高了运营效益，同时在内部网络进行商务活动，企业内部信息得到了有效保护。

2. 按商务内容分类

(1) 直接电子商务

主要是指无形商品和各种服务。优点是快速简便，运作成本低；缺点是商品和服务种类受限。

(2) 间接电子商务

主要是指有形商品及有关服务。优点是运输能力强，自动化程度高；缺点是时间和空间限制严格。

3. 按交易对象分类

(1) 企业与企业之间的电子商务(Business to Business，B2B)。

(2) 企业与消费者之间的电子商务(Business to Customer，B2C)。

(3) 消费者与消费者之间的电子商务(Customer to Customer，C2C)。

(4) 企业与政府方面的电子商务(Business to Government，B2G)。

1.4.3 B2B

1. 定义

B2B 是指企业与企业之间或者商业机构之间通过计算机网络等现代化信息工具，以电子化方式在企业间进行的交易、信息、服务等活动。

2. 特点

(1) 额度大，次数少

B2B 主要在企业与企业、商业机构之间进行商务活动，其交易额度较大，交易次数远远小于 B2C 和 C2C。

(2) 拥有广泛的交易对象

产成品、半成品以及原材料，甚至任何一种物品都可以作为被交易的对象。相比较，B2C 和 C2C 则大部分集中在生活消费用品上。

(3) 规范化程度高

B2B 电子商务涉及查询到谈判、结算、合同和 EDI 标准过程，流程严格规范，相反其他电子商务模式则较简单。

3. 交易优势

(1) 交易双方交流快速、方便。

(2) 交易费用低。

(3) 企业库存少。

(4) 生产周期短。

(5) 持续、不间断运作，交易机会多。

4. 主要交易模式

(1) 综合 B2B 模式

综合 B2B 模式有时又称为交易中心，各行业的客户都汇聚在这里，信息量非常巨大。各类商业客户可以在这些信息中寻找自己需要的供求信息。由于其市场规模巨大，因此这种交易模式变得最为成熟，并且是最具潜力的一种模式。这种交易模式中具有代表性的有慧聪网、买麦网，但是最为成功的还是阿里巴巴，如图 1-11 所示。

图 1-11 综合 B2B 模式示例

(2) 垂直 B2B 模式

这种模式以资源的细化以及整合为重点，为各行各业的电子商务创建了一个专业化的信息服务平台。垂直 B2B 模式的供求关系非常明确，具有提供精准的供求信息的能力，这种模式的一个缺点就是不能提供广泛性的供求信息。这种模式的典型代表是中国纺织交易网，如图 1-12 所示。

图 1-12　垂直 B2B 模式示例

(3)　自建 B2B 模式

一些行业中的品牌企业，其信息化建设程度很高，出于自己对电子商务交易的需求，自行创建的行业电子商务交易平台，其核心是这些龙头企业自生产品的供应链。行业中的其他企业通过这个平台实现、沟通、交易从而使整个行业产业链串联起来。这种模式，需要改进的是加大产业链整合的深度，增加平台的开放性。典型代表是中国石油，如图 1-13 所示。

图 1-13　自建 B2B 模式示例

(4)　关联行业 B2B 模式

这种模式是一种跨行业的电子商务平台，它使电子商务交易平台的信息程度更加广泛，准确性得到巨大提升，它是综合模式和垂直模式的整合。如铭万网，如图 1-14 所示。

图 1-14　关联行业 B2B 模式示例

1.4.4　B2C

1. 定义

企业和客户之间的电子商务，就是企业通过电子商务平台向用户提供商品和信息的网络商务活动。

2. 特点

(1)　交易环节减少。

(2)　交易成本低。

(3)　商品和服务价格低。

3. B2C 电子商务模式

(1)　门户网站

门户网站是在一个网站上向用户提供强大的 Web 搜索工具，以及集成为一体的内容与服务的提供者。其特点是提供如新闻、娱乐、搜索、购物等综合性服务与内容；盈利来源主要是交易费、订阅费、广告费等。典型代表有网易、搜狐、新浪等，如图 1-15 所示。

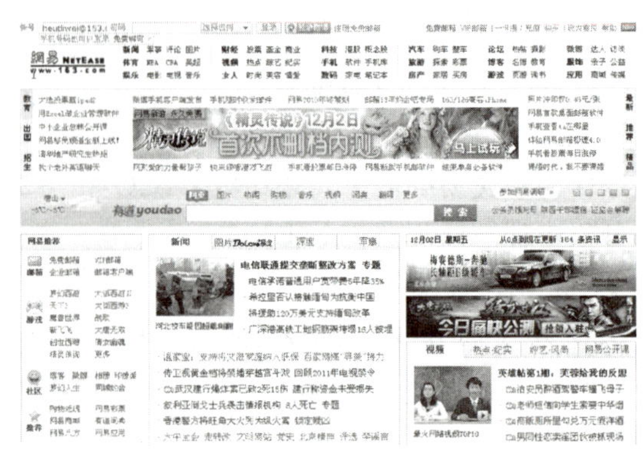

图 1-15　门户网站示例

(2) 电子零售商

电子零售商的规模各不相同，有大有小，内容的丰富程度也不一致。特点是提供在线的零售服务；盈利来源主要是产品销售、订阅费、广告费、交易费等。如当当网等，如图 1-16 所示。

图 1-16 电子零售商网站示例

(3) 内容提供商

内容提供商是通过信息中介商向最终消费者提供信息、数字产品、服务等内容的信息生产商，或直接给专门信息需求者提供定制信息的信息生产商。内容提供商为保证提供安全的信息做了很多投资，包括在网络基础硬件和网络存储设备上的投入。在这种模式下，文本、声音等大量的多媒体信息得到了有效处理。盈利来源主要是广告费用、会员推荐费、内容订阅费。如中国网络电视台网站等，如图 1-17 所示。

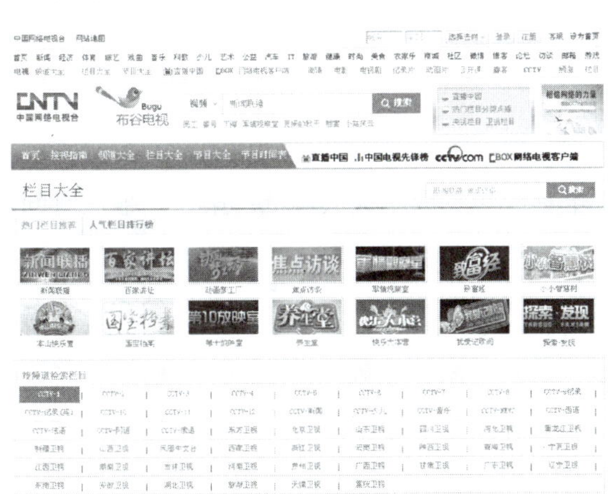

图 1-17 内容提供商网站示例

(4) 交易经纪人

一些职业介绍服务商、旅游公司、金融行业采用这种模式为客户提供消费和交易的平台，这种模式的交易方式主要是电子邮件等。这种模式的加入使传统的经纪人市场的竞争更加激烈，但要特别注意的是个人隐私的保护和信息安全性的提高，同时要求服务意识的提高和增强信息对比的效率，增大交易经纪人网站的规模和知名度。这种模式的网站有前程无忧等，如图 1-18 所示。

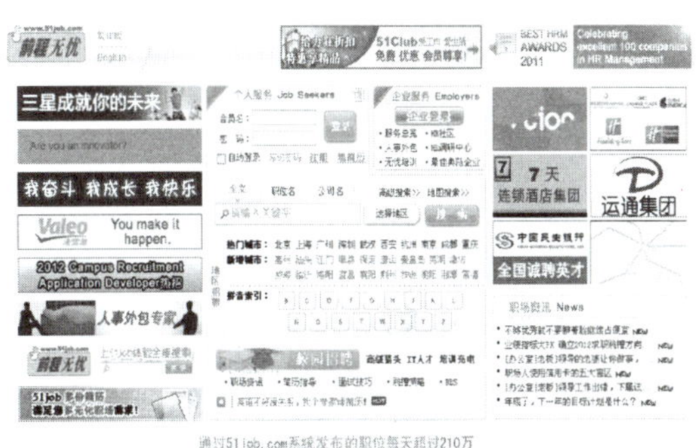

图 1-18 交易经纪人网站示例

(5) 社区服务商

这种模式为一些经历相似、兴趣爱好一致以及需求相同的消费者提供了一个在线交流、交易和信息共享的在线数字化平台。这种模式当前需要做好精确分析市场定位、提高内容服务质量等。这种模式有多种盈利渠道，常见的有交易费的收取，广告费的收入，订阅信息产生的费用等。

1.4.5 C2C

1. 定义

客户和客户之间的电子商务。参与电子商务活动的买卖双方通过一个第三方网络交易平台实现商品和信息服务的电子商务活动。这种模式卖方可以主动提供商品在网络上拍卖，而买方可以自行选择商品进行购买和竞价。

2. 特点

(1) 交易成本低廉。

(2) 规模自由。

(3) 信息采集快速方便。

(4) 拥有广阔范围。

3. C2C 主要商务模式

(1) 拍卖平台

网络拍卖平台把产品的信息通过图片、视频等信息手段提供给消费者，消费者参考这些多媒体信息然后进行出价。在这个过程中，消费者还要涉及信誉度的问题。拍卖平台的主要优势是商家收取中介费用，只需向客户提供信息，而不用管商品的进销存等业务。主要的拍卖平台有 ebay(C2C)、淘宝(C2C)等，如图 1-19 所示。

图 1-19 拍卖平台网站示例

(2) 店铺平台

店铺平台也可以叫做网上商城，它以会员制的方式收费。注册成为会员后就可以通过这个平台开设自己的店铺进行商品交易等。店铺平台需要从以下几个方面增加竞争力：比如提升平台的形象，注重品牌建设；尽量使手续简单化；提高顾客的满意度；加强技术支持；良好售后保障体系等；提高网站的访问量，安排专门的技术人员对店铺平台进行管理和维护；除此之外，还需要考虑收费的水平和模式，如淘宝网，如图 1-20 所示。

图 1-20 店铺平台网站示例

(3) 交易流程

交易流程如图 1-21 所示。

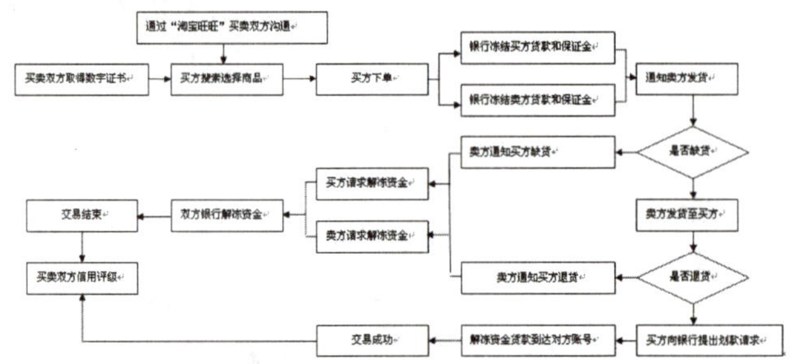

图 1-21 交易流程

1.4.6 B2G

企业与政府之间的电子商务，如采购、信息发布等。政府在进行电子商务的过程中有两个职能，一是推动规范利用网络平台发布招标采购信息，使采购达到公开、公正、高效、透明；二是服务管理政府可以在进行电子商务的过程中充分发挥宏观调控、监督管理等职能。

1.5 电子商务的优势

电子商务与传统的商务活动方式相比，具有如下优势。

1. 交易成本降低

第一，在网络上进行信息传递的成本相对于信件、电话、传真成本大大降低；第二，缩短时间及减少重复的数据录入也降低了信息成本；第三，通过网络进行商务活动，无须中介者参与，减少了交易的有关环节和成本；第四，通过互联网络进行产品介绍、宣传，避免了在传统方式下做广告、发印刷品等大量费用；第五，电子商务贸易平台大大降低了店面的租金以及管理费用。

2. 交易虚拟化

电子商务交易双方从贸易磋商、签订合同到支付等，无须当面进行，均通过计算机互联网络完成，整个交易完全虚拟化。

3. 交易效率高

电子商务将贸易中的商业活动标准化，使商业活动能在世界各地瞬间完成传递与计算机自动处理，使原料采购、产品生产、需求与销售、银行汇兑、保险、货物托运及申报等过程无须人员干预，而在最短的时间内完成。克服了传统贸易方式费用高、易出错、处理速度慢等缺点，极大地缩短了交易时间，使整个交易非常快捷与方便。

4. 集成度高

电子商务的集成性，在于事务处理的整体性和统一性，它能规范事务处理的工作流程，将人工操作和电子信息处理集成为一个不可分割的整体。这样不仅能提高人力和物力的利用，也提高了系统运行的严密性。

5. 交易透明度高

电子商务交易双方从交易的洽谈、签约以及货款的支付、交货通知等整个交易过程都在网络上进行。通畅、快捷的信息传输可以保证各种信息之间互相核对，可以防止信息伪造，提高了透明度。

6. 技术创新

电子商务促使中小企业更新生产技术，提高市场应变能力，在企业技术创新和产品升级方面发挥了一定的积极作用。

7. 个性化服务

电子商务的卖方企业可以利用网络追踪和分析每一位消费者的偏好、需求和购物习惯，同时将消费者的需求及时反馈到决策层，促进企业针对消费者而进行的研究和开发活动，使企业对客户的了解和认知更为透彻，更好地为他们提供个性化服务，提高他们的满意度和忠诚度，为企业增加赢利。

8. 团队合作

电子商务模式可以促使企业打破部门之间的界限，把相关人员集合起来，按照市场机制组织跨职能的工作，从而减少企业的管理层次和管理人员的数量。

综上所述，电子商务相比较传统的商务活动可以降低交易成本、提高效率、提供个性化服务、促进技术创新，实现了商业模式的创新与变革。

本章小结

本章介绍了电子商务的概念，分析了国内外电子商务当前的发展现状以及应用模式，并结合每一个应用模式列举了相关电子商务网站示例，突出显示了电子商务的巨大优势。

第 2 章

国内网店现状

电子商务经过十多年的蓬勃发展，正以低成本、高效率、覆盖广、协调性强、透明度高等一系列明显的交易优势席卷经济的各个层面，包括产业经济、生活购物、电子政务等方方面面。本章从当前国内外网店各种应用模式的市场份额、规模等方面介绍了国内外网店的现状及相关的政策。

学习要点

- 国内网店市场份额
- 电子商务相关政策
- 国内网店竞争形势

2.1 国内网店现状

据有关电子商务市场数据监测报告中显示：目前国内网店的交易额、交易规模、网购用户数量都达到了相当高的数量，并且在逐年快速增长。随之带动的是服务企业及团购企业数量的快速增长。

国内网店市场份额如下。

1. B2B 行业

(1) 市场规模

中国电子商务研究中心监测数据显示，截止到2011年6月，我国已经有10200家行业电子商务服务企业，和2010年相比增幅为24%。数据同时显示：我国行业电子商务网站数量在2007、2008、2009年三年之间有大幅增加，分别为4500、5080、7580家；此外，报告还对未来电子商务的发展进行了预测，预计在2012年，我国行业电子商务网站数量预测值将达到13500家，如图2-1所示。

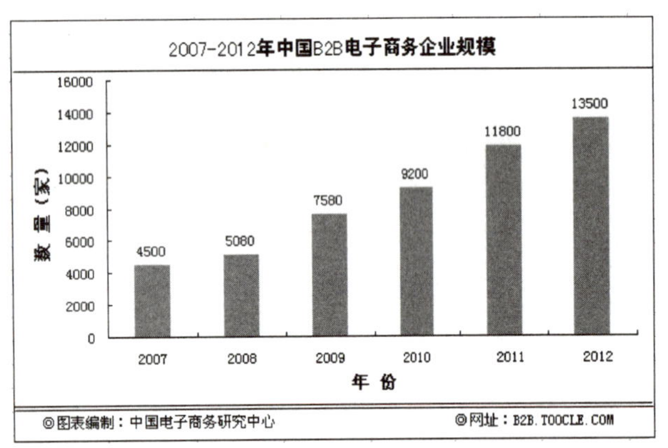

图2-1 中国B2B电子商务企业规模

(2) 市场份额

我国B2B企业在经营规模和市场份额上相比去年增长速度明显加快。据中国电子商务研究中心监测数据显示，截至2011年上半年，我国有62亿元营业收入来自于B2B电子商务企业，与2010年同期相比增幅为38%。

在对2011年上半年国内主要B2B服务商的市场占有率进行分析后可以看出，阿里巴巴占国内整个市场份额的52.80%，环球资源占国内整个市场份额的9.20%，慧聪网占国内整个市场份额的5.30%，中国制造网占国内整个市场份额的3.80%，网盛生意宝占国内整个市场份额的2.40%，环球市场占国内整个市场份额的2.10%，我的钢铁网占国内整个市场份额的1.70%，金银岛占国内整个市场份额的1.50%，敦煌网占国内整个市场份额的1.20%，其他占国内整个市场份额的20.00%。分析得出，2011年上半年，在中国B2B电子商务运营商营收份额中，处于行业垄断地位的还是阿里巴巴；紧随其后依次是慧聪网环球资源、中国制造网、网盛生意宝等，B2B的市场增长较平稳，如图2-2所示。

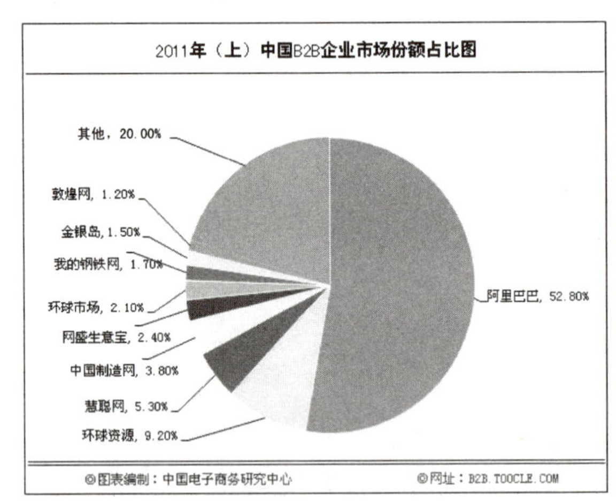

图2-2 中国B2B电子商务企业市场份额

2. B2C、C2C 行业

(1) 市场规模

我国B2C、C2C行业市场规模庞大，增长速度快、幅度大。据中国电子商务研究中心监测数据显示，截至2011年6月，国内注册的B2C模式企业和C2C模式企业总共有20500家，相比2010年同期，增幅为64%，如图2-3所示。

(2) 市场份额

我国在2011年上半年B2C网购市场占有率发展平稳，变化不大，淘宝商城和京东商城的总额超过了60%。截至2011年上半年，中国B2C网络购物市场上占有率的详细数据对比为，淘宝商城为48.50%，京东商城为 18.10%，卓越亚马逊为 2.40%。凡客诚品、当当网、易迅网、库巴网、新蛋网、1 号店及其麦网依次紧随其后，如图 2-4 所示。

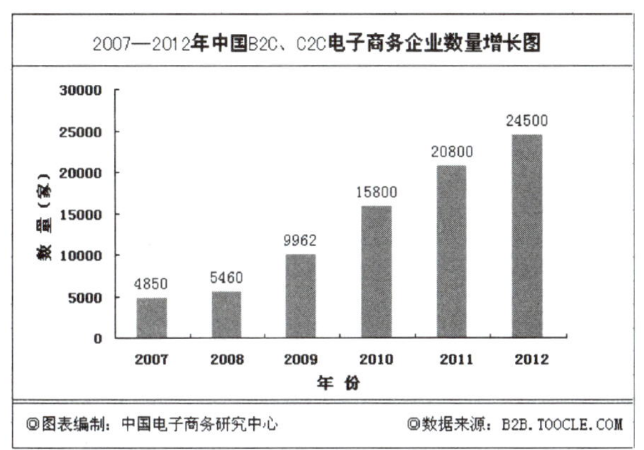

图 2-3　中国 B2B、C2C 电子商务企业规模

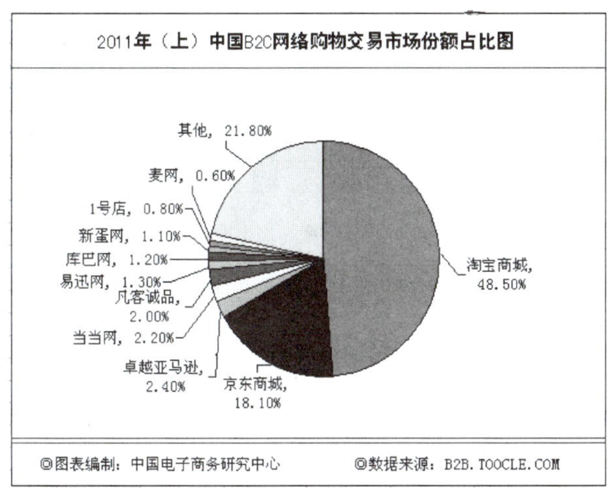

图 2-4　中国 B2C 电子商务企业市场份额

我国 2011 年上半年的 C2C 市场占有率变化很小，格局变化平稳，在交易规模上都有平稳增长。数据分析得出，在 C2C 市场占有率方面排在第一位的还是淘宝网，占有率为 90.30%，拍拍网以 9.00%的占有率稳居次席。易趣网为 0.70%，紧随其后，如图 2-5 所示。

3. 个人网店规模

我国个人网店数量不断增长，据监测数据显示，个人网店数量在 2011 年上半年达到 1450 万家，相比 2010 年同期，增幅为 20.8%，如图 2-6 所示。

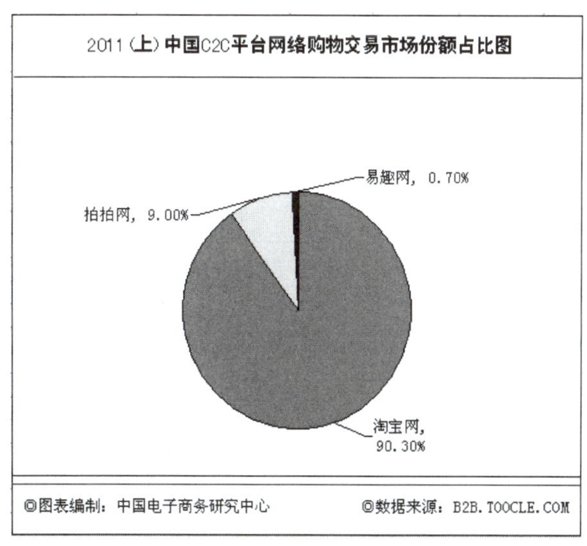

图 2-5　中国 C2C 电子商务企业市场份额

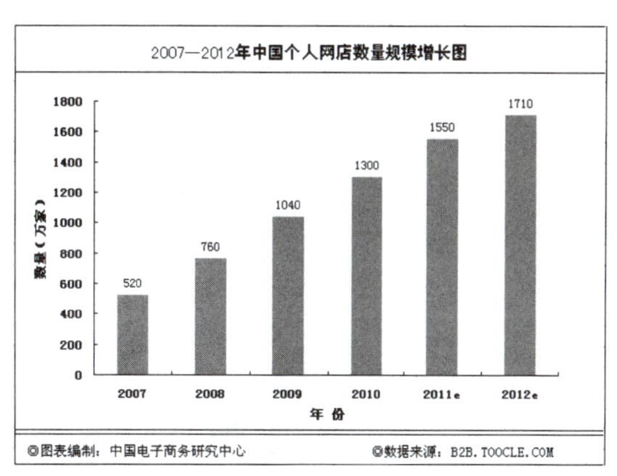

图 2-6　中国个人网店增长规模

4. 网络团购市场

(1)　市场规模

随着电子商务的快速发展，团购越来越成为网购用户青睐的交易方式，团购企业数量以飞快的速度增长。2011 年上半年的团购企业数量分别为 2630 家、2700 家、2940 家、3248 家、4500 家、5320 家，如图 2-7 所示。

(2)　市场份额

我国团购网站市场份额占有率差距不是很大，但是排名前几位的团购网站优势也很明显。市场份额排名第一位的是拉手网，排名第二位的美团网通过激烈的市场竞争，占有率稳中有升，其他网站排名依次为满座网、24 券、糯米网、窝窝团、团宝网、嘀嗒团、

F 团、聚齐网，如图 2-8 所示。

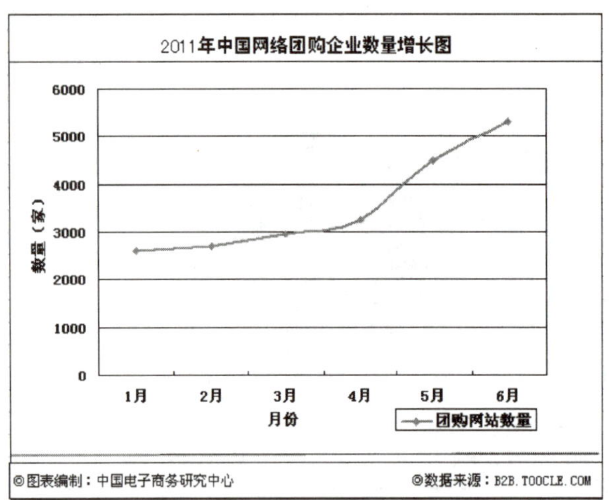

图 2-7　中国网络团购增长规模

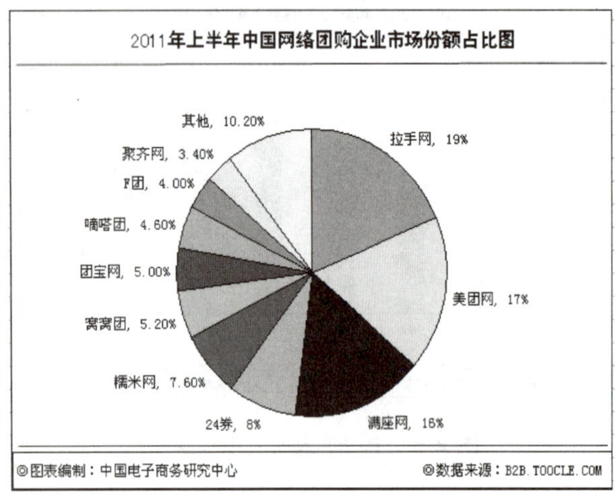

图 2-8　中国网络团购市场份额规模

(3)　企业分类

为了能更好地了解不同团购企业的发展状况，经调查分析，把中国网络团购企业进行了如下分类，如图 2-9 所示。

(4)　用户数量

我国团购用户数量也在飞速增长，据统计，2011 年 1 至 6 月份，每月日均覆盖用户数量分别为：1800 万、2320 万、2890 万、2630 万、3520 万、4450 万。在这些用户中，用户覆盖率排名第一的是淘宝聚划算，第二名是拉手网，美团网位居第三，如图 2-10 所示。

中国网络团购企业分类表

分类	代表企业
B2C自建的团购平台	淘宝聚划算、京东商城团购、麦麦团等
分类信息网站开设的团购平台	58团购、大众点评团等
门户网站自建的团购平台	网易团长网、新浪团、搜狐爱家团等
社交网站旗下团购平台	如开心网的开心团购、人人网的糯米网等
独立的团购平台	拉手网、美团网、24券、F团、窝窝团、满座网等
垂直细分领域团购平台	麦麦团、衣服团、搜旅团、聚美优品、米奇网等
团购导航类网站	如团800、团拼网、360团购导航、购团网等
行业网站自建的团购平台	如慧聪网旗下的慧聪团、生意宝旗下比比购宝
传统媒体旗下的团购平台	《都市快报》的快抱网、《钱江晚报》的窝里快购
国外团购企业在中国的业务扩展	高朋网
银行旗下团购平台	招行的聚便宜、民生银行的爽乐购、兴业银行的顶便宜
搜索引擎旗下团购平台	百度团购、谷歌 offers、Yahoo! 团购等
央企下设团购频道	中粮集团的我买网

◎图表编制：中国电子商务研究中心　　◎数据来源：B2B.TOOCLE.COM

图 2-9　中国网络团购企业分类

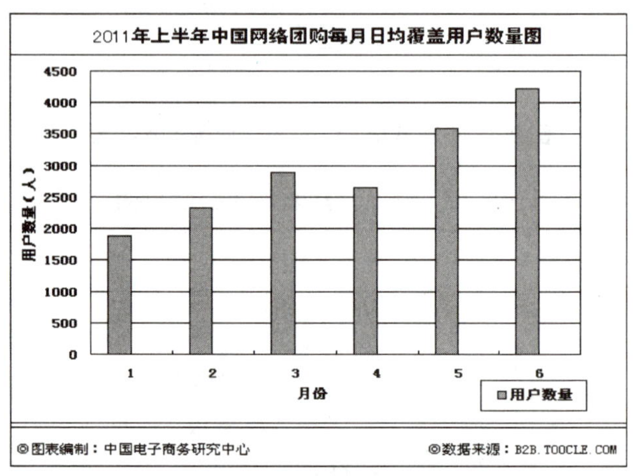

图 2-10　中国网络团购每月日均覆盖用户数量

2.2　电子商务相关政策

为了更好地支持电子商务的良好发展，为电子商务提供良好的政策和法律环境，正确引导和推进电子电子商务行为，国家和各级政府出台了多项相关的电子商务政策和法规，涉及电子商务、网络购物，物流快递、电子支付、互联网等诸多方面，相关政策内容如下。

1. 电子商务相关政策

商务部：《“十二五”期间电子商务发展指导意见》(2011 年 10 月)。

商务部：《电子商务示范企业名单》公告(2011 年 8 月)。

商务部：《第三方电子商务交易平台服务规范》(2011年7月)。

商务部：《电子商务示范企业创建规范(试行)》(2010年10月)。

商务部：《关于加快流通领域电子商务发展的意见》(2009年11月)。

商务部：《电子商务模式规范》(2008年4月)。

农业部：《关于加快推进农村信息化示范工作的意见》(2008年4月)。

商务部：《关于促进电子商务规范发展的意见》(2007年12月)。

国家发展改革委、国务院信息办：《电子商务发展“十一五”规划》(2007年6月)。

商务部：《关于网上交易的指导意见(暂行)》(2007年3月)。

商务部：《关于网上交易的指导意见(征求意见稿)》(2006年6月)。

国务院办公厅：《关于加快电子商务发展的若干意见》(2005年1月)。

国家食品药品监督管理局：《药品电子商务试点监督管理办法》(2000年6月)。

2. 网络购物相关政策

国家工商行政管理总局：《关于进一步加强市场监督管理加大打击假冒伪劣违法行为的若干措施》(2011年7月)。

商务部：《关于规范网络购物促销行为的通知》(2011年1月)。

商务部：《关于促进网络购物健康发展的指导意见》(2010年6月)。

国家工商行政管理总局：《网络商品交易及有关服务行为管理暂行办法》(2010年5月)。

商务部商业改革司：《网络购物服务规范》(2008年4月)。

全国人大常委：《中华人民共和国商标法》(2001年10月)。

全国人民代表大会常务委员会：《中华人民共和国消费者权益保护法》(1993年10月)。

3. 物流快递相关政策

国家邮政局：《快递业务操作指导规范》(2011年8月)。

国家邮政局：《关于做好旺季期间快递服务督导工作的通知》(2010年12月)。

国家邮政局：《快递业服务标准》(2007年9月)。

4. 电子支付相关政策

中国人民银行：《支付机构客户备付金存管暂行办法(征求意见稿)》(2011年11月)。

中国人民银行：《非金融机构支付服务管理办法》(2010年6月) 单击下载解读报告。

中国人民银行：《关于加强银行卡安全管理预防和打击银行卡犯罪的通知》(2009年4月)。

中国人民银行：《电子支付指引(第一号)》(2005年10月)。

海关总署：《关于网上支付税费担保事宜的公告》(2005年8月)。

中国人民银行：《支付清算组织管理办法(征求意见稿)》(2005年6月)。

全国人民代表大会常务委员会：《中华人民共和国电子签名法》(2004年8月)。

2.3 国内网店竞争日趋激烈

目前而言，市场发展迅猛的电子商务使中国的电子商务竞争越来越激烈。电子商务企业规模的增长速度、个人网点数量的增长规模充分表明了电子商务正在经历一个最为竞争激烈的阶段。预计到2012年，我国行业电子商务网站数量预测值将达到13500家。

随着中小企业对电子商务优势的高度认识，并很快加入电子商务市场，使得竞争更加愈演愈烈。除此之外，就业压力的剧增，使得大学生网上开店创业的数量大幅度升高。我国个人网店数量不断增长，如图2-11所示。

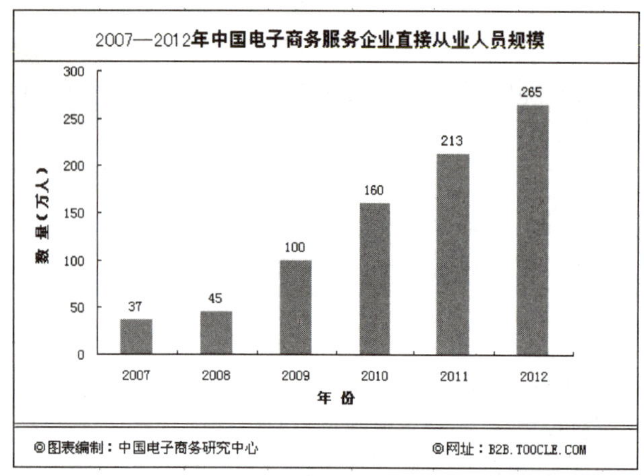

图 2-11　中国电子商务服务企业直接从业人员规模

目前由电子商务间接带动的就业人数，已超过1300万人，如图2-12所示。

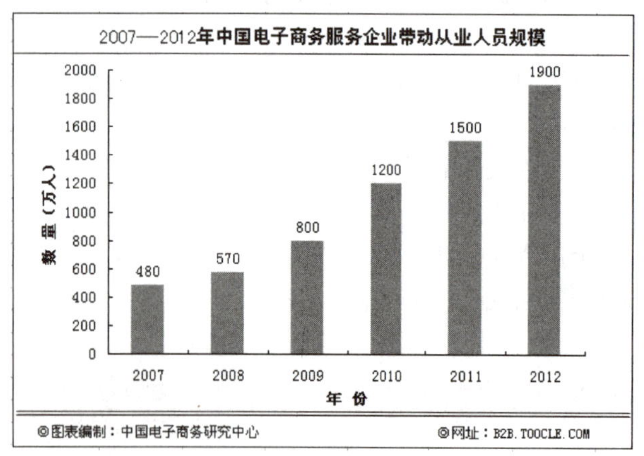

图 2-12　中国电子商务服务企业带动从业人员规模

这些数据充分说明国内电子商务市场的竞争程度日趋白热化。

从其他角度观察，为了应对日益激烈的电子商务市场竞争，各个电子商务企业都在通过这样或者那样的战略手段来巩固自己的市场份额。比如，大多数企业认为价格好像是达到此目的既突出又有效的手段，因此越来越多的电子商务企业大打价格战，纷纷降价来抢占用户。打开网购站点，各种低价促销的广告满天飞，如图2-13所示。

同时，除此之外为了打好广告牌，各大电子商务企业在传统媒体的广告竞争也非常激烈。据报道“京东商城以总价2.2亿元获得某电视台相关广告；阿里巴巴集团旗下的支付宝和淘宝也注资接近1亿元来竞争某电视台相关广告。

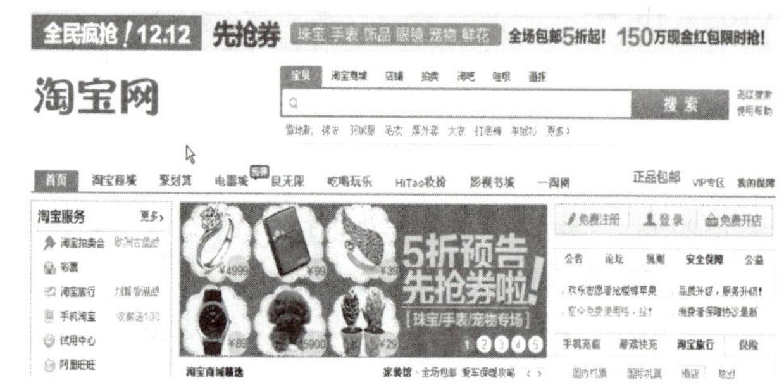

图 2-13　电子商务网站降价促销广告示例

不少商家认为要想在激烈的市场竞争中取得突破，最为关键也最为重要的是提升产品质量的同时，还要为顾客提供个性化、人性化的周到服务。在此方面做得比较突出的是SHAPN(斯翰宾尼)所提出的服务到家的服务，提出全场免运费，货到满意后才付款，赢得了大量的消费者市场，如图2-14所示。

图 2-14　电子商务网站个性化服务示例

本 章 小 结

本章从B2B、B2C和C2C三类行业网店的市场份额、交易规模及用户数量几个方面展开介绍了国内网店的发展现状；为电子商务提供良好的政策和法律环境所制定的相关政策等内容。从分析中可以看出目前国内网店的竞争形势非常激烈。

第 3 章 主流网店平台

当前主流网店平台的运行模式分为 B2B、B2C、C2C，本章针对使用上述模式中当前主要流行的几个重要的电子商务网店平台展开，分别就其简介、历史、运营方式、文化价值观等进行了详细介绍。

学习要点

- 主流网店平台介绍
- 主流网店平台各自特点
- 主流网店平台的比较

3.1 B2B 模式平台介绍

我国 B2B 电子商务模式正在经历一个高速发展的时期。据统计，2011 年上半年，我国已经拥有 10200 家 B2B 电子商务服务企业，与去年同期相比，增幅为 24%。各 B2B 服务商市场占有率方面，2011 年上半年，国内主要 B2B 服务商市场份额为阿里巴巴占有 52.8%，处于垄断地位。

3.1.1 阿里巴巴中文网站概况

阿里巴巴中文网站(china.alibaba.com)是全球最大的网上采购批发市场，是专门为中国的中小企业量身定做的 B2B 大型电子商务平台。阿里巴巴中文网站的首页如图 3-1 所示。

图 3-1 阿里巴巴中文网站首页

可以看到网站的主要功能和布局、内容栏目以及信息搜索和整个阿里巴巴中文网站体系大致的服务导航。

阿里巴巴中文网站覆盖了 40 多个行业领域，分为工业品、消费品、原材料和商务服务四大行业市场。阿里巴巴网站的行业范围，基本上覆盖了各种各样的企业，包括生产型企业和贸易型企业以及服务企业。截至 2011 年 11 月 30 日，注册会员数量突破 5000 万大关。经过 12 年不断进取与努力，阿里巴巴中国站已经成为全球最大的网上批发市场、采购平台和商人社区。据阿里巴巴提供的最新数据显示，东部沿海 8 大省份会员突破百万级大关，带领全国迅猛增长，以湖南湖北、重庆为代表的中西部近年来增长强劲，向会员数百万阶层进发。

阿里巴巴中文网站主要的用户群有两类：一是企业用户，二是个人用户。贸易公司可以在阿里巴巴找到国内的供应商、代理商、产品；中间销售商可以在阿里巴巴网站找到货源和客户；服务型企业，如广告公司、物流公司以及各种各样的中介公司，能在阿里巴巴找到想要的客户，他们以阿里巴巴贸易市场作为载体，找到合作伙伴；个人用户主要围绕一些个体经营者，在阿里巴巴做生意；创业者、公司管理人员、公司的业务人员，一些专业人士包括学生等都可以在阿里巴巴找到他们想要的信息。

除了这些以外，阿里巴巴中文网站还有一个最大的商人社区，其中包括商友、商业资讯、论坛、博客以及阿里帮帮，在里面会员们可以找到最新的行业信息、进行商业交流以及商业咨询，以商会友，结交天下商友。

3.1.2 阿里巴巴中文网站功能

阿里巴巴中文网站的功能主要是为企业搭建一个贸易平台，包括搜索框、行业市场以及各种辅助功能。

1. 搜索框

在阿里巴巴中文网站首页的搜索框上面选择“产品”、“公司”、“求购”和“资讯”任一项并输入任意一个关键字，用户就能快速找到该关键字的产品供应信息，公司信息。查询商业问题的平台，小额批发信息和企业信息查询，如图 3-2 所示。

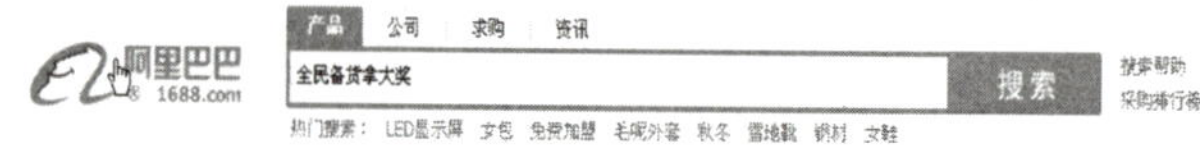

图 3-2 阿里巴巴中文网站搜索页面

2. 行业市场

在阿里巴巴中文网站中，行业市场分类如图 3-3 所示。

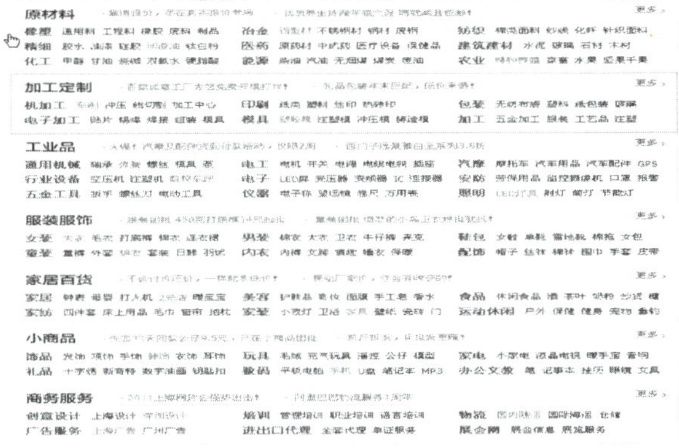

图 3-3　阿里巴巴中文网站行业市场页面

按照产品所在的不同行业，将各种产品信息放在相应的行业类目下面，以便买家能够很快地根据用户的采购行业需求，快速找到用户要采购的产品和公司。行业分类包括：原材料、加工定制、工业品、服装服饰、家居百货、小商品、商务服务等。

3. 采购服务及阿里巴巴热点

采购服务可以整合用户的需求，帮助用户更快到达要去的频道或服务；阿里巴巴热点使用户可以快速了解网商关注的热点活动和资讯，如图 3-4 所示。

图 3-4　采购服务及阿里巴巴热点页面

4. 市场行情及促销

市场行情很重要，了解市场的价格趋势，直接去商业资讯频道查看更多相关信息；促销活动莫错过，查看阿里巴巴最新的促销或专场活动，场场优惠不容错过，如图 3-5 所示。

5. 可能感兴趣的产品

根据用户的搜索和浏览偏好直接为其推荐可能感兴趣的产品，如图 3-6 所示。

图 3-5　市场行情及促销页面

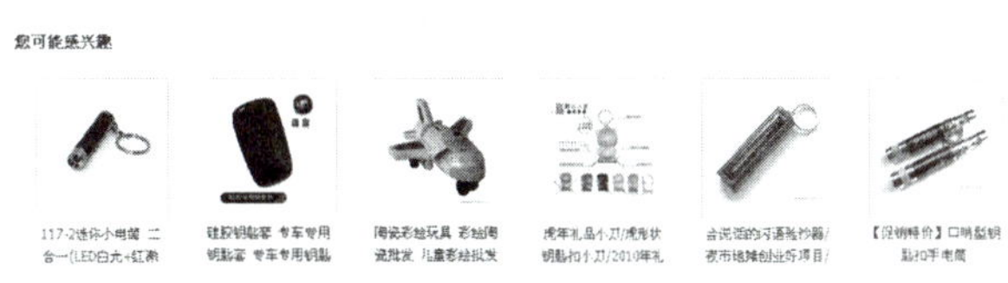

图 3-6　搜索浏览感兴趣的商品页面

6. 商人社区

进入最火热的商人社区，参与最热门的论坛讨论和生意经问答，如图 3-7 所示。

图 3-7　商人社区页面

7. 服务入口

想找到更多服务，用户可以通过快速链接区直达要找的服务，如图 3-8 所示。

图 3-8　服务入口页面

3.1.3　我的阿里功能介绍

我的阿里是用户的一个后台管理系统，它向用户提供了一套安全的在线管理工具，这个系统是每个会员用户都有的，其初始界面如图 3-9 所示。

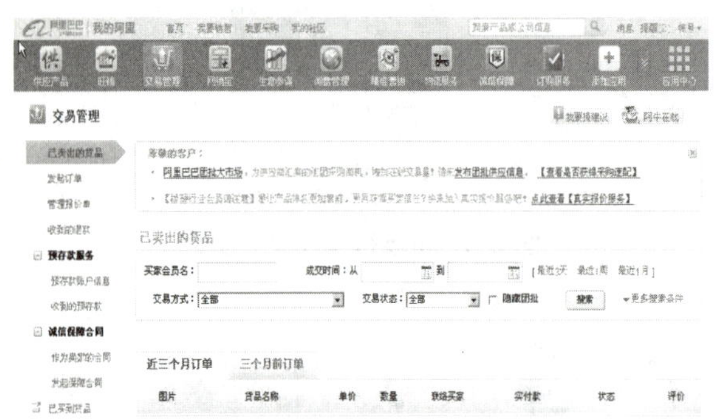

图 3-9　我的阿里页面

我的阿里主要功能模块有：供应产品、旺铺、交易管理、网销宝、生意参谋、询盘管理、精准营销、物流服务、诚信保障、订购服务等。

3.1.4　移动商务

客户可以通过手机阿里登录，随时随地做生意、找商品、看资讯、查物流、谈生意，一切尽在掌握中，如图 3-10 所示。

图 3-10　移动商务页面

3.1.5　阿里旺旺

阿里巴巴中文网站为客户提供了强大的网络软件，让网上做生意更简单，如图 3-11 所示。界面有多种图片和色调可供选择，只需简单一步，让用户的旺旺摆脱单调平庸，应用管理更方便为用户节省更多的时间，让用户享受更快、更便捷的操作体验。系统自动保存最近一周内用户的账号登录历史，便于用户随时查看账号登录记录，让用户的聊天、交易更安全！将消息管理器中的系统消息进行了分类优化，视觉感受清晰明了，让用户轻松掌握各类消息来源，方便用户快速查找和管理消息。商务信息一目了然，用户提供多种登录方式，除了用户名以外，还可以支持手机号码、邮箱账号登录，满足用户的不同需求，不一样的登录方式，一样的便捷！

图 3-11　阿里旺旺软件介绍页面

3.2　B2C 模式平台介绍

B2C 是借助互联网开展网络销售活动的一种模式，这是一种以网络零售为主的模式。据中国电子商务研究中心监测数据显示，2011 第一季度中国网络零售市场交易规模达到 1700 亿元，同比增长提速。其中 B2C 企业网络零售市场交易规模有 470 亿元。其中在 B2C 市场上京东商城交易规模大幅提升，是代表性的购物平台，如图 3-12 所示。

图 3-12　京东商城网站框架页面

3.2.1 京东商城

1. 简介

京东商城(www.360buy.com)是中国 B2C 市场最大的 3C 网上购物专业平台，中国最大的电脑、数码通讯、家用电器网上购物商城。产品包括数码、家电、手机、电脑配件、网络产品等数万种商品直销，京东商城一直以便捷、诚信的服务为客户提供愉悦的网上商城购物体验。网站首页的功能框架如图 3-12 所示。

2. 发展历程

京东商城自 2004 年创建以来一直保持着高速成长，连续 4 年增长率均超过 300%。2011 年 1 月 6 日，京东商城对外宣布，2010 年销售额过百亿元，并将 2011 年的销售额定在 240 亿～260 亿元，如图 3-13 所示。

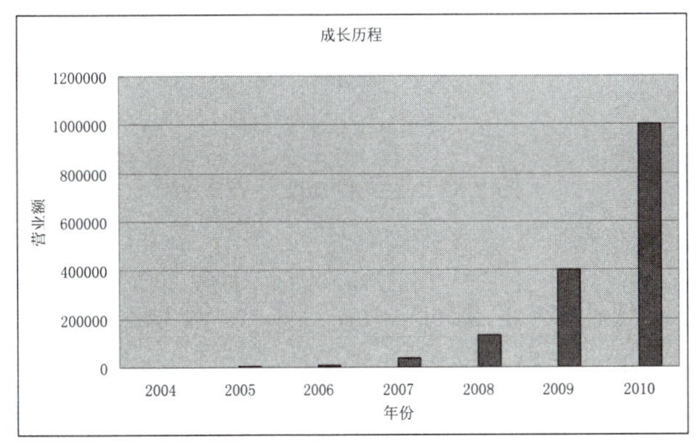

图 3-13　京东商城成长历程图

3. 市场份额

2010 年，京东商城跃升为中国首家规模超过百亿的网络零售企业，销售规模占据国内网购零售份额 32.50%，市场占有率位居第一，如图 3-14 所示。

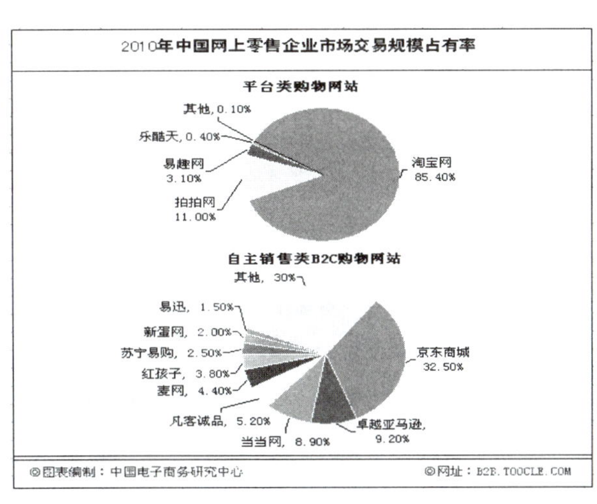

图 3-14　京东商城国内市场份额

3.2.2 京东商城网站功能和特点

1. 商品分类

京东商城目前拥有遍及全国各地 2500 万注册用户，近 6000 家供应商，在线销售家电、数码通信、电脑、家居百货、服装服饰、母婴、图书、食品等 11 大类数万个品牌百万种优质商品，日订单处理量超过 30 万单，网站日均点击量超过 5000 万，如图 3-15 所示。

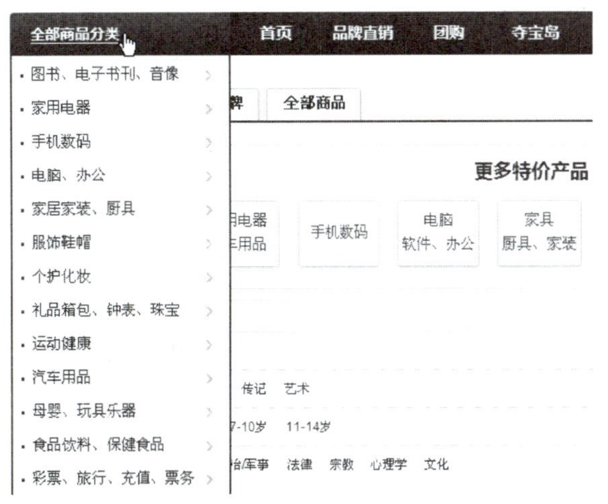

图 3-15　京东商城商品分类页面

2. 团购频道

京东商城注册用户均可直接参与团购，目前提供的团购服务主要以餐饮美食、娱乐休闲活动和非京东商品的实物团购为主，如图 3-16 所示。

图 3-16　京东商城团购频道页面

3. 京东商城分公司

京东商城已在全国 184 个城市建立了自己的分公司。提供上门自提、货到付款、POS 机刷卡和售后上门服务。分公司分布如图 3-17 所示。

京东商城各地分公司　↑Top

京东商城已在全国260个城市建立了自己的分公司。提供上门自提、货到付款、POS机刷卡和售后上门服务。

东北：黑龙江－哈尔滨 双鸭山 绥化 大庆 牡丹江 齐齐哈尔 佳木斯
吉林－长春 白城 松原 通化 辽源 四平 延吉 吉林
辽宁－沈阳 朝阳 阜新 营口 葫芦岛 兴城 辽阳 丹东 抚顺 锦州 盘锦 铁岭 抚顺 大连 鞍山 本溪

华北：北京 天津
河北－石家庄 衡水 邢台 张家口 邯郸 秦皇岛 唐山 保定 廊坊 三河
山东－济南 枣庄 临沂 章丘 滨州 日照 菏泽 德州 聊城 邹城 济宁 潍坊 淄博 泰安 威海 青岛 东营 烟台
山西－太原 晋中
内蒙古－呼和浩特 包头

西北：陕西－西安 宝鸡 咸阳
甘肃－兰州 乌鲁木齐
宁夏－银川
青海－西宁

华中：河南－郑州 平顶山 安阳 许昌 南阳 信阳 驻马店 开封 洛阳 新乡
湖北－武汉 咸宁 十堰 宜昌 襄阳 黄石 黄冈 荆州 孝感
湖南－长沙 衡阳 岳阳 常德 湘潭 株洲
江西－南昌 萍乡 九江 赣州

华东：上海
江苏－南京 盐城 大丰 东台 苏州 太仓 淮安 连云港 泰州 泰兴 兴化 靖江 江阴 无锡 宜兴 宿迁 南通 如皋 启东 海门 常州 溧阳 金坛 扬州 仪征 江都 镇江 常熟 昆山 徐州 邳州 丹阳 张家港 吴江
浙江－杭州 富阳 衢州 舟山 乐清 余姚 丽水 宁波 慈溪 湖州 温州 瑞安 金华 东阳 三溪 兰溪 义乌 嘉兴 海宁 平湖 桐乡 绍兴 嵊州 上虞 诸暨 台州 温岭 临海
安徽－合肥 池州 淮北 六安 宿州 铜陵 黄山 淮南 滁州 阜阳 蚌埠 安庆 马鞍山 芜湖

华南：广东－广州 深圳 从化 汕尾 揭阳 普宁 潮州 河源 茂名 阳江 梅州 兴宁 云浮 珠海 佛山 韶关 肇庆 四会 增城 湛江 廉江 汕头 东莞 清远 惠州 中山 江门 开平 台山
福建－厦门 福州 三明 龙岩 晋江 福清 漳州 莆田 泉州
广西－南宁 玉林 钦州 贺州 北海 梧州 桂林 柳州
海南－海口

西南：四川－成都 绵竹 江油 什邡 达州 阿坝藏族羌族自治州 巴中 广元 广安 西昌 泸州 攀枝花 资阳 简阳 南充 彭州 遂宁 都江堰 广汉 雅安 眉山 内江 宜宾 泸州 乐山 峨眉山 德阳 自贡 绵阳 重庆
贵州－贵阳 遵义
云南－昆明
西藏－拉萨

图 3-17　京东商城国内分公司分布图

4. 战略目标及客户群

京东商城本着“让购物变得简单、快乐”的使命，以“诚信、客户为先、激情、学习、团队精神、追求卓越”的价值观，立志做中国最大、全球前五强的电子商务公司。

京东商城当初进入市场时以 3C(Computer、Communication、Consumer Electronics)为切入点，做垂直 B2C。2008 年 10 月，根据消费者需求，京东网上商城又增设了日用百货类商品，目标客户群如图 3-18 所示。

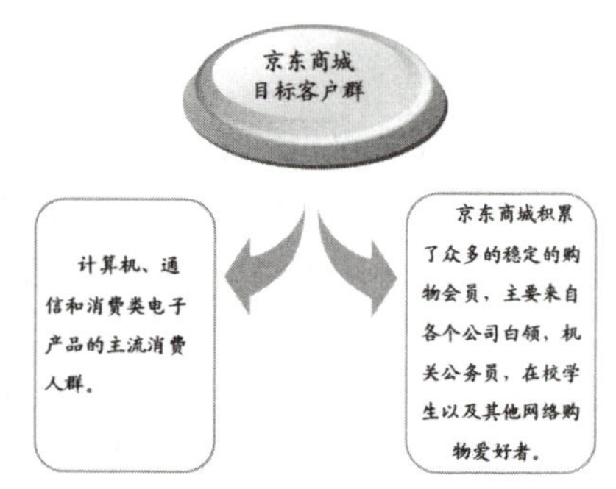

图 3-18　京东商城目标客户群

5. 支付方式

京东商城拥有多种支付方式，可以供用户选择，大大方便了客户的网上购物，如图 3-19 所示。

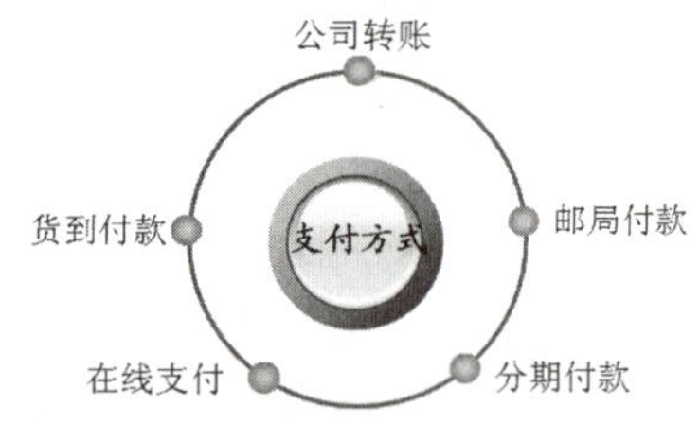

图 3-19　京东商城支付方式图

6. 方便快捷的物流服务

依托多年打造的庞大物流体系，消费者充分享受了“足不出户，坐享其成”的便捷，目前，分布在华北、华东、华南的三大物流中心覆盖了全国各大城市。

2009 年 3 月，京东商城斥资 2000 万元人民币成立了自有快递公司，上海及华东地区乃至全国的物流配送速度、服务质量得以全面提升。

2009 年至今，京东商城陆续在天津、苏州、杭州、南京、深圳、宁波、无锡、济南、武汉、厦门等 30 余座重点城市建立了城市配送站，最终配送站将覆盖全国 200 座城市，均由自建快递公司提供物流配送、货到付款、移动 POS 刷卡、上门取换件等服务。

京、沪、粤三地仓储中心也已扩容至 9 万平方米，仓储吞吐量全面提升。

7. 完善的服务体系

京东商城致力于为客户提供一个传统售后服务和特色服务相结合的服务体系，如图 3-20 所示。

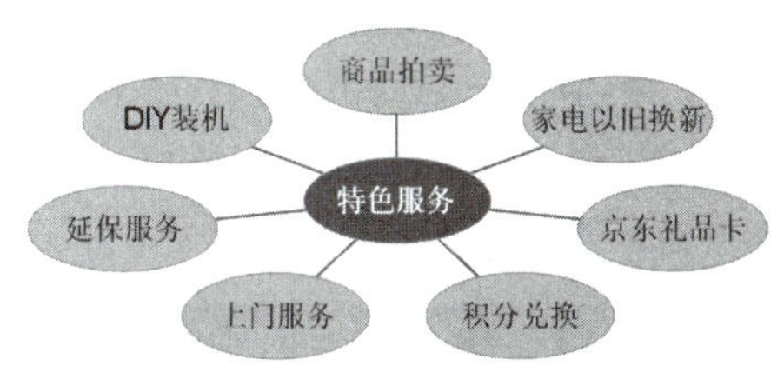

图 3-20 京东商城售后服务体系图

3.3 C2C 模式平台介绍

C2C 模式是客户和客户之间的电子商务。参与电子商务活动的买卖双方通过一个第三方网络交易平台实现商品和信息服务的电子商务活动。这种模式买方商品在选择和价格上都很自由，卖方主动性强。目前主要的 C2C 模式的平台有淘宝、拍拍、易趣。

据中国电子商务研究中心监测数据显示，C2C 企业市场占有率与 2010 年相比没有太大变化，2011 年上半年淘宝集市仍占绝对的优势。截至 2011 年 6 月淘宝占全部的 90.30%，拍拍网占 9.00%，易趣网占 0.70%。中国 C2C 网络购物市场格局变化不大，各网站占比趋于稳定，交易规模持续平稳增长，如图 3-21 所示。

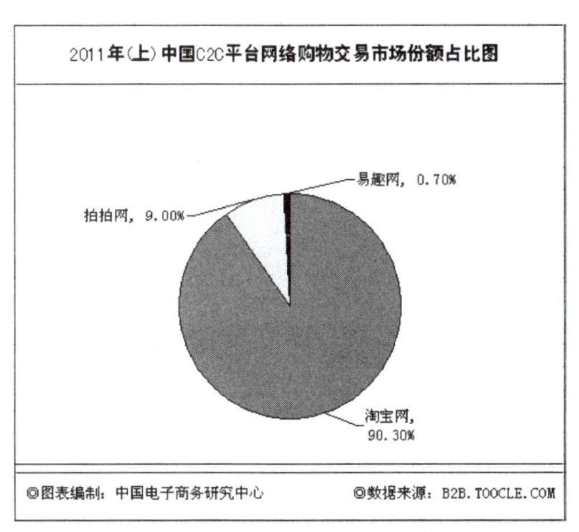

图 3-21 中国 C2C 平台市场份额占比

3.3.1 淘宝网

1. 简介

淘宝网(www.taobao.com)目前是亚洲最大、最安全的网上交易平台，提供各类服饰、美容、家居、数码、话费/点卡充值等 8 亿优质特价商品，同时提供担保交易(先收货后付款)、先行赔付、假一赔三、七天无理由退换货、数码免费维修等安全交易保障服务，让你全面安心享受网上购物乐趣！

淘宝网主页功能框架如图 3-22 所示。

图 3-22 淘宝网主页功能框架

2. 成长历程

淘宝网成立于 2003 年 5 月 10 日，由阿里巴巴集团投资创办，其成长历程如图 3-23 所示。

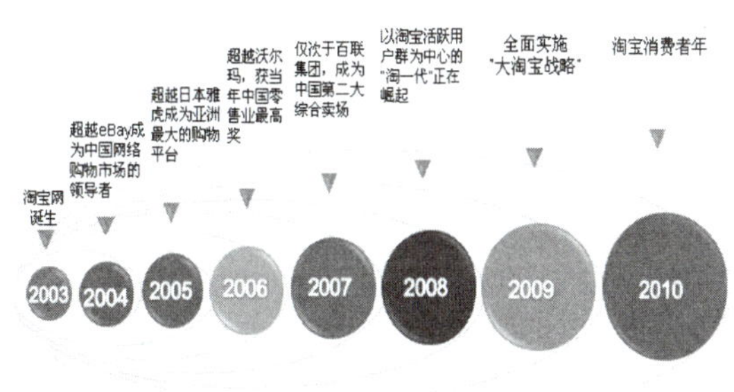

图 3-23 淘宝网成长历程

3. 大淘宝战略

淘宝秉承"开放、协同、繁荣"的理念，通过开放平台，发挥产业链协同效应，大淘宝致力于成为电子商务的基础服务提供商，为电子商务参与者提供水、电、煤等基础设施，繁荣整个网络购物市场。为社会创造直接就业机会是大淘宝最重要的目标。截至2010年年底，淘宝网创造了超过182.3万直接就业机会，也就是说全国有近182.3万人通过在淘宝网上开店实现了就业。

据全球咨询机构IDC测算，每一人在淘宝开店实现就业，就将带动2.85个相关产业的就业机会。也就是说，截至2010年年底，淘宝网已经为产业链创造了超过500万个就业岗位。

截至2010年淘宝创造的直接就业岗位数前10位城市如图3-24所示。

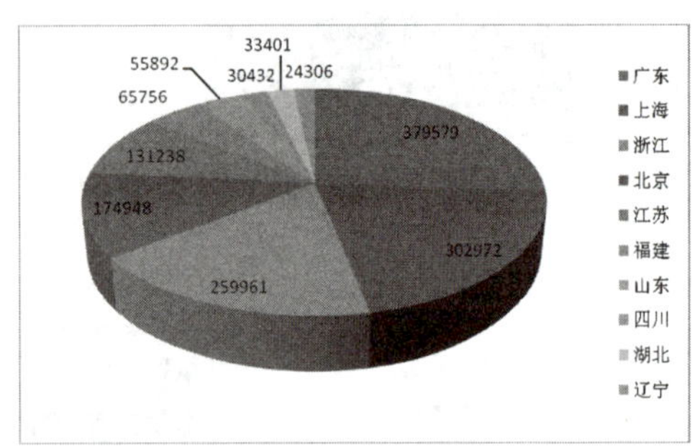

图3-24 淘宝网创造直接就业城市比例

4. 用户特征

据有关数据显示：淘宝用户主要集中在国内收入较高的北京、上海、广州和江浙地区，在北京、浙江、上海、福建等地区网民的网购习惯明显，如图3-25所示。

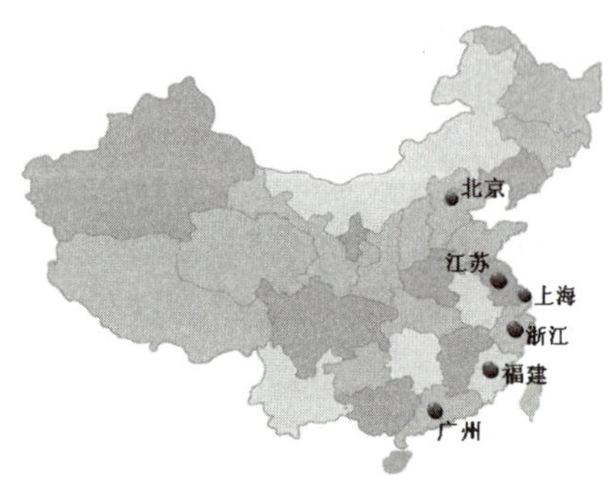

图3-25 淘宝网用户分布

3.3.2 拍拍网

1. 简介

腾讯拍拍网(www.paipai.com)是腾讯旗下知名电子商务网站。拍拍网于2005年9月12日上线发布，2006年3月13日宣布正式运营，是目前国内第二大电子商务平台。网站主题框架功能如图3-26所示。

图3-26 拍拍网功能框架

2. 商品分类

拍拍网目前主要有女人、男人、网游、数码、手机、生活、运动、学生、特惠、母婴、玩具、优品、酒店等几大频道，如图3-27所示。

图3-27 拍拍网主要商品分类

其中的QQ特区还包括QCC、QQ宠物、QQ秀、QQ公仔等腾讯特色产品及服务。拍拍网拥有功能强大的在线支付平台——财付通，为用户提供安全、便捷的在线交易服务，如图3-28所示。

图 3-28 拍拍网财付通支付平台图

3. 发展历程及品牌文化

拍拍网依托于腾讯 QQ 超过 7.417 亿的庞大用户群以及 3.002 亿活跃用户的优势资源，拍拍网具备良好的发展基础。2006 年 9 月 12 日，拍拍网上线满一周年。通过短短一年时间的迅速成长，拍拍网已经与易趣、淘宝共同成为中国最有影响力的三大 C2C 平台。2007 年 9 月 12 日，拍拍网上线发布满两周年，在流量、交易、用户数等方面获得了全方位的飞速发展。据易观国际报告显示，2007 年第二季度拍拍网获得了 20%的增长，并迅速跃居国内 C2C 网站排名第二位的领先地位。据艾瑞咨询推出的《2007—2008 中国网络购物发展报告》数据显示，2007 年中国 C2C 电子商务市场交易规模达到 518 亿元，其中拍拍网的成交额首次超越 TOM 易趣，以 8.7%的交易份额位居第二。2008 年第二季度据艾瑞咨询最新数据显示，拍拍充分整合了腾讯客户端资源并在购物体验功能上进一步优化，2008 年第二季度拍拍实现了 30%以上的环比增长。根据艾瑞咨询《2008—2009 年中国网络购物行业发展报告》研究显示，2008 年拍拍网交易额增长迅速，份额提升至 9.9%，继续稳居国内第二大电子商务平台。

拍拍网一直致力于打造时尚、新潮的品牌文化。2008 年 11 月 11 日，拍拍网正式宣布：网站新的品牌口号定位于“超值购物、值得信赖”，未来拍拍网将着力打造一个“最便捷、最贴心、最值得信赖的”的社区电子商务平台，为用户提供诚信、安全的在线网购新体验。作为腾讯“在线生活”战略的重要业务组成，拍拍网依托于腾讯 QQ 以及腾讯其他业务的整体优势，现在已成为国内成长速度最快、最受网民欢迎的电子商务网站，并且帮助几十万社会人员和大学生解决了就业问题。

3.3.3 易趣网

易趣是全球最大的电子商务公司 eBay(Nasdaq：EBAY)和国内领先的门户网站、无线互联网公司 TOM 在线于 2006 年 12 月携手组建一家合资公司。1999 年 8 月，易趣在上海创立。2002 年，易趣与 eBay 结盟，更名为 eBay 易趣，并迅速发展成国内最大的在线交易社区。秉承帮助几乎任何人在任何地方能实现任何交易的宗旨，不仅为卖家提供了一个网上创业、实现自我价值的舞台，品种繁多、价廉物美的商品资源，也给广大买家带来了全新的购物体验。2006 年 12 月，eBay 与 TOM 在线合作，通过整合双方优势，凭借 eBay 在中国的子公司 eBay 易趣在电子商务领域的全球经验以及国内活跃的庞大交易社区与 TOM 在线对本地市场的深刻理解，2007 年，两家公司将推出为中国市场定制的在线交易平台。新的交易平台将带给国内买家和卖家更多的在线与移动商机，促进 eBay 在中国市场的纵深发展。

易趣网功能框架如图 3-29 所示。

图 3-29 易趣网功能框架图

主要商品分类有：手机、电脑、数码商品、时尚男女装、家用电器、家具等，如图 3-30 所示。

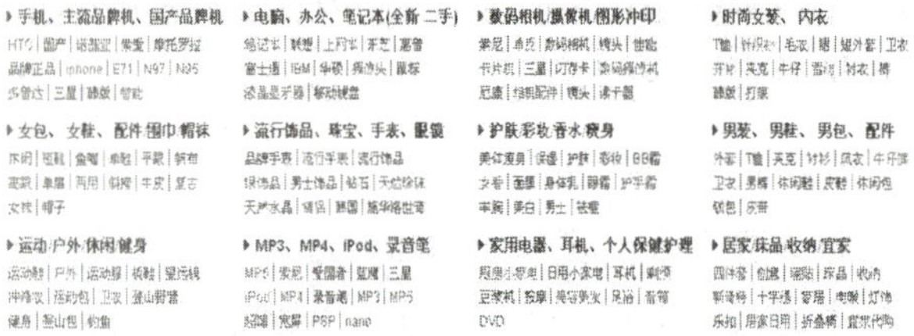

图 3-30　易趣网主要商品分类图

全球集市的特点：全球集市有海量的各国商品；代购费率透明，无支付门槛，商品价格会同时展示所在地原价和人民币到手价及换算方法，使用国内信用卡或网上银行、汇款等多种方式都可完成支付；方便快捷安全低价的物流方式，提供单包直发和合包整发两种物流方式；全中文描述外语不再是问题。

本章小结

本章主要介绍了当前市场份额占比较大的几个网店交易平台的特点、用户群、商品类别及特色服务等内容，通过本章学习可以从整体上了解当前的主流网店交易平台。

第 4 章 网店开店流程

在互联网上开设网店是电子商务的一种重要形式，网店开设成功后就可以进行诸如商品交易等电子商务活动了。本章将从网店开设平台的选择，开设网店一些必备的硬件、软件、知识储备、货源等方面展开介绍，阐述怎样对网店进行准确定位以及如何选择合适的经营模式。本章以淘宝网为例介绍网店的具体开设流程。

学习要点

- 网店平台的选择
- 网店开设必备条件
- 网店定位
- 淘宝网店开设流程

4.1 网店开店平台选择

对于初涉电子商务的创业者，选择一个最优的电子商务网络平台是很重要的一步。面对诸如淘宝、易趣、拍拍等众多的电子商务网站，如何选择则成为一个首先要考虑的问题。笔者认为要想选择一个最优的电子商务网店平台应该从以下几个方面考虑。

1. 网站品牌的知名度

网站的知名度决定了网店被网民认可接受的程度，网站的知名度越高说明。它拥有更多的网民，网店越容易被搜索到，你的顾客就越多。我们可以从一些新闻媒体的报道中或者一些研究报告中获取这些电子商务网站的排名，选择一个知名度较高的网站平台。据某知名网站统计，电子商务网站的排名如图 4-1 所示。

网上商城排行榜前50强　淘宝皇冠店铺　网购知识：如何在网上购物 ->淘宝购物图文说明 ->淘宝购物流程图

淘宝网	淘宝商城	京东商城	冬虫夏草	卓越亚马逊	当当网
拉手网	嘀嗒团	凡客诚品	1号店	F团	新蛋电脑
苏宁易购	麦包包	麦网	乐淘网	易讯网	库巴网
国美电器	中国鲜花专递网	银泰网	走秀网	红孩子	唯品会
名鞋库	乐蜂网	维棉袜子	也买酒	拍拍网	钻石小鸟
梦芭莎内衣	耀点100	逛街网	太平鸟	达芙妮官网	淘袜网
文轩网	一点达商城	新浪商城	韩国购物网	美团网	聚美优品
乐友母婴用品	米奇网	99书城	V+凡客	携程旅行网	金象大药房

图 4-1　购物网站排名

2. 网站品牌认知度

网站品牌在网络购物消费者中的认知度很大程度上决定了店铺商品的销售情况，网站的认知度越高，网络购物消费者在这个网站进行商品交易的可能性就越大，在此网站上开设网店的销售量就会越大。

北京正望咨询有限公司"2011 年网上购物消费者调查报告"指出："对我国北京、上海、广州、深圳、东部城市、中部城市、西部城市等网络购物规模较大的 30 个城市的调查中，近九成的网购消费者在提及网上购物网站时首先会想到淘宝网，几乎所有的网络购物消费者都会提到淘宝网。"典型购物网站平台品牌认知度的比较如表 4-1 所示。

表 4-1　网站品牌认知度对比

网站平台	第一提及率(%)	主动提及率(%)
淘宝	86.8	99.2
当当	2.8	29.2
拍拍	2.0	21.7
QQ 商城	—	5.8
卓越	1.5	19.2
京东商城	2.3	15.0
凡客	0.9	10.0
新蛋网	0.1	5.0
易趣	0.3	5.0
麦网	0.1	2.5
乐淘	—	1.7

报告数据显示：与去年同期相比，变化情况如表 4-2 所示。

表 4-2　网站品牌认知度变化对比

网站平台	2010年1月 (%)	2011 年 1 月 (%)	同比变化 (%)
淘宝	94.7	99.2	增长 4.5
当当	28.8	292.	增长 0.4
拍拍	20.3	21.7	增长 1.4
卓越	21.6	19.2	下降 2.4
京东商城	8.1	15.0	增长 6.9
凡客	0.9	10.0	增长 9.1
红孩子	1.2	1.3	增长 0.1
易趣	16.3	5.0	下降 11.3

3. 利用搜索引擎

可以借助搜索引擎的强大功能，输入网站平台的名称进行搜索，查看网站平台的排名情况，如图 4-2 所示。

图 4-2　利用搜索引擎进行搜索

4. 市场份额

北京正望咨询有限公司“2011 年网上购物消费者调查报告”指出：“对我国北京、上海、广州、深圳、东部城市、中部城市、西部城市等网络购物规模较大的 30 个城市的调查中，按网络购物金额计算，占有 70.8%市场份额的是淘宝，位居第一，排在 2～4 位的是京东商城、拍拍和当当”，如图 4-3 所示。

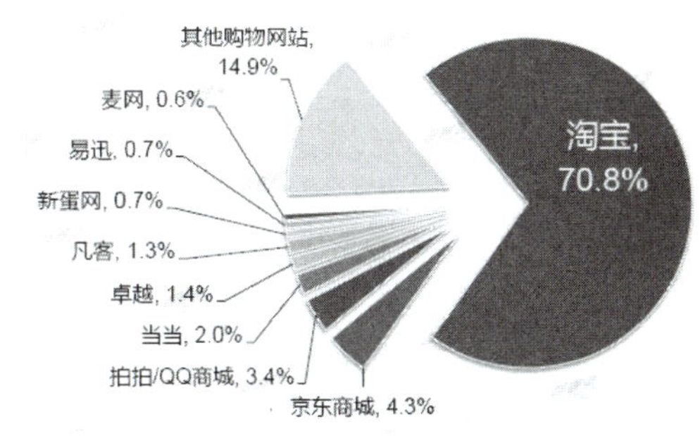

图 4-3　市场份额占有率

报告还指出，与 2009 年同期调查相比，京东商城、凡客和拍拍的市场份额均有一定程度的上升，淘宝的市场份额有稍微下降，如表 4-3 所示。

表 4-3　网站市场份额变化对比

网站平台	相对一年前变化(%)
淘宝	下降 0.9
京东商城	增长 1.1
拍拍	增长 0.4
当当	下降 0.3
卓越	增长 0.1
凡客	增长 0.8
麦网	下降 0.3
新蛋网	下降 0.2
其他购物网站	下降 0.7

5. 客户流量

选择客户流量大的网站，只有选择这样的网站，你的网店才能被更多的人所看到、光顾，才有可能购买你的商品，如图 4-4 所示。

	网站类型	推荐指数	独立访客	网站入口
1、淘宝网	(综合) 全国最大网上零售商圈	★★★★★	2100, 0000	
2、京东商城	(数码) 国内最大的网上数码商城	★★★★★	180, 0000	
3、拍拍网	(综合) 第二大网上 B2C 网上商城	★★★★★	150, 0000	
4、卓越网	(综合) 经营图书音像、数码、首饰等	★★★★★	115, 0000	
5、当当网	(图书) 主营图书音像产品	★★★★★	110, 0000	

图 4-4　购物网站访问流量

6. 网站在网络购物消费者中的渗透率

北京正望咨询有限公司“2011 年网上购物消费者调查报告”指出：“对我国北京、上海、广州、深圳、东部城市、中部城市、西部城市等网络购物规模较大的 30 个城市的调查中，与上一年相比，凡客、京东商城、拍拍以及淘宝的渗透率均有不同程度的提升，而当当、卓越和麦网的渗透率则有不同程度的下滑”，如表 4-4 所示。

表 4-4　网站在消费者中的渗透率对比

网站平台	京沪穗深(%)	东部城市(%)	中部城市(%)	西部城市(%)	总体(%)	变化(%)
淘宝	88.7	93.7	92.1	93.8	92.1	增长 3.2
京东商城	27.3	8.15	7.8	6.5	12.7	增长 5.9
拍拍	13.9	16.4	18.4	19.0	16.5	增长 5.1
当当	25.1	14.7	15.3	16.3	17.7	下降 6.1
卓越	15.8	8.6	9.3	10.0	10.8	下降 4.0
凡客	15.3	5.2	7.9	9.4	8.9	增长 6.5
麦网	3.4	1.7	1.7	1.3	2.1	下降 2.4

7. 在论坛上进行讨论

在各种论坛里，参考网友对网站平台的评价，选择那些好评多的网站平台。

8. 商品行业

商品行业要从用户所经营的商品入手，要看所要交易的商品属于哪一类，从而选择适合这类商品买卖的电子商务网站作为网店开设平台。

4.2 网上开店的必备条件

开网店需要准备的资源有很多，首先个人计算机是必不可少的硬件资源，其次需要在计算机上安装多种管理和应用软件，再次计算机需要接入互联网等，大致包括硬件设备、软件、知识规则、货源等几项内容。

4.2.1 网上开店的硬件准备

开网店最不可缺少的资源就是硬件设备，网店销售的好坏和硬件的稳定性有着很大的关系。一般情况下，不稳定的硬件资源，会导致网店的商品无法正常交易，无法及时更新和管理维护。所以说，开设网店的基本条件就是拥有稳定的硬件资源。

开网店主要从以下几个方面准备硬件资源。

(1) 计算机。开网店最基本的工具可以说是非计算机莫属了，包括网店的创建过程、网页设计、管理维护、商品的上传等都需要通过计算机来完成。就目前来讲，主流配置的计算机都能满足上述操作要求，如图 4-5 所示。

图 4-5 计算机设备

(2) 上网设备。上网是网上开店的必要条件。目前家用计算机或办公计算机，基本上都具备上网所需要的硬件配置，因此，店主只需向网络运营商申请上网服务。目前，可以提供上网服务的网络运营商有中国联通、中国电信、铁通等。上网还需要一些上网设备，比如连接计算机和网络的网线、网卡、无线路由器或者交换机等，这些设备的设置都很简单。只要稍微了解学习就可以做到。

网络的连接速度以及稳定性对网店销售也是至关重要的，只有保证网络畅通才能随时顺利地进行网络沟通、网店管理、商品交易等。

(3) 数码设备。要想进行商品交易，买家必须能够看到你的商品，而商品在网店上的表现形式就是图片等一些多媒体资料。这就需要数码设备，比如数码相机、摄像机等。通过这些设备就可以把要交易的商品拍成照片，然后再经过一些图像处理软件的优化处理后上传到网店中。这些数码设备不需要很专业，只要拍摄的照片分辨率能够达到一定清晰度就可以了，一般情况下建议使用 200 万像素以上的数码相机，如图 4-6 所示。

图 4-6 数码设备

4.2.2 网上开店的软件准备

要想利用计算机进行电子商务，还需要安装相关的软件。比如要在计算机上安装操作系统，进行网络地址设置，安装一些办公处理软件 Office 等。这些基本软件虽然可以处理一些简单的事务，但是要进行网上商品交易还必须要安装一些专业的软件。大致需要安装以下几类软件。

1. 网店设计类软件

开网店所需要的必备软件之一就是网店设计类软件。这些设计软件的主要功能就是设计网店网页程序、处理商品图片，一般经常用到的有 corelDRAW、Photoshop 等。在本书的其他章节有相关软件用法的具体介绍。

2. 网页制作软件

利用网页制作软件，可以设计出美观的网店。Dreamweaver、UltraDev、Frontpage 是目前比较常用的网页设计软件，其操作简单、容易上手。这些软件的用法在本书相关章节也有详细介绍。

3. 网络联系工具

网络联系工具主要是用来在网络上交流、沟通的工具。通过这些软件可以在买家和卖家之间建立一个信息沟通的桥梁。目前基本上每一个网民都有一种或者几种这样的聊天工具。卖家在开网店的时候，也要安装这些工具，而且应尽可能地多安装几种这类软件，腾讯 QQ、MSN、阿里旺旺等。

4. 阿里旺旺的基本使用

在淘宝网上开店必需的网络聊天工具是阿里旺旺。接下来将重点介绍它的使用方法。

(1) 下载阿里旺旺的操作步骤如下。

Step 1 登录淘宝首页 www.taobao.com，然后用鼠标左键单击阿里旺旺，如图 4-7 所示。

图 4-7 下载阿里旺旺

Step 2 进入选择页面，选择适合你的版本，要想下载买家版本先单击“买家用户”按钮，如图 4-8 所示。

图 4-8 选择买家用户

Step 3 再单击“立即下载”按钮，如图 4-9 所示。

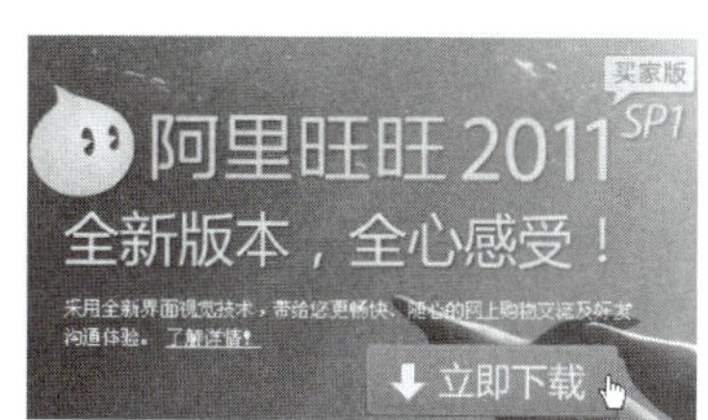

图 4-9 下载买家用户版本

Step 4 如果要想下载卖家用户版本需用鼠标左键单击“卖家用户”按钮，如图 4-10 所示。

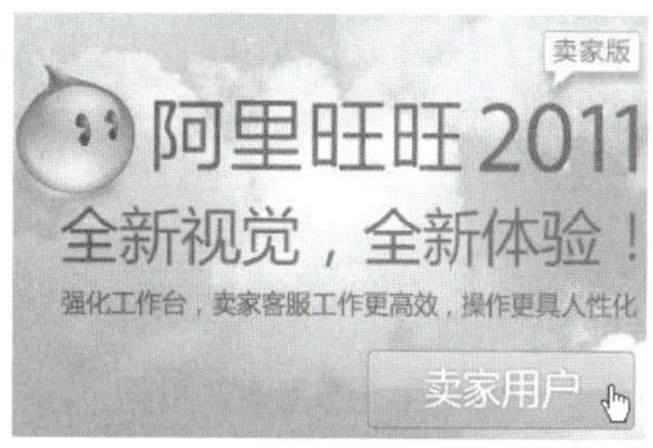

图 4-10 选择卖家用户

Step 5 单击“立即下载”按钮，如图 4-11 所示。

图 4-11 下载卖家用户版本

Step 6 用阿里旺旺能够随时随地和顾客进行沟通和交流并进行商品交易。同时还为用户准备了手机版本，可以下载安装到手机上使用，如图 4-12 所示。

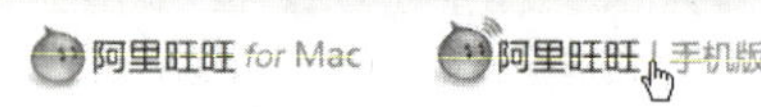

图 4-12　选择手机版本

Step 7 单击“阿里旺旺手机版”，进入下载页面，如图 4-13 所示。

图 4-13　下载手机版本

Step 8 在进行以上操作后，即可进行下载。目前用得比较多的下载工具有迅雷、快车等，如图 4-14 所示。

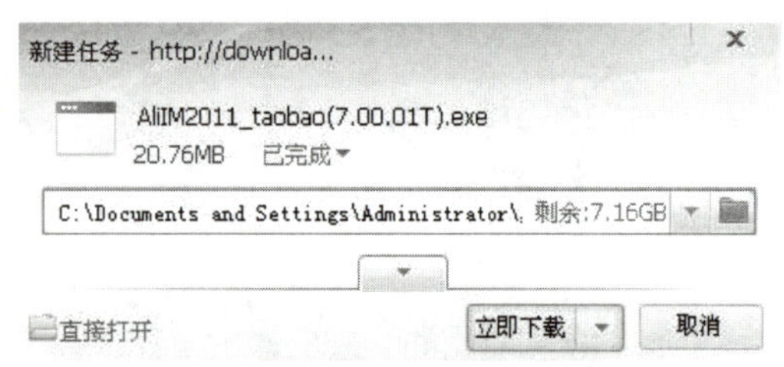

图 4-14　迅雷下载页面

Step 9 左键单击“立即下载”按钮，弹出“浏览文件”“选择存储目录”对话框，将阿里旺旺下载到计算机的指定文件夹下，如图 4-15 所示。

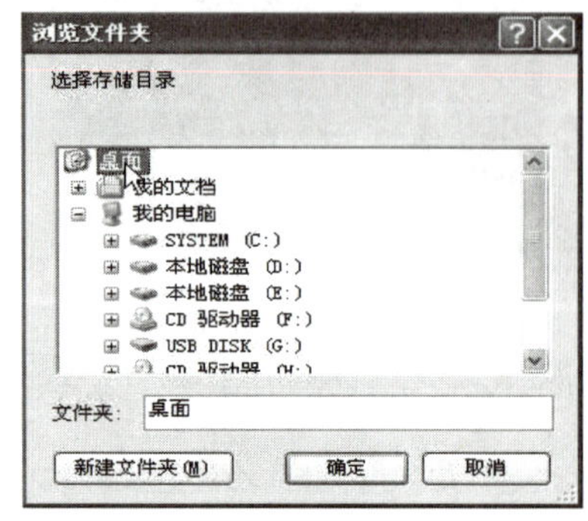

图 4-15　选择软件存放位置

Step 10 选择完成后，单击“确定”按钮，完成文件存放位置的选择。本示例把软件下载到计算机的 D 盘根目录下阿里旺旺文件夹下保存，如图 4-16 所示。

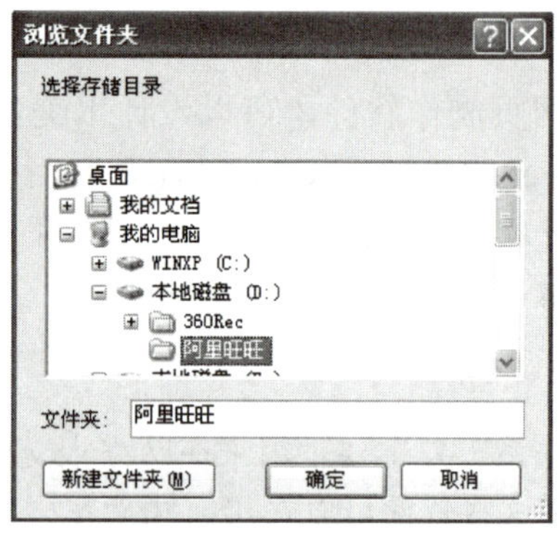

图 4-16　选择软件存放位置

Step 11 单击“确定”按钮，回到迅雷下载页面，如图 4-17 所示。

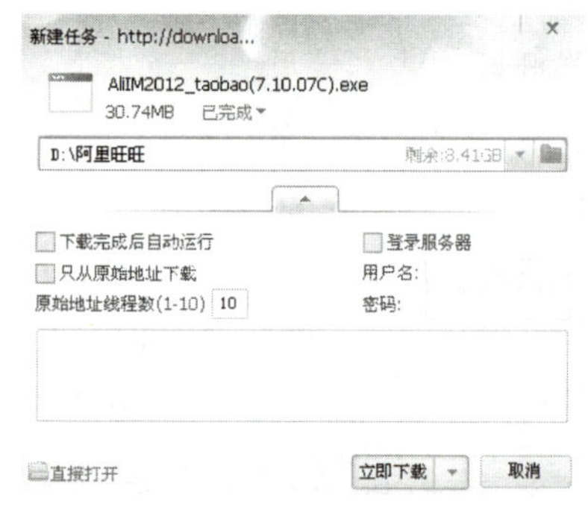

图 4-17　下载软件

Step 12 单击“立即下载”按钮，完成阿里旺旺的下载，如图 4-18 所示。

图 4-18　完成软件下载

另外，在选择手机版本的时候要选择适合你手机硬件环境的版本，比如你的手机系统是 Android 系统，那么就要下载 Android 版本的阿里旺旺进行安装，否则会导致下载的软件无法正常使用。

(2) 阿里旺旺软件安装步骤如下。

Step 1 打开阿里旺旺软件的存放目录，双击阿里旺旺软件图标，如图 4-19 所示。

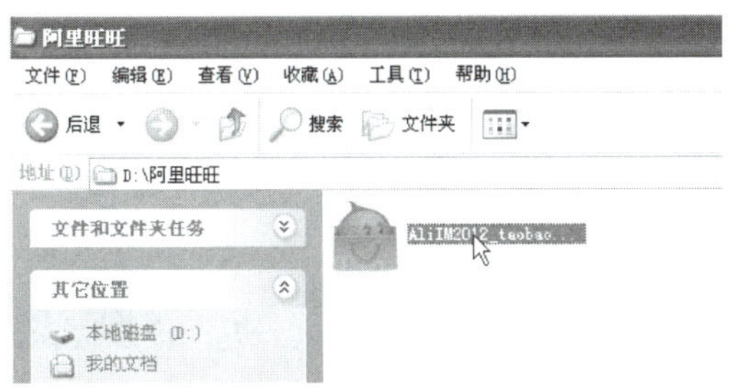

图 4-19 打开存放目录双击软件图标安装

Step 2 进入阿里旺旺安装向导界面，单击“下一步”按钮，如图 4-20 所示。

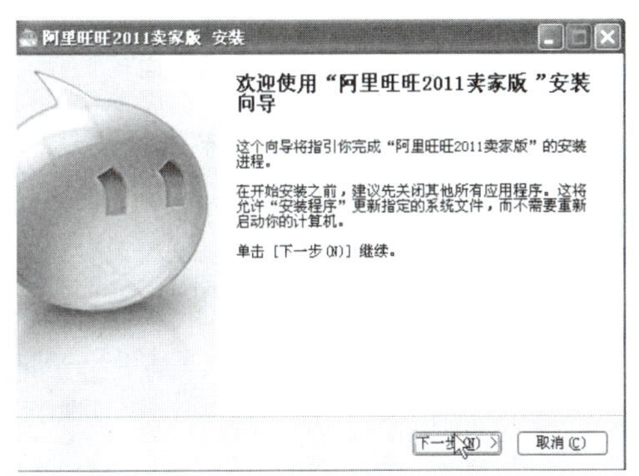

图 4-20 阿里旺旺安装向导界面

Step 3 单击许可协议界面中的“我接受”按钮，如图 4-21 所示。

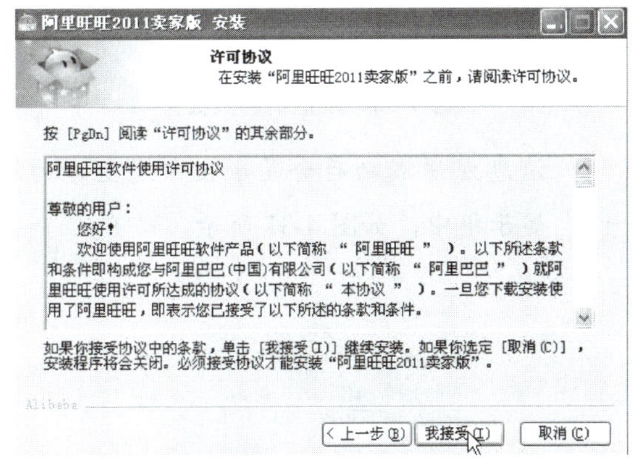

图 4-21 阿里旺旺安装许可协议界面

Step 4 阿里旺旺默认安装在 C 盘：Program Files\AliWangWang 目录中，可以单击“浏览”按钮更改安装目录，如图 4-22 所示。

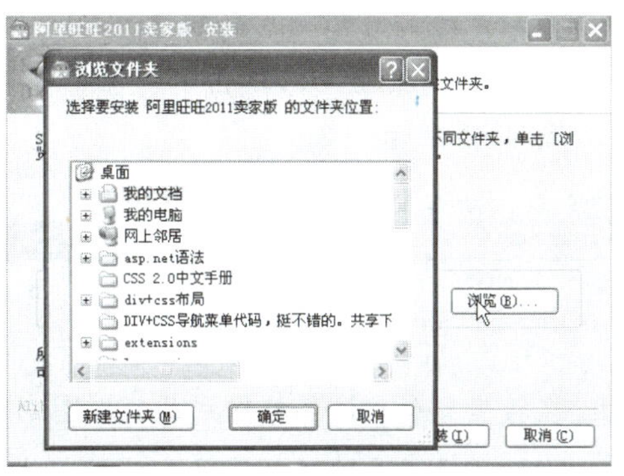

图 4-22 更改阿里旺旺安装目录

Step 5 设置好安装目录后单击“安装”按钮，如图 4-23 所示。

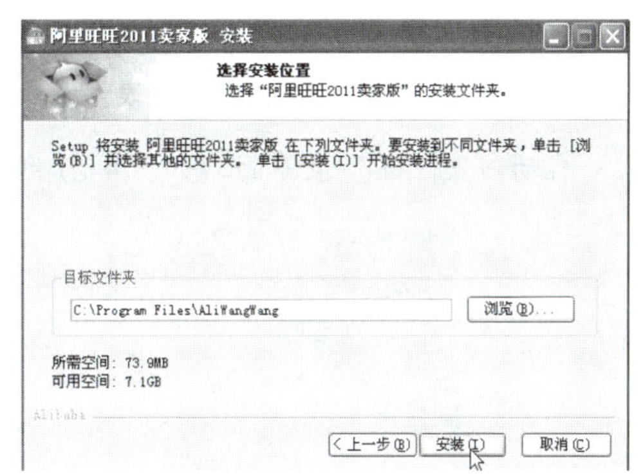

图 4-23 进行阿里旺旺的安装

Step 6 最后单击“完成”按钮，完成安装，如图 4-24 所示。

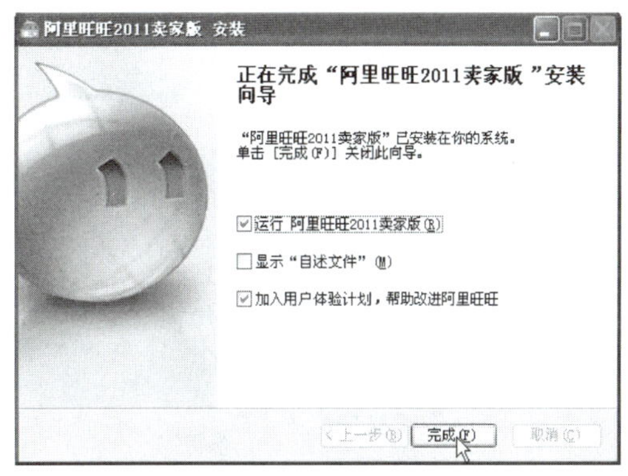

图 4-24 完成安装

(3) 阿里旺旺的基本应用方法如下。

Step 1 打开淘宝网首页，选择“宝贝”分类，在搜索框中输入准备购买的商品名称，比如“计算机组成原理”，单击“搜索”按钮，如图 4-25 所示。

图 4-25 淘宝搜索框

Step 2 在搜索到的“计算机组成原理”图书的列表中，选择想要购买的商品，然后单击“和我联系”图标按钮，如图 4-26 所示。

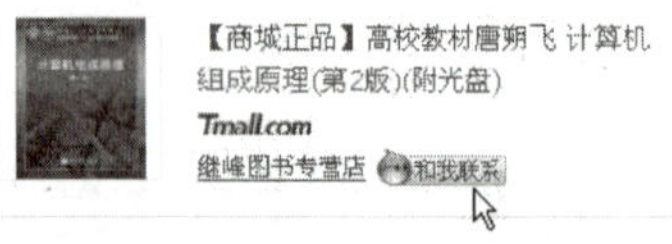

图 4-26 淘宝搜索到的商品列表

Step 3 启动阿里旺旺登录界面，如图 4-27 所示。

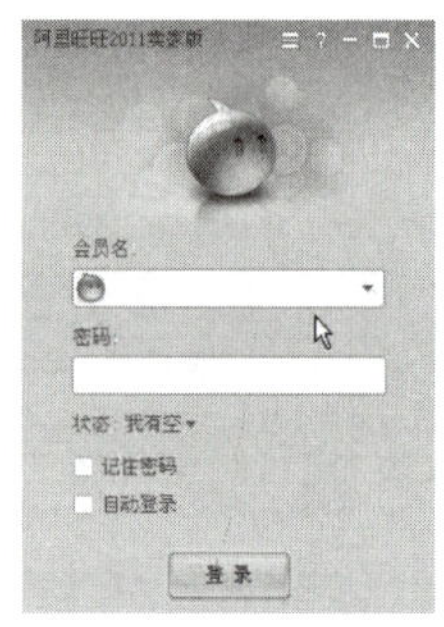

图 4-27 阿里旺旺登录界面

Step 4 输入会员名及密码，单击“登录”按钮，如图 4-28 所示。

图 4-28 登录阿里旺旺

Step 5 登录成功后，弹出阿里旺旺客服工作台会话页面。其中，左边框是洽谈用户列表；中间是消息显示对话框；右边是商品信息显示列表，如图 4-29 所示。

图 4-29 阿里旺旺会话页面

Step 6 在消息框中输入文字，单击“发送”按钮，如图 4-30 所示。

图 4-30 发送消息页面

Step 7 消息发送成功后会显示在中间上方的消息显示框中，如图 4-31 所示。

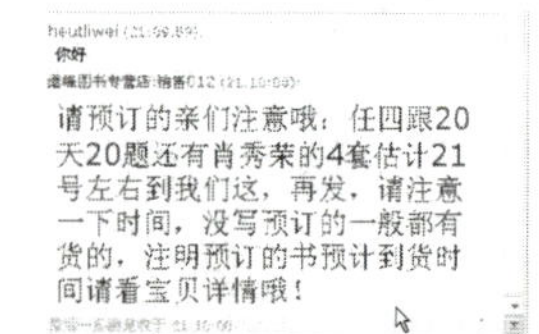

图 4-31 消息发送成功页面

(4) 在阿里旺旺中添加好友的操作步骤如下。

Step 1 如果正在和一个不是好友的商友交谈，如图 4-32 所示。

图 4-32 和陌生人交谈页面

Step 2 单击“加为我的好友”图标按钮，如图 4-33 所示。

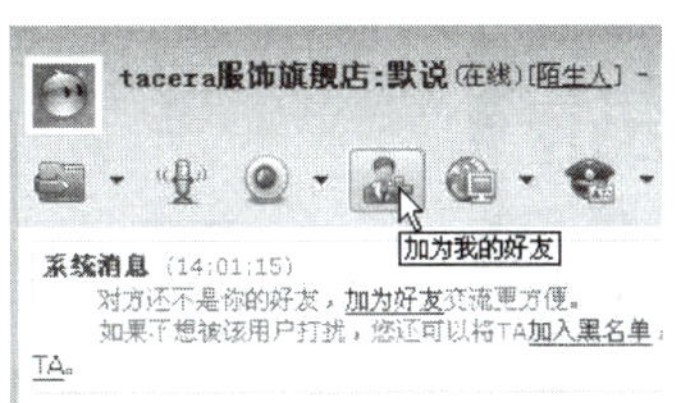

图 4-33 添加好友

也可以单击“加为好友”文字链接，如图 4-34 所示。

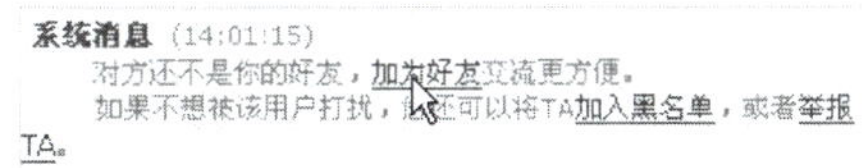

图 4-34 添加好友

Step 3 打开安全验证对话框，输入系统给出的“验证字符”，单击“确定”按钮，如图 4-35 所示。

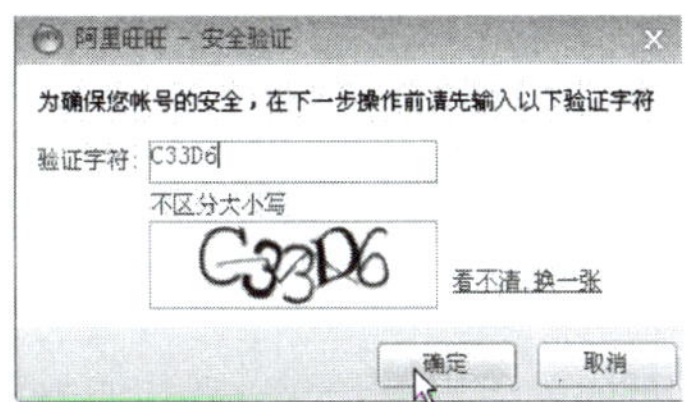

图 4-35 安全验证

技巧

如果系统给出的验证字符比较模糊或者不好辨别，可以单击字符后边的“看不清，换一张”链接，系统会显示新的验证字符，如图 4-36 所示。

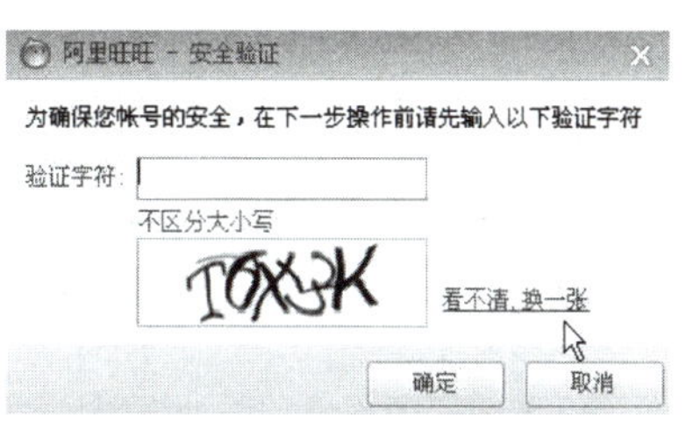

图 4-36 更换验证字符

Step 4 添加的会员会出现在阿里旺旺的好友列表中，如图 4-37 所示。

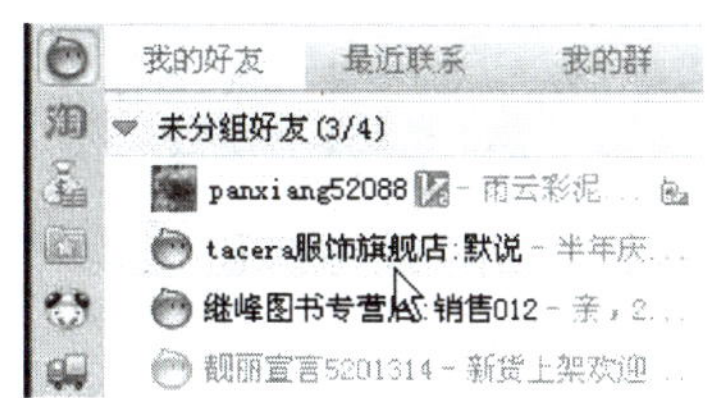

图 4-37 好友列表

以上讲述的添加方法是和商友交流的过程中进行的，阿里旺旺还提供了查找商友进行添加的方式添加好友。操作步骤如下所述。

Step 1 打开阿里旺旺，单击窗口右下角的“添加好友”按钮，如图 4-38 所示。

图 4-38 添加好友

或者用鼠标右键单击“未分组好友”，在弹出的快捷菜单中选择“添加好友”命令，如图 4-39 所示。

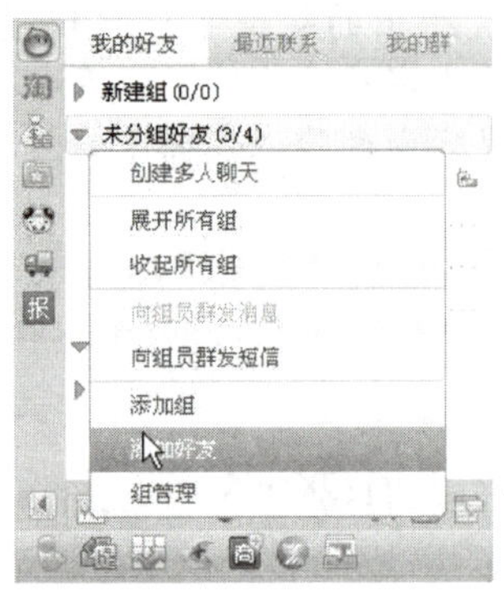

图 4-39　添加好友

Step 2　打开“查找/添加”对话框，其中有三种查找方式：基本查找、高级查找和群查找。用户可以在这几种查找方式中进行切换。基本查找可以精确地查找某个会员；高级查找可以根据国家、性别、省份、城市、年龄、职业等条件进行查找；群查找是专门用来查找群的。

这里切换到“基本查找”选项卡，选择“精确查找”单选按钮，在“会员名”文本框中输入要查找的会员名称，单击“查找”按钮，如图 4-40 所示。

图 4-40　精确查找会员

选择要添加的用户单击“加为好友”按钮，即可进入安全验证页面，如图 4-35 所示，正确输入验证字符，单击“确定”按钮，好友即可添加成功，如图 4-41 所示。

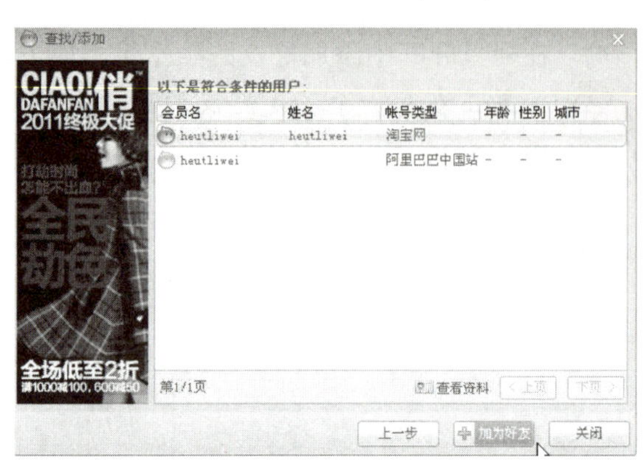

图 4-41　添加好友

如果要用“高级查找”方式查找，可以利用下拉列表框来选择要查找的范围，例如要在淘宝账号中进行查找，那么单击账号类型下拉列表框中的下拉箭头，选择“淘宝”即可，如图 4-42 所示。

图 4-42　高级查找

其他项目的选择也按照这种方法操作即可。选择完成后，单击“查找”按钮，完成高级查找，如图 4-43 所示。

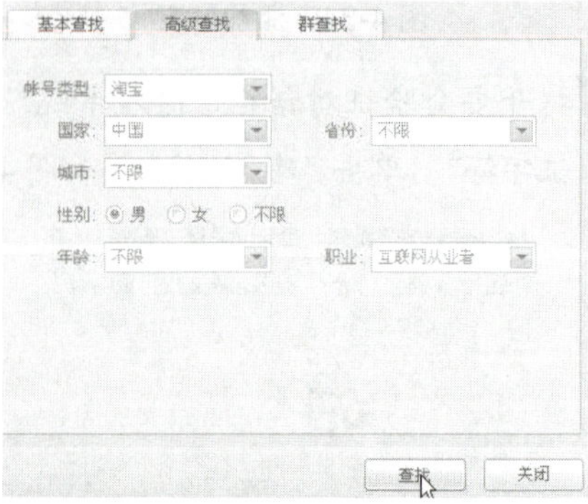

图 4-43　高级查找

提示

要想和好友列表中的好友交流，只要双击列表中的会员名字图标即可打开会话对话框。

(5) 设置阿里旺旺信息字体。

设置阿里旺旺信息字体的操作步骤如下。

Step 1 单击“设置字体”按钮，如图 4-44 所示。

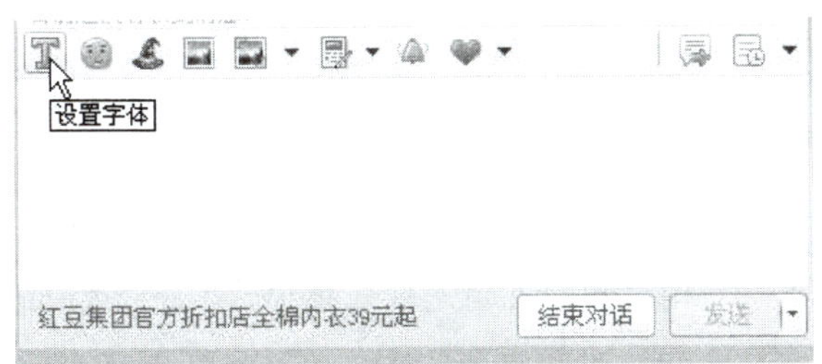

图 4-44 单击“设置字体”图标按钮

Step 2 展开字体设置下拉列表框，选择字体，如图 4-45 所示。

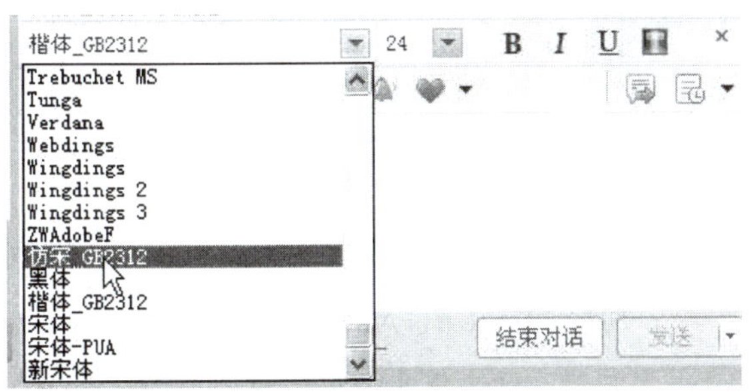

图 4-45 设置字体类型

Step 3 设置字号大小，如图 4-46 所示。

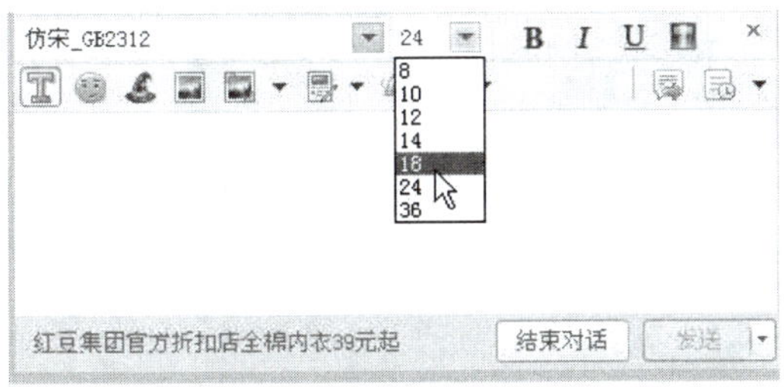

图 4-46 设置字号大小

Step 4 单击“粗体”图标按钮设置粗体，如图 4-47 所示。

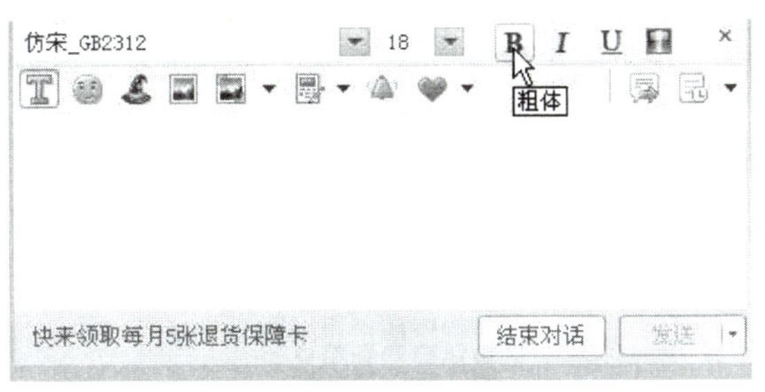

图 4-47 设置粗体

Step 5 单击“斜体”按钮设置斜体，如图 4-48 所示。

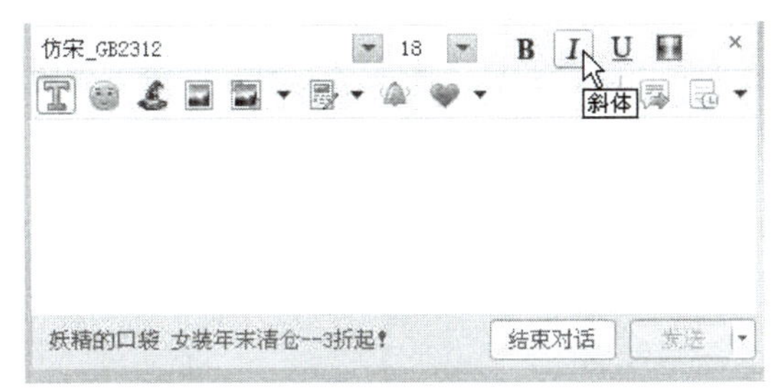

图 4-48 设置斜体

Step 6 单击“下划线”设置按钮，为文字添加下划线，如图 4-49 所示。

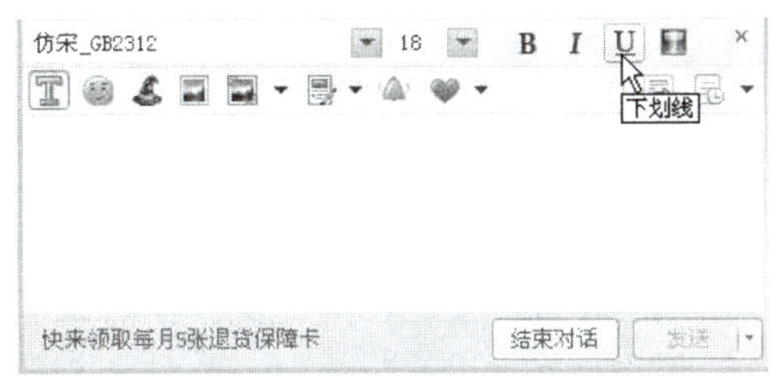

图 4-49 设置下划线

Step 7 单击“颜色”设置按钮，如图 4-50 所示，可以展开颜色面板，如图 4-51 所示，从中可以为文字选择颜色。

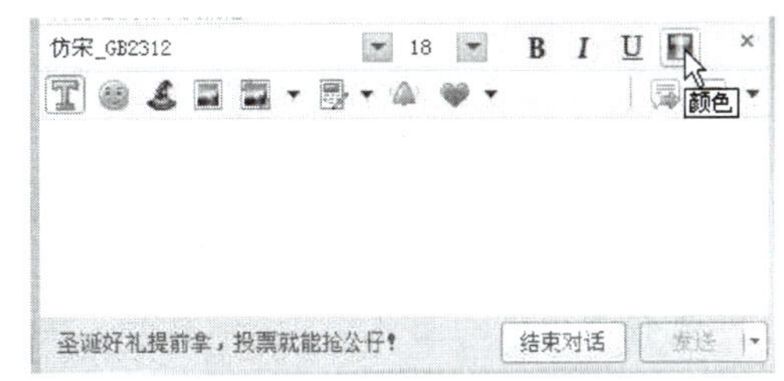

图 4-50 单击“颜色”设置按钮

Step 8 单击各种颜色选择按钮，设置字体的颜色，如图 4-51 所示。

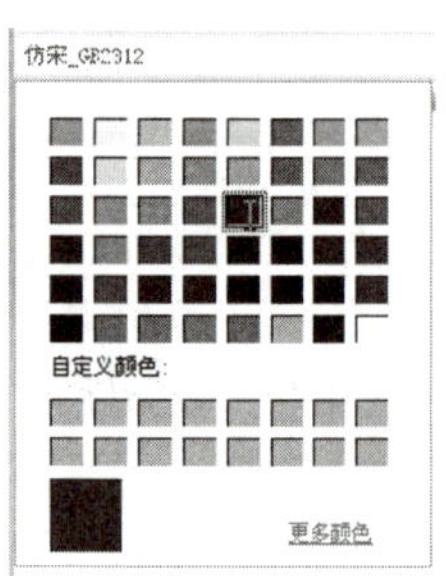

图 4-51 设置字体颜色

Step 9 设置完成后，单击“关闭”按钮，如图 4-52 所示。

图 4-52 关闭字体设置

提 示

设置个性鲜明的字体会让信息变得更加醒目，从而吸引客户注意，使关注度增加。

(6) 用阿里旺旺发送图片的操作步骤如下。

Step 1 单击“发送图片”按钮，如图 4-53 所示，打开图片选择对话框。

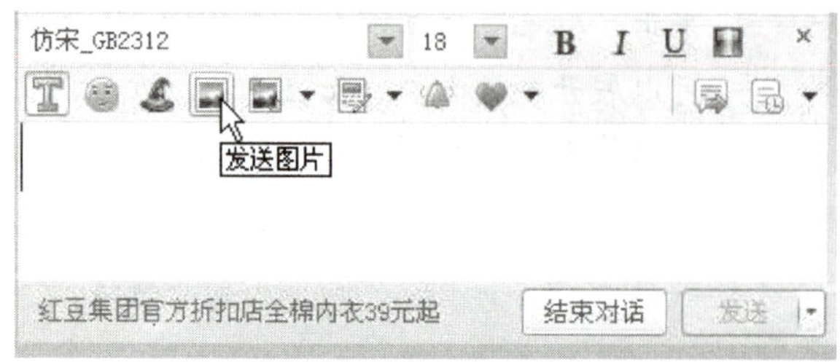

图 4-53 单击“发送图片”按钮

Step 2 选择要发送的图片，单击“打开”按钮，如图 4-54 所示。

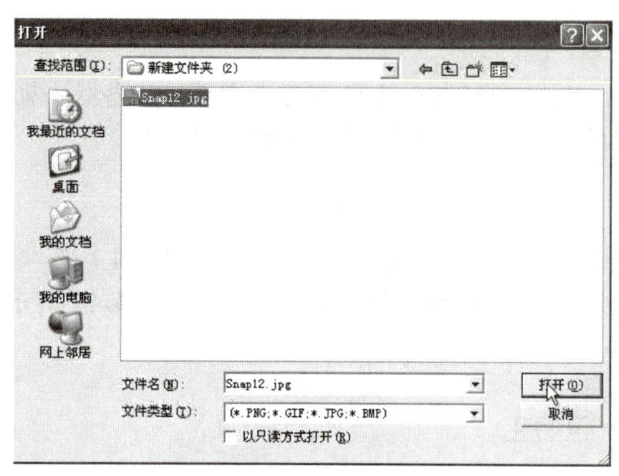

图 4-54 选择发送的图片

Step 3 图片出现在消息输入框中，单击“发送”按钮，图片就会发送成功，如图 4-55 所示

图 4-55 发送图片

(7) 利用阿里旺旺截图的操作步骤如下。

Step 1 同时按下 Ctrl+Alt+P 组合键，然后按住鼠标左键，框选想要截取的图片区域，如图 4-56 所示。

图 4-56 选择截图区域

Step 2 单击“完成”按钮，截取的图片就会显示在

消息输入框中，如图 4-57 所示。

图 4-57 阿里旺旺截图

Step 3 单击“发送”按钮，图片就会发送给对方。

提 示

某些情况下，不能利用文字表述清楚意思的时候，借助图片是一种很好的办法。给对方发送图片有两种方式：一是发送保存在计算机中的图片，二是利用阿里旺旺截取图片进行发送。

(8) 利用阿里旺旺的小工具的操作步骤如下。

Step 1 单击“小工具”按钮，如图 4-58 所示。

图 4-58 阿里旺旺小工具

Step 2 在下拉列表中选择“记事本”工具打开记事本，如图 4-59 所示。

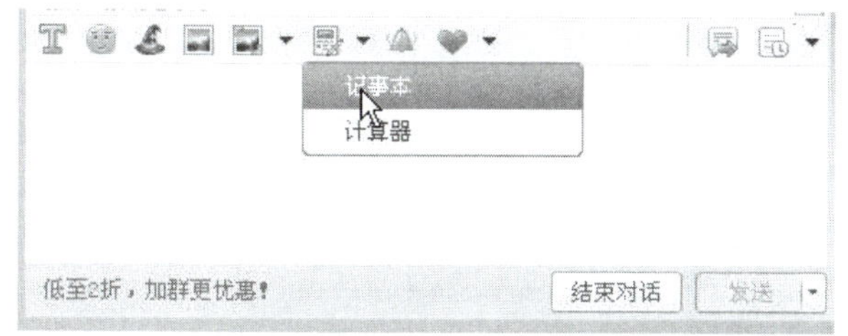

图 4-59 小工具列表

Step 3 以同样的方式选择计算器就可以打开计算器工具，如图 4-60 所示。

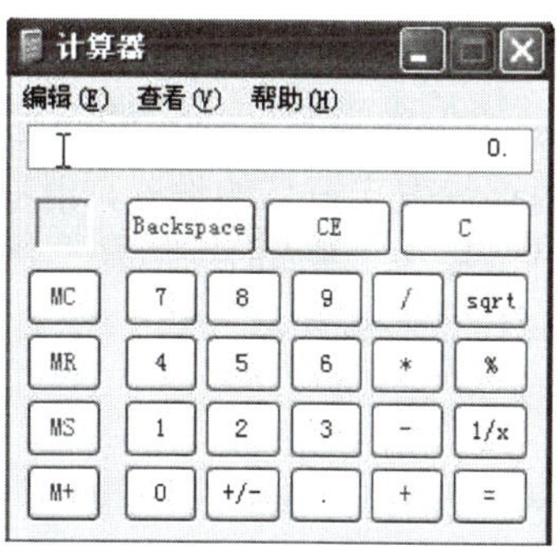

图 4-60 计算器界面

提 示

当需要用到计算器计算商品的价格或者需要记录一些地址、电话、邮编的时候，这两个小工具是很有用的。

(9) 查看消息记录的操作步骤如下。

Step 1 单击“查看消息记录”按钮，如图 4-61 所示。

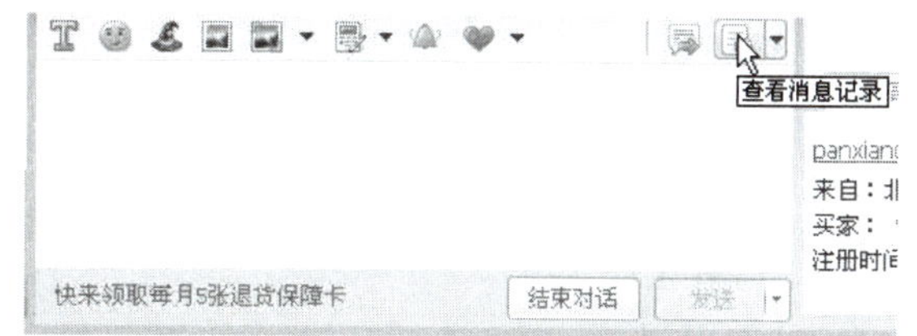

图 4-61 查看消息记录

Step 2 打开消息记录列表，如图 4-62 所示。

图 4-62 查看消息记录

Step 3 再次单击“查看消息记录”按钮，消息记录列表隐藏。

(10) 在阿里旺旺中，可以对消息记录进行设置，包括消息记录的保存设置、显示的消息记录数的设置、短时间内连续发送消息的设置、消息记录保存在服务端的设置。操作步骤如下。

Step 1 在软件界面的底部，单击“系统设置”按钮，如图 4-63 所示。

图 4-63 系统设置

Step 2 进入系统设置界面，单击“聊天设置”选项，如图 4-64 所示。

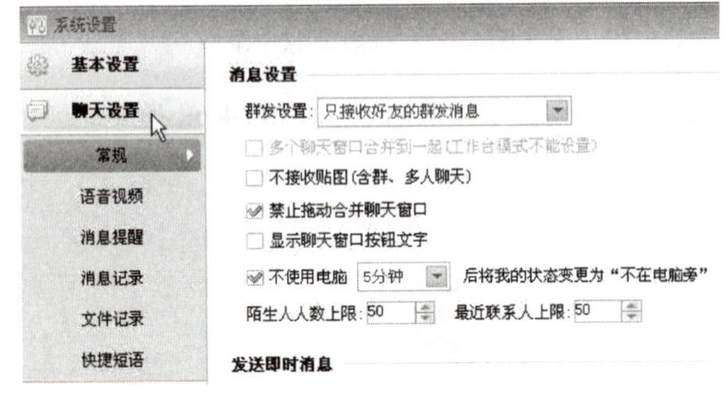

图 4-64 “聊天设置”选项

提 示

聊天设置选项包括“常规”、“语音视频”、“消息提醒”、“消息记录”、“文件记录”、“快捷短语”等内容，用户可以一一打开进行相关设置。

Step 3 单击“消息记录”选项，进入消息记录的相关设置，如图 4-65 所示。

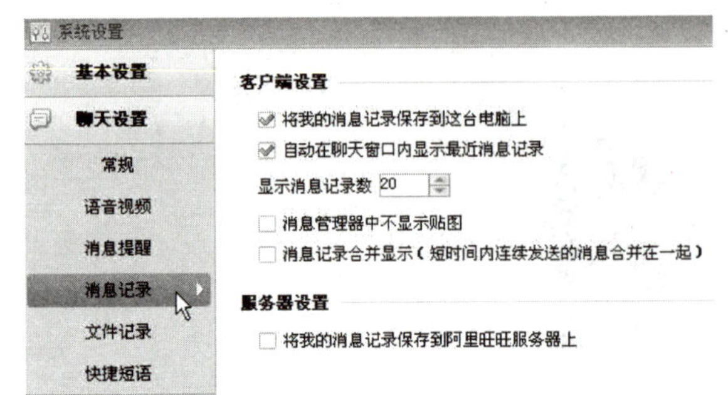

图 4-65 “消息记录”设置选项

Step 4 用户可以单击“客户端设置”和“服务器设置”选项组下面的复选框进行选择，如图 4-66 所示。

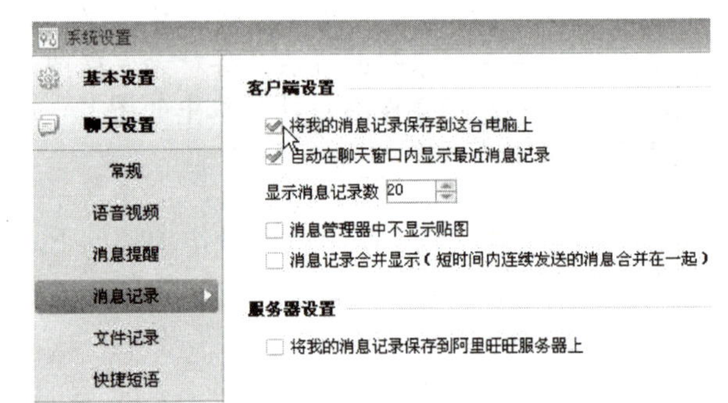

图 4-66 设置消息记录

提 示

用户一定要妥善保存聊天消息记录，当交易双方产生纠纷的时候，可以作为当时交易的证据，这对买卖双方都很重要。

Step 5 单击“文件记录”选项，进入文件记录设置选项，如图 4-67 所示。

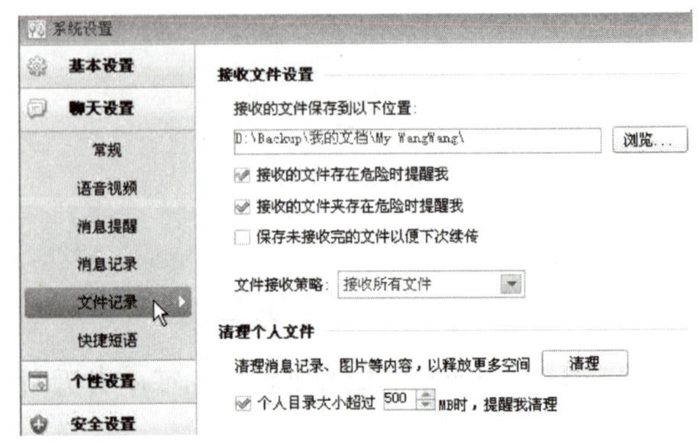

图 4-67 “文件记录”设置选项

Step 6 与步骤 4 的操作相同，可以单击右边“接收文件设置”和“清理个人文件”选项组下面的复选框进行选择。

Step 7 要更改接收文件的存放目录，可以单击“浏览”按钮进行选择，确定后设置生效，如图 4-68 所示。

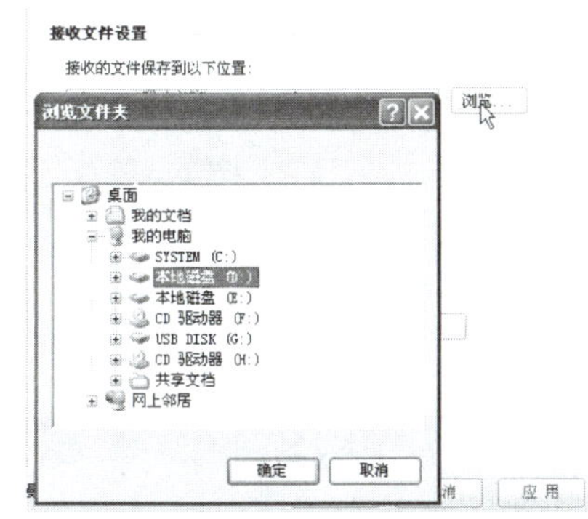

图 4-68 接收文件存放目录设置

Step 8 快捷短语的设置。单击“快捷短语”选项，如图 4-69 所示。

图 4-69 打开“快捷短语”设置页面

Step 9 单击“插入”按钮。打开“新增快捷短语”对话框，如图 4-70 所示。

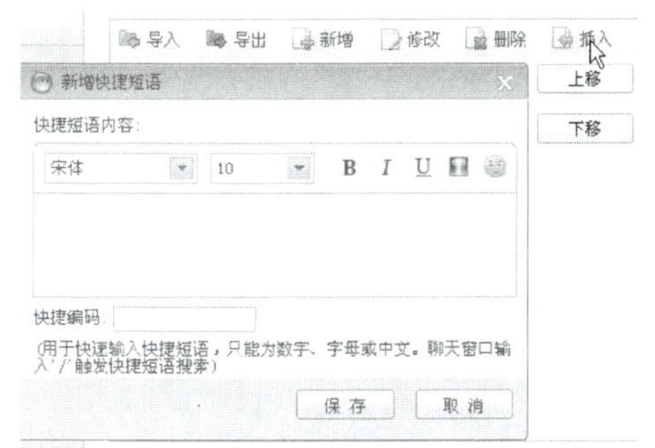

图 4-70 “新增快捷短语”对话框

Step 10 在内容输入框中输入常用短语，单击“保存”按钮，如图 4-71 所示。

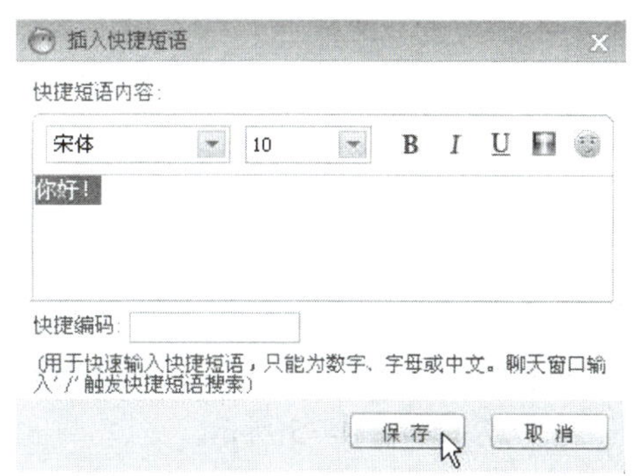

图 4-71 输入短语

Step 11 添加完成，如图 4-72 所示。

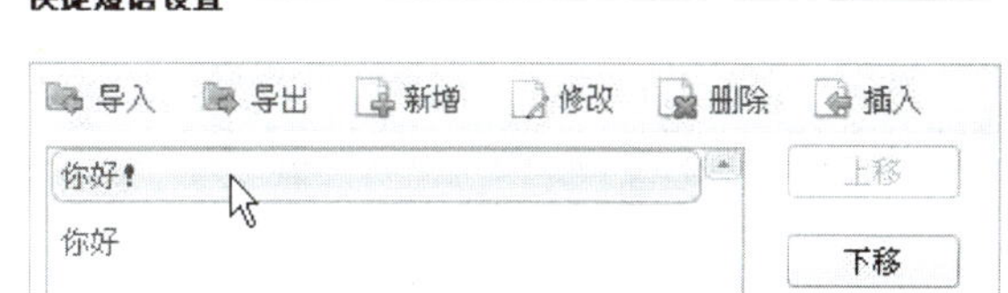

图 4-72 显示设置完成的快捷短语

提示

如果用户想对快捷短语的内容进行修改，可以单击“快捷短语”设置选项中的“修改”按钮。要删除不用的快捷短语，只需单击“删除”按钮即可。用户还可以更改快捷短语的排列顺序，通过“上移”和“下移”两个按钮来实现。

Step 12 在和顾客交谈中应用快捷短语。在聊天对话框中单击“快捷短语”按钮，如图 4-73 所示。

图 4-73 单击“快捷短语”按钮

Step 13 打开“快捷短语”列表，单击其中的某个快捷短语，如图 4-74 所示。

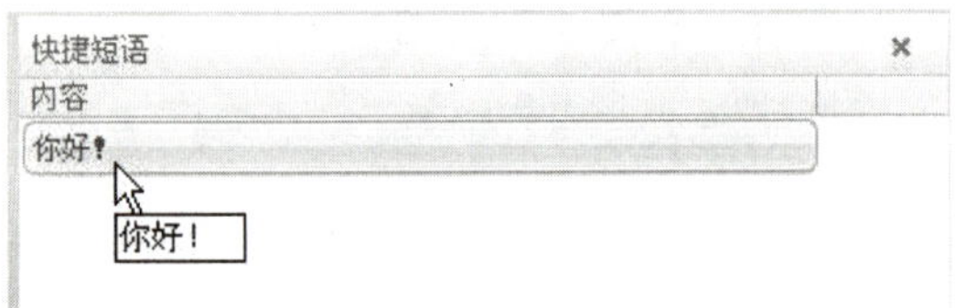

图 4-74　选择快捷短语

Step 14 快捷短语就会添加到聊天窗口的信息输入框中，单击“发送”按钮，快捷短语快速发送完成，如图 4-75 所示。

图 4-75　发送快捷短语

提　示

使用快捷短语会让打字速度比较慢或一些比较忙的卖家节省很多时间。通过设置一些常用的快捷短语(谢谢、不客气、没关系、产品内容介绍)，可以同时快速应付多个客户的问题，给顾客留下好的印象。

Step 15 自动回复设置。依次单击“系统设置”→“客服设置”→“自动回复设置”打开“自动回复设置”选项卡，如图 4-76 所示。

Step 16 单击“自动回复内容”标签，如图 4-77 所示。

Step 17 单击“新增”按钮，打开“新增自动回复”对话框，如图 4-78 所示。

Step 18 在“新增自动回复”输入框中，添加用户想要自动回复的内容，单击“保存”按钮，添加成功，如图 4-79 所示。

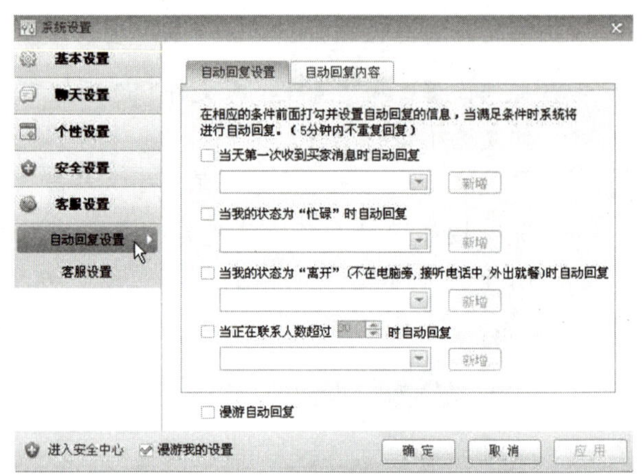

图 4-76　“自动回复设置”选项

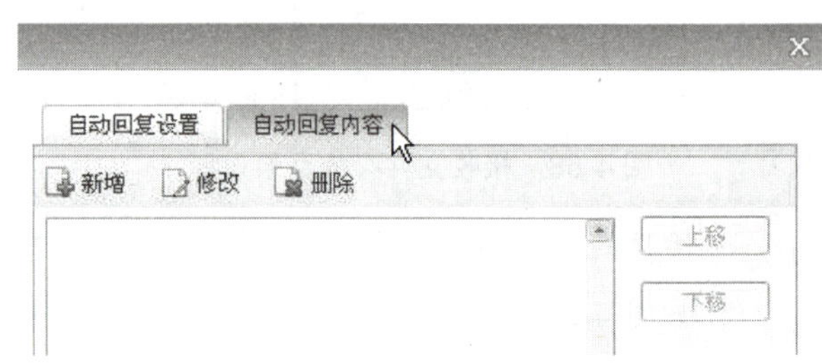

图 4-77　自动回复内容设置

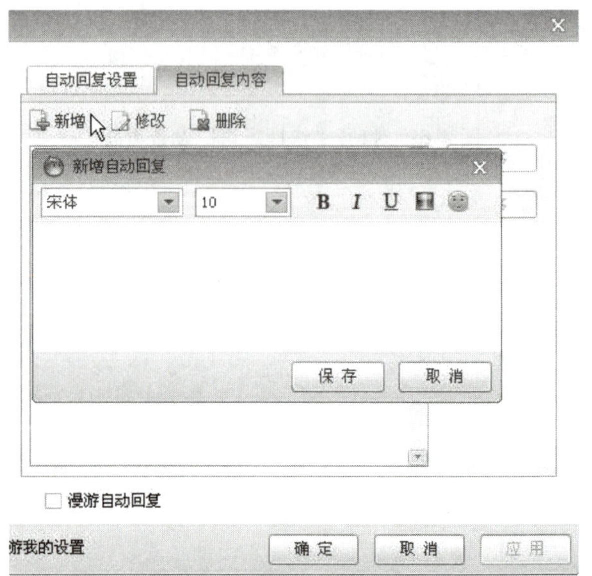

图 4-78　新增自动回复内容

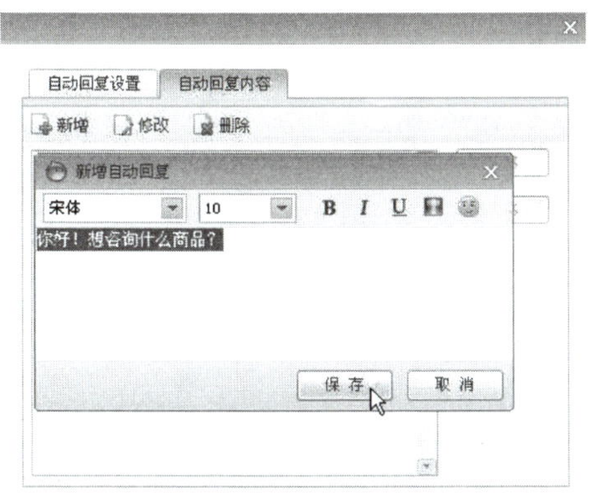

图 4-79　编辑自动回复内容

Step 19　单击“确定”按钮，退出系统设置对话框，如图 4-80 所示。

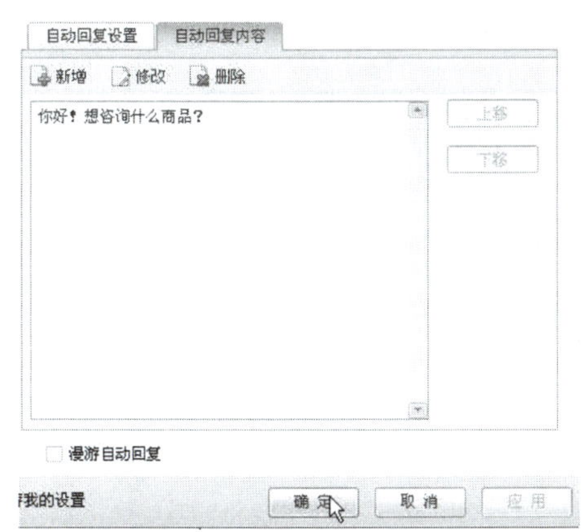

图 4-80　退出自动回复设置

技巧

如果有事不在计算机旁的时候，可以设置为自动回复状态，让顾客知道，你不在线，也就不会一直等待你的回复。除此之外，也可以把店铺的产品介绍设置为自动回复的内容，起到宣传的作用。但是一定要注意，你办完事情回到电脑旁边的时候一定要取消自动回复状态。

Step 20　应用自动回复设置。依次单击“系统设置”→“客服设置”→“自动回复设置”，如图 4-81 所示。

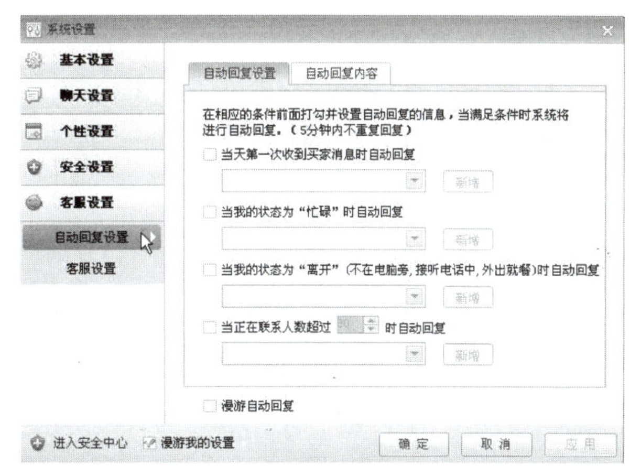

图 4-81　应用自动回复设置

Step 21　选择应用自动回复的条件。如果满足选择的条件就自动回复。第一种情况是：当天第一次收到买家消息时自动回复，选择前面的复选框，如图 4-82 所示。

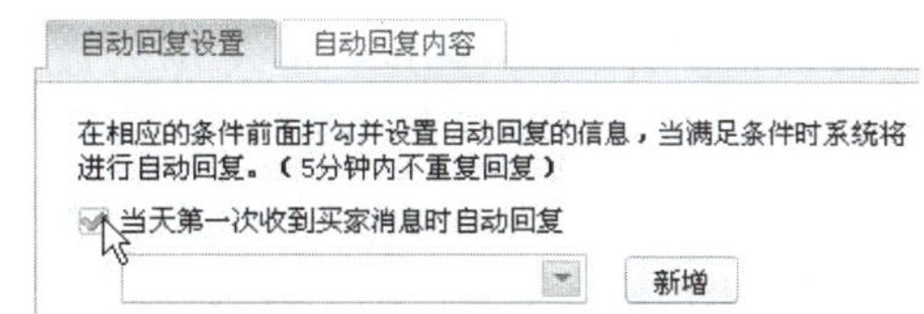

图 4-82　选择自动回复条件

Step 22　单击下拉列表框，选择要自动回复的内容，如图 4-83 所示。

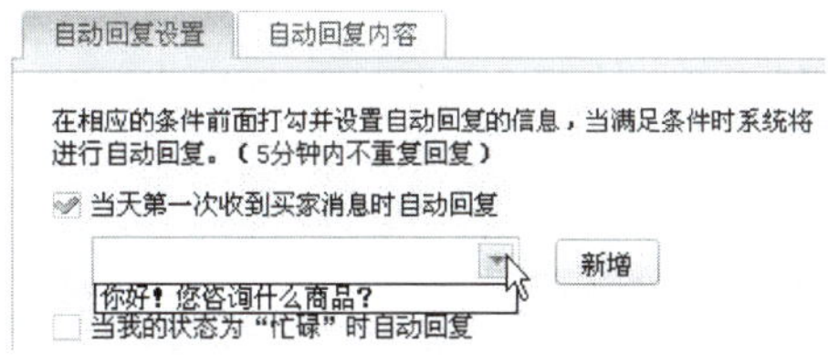

图 4-83　选择自动回复内容

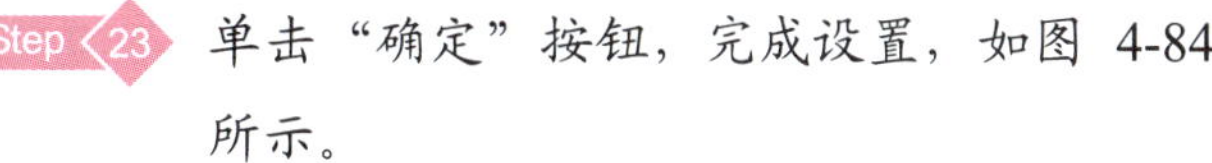
Step 23　单击“确定”按钮，完成设置，如图 4-84 所示。

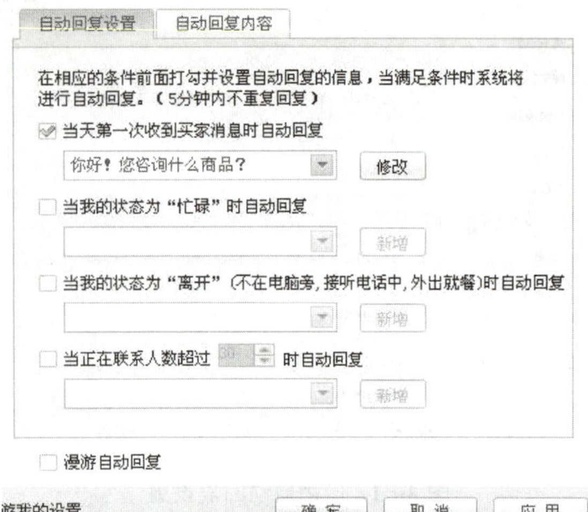

图 4-84 完成自动回复设置

也可以用同样的方法，选择另外三人条件，分别为：当我的状态为“忙碌”时自动回复；当我的状态为“离开”(不在电脑旁，接听电话中，外出就餐)时自动回复；当正在联系人数超过一定人数(人数的设置是可以根据用户的使用习惯自定义的，可以单击微调框来增加或者减少)时自动回复。然后进行自动回复内容的设置，单击“确定”按钮完成设置，如图 4-85 所示。

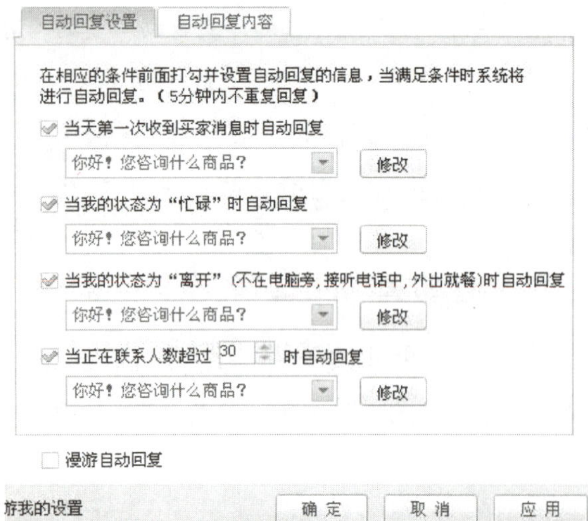

图 4-85 其他自动回复内容的设置

(11) 好友分组管理的操作步骤如下。

Step 1 右键单击“未分组好友”列表框，如图 4-86 所示。

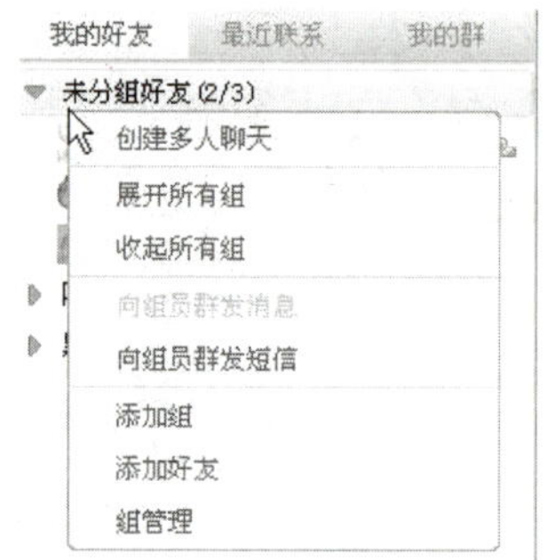

图 4-86 “未分组好友”快捷菜单

在弹出的快捷菜单中选择“添加组”命令，如图 4-87 所示。

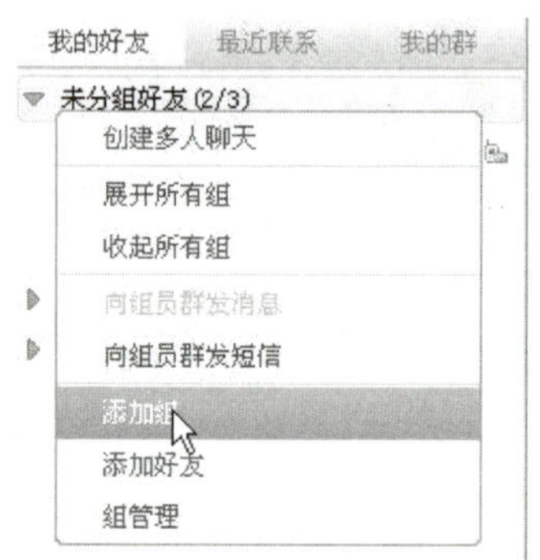

图 4-87 选择“添加组”命令

Step 3 输入组的名称，例如“商品 1”，如图 4-88 所示。

图 4-88 给组添加命名

按 Enter 键，完成组的创建，如图 4-89 所示。

Step 5 添加好友到新建的组中，例如：把好友“网店装修实战 2”添加到“商品 1”组中。右击“网店装修实战 2”图标，如图 4-90 所示。

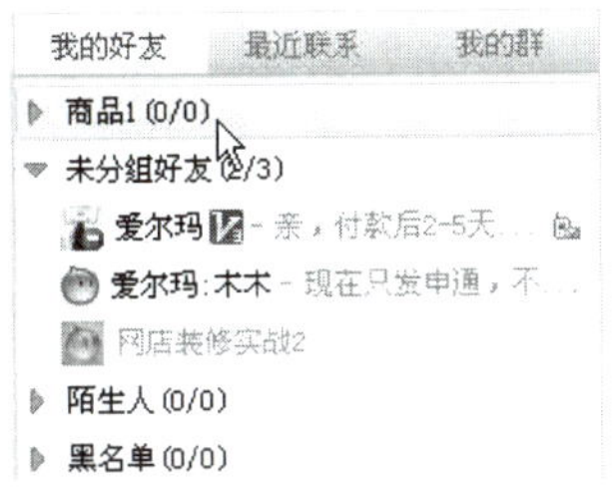

图 4-89　好友分组管理

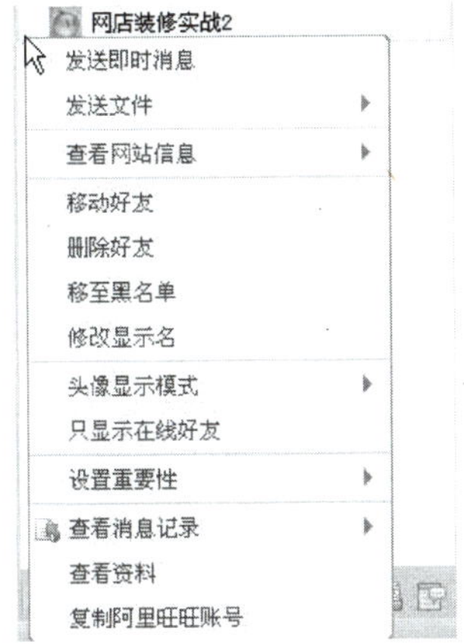

图 4-90　右击好友

Step 6 在弹出的快捷菜单中选择“移动好友”命令，如图 4-91 所示。

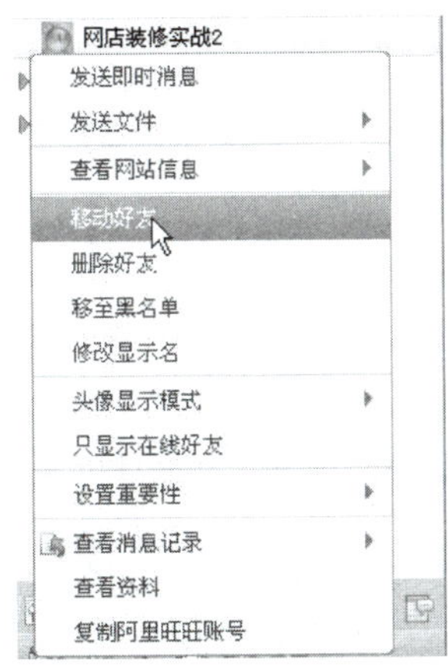

图 4-91　移动好友

Step 7 打开“选择组”对话框，单击“商品 1”，如图 4-92 所示。

Step 8 单击“确定”按钮，完成好友的移动。展开“商品 1”组，就会看到好友“网店装修实战 2”已经移动到“商品 1”组中了，如图 4-93 所示。

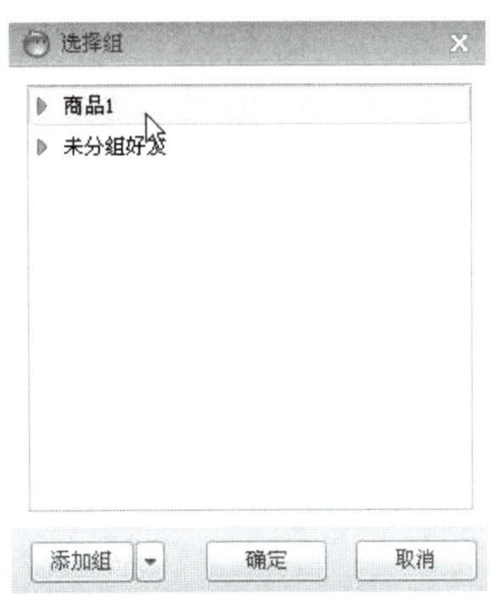

图 4-92　选择组

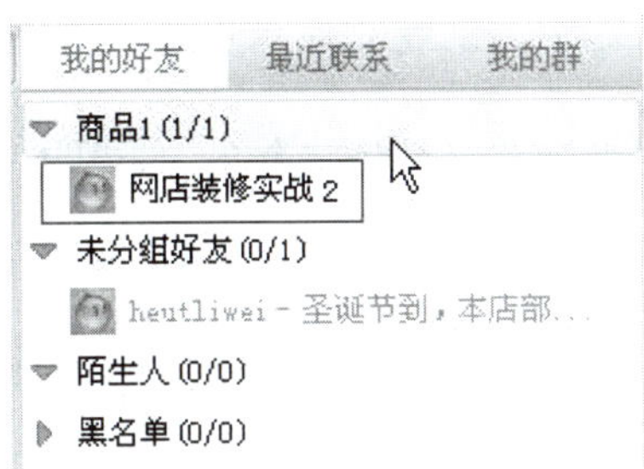

图 4-93　显示移动完成的好友列表

技巧

随着使用阿里旺旺时间的增长，好友会越来越多，要想快速地从上百个网友当中找到某个网友，给好友分组是一个很好的方法。可以把网友分为卖家和买家；也可以按网友的信誉度分为几个级别，例如：“一级买家”为信誉度最好的买家，“二级买家”为信誉度较好的买家，“三级买家”为信誉度较差的买家。方便以后交易管理。

(12) 给好友发送文件的操作步骤如下。

Step 1 双击好友图标，如图 4-94 所示。

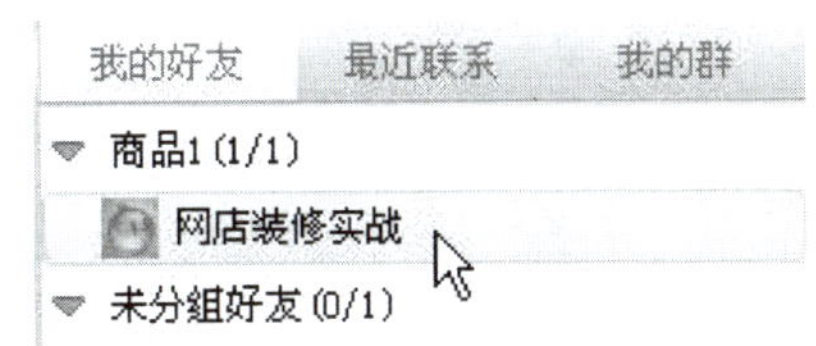

图 4-94　双击好友

Step 2 单击“发送文件”按钮，如图 4-95 所示。

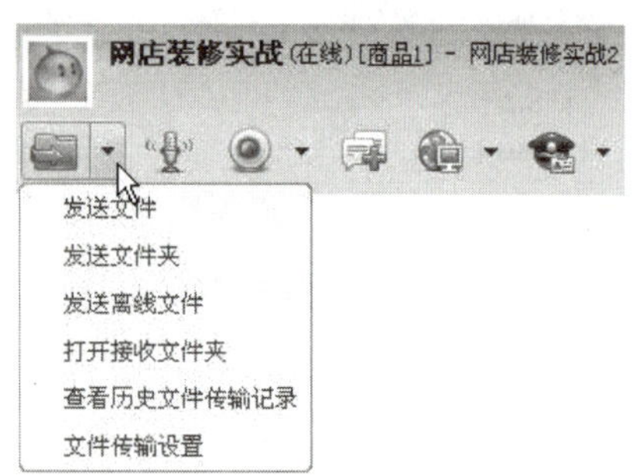

图 4-95 单击“发送文件”按钮

注意

这里可以发送的文件类型有：普通文件、文件夹、离线文件。当好友不在线的时候，可以给好友发送离线文件，离线文件保存在服务器上。

Step 3 选择“发送文件”命令，如图 4-96 所示。

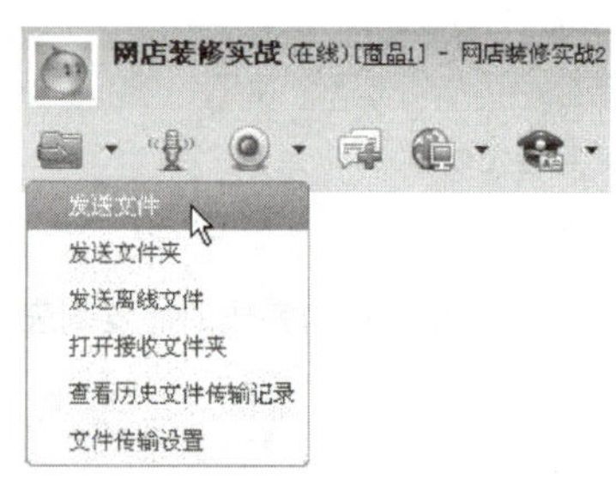

图 4-96 选择“发送文件”命令

Step 4 选择要发送的文件，如图 4-97 所示。

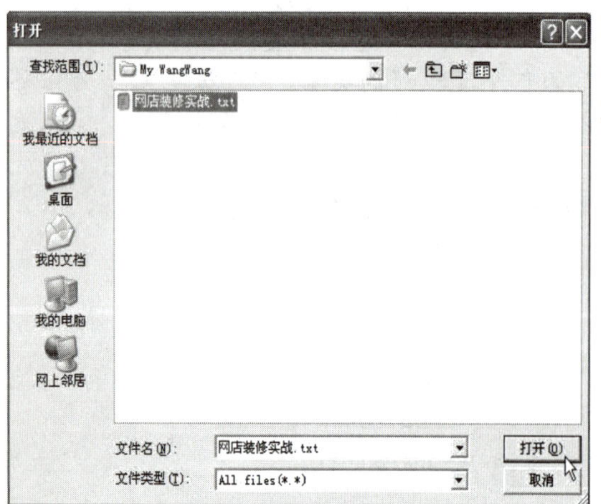

图 4-97 选择发送文件

Step 5 单击“打开”按钮，等待对方接收，如图 4-98 所示。

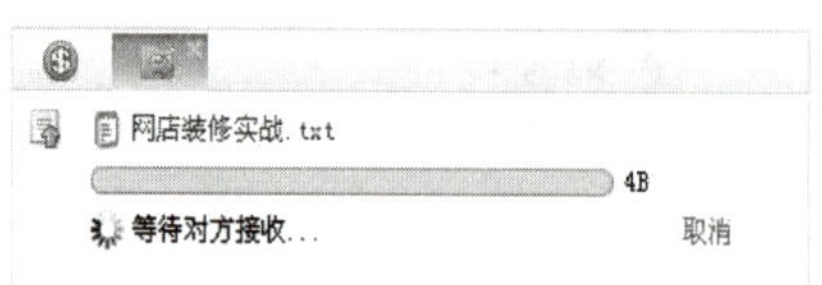

图 4-98 传送文件

Step 6 对方接收文件后，文件成功发送，如图 4-99 所示。

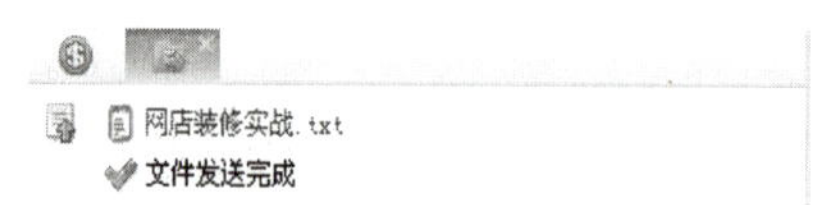

图 4-99 文件发送完成

(13) 单击“发送文件”按钮，选择“查看历史文件传输记录”命令，可以查看历史文件传输记录，如图 4-100 所示。

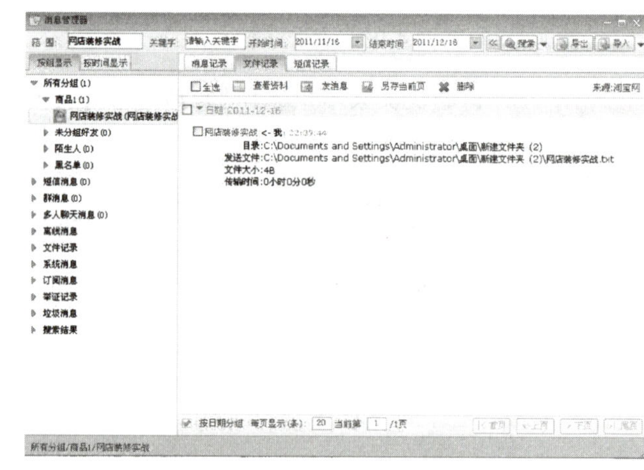

图 4-100 查看历史文件传输记录

(14) 单击“发送文件”按钮，选择“打开接收文件”命令，可以查看接收的文件，如图 4-101 所示。

(15) 设置阿里旺旺用户状态。

用户可以根据不同的情况选择不同的状态，可以选择的状态有：“我有空”、“忙碌中”、“不在电脑旁”、“接听电话中”、“外出就餐”、“稍后”、“隐身”等，从而让网友知道你是否有时间与他交流，如图 4-102 所示。

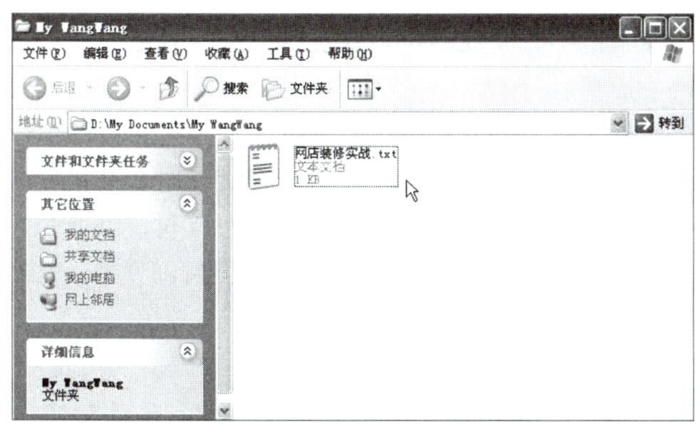

图 4-101　查看的接收文件

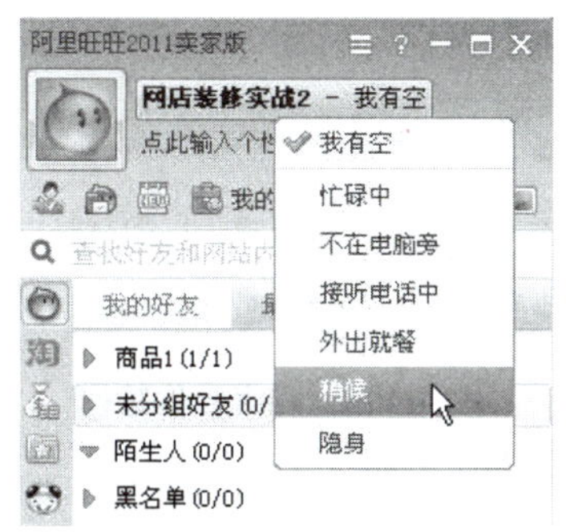

图 4-102　设置用户状态

(16) 设置“个性签名”。

设置“个性签名”可以起到宣传推广店铺的作用，如图 4-103 所示。

图 4-103　设置用户个性签名

(17) 查找最近联系人。

用户可以查看最近的联系人，如图 4-104 所示。

(18) 进行淘宝管理。

用户可以通过阿里旺旺的快捷入口进入我的淘宝进行发布宝贝、店铺管理等操作，如图 4-105 所示。

图 4-104　查看用户最近联系人

图 4-105　进行淘宝店铺管理

除了可以使用上面介绍的阿里旺旺之外，还可以使用腾讯 QQ 进行交流，其下载页面如图 4-106 所示。

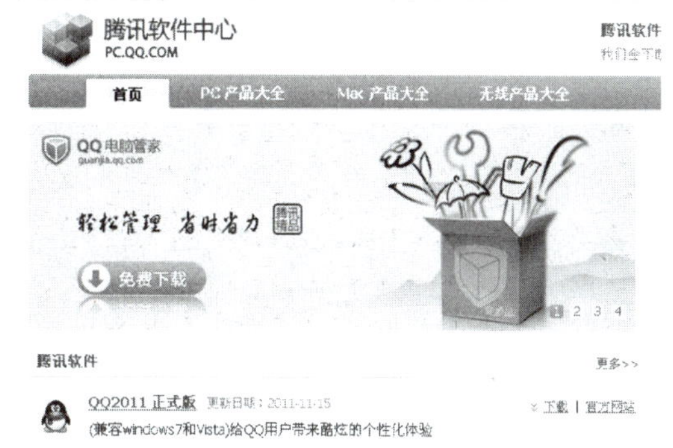

图 4-106　腾讯 QQ 软件官方下载页面

关于腾讯 QQ 软件的使用，在本书中不做太多介绍。

4.2.3　网上开店的知识准备

1. 基本知识

要想开网店，一些基本知识是必须要掌握的，其中包括基本的计算机操作知识，例如：操作系统的使用，网络设置，文字处理软件的应用，图片处理软件的应用。

2. 专业知识

除了上述讲到的基本操作知识以外，还要对销售商品有一个更深的认识。以手机行业为例，要详细知道如下内容。

目前热门品牌的手机：诺基亚、三星、HTC、苹果、摩托罗拉、索尼爱立信、LG、华为、联想、中兴等，如图 4-107 所示。

品牌		
不限		
诺基亚	HTC	苹果
LG	三星	摩托罗拉
索尼爱立信	华为	中兴
联想	天语	OPPO
酷派	金立	阿尔卡特
黑莓	戴尔	飞利浦
夏普	步步高	魅族
创维	海信	长虹

图 4-107　手机品牌信息

目前手机的操作系统：安卓、塞班、ioS、Windows Mobile 等；手机的价位层次；一些技术参数，如屏幕的大小、硬件的参数、带不带摄像头、上市时间等，如图 4-108 所示。

操作系统	手机价格区间	主屏尺寸	摄像头	上市时间
不限	不限	不限	不限	不限
Android/安卓	1000元以下	4.3英寸	1210万	2011年
iPhone/苹果	1001-2000元	4.0英寸	800万	2010年
Symbian/塞班	2001-3000元	3.7英寸	500万	2009年
WP7/芒果	3001-4000元	3.5英寸	320万	2008年
Windows Mobil	4001元以上	3.0英寸	300万	2007年
无操作系统		2.8英寸	200万	2006年

图 4-108　手机技术参数列表

你只有对商品和行业有足够的了解，当用户向你咨询的时候，你才能对答如流，为客户选择适合的商品，提升你的服务质量。

3. 支付方式

快捷支付(含卡通)：这种支付方式被称为是最安全、轻松的付款方式，通过这种方式用户不需要拥有网上银行，只要有一张与支付宝相关联的信用卡或者借记卡，就可以通过支付宝完成支付。这种支付方式的特点是安全、便捷、有保障。快捷支付采用 3 大安全体系设计；操作简单只用三步就可以完成支付；同时在 72 小时完成赔付，让你拥有一个轻松、放心的购物服务。

网上银行付款：用户只需要开通网上银行就可以通过网上银行完成商品的支付。在支付时会链接到网上银行的网页，通过身份核对后进行支付，目前企业和个人用户都可以通过这种方式来支付。

合作银行如图 4-109 所示。

信用卡：中国工商银行、兴业银行、上海银行、平安银行、招商银行、中国建设银行、中国银行、交通银行、中国光大银行、浦发银行、广发银行|CGB、中信银行

储蓄卡：中国工商银行、广发银行|CGB、深圳发展银行、中国民生银行、中信银行、中国光大银行、平安银行、中国农业银行、中国银行、中国建设银行、中国邮政储蓄银行、交通银行、招商银行、浦发银行、兴业银行

图 4-109　网上合作银行

支付宝账户余额付款：当支付宝账户中有余额时，输入支付密码即可完成快捷付款，特点是直接在支付宝网站完成付款，只需一个支付宝支付密码；无支付限额，支持大额商品购买，可以先多次充值再付款。

货到付款：无须开通网上银行，在家等待快递公司送货上门，先验货后付款(目前仅支持淘宝购物)；支持“银行卡刷卡” 和“现金”两种付款方式。

网点付款：您可以去身边的便利店，邮局，药店等支付宝合作网点完成付款。合作网点覆盖了北京、上海、广州、深圳、杭州、成都等 25 个大中城市的 10 万个网点。特点是无须开通网上银行，线下解决付款问题，刷卡现金任你选择；需要手续费，按每笔交易金额的 1%(最低 2 元，50 元封顶)。

银联手机支付：这种支付方式目前只针对淘宝交易，合作银行如图 4-110 所示。

图 4-110　银联手机支付合作银行

找人代付：如果你没有上述支付方式，你还可以找人代付。

4. 物流选择

网店店主在完成商品的网上交易后，需要通过物流公司把商品发送给顾客。可以从运费的价格、服务质量、物流速度、客户的需求等方面来选择物流。选择的物流一定要可以通过物联网或手机等方式查询物流信息，方便顾客随时查询商品的物流信息。除此之外，淘宝网还提供了物流工具供客户使用。其主要功能有：运费模板、运费/时效查看器、物流跟踪信息、物流地图，如图 4-111 所示。

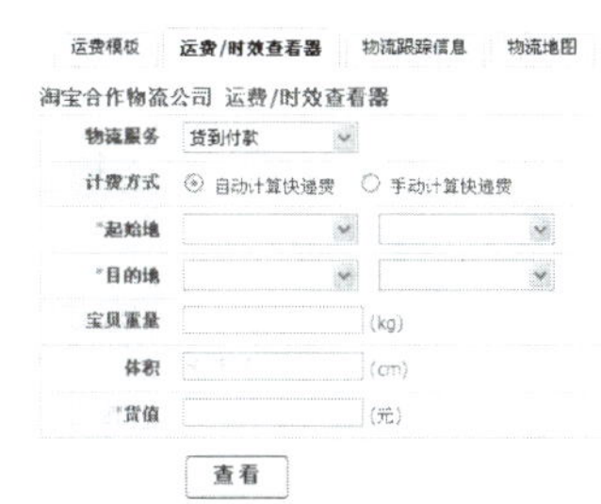

图 4-111　淘宝物流工具

5. 交易安全

网络商品交易与实际的商品交易有些不同，交易过程中要在网上输入一些账号密码信息，为了保证网络商品交易的安全可靠，用户需要有一定的网络安全常识。比如：网络账号密码要经常修改；尽量设置得复杂一点；不要告诉任何人；不要在网吧和其他公用场所登录账号；计算机要安装杀毒软件；要实时更新杀毒软件的病毒库；经常进行计算机病毒的扫描等。

4.2.4 网上开店的货源准备

货源可以说是开店最为关键的一个因素，如果你拥有一个品质有保障、可靠的货源，再加上你的勤奋刻苦，那么店铺一定会越办越好。目前网上开店的货源有以下几种。

1. 自主货源

这类货源不需要通过别人来获得，它是店主自己的创意、手工艺品，商品完全归店主自己拥有和支配。

2. 厂家货源

这类货源是指厂家直接供货，特点是货源充足、价格相对较低；但是这类货源需要店主需求量大，容易造成压货，以及换货、服务滞后等问题。

3. 批发市场进货

这类货源是店主在批发市场批发的，一般以小商品批发最为常见。批发货物时一定要多看几家批发商，货比三家，做到心里有数；还要注意批发商的服务质量和服务态度，有些时候这些东西比价格更重要；店主要有自己的想法和对商品的看法。对于一些新货不要盲目大批量进货，要视销售情况而定；最好找货源稳定的批发商，以便建立长期稳定的供求关系。

4. 阿里巴巴进货

阿里巴巴网上进货，页面如图 4-112 所示。

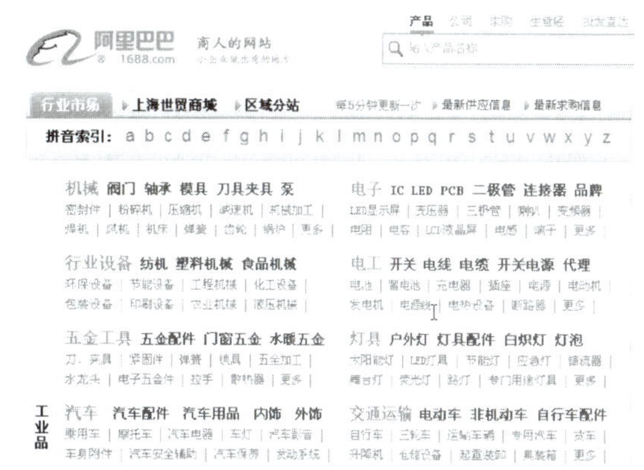

图 4-112　阿里巴巴网页面

网上的这类货源拥有丰富的商品、便捷的途径，通过支付宝支付，可以保证信用；但是店主进货需要有货量要求，并且不容易把握商品的质量。据阿里巴巴网站称：“阿里巴巴供应中心为采购商提供专业的信息服务，每日向全球各地企业及商家提供 3000 万条第一手的商业供应信息，信息内容翔实，包括产品参数、产品价格、供应商介绍、供应商诚信度。成为全球商人网络采购的首选 B2B 商业网站。”

5. 品牌代理

这类货源的商品品牌价值比较高，质量也有保障，但对于一般的店主来说，很难找到这样的代理途径。淘宝网品牌代理网店如图 4-113 所示。

图 4-113　品牌代理网店页面

4.3　网上开店市场分析与定位

开网店前要进行市场分析，确定目标消费人群、商品类型及价位等。

4.3.1　网上开店市场分析

随着电子商务的飞速发展，网络商品交易在互联网上越来越占据主要地位。通过电子商务网站进行商品交易的人数和次数在飞速增长，而且各大电子商务网站平台和传统媒体的大力宣传推广(这方面淘宝网做得尤其突出)，都预示着电子商务市场前景光明。

4.3.2　目标消费人群定位

随着我国网民人数的快速增长，网络购物已经成为生活中的一部分，庞大的网络购物群体使得网店的数量越来越多。在定位目标消费人群时建议参考用户的消费特征，北京正望咨询有限公司报告显示：“网络购物的老用户的网购金额远高于新用户”，如表 4-5 所示。

表 4-5　网购用户分析(1)

	2010 年新增用户	2009 年新增用户	老用户
用户数量占比/%	26.0	19.4	54.6
人均网购金额/%	1712	2487	4298
网购金额占比/%	13.6	14.7	71.6

报告还指出“目前网络购物有向下渗透的趋势，新用户更加年轻化、学历相对较低、个人月收入相对较低”，如表 4-6 所示。

表 4-6　网购用户分析(2)

		2010 年新增用户百分比/%	2009 年新增用户百分比/%	老用户百分比/%
年龄	18 岁及以下	10.2	6.6	2.9
	19～24 岁	51.5	50.5	41.6
	25 岁及以下	38.6	42.9	55.5
学历	初中及以下	10.3	6.0	3.0
	高中	31.6	23.5	16.5
	高中以上	58.1	70.5	80.4
个人月收入	1000 元以下	6.3	5.1	4.0
	1001～2000 元	4.1	1.7	1.6
	2001～3000 元	28.6	29.5	23.2
	3001～6000 元	33.5	34.6	42.3
	6000 元以上	27.4	29.0	28.9

通过上述分析得知合理选择目标消费人群与网店的经营业绩有很大关系。

4.3.3　商品类型定位

对于不同的网民来说，商品的需求也不一样，怎样选择网民比较喜欢在网上购买的商品是网上开店的又一重要课题。据北京正望咨询有限公司报告显示：“2010 年与 2009 年相比，服装和数码电器购买比例有较大程度的增长，图书与影像制品的网络消费者占比有所下降了”，如表 4-7 所示。

表 4-7　网购商品定位分析

	2009 年百分比/%	2010 年百分比/%	变动百分比/%
服装	66.4	77.4	增长 11.0
数码产品及电器	32.2	42.8	增长 10.6
手机	10.7	14.2	增长 3.5
数码相机/摄像机	3.7	4.8	增长 1.1

续表

	2009 年百分比/%	2010 年百分比/%	变动百分比/%
笔记本电脑	2.2	3.4	增长 1.2
台式电脑、其他数码配件	16.2	21.9	增长 5.7
电器	11.7	15.0	增长 3.3
家具/家居用品	35.2	36.2	增长 1.0
图书/影像制品	34.6	24.3	下降 10.3
化妆品	16.9	13.8	下降 3.1
游戏币/游戏账号和装备	9.3	11.0	增长 1.7
电话卡/手机充值卡	7.0	9.4	增长 2.4
母婴用品	3.8	2.9	下降 0.9
玩具	7.2	6.0	下降 1.2
珠宝首饰	8.2	3.7	下降 4.5
运动/健身/户外产品	3.2	2.6	下降 0.6
机票/火车票/汽车票/船票	1.6	3.2	增长 1.6

因此，开网店要注意商品的销售量，选择网络销售量大的商品。

4.3.4　商品价格定位

据北京正望咨询有限公司报告显示：“在网上商品不具有价格优势时是否选择购物的调查中，大多数人持否定态度”，如图 4-114 所示。

可以看出价格对大多数网购者来说是一个关键因素，因此开网店在保证商品质量的同时要尽可能选择价格低廉的商品进行销售。

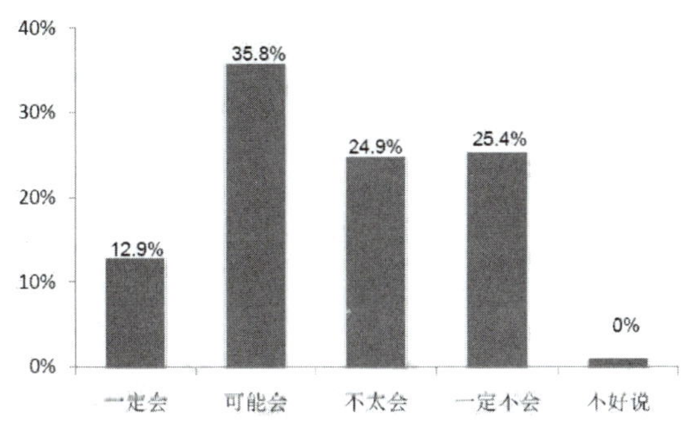

图 4-114　商品价格对网购选择分析

4.4　淘宝网网上开店实例

在淘宝网上开店的基本流程包括注册成为淘宝网的会员、创建支付宝账号、支付宝实名认证、淘宝实名认证、参加并且通过开店考试。本节将以实例的形式详细讲述这个流程的相关知识和操作步骤。

4.4.1　学习淘宝规则

淘宝网最新修订的淘宝规则(2011 年 12 月 2 日)如下。

淘宝规则的目的：“淘宝规则是为促进开放、透明、分享、责任的新商业文明，保障淘宝网用户合法权益，维护淘宝网正常经营秩序，根据《大淘宝宣言》及《淘宝网服务协议》，制定本规则。”

淘宝规则的定义：“淘宝规则，是对淘宝用户增加基本义务或限制基本权利的条款。”

整个淘宝规则分为七章、共九十三条，内容包括：概述、定义、交易、特殊市场、市场管理、违规、执行。详细规定了有关淘宝网网上交易的相关事项，适用于具有完全民事行为能力的淘宝网各项服务的使用者。所有淘宝网的会员在注册时均需认可，具有合同效力，受法律保护，淘宝规则是明确淘宝网与会员权利义务关系的基本文件，共同构成了淘宝规则的基础。

因此开网店必须要学习淘宝规则，遵守淘宝规则。淘宝规则的详细内容见附录。

4.4.2　注册淘宝账号

淘宝账号是淘宝网会员的身份象征，是进入淘宝网的身份信息。注册淘宝账号的步骤如下。

Step 1　单击淘宝网首页左上角的“免费注册”链接，如图 4-115 所示。

亲，欢迎来淘宝！请登录 免费注册

淘宝网

首页 淘宝商城 聚划算

图 4-115 注册淘宝账号

提 示

在淘宝网注册淘宝账号的入口有多个，除了上面介绍的入口以外，还可以单击淘宝网首页右边公告栏上边的“免费注册”按钮进入，如图 4-116 所示。还可以单击首页的“登录”按钮进入登录界面，然后单击“免费注册”链接进行注册，如图 4-117 所示。

图 4-116 注册淘宝账号入口(1)

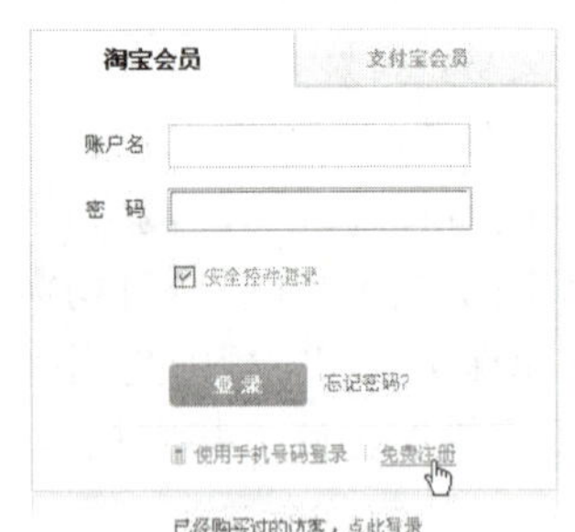

图 4-117 注册淘宝账号入口(2)

Step 2 进入基本信息页面，填写账户信息，如图 4-118 所示。

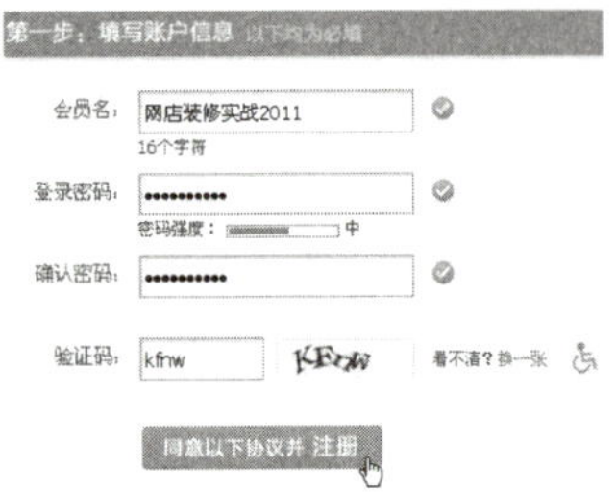

图 4-118 填写账户信息

提 示

用户光标定位在文本框中的时候，在文本框的后面会出现输入信息的相关要求和注意事项，如图 4-119 所示。

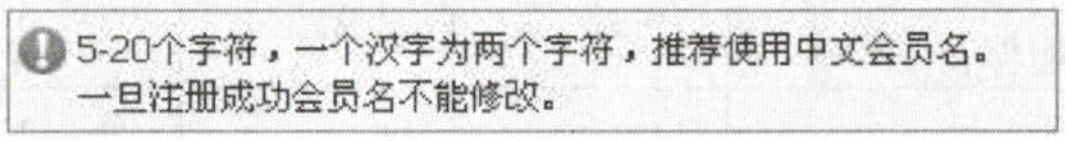

5-20个字符，一个汉字为两个字符，推荐使用中文会员名。
一旦注册成功会员名不能修改。

图 4-119 会员名输入提示信息

注 意

会员名不能包含类似“客服”、“淘宝”等非法字符，长度要符合要求，并且其他人未用过此名称注册，注册完成后的淘宝会员名是不能修改的。

Step 3 填写完基本信息后，单击“同意以下协议并注册”按钮。淘宝服务协议指的就是 4.4.1 节中讲述的内容，如图 4-120 所示。

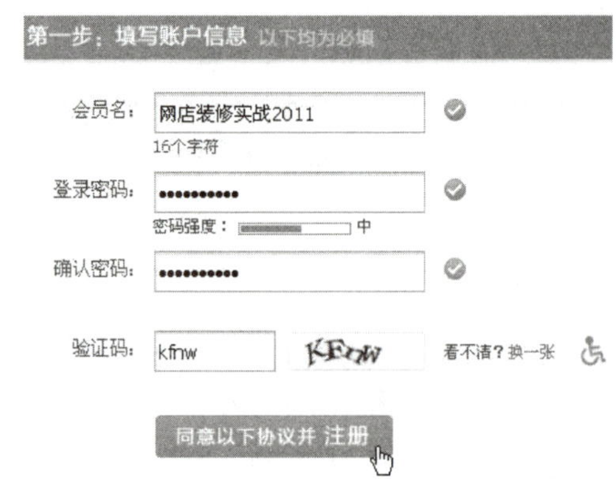

图 4-120 输入注册信息

Step 4 进入验证用户信息页面，如图 4-121 所示。

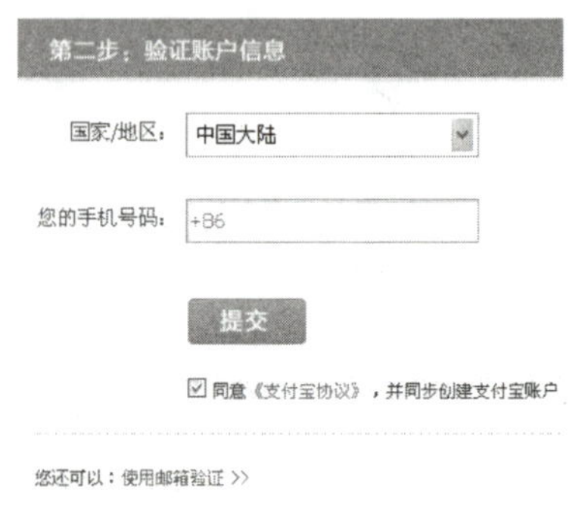

图 4-121 验证账户信息页面

输入手机号码，单击“提交”按钮，如图 4-122 所示。

图 4-122 输入手机号码

Step 6 输入获得的手机校验码，单击“验证”按钮，如图 4-123 所示。

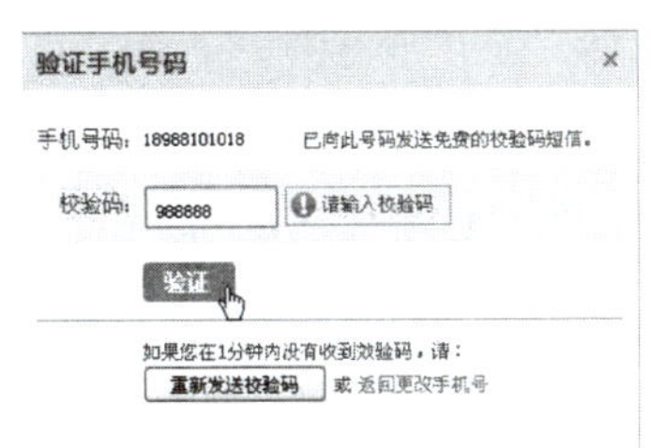

图 4-123 输入手机校验码

校验成功后，显示注册成功信息，如图 4-124 所示。

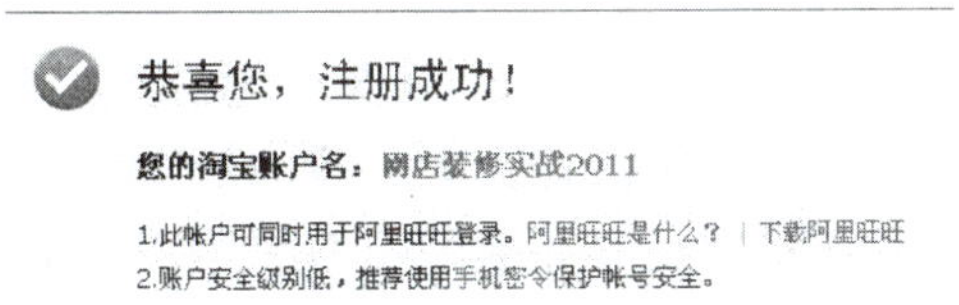

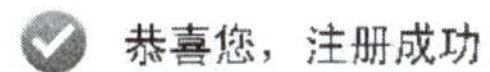

您的淘宝账户名： 网店装修实战2011

1.此帐户可同时用于阿里旺旺登录。阿里旺旺是什么？ | 下载阿里旺旺

2.账户安全级别低，推荐使用手机密令保护帐号安全。

图 4-124 注册成功

还可以通过电子邮箱验证，单击“使用邮箱验证”链接，如图 4-125 所示。

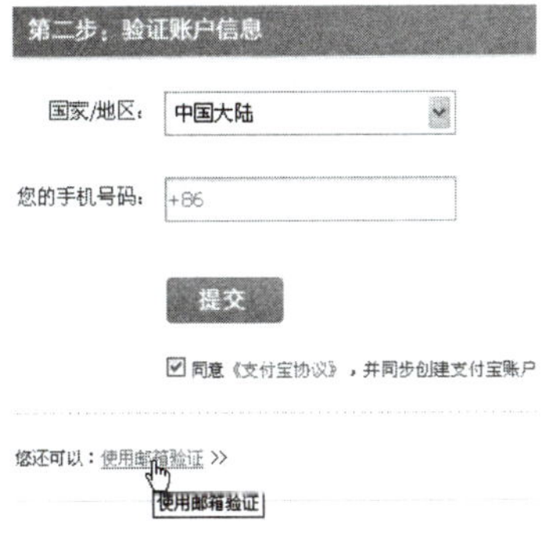

图 4-125 使用邮箱验证

进入用户验证信息输入页面，输入验证使用的电子邮箱，单击“提交”按钮，如图 4-126 所示。

图 4-126 单击“提交”按钮

输入手机号码获取校验码，单击“发送”按钮，如图 4-127 所示。

图 4-127 获取校验码

输入手机获得的校验码，单击“验证”按钮，如图 4-128 所示。

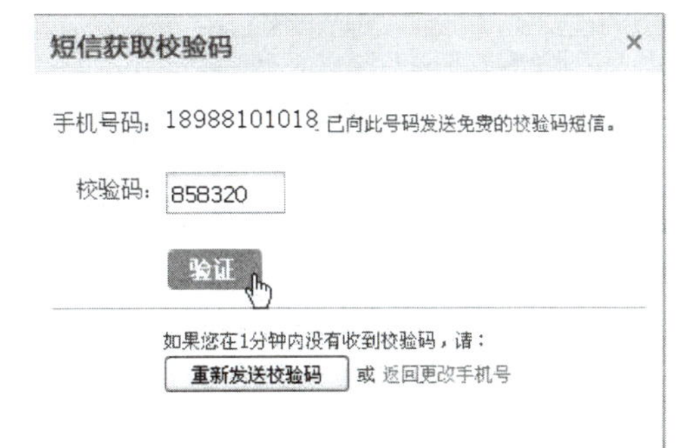

图 4-128 输入校验码

单击“去邮箱激活账号”按钮，如图 4-129 所示。

登录邮箱，单击收到的主题为新用户确认通知信的邮件，如图 4-130 所示。

最后一步：激活账户！

您的电子邮箱：wdzxsz2011@163.com
登录您的注册邮箱激活账户。我们已给您的邮箱发送了一封激活信，请收到后按照提示操作，需要在48小时内完成激活。 激活过程演示

去邮箱激活账户 没收到？再次发送

进入你的邮箱

图 4-129　激活账号

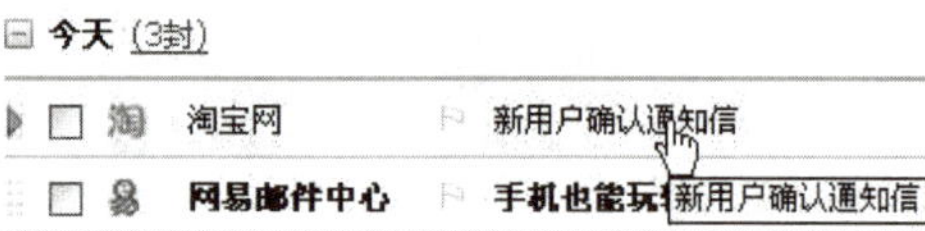

图 4-130　确认通知信

提　示

如果邮箱中没有收到主题为新用户确认通知信的邮件，回到图 4-129 界面，单击“再次发送”链接，系统会再次给邮箱发送此邮件。

单击“完成注册”按钮，如图 4-131 所示。

淘宝网邮件

亲爱的网店装修实战2012,离成功注册淘宝就差一步了！(请在48小时内完成)

请点击下面的按钮完成注册：

完成注册

如果您看不到上方的按钮，同样可以点击以下链接完成注册：
http://member1.taobao.com/member/register_confirm.jhtml?u=bf8a21dcb43778f454b1e8a3b0866fdb&a=656gbF!i&i=&r=&src=&st=&tu=&rdn=null

也可以复制下面的链接到浏览器地址栏中完成注册：
http://member1.taobao.com/member/register_confirm.jhtml?u=bf8a21dcb43778f454b1e8a3b0866fdb&a=656gbF!i&i=&r=&src=&st=&tu=&rdn=null

图 4-131　激活账号

账号注册成功，如图 4-132 所示。

淘宝网

1.填写会员信息

恭喜您，注册成功！

您的淘宝账户名：网店装修实战2012

1.此帐户可同时用于阿里旺旺登录。阿里旺旺是什么？
2.账户安全级别低，推荐使用手机密令保护帐号安全。

图 4-132　注册成功

注　意

注册淘宝账户时，同一个手机号，一天之内最多允许为五个邮箱账户做验证注册使用。

设置淘宝账号或者支付宝账号的密码应遵守如下规则：

(1)　长度一定要在 6～16 个字符之间。

(2)　尽量使用没有规律，英文字母加数字的组合。

(3)　定期更改密码。

(4)　淘宝账户和支付宝账号不用一样的密码。

在输入验证码时，如果看不清楚，可以单击“换一张”链接，换一张清晰的图片，输入正确的验证码，如图 4-133 所示。

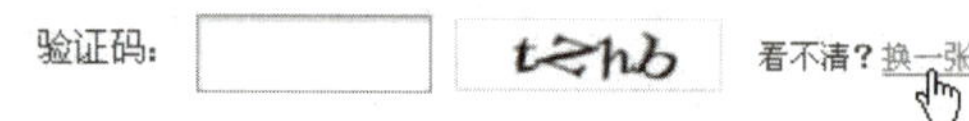

图 4-133　验证码输入

4.4.3　注册支付宝账户

用户要想在淘宝开设店铺进行商品交易，注册淘宝账户只是其中一步，淘宝账户注册完成以后还需要完成开店认证，开店认证包括支付宝实名认证及上传真实个人照片(身份信息认证)两部分。

支付宝最初是淘宝网公司为了解决网络交易安全问题所设的一个功能，该功能为首先使用的“第三方担保交易模式”，即由买家将货款打到支付宝账户，由支付宝向卖家通知发货，买家收到商品确认后通知支付宝将货款发给卖家，至此一笔网络交易才能完成。

支付宝(中国)网络技术有限公司是国内领先的独立第三方支付平台，是阿里巴巴集团的关联公司。支付宝致力于为中国电子商务提供“简单、安全、快速”的在线支付解决方案。

支付宝创新的产品技术、独特的理念及庞大的用户群吸引了越来越多的互联网商家，他们主动选择支付宝作为其在线支付体系。

目前除淘宝和阿里巴巴外，支持使用支付宝交易服务的商家已经超过 46 万家，涵盖了虚拟游戏、数

码通信、商业服务、机票等行业。这些商家在享受支付宝服务的同时，还拥有了一个极具潜力的消费市场。

支付宝以稳健的作风、先进的技术、敏锐的市场预见能力及极大的社会责任感，赢得了银行等合作伙伴的认同。目前国内的工商银行、农业银行、建设银行、招商银行、上海浦发银行等各大商业银行以及中国邮政、VISA、MasterCard 国际组织等各大机构均与支付宝建立了深入的战略合作关系，不断根据客户需求推出创新产品，成为金融机构在电子支付领域最为信任的合作伙伴。

用户在支付宝网站注册支付宝账户的操作步骤如下。

Step 1 打开支付宝首页(http://life.alipay.com/)，单击“注册”链接，如图 4-134 所示。

您好，请[登录]或[注册] | 个人中心 | 支付宝首页

图 4-134 注册支付宝

提 示

用户注册支付宝账户的类型有三类，分别是个人账户、个人商家账户和企业账户。

个人账户：用于个人网上购物使用的账户，注册成功后即可在淘宝等网站购物，还可以享受在线缴水电费、信用卡还款等生活服务，实名认证后可享受每月 1 万元的免费转账额度。

个人商家账户：用于个人网上购物，个人开网店的账户。注册成功后可以以个人名义进行商品交易、使用支付宝收款和转账等，但是超过免费收款额度后需要支付较低的费用。

企业账户：注册成功后可以以公司或企业的名义进行商品交易、使用支付宝收款和转账等，但是公司接收款项需要支付较低的费用。

进入支付宝账户注册选择界面，单击个人商家账户下面的“注册”按钮，如图 4-135 所示。

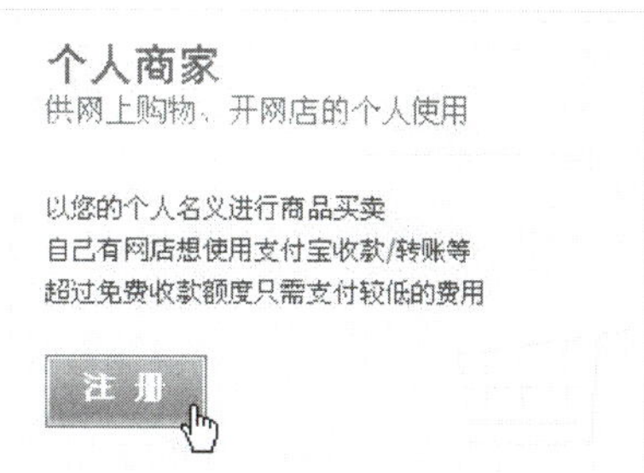

图 4-135 支付宝个人商家账户注册

Step 3 进入账户名校验页面，有两种选择：一是用电子邮箱注册，电子邮箱是登录支付宝的账户名；二是用手机号码注册，手机号是登录支付宝的账户名，如图 4-136 所示。

图 4-136 支付宝注册方式选择

Step 4 选择用电子邮箱注册，输入电子邮箱名称和验证码。单击“同意以下协议并提交”按钮，如图 4-137 所示。

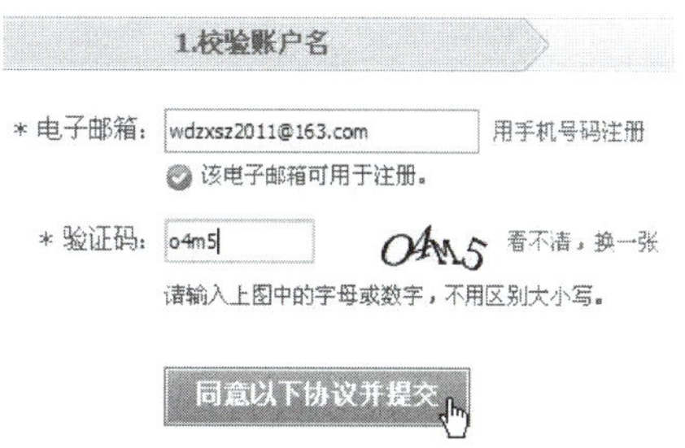

图 4-137 电子邮箱册

提 示

如果没有电子邮箱，可以在网站上申请一个电子邮箱。如果验证码看不清，可以单击验证码后面的“看不清，换一张”链接来更换验证码。

Step 5 输入验证账户信息用的手机号码，单击“获

取校验码”按钮，如图 4-138 所示。

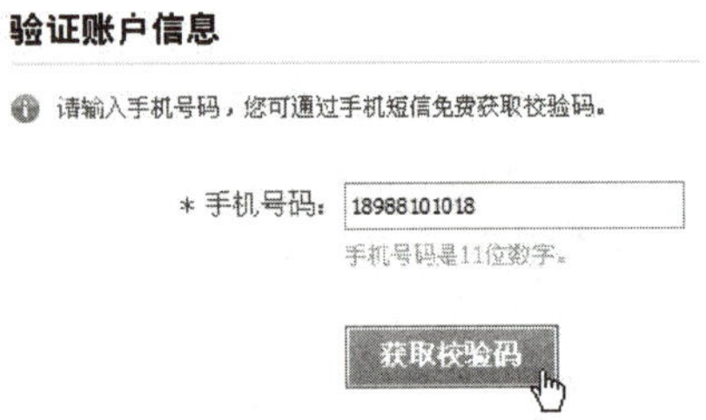

验证账户信息

请输入手机号码，您可通过手机短信免费获取校验码。

＊手机号码：18988101018

手机号码是11位数字。

获取校验码

图 4-138　输入手机号码

Step 6　输入手机收到的校验码，单击“立即校验”按钮，如图 4-139 所示。

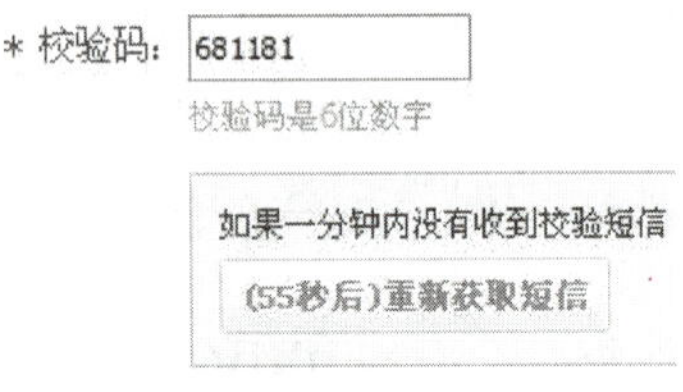

图 4-139　输入校验码

Step 7　进入支付宝邮箱发送邮件界面，单击“立即进入邮箱查收”按钮，如图 4-140 所示。

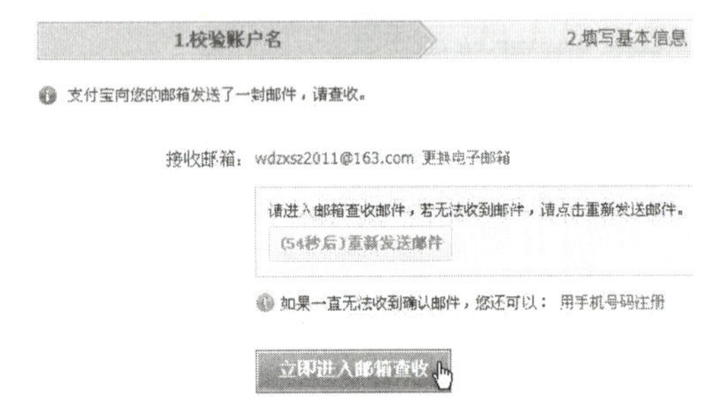

图 4-140　进入邮箱查收

提示

这里用户有多种选择：一是如果用户想用其他的电子邮箱注册，可以单击“更换电子邮箱”进行更换电子邮箱操作，如图 4-141 所示。如果用户中没有收到邮件，可以单击“重新发送邮件”按钮；若用户在这一步改变想法，想用手机号码作为支付宝的登录账户，也可以用手机号码注册。

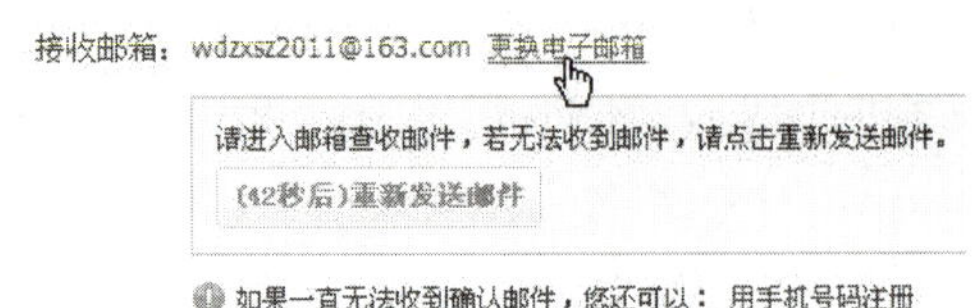

图 4-141　更换电子邮箱

Step 8　进入登录界面，输入支付宝账户的邮箱名称及密码，单击“登录”按钮，如图 4-142 所示。

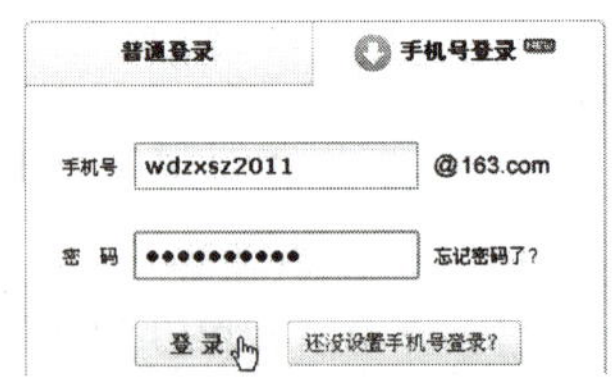

图 4-142　登录邮箱

Step 9　单击“收件箱”按钮，如图 4-143 所示。

图 4-143　查看收件箱

Step 10　单击“请激活您的支付宝账户！”邮件，如图 4-144 所示。

图 4-144　查看邮件内容

Step 11　单击“点击激活支付宝账户”链接，如图 4-145 所示。

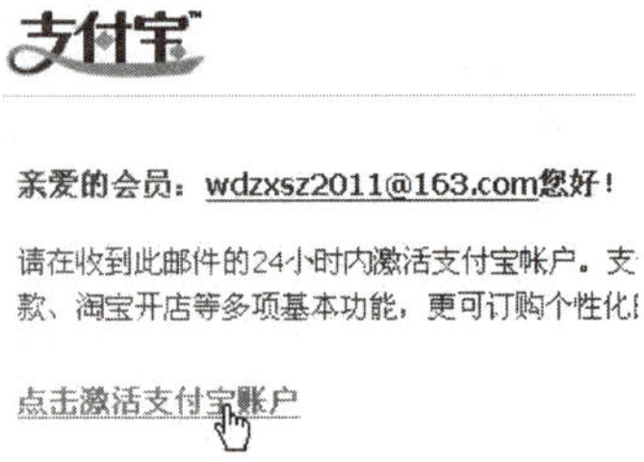

支付宝

亲爱的会员：wdzxsz2011@163.com您好！

请在收到此邮件的24小时内激活支付宝帐户。支款、淘宝开店等多项基本功能，更可订购个性化

点击激活支付宝账户

图 4-145　激活支付宝账户

Step 12 填写账户信息，单击“提交注册”按钮，如图 4-146 所示。

填写账户信息

账户名：wdzxsz2011@163.com

＊登录密码：••••••••••

＊重新输入登录密码：••••••••••

＊支付密码：••••••

＊重新输入支付密码：••••••

＊安全保护问题：自定义问题

安全保护问题可用于找回登录密码等。

＊自定义问题：1*2

＊安全保护答案：等于2

填写个人信息(使用提现、付款等功能需要这些信息)

＊真实姓名：

＊证件类型：身份证

＊证件号码：

联系电话：

绑定该手机号到我的支付宝账户

为什么要绑定？

提交注册

图 4-146 添加用户信息

Step 13 如果各项信息填写正确，就会进入注册成功页面，如图 4-147 所示。

支付宝 | 注册 方杰伟 消息 0

注册成功！您的支付宝账户名：wdzxsz2011@163.com.

您可以：进入我的支付宝 | 去产品商店逛逛 | 我要在淘宝开店，去实名认证

图 4-147 支付宝账户注册成功

4.4.4 支付宝实名认证

支付宝注册成功后，接下来的工作便是支付宝实名认证。在淘宝上开店的卖家都需要通过支付宝实名认证。

1. 什么是支付宝实名认证

根据支付宝官方的解释：“支付宝实名认证是由支付宝(中国)网络技术有限公司提供的一项身份识别服务，支付宝实名认证同时核实会员身份信息和银行账户信息，通过支付宝实名认证后，相当于拥有了一张互联网身份证，可以在淘宝网等众多电子商务网站开店、出售商品，增加支付宝账户拥有者的信用度。”

2. 支付宝认证类型

支付宝实名认证按照用户的身份分为：个人认证和商家认证。支付宝实名认证按照认证方式分为快捷认证和银行汇款认证。

快捷认证：在线免费开通快捷支付服务的同时申请并完成快捷认证。开通快捷支付后进行网上购物时只需要一张银行卡，无须办理网银，输入支付宝支付密码即可完成付款。是最安全、便捷、有保障的支付方式。快捷认证的流程是：开通快捷支付，填写身份信息，核对成功完成认证。

银行汇款认证：这是淘宝卖家和外部商户专用认证通道，所需时间为 3 个工作日，一次认证永不升级。银行汇款认证流程是：填写身份信息和银行卡信息，支付宝向您的银行卡打款，登录支付宝输入打款金额，核对正确，认证成功。

3. 支付宝实名认证操作流程

支付宝实名认证的操作步骤如下。

Step 1 打开支付宝登录页面，输入支付宝账户名称、密码和验证码，进入“我的支付宝”页面，如图 4-148 所示。

图 4-148 登录支付宝账户

Step 2 单击“实名认证”链接，如图 4-149 所示。

图 4-149　支付宝实名认证

用户可以在个人版和商户版支付宝之间切换，如果用户想切换到商户版支付宝，在图 4-148 中单击“切换到商户版支付宝”链接，如图 4-150 所示。

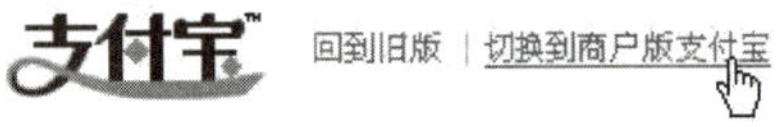

图 4-150　支付宝版本切换

在商户版支付宝的页面中，可以通过单击“我的支付宝”→“我的账户”进入实名认证的链接页面，如图 4-151 所示。

图 4-151　进入实名认证链接页面

进入“我的账户”页面，单击“申请实名认证”链接，如图 4-152 所示。

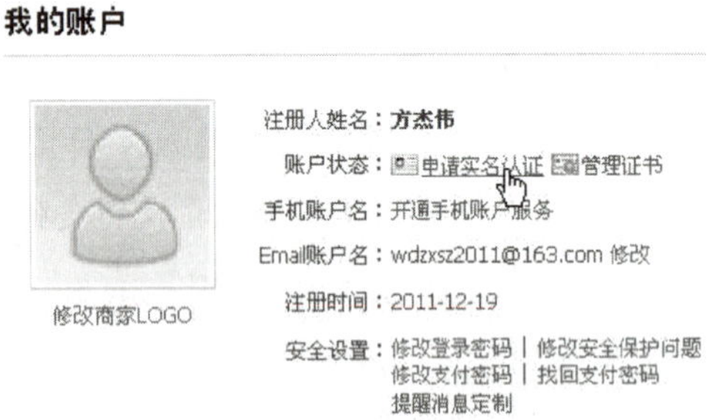

图 4-152　单击“申请实名认证”链接

Step 3　进入支付宝实名认证方式选择页面，按照上面介绍的两种认证方式的特点和适用方式选择，如果选择“快捷认证”，页面如图 4-153 所示。

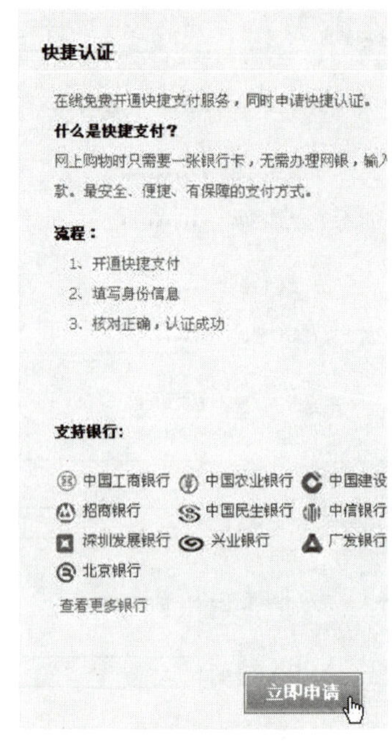

图 4-153　快捷认证

Step 4　如果选择银行汇款认证，页面如图 4-154 所示。

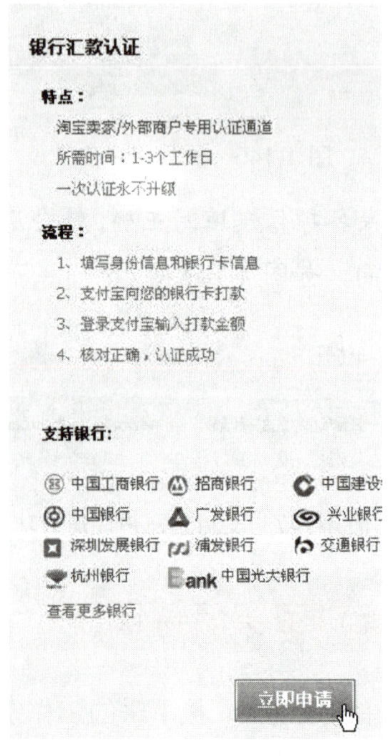

图 4-154　银行汇款认证

Step 5 填写个人信息，如图 4-155 所示。

图 4-155 填写个人信息

用户在这里还可以进行更多的信息认证，单击“若您想开店或大额收付款，请填写更全的认证信息”链接，如图 4-156 所示。

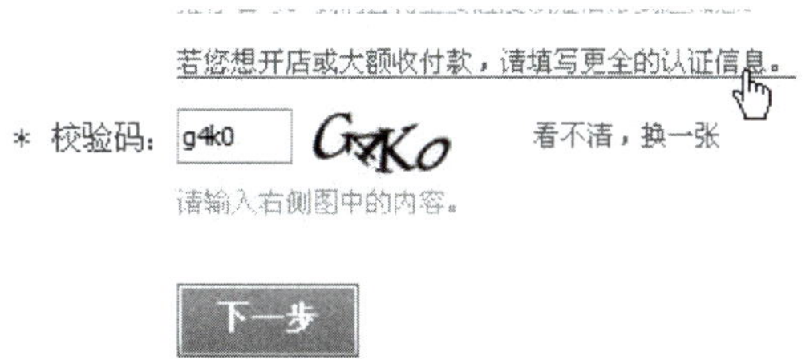

图 4-156 进行更多信息认证

Step 6 进入上传身份证信息页面，如果用户不想上传身份证信息，可以单击“取消填写更全信息”链接，如图 4-157 所示。

图 4-157 填写个人信息

Step 7 填写银行卡信息，单击“下一步”按钮，如图 4-158 所示。

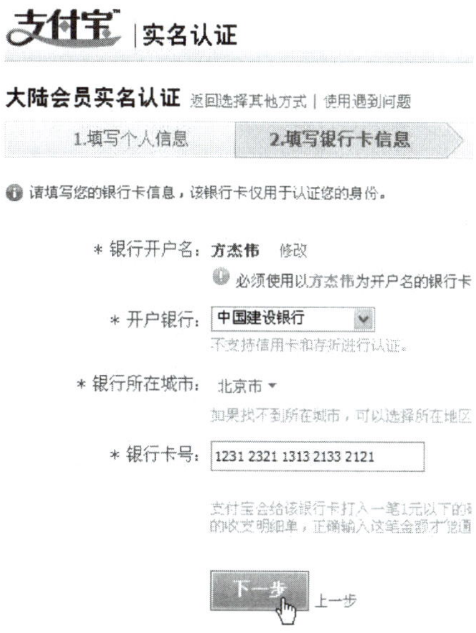

图 4-158 填写银行卡信息

用户必须使用与自己真实姓名一致的银行卡进行认证，如果填写不正确，还可以单击“修改”或者“上一步”链接，返回上一步进行更改，如图 4-159 所示。

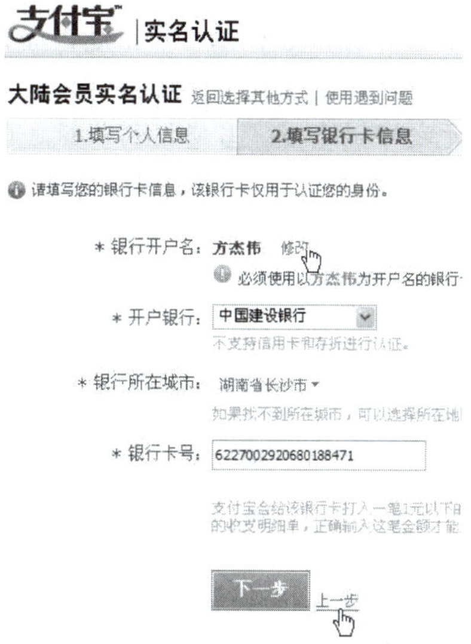

图 4-159 返回上一步页面

Step 8 确认个人信息后，单击“确认信息并提交”按钮，如图 4-160 所示。

请确认个人信息:	
真实姓名:	方杰伟
身份证号码:	610122198204236634
身份证正面图片:	已上传　查看
身份证反面图片:	已上传　查看
身份证到期时间:	20160506
联系方式:	固定电话: 057188156689
请确认银行卡信息:	
开户姓名:	方杰伟
开户银行:	中国建设银行
银行所在城市:	湖南省 长沙市
银行卡号:	6227002920680188471

确认信息并提交

图 4-160　确认银行卡信息

Step 9　提示认证提交成功，支付宝会在 1～2 天给用户的银行卡打入 1 元以下的确认金额，如图 4-161 所示。

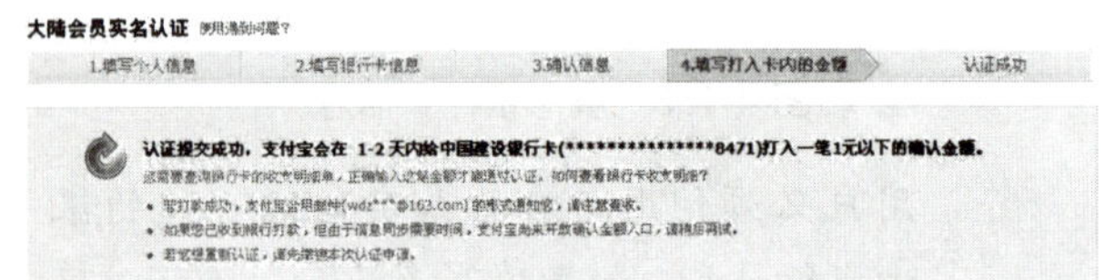

图 4-161　提示认证成功

Step 10　确认汇款金额，在申请认证时，填写完您的个人身份信息和银行卡信息，等待 1~2 天，支付宝公司会向您的认证银行账户打入 1 元之下的金额，当您收到金额之后，登录支付宝账户后进入“大陆会员实名认证”页面，如图 4-162 所示。

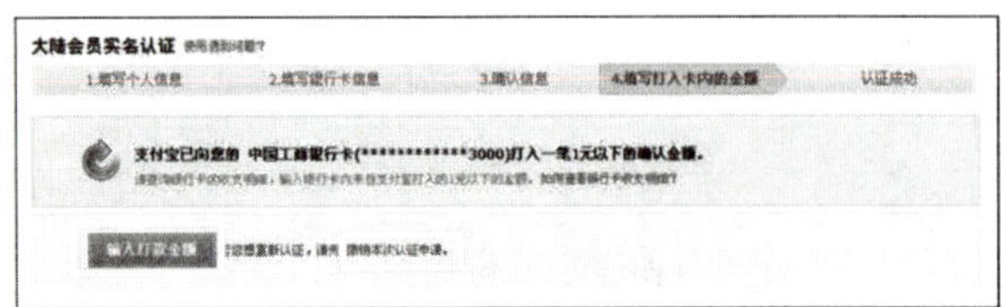

图 4-162　大陆会员实名认证

Step 11　单击“输入打款金额”按钮，输入您收到的准确金额，单击“确认”按钮继续完成认证，如图 4-163 所示。

Step 12　输入的金额正确后，开始审核您填写的身份信息，请耐心等待几秒钟，如图 4-164 所示。

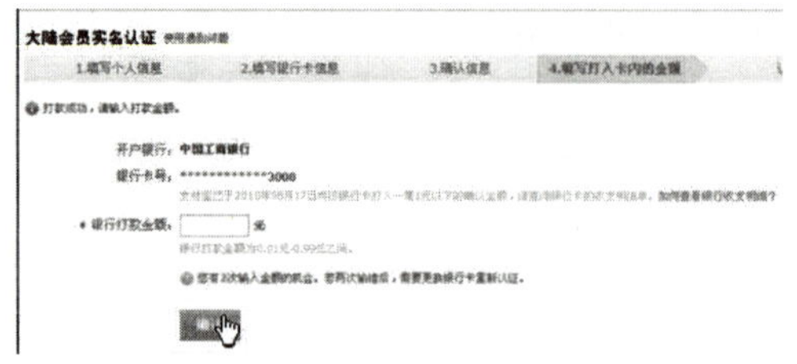

图 4-163　输入打款金额

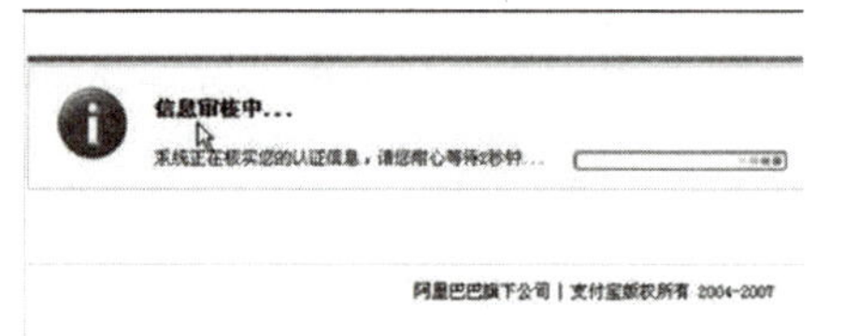

图 4-164　信息审核

Step 13　审核通过，即通过支付宝实名认证，如图 4-165 所示。

支付宝实名认证

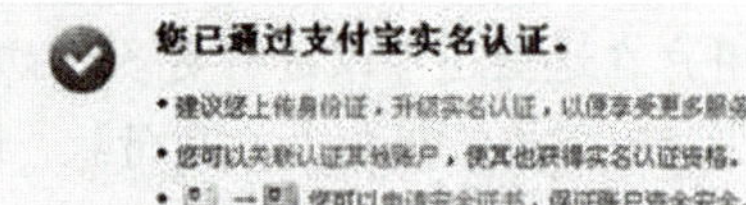

图 4-165　认证通过

提　示

银行账户信息核实未通过主要有以下 3 种可能。

(1) 提供的银行账户开户名与身份证上的姓名不一致。

(2) 提现成功后确认金额两次输入错误，请您注意支付宝给您打款的金额是 1 元以下的金额，并非是您支付宝账户余额或者银行账户的余额。

(3) 提供的银行账户状态不正常，例如，处于挂失、注销等状态。

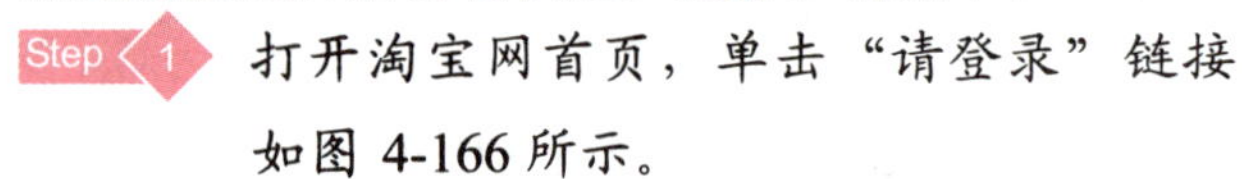

4.4.5　开设网店实名认证

支付宝实名认证完成后，可以进行支付宝账户的绑定设置及开店身份认证，操作步骤如下。

Step 1　打开淘宝网首页，单击“请登录”链接，如图 4-166 所示。

图 4-166 单击“请登录”链接

Step 2 在登录页面中输入账户名和密码，单击“登录”按钮，如图 4-167 所示。

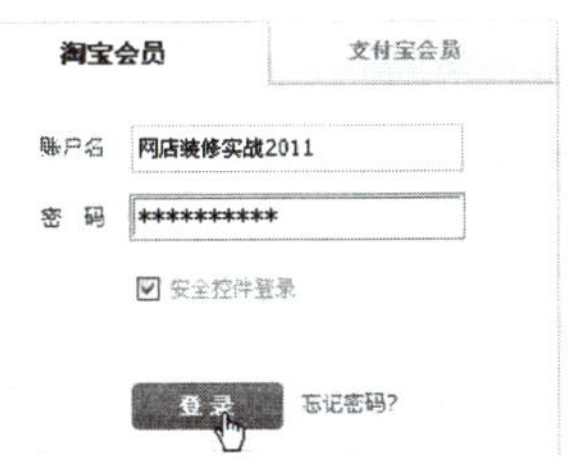

图 4-167 登录淘宝账号

Step 3 在打开的登录页面中单击“我的淘宝”链接，如图 4-168 所示。

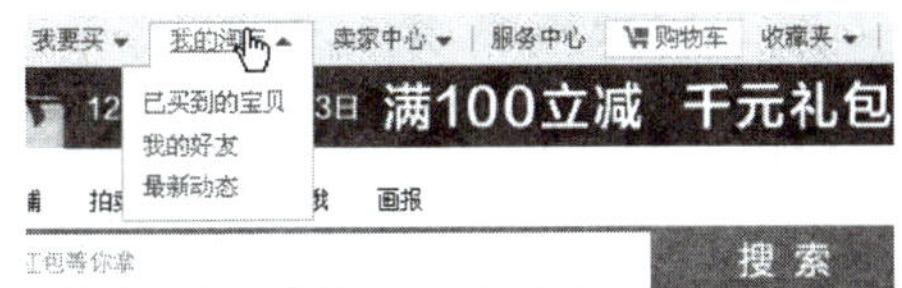

图 4-168 淘宝账户管理

Step 4 再单击“账号管理”链接，如图 4-169 所示。

图 4-169 淘宝账号管理

Step 5 在弹出的下拉菜单中选择“支付宝账户管理”命令，如图 4-170 所示。

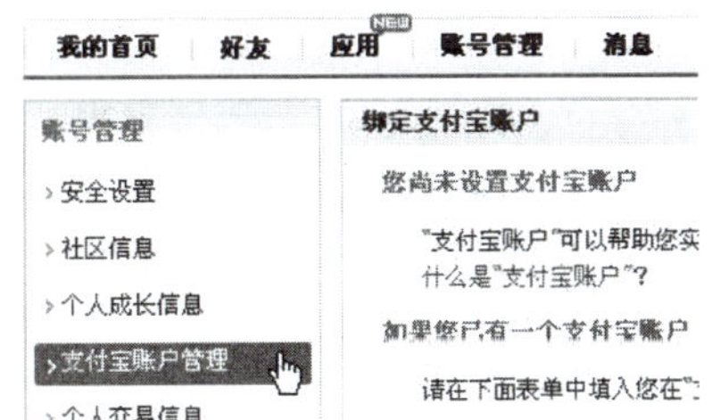

图 4-170 支付宝账户管理

Step 6 输入支付宝账户信息，单击“确定”按钮，如图 4-171 所示。

图 4-171 支付宝账户绑定

Step 7 单击“卖家中心”链接，如图 4-172 所示。

图 4-172 进入卖家中心

Step 8 单击“免费开店”链接，如图 4-173 所示。

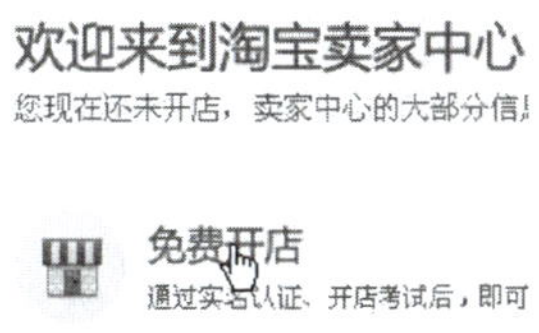

图 4-173 单击“免费开店”链接

Step 9 单击“开始认证”按钮，如图 4-174 所示。

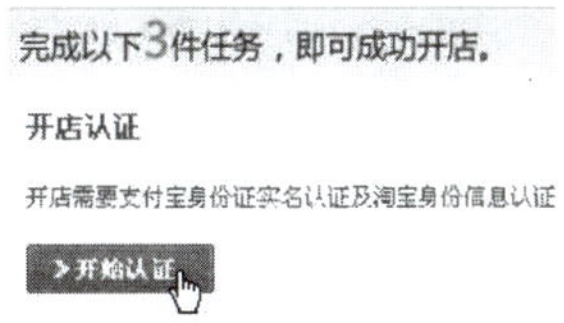

图 4-174 开始认证

Step 10 上传身份证正面头部照，单击“点击上传”按钮，如图 4-175 所示。

Step 11 上传用户上半身照，单击“点击上传”按钮，如图 4-176 所示。

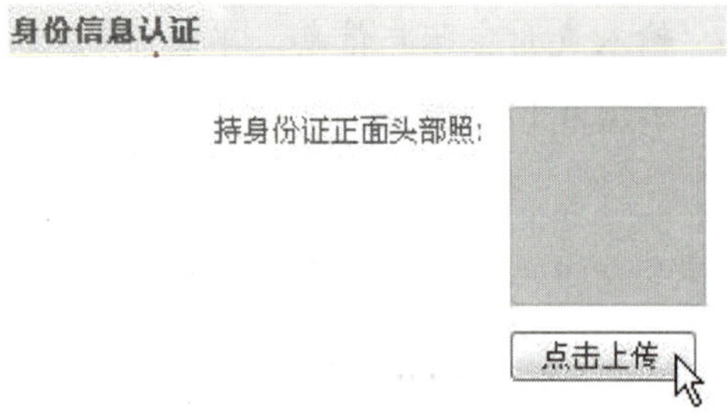

身份信息认证

持身份证正面头部照：

点击上传

图 4-175　上传身份证照片

上半身照：

点击上传

示例：

图 4-176　上传上半身照片

Step 12　单击“提交照片认证”按钮，如图 4-177 所示。

备注：照片中需能看清身份证号等信息

上半身照：

点击上传

示例：

1.手持身份证照片必须看清证件号。
2.照片需免冠，建议未化妆，照片需原始
背景。
3.照片支持jpg\jpeg\bmp格式，手持身份
4.您提供的照片信息淘宝将予以保护，不
5.建议使用二代身份证，认证过程中遇到

提交照片认证

图 4-177　提交身份信息

Step 13　进行身份认证信息审核，如图 4-178 所示。

身份信息认证

审核中...

我们将在支付宝实名认证通过后的三个工作日之内完成审核

图 4-178　身份信息审核

Step 14　审核通过后，页面会显示“已认证”，如图 4-179 所示。

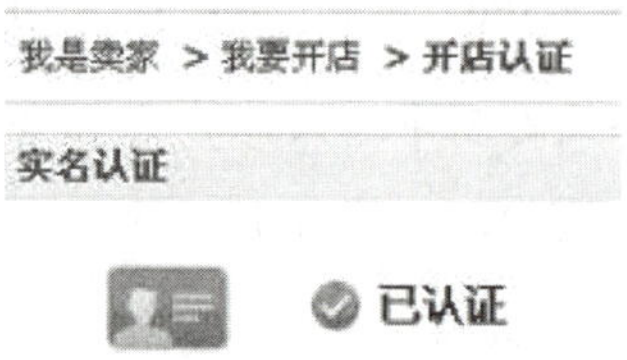

我是卖家 > 我要开店 > 开店认证

实名认证

已认证

图 4-179　身份信息通过认证

Step 15　进入卖家中心，依次单击“我要开店”→“开始考试”按钮，如图 4-180 所示。

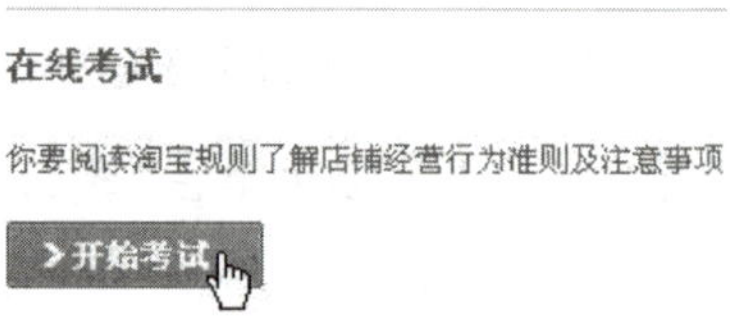

在线考试

你要阅读淘宝规则了解店铺经营行为准则及注意事项

> 开始考试

图 4-180　开始考试

Step 16　开始在线答题。试卷共 20 题，每题 5 分，达到 60 分通过考试，如果没有通过考试，还可以继续学习，并重新考试，并且考试时间没有限制，如图 4-181 所示。

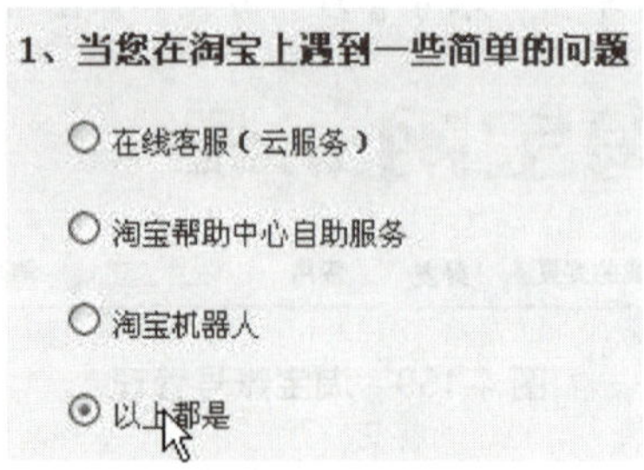

1、当您在淘宝上遇到一些简单的问题

○ 在线客服（云服务）

○ 淘宝帮助中心自助服务

○ 淘宝机器人

◉ 以上都是

图 4-181　在线考试

Step 17　试卷在线答完以后，单击“提交”按钮，如图 4-182 所示。

图 4-182　提交考卷

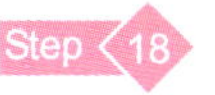

Step 18 通过考试，如图 4-183 所示。

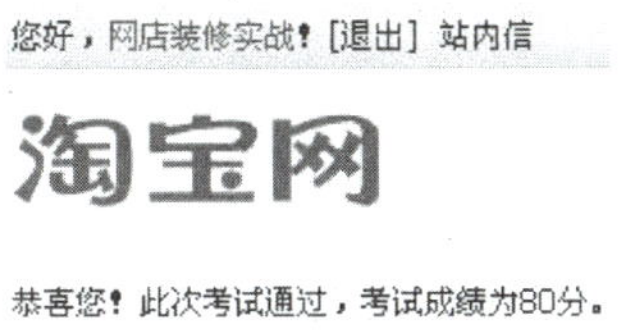

您好，网店装修实战！[退出] 站内信
淘宝网
恭喜您！此次考试通过，考试成绩为80分。

图 4-183 考试通过

4.4.6 创建店铺

创建店铺需要填写店铺信息，操作步骤如下。

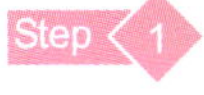

Step 1 进入卖家中心，依次单击“我要开店”→“填写店铺信息”按钮，如图 4-184 所示。

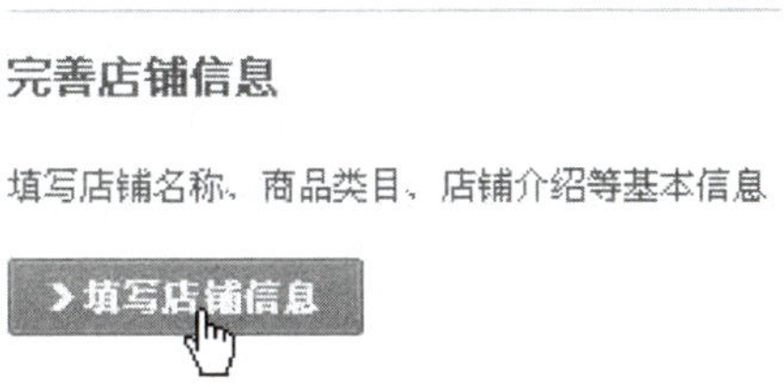

完善店铺信息
填写店铺名称、商品类目、店铺介绍等基本信息
填写店铺信息

图 4-184 单击“填写店铺信息”按钮

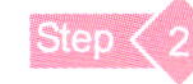

Step 2 阅读并同意“诚信经营承诺书”，单击“同意”按钮，如图 4-185 所示。

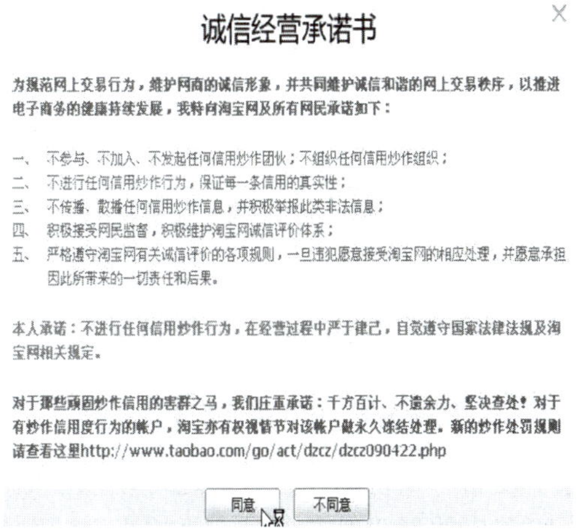

诚信经营承诺书
为规范网上交易行为，维护网商的诚信形象，并共同维护诚信和谐的网上交易秩序，以推进电子商务的健康持续发展，我特向淘宝网及所有网民承诺如下：
一、不参与、不加入、不发起任何信用炒作团伙；不组织任何信用炒作组织；
二、不进行任何信用炒作行为，保证每一条信用的真实性；
三、不传播、散播任何信用炒作信息，并积极举报此类非法信息；
四、积极接受网民监督，积极维护淘宝网诚信评价体系；
五、严格遵守淘宝网有关诚信评价的各项规则，一旦违犯愿意接受淘宝网的相应处理，并愿意承担因此所带来的一切责任和后果。
本人承诺：不进行任何信用炒作行为，在经营过程中严于律己，自觉遵守国家法律法规及淘宝网相关规定。
对于那些顽固炒作信用的害群之马，我们庄重承诺：千方百计、不遗余力、坚决查处！对于有炒作信用度行为的帐户，淘宝亦有权视情节对该帐户做永久冻结处理。新的炒作处罚规则请查看这里http://www.taobao.com/go/act/dzcz/dzcz090422.php
同意
不同意

图 4-185 同意诚信经营

Step 3 填写店铺基本信息，完成后单击“保存”按钮，如图 4-186 所示。

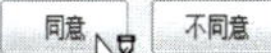

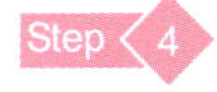

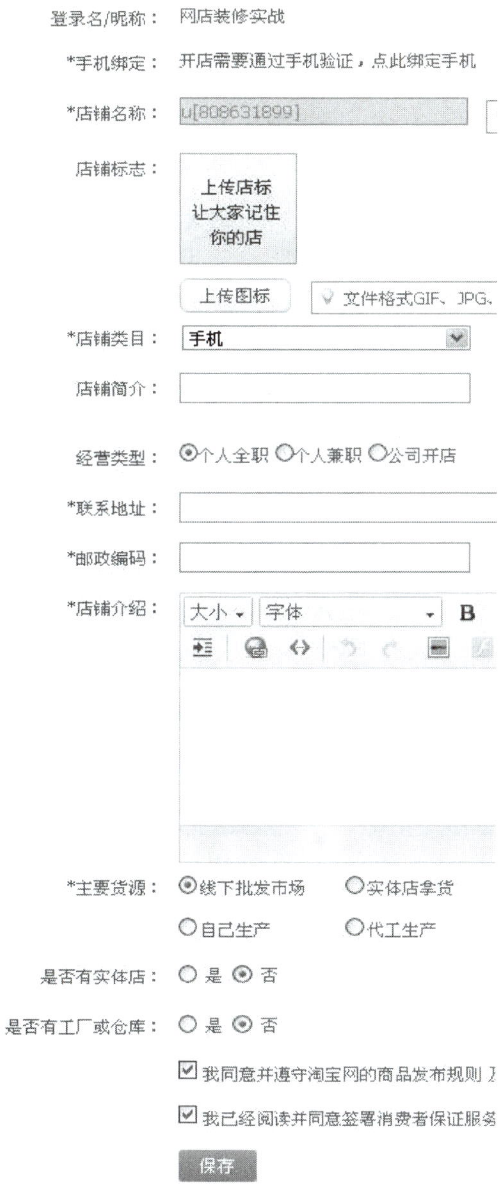

登录名/昵称： 网店装修实战
*手机绑定： 开店需要通过手机验证，点此绑定手机
*店铺名称： u[808631899]
店铺标志： 上传店标 让大家记住你的店
上传图标
文件格式GIF、JPG、
*店铺类目： 手机
店铺简介：
经营类型： 个人全职 个人兼职 公司开店
*联系地址：
*邮政编码：
*店铺介绍： 大小 字体 B
*主要货源： 线下批发市场 实体店拿货 自己生产 代工生产
是否有实体店： 是 否
是否有工厂或仓库： 是 否
我同意并遵守淘宝网的商品发布规则
我已经阅读并同意签署消费者保证服务
保存

图 4-186 保存店铺信息

Step 4 出现开店成功页面，如图 4-187 所示。

恭喜你！开店成功啦！

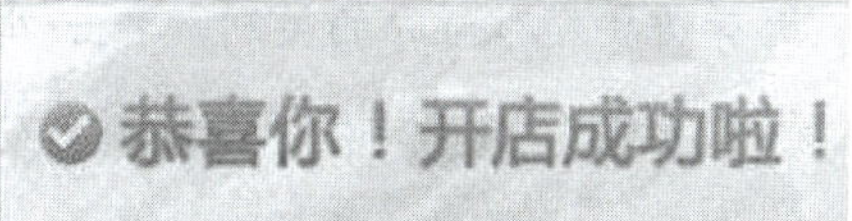

图 4-187 开店成功

4.4.7 发布商品

发布商品的操作步骤如下。

Step 1 登录淘宝账户，打开“卖家中心”页面，单击“宝贝管理”→“我要卖”链接，如图 4-188 所示。

图 4-188 发布商品

Step 2 选择发布商品的类型，用户有三种选择，“一口价”、“拍卖”、“个人闲置”。单击“一口价”，如图 4-189 所示。

图 4-189 发布商品

Step 3 选择所要发布商品的类别，单击“我已阅读以下规则，现在发布宝贝”按钮，如图 4-190 所示。

Step 4 填写“商品基本信息”，完成后单击“发布”按钮，如图 4-191 所示。

图 4-190 选择商品种类

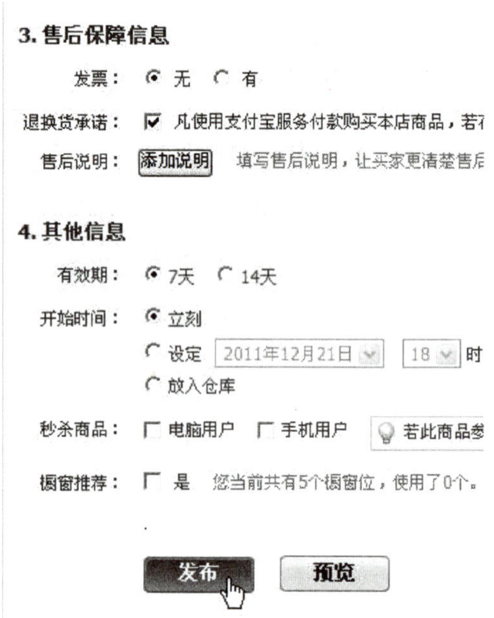

3. 售后保障信息
发票：无 有
退换货承诺：凡使用支付宝服务付款购买本店商品，若
售后说明：添加说明 填写售后说明，让买家更清楚售后
4. 其他信息
有效期：7天 14天
开始时间：立刻
设定 2011年12月21日 18 时
放入仓库
秒杀商品：电脑用户 手机用户 若此商品参
橱窗推荐：是 您当前共有5个橱窗位，使用了0个。
发布 预览

图 4-191 填写商品基本信息

除了发布一口价商品以外，还可以以“拍卖”和“个人闲置”的形式发布商品。“拍卖”的发布操作页面和“一口价”的操作页面大致相同，“个人闲置”的发布商品页面如图 4-192 所示。

今天您有什么闲置宝贝想要出售

发布闲置 一键转卖 转卖已买到的宝贝

* 宝贝标题

宝贝描述

添加关键字，让更多买家可以搜索到

宝贝图片 上传图片 最多上传5张照片，每张图片小于5M

* 所属分类

* 新旧程度 ○ 全新 ○ 9成新以上 ○ 8成新以上 ○ 8成新以下

* 所在地区 河北 唐山 路南区

* 转让方式 ⊙ 一口价 ○ 拍卖

* 转让价格 元

* 交易方式 线上交易 运费: 元 [运费参考]

联系方式 手机号: 15833558926 姓名: 李伟

立即发布

图 4-192　发布个人闲置商品

本 章 小 结

本章主要内容包括网店平台的选择、开设网店需要哪些准备以及开设网店的详细流程，通过学习，可以了解开设网店每个环节的准备知识，直至在网上成功发布商品。

第 5 章 网店装修的意义

在前面的章节中，我们已经使用大量的篇幅介绍了网络店铺的基础知识，并且详细介绍了网上开店的基本流程，在本章中，我们将开始介绍网店装修的一些基本概念。通过本章的学习，读者能够对网店装修的意义有一定的了解，知晓网店经营的一些关键因素，并且了解一些视觉营销的基本概念。

学习要点

- 网店成功的 10 大关键因素
- 网店装修的由来
- 视觉营销的基本概念
- 网店视觉营销的实施方法

5.1 网店成功的关键因素

在了解网店装修之前，我们先来介绍一下在经营网店和网店交易中非常重要的一些因素。

(1) 要开设一个成功的网店，在开店之前，我们必须要做很多的准备工作，收集信息对一个网店店家是十分重要的。但是，对于一个新手来说，在刚开始的时候不知道要收集哪些信息，所以很多准备开设网店的店家都会觉得迷茫，没有头绪。

其实，所有和网店有关的内容都应该是我们要了解的。包括但不仅限于：各种网店平台的类型、网店的市场占有率、各种网店的客户类型、网店的发布商品规则、社区规则、论坛规则、促销活动规则以及支付手段等。例如，如果读者决定在淘宝中开设网店，那么不仅需要了解 C2C 网络店铺的特点，还需要了解淘宝网店中的各种发布商品的规则、社区规则、淘宝论坛的规则等。这些内容在本书的前几章中已经有了比较详细的介绍。

当然，读者也可以在“淘宝大学(http://daxue.taobao.com)”中通过网络视频的方式学习相关内容，如图 5-1 是淘宝大学的主页内容。但请读者注意，在“淘宝大学”中有很多内容和视频是需要读者购买以后才能观看的，如果读者想节省这部分资金，也可以通过在网络中搜索相关内容进行学习，网络中的很多内容是由网友自发组织的，虽然可能缺乏一定的系统性，但往往都是其他网店店家的第一手资料，更加贴近实际。

图 5-1 “淘宝大学”首页

(2) 取得可靠的货源。货源不管是在实体店的销售还是在网店的销售中都是至关重要的，一个成功的店家必定要有一个自己的长期供应商。一个好的货源、质量、款式、价格都必须有自己独特的优势所在，这样我们才会在众多的竞争中脱颖而出。有些人常会抱怨说自己没有什么好的基础，没有很好的实力，没有经验等一系列问题。当然，无论我们做任何事情，都不可能是一帆风顺的，其中必定会遇到一定的困难，但我们不能让这点困难阻碍了我们前进的步伐。凡事都是在困难与挫折中成长的，问题与机遇并存。所以不管你如何对待这些问题，千万不能在货源上掉以轻心。

特别是对于销售同质性商品的店家，货源更是重中之重，如图 5-2 所示。销售同一品牌统一规格的商品，往往几块钱的差价就会使店家的商品在搜索排名上有很大的差距。这就要求店家的货源必须在价格上有一定的竞争优势，才能提高网店的销售量。

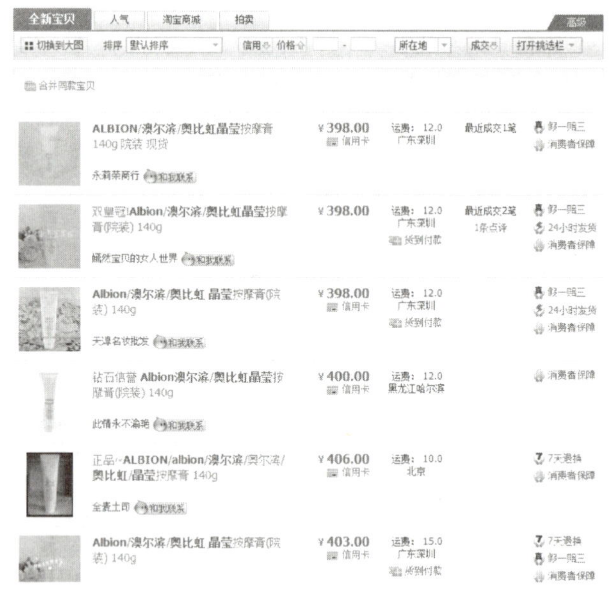

图 5-2 同质性商品的搜索结果

(3) 货源确定以后，下面就要把所有销售的商品发布到网店中，而展示商品前需要拍摄商品的照片，应该怎样处理图片呢？怎样才能让店铺的陈设看起来更漂亮呢？这其中有很多细节需要我们去学习研究。

在拍摄的过程中，我们不但要挑选一款合适的数码相机，还要了解拍摄的基本技巧，了解拍摄中的一些基本术语，这些内容我们会在第 6 章中做详细的介绍。

拍摄好商品的照片以后，为了获得更好的视觉效果，我们还需要对照片做进一步的处理，因为图片的效果直接影响到买家的直观感受，一张好的商品照片和一张差的商品照片对销售的影响是非常大的，如图 5-3 所示，同样一件商品拍摄效果的不同，给买家的感觉完全是两件商品。这其中要涉及一些常用的图片处理软件，例如 Photoshop、Fireworks 等。另外，店家还应该学会一些常用的图片处理技巧。这些内容我们将在第 8 章中做详细的介绍。

图 5-3　同一件商品的优劣效果

(4)　获得了满意的商品照片后，我们就可以将商品上架了。在上架过程中同样会遇到很多细节的问题，都需要店家的关心和关注。例如制定商品名称就是一个非常大的学问，在淘宝网中，将商品名称的字数规定在 30 个汉字以内，那么，关键字越多被搜索到的可能性就越大，店家在商品名称使用关键字的设置主要可以有以下几种组合方式：

- 品牌、型号+商品关键字
- 促销、特性、形容词+商品关键字
- 地域特点+品牌+商品关键字
- 店铺名称+品牌、型号+商品关键字
- 品牌+信用级别、好评率+商品关键字

另外，在商品名称允许的情况下，我们应该将尽可能多的关键字放入商品名称中。

在附录 A 中列出了在网店开设过程中经常遇到的一些规则问题和沟通技巧，请各位读者一定要仔细阅读。

(5)　选择一个好的物流公司也很关键。现在国内知名且常见的物流公司主要有：申通快递、顺风快递、圆通快递、EMS 以及中通快递等。各个快递公司从网点分布、投递价格、到货时间都是有差别的，店家应该对各个快递公司的特点进行了解，建议新的店家请教一下老卖家们，这样也会给卖家减少因为物流延期或破损而产生的纠纷。并且，在发货时店家应该注意以下几点。

- 出货之前一定要仔细地检查每一件商品，特别是带电池或电子类的商品是检查重点。
- 如果有些商品图片和实物是因为色差而出现不符的话，应该在发货之前与买家说明。

(6) 促销。许多新的网店在开始的时候都面临着信用危机，由于信用太低，没有买家愿意光顾。所以一定要把握任何可以宣传的机会，做广告，多逛逛社区，多写帖、回帖，参加活动等。例如，淘宝网经常性的会举办各种活动，例如“1 元拍卖”、“限时秒杀”、“限时抢购”等，如图 5-4 所示。参加这些活动不但能够增加产品的销售量，还可以积累人气、增加客户访问率等，起到一举多得的作用。

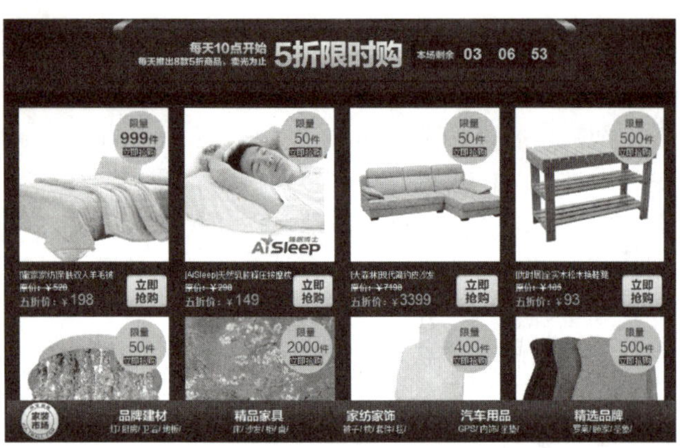

图 5-4 促销活动示例

但是，不管怎么说，开店初期都是一个不得不度过的难熬阶段，只有用心在这个时期去经营推广网店，与顾客用心交流。才会产生从量变到质变突飞猛进的进步。

(7) 有效管理支付账户。在淘宝网中，虽然只需要一个支付宝账户就能够完成进货出货的所有资金交易，但为了便于网店店家统计销售情况，建议使用三个账户，一个管理销售资金，一个管理进货资金，一个管理开支成本资金。这样做便于我们对自己的生意更好地去管理，对销售情况好坏也能够一目了然。

(8) 防骗意识要时刻牢记。在现在的社会中，形形色色的骗子是无奇不有的，行骗方式更是防不胜防。但只要记住一点，不要贪小便宜。不要以为天上真的会掉馅饼，天下没有免费的午餐。不管对方以什么样的借口，到最后都会叫你把账号密码透露给他，所以一定要提高警觉。

(9) 售后管理。这一点应该深刻地埋在每个卖家的意识里，不管每一笔订单利润是多少，哪怕是亏本，都要把服务做到让买家满意为止，这一点是至关重要的。不管和买家发生什么样不愉快的事情，都要认识到这一点，甚至可以用一句话来形容，我们在卖产品，更是在卖服务。谁的服务到位，谁的成功几率就大点。网店做到最后，其实就是在拼人气，所谓的口碑营销，将会在我们日后的成长中起着重大的作用。

(10) 诚信管理。诚信是任何行业中买卖存在的一块坚固基石，也是人们所有活动最重要的基础，网店更是如此。所以要致力于创造一个以诚信为本的网上购物环境，面对每一个客户都必须真诚相待。

其实，在网店的经营中需要学习的东西还很多，需要读者在网店的经营过程中多多总结，逐步改进。

5.2 网店装修的由来

网店的装修这个名词是由实体店装修引申而来的，虽然网络店铺的形式与实体店铺有着很大的区别，但它们的目标是相同的，都是为了展示和销售商品。所以，网店装修与实体店装修的目的也是相同的，都是为了让店铺变得更加漂亮，更加吸引顾客。但装修的形式却完全不同，在网店中，店家智能通过网络(更确切地说是浏览器)中的文字和图片来了解商品，所以，网店的装修主要就是对网店中的文字、图片、布局、样式等进行设计以达到吸引顾客的目的。

以淘宝网平台为例，网店装修就是指在淘宝网平台允许的结构范围内，尽量通过图片、程序模板等让店铺变得更加丰富美观。

5.3 视觉营销

视觉营销就是市场营销层面上销售技术的总和，这些销售技术可以使我们向(潜在的)消费者在最好条件下，包括物质和精神两方面，展示我们用于销售的产品和服务。它存在的目的是最大限度地促进产品(或服务)与消费者之间的联系，最终实现销售(购买)，同时是提升视觉冲击，影响品牌文化的手段之一。

从网店的观点来说，视觉营销要求店家必须保证销售的商品类型与网店装修的风格保持一致。这是因为商品的属性决定了消费群体的年龄、性别、职业、爱好等，针对不同的目标人群，网店必须要确定不同的经营风格，例如销售童装的网店和销售珠宝的网店在经营风格上是截然不同的，销售化妆品和销售数码产品的网店在经营风格上也大相径庭。经营风格体现了网店的商品属性和装修风格、商品发布的方式和时间、商品的定价、促销活动的制定、店家发帖内容和风格等诸多方面，也就是说，目标消费群体对我们的认同感越强，就越容易成为我们的潜在客户。

和实体店销售模式一样，视觉营销最直接的表现就体现在网店的装修风格上，因为顾客进入我们的网店后，店铺的设计风格会很自然地给他们留下第一印象，使顾客产生一种感觉：这家店铺的商品是否适合我？他们销售的商品是不是我正需要的？同样是购买服装，顾客对于商品的价值也有一个心理的预期，本来准备购买几件平时穿着的休闲服饰，如果看到一家店铺的装修过于高档，类似国际知名品牌的专卖店。顾客就有一种进错门的不适，或者是产生商品价格过于昂贵的心理暗示，所以，大卖场式的装修应该有大卖场的亲民风格，而专卖店就应该有专卖店的高贵档次。

另外，装修风格还体现在网店的整体色彩、色调以及图片的拍摄风格上，在淘宝网中，有很多店铺风格可供选择，店家可以选择这些固定风格的店铺模板来进行装修，也可以购买淘宝商城的旺铺模板来对店铺进行更多的设计，使店铺风格具有经营特色和个性色彩，也更符合销售的定位。此外，商品的图片、店标、论坛签名的设计等都要考虑到整体的协调性，尽可能使整个店铺的色调、风格统一。

下面我们就介绍几类典型的风格各异的网店店铺供读者参考，了解其中视觉营销的内涵。

5.3.1 卡通商品类

如果网店销售的是可爱型的商品，例如卡通抱枕、儿童玩具等，那么网店的目标人群应主要为学生和 25 岁以下的年轻人，这些目标人群有较为一致的审美标准，喜欢关注这个年龄段感兴趣的东西，喜欢追赶潮流。这些都是目标消费人群的共有特性，作为经营这类商品的店家，应该有针对性地对网店进行装修，装修风格应该活泼、鲜艳，商品照片也要时尚，而商品描述的口气应该是可爱、年轻化的语言，具备了这些视觉营销基础的网店才更容易被这个群体接受，并且因为有了认同感而产生购买的欲望。

如图 5-5 所示，是卡通类风格网店典型的视觉效果。

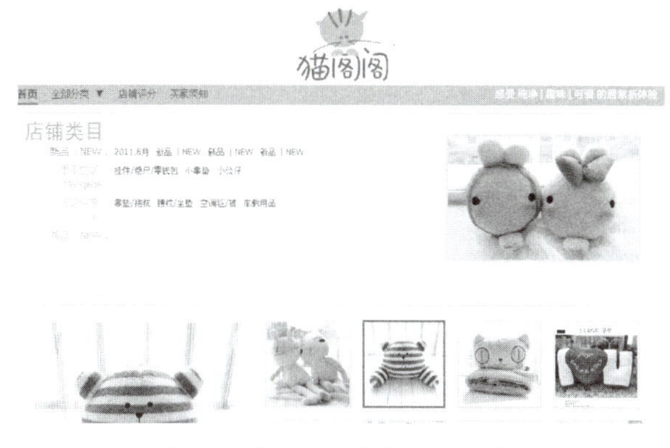

图 5-5　典型的卡通类风格的网店

5.3.2 电子商品类

经营电子类商品的店铺在设计上一般都是比较趋于理性的，色调以黑色为主，体现出网店的科技感和时尚潮流，因为这类商品的目标消费群是以成年人为主，而他们往往喜欢的是一种理性的、工业感和专业的设计风格。商品照片应该简单明了、色彩不花哨、商品描述和留言回复应言简意赅，并且对客服人员的专业水平要求较高，如果采用上一节的卡通类风格，在视觉营销上就会产生一种错位的感觉，不容易被这类消费群体认同，甚至对店铺的专业性产生质疑，从而影响店铺的销售业绩。

如图 5-6 所示是典型的电子商品类网店的视觉效果。

图 5-6　典型的电子商品类网店

5.3.3 时尚服饰类

对于经营时尚服饰类的网店，其主要的消费群体应该是女性，那么店铺的装修风格就要符合女性的审美习惯，商品照片应该时尚漂亮，商品的描述都应该和销售商品的风格保持一致，客服人员的语言风格也要符合这类群体的交流习惯。甚至在对待讨价还价的问题上，也要做好“打持久战”的心理准备，这类商品的消费者和数码产品的消费者在购买的方式上有很大的不同，所以我们要针对这类群体来确定我们的经营风格。

图 5-7 是典型的时尚服饰类网店的视觉效果。

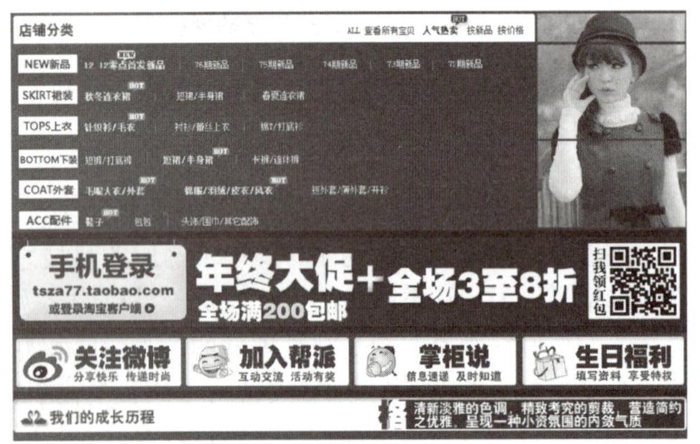

图 5-7　典型的时尚服饰类网店

5.3.4　奢侈品类

对于销售贵金属以及钻石首饰的网店，其商品结构也就决定了店铺的消费群体，有调查显示，95%以上的此类网店购买者年龄在 25~40 岁之间，而很少会有年轻学生或者老人来购买，这类商品的使用者也以女性占绝大多数，但是“买单”的消费者却是以男性为主。为此，此类商品的店铺视觉风格应该定位在中心的装修风格，偏重于男士的审美习惯，同时也兼顾一些成熟女性的审美情趣，商品的描述应当亲和、稳重，客服年龄结构不能过低。

如图 5-8 所示是典型的奢侈品类网店的装修风格。

图 5-8　典型的奢侈品类网店

在确定消费群体时，我们必须要特别注意消费群体与最终使用者不一致的情况，例如保健品类商品，它的使用者虽然多为老年人，但是购买者却是以年轻人为主，因为购买保健品大多数是为了孝敬老人，所以，销售这类商品的店铺在确定视觉营销时应该更多地倾向于购买者而不是使用者。

本 章 小 结

本章作为新手店家开设网店的引导章节，主要为读者介绍了从开店到销售的一系列流程中的主要注意事项，并且从整体上介绍了网店装修的必要性；最后，我们还从视觉营销的角度介绍了几类典型店铺的装修风格。

第 6 章 拍摄商品照片

网店与传统实体店的最大区别在于买家在交易完成前看不到实物，而是在虚拟的世界里获得商品的所有信息。所以，网店买家对商品的第一印象就来自于网店中的商品图片，因此，商品图片的质量非常重要。

在本章中，我们将介绍一些商品照片的拍摄技巧，希望读者通过本章的学习，能够对拍摄商品的照片有更多的认识。

学习要点

- 数码相机的选购
- 常用的拍摄术语和参数
- 各种商品的拍摄技巧

6.1 常用数码相机的类型

要拍出精美的商品照片，首先要选择一款合适的数码相机，下面，我们就来介绍一下市场上常见的数码相机类型。

6.1.1 家用傻瓜数码相机

家用数码相机的品种非常丰富、品牌众多，功能样式也各不相同，价格从几百元到几千元不等。这类数码相机外形小巧时尚、机身较轻、拥有普通拍照所需要的基本功能，而且多为一键式操作，所以被称为“傻瓜相机”，又因其外观小巧，便于携带，又被取名为“卡片机”，如图 6-1 所示是一些常见的数码相机的外观。

图 6-1 常见的家用数码相机

普通数码相机虽然功能并不强大，但是最基本的曝光补偿功能以及区域或点测光模式都还是有的，这些功能对于日常生活拍摄以及拍摄普通商品照片来说已经足够，而且携带方便，价格便宜，因此对拍摄质量没有特殊要求的用户可以优先考虑这种相机。

6.1.2 单反数码相机

单反数码相机的全称是单镜头反光数码相机，即 Digital 数码、Single 单独、Lens 镜头、Reflex 反光的英文缩写 DSLR，市场中的代表机型常见于佳能(Canon)、索尼(SONY)、富士(Fujifilm)、柯达(Kodak)等，此类相机一般体积比傻瓜相机大一些、重一些，如图 6-2 所示是一些常见的单反相机。

图 6-2 常见的单反数码相机

单反数码相机的特点就是可以使用不同规格的镜头，这是普通数码相机不能比拟的。单反数码相机都定位于数码相机中的高端产品，因此在关系数码相机摄影质量的感光元件(CCD 或者 CMOS)的面积上，单反数码相机的面积远远大于普通数码相机，这使得单反数码相机的每个像素点的感光面积也远远大于普通数码相机，因此,每个像素点也就能表现出更加细致的亮度和色彩范围，使用单反数码相机拍摄的质量也就会明显高于普通数码相机。不过，单反数码相机并不是适合任何用户：首先，使用者需要具备必要的专业知识，其次，要用好单反数码相机必须搭配不同型号的镜头，这很可能使镜头的花费高于购买数码相机的费用，而且单反相机个头较大，并不适合户外携带，所以，对于预算紧张或者长期要在户外拍摄的店家，需要慎重考虑选择单反数码相机。

6.1.3 专业数码相机

专业数码相机根据配置情况一般要数万元或更高，其优势主要表现在以下方面。

(1) 更高的可靠性和环境适应性，如快门的精度和寿命(一般在 10 万次以上)，机身的防尘防雨滴性能等(以满足专业摄影师在恶劣环境下使用的要求)。

(2) 更高的性能和可操控性，如连拍速度、闪光同步速度、快门速度、对焦及测光精度等。

(3) 更高的图像质量，为了获得更好的图像质量，专业相机配备更大的图像传感器(即 CCD、CMOS 等)。

(4) 为了获得更好的成像质量，需要配备专业的镜头。

图 6-3 是一些专业数码相机的外观。这些相机有些具有更高的成像像素，有些有更大的光学变焦倍数。

图 6-3 专业级数码相机

虽然专业数码相机的拍摄效果往往更好，但由于其昂贵的价格，并不推荐一般的网店店主购买这些相机进行拍照。

6.2 常用拍摄辅助设备的介绍

在拍摄数码照片时，除了最基本的相机外，往往还需要一些辅助设备，本节我们将介绍一些常用的摄影辅助设备。

6.2.1 三脚架

在拍摄商品图片过程中，为了固定相机位置和寻找最佳拍摄角度，需要使用三脚架固定相机，否则，经常会由于相机没有拿稳，导致所拍的照片模糊不清，如图 6-4 所示是一些常见的相机三脚架。

图 6-4 三脚架

三脚架能够保持相机在拍摄过程中的稳定性，特别是在长时间曝光中，三脚架尤其重要。三脚架按制作的材质来分，可分为钢铁、合金、火山石、木质、碳纤维等。目前，市面上最常见的是合金三脚架和碳纤维三脚架。

合金三脚架价格便宜，稳定性也不错，但是重量较大，携带不如碳纤维的三脚架方便，但由于其价格比较便宜，资金紧张或者室内拍照的店家可以选择合金三脚架、

碳纤维三脚架质量和稳定性都非常好，最大特点就是重量比较轻，便于携带，但价格较高。目前碳纤

维三脚架市面上也有很多品牌可供选择，是最理想的三脚架类型。

另外，三脚架的另一个重要参数是伸缩节数。伸缩节数对三脚架的便携性和稳定性起着很大的作用。伸缩节数太少会导致脚架过短，但伸缩节数太多又会导致稳定性下降，市面上常见的有三节结构和四节结构两种。如果不是高质量的三脚架或对高度有特殊要求的话，三节式三脚架已经能够满足使用的要求。

锁定三脚架伸缩管有两种主流方式：扳扣式和旋螺式。扳扣式三脚架操作起来更方便快捷，目前市面上比较高档的三脚架很多都采用扳扣式。旋螺式三脚架没有外突物，便于携带。在选购三脚架的时候，可以根据个人条件和喜好进行选择。

6.2.2 灯光设备

在拍照过程中，由于自然光线的不足或者不符合条件要求，我们经常需要使用各种辅助灯光。

节能灯、摄影灯以及外置闪灯的光线是合适的室内用光，如图 6-5 所示。

图 6-5 常见的摄影灯光设备

6.2.3 背景布

使用各种颜色的背景纸和背景布，可以让商品有一个明快、干净的背景，所以，背景布是最常使用的道具之一，如图 6-6 所示。

背景布材料的属性包括色泽、质地、尺寸与形状等，在很大程度上直接影响着拍摄效果。适合网店店家拍摄照片的背景布类型有无纺布、磨毛背景、布植绒背景布等。

另外，在特殊的情况下还可以使用带有图案和主题的各种样式的背景布，例如拍摄婚纱时可以使用蓝天大海的背景布作为背景，拍摄出来的效果往往更加真实自然。

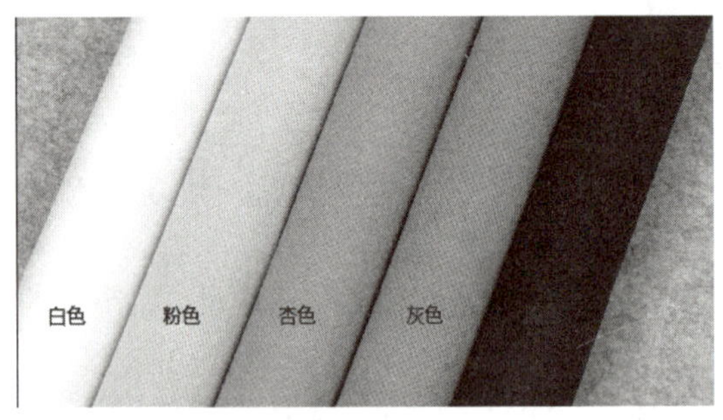

图 6-6 单色背景布

6.2.4 反光板和反光伞

反光板和反光伞用来补充光源的不足，避免暗角。

反光板多数用在室外拍摄时补光之用，当背光时，反光板可反射太阳光补光，是外景拍摄的好帮手。一般反光板表面备有金色和银白色，部分反光板更有多合一的设计，或者两色反光面均备有，方便用户按需要选择使用。

反光伞外形和雨伞类似，但内里涂有一层银白色物料，当光源向伞内方向打时，以打散光源，令拍摄时灯光柔化。

如图 6-7 是常见的反光伞和反光板。

图 6-7 反光伞和反光板

6.3 数码相机的技术术语

前面我们介绍了数码相机的基本类型，但是在选购数码相机的时候，会遇到很多技术术语。下面，我们就介绍一些比较常见并且重要的数码相机技术术语的含义，以便读者了解数码相机的参数。

6.3.1 光圈

光圈(Aperture)用来控制光线透过镜头进入机身内感光面光量的装置，它通常是在镜头内，用 F 值来表示光圈大小。

光圈 F 值=镜头的焦距/镜头光圈的直径

在拍摄过程中 F 值越大，光圈越小，背景越清晰；F 值越小，光圈越大，背景越模糊，从而可以营造景深效果。

完整的光圈值包括：f1、f1.4、f2、f2.8、f4、f5.6、f8、f11、f16、f22、f32、f44、f64，如图 6-8 所示为常用的光圈值。

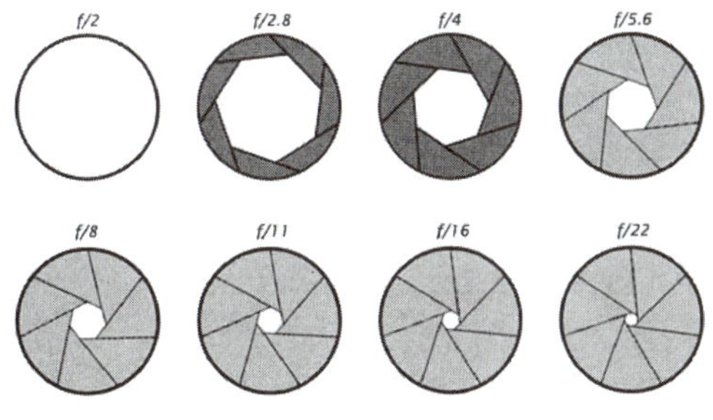

图 6-8 光圈值

6.3.2 ISO 感光度

ISO 感光度本来是传统相机中经常用到的术语，表示胶卷对光线的敏感度。ISO 感光度可分为 100、200 和 400 等。感光度越高，就越适合在光线昏暗的场所拍摄。但同时色彩的鲜艳度和真实性会受到影响。

数码相机尽管不使用胶卷，但却具备类似的功能，数码相机厂家为了方便数码相机使用者理解，一般将数码相机的 CCD 感光度等效转换为传统胶卷的感光度值，并可通过设置来改变 ISO 感光度。ISO 的数值和相片的细腻程度、质量有着很大的关系，因为感光度能够有效地降低色彩噪点的明显程度，所以希望拍到更好的效果时，可将 ISO 设置为较低的值，例如 100，而在光线不够明亮的情况下，则必须提高 ISO 值来获得足够的光线。

图 6-9 是使用高感光度和低感光度拍摄出来的照片效果对比。

图 6-9 不同感光度的对比

提 示

CCD(Charge-Coupled Device)中文含义为电荷耦合元件，可以称为 CCD 图像传感器。CCD 是一种半导体器件，能够把光学影像转化为数字信号。CCD 上植入的微小光敏物质称作像素(Pixel)。一块 CCD 上包含的像素数越多，其提供的画面分辨率也就越高。CCD 的作用就像胶片一样，但它是把图像像素转换成数字信号。CCD 上有许多排列整齐的电容，能感应光线，并将影像转变成数字信号。经由外部电路的控制，每个小电容能将其所带的电荷转给它相邻的电容。

6.3.3 白平衡

白平衡(White Balancc)就是无论环境光线如何，让数码相机默认“白色”，平衡其他颜色在有色光线下的色调。需要白平衡是因为物体颜色会因投射光线的颜色产生改变，在不同光线的场合下拍摄出的照片会有不同的色温。例如以钨丝灯(电灯泡)照明的环境拍出的照片可能偏黄，而相机的 CCD 没有办法像人眼一样自动修正光线的改变，就会产生色差。现在大多数的数码相机均提供白平衡调节功能，一般白平衡有多种模式，适应不同的场景拍摄，如自动白平衡、钨光白平衡、荧光白平衡、室内白平衡、手动调节等。

如果用户想手动设置相机的白平衡，可以在拍摄的地方放一张白纸，将相机设置为手动白平衡，然后将镜头对准白纸，使白色充满相机屏幕中间的框，按下设置键(不同的相机有不同的设置键，会在相机屏幕上有提示)，这时你会发现，相机中看到的白纸和刚刚看到的白纸的颜色有了变化，这说明设置成功了，然后在刚刚放白纸的同一个地方，放上商品拍摄，白平衡就是正确的。

6.3.4　曝光补偿

曝光补偿是一种曝光控制方式，一般常见在±2-3EV 左右，如果环境光源偏暗，即可增加曝光值(如调整为+1EV、+2EV)以突显画面的清晰度。曝光补偿就是有意识地变更相机自动演算出的“合适”曝光参数，让照片更明亮或者更昏暗的拍摄手法。拍摄者可以根据自己的想法调节照片的明暗程度，创造出独特的视觉效果等。一般来说相机会变更光圈值或者快门速度来进行曝光值的调节。如图 6-10 所示是在不同的曝光补偿下照片的效果。

几乎所有的数码相机的曝光补偿范围都是一样的，可以在±2EV 内加、减，但是加减并不是连续的，而是以 1/2EV 或者 1/3EV 为间隔跳跃式的。

一般来说，景物亮度对比越小，曝光越准确，反之则偏差加大。相机的档次有高有低，档次高的，测光就比较准确，低的则偏差也会加大。如果是传统相机，胶卷的宽容度是比较大的，曝光的偏差在一定范围内不会有大问题，但是数码相机的 CCD 宽容度就比较小，轻微的曝光偏差都可能影响整体的效果。总而言之，曝光补偿的调节是经验加上对颜色的敏锐度所决定的，用户一定要多比较不同曝光补偿下的图片质量，清晰度、还原度和噪点的大小，才能拍出最好的图片。

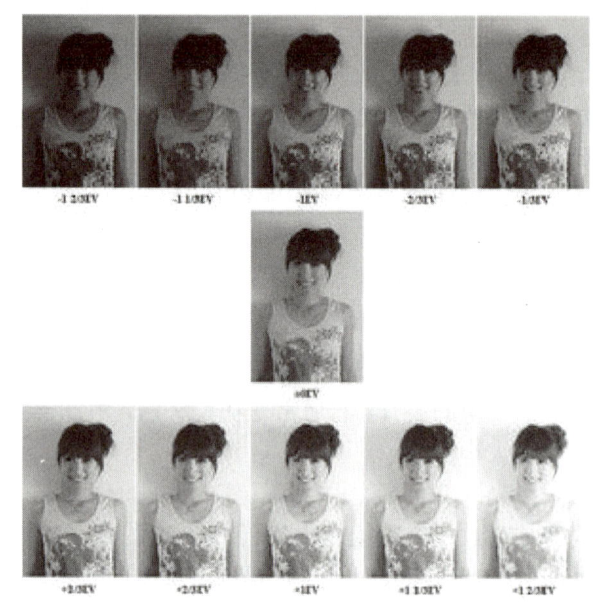

图 6-10　曝光补偿示例

6.4　相机拍摄的常用技巧

店家在拍摄自己的商品时，为了达到理想的效果，还需要根据商品的不同种类使用不同的拍摄技巧，在本节中，我们将介绍一些常见商品的拍摄技巧。

6.4.1　服装类商品的拍摄方法

服装类商品，在拍摄的时候，应该主要掌握好以下技巧。

(1)　在衣服展示上最好使用模特，因为一件衣服摆在地上和穿在身上是完全不同的两个感觉，有的时候商品图片是决定购物者是否购物的关键，衣服也只有穿在身上才能完全表现出衣服的立体造型，激起网络购物者的购买欲。如图 6-11 所示是使用模特和未使用模特的商品照片对比。

(2)　选择合适的背景。一个漂亮的背景可以给人十分舒服的感觉，如果拍摄条件有限，可以在拍摄好后，使用 Photoshop 来处理图片背景，如图 6-12 所示是同一图片有无背景的对比，可以明显看出，带有符合主题背景的衣服显得更加美观。

图 6-11 使用模特和未使用模特的商品照片对比

图 6-12 有无背景商品照片对比

(3) 在光线布置上，为了突出衣服的面料、质感以及整体设计造型，最好采用主光与辅光结合的方式，即一般在衣服的前上方 45 度角处放置一盏灯作为主光，再在衣服正前方放一盏光线弱一些的灯作为辅光，淡化主灯带来的阴影，如果有条件还可以在衣服背面放一盏辅灯，照亮背景。

(4) 由于一般家庭用的灯光色温不是偏高就是偏低(正常阳光色温是 5500K)，所以推荐店家在拍摄商品照片时使用护眼灯，色温比较接近日光。如果条件不允许，可以在拍摄完后处理一下，把照片色温调到正常。调节的办法是把照片里衣服的颜色与日光下的比较一下，达到基本一致，这样，就不会与客户发生衣服颜色不符的纠纷了。另外白炽灯会让冷色调衣服获得不太好的表现，即使后期处理也很难解决。

6.4.2 珠宝首饰类商品拍摄方法

珠宝首饰类商品质地的特殊性，拍摄技巧与衣物有很大的不同。珠宝首饰类商品的具体拍摄技巧如下。

珠宝首饰拍摄可以使用柔光拍摄，这样阴影看起来更加自然。拍摄背景方面需要根据拍摄的产品来搭配，首先要根据产品属于哪种性质，来选择合适的背景和颜色，或者直接选用白色或者黑色，如图 6-13 所示是简单首饰得到拍摄图片。

图 6-13 简单首饰图片

另外，在拍摄珠宝首饰类商品时可以使用相机的“微距模式”，可以配合多角度拍摄，尽量体现产品的细节和气质，如图 6-14 所示是使用微距模式拍摄的首饰图片。

图 6-14 微距拍摄

6.4.3 数码类商品拍摄方法

数码类商品一般造型时尚、前卫，因此拍摄时除了要突出产品功能性、科技性，还要考虑其外观的时尚性。很多数码产品表面比较光滑，容易反射出场景中的其他物体，因此，在布光和拍摄时需要特别注意，对于一些需要表现的细节可以进行特写拍摄。

6.4.4 化妆类商品拍摄方法

化妆品大多是采用透明玻璃材质进行包装，这种材质最大的特点在于能透过光线，所以拍摄时尽可能地在反映其通透性上下工夫，表示其晶莹剔透的质感。布光一般以偏后侧的逆光为主，以表现产品包装的质感为拍摄重点，如图 6-15 所示。

总之，不同种类的商品拍摄的技巧都有区别，要多尝试，积累经验，才能拍出满意的照片。如果拍摄出来的照片不是很理想，我们还可以使用软件对其进行处理，达到所需的要求，这方面的内容将在下一章进行讲解。

图 6-15　化妆品拍摄效果

本章小结

在本章中，我们首先介绍了各种拍摄设备的基本特点，为网店店家选购适合自己的拍摄设备提供了建议。其次，介绍了网店中经常遇到的几类商品的拍摄技巧，希望读者通过本章的学习，多加练习，熟练掌握各种拍摄技巧。

第 7 章

网店装修常用软件

在网店的制作过程中，免不了要对图片进行编辑和美化，使我们的网店中的商品看起来更加美观。另外，为了网店整体效果的美观，还需要对网页代码进行编辑和修改。这些工作虽然使用 Windows 自带的“画图”和“记事本”工具也能做到，但既麻烦，又很难达到理想的效果。下面，我们就介绍一些在图片处理和网页制作中常用的软件。使用这些软件，可以达到事半功倍的效果。

学习要点

- 各种网页制作软件的基本功能
- Photoshop CS4 的安装和功能介绍
- 各个软件的特点比较
- 各个软件的适用范围

7.1 Photoshop

Photoshop 是由 Adobe 公司开发的图形图像处理软件之一，目前的最新版本为 Photoshop CS5。作为专业的图形图像处理软件，它是许多从事平面设计工作人员的必备工具，被广泛地应用于图形图像处理公司、广告公司、印刷公司、婚纱影楼以及网页设计制作公司等。

Photoshop 为平面设计、三维动画制作、影视广告和网页设计等领域的工作人员都提供了相应的工具和功能，使用 Photoshop 结合专业知识就可以制作出优秀的作品。在图 7-1 中展示了一些使用 Photoshop 制作的作品。

图 7-1 Photoshop 作品

7.1.1 Photoshop 的安装

下面，我们以 Photoshop CS4 中文版为例来介绍安装 Photoshop 的具体步骤。

在安装 Photoshop CS4 之前，首先了解一下 Photoshop CS4 在 Windows 中的运行环境要求，如表 7-1 所示。

表 7-1 Photoshop CS4 的系统需求

CPU	1.8GHz 或者更快的处理器
内存	512MB(推荐 1GB 或者更大的内存)
硬盘空间	1GB 可用的硬盘空间(安装过程大概需要 2GB 的硬盘空间)
操作系统	Windows XP SP2 或者更高版本
分辨率	1024×768 的显示器分辨率(推荐 1280×1024 分辨率或者更高)，支持至少 16 位色深
显卡	部分功能需要 GPU 支持 Shader Model 3.0 和 OpenGL 2.0
多媒体功能	需要 QuickTime 7.2 播放器的支持

作为一款专业的设计软件，Photoshop 的安装方法比较简单。具体的安装步骤如下。

Step 1 在光驱中放入 Photoshop CS4 安装盘，双击安装文件 setup.exe，弹出“初始化”对话框，如图 7-2 所示。

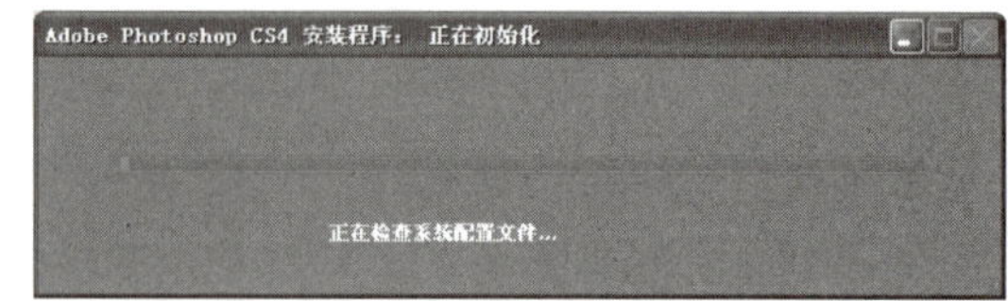

图 7-2 “初始化”对话框

Step 2 初始化完成后，弹出“Adobe Photoshop CS4 安装-欢迎”界面，如图 7-3 所示，用户需要在空白文本框中输入 24 位的正版产品序列号，单击“下一步”按钮继续。

Step 3 进入“Adobe Photoshop CS4 安装-许可协议”对话框，如图 7-4 所示，单击“接受”

按钮继续。

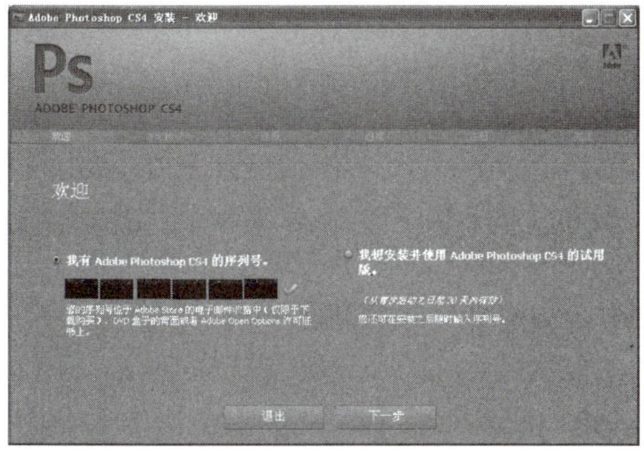

图 7-3 “安装-欢迎”界面

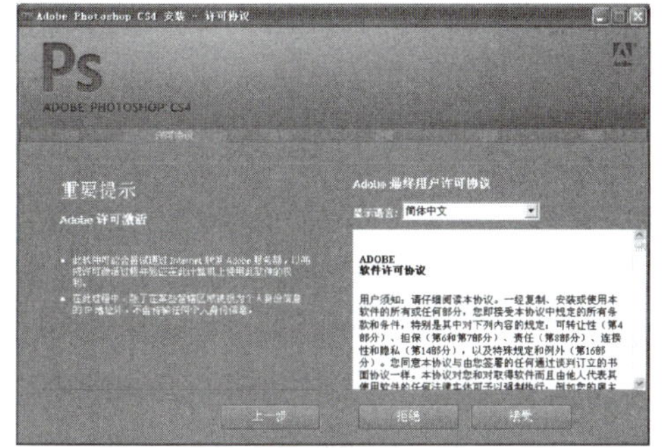

图 7-4 “安装-许可协议”对话框

进入“Adobe Photoshop CS4 安装-选项”对话框，如图 7-5 所示。用户可以在这里选择“轻松安装(推荐)”或者“自定义安装”，也可以单击“安装位置”右侧的“更改”按钮来修改软件的安装位置，在对话框右侧显示了将要安装在系统中的所有软件，对于初学者来说，推荐使用“轻松安装”，单击“安装”按钮继续。

图 7-5 “安装-选项”对话框

Step 5 安装程序开始安装 Photoshop CS4 如图 7-6 所示，“Adobe Photoshop CS4 安装-进度”对话框会实时给出安装进度。

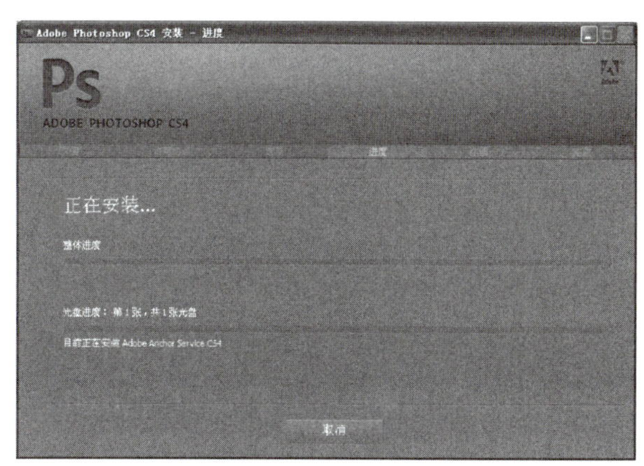

图 7-6 “安装-进度”对话框

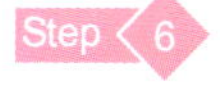

安装完成后，进入“Adobe Photoshop CS4 安装-完成”对话框，如图 7-7 所示，单击“退出”按钮，Photoshop 即完成安装。

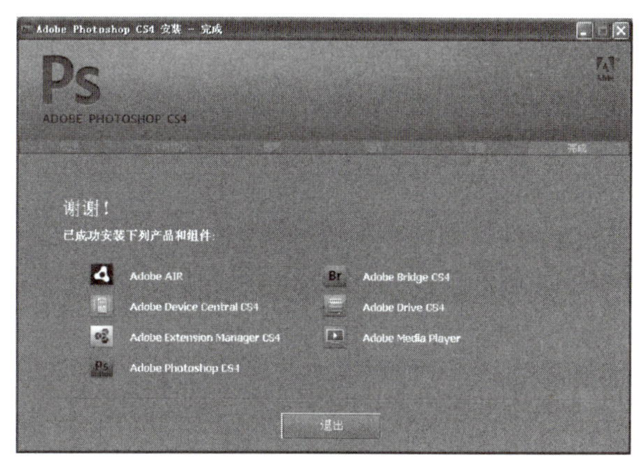

图 7-7 “安装-完成”对话框

安装完成后，可以在开始菜单中找到 Photoshop CS4 的启动快捷方式。

7.1.2 Photoshop CS4 工作环境介绍

在本节中，我们将以 Photoshop CS4 为例介绍 Photoshop 中的工具、面板和其他元素。

Photoshop CS4 的工作环境如图 7-8 所示。设计直观明了，便于操作和理解，其主要构成有：程序栏、菜单栏、工具箱、工具选项栏、调板、图像窗口和状态栏等。

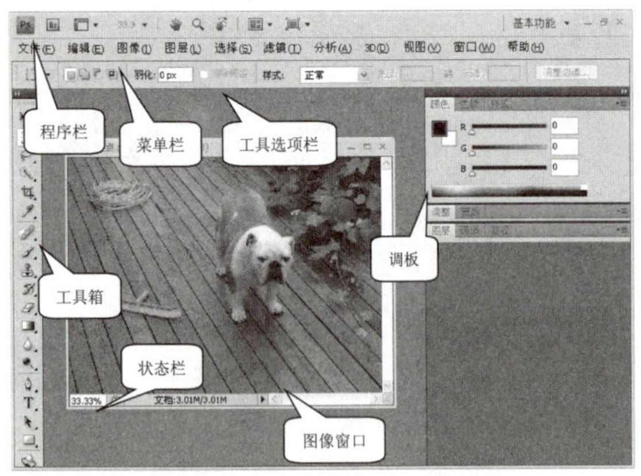

图 7-8　Photoshop CS4 工作环境

1. 程序栏

程序栏是 Photoshop CS4 中新加的内容。用户可以更加方便地从程序栏中选择命令，对图像进行编辑和修饰。程序栏的样式如图 7-9 所示。

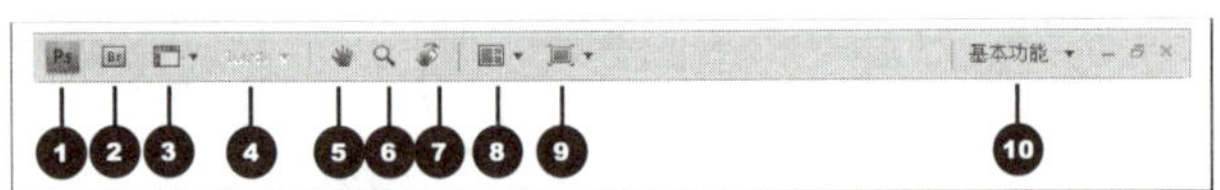

图 7-9　程序栏

①　Photoshop CS4 图标。

②　启动 Bridge 按钮：单击启动进入 Bridge 界面。

③　查看额外的内容：可以查看图像中的参考线、标尺、网格等内容。

④　缩放级别：选择缩放比例可以对图像进行相应比例的缩放。

⑤　抓手工具：可以快速切换到抓手工具对图像进行查看。

⑥　缩放工具：可以快速对图像进行缩放。

⑦　旋转视图工具：可以对图像进行旋转。

⑧　排列文档：可以选择多种排列方式对图像进行多样性的排列。

⑨　屏幕形式：可以切换屏幕的显示模式。

⑩　工作场景切换器：单击此“基本功能”按钮可以在下拉菜单中打开一些常用的调板。

2. 工具箱

工具箱位于工作环境的左侧，如图 7-10 所示。可以通过拖拽工具箱的标题栏移动它，也可以双击工具箱顶部的◀◀按钮实现工具箱的展开与折叠。

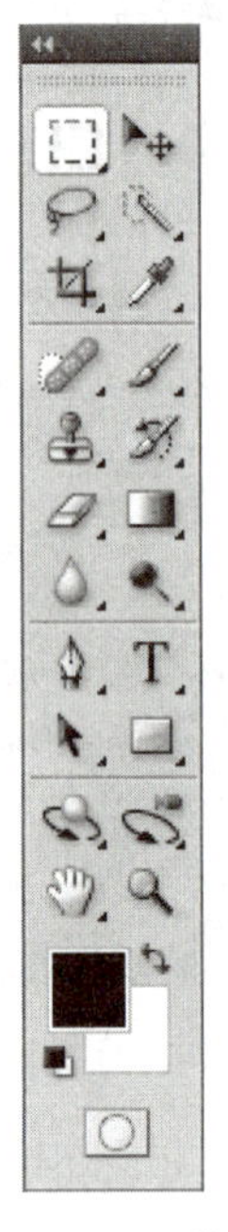

图 7-10　工具箱

工具箱中包含了大部分 Photoshop 常用的功能。通过使用工具箱中的工具，用户可以编辑文字、选择区域、绘画、取样、编辑图片、移动、注释和查看图像等。

将鼠标指针悬停在任意工具上，会弹出提示框，显示关于此工具的信息。另外，一些工具提示还包含指向有关修改工具附加信息的链接。

有些工具图标右下角的小三角表示存在隐藏工具，可以按下鼠标左键悬停在这些工具的图标上几秒钟就会展开这些隐藏工具。

3. 调板

调板的功能是监视和修改图像。

默认情况下，调板分为三个组合调板项，如图 7-11 是“颜色”调板，图 7-12 是“样式”调板。

“色板”调板是最常见的调板。用户可以根据自己的需要拖拽调板中的标签来调整调板的组合方式，甚至生成更多的调板。

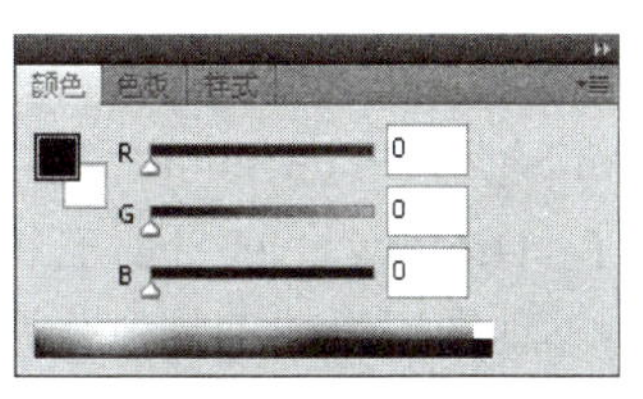

图 7-11 “颜色”调板

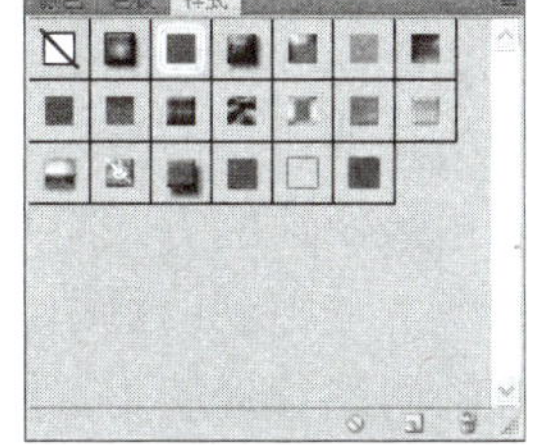

图 7-12 “样式”调板

除了以上介绍的工作区域外，常用的功能区还有菜单栏、工具选项栏等，但这些区域的功能相对来说比较简单，在此不再详细介绍。

7.2 光影魔术手

光影魔术手(nEO iMAGING)是国内相当受欢迎的一款简单易用的图像处理软件。它的主要功能是对数码照片的效果进行改善和处理。光影魔术手使用起来要比 Photoshop 简单许多，用户几乎不需要任何专业的图像处理知识，就可以制作出精美的相框、艺术照、各种专业胶片效果等。

光影魔术手的安装也相当简单，光影魔术手的工作界面如图 7-13 所示，工具栏的图标是比较大的，建议的屏幕分辨率设置是 1024×768，或者更大，色彩一定需要 16 位色以上的设置。如果屏幕分辨率在 1024×768 以上，用户应该看到工具栏右边的“撤销”和“重做”按钮。工具栏按钮比较大的好处是，选择的时候很方便。如果屏幕分辨率是 800×600，也可以运行，但需要改动一下工具栏的选项设置，让工具栏的图标变小，以便全部按钮显示在屏幕上。

光影魔术手安装后要做的另一项设置是，把图片文件和 nEO iMAGING 做一个关联。这个设置在菜单栏中的“查看”|“选项”中。设置了文件关联以后，在 JPG 等图片文件上单击鼠标右键，就会出现一个 nEO iMAGING 的快捷菜单，单击后就会立即启动光影魔术手。这样启动软件就方便多了。如果喜欢为照片增加黑色的边框，那么为了可以观察得更清晰，可以把光影魔术手的背景色改成其他颜色，例如 AutoCAD 的灰色。这样就比较容易看清楚黑色的照片的边界。

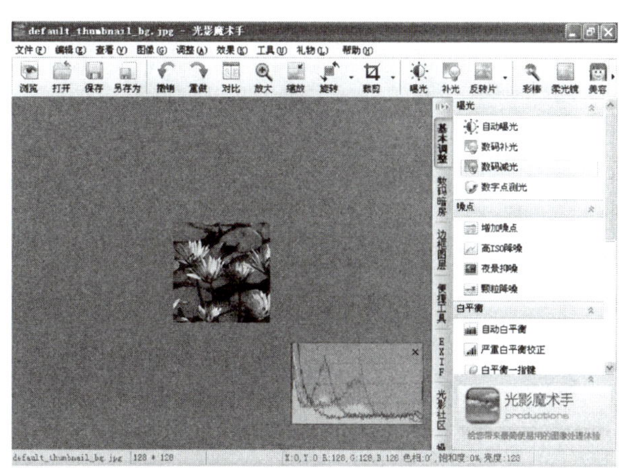

图 7-13 “光影魔术手”界面

在后面的章节中，我们将介绍光影魔术手在网店装修中的具体使用方法。

7.3 美图秀秀

美图秀秀是一款国产免费图片处理软件，使用比 Photoshop 简单很多。它独有图片特效、美容、拼图、场景、边框、饰品等功能，而且每天都会在线更新素材，同样适合网店装修中美化宝贝图片时使用，如图 7-14 是美图秀秀的工作界面。

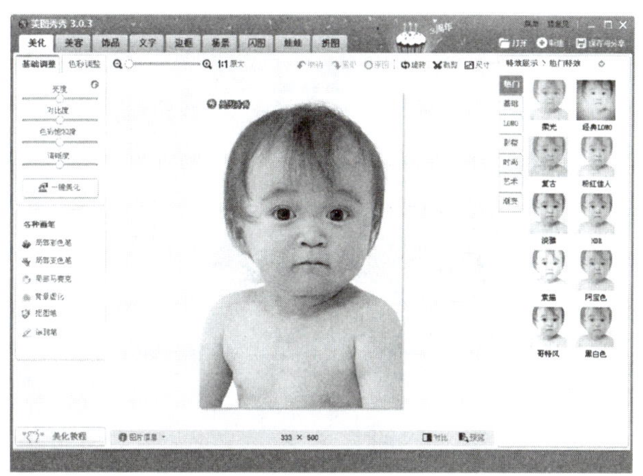

图 7-14 美图秀秀的工作界面

美图秀秀的优势在于内置了大量的图片特效，使用简便，即点即用；特制人像美容功能，一键即可完成美白、祛痘、瘦脸瘦身等功能；还拥有自由拼图、模板拼图等多种拼图模式。美图秀秀的图片修改范例如图 7-15 所示。

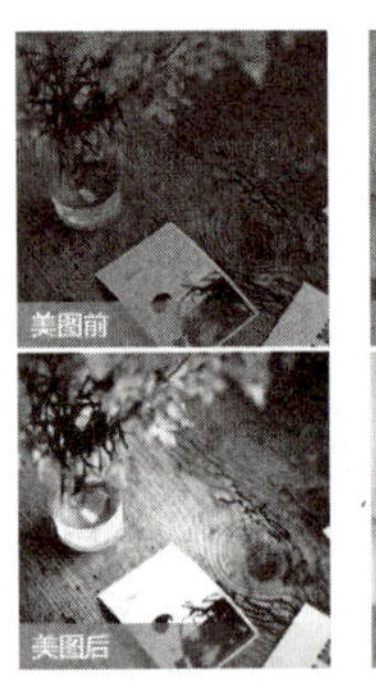

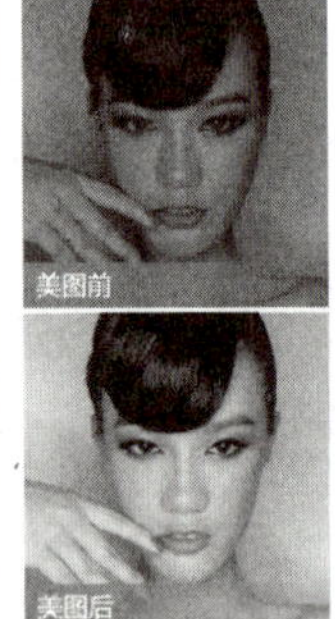

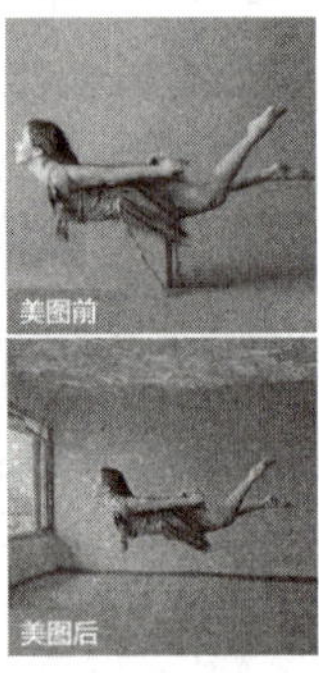

图 7-15　美图秀秀图片修改范例

7.4　Ulead Gif Animator

Ulead Gif Animator 是一款使用方便的 GIF 动画制作软件，由友立公司开发。Ulead GIF Animator 不但可以把一系列图片保存为 GIF 动画格式，还能产生 20 多种 2D 或 3D 的动态效果。如果我们需要制作一些动态图片放入网店中，那么就需要用到它。

图 7-16 是 Ulead Gif Animator 5 的工作界面。特有的功能区主要有 3 部分：工具栏、属性工具栏、层面板和常用工具面板。在后面的章节中，我们会详细介绍使用 Ulead Gif Animator 制作店标的方法。

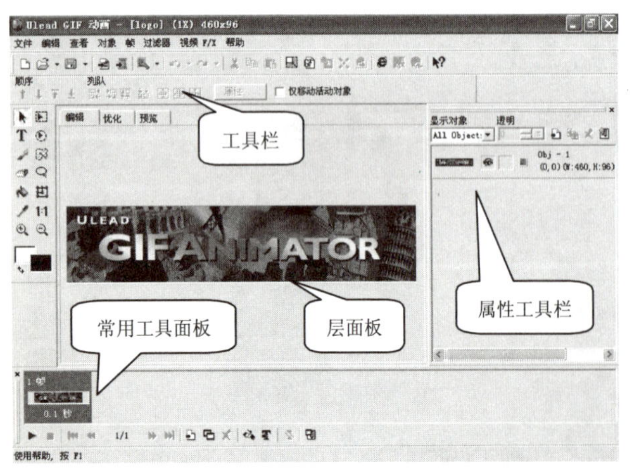

图 7-16　Ulead Gif Animator 5 的工作界面

7.5　Dreamweaver 软件介绍

Dreamweaver 是一款著名的网站开发工具，它使用所见即所得的接口，亦有 HTML 编辑的功能，它可以用最快速的方式将 Fireworks 或者 Photoshop 等制作的图片移植到网页中。同时，Dreamweaver 还具有很强的网站管理能力，使用网站地图可以快速地制作网站的雏形，设计、更新和重组网页。

Dreamweaver 原本是由 Macromedia 公司所开发并成名，但随后被 Adobe 收购。而被 Adobe 收购后，Dreamweaver 也发生了重大的变化，由原本的表格嵌套制作网页的形式转变为使用 DIV+CSS 制作网页的形式。

Dreamweaver CS4 的安装过程与 Photoshop CS4 的安装过程非常相似，在此不再详细讲述。

Dreamweaver CS4 的工作界面主要由菜单栏、面板组、文档窗口、文档工具栏、状态栏、属性面板等组成，如图 7-17 所示。

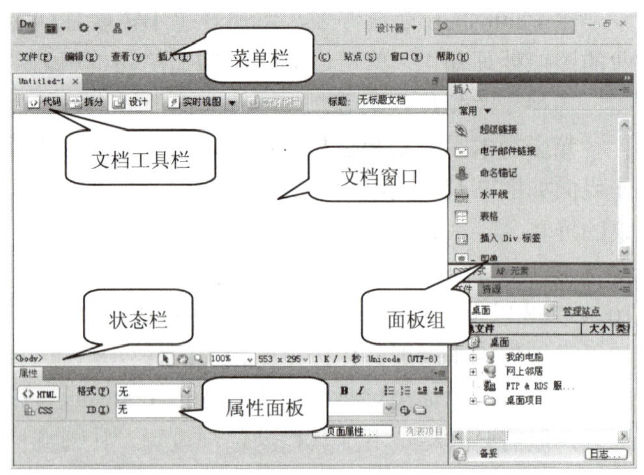

图 7-17　Dreamweaver CS4 的工作界面

在本节中，我们将着重介绍一下 Dreamweaver CS4 中与其他软件不同的文档工具栏和状态栏。

1. 文档工具栏

文档工具栏包含 2 种文档窗口视图：代码视图、

设计视图、代码与设计视图，各种查看选项和一些常用的操作(例如在浏览器中预览)，如图 7-18 所示。

图 7-18 文档工具栏

① 代码视图：单击此按钮，仅在文档窗口中显示和修改 HTML 源代码。

② 代码与设计视图：单击此按钮，在文档窗口中同时显示 HTML 源代码和页面的设计效果。

③ 设计视图：单击此按钮，仅在文档窗口中显示网页的设计效果。

④ "文档标题"文本框：用于设置或修改文档的标题。

⑤ "文档管理"按钮：通过弹出菜单可以实现消除只读属性、获取、取出、上传、存回、撤销等操作。

⑥ 在浏览器中预览：可以在浏览器中预览或调试页面。

2. 状态栏

状态栏主要包括 3 个功能区：标签选择器、窗口大小弹出菜单和下载指示器，如图 7-19 所示。

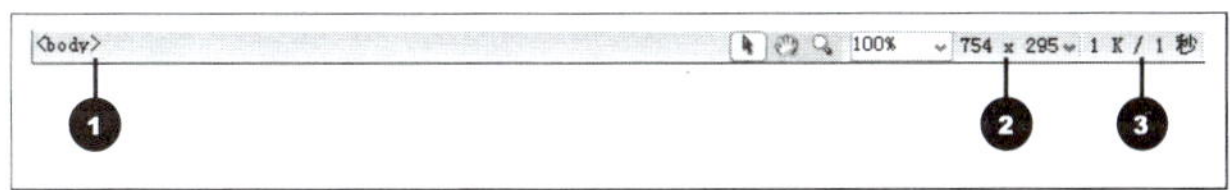

图 7-19 状态栏

① 标签选择器：显示和控制文档当前插入点位置的 HTML 源代码标记。

② 窗口大小弹出菜单：显示页面大小，允许将文档窗口的大小调整到预定义或自定义的尺寸。

③ 下载指示器：估计下载时间，查看传输时间。

在后面的章节中，我们还会详细地介绍使用 Dreamweaver CS4 制作网店店铺的方法。

7.6 Fireworks

Fireworks 是一款用户创建、编辑和优化 Web 图形的多功能程序，用户可以使用它创建和编辑位图与矢量图片、设计 Web 效果(例如变换图像和弹出菜单)、裁剪和优化图像以减小其文件大小。同时，他还能够将这些文件与包括 HTML 表和 JavaScript 代码的 HTML 文件一同保存，以便用户可以在 Web 上使用它们。使用 Fireworks 可以将设计迅速转变为模型，方便地移植到 Dreamweaver 中进行开发和部署。

图 7-20 是 Fireworks CS4 的工作界面。

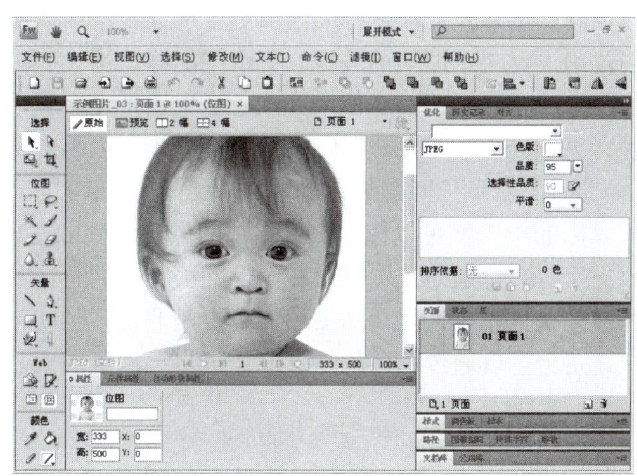

图 7-20 Fireworks CS4 的工作界面

提 示

从工作界面中读者可以发现，Photoshop CS4、Dreamweaver CS4 和 Fireworks CS4 的工作界面非常相似。这是因为随着 Macromedia 公司被 Adobe 公司收购，网页三剑客(Dreamweaver 、Fireworks 和 Flash)与 Adobe 之前的产品 Photoshop 进入了同一个开发序列，对用户来说，这些网站开发工具归于同一品牌更有利于软件之间资源的共享与协调开发，是一件莫大的好事。

7.7 软件适用范围

对于网页制作的专业人士来说，使用 Dreamweaver、Fireworks 和 Photoshop 这三款软件已经完全能够制作出一款相当不错的网店。使用 Photoshop 强大的图片处理功能，能够对商品照片进行各种复杂的修饰和美化；而 Fireworks 不但可以直接引用所有的 Photoshop 滤镜，还可以直接将 PSD 格式(Photoshop 常用的图片编辑格式)导入其中，将经过处理的图片按照网页的要求进行修剪和优化图形图像以达到减小文件大小的目的；只要将 Dreamweaver 的默认图片编辑器设定为 Fireworks，那么在 Fireworks 中修改的图片就会立即在Dreamweaver中更新，真正达到所见即所得的目的。三者配合非常紧密，是网页制作人员常用的工具。

但 Fireworks 和 Photoshop 的缺点是功能比较复杂，并不适于非网页制作人员初学使用，特别是对于开设网店的店家，往往将关注点更多地放在网店商品的营销上，对于网店的装修，更希望能够使用一些功能简单，操作便捷的软件来完成，这也正是光影魔术手、美图秀秀和 Ulead Gif Animator 的产品定位。

光影魔术手和美图秀秀能够通过非常简单的几次鼠标的单击就可以修改整个图片的风格、添加边框和文字等，特别是美图秀秀在人像的美容方面有很多非常便捷的功能。对商品图片要求不是非常苛刻的用户，完全可以通过这两款软件制作出自己满意的商品照片；而 Ulead Gif Animator 的优势在于能够便捷地制作出动态的 GIF 图片，如果店家希望在自己的网店中添加一些动感的效果，就一定要用到它。

在本书的作者看来，对于非网站制作的专业人士，完全可以使用 Dreamweaver 和美图秀秀来完成网店的制作，如果需要动态图片，则可以使用 Ulead Gif Animator 来完成。

本章小结

本章主要介绍了 6 款在网页和图片制作中常用的软件，然后对每款软件进行了简单的介绍，之后对各软件的特点进行了比较。读者可以从自己的实际情况和需要出发，选择适合自己的软件来完成网店的制作和装修。

第 8 章

商品图片的处理

在以前的章节中，我们介绍了如何利用数码相机来获得商品的照片，但是很多情况下，由于拍摄的条件和资金的限制，拍摄的图片效果往往不佳，这时，我们就可以使用图片处理软件来美化。

在本章中，我们将讲解一些常用的图片处理与美化的方法，通过本章的学习，读者可以掌握一些常用的图片处理技巧。

学习要点

- 常见的图片格式
- 图片的裁剪
- 图片的色彩调整
- 图片清晰度的调整
- 抠图技巧

8.1 常见的图片格式

网页中常见的图像格式有 GIF、JPEG 和 PNG 三种，另外，我们在使用 Photoshop 进行图片处理时还会用到 Photoshop 特有的图片格式：PSD 格式。

8.1.1 GIF 格式

GIF(Graphics Interchange Format)意为“图像互换格式”，是 CompuServe 公司在 1987 年开发的一种图像文件格式。GIF 是一种基于 LZW 算法的连续色调的无损压缩格式，其压缩率一般在 50%左右，与即将介绍的 PSD 格式不同，它不属于任何应用程序。

目前几乎所有相关软件都支持它，公共领域有大量的软件在使用 GIF 图像文件。

GIF 只支持 256 色以内的图像，采用无损压缩存储，在不影响图像质量的情况下，可以生成很小的文件。GIF 支持透明色，可以使图像浮现在背景之上，而且可以制作动画，这是它最突出的一个特点。GIF 格式的图像还支持图像交错下载，所谓交错下载，就是在图像尚未下载完成时，浏览器可以只显示此图的模糊图像，随着图像被逐渐下载，GIF 图像也会变得越来越清晰。

8.1.2 JPEG 格式

JPEG 也是常见的一种图像格式，它由联合照片专家组(Joint Photographic Experts Group)开发并命名为“ISO 10918-1”，JPEG 其实是一种俗称。JPEG 文件的扩展名为.jpg 或.jpeg，其压缩技术十分先进，它用有损压缩方式去除冗余的图像和彩色数据，在获得极高的压缩率的同时能展现十分丰富生动的图像，也就是说，可以用最少的磁盘空间得到较好的图像质量，同时 JPEG 还是一种很灵活的格式，具有调节图像质量的功能，允许用不同的压缩比例对这种文件进行压缩，比如我们最高可以把 1.37MB 的 BMP 位图文件压缩至 20.3KB。当然我们完全可以在图像质量和文件尺寸之间找到平衡点。

JPEG 格式是目前网络上最流行的图像格式，是可以把文件压缩到最小的格式，由于 JPEG 优异的品质和杰出的表现，它的应用也非常广泛，特别是在网络和光盘读物上，都能找到它的影子。目前各类浏览器均支持 JPEG 这种图像格式，因为 JPEG 格式的文件尺寸较小，下载速度快，使得网页有可能以较短的下载时间提供大量美观的图像，JPEG 同时也就顺理成章地成为网络上最受欢迎的图像格式。

可以说，GIF 格式和 JPEG 格式各有其优缺点，采用哪种格式的图片应该根据店家的需要自行选择。两种图片格式的特点对比如表 8-1 所示。

表 8-1　GIF 与 JPEG 格式特点对比

比 较 项	GIF 格式	JPEG 格式
色彩	16 色、256 色	真彩色
特殊功能	透明背景、动画效果	无
压缩是否有损	无损压缩	有损压缩
适用范围	颜色有限，主要以漫画图案或者线条为主，一般用于表现建筑结构图或者手绘图	颜色丰富，有连续的色调，一般用于表现真实的事物

8.1.3 PNG 格式

PNG 格式是近几年来开始流行的一种全新的无显示质量损耗的文件格式。它是 20 世纪 90 年代中期开始开发的图像文件存储格式，其目的是试图替代 GIF 和 TIFF 文件格式，同时增加一些 GIF 文件格式所不具备的特性，PNG 格式能够提供长度比 GIF 格式小 30% 的无损压缩图像文件，同时提供 24 位和 48 位真彩图像支持以及其他诸多技术性支持。PNG 格式的文件背景颜色可以是透明的，所以用到的地方也非常多。

PNG 格式文件可以保留所有的原始层、向量、颜色和效果等信息，并且在任何时候所有元素都是可以完全编辑的，因此常常用在网店中。例如在淘宝上我们可以用 PNG 格式的图片作为水印。

8.1.4 PSD 格式

PSD(Photoshop Document)是著名的 Adobe 公司的图像处理软件 Photoshop 的专用格式。此格式可以存储 Photoshop 中所有的图层、通道、参考线、注解和颜色模式等信息。

在保存图像时，若图像中包含层，则一般都用 PSD 格式保存。PSD 格式文件在保存时会进行压缩，以减少占用的磁盘空间，但由于 PSD 格式包含的图像数据信息较多(如图层、通道、剪辑路径、参考线等)，因此比其他格式的图像文件还是要大很多。由于 PSD 文件保留所有原图像的数据信息，因而修改起来较为方便。

PSD 格式的文件是一种图形文件格式，因此，使用看图软件(如 ACDSee)或图形处理软件(如“我形我速”)等都可以打开。

8.2 图片的基本处理方法

图片的基本处理方法包括尺寸的设置、裁剪图像以及调整照片的角度等，分别介绍如下。

8.2.1 修改图片尺寸

在 Photoshop CS4 中，我们可以通过“图像大小”命令来调整图片的尺寸，具体操作步骤如下。

Step 1 启动 Photoshop CS4 软件，打开图片文件。

Step 2 选择菜单中的“图像”|“图像大小”命令，如图 8-1 所示。

Step 3 弹出“图像大小”对话框，如图 8-2 所示。在对话框中，可以看到像素大小以及文档大小设置项。

Step 4 修改“像素大小”选项组中的“宽度”为 400，可以看到“高度”同样按比例更改，并且文档大小也随之更改，如图 8-3 所示。

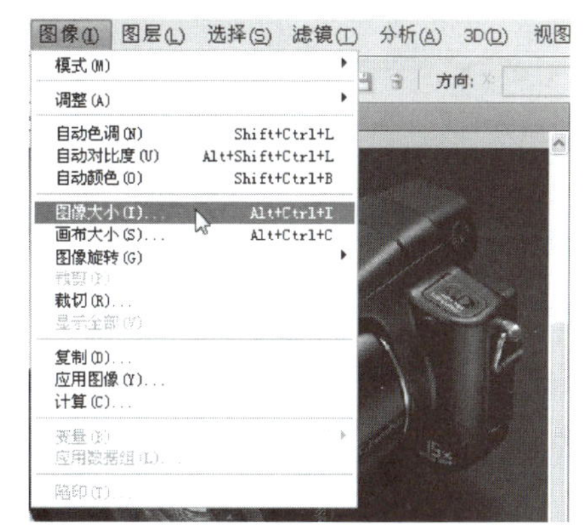

图 8-1 选择“图像大小”命令

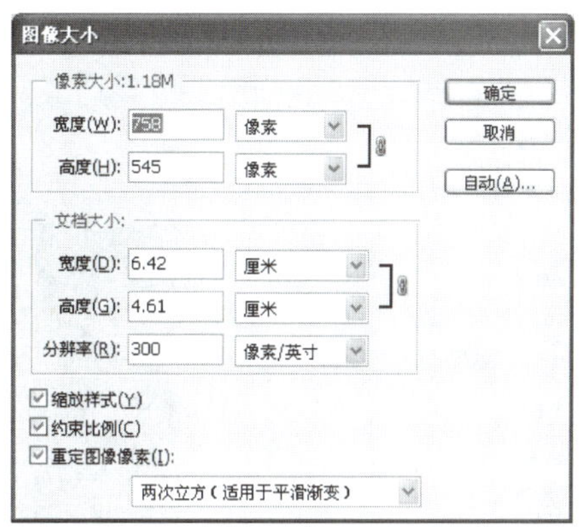

图 8-2 “图像大小”对话框

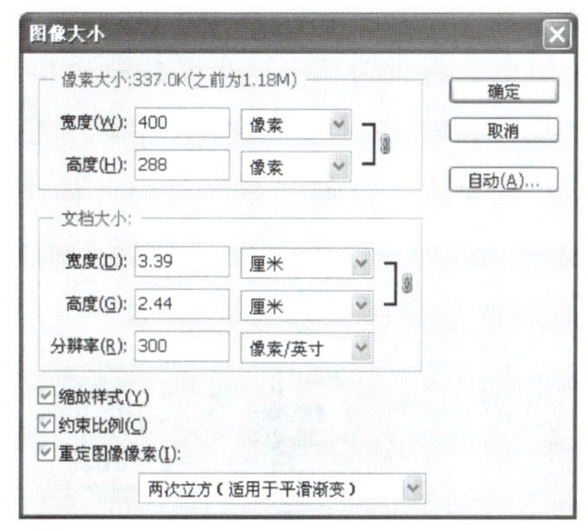

图 8-3 更改参数

Step 5 单击“确定”按钮，就可以看到在图像窗口中看到更改大小后的图片，如图 8-4 所示。

Step 6 选择“文件”|“存储为 Web 和设备所用格式”命令，如图 8-5 所示。

图 8-4　更改后的图像

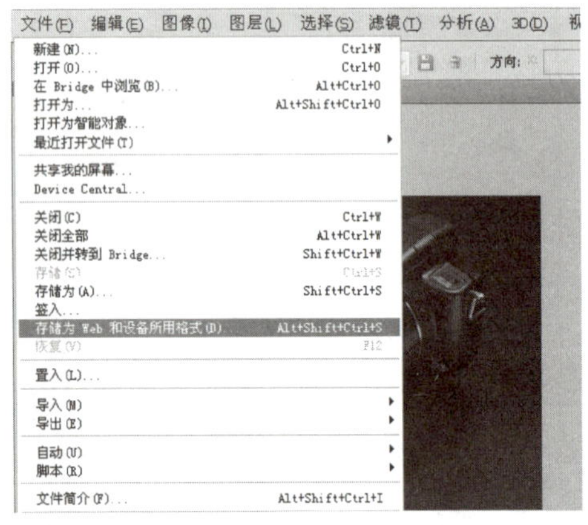

图 8-5　存储为 Web 格式

Step 7　弹出“存储为 Web 和设备所用格式”对话框，如图 8-6 所示，调整图片的品质和格式后，单击“存储”按钮将图片保存。

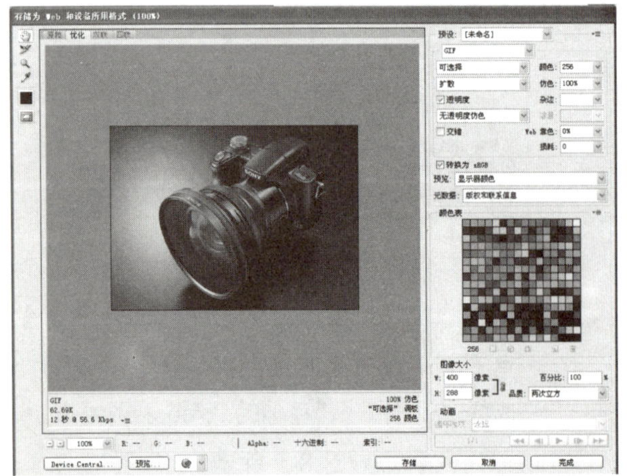

图 8-6　调整图片品质

提示

使用数码相机拍摄的照片多在几兆字节到十几兆字节之间，而网络的由于受流量和带宽限制，一般使用几十千字节至几百千字节的图片，所以，可以将照片保存为“Web 格式”来调节照片的品质和大小。

提示

图片的分辨率和大小决定了输出的质量，而图片文件的大小与分辨率成正比，分辨率越大，其中所含像素就越多，文件就越大。

8.2.2　裁剪图片

裁剪图片的目的是改变当前图像的大小和改变透视角度。

1. 改变当前图像大小

在工具箱中选择“裁剪工具”后，可以通过在选项栏中输入高度和宽度以及分辨率对照片进行精细裁剪，具体的操作步骤如下。

Step 1　使用 Photoshop CS4 打开图片，单击工具箱中的“裁剪工具”按钮，如图 8-7 所示。

图 8-7　选择裁剪工具

Step 2　在选项栏中输入宽度、高度和分辨率，如图 8-8 所示。

图 8-8 设定裁剪参数

在打开的图片中单击并拖动鼠标，创建裁剪区域，此裁剪区域最大不会超过步骤 2 中输入的宽度和高度的限制，创建裁剪区域后，可以拖动鼠标来移动此区域，如图 8-9 所示。

图 8-9 设定裁剪区域

Step 4 调整好后，按下 Enter 键，确认裁剪，裁剪框外的图像将被删除，如图 8-10 所示。

图 8-10 裁剪后的效果

提 示

裁剪边框的四角都会显示小矩形锚点，拖动这些锚点可以随意调整裁剪区域的大小。使用鼠标在裁剪框中拖动还可以改变裁剪的区域。

2. 改变透视角度

使用“裁剪工具”还可以修改图片的透视角度，只需要选中选项栏中的“透视”复选框后，再拖拽裁剪边框改变边框形状，就可以改变透视角度，具体的操作步骤如下。

Step 1 使用 Photoshop CS4 打开图片文件，使用“裁剪工具”创建裁剪区域，如图 8-11 所示。

图 8-11 创建裁剪区域

Step 2 选中选项栏中的“透视”复选框，如图 8-12 所示。

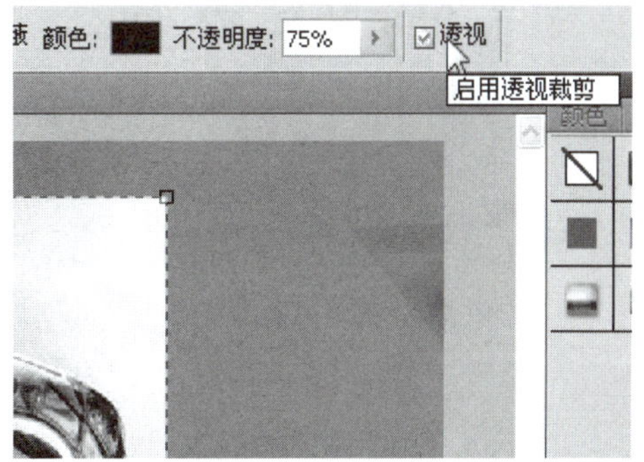

图 8-12 选中“透视”复选框

Step 3 拖动裁剪边框右上角的锚点，改变边框的形状，如图 8-13 所示。

图 8-13 改变裁剪区域形状

Step 4 按下 Enter 键，可以在图像窗口中看到图像形状的改变，如图 8-14 所示。从而改变了透视角度。

图 8-14 修改效果

提示

如果要取消裁剪区域，可以按 Esc 键，也可以右键单击裁剪区域，在弹出的快捷菜单中选择“取消”命令，如图 8-15 所示。

图 8-15 选择“取消”命令

8.2.3 纠正倾斜的图片

在 Photoshop 中，可以使用图像旋转命令来调整图片的角度，从而扶正倾斜的图片，具体的操作步骤如下。

Step 1 使用 Photoshop CS4 打开素材图片，选择工具箱中的“吸管工具”，选择其下隐藏工具选项中的“标尺工具”，如图 8-16 所示。

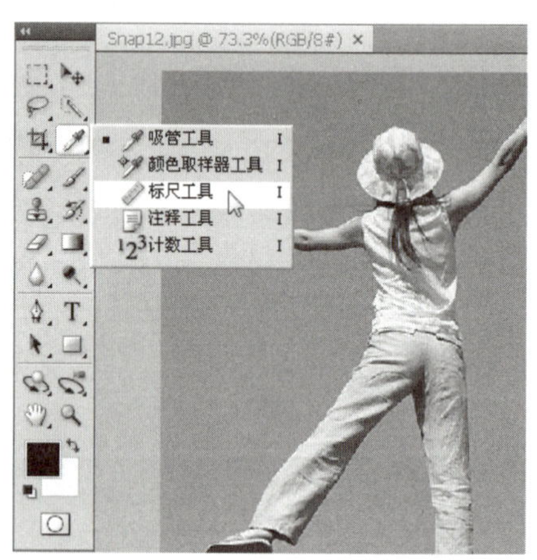

图 8-16 选择“标尺工具”

Step 2 使用“标尺工具”在图像中倾斜的草地边缘单击并拖动，创建一条相同的倾斜线段，如图 8-17 所示。

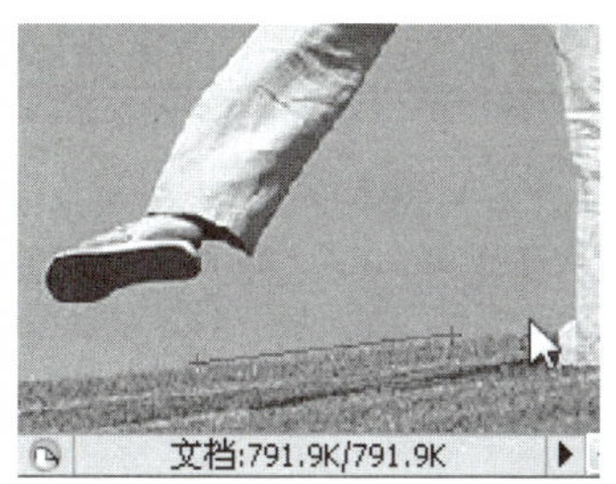

图 8-17　勾画标尺线段

Step 3 此时可以看到在选项栏中显示倾斜角度为 6.3°，如图 8-18 所示。

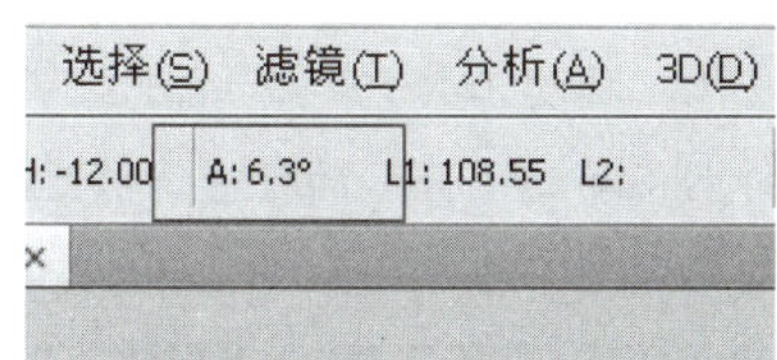

图 8-18　查看倾斜角度

Step 4 选择菜单栏中的“图像”|“图像旋转”|“任意角度”命令，如图 8-19 所示。

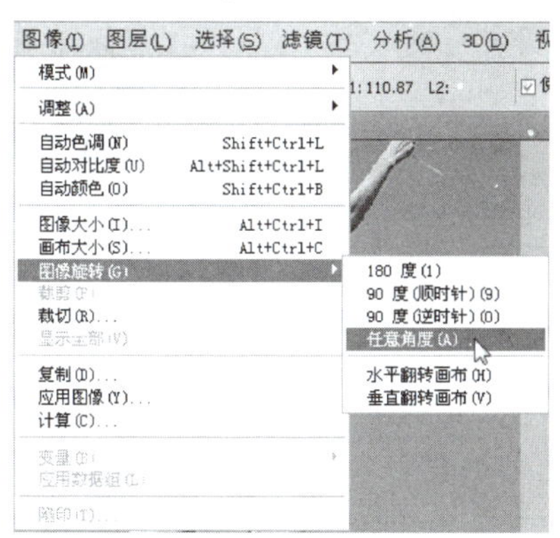

图 8-19　选择“任意角度”命令

Step 5 弹出“旋转画布”对话框，如图 8-20 所示，可以看到，系统会自动填入刚才使用标尺测量的角度。

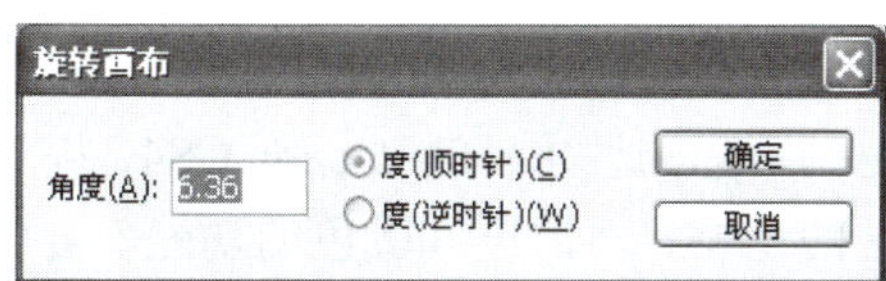

图 8-20　“旋转画布”对话框

Step 6 单击“确定”按钮，可以看到图片已经被旋转，如图 8-21 所示。

图 8-21　旋转的图片

Step 7 使用“裁剪工具”选定裁剪区域，如图 8-22 所示，去掉多余的部分图片。

图 8-22　选择裁剪区域

Step 8 纠正后的图片如图 8-23 所示。

图 8-23　纠正后的图片

8.2.4 删除照片中的 Logo

如果用网络中带有 Logo 标识一些图片来装饰自己的网店，一般都需要处理，可以使用 Photoshop 非常快速删除。另外，很多数码相机在拍摄的时候都会在照片的角落显示拍摄的日期，使用下面介绍的方法可以很方便地去除，具体的操作步骤如下。

Step 1 使用 Photoshop CS4 打开素材图片，选择工具箱中的“矩形选框工具”，如图 8-24 所示。

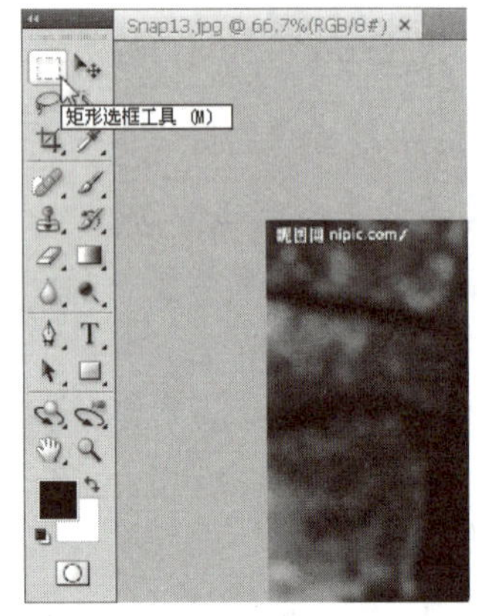

图 8-24 选择“矩形选框工具”

Step 2 在选项栏中设置“羽化”为 20px，然后在 Logo 下方创建一个矩形选区，如图 8-25 所示。

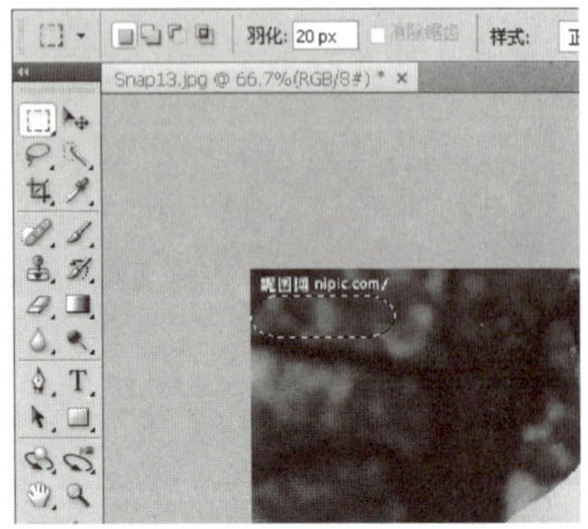

图 8-25 创建矩形选区

Step 3 按下快捷键 Ctrl+J，复制选区中的图像，生成新的图层“图层 1”，如图 8-26 所示。

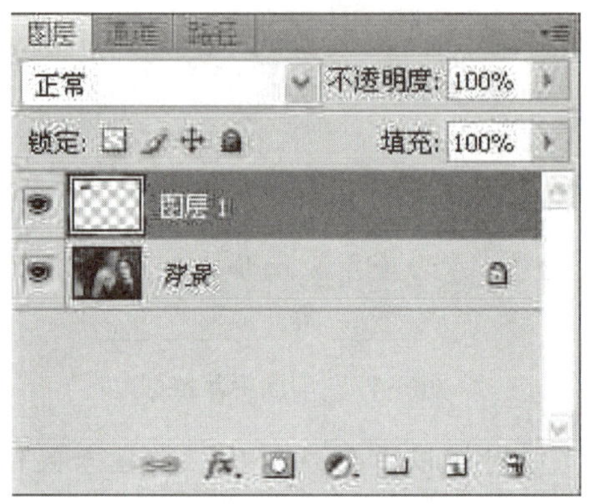

图 8-26 复制图层

Step 4 选择“移动工具”，将“图层 1”中的图像向上移动到 Logo 的位置，将 Logo 遮盖，达到去除 Logo 的效果，如图 8-27 所示。

图 8-27 覆盖 Logo

提示

“羽化”操作可以通过建立选择区域与其周围像素间色彩的转换将图像的边缘进行模糊处理，“羽化”参数设置得越大，边缘越模糊，如果没有“羽化”设置，那么建立的选区边缘就会很生硬。

8.2.5 自动调整照片色彩

大多数店家由于经济限制，没有全套的摄影素材，也不是专业的摄影人员，拍摄的照片在色彩等方面不能达到理想的要求。Photoshop CS4，提供了自动调整照片的色调、对比度和颜色的功能，可以快速地使照片达到自然的色彩效果，具体的操作步骤如下。

Step 1 启动 Photoshop CS4 软件，打开素材文件，

展开“图像”菜单，如图 8-28 所示，可以看到“自动色调”、“自动对比度”、“自动颜色”三个命令。

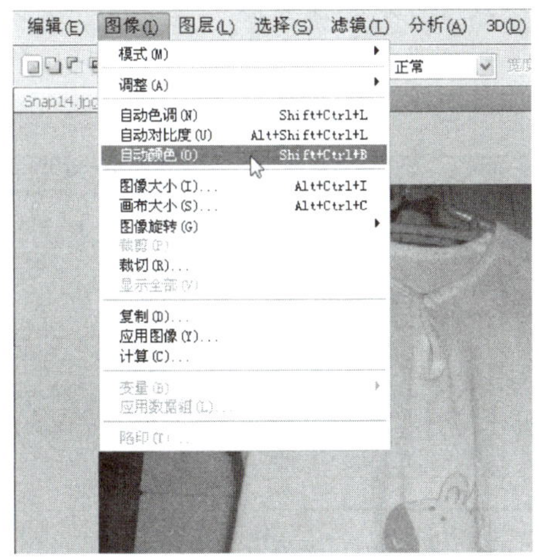

图 8-28 “图像”菜单

Step 2 我们以“自动颜色”为例，选择菜单中的“自动颜色”命令，可以查看调整前后的对比效果，如图 8-29 所示。

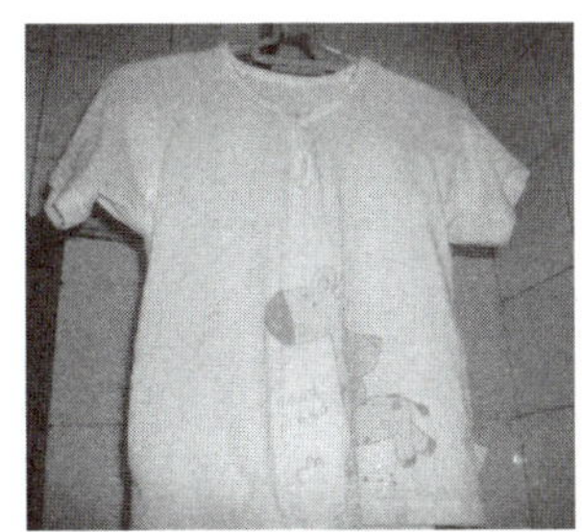
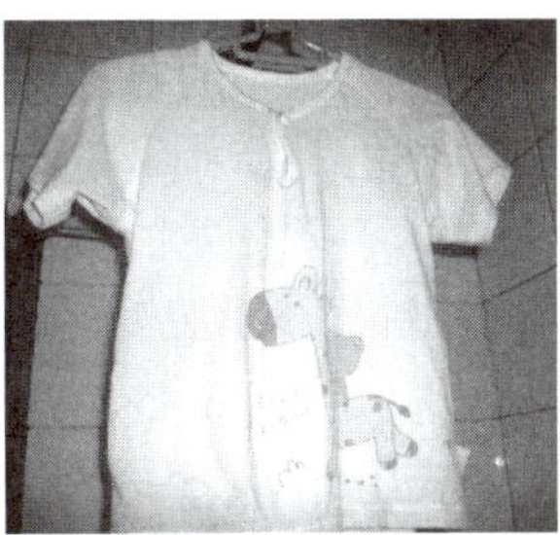

图 8-29 调整前后效果对比

8.2.6 使用“曲线”命令调整照片颜色

如果使用自动调整照片颜色的方法不够理想，我们还可以尝试使用 Photoshop 中的“曲线”命令来手动调节照片，“曲线”命令可以加深或者提亮颜色，增强照片对比度，并能单独对图像的阴影、中间调和高光区域进行调节，还可以通过对颜色通道进行调节更改照片颜色，总之，“曲线”的功能非常强大。下面我们仅介绍简单调节的具体操作步骤。

Step 1 使用 Photoshop CS4 打开素材图片，在“图层”面板中，将“背景”图层向下拖动到“创建新图层”按钮上，复制图层为“背景副本”，如图 8-30 所示。

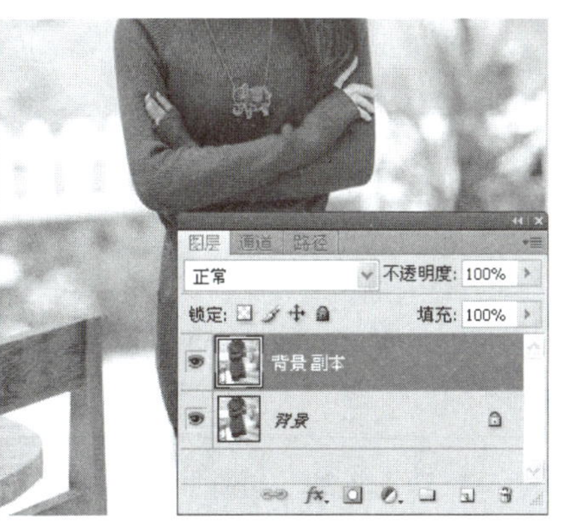

图 8-30 复制图层

Step 2 在菜单栏中选择“图像”|“调整”|“曲线”命令，如图 8-31 所示。

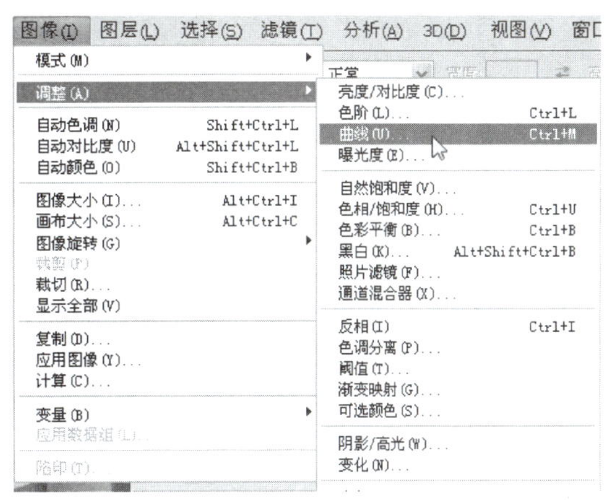

图 8-31 “曲线”命令

Step 3 弹出“曲线”对话框，如图 8-32 所示，单击并向上拖拽，将直线调整为弧形，此时，可以增加了背景整体的亮度。

Step 4 继续调整曲线，将左侧向下拖拽，如图 8-33 所示，调整照片的阴影区域，调整完毕后，单击“确定”按钮。

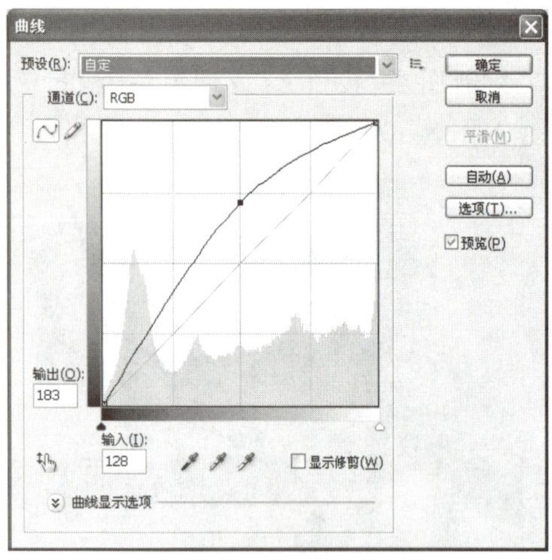

图 8-32　初调曲线

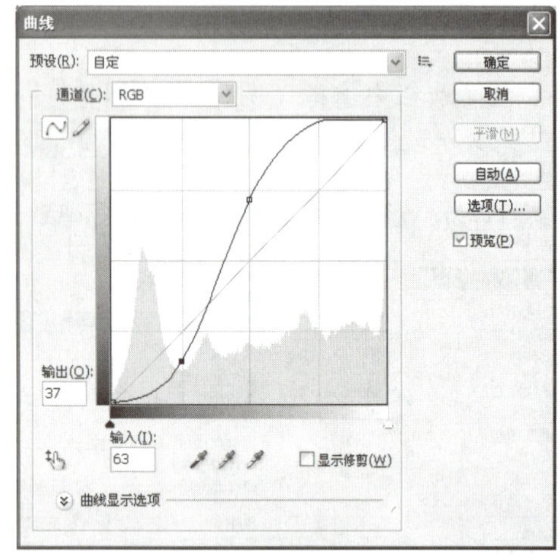

图 8-33　细调曲线

Step 5 返回图片，可以看到图片的整体颜色风格已经发生了很大的变化，人物的衣服与背景之间的对比更加强烈，如图 8-34 所示。

图 8-34　照片调整前后对比

提　示

在“曲线”对话框的“预设”下拉列表中，提供了多种可选的曲线调整效果，如图 8-35 所示，选择这些效果可以直接应用到照片中，而选择“自定”选项可以由用户自己设定曲线形状，选择“默认值”可以回到默认的状态。

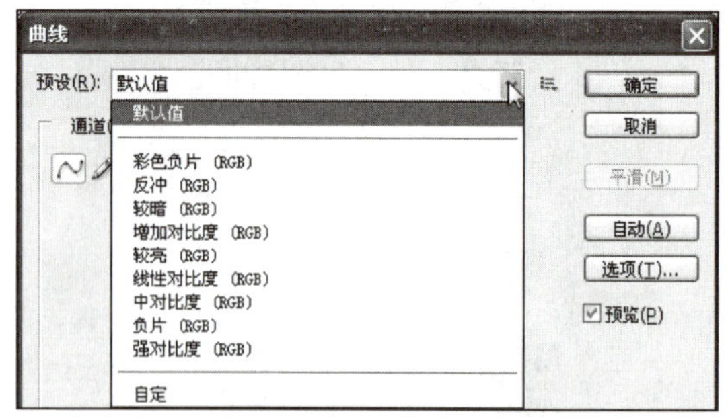

图 8-35　“预设”下拉列表

8.2.7　使用照片滤镜

照片滤镜也是 Photoshop 中非常方便的调整照片整体风格的工具。在“照片滤镜”对话框中，可以通过其下拉列表中的各种颜色滤镜来调整照片，也可以单击“颜色”选项后的颜色框，打开“选取滤镜颜色”拾色器，设置任意的颜色，并通过“浓度”选项调整该颜色滤镜的应用程度，具体的操作步骤如下。

使用 Photoshop CS4 打开素材图片，在“图层”面板中，将“背景”图层向下拖动到“创建新图层”按钮上，复制图层为“背景副本”，如图 8-36 所示。

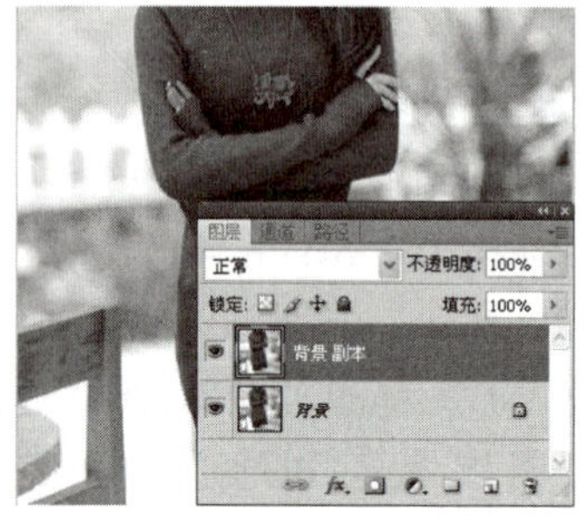

图 8-36　复制图层

选择“图像”|“调整”|“照片滤镜”命令，

如图 8-37 所示。

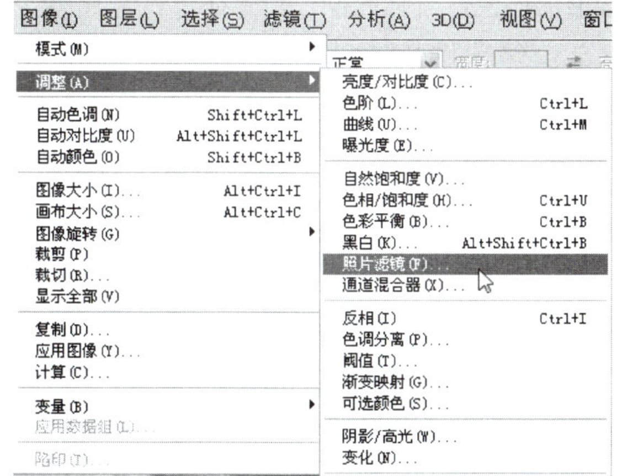

图 8-37 选择“照片滤镜”命令

Step 3 弹出“照片滤镜”对话框，如图 8-38 所示。在“滤镜”下拉列表中选择“加温滤镜(LBA)”，将浓度调整为 60%，单击“确定”按钮，完成设置。

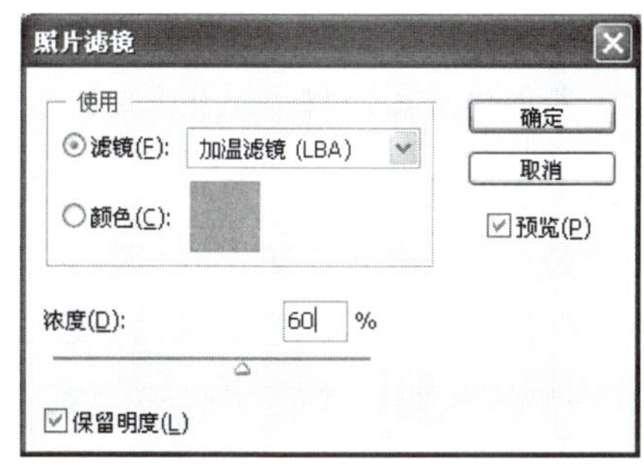

图 8-38 “照片滤镜”对话框

前后的对比效果如图 8-39 所示，可以发现，调整后的照片更有秋天的诗意。

图 8-39 照片调整前后对比

8.2.8 使用色相/饱和度

利用“色相/饱和度”命令，可以调整照片中一种颜色成分的色相、饱和度和亮度等参数，具体的操作步骤如下。

Step 1 使用 Photoshop CS4 打开素材照片，复制背景图层为“背景副本”。

Step 2 选择“图像”|“调整”|“色相/饱和度”命令，如图 8-40 所示。

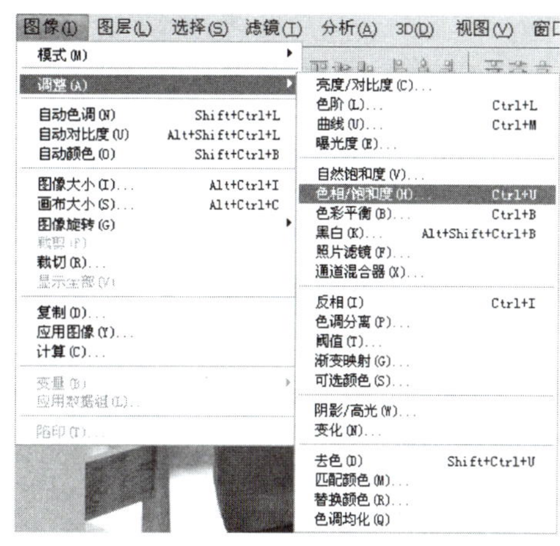

图 8-40 “色相/饱和度”对话框

Step 3 弹出“色相/饱和度”对话框，如图 8-41 所示。在对话框中既可以调节全图的色相/饱和度，又可以调节某种颜色的色相/饱和度，首先，我们设置全图的“色相”为 10，“饱和度”为 35。

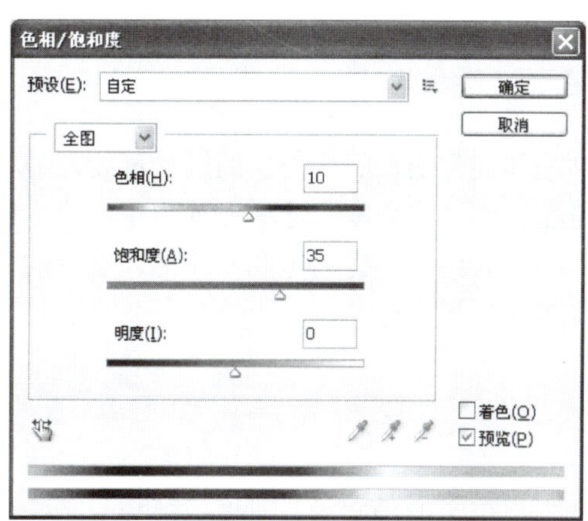

图 8-41 调整全图的色相/饱和度

Step 4 在下拉列表中选择“绿色”，调整其“饱和度”为 30，如图 8-42 所示。

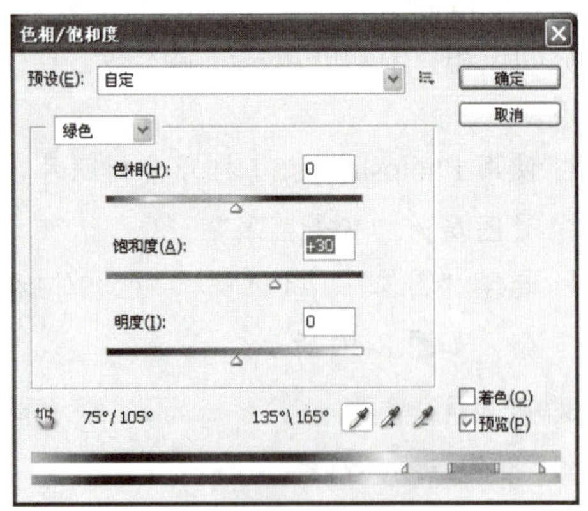

图 8-42 调整单色的色相/饱和度

Step 5 单击“确定”按钮，关闭对话框，前后对比效果如图 8-43 所示。可以发现，调节后衣服的颜色变得更加鲜艳。

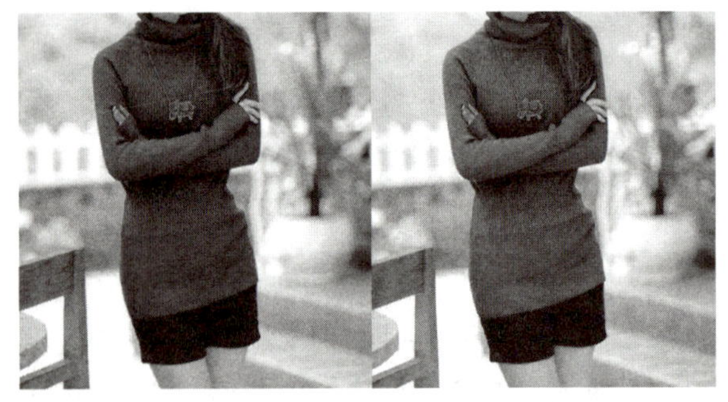

图 8-43 照片调整前后的对比效果

提 示

在 Photoshop 的“色相/饱和度”对话框中，拖拽“色相”滑块就可以改变图像的颜色。

“饱和度”是指照片色彩的鲜艳程度，也称为色彩的纯度。当“饱和度”选项设置为正数时，就会增强照片的色彩纯度，提高饱和；反之，设置的数值越小，就越接近黑白图片。

8.2.9 更换照片局部颜色

对于销售衣服的网店，通常一种款式的衣服有多种颜色，这时可以通过使用 Photoshop 中的“替换颜色”命令来替换某个颜色区域的颜色，从而更换照片中衣服的颜色，具体的操作步骤如下。

Step 1 使用 Photoshop CS4 打开素材照片，复制背景图层为“背景副本”。

Step 2 选择菜单栏中的“图像”|“调整”|“替换颜色”命令，如图 8-44 所示。

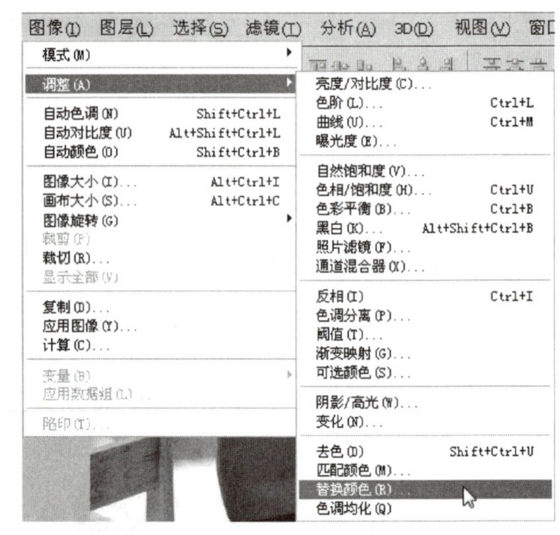

图 8-44 选择“替换颜色”命令

Step 3 弹出“替换颜色”对话框，如图 8-45 所示。设置“颜色容差”为 180，然后在图像中的衣服区域单击，选择衣服的颜色——绿色。

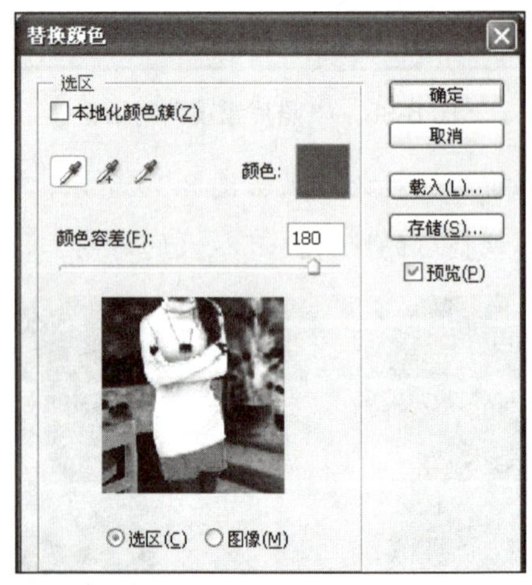

图 8-45 获取替换颜色

Step 4 取样颜色后，在对话框的“替换”选项组中将“色相”设置为 130，“饱和度”设置为

20，如图 8-46 所示。单击“确定”按钮，关闭对话框。

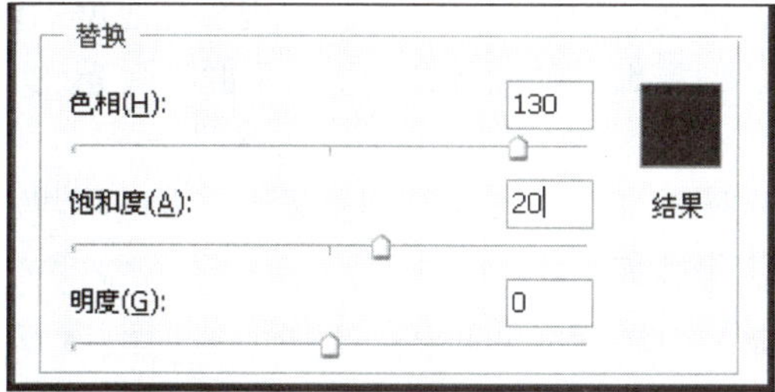

图 8-46　选择替换颜色

Step 5 查看结果对比，如图 8-47 所示，可以看到绿色的毛衣被替换为“紫色”。

图 8-47　替换颜色效果

8.3　图片的高级处理方法

除了上述使用 Photoshop 处理照片细节的一些基本方法外，我们往往还需要对照片的整体效果进行调节，这就需要用到一些更加高级的功能。下面我们来进行介绍。

8.3.1　调整逆光的照片

当太阳光直射镜头时，拍摄的照片会产生逆光的效果，使得拍摄的物体正面变暗，无法正常查看拍摄效果。下面介绍使用色阶调整图层的方法来提亮图片，并利用调整图层的图层蒙版将不需要调整的区域隐蔽，使逆光的照片人物恢复自然的状态。具体的操作步骤如下。

Step 1 使用 Photoshop CS4 打开素材图片，如图 8-48 所示。

图 8-48　原始图片

Step 2 打开“调整”面板，单击“创建新的色阶调整图层”按钮，如图 8-49 所示。

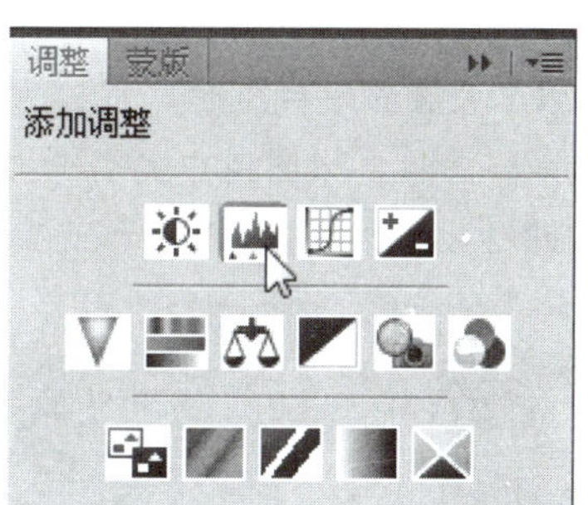

图 8-49　单击“创建新的色阶调整图层”按钮

Step 3 出现“色阶”选项，如图 8-50 所示。拖拽三角按钮将照片整体的色阶调高。

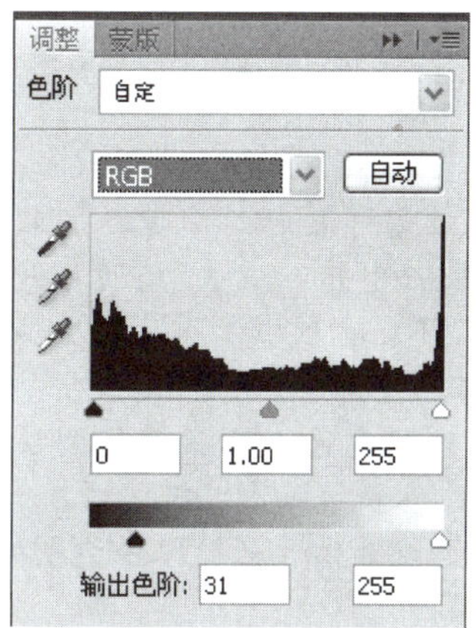

图 8-50　调整色阶

Step 4 调整色阶后的图片如图 8-51 所示。

图 8-51 调整色阶后的图片

Step 5 设置完成后，在图像窗口中可以看到图像被整体提亮，但背景显示过亮，我们可以使用工具箱中“画笔工具”，设置前景色为黑色，然后使用画笔工具在图像的背景区域进行涂抹，被涂抹过的区域即隐藏了调整图层的效果，显示出原图像中的背景效果，处理前后的对比图如图 8-52 所示。

图 8-52 调整前后对比效果

提示

图层模板是对某一图层起遮盖效果的一个遮罩，在实际图片中并不显示，它可以用来控制图层的显示区域，不显示区域和半透明区域。而使用“画笔工具”在蒙版中涂抹后，就会出现黑白灰的效果，在蒙版中出现的黑色表示在操作图层中的这块区域不显示，白色表示显示这块区域，介于黑色与白色之间的灰色则表示此区域以半透明的方式显示。

8.3.2 调整曝光过度的照片

在强光下拍照时，经常会出现曝光过度的情况，使照片的局部过亮而导致失真。下面将曝光过度的照片载入高光区域，使用亮度\对比度调整图层，降低高光区域图像亮度的方法来调整曝光过度的照片。具体的操作步骤如下。

Step 1 使用 Photoshop CS4 打开素材图片，打开“通道”面板，如图 8-53 所示。

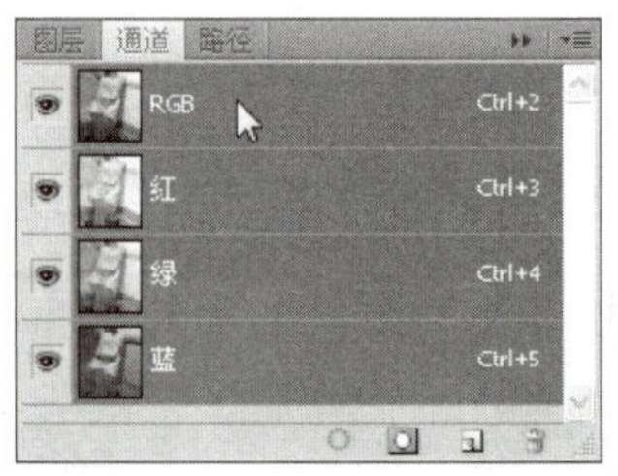

图 8-53 “通道”面板

Step 2 按住 Ctrl 键，用鼠标左键单击“RGB 通道”，将“通道缩览图”载入蒙版的选区。如图 8-54 所示。所有高亮部分全部被选定。

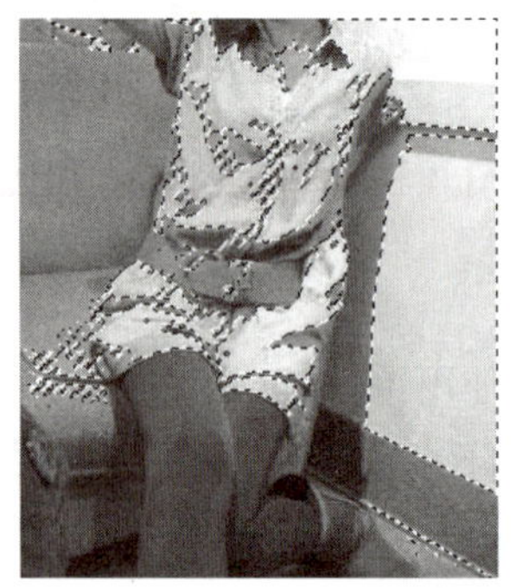

图 8-54 选择高亮区域

Step 3 在“调整”面板中单击“亮度/对比度”调整图层，在打开的“亮度/对比度”选项中，设置“亮度”为-60，“对比度”为 35，如图 8-55 所示。

Step 4 调整“亮度/对比度”后的效果如图 8-56 所示。

Step 5 为了让图片显得更加自然，还要在“调整”面板中创建“色阶”调整图层，在打开的“色阶”选项中设置需要的参数，如图 8-57 所示。

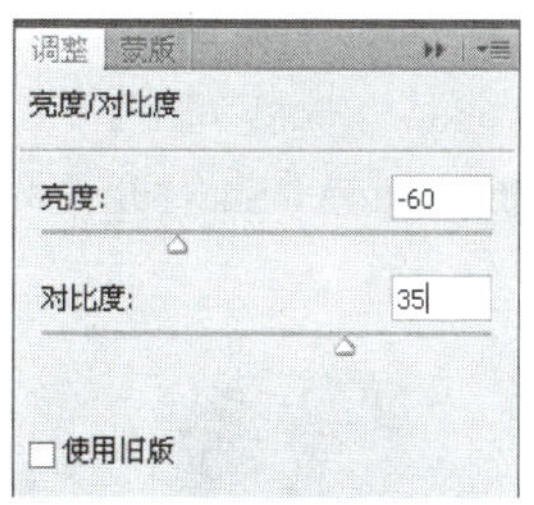

图 8-55 调整亮度/对比度

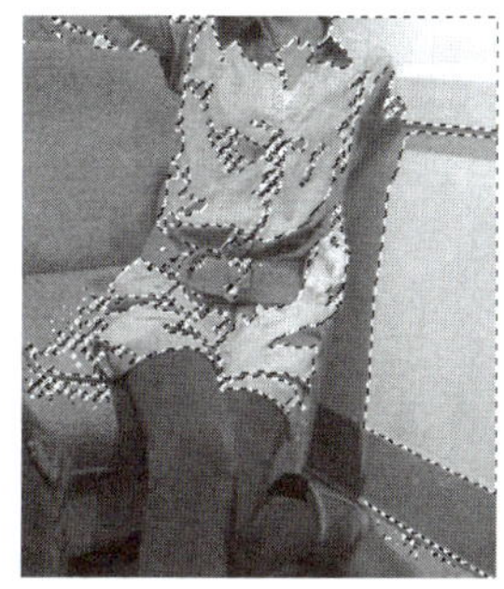

图 8-56 调整亮度/对比度后的效果

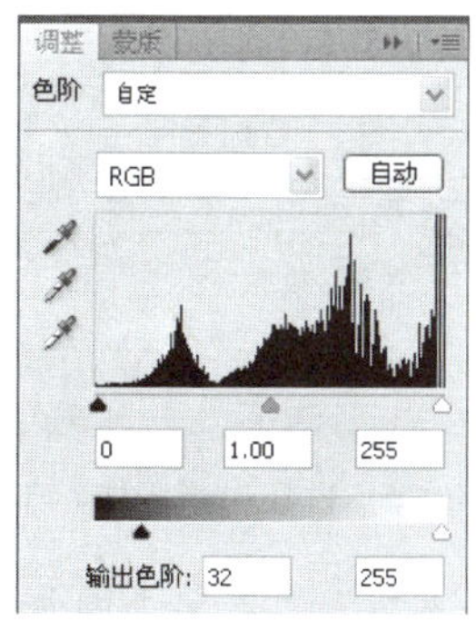

图 8-57 调整色阶

调整前后对比效果如图 8-58 所示。

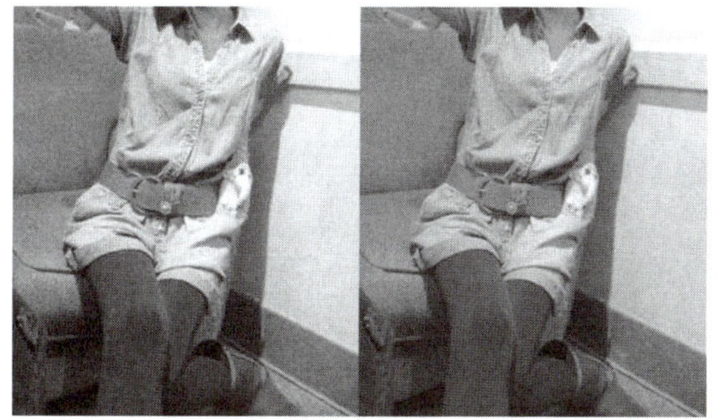

图 8-58 调整前后对比效果

提 示

通过载入 RGB 通道中的选区，可以将图像中的高光部分创建为新的选区，然后对该选区内的图像进行调整时，这样只会对此选区内的图像起作用，而不会影响选区外的图像。

8.3.3 调整曝光不足的照片

在 Photoshop 中，使用“曝光度”命令可以提高或者降低照片整体的曝光度，使照片达到正常的曝光效果，下面介绍具体的操作步骤。

Step 1 使用 Photoshop CS4 打开素材图片，在图层面板中复制一个“背景”图层，得到“背景副本”图层，如图 8-59 所示。

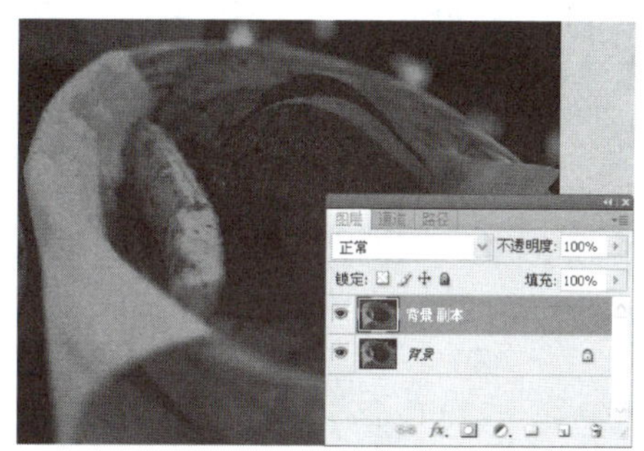

图 8-59 复制“背景”图层

Step 2 选择菜单栏中的“图像”|“调整”|“曝光度”命令，如图 8-60 所示。

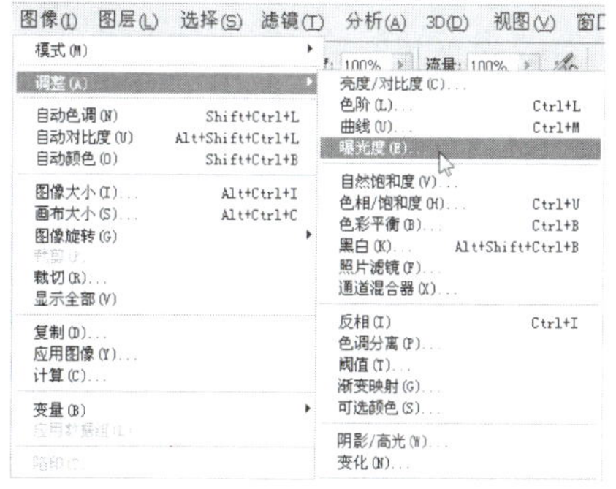

图 8-60 选择“曝光度”命令

弹出“曝光度”对话框，如图 8-61 所示。用户需要调整曝光度值以改变照片的曝光系数，同时，还要调整“灰度系数校正”来

保证曝光增强后图片的自然效果。

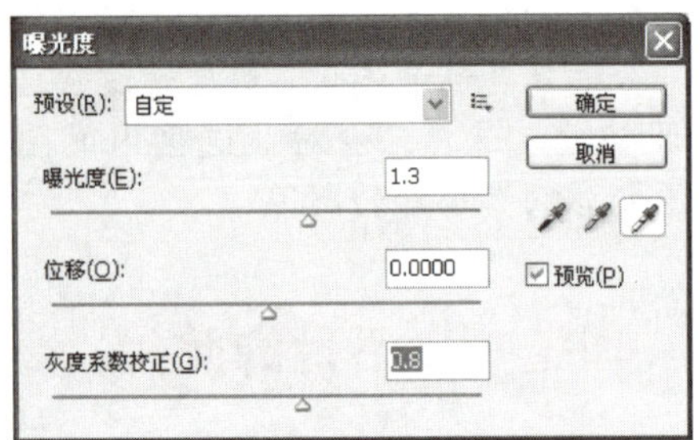

图 8-61 “曝光度”对话框

Step 4 调整完成后，单击“确定”按钮关闭对话框，调整曝光度前后的对比效果如图 8-62 所示。

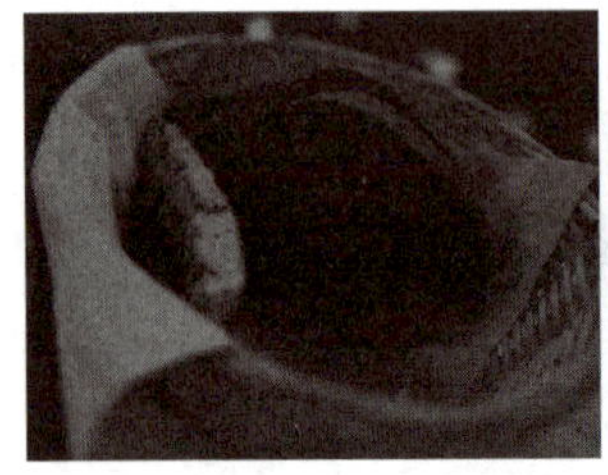
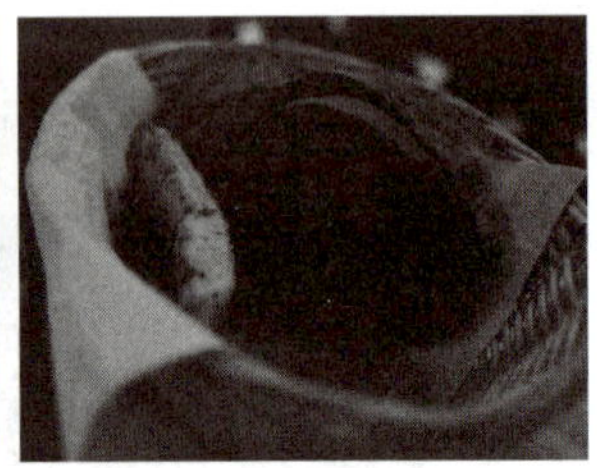

图 8-62 调整曝光度前后的对比效果

提示

曝光过度与曝光不足。

曝光过度是指由于光圈开得过大，底片的感光度太高或曝光时间过长所造成的照片失真，通常会产生照片的高光区域过亮的效果。而曝光不足是指适合于摄影的光量不足，使色彩浑浊不清，画面变得暗淡。

8.3.4 “抠图”技巧

“抠图”是在很多图片处理以及图片合成和背景处理时必须使用的一种技巧，是图片处理的基本操作，而“抠图”也是 Photoshop 的主要功能之一，下面介绍几种常用的抠图方法。

1. 使用魔术棒

魔术棒工具适用于背景颜色单一的情形，可以用来选取图像中颜色相似的区域，当用魔术棒单击某个点时，与该点颜色相似和相近的区域将被自动选中，可以快捷地抠取主体。

魔术棒工具只能用于背景纯净的图片，选取效果比较粗糙，比较适合选取细节较少的图片。使用魔术棒工具选择对象的具体操作如下。

Step 1 使用 Photoshop CS4 打开素材图片，如图 8-63 所示。

图 8-63 素材图片

Step 2 在工具箱中选择“魔术棒”工具，在选项栏上设置容差值为 30，如图 8-64 所示。

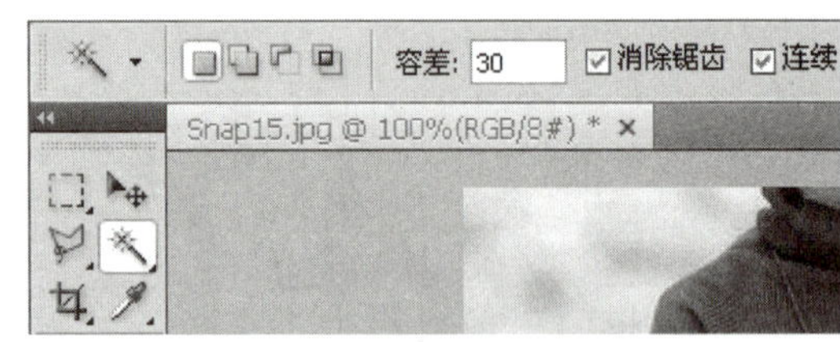

图 8-64 选择“魔术棒”工具

Step 3 用“魔术棒”工具单击图片，选取绿色衣服区域，可以看到，图片中的背景被流动的虚线框包围了，如图 8-65 所示。

图 8-65 选择部分区域

Step 4 按住 Shift 键继续单击鼠标左键可以添加选中区域，而按住 Alt 键单击鼠标可以删除选中区域，多次添加区域后，可以将整个人物选取，如图 8-66 所示。

图 8-66 选取整个人物

Step 5 在照片处单击鼠标右键，在弹出的快捷菜单中选择“选择反向”命令，如图 8-67 所示。

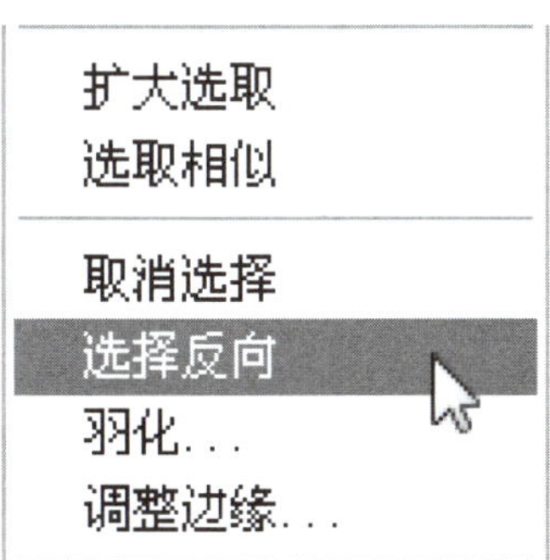

图 8-67 选择“选择反向”命令

Step 6 可以看到，除人物以外的背景被选取，按下 Delete 键，删除背景，人物被成功地抠出，如图 8-68 所示。

图 8-68 抠图后的效果

2. 使用“套索”工具

“套索”工具是 Photoshop 中很常用的选择工具，“套索”工具分为以下几种。

- 套索：在图像中进行任意形区域的选择。
- 多边形套索：在图像中进行不规则多边形区域的选择。
- 磁性套索工具：它是比较特别的一种选择工具，可用于快速选择边缘与背景有强烈对比的对象。它是根据要选择的图像边界的像素点颜色来决定选取的边界。在要选择的图像边界与背景颜色差别较大的部分，可以直接沿边界拖曳鼠标，磁性套索工具可以根据颜色的差别自动勾画出选框。

下面我们以“磁性套索”为例，介绍套索工具的使用方法。

使用 Photoshop CS4 打开素材照片，如图 8-69 所示。

图 8-69 素材照片

单击工具栏中的“磁性套索工具”图标，如图 8-70 所示。

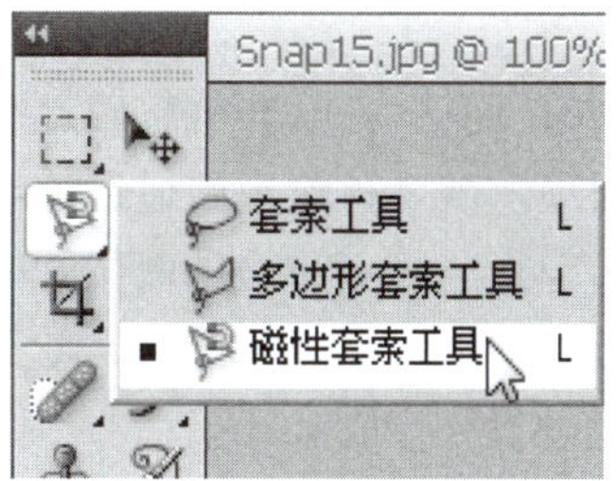

图 8-70 选择“磁性套索工具”图标

Step 3 在人物边缘单击鼠标左键，并沿边缘拖曳鼠标，可以看到鼠标路径自动沿边界行走，形成一个个节点，如果节点的位置不对，可以按 Backspace 键删除最近生成的节点，也可以选中节点，按 Delete 键，将其删除，如图 8-71 所示。

图 8-71 确定节点

Step 4 当选区闭合后，按 Ctrl+J 组合键将选区复制出来，将背景层隐藏，即可看到人物已经与背景分离了，如图 8-72 所示。

图 8-72 抠图后的效果

3. 使用“钢笔工具”

使用“钢笔工具”可以非常精确地获取需要的图像，但操作烦琐，需要在图像中通过连续单击鼠标来创建路径，当起点与终点重合的时候，即创建了一条封闭的路径，然后将路径载入选区，就可以精确地抠取图像。具体的操作步骤如下。

Step 1 使用 Photoshop CS4 打开素材照片，如图 8-73 所示。

图 8-73 素材照片

Step 2 单击工具箱中的“钢笔工具”，如图 8-74 所示。

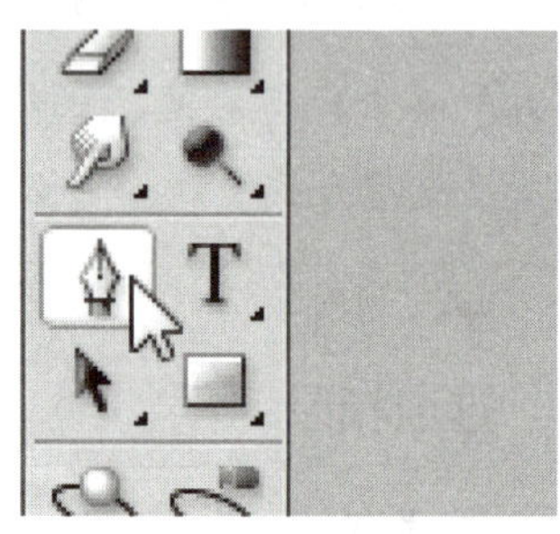

图 8-74 选择“钢笔工具”

Step 3 使用“钢笔工具”在打开的图像中沿图像边缘单击创建路径，当与起点重合时，就创建了一条封闭的路径，效果如图 8-75 所示。

图 8-75 形成封闭路径

Step 4 按下 Ctrl+Enter 组合键，将路径载入作为选区，可以看到图形被创建在选区中，按下 Ctrl+J 组合键将选区内的图像复制到新的图层“图层 1”中，如图 8-76 所示。

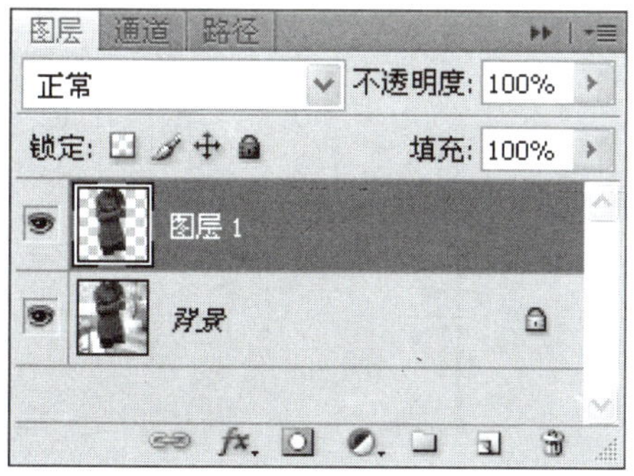

图 8-76　创建新图层

Step 5　选择“移动工具”，在图像中单击并拖曳，可以看到抠取的图像移动了位置，如图 8-77 所示。

图 8-77　移动抠取的图像

8.3.5　调整模糊的照片

在拍摄照片时，经常会由于各种原因导致照片不够清晰，此时可以利用 Photoshop 提供的多种锐化滤镜以及锐化工具来帮助用户对图像进行清晰化效果的处理。下面我们介绍几种将模糊的照片处理清楚的方法。

1. 使用“智能锐化”滤镜

“智能锐化”是 Photoshop 中非常简单实用的锐化工具，可以用来对整张图片出现模糊的情况进行处理，具体的操作步骤如下。

Step 1　使用 Photoshop CS4 打开素材图片，如图 8-78 所示。

图 8-78　素材图片

Step 2　选择菜单栏中的“滤镜”|“锐化”|“智能锐化”命令，如图 8-79 所示。

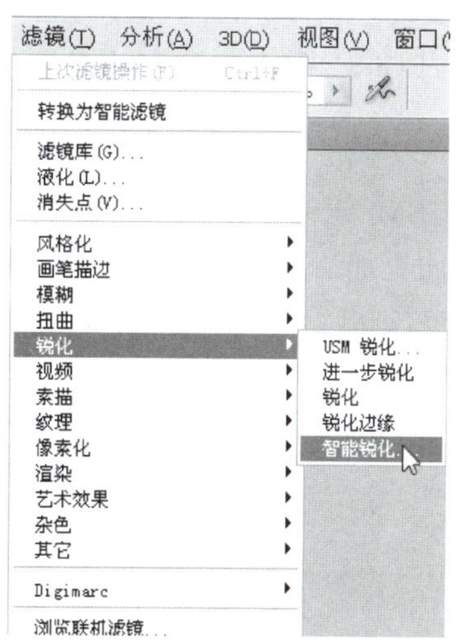

图 8-79　选择“智能锐化”命令

Step 3　弹出“智能锐化”对话框，如图 8-80 所示。在对话框中设置“数量”为 180%，“半径”为 2.0 像素，在“移去”下拉列表框中选择“高斯模糊”，然后选中“更加准确”复选框。

图 8-80　设置参数

Step 4　完成后单击“确定”按钮，调整前后对比效果如图 8-81 所示。

图 8-81　调整前后的对比效果

2. USM 锐化

利用“USM 锐化”滤镜可以通过调节图像的对比度，使画面更加清楚，在“USM 锐化”对话框中通过数量、半径和阈值的设置，可以使照片达到更好的锐化效果。具体的操作步骤如下。

Step 1　使用 Photoshop CS4 打开素材图片，如图 8-82 所示。

图 8-82　素材图片

Step 2　选择菜单栏的“滤镜”|“锐化”|“USM 锐化”命令，如图 8-83 所示。

图 8-83　选择“USM 锐化”命令

Step 3　弹出“USM 锐化”对话框，如图 8-84 所示。在对话框中设置“数量”为 200%，“半径”为 1.8 像素。

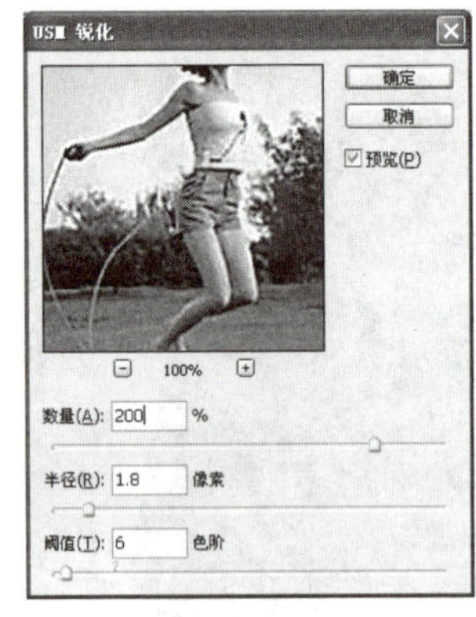

图 8-84　“USM 锐化”对话框

Step 4　设置完成后，单击“确定”按钮关闭对话框，调整前后的对比效果如图 8-85 所示。

图 8-85　调整前后的对比效果

3. 使用“高反差保留”锐化

“高反差保留”可以在有强烈颜色转变发生的地方按指定半径保留边缘细节，利用这一特性，可以将模糊照片的明显边缘细节保留，然后组合图层，将模糊的照片清晰化，达到锐化的效果，具体的操作步骤如下。

Step 1 使用 Photoshop CS4 打开素材图片，复制“背景”图层为“背景副本”图层，如图 8-86 所示。

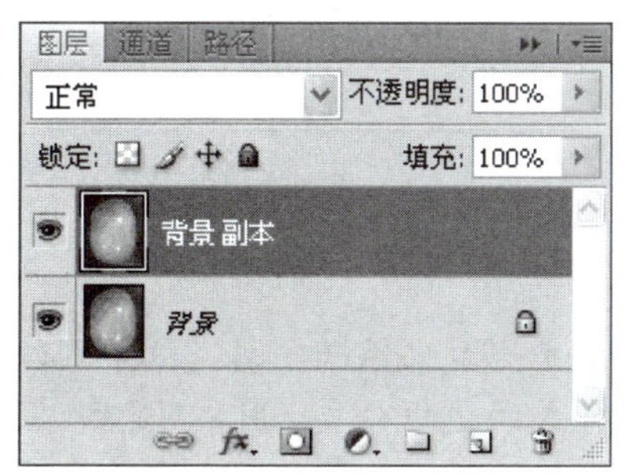

图 8-86 复制背景图片

Step 2 选择菜单栏中的“滤镜”|“其它”|“高反差保留”命令，如图 8-87 所示。

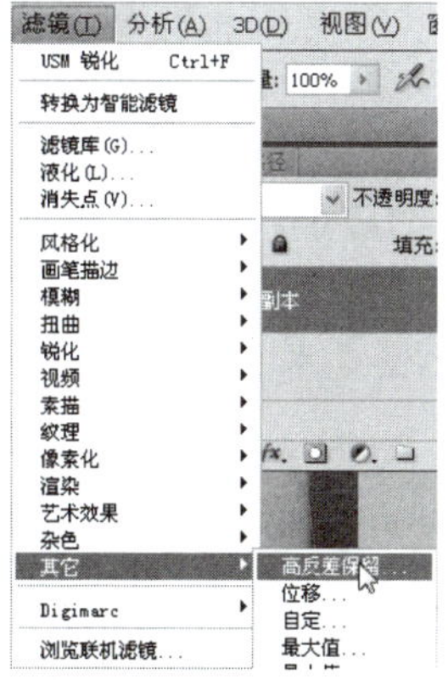

图 8-87 选择“高反差保留”命令

Step 3 弹出“高反差保留”对话框，如图 8-88 所示，设置“半径”为 5 像素。单击“确定”按钮，关闭对话框。

Step 4 设置副本图层的“图层混合模式”为“线性光”，如图 8-89 所示。

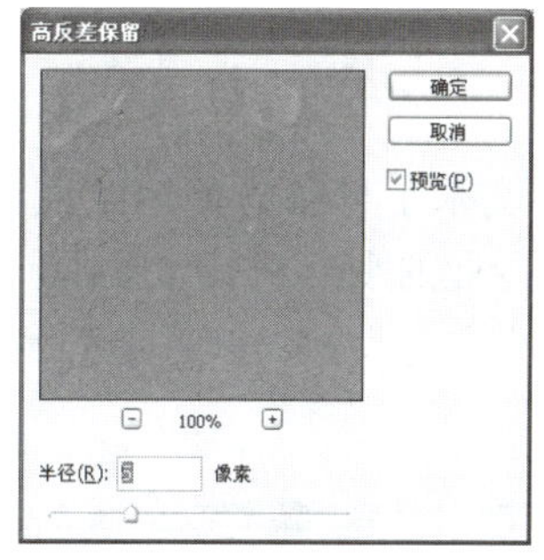

图 8-88 “高反差保留”对话框

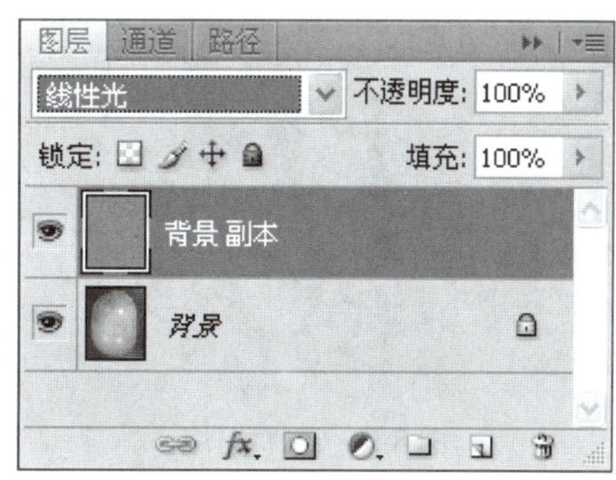

图 8-89 设置图层混合模式

Step 5 此时，两图层混合可以达到照片更加清晰的效果，处理前后对比效果如图 8-90 所示。

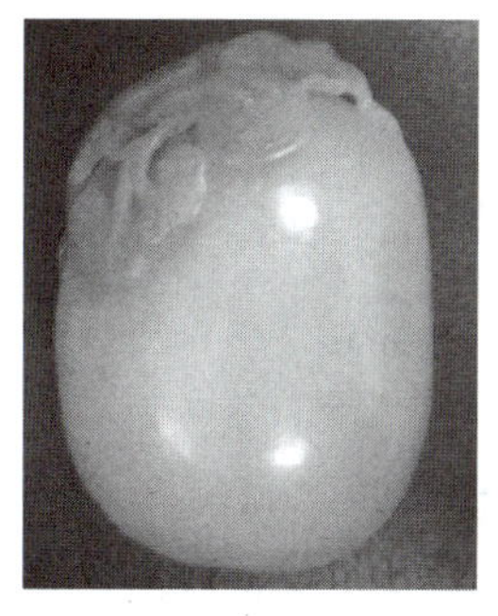
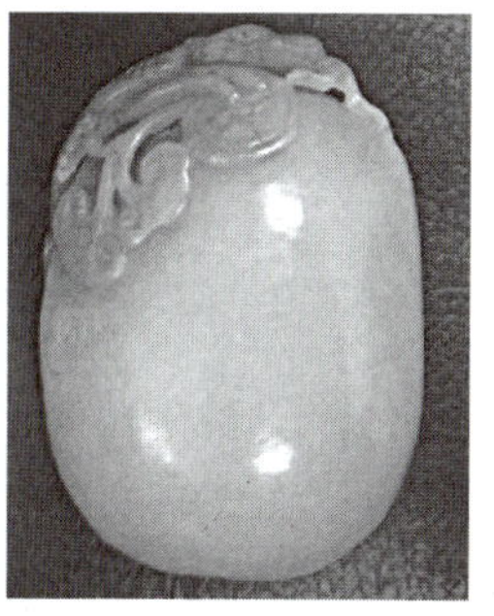

图 8-90 调整前后的对比效果

8.4 使用光影魔术手处理图片

光影魔术手是一个改善照片画质和个性化处理图片的软件，其操作简单、易用。通过这款软件，人人都能制作出精美相框、艺术照，而且完全免费，不需要任何专业图像技术，就可以制作出专业摄影的色彩效果。所以光影魔术手很适合网店店家来制作图片。

8.4.1 添加边框

使用光影魔术手可以方便地给图片加上精美的边框，表现出专业的水准，具体操作步骤如下。

Step 1 启动光影魔术手软件，打开素材图片，如图 8-91 所示。

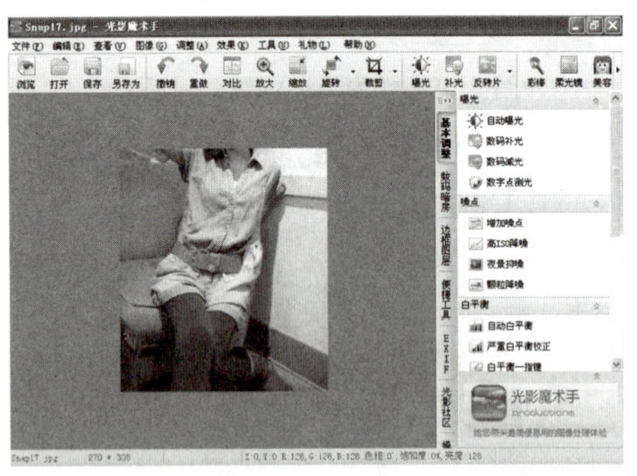

图 8-91 素材图片

Step 2 选择菜单栏中的“工具”|“轻松边框”命令，如图 8-92 所示。

图 8-92 选择“轻松边框”命令

Step 3 打开“轻松边框”对话框，在右侧的边框缩略图中选择合适的边框，如图 8-93 所示。

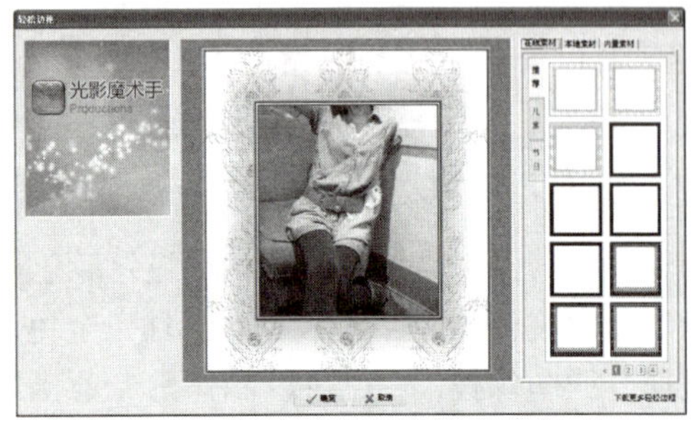

图 8-93 选择边框

Step 4 单击“确定”按钮，即可给图片添加一个漂亮的边框，如图 8-94 所示。

图 8-94 添加边框的效果

提示

用户在光影魔术手的工具菜单中可以看到，其中有多种样式的边框分类，用户可以根据自己的喜好选择其中的边框，如果没有合适的边框，还可以到光影魔术手的官方网站下载新的边框。

8.4.2 给照片添加水印

很多时候为了防止图片被其他卖家直接复制，可以在图片上添加自己店标的水印，而且还可以直接在图片上宣传自己的店铺。使用光影魔术手添加水印的操作步骤如下。

Step 1 使用光影魔术手打开素材图片，如图 8-95 所示。

图 8-95 素材图片

Step 2 选择菜单栏中“工具”|“水印”命令，如图 8-96 所示。

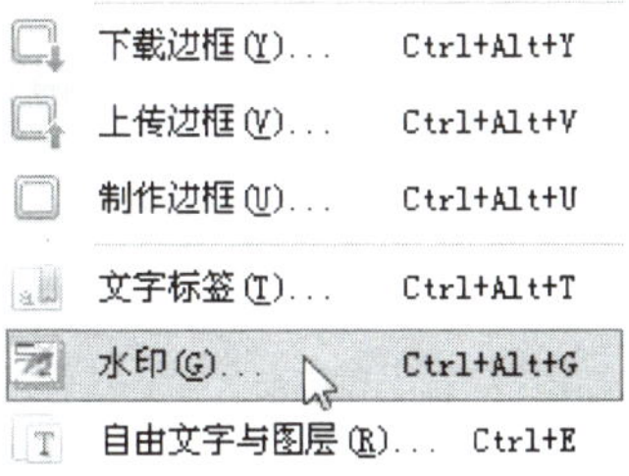

下载边框(Y)... Ctrl+Alt+Y
上传边框(V)... Ctrl+Alt+V
制作边框(U)... Ctrl+Alt+U
文字标签(T)... Ctrl+Alt+T
水印(G)... Ctrl+Alt+G
自由文字与图层(R)... Ctrl+E

图 8-96 选择“水印”命令

Step 3 弹出“水印”对话框，如图 8-97 所示。在对话框中单击“水印图片”右侧文本框中的浏览按钮，选择要作为水印的图片，单击“打开”按钮，返回“水印”对话框，在对话框中调节水印所在的位置、透明度、大小等参数，可单击“预览”按钮预览效果。

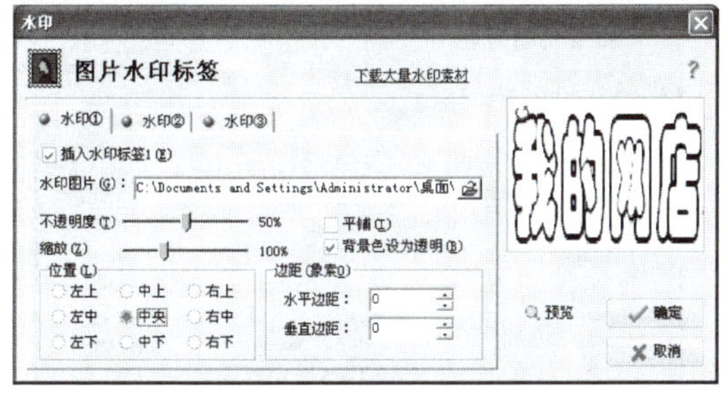

图 8-97 “水印”对话框

完成后单击“确定”按钮，完成水印的添加，效果如图 8-98 所示。

图 8-98 完成水印效果

8.4.3 批量处理图片

一般网店都有多种商品，如果一张张地处理图片会耗费很多时间，这时，我们可以利用光影魔术手批处理的强大功能来弥补手动操作图片的不足，具体操作步骤如下。

Step 1 启动光影魔术手，选择菜单栏中的“打开”|“批处理”命令，如图 8-99 所示。

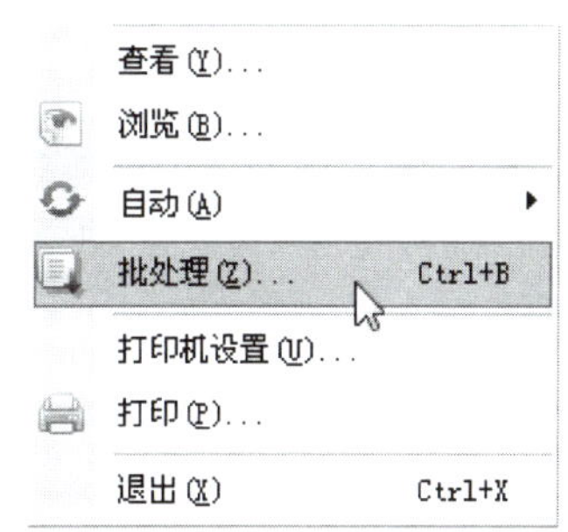

图 8-99 选择“批处理”命令

Step 2 系统弹出“批量自动处理”对话框，如图 8-100 所示。

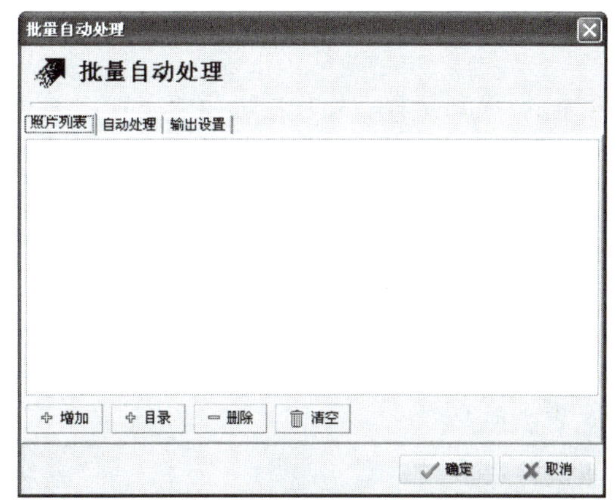

图 8-100 “批量自动处理”对话框

Step 3 在对话框中单击“增加”按钮，在弹出的“打开”对话框中选择需要进行批处理的图片，如图 8-101 所示。

Step 4 选择多张图片，单击“打开”按钮，将需要批处理的照片添加到批处理列表，如图 8-102 所示。

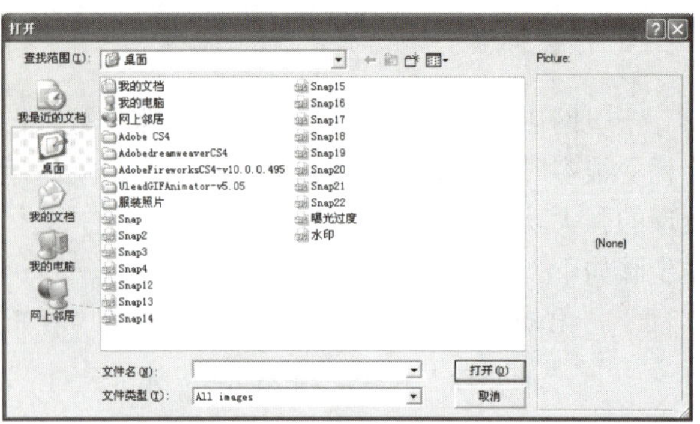
图 8-101　打开批处理图片

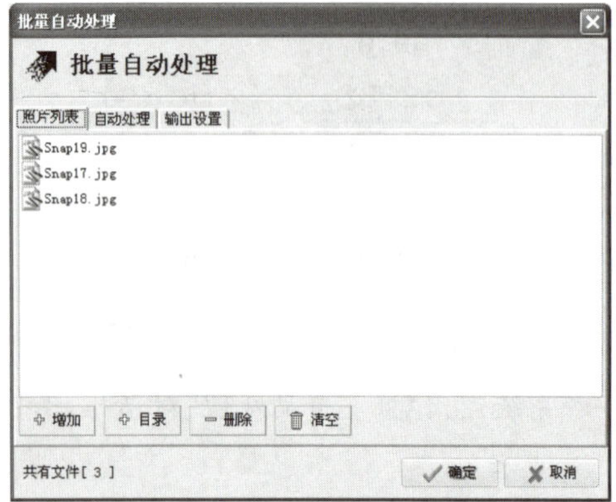
图 8-102　将图片加入列表

Step 5 切换到“自动处理”选项卡，可以看到已经提供了四种方案：“缩放尺寸”、“自动反转片”、“锐化”、“轻松边框”，我们可以对图像使用这些方案进行处理，也可以导入其他的方案，如图 8-103 所示。

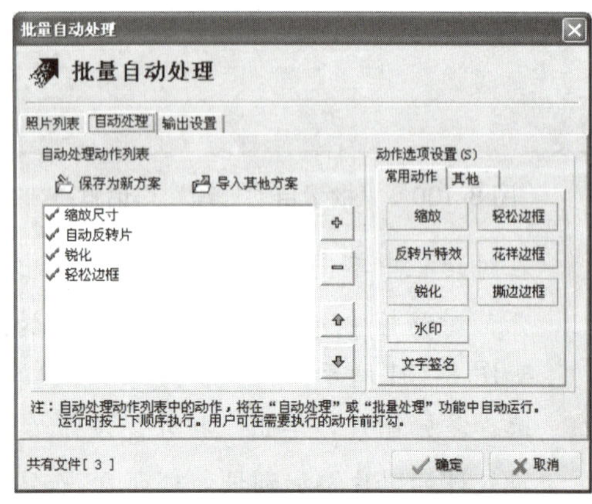
图 8-103　“自动处理”选项卡

Step 6 如果需要其他的处理方案，可以单击“导入其他方案”按钮，添加新的方案，如图 8-104 所示。

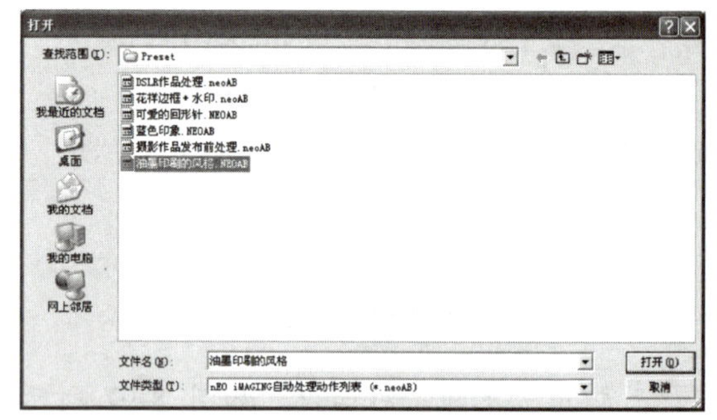
图 8-104　选择新的方案

Step 7 切换到“输出设置”选项卡，可以设置批处理图像的格式，然后选择输出地址，如图 8-105 所示。

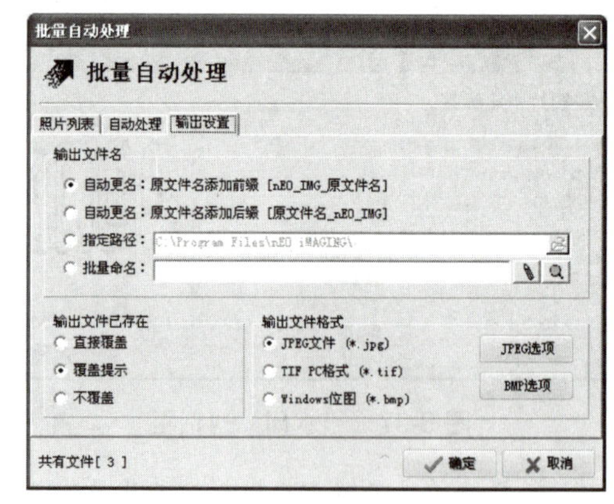
图 8-105　“输出设置”选项卡

Step 8 设置完成后单击“确定”按钮，自动进行批量处理，如图 8-106 所示。

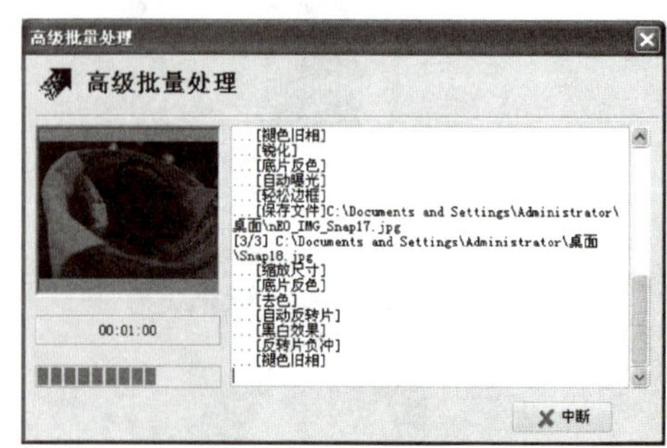
图 8-106　开始批量处理

8.5 制作网站动画

在网店的制作过程中，为了使其更具吸引力，可以添加一些动画效果，一般网店使用的动画是 GIF 动画。下面，我们将简单介绍使用 Fireworks 制作网站动画的基本知识。

8.5.1 Web 动画简介

在 Fireworks 中，制作动画的方法是让创建的元件不停地改变其属性，从而给观众造成一种运动的错觉。每个元件的动作都储存在一个“状态”中，按顺序播放所有的状态就形成了动画。

在 Fireworks 中，对元件应用不同的设置可以改变连续的内容，可以让一个元件在画布上进行来回移动、淡入和淡出、变大或者变小以及旋转等多种操作。

在单个文件中可以包含多个元件，这样，我们就可以创建一个不同类型的动画同时发生的复杂动画。

另外，在 Fireworks 的“优化”面板中可以设置优化和导出设置以控制文件的创建。即可以将动画作为 GIF 动画文件或者 Flash(swf)动画导出。用户也可以将 Fireworks 中制作的动画直接导入 Adobe Flash 中继续进行编辑。

8.5.2 “状态”面板

动画是由多个状态共同构成的。使用“状态”面板可以看到每个状态的具体内容。“状态”面板是创建和组织动画的地方，在面板中可以命名状态、重新组织状态、手动设置动画的定时以及将对象从一个状态移动到另一个状态中等功能。

Fireworks 主要就是通过状态的播放顺序来制作动画的，所以状态对于动画的创作非常重要。在 Fireworks CS4 中，选择菜单栏中的“窗口”|“状态”命令可以打开“状态”面板，面板样式如图 8-107 所示。面板的主要组成部分有：

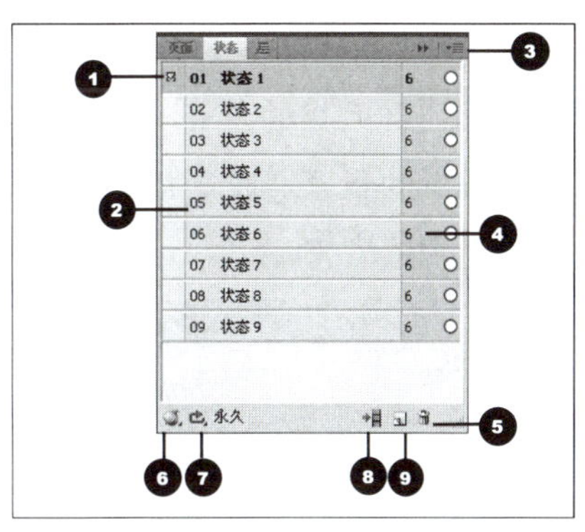

图 8-107 “状态”面板

①范围选择器；②名称列；③选择按钮；④延迟时间列；⑤删除“状态”；⑥洋葱皮按钮；⑦动画循环；⑧分散到状态；⑨重建状态。

每个“状态”都有若干个属性。通过设置延时或者隐藏，可以制作和编辑自己想要的动画效果。

8.5.3 “状态”的基本操作

在使用 Fireworks 制作动画之前，我们应该首先了解 “状态”面板的基本操作。

1. 添加一个状态

在制作动画的过程中，既可以在当前“状态”下再添加一个“状态”，也可以在指定的位置添加一个新的“状态”。在当前“状态”下再添加一个“状态”的具体操作方法是单击“状态”面板右下角的“新建/重制状态”按钮，如图 8-108 所示，系统会在当前状态下自动添加一个状态。

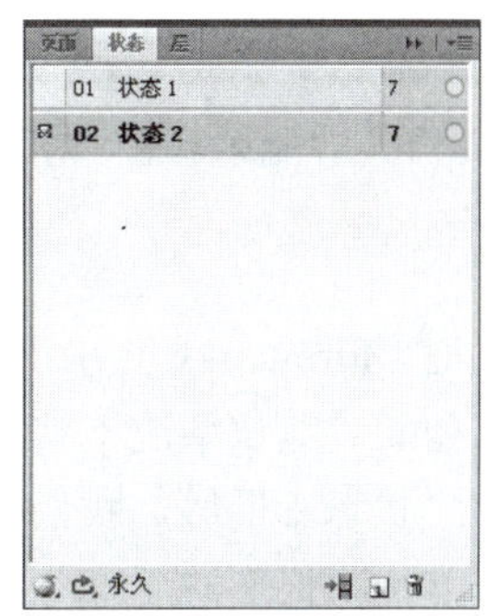

图 8-108 使用“新建/重制状态”按钮添加状态

而在指定位置新添一个“状态”的具体操作步骤

如下。

Step 1 在“状态”面板的当前状态单击鼠标右键，在弹出的快捷菜单中选择“添加状态”命令，如图 8-109 所示。

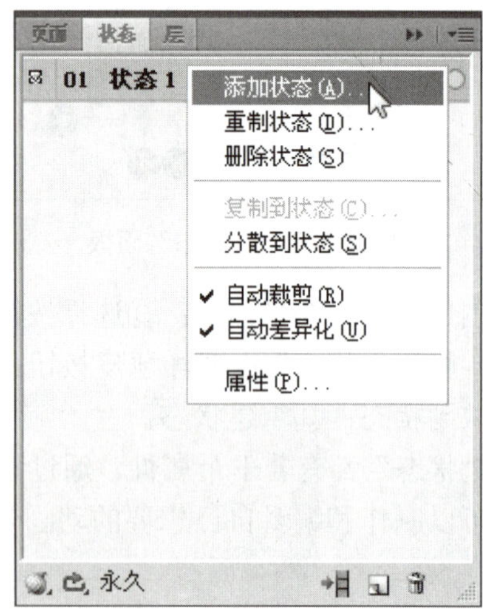

图 8-109 “状态”面板右键菜单

Step 2 弹出“添加状态”对话框，如图 8-110 所示，可以在此对话框中设定添加的数量以及添加的位置，单击“确定”按钮即完成添加。

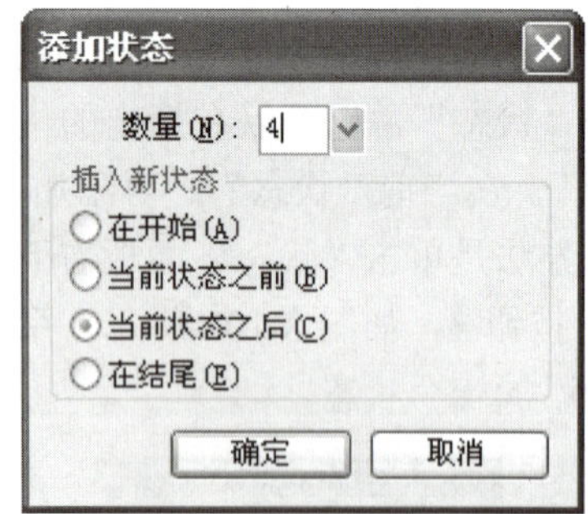

图 8-110 “添加状态”对话框

2. 命名“状态”

在创建动画时，Fireworks 会在“状态”面板中显示出“状态”的列表，默认情况下状态会依次被命名为“状态 1”、“状态 2”等，我们可以为每个“状态”修改名称，方便我们对“状态”的管理。命名状态的具体操作步骤如下。

Step 1 在“状态”面板中的“状态”列表中双击某一个“状态”，例如“状态 1”，如图 8-111 所示。

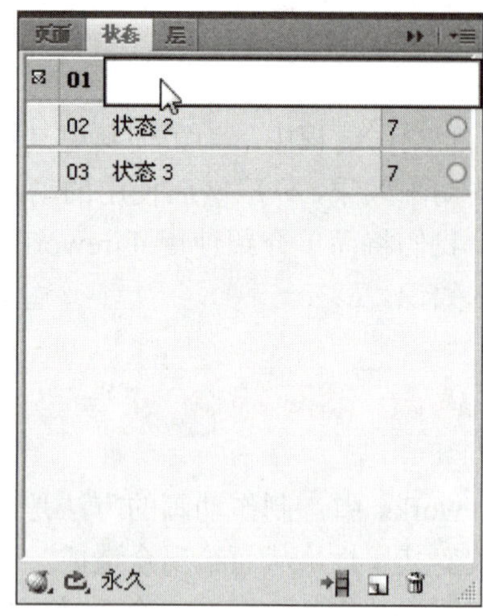

图 8-111 双击“状态 1”

Step 2 在弹出的“文本框”中输入新的状态名称，按下 Enter 键即可完成对“状态”的命名，如图 8-112 所示。

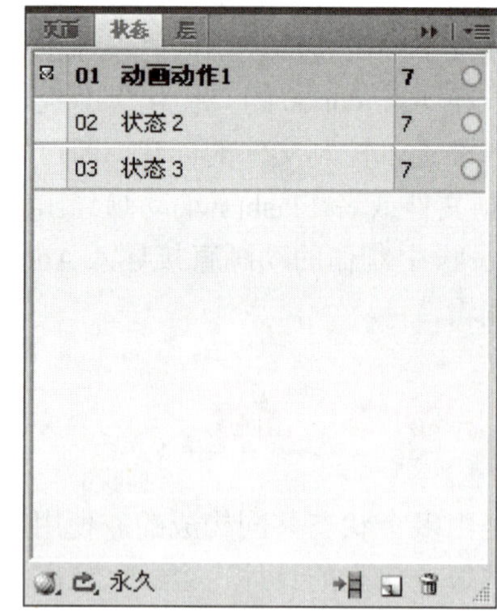

图 8-112 修改“状态 1”后的名称

3. 设定“状态”播放间隔

“状态”的播放间隔决定了每一个动画画面的停留时间，时间以 1/100 秒为单位，例如设置“状态”的延迟为 50，那么意味着画面将停留半秒。设置播放间隔的具体操作步骤如下。

Step 1 选择一个或者多个“状态”，单击鼠标右键，在弹出的快捷菜单中选择“属性”命令，如

图 8-113 所示。

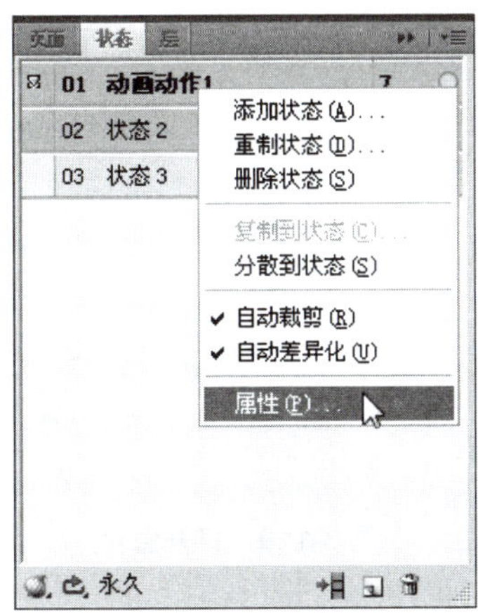

图 8-113 “状态”面板右键菜单

在弹出的“状态延迟”文本框中输入延迟时间，如图 8-114 所示，输入后按 Enter 键完成设定。

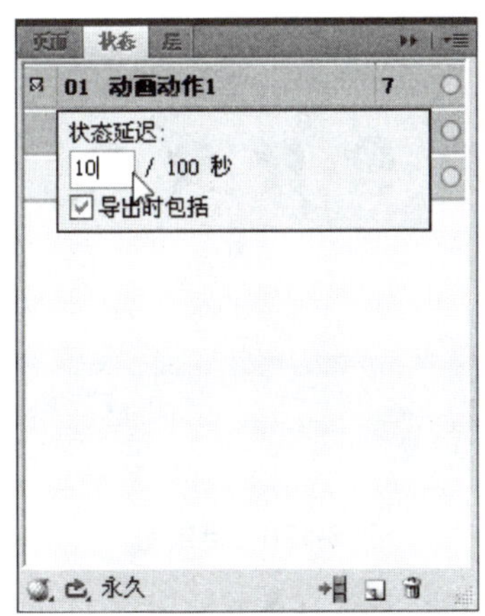

图 8-114 修改延迟时间

4. 删除状态

删除状态有两种方法，第一种方法是选中要删除的“状态”，单击面板右下角的“删除状态”按钮；第二种方法是选中要删除的“状态”，单击鼠标右键，在弹出的右键快捷菜单中选择“删除状态”命令，如图 8-115 所示。

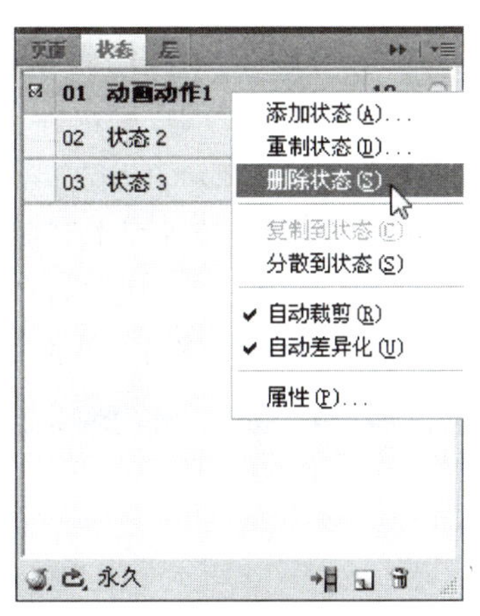

图 8-115 删除状态

5. 排序状态

如果要对“状态”进行重新排序，可以使用鼠标在“状态”面板中拖拽需要移动的“状态”，可以看到在插入位置会闪烁一条黑色实线，如图 8-116 所示，松开鼠标左键，即可完成“状态”的移动。

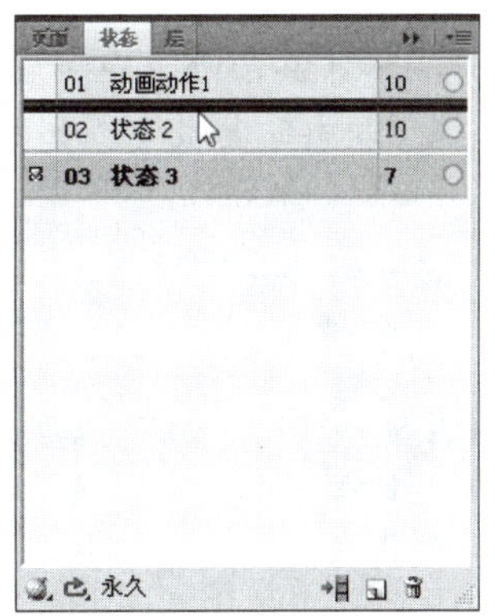

图 8-116 移动状态

8.5.4 制作 GIF 动画

使用 Fireworks 制作动画的基本方法有三种：合并图片制作动画、使用“状态”面版制作动画以及使用菜单建立动画。下面我们以 Fireworks CS4 为工作环境，具体介绍几种制作动画的方法和步骤。

1. 合并图片制作动画

合并图片制作动画就是将一系列具有连续动作的图片放入连续的“状态”中以制作出连续播放的动

画，这种方法是完全自动的，操作非常简便，但前提是需要有一系列预先准备好的连续动作图片。合并图片制作动画的具体操作步骤如下。

Step 1 选择菜单栏中的“文件”|“打开”命令，弹出“打开”对话框，如图 8-117 所示。选择一系列连续的动作图片，单击“打开”按钮。

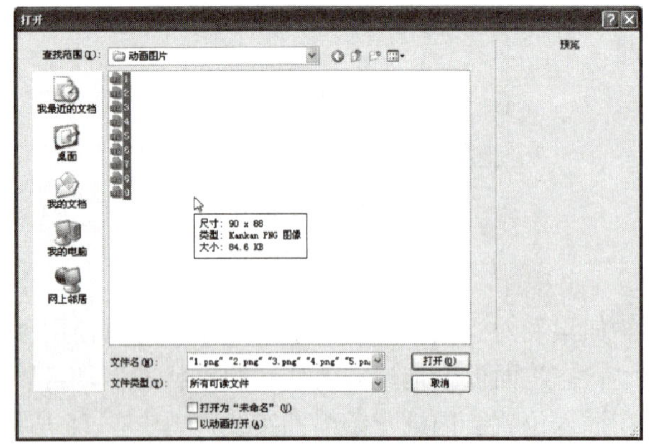

图 8-117　打开图片

可以看到，Fireworks 已经自动将图片排序添加到“状态”面板中，如图 8-118 所示。

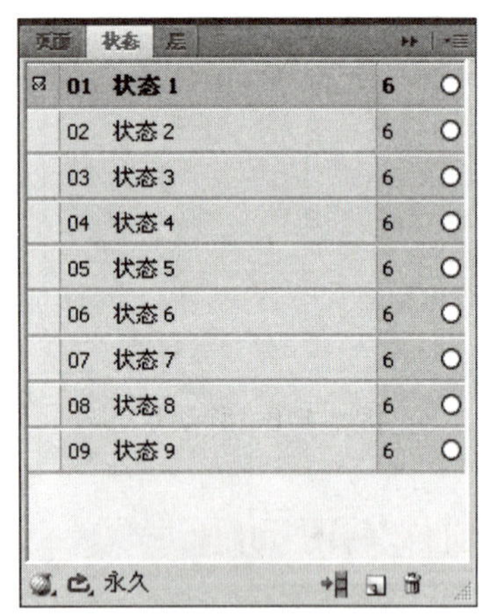

图 8-118　“状态”面板

2. 使用“状态”面板制作动画

使用“状态”面板可以快速制作出简单的动画。其具体的操作步骤如下。

打开 Fireworks CS4，选择菜单栏中的“文件”|“打开”命令，打开一幅图片，如图 8-119 所示。

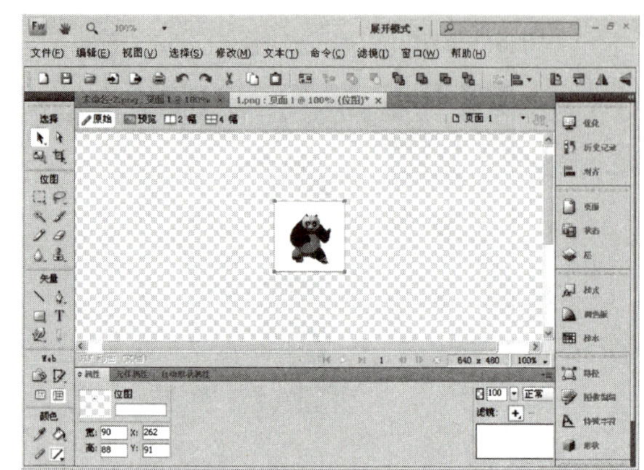
图 8-119　打开图片

选择菜单栏中的“编辑”|“复制”命令复制 5 个对象，然后将复制的对象排成一行，如图 8-120 所示。

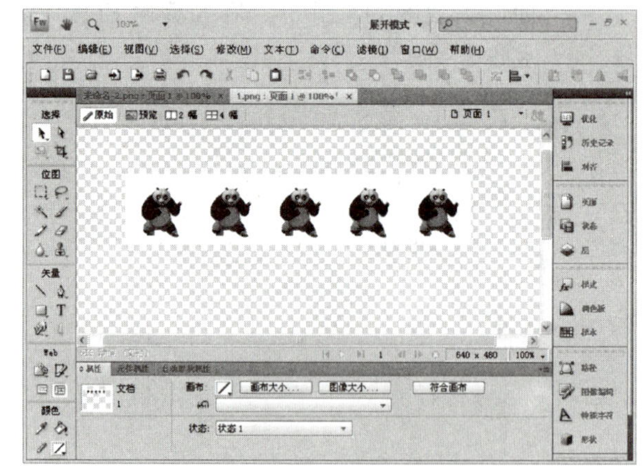
图 8-120　复制图片

选取所有的对象，然后单击“状态”面板中的“分散到状态”按钮，如图 8-121 所示。

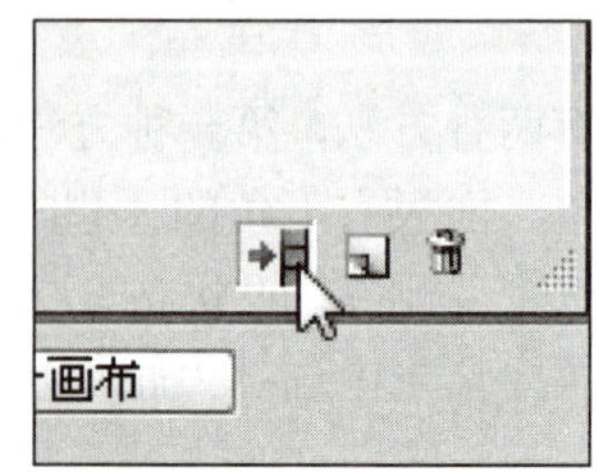

图 8-121　分散图片

“状态”面板会依照所复制对象的数量将对象分散到各个状态中，一个状态中只会出现

一个对象，如图 8-122 所示。

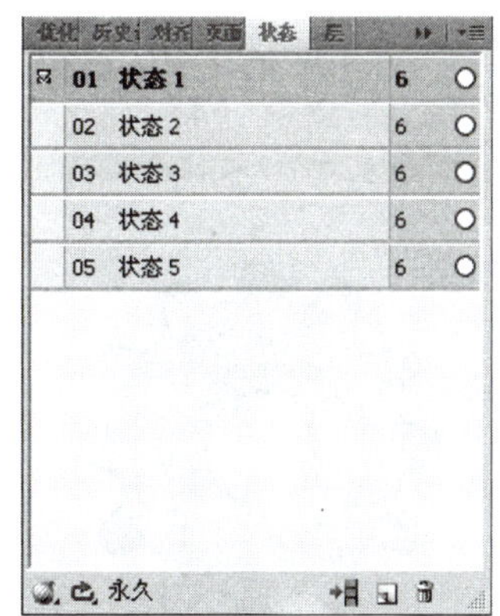

图 8-122　分散到“状态”

Step 5 在“状态”面板中选定所有状态，然后单击鼠标右键，在弹出的右键快捷菜单中选择“属性”命令，在弹出的“状态延迟”文本框中输入 20，如图 8-123 所示。

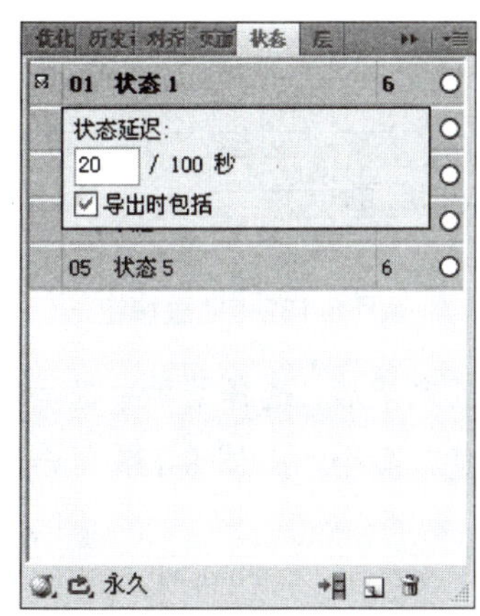

图 8-123　设置延迟

Step 6 单击文档窗口下方的“播放”按钮可以查看动画的效果，如图 8-124 所示。

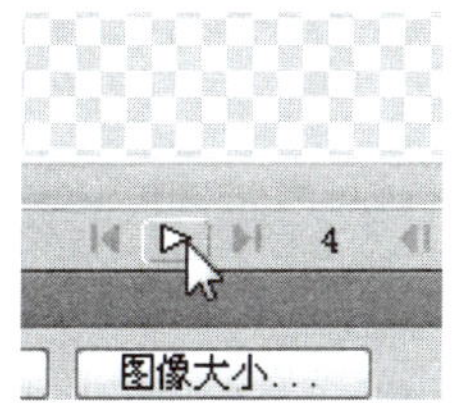

图 8-124　播放预览

3. 使用菜单建立动画

在 Fireworks CS4 中，也可以使用菜单来建立动画效果，具体的操作步骤如下。

Step 1 打开 Fireworks CS4，选择菜单栏中的“文件”|“新建”命令，弹出“新建文档”对话框，如图 8-125 所示。新建一个“宽度”为 400，“高度”为 300 的画布。

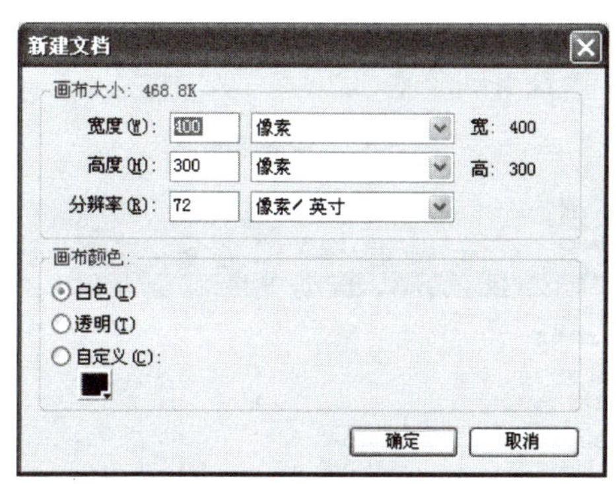

图 8-125　新建画布

Step 2 选择菜单栏中的“窗口”|“自动形状”命令，如图 8-126 所示。

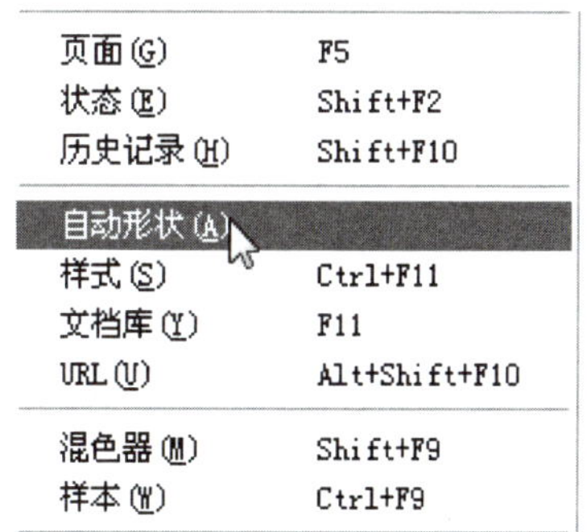

图 8-126　选择“自动形状”命令

Step 3 在弹出的“形状”面板中选择“齿轮”图形，添加到文档中，如图 8-127 所示。

Step 4 选择菜单栏中的“修改”|“动画”|“选择动画”命令，如图 8-128 所示。

Step 5 弹出“动画”对话框，如图 8-129 所示。在对话框中可以设置动画的属性。

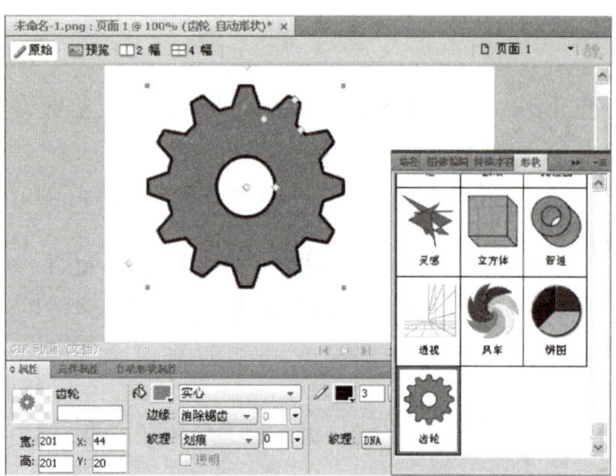

图 8-127　添加图形

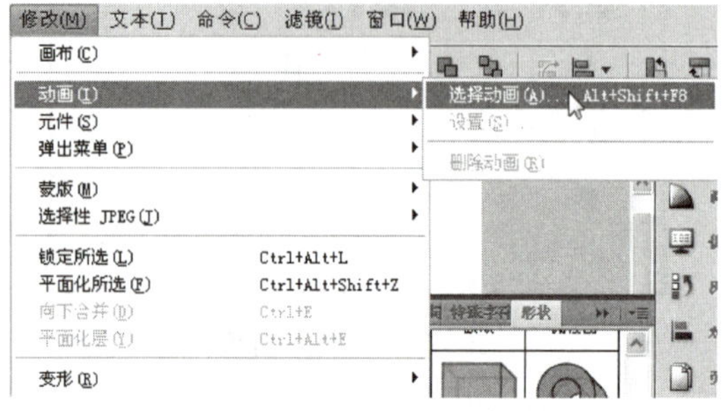

图 8-128　选择“动画”命令

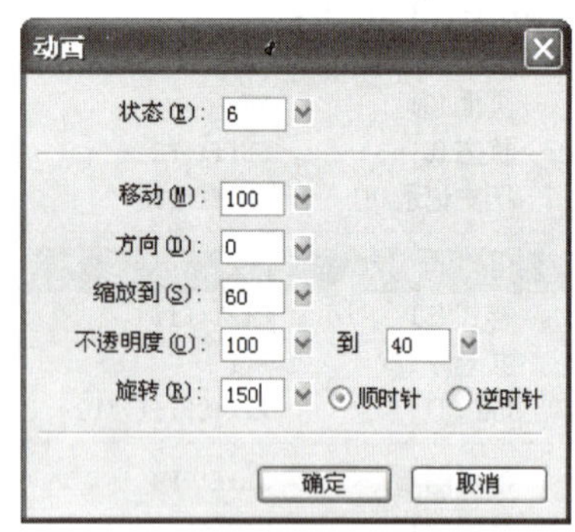

图 8-129　设置动画属性

Step 6　单击“确定”按钮，Fireworks 会弹出提示框，提示用户需要添加新的状态，单击“确定”按钮即可，如图 8-130 所示。

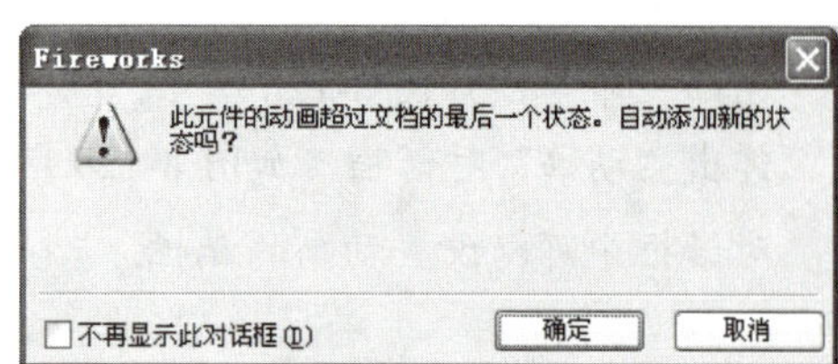

图 8-130　Fireworks 提示框

现在，我们可以从图中看到这是一个动画元件了，其中用线标识元件移动的路径，线上的点表示“状态”，左端的绿点表示开始状态，红点表示结束状态，如图 8-131 所示。

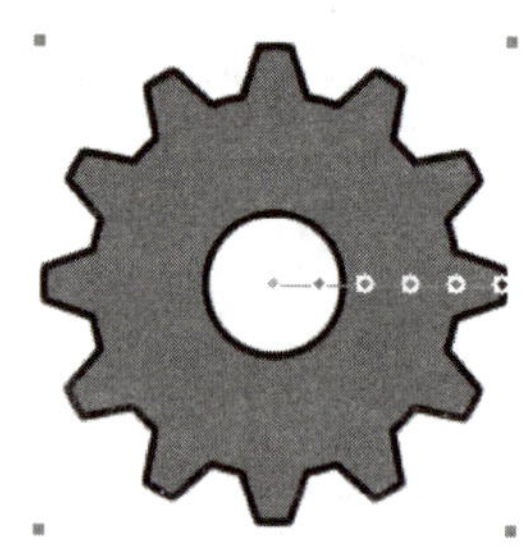

图 8-131　动画标识

Step 8　这时，动画已经可以正常播放了，单击画布下方的“播放/停止”按钮可以预览播放效果，如图 8-132 所示。

图 8-132　播放按钮

Step 9　设置完毕后，选择菜单中的“文件”|“图像预览”命令，如图 8-133 所示。

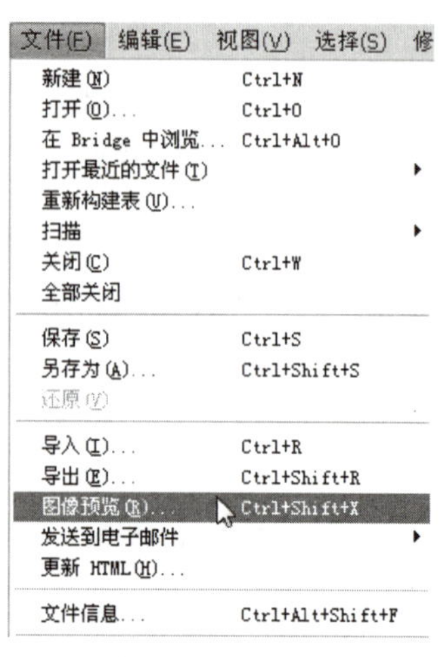

图 8-133　选择“图像预览”命令

弹出“图像预览”对话框，如图 8-134 所示。

我们可以设置动画导出的选项，设置需要的参数后，单击“导出”按钮即可将动画导出为 GIF 动画。

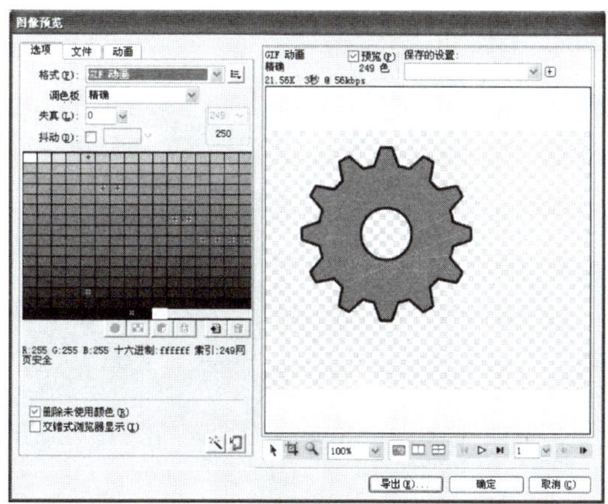

图 8-134 导出动画

本章小结

在本章中，我们首先介绍了几种常用的图片格式，使读者对计算机中常用的图片格式有了一个比较清楚的认识。然后，介绍了使用 Photoshop 进行网店商品照片处理的一些常用技巧，包括裁剪图片，调整图片的色彩、饱和度等。

另外，还介绍了如何制作 GIF 动画，有兴趣的读者可以亲自动手做一些简单的动画图片来丰富我们的网店。

第 9 章

使用 HTML 制作网店店铺

HTML 语言是网页制作和网页设计的基础，所有的网页对象都是显示在 HTML 标签中。熟悉和了解 HTML 代码可以使设计网页变得简单轻松而且能够提高工作效率。在本章中，我们将学习一些基本的 HTML 语言和使用 Dreamweaver 制作网页的技巧。

学习要点

- HTML 语言的基本概念
- HTML 语言的基本使用方法
- 使用 Dreamweaver 制作网页的基本技巧

9.1 HTML 的基本概念

HTML(Hypertext Marked Language)，即超文本置标语言，是一种用于制作超文本文档的简单标记语言。

从本质上来说，HTML 是一种规范，一种标准，它通过标记符号来标记要显示的网页中的各个部分。网页文件本身是一种文本文件，通过在文本文件中添加标记符，可以告诉浏览器如何显示其中的内容(如：文字如何处理，画面如何安排，图片如何显示等)。浏览器按顺序阅读网页文件，然后根据标记符解释和显示其标记的内容，对书写出错的标记将不指出其错误，且不停止其解释执行过程，编制者只能通过显示效果来分析出错原因和出错部位。但需要注意的是，对于不同的浏览器，对同一标记符可能会有不完全相同的解释，因而可能会有不同的显示效果。

一个 HTML 文件的后缀名是.htm 或者.html，两者本质上是一样的，用户在编写网页时，两种后缀名都可以使用。

HTML 拥有多个版本，第一版是在 1993 年 6 月作为互联网工程工作小组(IETF)工作草案发布的。现在最新的版本为 HTML 5，与之前的版本相比，HTML 5 有了大幅的改进，但付诸于实际应用还需要一段时间，现阶段互联网中使用最广泛的还是 HTML 4 的版本。

9.1.1 XHTML 简介

XHTML(eXtensible HyperText Markup Language)与 HTML 同是 Web 上最广泛使用的语言，作为 HTML 语言的继承者，XHTML 语言的语法更加严格。随着 CSS(Cascading Style Sheets，层叠式样式表)在网站开发中的广泛使用，XHTML 语言比 HTML 语言更加适应当今网站的开发过程。它能够实现样式与内容的分离，又能够有机地结合网页代码，在另外的单独文件中，还可以混合各种 XML 应用。

与 HTML 4 相比，XHTML 主要有以下不同点。

1. 所有的标记都必须有对应的结束标记

在以前的 HTML 中，用户可以打开多个标签，例如<li>而不一定写对应的</li>来关闭它。但在 XHTML 中这是不合法的。XHTML 要求有严谨的结构，所有标签必须关闭。如果是单独不成对的标签，在标签最后需要加一个“/”来关闭它。例如：

```
<img height="80" alt="网页设计师"
src="../images/logo_w3cn_200x80.gif"
width="200" />
```

2. XHTML 对大小写敏感

与 HTML 不同，XHTML 对大小写是敏感的，<title>和<TITLE>是不同的标签。XHTML 要求所有的标签和属性的名字都必须使用小写。例如：<BODY>必须写成<body>。大小写夹杂也是不被认可的，在 Dreamweaver 中自动生成的属性名字“onMouseOver”也必须修改成“onmouseover”。

3. 所有的 XHTML 标记都必须合理嵌套

同样因为 XHTML 要求有严谨的结构，因此所有的嵌套都必须按顺序，在 HTML 中的代码可以写成如下的格式：

```
<p><b></p></b>
```

但在 XHTML 中必须修改为：

```
<p><b></b></p>
```

就是说，嵌套必须是严格对称。

4. 所有属性必须添加引号

在 HTML 中，用户可以不需要给属性值加引号，但是在 XHTML 中，它们必须被加引号。例如：

```
<height=80>
```

在 XHTML 中必须修改为：

```
<height="80">
```

特殊情况，如果用户需要在属性值里使用双引号，你可以用“"”，单引号可以使用“'”，例如：<alt="say'hello'">

5. 把所有“<”和“&”特殊符号用编码表示

任何小于号(<)，不是标签的一部分，都必须被编码为<；任何大于号(>)，不是标签的一部分，都必须被编码为>；任何与号(&)，不是实体的一部分的，都必须被编码为&。

6. 给所有属性赋一个值

XHTML 规定所有属性都必须有一个值，没有值的就重复本身。例如：

```
<input type="checkbox" name="shirt"
value="medium" checked>
```

在 XHTML 中必须修改为：

```
<input type="checkbox" name="shirt"
value="medium" checked="checked">
```

7. 不能在注释内容中使用“--”

“--”只能发生在 XHTML 注释的开头和结束，也就是说，在内容中它们不再有效。例如下面的代码在 XHTML 中是无效的：

```
<!--这里是注释-----------这里是注释-->
```

需要用等号或者空格替换内部的虚线。

```
<!--这里是注释============这里是注释-->
```

以上这些规范是为了使我们的代码有一个统一、唯一的标准，便于以后的数据再利用。

8. 图片必须有说明文字

每个图片标签都必须有 ALT 说明文字。

```
<img src="ball.jpg" alt="large red ball" title=
"large red ball"/> //为了兼容火狐和 IE 浏览器
```

对于图片标签，尽量采用 alt 和 title 双标签。

9.1.2 XML 简介

可扩展标记语言 (Extensible Markup Language，XML) 是用于标记电子文件使其具有结构性的标记语言，可以用来标记数据、定义数据类型，是一种允许用户对自己的标记语言进行定义的源语言。

XML 是标准通用标记语言(SGML)的子集，非常适合 Web 传输。XML 提供统一的方法来描述和交换独立于应用程序或供应商的结构化数据。

XML 与 HTML 的设计区别是：XML 是用来存储数据的，重在数据本身。而 HTML 是用来定义数据的，重在数据的显示模式。

9.2 HTML 的基本语法

现阶段 HTML 4 的语法与 XHTML 的语法已经极其相似，在下面的介绍中，没有特殊说明，这些语法在 HTML 和 XHTML 语言中是通用的。

9.2.1 核心元素

在本节中，我们将介绍一些元素，利用这些元素可以描述可能希望现实在 Web 上的各种类型文档的结构。

在 HTML 语法中，组成文档的结构主要有 4 个元素<html>、<head>、<title>和<body>。这些元素应该出现在编写的每一个 XHTML 文档中，他们可以作为文档的基本框架。

1. <html>元素

<html>元素是整个 HTML 文档中包含的元素，在可选的 XML 声明和必需的 DOCTYPE 声明之后，每个 XHTML 文档应当具有一个起始标签<html>，并且应当以一个结束标签</html>作为结束。

如果编写的代码是遵循 XHTML 1.0 的规范，那么起始标签必须包含名称空间标示符(namespace identifier)用于表明文档中的标记属于 XHTML1.0 的名称空间。因此，起始标签应当有如下的格式。

```
<html xmlns="http://www.w3,org/1999/xhtml">
```

虽然在 XHTML 文档中并不严格要求包含<html>元素，但最好在所有的 XHTML 文档中都包含它。

<html>有两个直接子元素：<head>和<body>，这两个元素我们在下面会做详细的介绍。

提示

在 HTML 4.0 和更早的 HTML 版本中，规定可以使用 version 属性来表明文档使用的 HTML 版本，但是该属性现在已经淘汰。在 XHTML 文档中应该使用 DOCTYPE 声明和 xmlns 属性来指明使用的 XHTML 版本。

2. <head>元素

<head>元素是所有其他头元素的容器，它应该紧跟在起始标签<html>之后。

每一个<head>元素应当包含一个<title>元素以指明文档的标题，它也可以在任意顺序包含以下的元素的任意组合。

- <base>：制定网页的基 URL，当浏览器遇到相对 URL 时，将在它们的前面添加基 URL。例如指定 http://www.exampleSite.com/ 为基 URL 的格式为：

  ```
  <base href=″ http://www.exampleSite.com/″ />
  ```

  在这种情况下，如果在浏览器中输入如下的相对 URL：

  ```
  Entertainment/index.html
  ```

  那么将导致浏览器出现如下的页面：

  http://www.exampleSite.com/Entertainment/index.html
- <object>：用于包含图像、JavaScript 对象、Flash 动画、MP3 文件、QuickTime 文件以及页面的其他组件。
- <link>：用于连接到外部的文件，例如样式表或者 JavaScript 文件。
- <style>：用于在文档中包含 CSS 规则。
- <script>：用于在文档中包含脚本。
- <meta>：用于包含与文档相关的信息，例如关键字和文档的描述，这些信息特别有助于搜索程序的使用。

起始标签<head>能够附带如下属性：

```
id dir lang xml:lang profile
```

这些属性的具体含义将在稍后的内容中介绍。

3. <title>元素

编写网站页面时，应该给每一个页面一个标题。标题位于<title>元素中。<title>元素的使用方法有以下几个注意事项：

- <title>元素定义的标题位于浏览器窗口的顶部。
- <title>元素可以用于浏览器中书签的默认名称。
- <title>元素定义的标题可以通过搜索引擎以帮助索引页面。

因此，使用实际描述站点内容的标签是非常重要的。例如，站点的主页面不应当使用类似“Home Page”等默认设置，而是应当采用能够描述站点内容的语句。<title>标题的内容举例为：

<title>网店装修内容导航</title>

对于优秀的页面标题，访问者在阅读它之后就能够了解页面的内容，而不需要查看页面的具体内容。

<title>元素中只能包含关于页面标题的文本，而不能包含其他任何元素，<title>可以附带如下的属性：

```
id dir lang xml:lang
```

4. <body>元素

<body>元素应该出现在<head>元素之后，它包含用户能够在浏览器窗口中看到的部分 Web 页面内容，这部分内容称为主体内容。该元素包含的内容广泛，是 HTML 文档的主要组成部分。其他大部分内容均位于起始标签<body>和结束标签</body>之间。

<body>元素中可以附带的属性非常丰富。我们将在下一节中做具体的介绍。

在附录 B 中给出了在 HTML 中常用的元素标签。

9.2.2 属性组

在上一节中我们已经介绍过，属性位于元素的起始标签中，为此元素提供附带的额外信息。所有的属性均由名称和值组成；名称反映了属性描述的元素的特性，值是该特性的值，例如，xml：lang 属性描述了元素中使用的语言，而值“EN-US”表明元素中使用的语言是美国美语。HTML 中大多数元素可以附带下面介绍的部分或者所有的属性。

我们将这些属性大致分为 3 个组，每组中的属性不能在同一元素中同时出现，分组就是为了避免每次遇到它们时重复描述。这 3 个属性组分别如下。

- 核心属性：class、id 和 title 属性等。
- 语言属性：dir、lang 和 xm:lang 属性等。
- HTML 事件：与操作事件有关的属性。包括 onclick、ondoubleclick、onmousedown、onmouseup、onmouseover、onmousemove、onmouseout 等。

1. 核心属性

核心属性一共包含 4 个，它们能够被绝大多数的 HTML 元素使用，它们是：

```
id title class style
```

对于不同于此处描述的其他元素，这些属性有时具有专门的含义，但在这里我们只介绍这些属性的普通用法。

(1)　id 属性

id 属性可以用于唯一标识页面中的任何元素，用户可以通过设置唯一标识，在做链接时就可以链接到文档中特定位置，从而将 CSS 样式或者 JavaScript 与文档中某个元素的内容相关联。

id 属性的语法如下格式所示：

```
id="string"
```

其中“string”为 id 的值。

在使用 id 属性的值时，应该注意以下内容。

- 必须以字母开头，即 A-Z 或者是 a-z 中的某一个字母，然后可以跟上任意数量的字母、数字、连接符、下划线、冒号或者句号。
- 在一个文档中 id 的值必须唯一。

提　示

在引入 id 属性之前，name 属性在 HTML 文档中起着与 id 相同的作用。但随着 HTML 4.0 的发布，name 属性逐渐被淘汰，因此现在编写 HTML 文档时应当使用 id 属性。

(2)　class 属性

class 属性用于指定某个元素属于特定的元素类，其多用于 CSS。class 属性的语法如下：

```
class="classnname"
```

属性值也可以是以空格隔开的类名称的列表，如下面的例子所示：

```
class="classname1 classname2"
```

(3)　title 属性

从属性名就可以看出，title 属性给出了元素的标题。他的语法如下所示：

```
title="string"
```

这个属性的行为依赖于使用它的元素。虽然绝大多数元素都可以使用 title 属性，但并不是每一个元素都需要使用该元素。

(4)　style 属性

style 属性能够指定元素中的 CSS 规则。style 的语法如下面的代码所示：

```
<p style "font-family:arial;color:#FFFFFF;">
exampletext</p>
```

但是，style 属性已经逐渐被淘汰。现在开发网页中更多的使用 CSS 规则来指定元素的显示方式。样式表比 style 更加科学合理。

表 9-1 给出了 4 种核心属性的描述和对比。

表 9-1　4 种核心属性

属　性	值	描　述
class	*classname*	规定元素的类名(classname)
id	*id*	规定元素的唯一 id
style	*style_definition*	规定元素的行内样式(inline style)
title	*text*	规定元素的额外信息(可在工具提示中显示)

2. 语言属性

下面存在以下 3 种语言属性：

```
dir lang xml:lang
```

用户可以使用它们编写的不同语言和字符集的

页面，大多数的 HTML 元素都能够使用这些语言属性，使用语言属性，有利于开发支持多语言的文档。

但是现阶段，语言属性依然不能够被所有浏览器很好的支持，因此最后不要指定根据所需的方向创建文本的字符集，尽管 xml.lang 属性能够被支持 XML 的应用程序使用。

如果用户想详细地了解关于国际化的所有问题，可以访问以下的网址：http://www.w3.org/TR/i18n-html-tech/。下面，我们只对这些语言属性进行简单的介绍。

(1) dir 属性

dir 属性用来指定文本在浏览器中显示的方向。当需要指定整个文档的显示方向的时候，应当在<html>元素中使用 dir 属性，而不是在<body>中使用该属性，这是因为现在大多数浏览器对<html>元素的支持性更好。如果用户希望改变文档中一小部分内容的显示方向，可以在此段元素中使用 dir 属性。

dir 属性可以使用以下两个值。

- ltr：从左到右显示(默认)。
- rtl：从右到左显示(例如在阿拉伯语环境下需要此设置)。

(2) lang 属性

lang 属性可以指示文档中使用的主要语言，但实际上 lang 属性是早期的 HTML 版本中使用的属性，在新的 HTML 4.0 版本中，更推荐使用 xml:lang 属性。但是，由于历史的原因，我们还是推荐在<HTML>元素中同时使用 lang 属性和 xml:lang 属性，这样是为了获得更多浏览器很好的支持。

lang 属性在<html>元素中使用的格式如下：

```
<html xmlns="http://www.w3.org/1999/xhtml"
lang="en" xml:lang="en">
```

lang 属性的目的是为了向用户提供某种语言特有的显示，而只对整个 HTML 文档造成很小的影响。大多数搜索引擎能够使用 lang 属性作为搜索的语言依据，一些应用程序(例如屏幕阅读器)能够根据 lang 元素对不同的语言做出不同的反应(例如屏幕阅读器能够根据不同的语言发音)。当 lang 属性位于<html>元素时，它将作用于整个文档；而如果 lang 属性只位于文档中的其他元素中，那么它只作用于此元素中的内容。

表 9-2 给出了一些常见的 lang 属性可以使用的值。其实 lang 属性支持的值非常丰富，有兴趣的用户可以查询 ISO-639 文档来获得语言代码。

表 9-2 网页中常用的语言代码

语　言	ISO Code	含　义
Abkhazian	ab	阿拉伯语
English	en	英语
Chinese (Simplified)	zh	简体中文

(3) xml:lang 属性

在 XHTML 中，xml:lang 属性是 lang 属性的替代属性。所有 XML 编写的文档中都可以使用该属性。

虽然 xml:lang 属性对主要的浏览器没有影响，但其他的支持 XML 的应用程序和搜索引擎能够使用 xml:lang 中的信息，因此，在文档中添加 xml:lang 属性是非常好的习惯。

表 9-3 给出了 3 种语言属性的对比。

表 9-3 3 种语言属性的对比

属　性	值	描　述
dir	ltr | rtl	设置元素中内容的文本方向
lang	language_code	设置元素中内容的语言代码
xml:lang	language_code	设置 XHTML 文档中元素内容的语言代码

3. HTML 事件属性

使用 HTML 事件可以将事件(例如键盘动作或者鼠标动作)与事先编写脚本相关联。例如，当某人将鼠标指针移动到网页中的一个按钮时，启动脚本将此按钮改变颜色。

HTML 事件非常丰富，很多事件能够直接通过名称了解其所包含的意思。例如，当用户单击元素的内容时激活的是 onclick 事件，当鼠标移动时激活的是 onmousemove 事件等。

能够被大多数元素使用，代表着公共操作的一系列事件称为公共事件。这些事件包括：onclick、ondoubleclick、onmousedown、onmouseup、onmouseover、onmousemove、onmouseout、onkeypress、onkeydown、onkeyup 等。

另外，<body>和<frameset>元素拥有两个独有的事件：onload 和 onunload，分别在页面打开和关闭时使用。

处理以上两种事件，还有很多只作用于表单的事件。例如 onfocus、onblur、onsubmit、onreset、onselect 等。

提 示

表单(form)用于访问网站时从站点获得用户的个人信息，例如搜索框、在线订购等形式的网页绝大多数都是使用表单完成的。

附录 C 中给出了各种 HTML 事件的描述。

9.2.3 HTML 的基本格式

在前面几个小节中，我们着重介绍了 HTML 语言的核心元素和基本属性，下面，我们开始介绍如何标记文本以便描述其结构。因为创建的每一个文本必然要包含多个形式的文本，所以我们下面将介绍的元素是大多数网页中的基本构件。

在介绍控制网页结构的基本元素之前，读者一定要谨记这一点：不同的浏览器可能对同一个元素的解释形式是不同的，也就是说，同样的一个 HTML 文档经过不同的浏览器解释显示，最后得到显示的页面可能会不一样，例如不同的浏览器显示的字体大小可能不同，显示的字型也可能不同。在大多数浏览器中，基本格式元素包含以下几种：

h1，h2，h3，h4，h5，h6

p，br，pre

不过，在开始标记文本之前，了解 HTML 遇到空格时的处理方式，以及浏览器如何处理长句子和文本段落是非常必要的。

在 HTML 解释语言中，遇到两段文字间有连续多个空格时，并不会如想象的一样照常显示，而是只会显示一个空格。这种处理方法称作“空格折叠”。同理，如果在源 HTML 文件中开始一个新行，或者放置多个连续的空行，那么这些空行也将被处理显示为一个空格。对制表符的处理也是如此。

这种处理方式主要是为了开发 HTML 文档方便，因为开发人员可以在代码中添加多个空格。而这些空格不会在实际的网页中显示出来，但是利用空格和空行可以缩进代码，更加便于阅读。

了解了元素控制文本的显示方式后，下面我开始正式介绍控制 HTML 文档显示的基本元素。

1. hn 元素

无论创建何种类型的文档，往往都会具有某种形式的标题，如果是较长的文本(例如论文或者书稿)，还可能会编排多层的标题来描述文档的结构，便于阅读。在 HTML 语言中也提供了类似的功能。

HTML 一共提供了 6 级标题，分别使用元素<h1>，<h2>，<h3>，<h4>，<h5>，<h6>来实现。虽然浏览器支持以不同的形式显示标题，但通常 <h1>元素都是显示为最大的标题，而将<h6>显示为最小的标题，并且还可以利用 CSS 来重写这 6 个元素的字体大小和样式。

下面的代码列出 6 中标题的 HTML 文档代码。

```
<h1>标题 1</h1>
<h2>标题 2</h2>
<h3>标题 3</h3>
<h4>标题 4</h4>
<h5>标题 5</h5>
<h6>标题 6</h6>
```

上面的代码中不同级别的标题默认显示样式如图 9-1 所示。

默认情况下，大多数浏览器显示的<h1>，<h2>，<h3>元素内容大于文本在文档中的默认尺寸，<h4>元素的内容与默认文本大小相同，而<h5>，<h6>元素的内容较默认文本要小。

这 6 个标题元素可以附带所有的通用属性以及 align 属性，包括：

```
align class id style title dir lang xml:lang
```

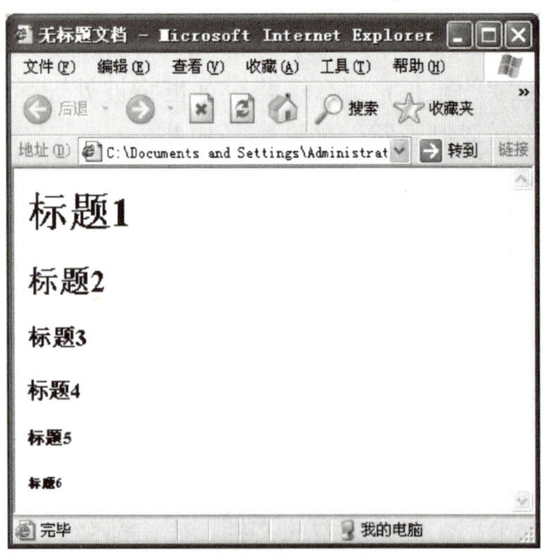

图 9-1　标题样式

align 属性指示标题是出现在页面的左边、中间或者右边(默认显示在左边)，它可以使用表 9-4 所示的 3 个值中的一个。

表 9-4　align 属性可用的值

值	含　义
left	标题显示在浏览器窗口的左边(如果标题嵌套在另一个元素中，则显示在包含元素的左边)，如果没有使用 align 属性，则 left 是默认值
center	标题显示在浏览器窗口的中间(如果标题嵌套在另一个元素中，则显示在包含元素的中间)
right	标题显示在浏览器窗口的右边(如果标题嵌套在另一个元素中，则显示在包含元素的右边)

下面的代码给出了使用 align 属性设置标题的代码。

```
<h1 align="center">标题 1</h1>
<h2>标题 2</h2>
<h3 align="right">标题 3</h3>
```

图 9-2 是 HTML 代码在浏览器中的显示结果。

图 9-2　align 属性示例

2. <p>元素

<p>元素提供了结构化文本的另一种方式。每一个文本段落都应该包含在起始标签<p>和结束标签</p>之间。当浏览器显示段落时，它通常在下一个段落之前插入一个新行，并且添加一小段额外的垂直空间，如下面的代码所示是 3 个段落的 HTML 代码。

```
<p>第一段</p>
<p>第二段</p>
<p>第三段</p>
```

图 9-3 是运行浏览器查看代码的显示结果。

图 9-3　<p>代码显示结果

<p>元素能够附带所有的通用元素，包括：

```
align class id style title dir lang xml:lang
```

3.
元素

当使用
元素时，它后面跟随的内容将从下一行开始显示。
比较特殊，他不需要开始标签和结束标签，也不需要在标签中添加任何参数。

下面的代码给出了一个具有 3 个
元素的段落。

```
第一段<br />
第二段<br />
第三段<br />
```

图 9-4 是运行浏览器查看代码的显示结果。

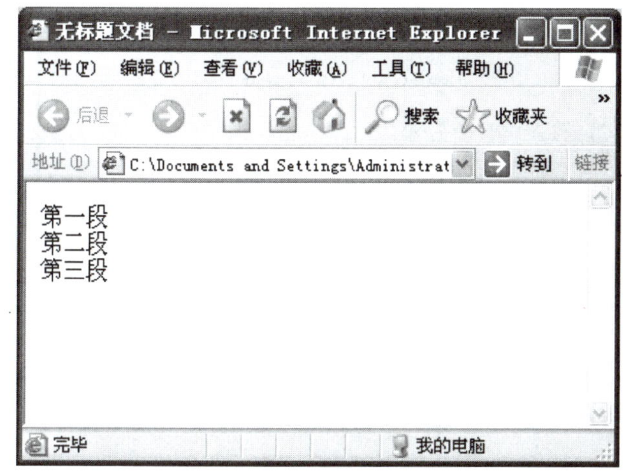

图 9-4
代码显示结果

关于
元素与<p>元素的具体区别我们将在 9.3 节中再做详细的介绍。

9.2.4 表现元素

使用过 Word 等文字处理软件的读者一定非常熟悉将文本设置为粗体、斜体或者添加下划线的操作。而对于 HTML 语言来说，一共有 10 种指定文本外观的功能，它们是：粗体、斜体、等宽字体、添加下划线、添加删除线、电传打印字体、较大字体、较小字体、上标和下标。

这些元素是早期 HTML 版本中经常使用的，在 HTML 4.0。虽然引入了专门用于指示强调一段文本的元素(这些元素将在稍后的内容介绍)，但这些元素也都得到了保留，并且依然被广泛使用。

下面介绍的这些表现元素都能够附带本章前面介绍的通用属性和事件属性。

1. <b>元素

出现在<b>和</b>中间的文本将加粗显示。

但并不是所有的浏览器都能够正确地加粗文字，有些浏览器能够使用算法将字体的线加粗，使其外观为粗体，但有些浏览器可能突出显示文本或者在文本下方添加下划线。

2. <i>元素

出现在<i>和</i>元素中间的文本将被设为斜体字。

其实，大多数浏览器并不是使用斜体字库来代替原有文字，而是使用算法倾斜文本以模仿斜体字体。

3. <u>元素

出现在<u>和</u>元素中间的文本将被添加一条下划线。

虽然在 HTML 4.0 中<u>元素被定为逐渐淘汰的元素，但是它仍然被很多开发人员使用。

4. <s>元素

出现在<s>和</s>元素中间的文本在内容文字中将显示一条删除线。

其实，<s>元素的全称为<strike>，但使用简写的<s>更加方便，此元素也被 HTML 4.0 列为被逐渐淘汰的元素。

5. <tt>元素

出现在<tt>和</tt>元素中间的文本将以等宽字显示。

图 9-5 给出了以上 5 种元素对文本控制的效果。在 9.3 节中，我们还将介绍使用 Dreamweaver 来设置这些文本格式，使用 Dreamweaver 能够快速地实现这些文本效果，其原理就是在 HTML 文档中为设定的文字添加这些标签。

图 9-5　5 种元素的显示效果

6. <sup>元素

出现在^和元素中间的文本将以上标的形式显示。该元素使用的字体大小与周围的字符相同，但是它所显示的字符高度只有其他字符高度的一半。

<sup>元素多用于在等式中添加指数，或者在文章中添加标注等作用。在某些浏览器中，<sup>元素将使上标文本所在行与其上方的行之间产生较大的间距。

7. <sub>元素

出现在_和元素中间的文本将以下标的形式显示。该元素使用的字体大小与周围的字符相同，但是它所显示的字符高度只有其他字符高度的一半。

另外，<sub>元素经常和<a>(创建超链接元素)一起创建脚注。

8. <big>元素

出现在<big>和</big>元素中间的文本将比其周围的文本大一个字体尺寸，但是如果字体已经是最大号字体，则此元素无效。另外，还可以将多个<big>元素嵌套在一起使用，每一个元素中的内容都将比其外围元素的内容小一个字体的尺寸。

9. <small>元素

出现在<small>和</small>元素中间的文本将比其周围的文本小一个字体尺寸，但是如果字体已经是最小字体，则此元素无效。还可以将多个<small>元素嵌套在一起使用，每一个元素中的内容都将比其外围元素的内容小一个字体的尺寸。

10. <hr />元素

<hr />元素用于在页面上创建一条水平线。它是一个空元素，非常类似
元素。

图 9-6 给出了以上 5 个元素的显示效果。

图 9-6　另 5 种元素的显示效果

9.2.5　制作超链接

在了解了如何使用 HTML 元素来控制文本显示方式后，下面我们来学习一下如何在网页中制作超链接。

使用<a>元素可以指定链接，在起始标签<a>和结束标签</a>之间的文本组成的链接内容，用户可以在浏览器中单击以访问它。但链接的方式有多种，既可以链接到其他文档，也可以链接到 E-mail 地址。

1. 链接到文档

当使用<a>元素制作链接到其他文档的超链接时，则起始标签<a>需要附带属性 href，href 属性的值是链接页面的地址。下面的代码示例展示了在<body>元素中包含的链接到网站的 index.html 页面的超链接。

```
<body>
    返回网站的<a href="index.html">主页</a>
</body>
```

只要网站的当前页面与 index.html 文件处于同一个文件夹内，那么单击“主页”链接就可以返回到 index.html 页面中，如图 9-7 是运行浏览器查看制作的超链接的结果。

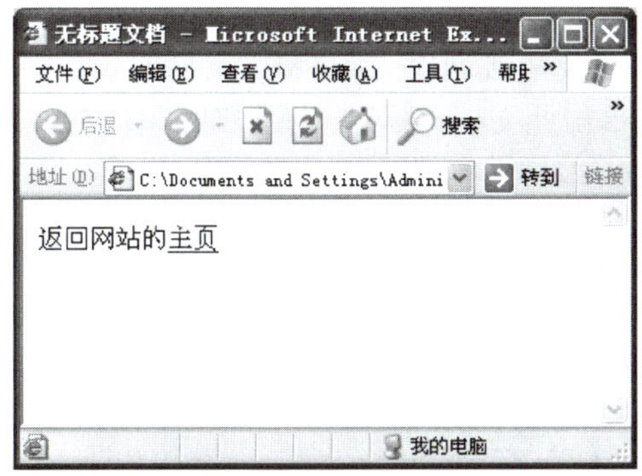

图 9-7 链接文件示例

如果需要链接到不同的网站网页，则需要在链接中使用 URL，只需要在 href 的值中指定完整的 URL 地址即可。例如下面的代码将网页链接到“百度”的首页中。

```
<body>
    访问<a href="http://www.baidu.com">百度</a>
</body>
```

不管当前的网页处于哪一个网站，超链接都会将其指定到百度的首页中。如图 9-8 所示是使用浏览器查看超链接的效果。

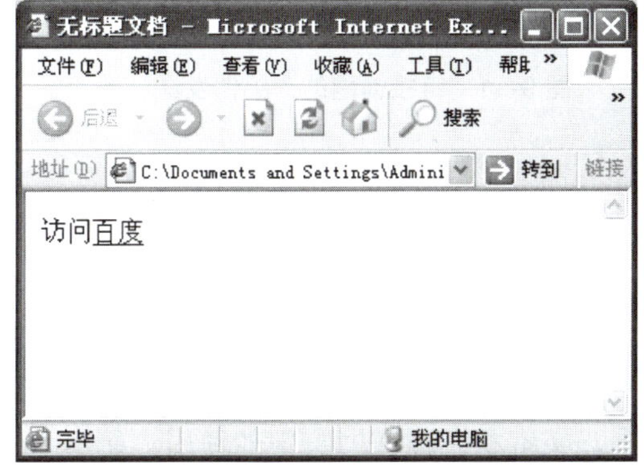

图 9-8 制作绝对 URL 链接效果

从前面的两个例子我们可以看出，链接的形式有很大的差别，这是因为第一个例子使用的是相对 URL 地址，而第二个例子使用的是绝对 URL 地址。

所谓绝对 URL，就是在用户想要访问某个 Web 站点的特定页面时，需要在浏览器的地址栏中输入该网页的 URL。例如 http://www.baidu.com 是百度站点的 URL。绝对 URL 随着访问网页层次的增多，可能很快变得相当长，不便于记忆，而且一个 Web 站点的每一个页面可能包含很多超链接。因此，有必要使用指向该 Web 站点中文件的 URL 的简写形式，即相对 URL。

相对 URL 用于指向资源相对于当前页面的位置。例如当前网页正在查看一下网址的内容：

http://news.163.com/car/index.html

如果用户希望添加其子网站的链接，可以使用如下形式的相对 URL：

buy/index.html

sell/index.html

此时，用户实际上访问的是以下的网址：

http://news.163.com/car/ buy/index.html

http://news.163.com/car/ sell/index.html

提示

使用这种形式的相对 URL，不但可以快速地访问对应网址的网页，在制作网页的过程中，也非常有用，开发人员可以方便地改变站点的域名或者将站点中的某些部分移动到新站点中，而不需要改变所有的链接，因为每一个相对 URL 都是相对于相同站点中的其他页面的。

回到制作超链接的问题上来，在<a>元素中，我们还可以使用 title 属性为链接添加更多的解释内容，在大多数浏览器中，将把<a>元素中的 title 属性值当做提示框显示，当鼠标悬停在链接上时，鼠标指针下方将弹出写有 title 值内容的提示框，因此，一般情况下，title 属性的值应当能够描述链接的目的页面。

下面的代码是添加了 title 属性以后的访问百度的代码。

```
<body>
```

```
访问<a href="http://www.baidu.com" title="
使用百度进行搜索">百度</a>
</body>
```

如图 9-9 所示是添加了 title 属性的超链接的样式。

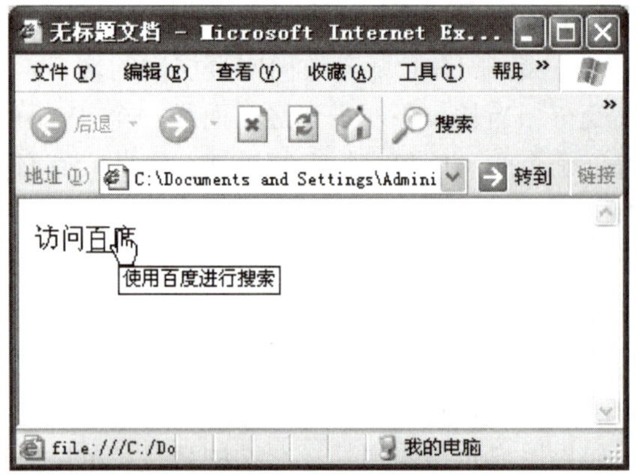

图 9-9　添加了 title 属性的超链接

2. 链接到 E-mail 地址

在很多网站的链接中，还可以看到提供给客户的 E-mail 地址，当可以单击这样的 E-mail 链接时，将使用默认的 E-mail 程序打开一封新的电子邮件，并且准备好发送电子邮件到此链接的地址。

为了创建一个指向 E-mail 地址的链接，需要使用 <a>元素中的 href 属性添加以 mailto 开始的链接，语法形式如下面的示例代码所示。

```
<a href=mailto:emailname@emaildomian.com>
emailname@emaildomian.com</a>
<a>元素中的内容是链接在浏览器中的可见文本，所以我们也
可以使用如下类似的语句：
<a href=mailto:emailname@emaildomian.com>联系
我们</a>
```

除了上面这些基本信息外，用户还可以指定邮件的主题、主体以及应当抄送或者密送人等信息，为了在 E-mail 链接中添加这些信息，需要在 E-mail 地址后面跟上一个问号，将 E-mail 地址和额外的值分开。然后使用属性名和值来添加邮件的额外属性，名和值之间使用“=”赋值。

例如，我们要添加一封主题为“新年快乐”的邮件，需要添加 subject 属性名和主题的名称，如下面的代码所示：

```
<a href=mailto:name@emaildomain.com?subject=
新年快乐>祝他新年快乐</a>
```

如果使用多个属性名以指定多条属性，每个属性名之间应该使用“&”符号隔开，下面的示例给出了添加主题和抄送邮件地址的 E-mail 链接。

```
<a href="mailto:name@emaildomain.com?subject=
新年快乐&cc=name1@emaildomain.com">祝他新年快乐
</a>
```

使用此链接创建的 HTML 文档的效果如图 9-10 所示，单击此文档，弹出“发送邮件”窗口，如图 9-11 所示。

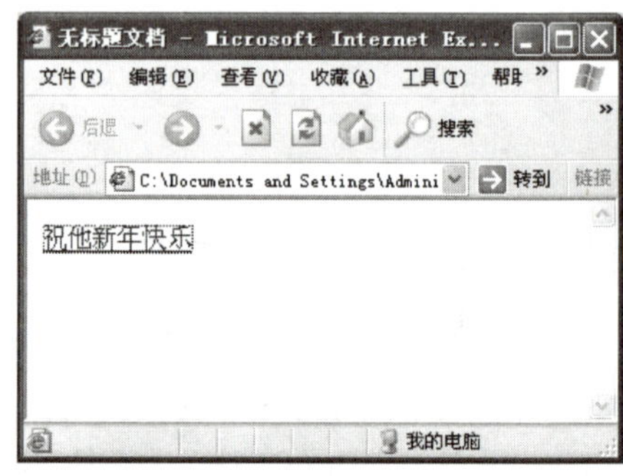

图 9-10　带有参数的邮件超链接

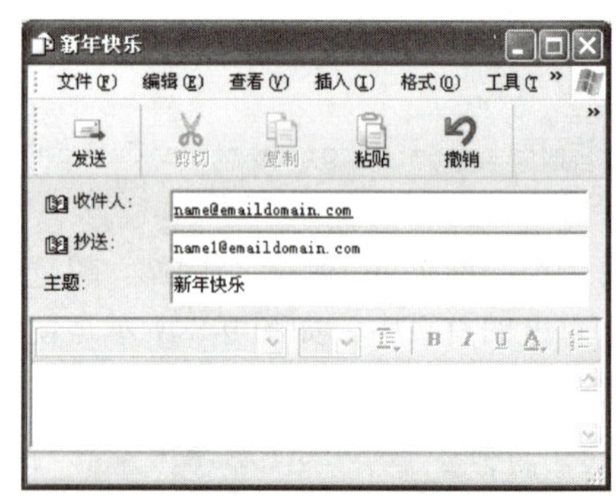

图 9-11　链接创建的“邮件发送”窗口

9.3　使用 Dreamweaver 编写网页

制作网店时，文字和图像是最直接的信息发布方式，如果要做出一个美观、受人瞩目的网店，店家必须掌握好文本和图像在网页中的使用。在本节中，我们将着重介绍使用 Dreamweaver CS4 制作网页的一些基本技巧。

9.3.1 输入文字

文字是最基本的信息载体，是网页中最基本的元素之一。在文件中运用丰富的字体、多样的格式以及赏心悦目的文本效果，对于网店的销售来说是必不可少的环节。

在网页中插入文本的具体操作步骤如下。

Step 1 打开 Dreamweaver CS4，选择菜单栏中的“文件”|“新建”按钮，如图 9-12 所示，以新建 HTML 网页。

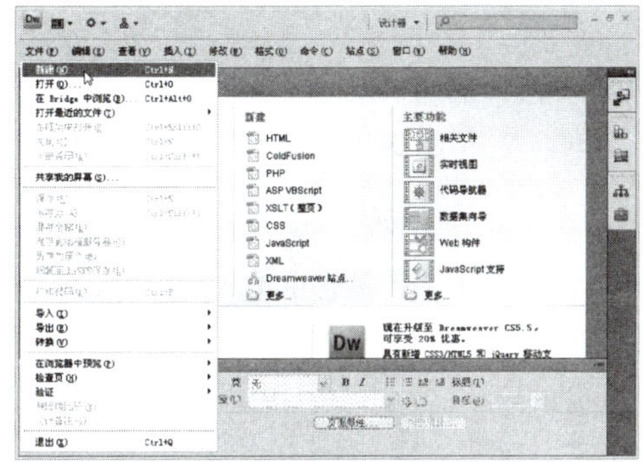

图 9-12 新建 HTML 网页

Step 2 弹出“新建文档”对话框，如图 9-13 所示。在布局列表框中选择“1 列液态，居中”选项，单击“创建”按钮完成根据模板创建网页。

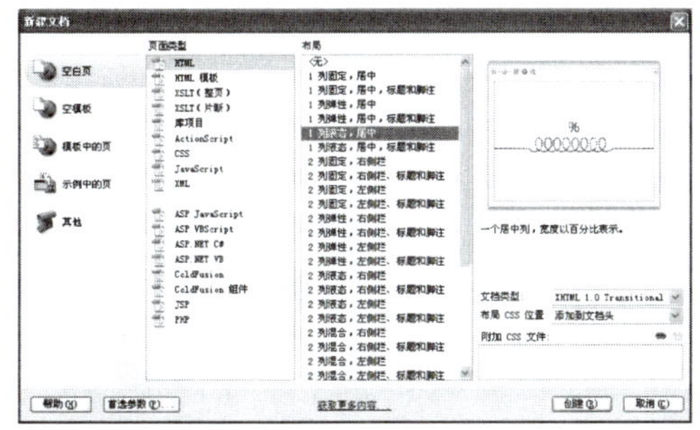

图 9-13 根据模板创建网页

Step 3 可以看到在 Dreamweaver 中已经根据模板创建了一个新的网页，网页中已经自动添加了文字内容，其中分为标题文字和正文文字，如图 9-14 所示。

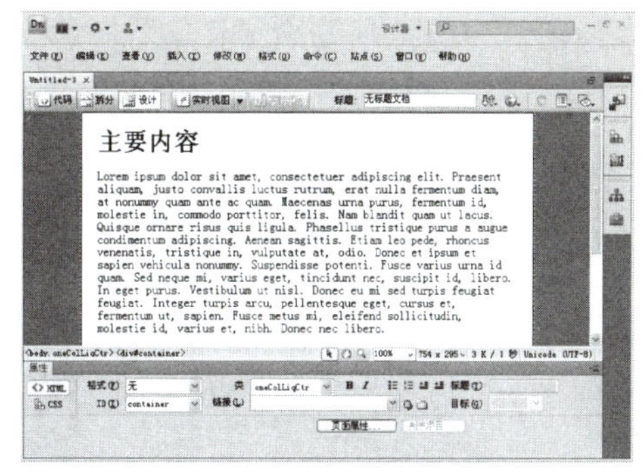

图 9-14 创建文档

Step 4 将光标放在文字内容中，删除已有文字，输入需要的文字。输入完成后的效果如图 9-15 所示。

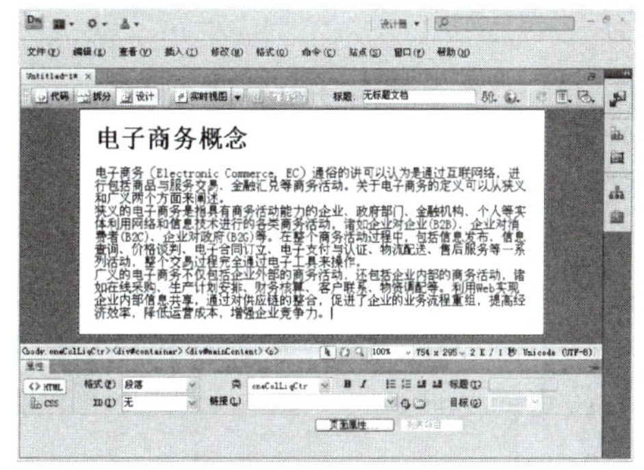

图 9-15 修改文档文字

Step 5 选择菜单栏中“文件”|“另存为”命令，弹出“另存为”对话框，如图 9-16 所示。输入要保存的文件名称，单击“保存”按钮完成保存。

图 9-16 保存文档

Step 6 保存文档后，可以在 Dreamweaver 中按 F12 来预览编辑的结果，如图 9-17 所示。

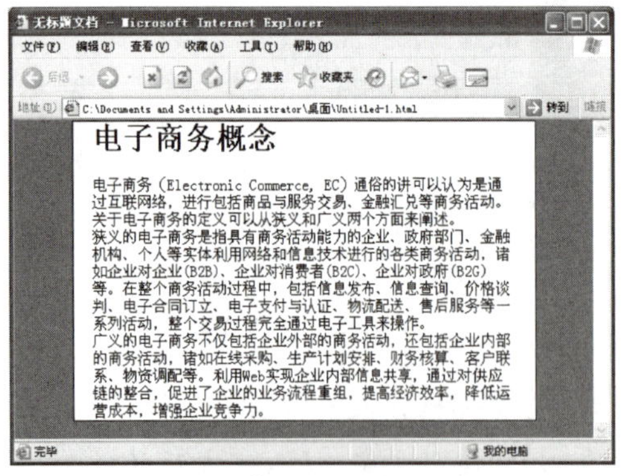

图 9-17 预览文档

提 示

在 HTML 文档中按 Enter 键与在 Word 文档中的普通按 Enter 键概念是不同的，直接在 HTML 文档中按 Enter 键会在文档代码中输入<p></p>元素，指代的是分段，两段之间会有很大的空隙，而如果要输入与 Word 中相同效果的“换行符”需要输入 Shift+Enter 组合键，此时在文档代码中输入的是
，两者效果的区别如图 9-18 所示。

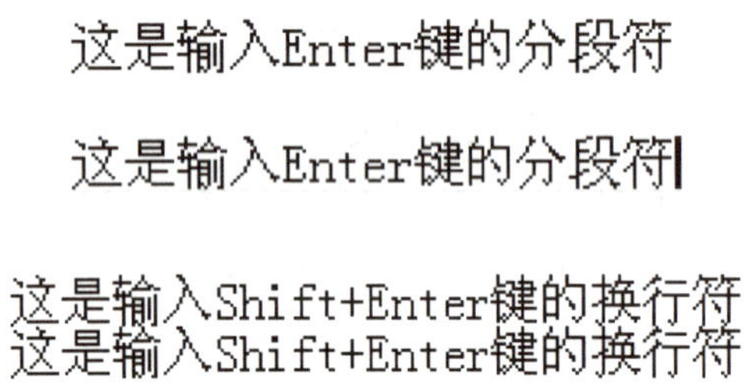

这是输入Enter键的分段符

这是输入Enter键的分段符

这是输入Shift+Enter键的换行符
这是输入Shift+Enter键的换行符

图 9-18 按 Enter 键与按 Shift+Enter 组合键效果对比

9.3.2 设置文本属性

文本属性的设置主要是对网页中的文本格式进行设置和编辑，其中主要的功能包括文本的字体、文本的颜色和字体样式等。

1. 设置字体

对网页中的文本进行字体设置的具体步骤如下。

Step 1 使用 Dreamweaver CS4 打开上一节中创建的 index.htm 文档，选定需要设置字体的文本，如图 9-19 所示。

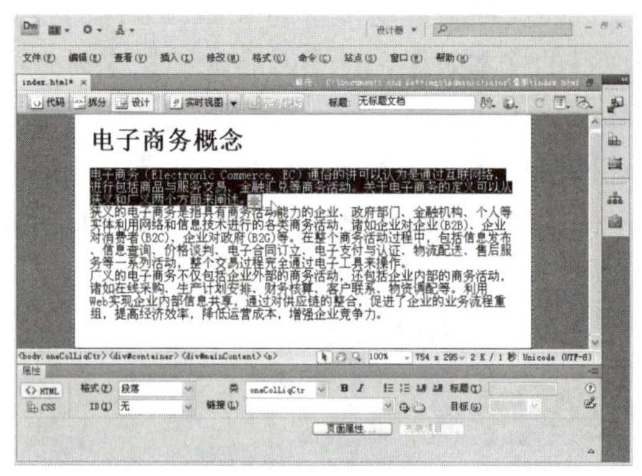

图 9-19 选择文字

Step 2 在窗口下方的“属性”面板中 CSS 标签的“字体”下拉列表中选择一种字体，如图 9-20 所示。

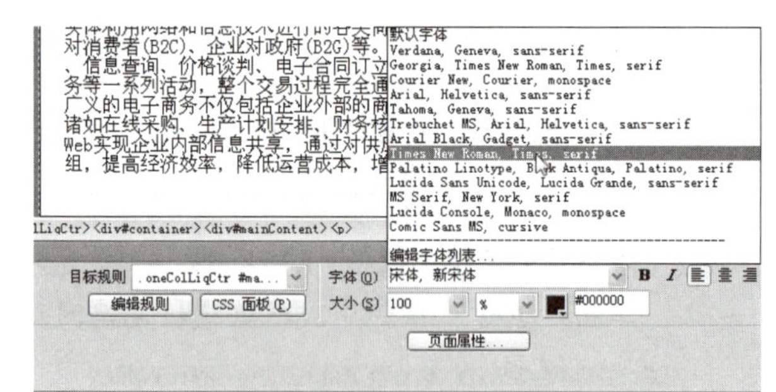

图 9-20 设置字体

Step 3 如果在字体列表中没有需要的字体，可以在列表中选择“编辑字体列表”选项，打开“编辑字体列表”对话框，如图 9-21 所示。

图 9-21 “编辑字体列表”对话框

Step 4 在“可用字体”列表中选择需要使用的字体，然后单击“<<”按钮将其添加到左侧的“选择的字体”列表框中，如图 9-22 所示。

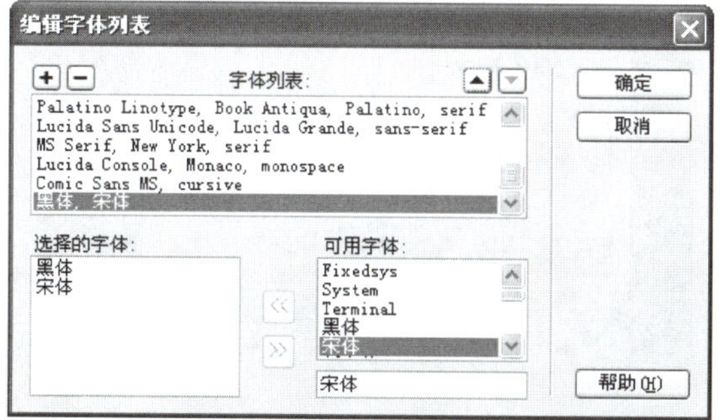

图 9-22　添加字体

另外，我们还可以单击对话框左上角的⊞按钮来创建新的字体列表，如图 9-23 所示。

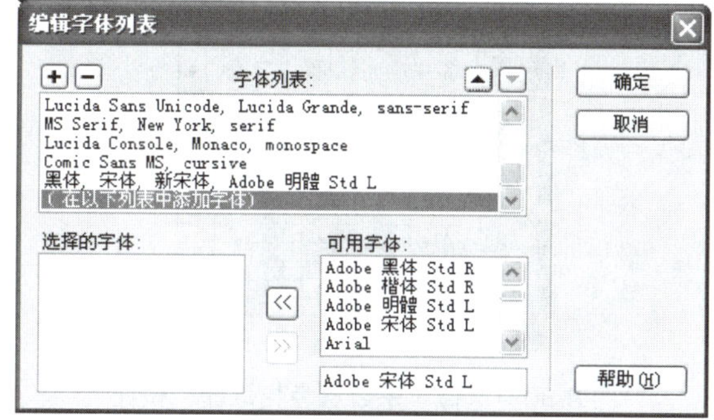

图 9-23　新建字体列表

Step 6 如果要删除某个字体列表，可以首先选定此字体列表，然后单击对话框左上角的⊟按钮即可。

提　示

在网店中设置的字体对于浏览网页的顾客来说，必须在顾客的计算机中安装了这些字体才能正常地显示，否则，这些字体将在客户机(顾客)中显示为默认字体(一般为宋体)，所以，建议店家在设置网店店铺时尽量使用常见的几种字体，例如宋体、黑体等，这样能够避免因为顾客计算机的原因造成网店网页显示不正常，影响浏览的效果。

2. 设置字号

在 Dreamweaver CS4 中设置字号的具体操作步骤如下。

Step 1 使用 Dreamweaver CS4 打开上一节中创建的 index.htm 文档，选定要设置字号的文本，如图 9-24 所示。

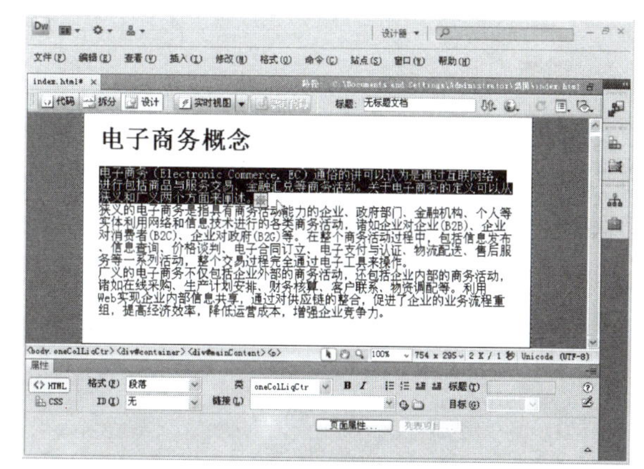

图 9-24　选择设置字号的文字

Step 2 单击“属性”面板中的 CSS 标签，在“大小”下拉列表中选择字号，如果希望设置相对默认字体大小的增减量，可以选择 small 或者 larger 等选项来完成，如果希望取消对字号的设置，可以选择“无”选项，如图 9-25 所示。

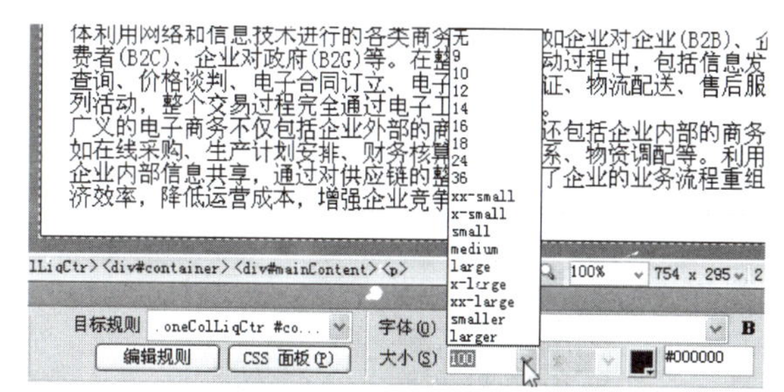

图 9-25　设置字号

在字号下拉列表框右侧的下拉列表框中还可以选择字号的单位，如图 9-26 所示，既可以按照默认字体的百分比设置字号，也可以使用 cm(厘米)、in(英尺)等单位作为字号的依据。

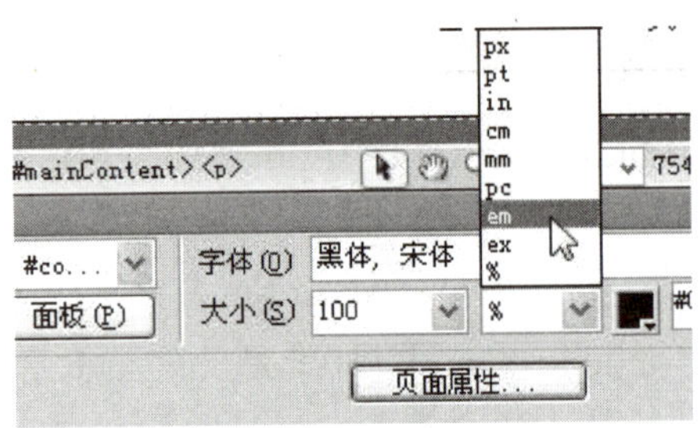

图 9-26　设置字号单位

3. 设置字体颜色

多彩的字体不但能够增强网店的表现力，还可以起到强调重点内容的作用。在 Dreamweaver CS4 中设置字体颜色的具体操作步骤如下。

Step 1 使用 Dreamweaver CS4 打开上一节中创建的 index.htm 文档，如图 9-27 所示。

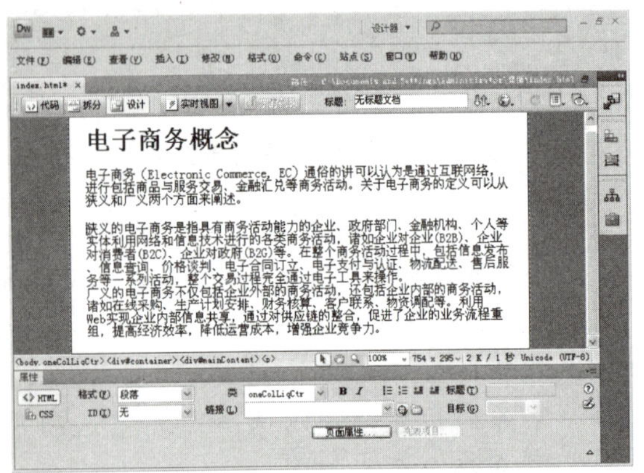

图 9-27　打开文档

Step 2 在“属性”面板中的 CSS 标签中单击文字颜色按钮，打开“颜色板”，如图 9-28 所示。

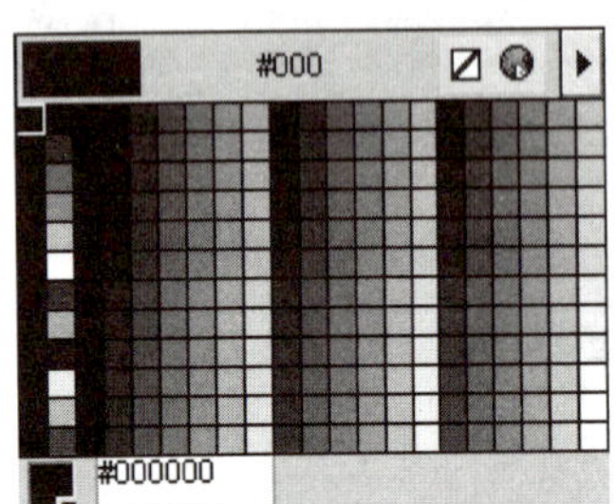

图 9-28　打开“颜色板”

Step 3 从“颜色板”中选择需要的颜色，所有的指定字体全部改变为选定的颜色，如图 9-29 所示。

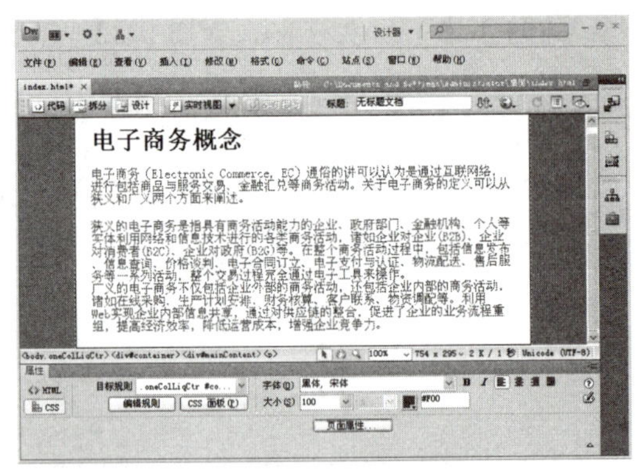

图 9-29　选定颜色

Step 4 如果在“颜色板”中没有需要的颜色，也可以单击“颜色板”右上角的“系统颜色拾取器”按钮，如图 9-30 所示。

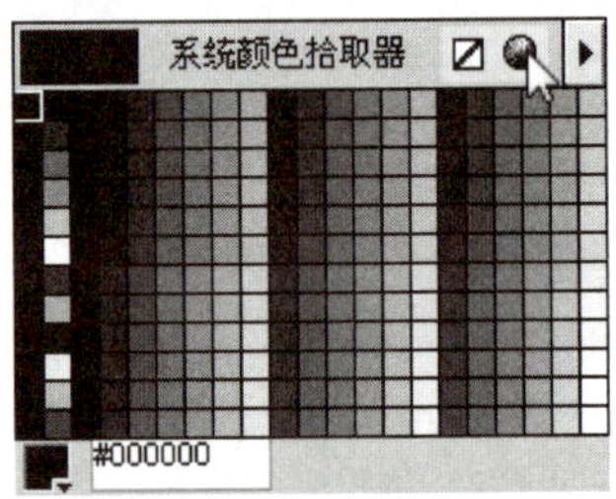

图 9-30　选择“系统颜色拾取器”按钮

Step 5 弹出“颜色”对话框，如图 9-31 所示，在对话框中可以将选定的颜色添加到自定义颜色中自定义颜色。

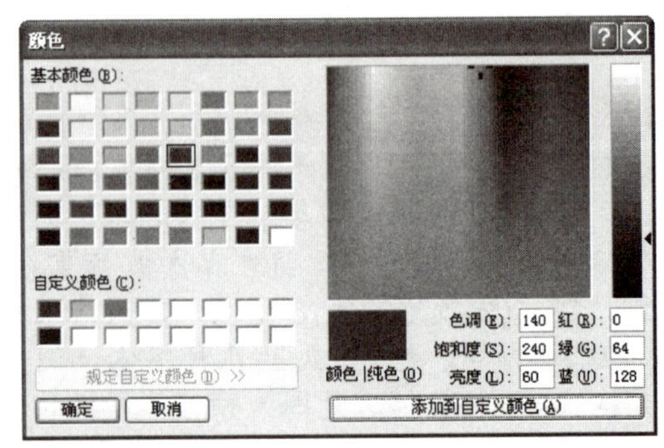

图 9-31　自定义颜色

Step 6 单击“颜色”对话框中的“确定”按钮，将选定的颜色应用到文字中，如图 9-32 所示。

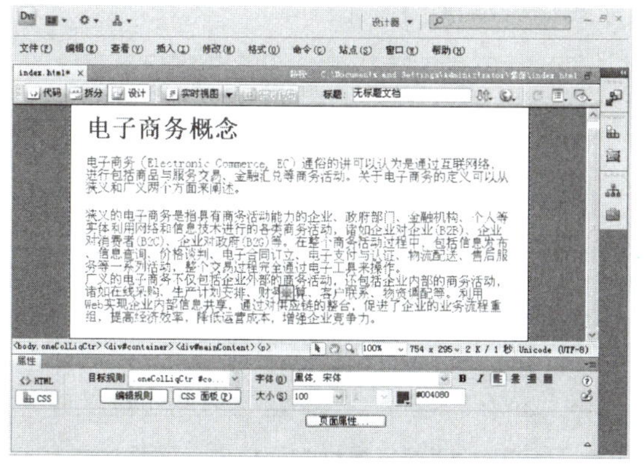

图 9-32　使用自定义颜色

除了在 Dreamweaver 中选择颜色外，还可以直接将十六进制的颜色值或者颜色名直接写入网页代码中，附录 D 给出了一些常用的颜色的十六进制代码和颜色名，有兴趣的读者可以参考。

4. 设置字体样式

字体样式是指字体的外观显示样式。例如粗体、斜体等，使用 Dreamweaver CS4 可以很方便地设置多种字体样式。

在 Dreamweaver CS4 菜单栏的“格式” | “样式”子菜单中给出了设置各种样式的命令，如图 9-33 所示。

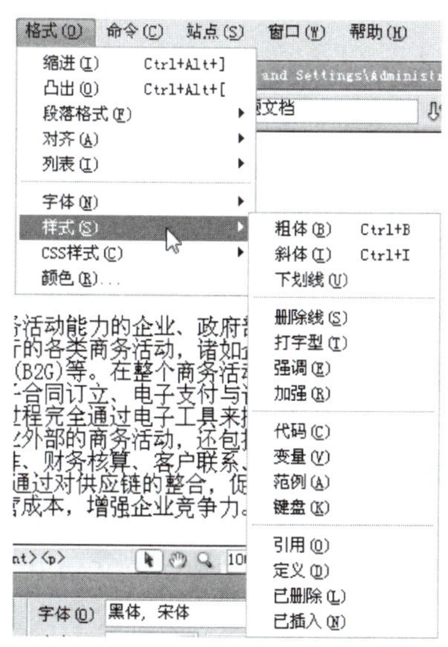

图 9-33　“样式”子菜单

其中经常使用的样式如下。

- 粗体：从子菜单中选择“粗体”命令，使文字显示加粗。
- 斜体：从子菜单中选择“斜体”命令，使文字显示为斜体样式。
- 下划线：从子菜单中选择“下划线”命令，使文字下方显示一条下划线。

以上 3 种样式的效果如图 9-34 所示。

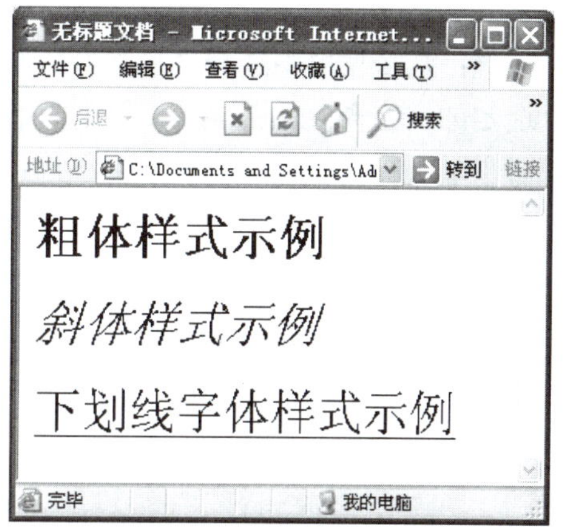

图 9-34　文字样式示例(1)

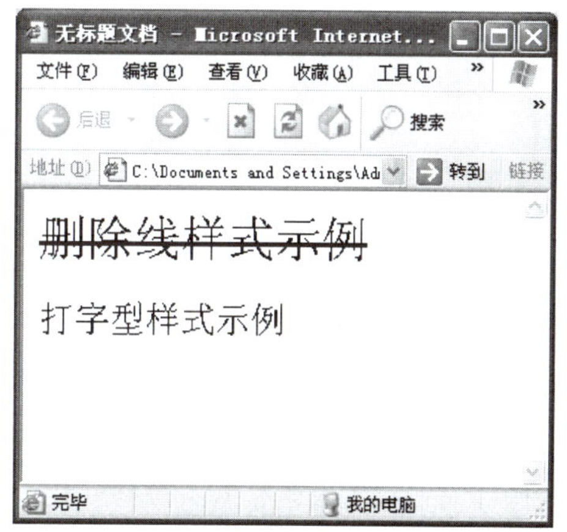

图 9-35　文字样式示例(2)

当然，我们也可以在“属性”面板中设置字体样式。选定需要设定的字体后单击“属性”面板中的相应按钮进行设置，例如，单击 **B** 按钮为加粗字体，单击 *I* 按钮为设置为倾斜字体。

另外，我们还可以通过使用快捷键来设置字体，这种方式最快捷。例如按下 Ctrl+B 组合键为设置加粗字体，按下 Ctrl+I 组合键为设置倾斜字体。

- 删除线：从子菜单中选择“删除线”命令，可以将选定的文字添加删除线样式。
- 打字型：子菜单中选择“打字型”命令，可以将选定的文字作为等宽文本来显示。

删除线和打字型文字的显示效果如图 9-35 所示。

- 强调：从子菜单中选择“强调”命令，表明选定的文字需要强调显示。但不同的浏览器对于强调样式的显示方式有所不同，大多数是以斜体字显示。
- 加强：从子菜单中选择“加强”命令，表明选定的文字需要加强显示。但不同的浏览器对于加强样式的显示方式也不相同，大多数是以粗体字显示。

强调和加强字体的显示样式如图 9-36 所示。

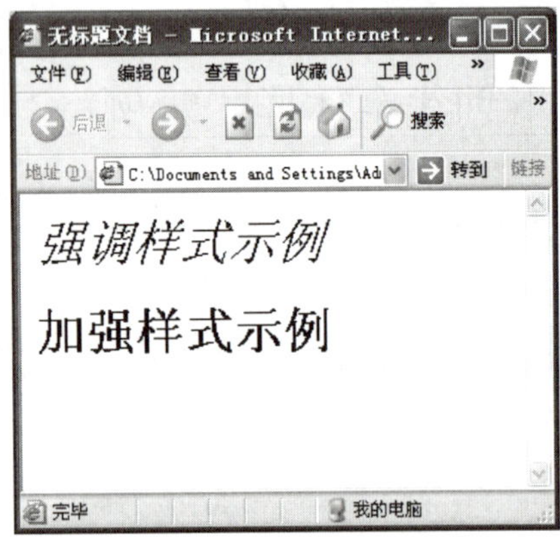

图 9-36　文字样式示例(3)

9.3.3　设置段落属性

编辑段落主要是对网页中一段文本属性进行设置，主要操作有：设置段落格式、预格式化段落、段落的对齐方式、设置段落文本的缩进等。

1. 设置段落格式

在 Dreamweaver CS4 中设置文本的段落格式主要有两种操作方法。

第一种方法是使用“属性”面板来操作，首先将光标放置在段落中的任意位置，单击“属性”面板 HTML 标签中的格式下拉列表，如图 9-37 所示。在下拉列表中可以选择将段落样式设置为标题 1～标题 6 和普通的段落样式，如果想将段落格式显示为浏览器默认样式，可以选择“无”。

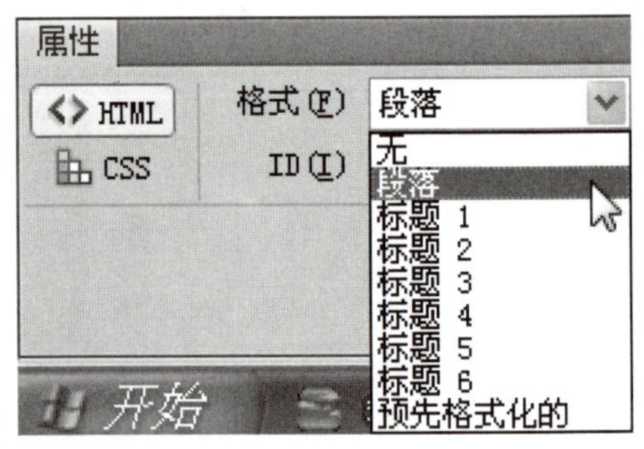

图 9-37　使用“属性”面板设置段落格式

第二种方法是使用菜单栏中的“格式”|“段落”子菜单来设置，如图 9-38 所示。选择菜单栏中的“格式”|“段落”子菜单，同样可以设置段落格式。两者的功能是完全相同的。

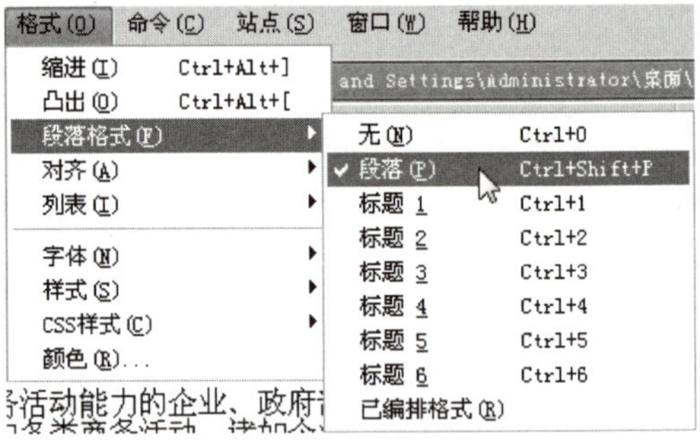

图 9-38　使用“格式”菜单设置段落格式

2. 预格式化段落

在 HTML 语言标准中，并不会显示多个段落文本中的空格，所有的空格必须以“ ”字符替代才能正常显示，所以，如果用户直接将在 Word 或者记事本中编辑好的段落复制到 HTML 文档中会丢失所有的空格，这会使编辑文字非常不方便。

在这种情况下，我们可以使用预格式化标签<pre></pre>来解决这个问题。预格式化是指 HTML 文档会对预格式化标签<pre></pre>中间的文字进行特殊处理，在浏览器显示时其内容会完全按照真正的文本格式来显示，原封不动地保留文档中的空格和制表符等。预格式化的样式与普通样式的区别如图 9-39 所示。

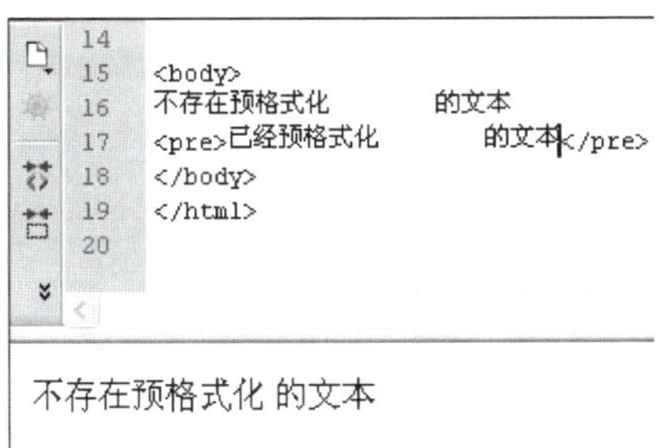

图 9-39　预格式化段落的特点

在 Dreamweaver CS4 中设置预格式化段落的具体操作步骤如下。

Step 1　将光标位置放在 HTML 文档中需要预格式化的段落中，如图 9-40 所示。

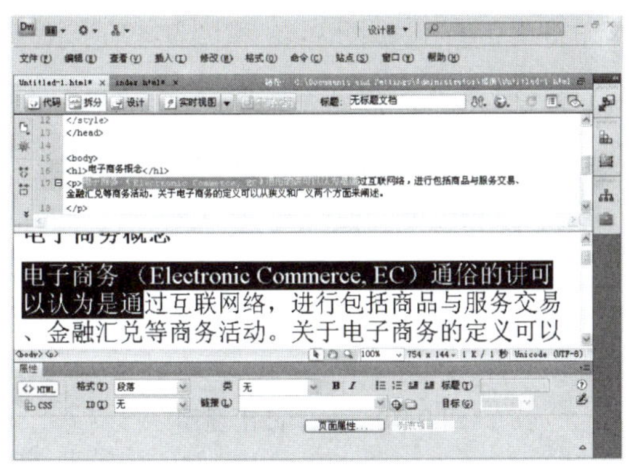

图 9-40　选择段落

Step 2　单击“属性”面板，选择“格式”下拉列表中的“预先格式化的”命令，如图 9-41 所示。

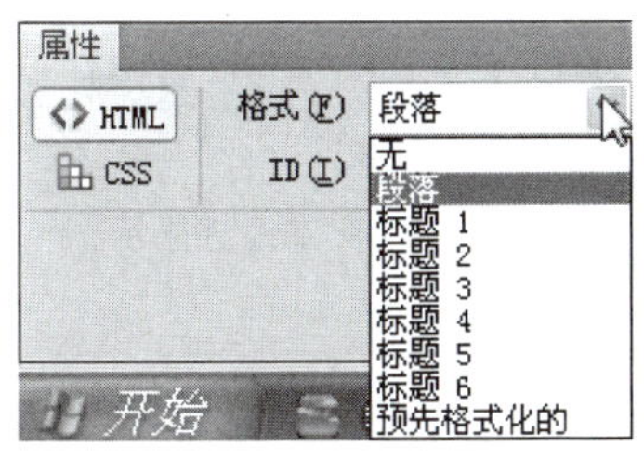

图 9-41　预格式化文字

Step 3　或者也可以选择菜单栏中“格式”|“段落格式”|“已编排格式”命令，如图 9-42 所示，也可以达到同样的效果。

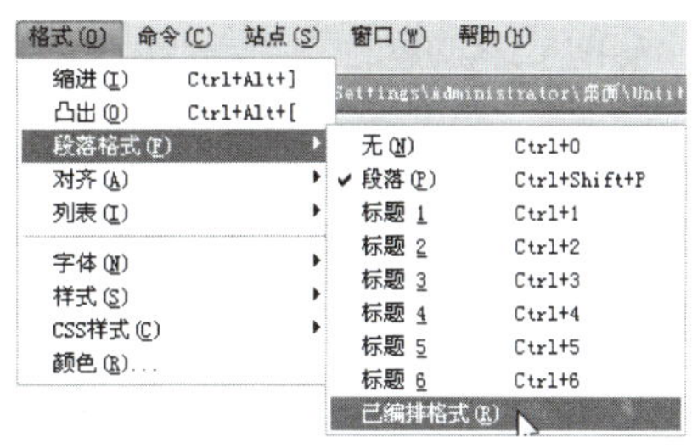

图 9-42　已编排格式文本

Step 4　设置与格式化后的文字效果如图 9-43 所示。

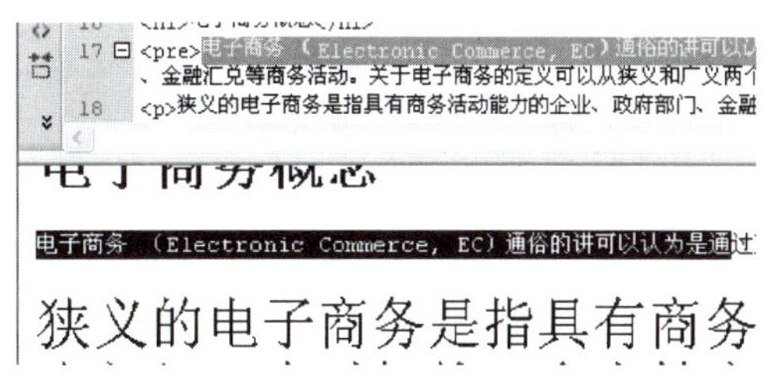

图 9-43　设置预格式化后的效果

值得读者注意的是，如果将一段文字设为预格式化后，将没有办法再将此段文字设置其他段落格式，例如“标题 1”或者“段落”格式等。而且，设置了预格式化的段落在浏览器中显示时也不会自动换行。

如果用户想在设置其他段落格式的同时又想在段落中保存空格，可以在 Dreamweaver 的代码视图中输入空格代码“ ”，该代码表示半个字符的空格，使用空格代码的效果如图 9-44 所示。

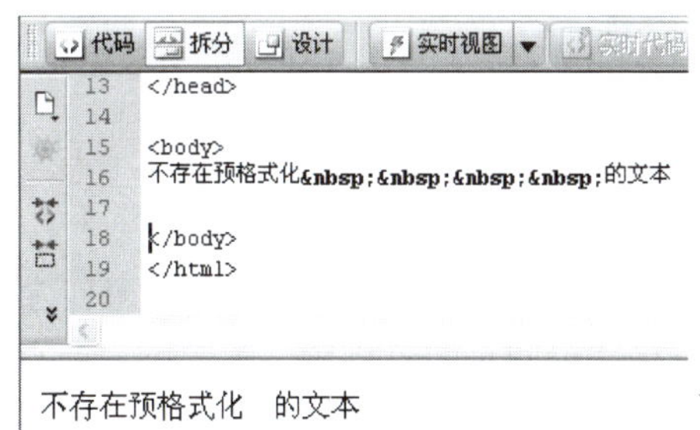

图 9-44　使用空格代码的效果

3. 段落的对齐方式

段落的对齐方式能够设置段落在浏览器窗口中显示的位置。在 Dreamweaver 中一共有 4 种对齐方式：左对齐、右对齐、居中对齐和两端对齐。用户可以通过单击“属性”面板中的对应按钮快速地设置文本的对齐方式。如图 9-45 所示。

图 9-45　4 种对齐方式的按钮

- 左对齐按钮：单击此按钮可以设置段落相对于浏览器窗口左对齐。
- 居中对齐按钮：单击此按钮可以设置段落相对于浏览器窗口中间对齐。
- 右对齐按钮：单击此按钮可以设置段落相对于浏览器窗口右对齐。
- 两端对齐按钮：单击此按钮可以设置段落相对于浏览器窗口左右两端对称对齐。

4 种对齐的显示效果如图 9-46 所示。

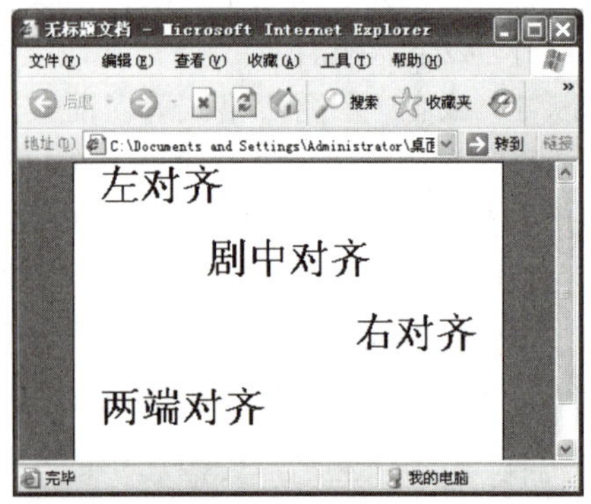

图 9-46　对齐方式效果示例

4. 设置段落文本的缩进

段落缩进是指内容相对于浏览器窗口左端产生的距离，在编辑网页的过程中，为了突出某些特定的文字，需要对文字进行缩进和凸显设置，以表示此段文字与其他文字不同。

实现段落凸出和缩进的步骤很简单，只需要在“属性”面板中单击相应的按钮即可。

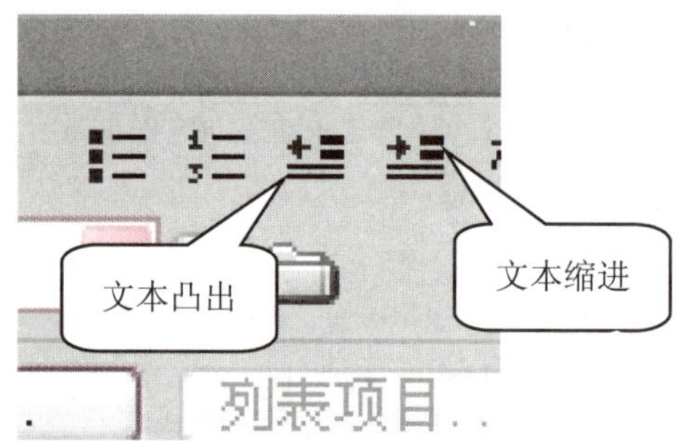

图 9-47　“文本凸出”与“文本缩进”按钮

如图 9-47 所示是“文本凸出”与“文本缩进”按钮。用户在使用的时候只需要单击相应的按钮即可。当单击“文本凸出”按钮时，此段文本将比其他段落占用更宽的版面，而单击“文本缩进”按钮后，此段文本将比其他段落占用更窄的版面，“文本凸出”和“文本缩进”的样式如图 9-48 和图 9-49 所示。

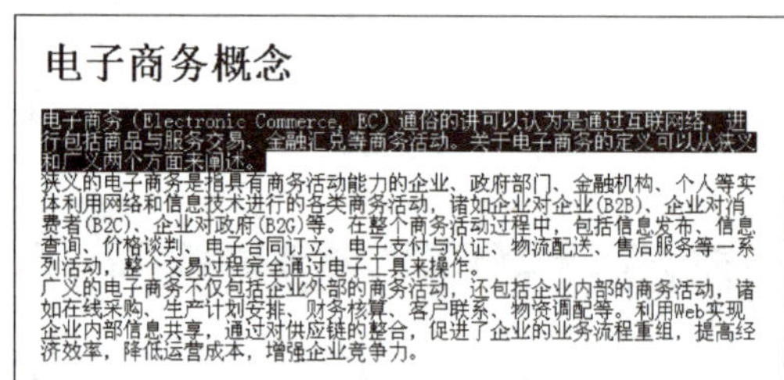

电子商务概念

电子商务（Electronic Commerce, EC）通俗的讲可以认为是通过互联网络，进行包括商品与服务交易、金融汇兑等商务活动。关于电子商务的定义可以从狭义和广义两个方面来阐述。
狭义的电子商务是指具有商务活动能力的企业、政府部门、金融机构、个人等实体利用网络和信息技术进行的各类商务活动，诸如企业对企业(B2B)、企业对消费者(B2C)、企业对政府(B2G)等。在整个商务活动过程中，包括信息发布、信息查询、价格谈判、电子合同订立、电子支付与认证、物流配送、售后服务等一系列活动，整个交易过程完全通过电子工具来操作。
广义的电子商务不仅包括企业外部的商务活动，还包括企业内部的商务活动，诸如在线采购、生产计划安排、财务核算、客户联系、物资调配等。利用Web实现企业内部信息共享，通过对供应链的整合，促进了企业的业务流程重组，提高经济效率，降低运营成本，增强企业竞争力。

图 9-48　文本凸出显示

电子商务概念

电子商务（Electronic Commerce, EC）通俗的讲可以认为是通过互联网络，进行包括商品与服务交易、金融汇兑等商务活动。关于电子商务的定义可以从狭义和广义两个方面来阐述。
狭义的电子商务是指具有商务活动能力的企业、政府部门、金融机构、个人等实体利用网络和信息技术进行的各类商务活动，诸如企业对企业(B2B)、企业对消费者(B2C)、企业对政府(B2G)等。在整个商务活动过程中，包括信息发布、信息查询、价格谈判、电子合同订立、电子支付与认证、物流配送、售后服务等一系列活动，整个交易过程完全通过电子工具来操作。
广义的电子商务不仅包括企业外部的商务活动，还包括企业内部的商务活动，诸如在线采购、生产计划安排、财务核算、客户联系、物资调配等。利用Web实现

图 9-49　文本缩进显示

9.3.4　设置项目列表

项目列表是将具有相同属性的元素集合在一起。在 Dreamweaver CS4 中，项目列表分为无序列表和有序列表两种。无序列表用于项目符号来标记无序的项目，而有序列表使用编号来标记项目的顺序。

1. 无序列表

在无序列表中，列表中的各项没有先后顺序通常使用各种项目符号作为每条列表项目的前缀。设置无序列表的具体操作步骤如下。

Step 1 将光标放在需要设置无序列表的文档项目中，如图 9-50 所示。

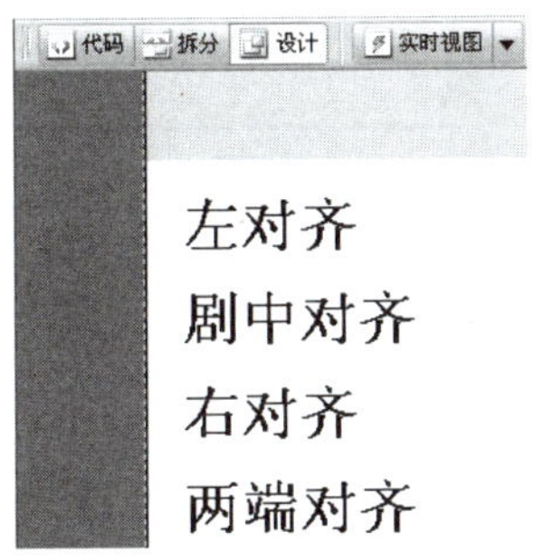

图 9-50 放置光标

Step 2 单击“属性”面板 HTML 标签中的“项目列表”按钮，如图 9-51 所示。

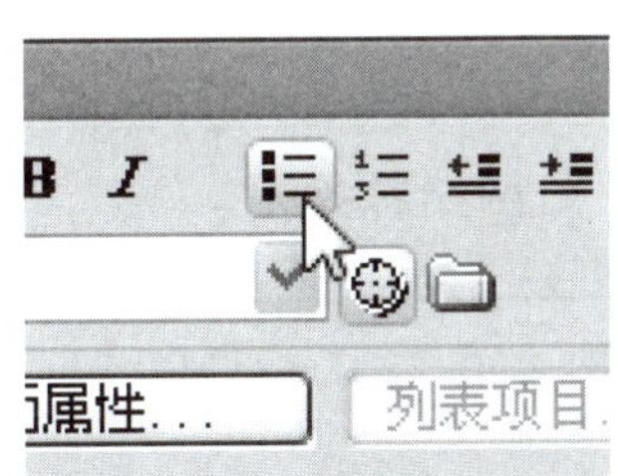

图 9-51 “项目列表”按钮

光标所在的行出现默认的项目编号，如图 9-52 所示。

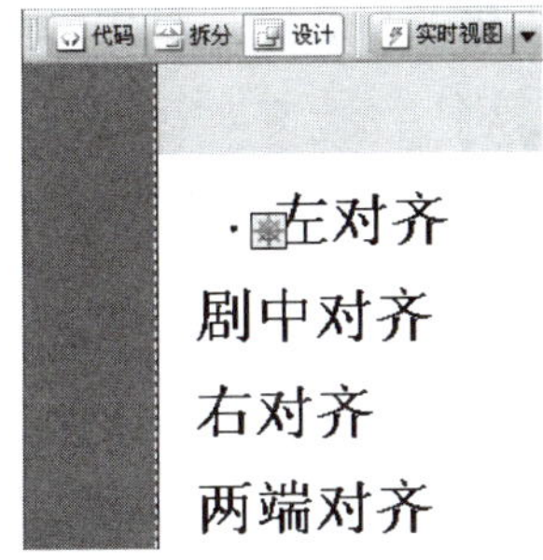

图 9-52 项目编号

移动光标到下一行，继续单击“项目列表”按钮，可以继续添加项目编号，完成效果如图 9-53 所示。

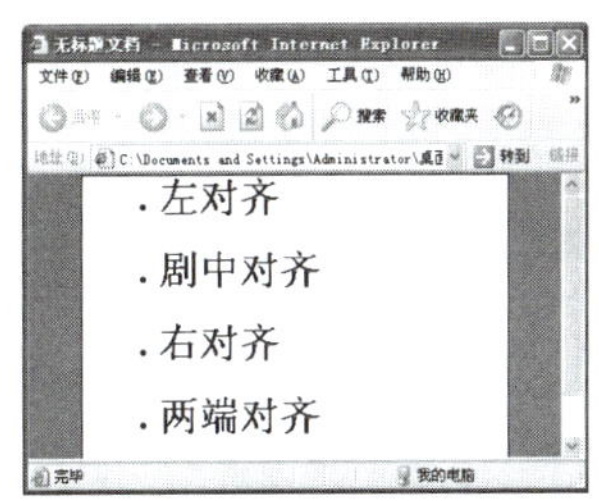

图 9-53 完成效果

除了以上方法外，还可以通过选择菜单栏中“格式”|“列表”|“项目列表”命令来添加项目编号，如图 9-54 所示，两者的效果是一样的。

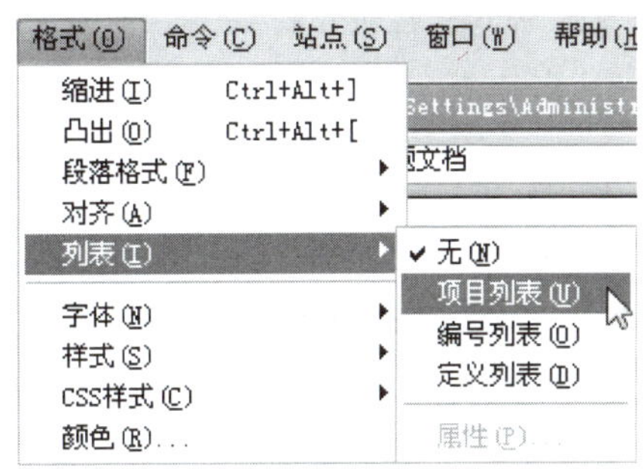

图 9-54 选择“项目列表”命令

2. 有序列表

使用有序列表可以指定列表项目的先后顺序，可以指定其编号类型和起始编号。既可以采用阿拉伯数字作为编号，也可以使用大写字母或者罗马数字作为有序列表的编号。

设置有序列表的具体操作步骤如下。

Step 1 将光标放在需要设置编号的文档段中，如图 9-55 所示。

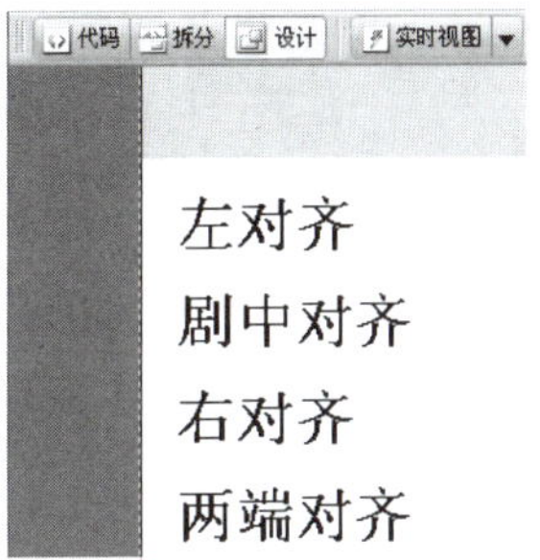

图 9-55 放置光标

Step 2 选择菜单栏中的“格式”|“列表”|“编号列表”命令，如图 9-56 所示。

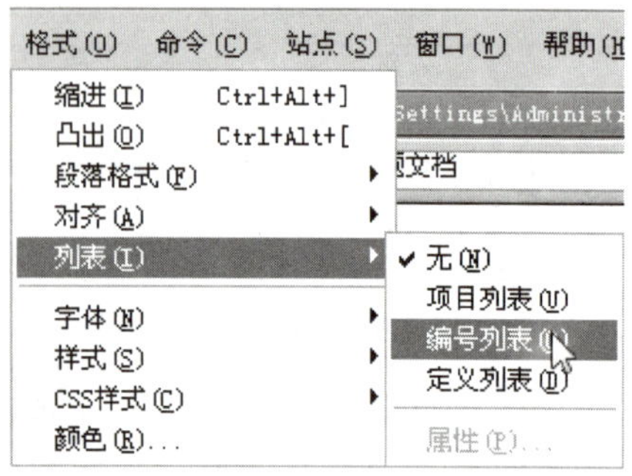

图 9-56 选择“编号列表”命令

Step 3 光标所在的行出现编号，如图 9-57 所示。

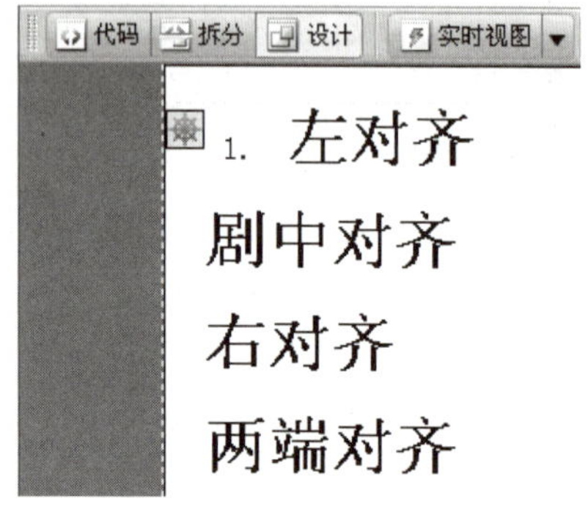

图 9-57 出现编号

Step 4 如果用户对编号的默认形式不满意，还可以选择菜单栏中的“格式”|“列表”|“属性”命令来设置编号的样式，如图 9-58 所示。

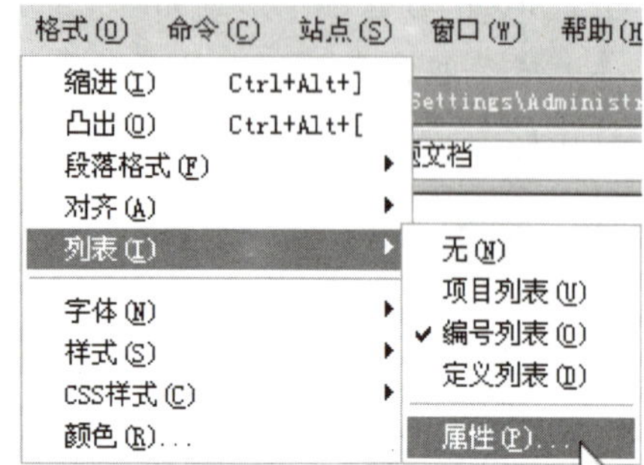

图 9-58 选择“属性”命令

Step 5 弹出“列表属性”对话框，如图 9-59 所示，用户可以在此对话框中设置列表编号的样式，在“开始计数”文本框中还可以设置开始编号的数字，设置完成后，单击“确定”按钮返回设计页面。

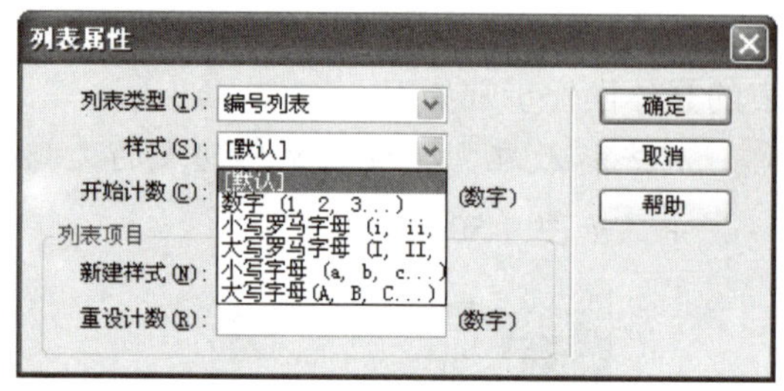

图 9-59 “列表属性”对话框

Step 6 移动光标到下一行，继续单击“编号列表”按钮，可以继续添加项目编号。完成效果如图 9-60 所示。

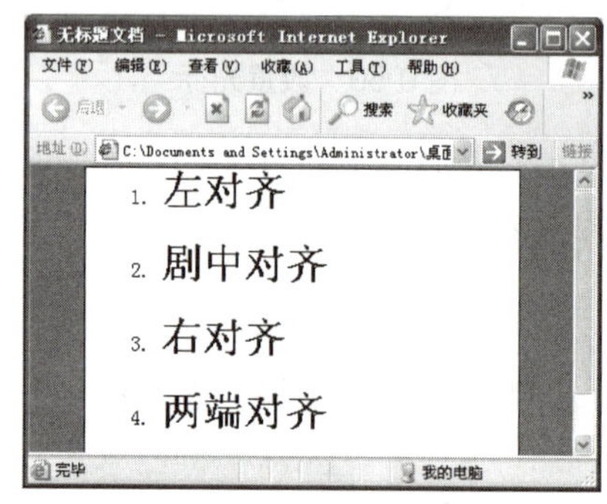

图 9-60 完成编号列表示例

3. 嵌套列表

嵌套列表是包含其他列表的列表，通常用于多层次编号的需要。创建嵌套列表的具体操作步骤如下。

Step 1 将光标放在需要设置编号的文档中。将文档设置成编号列表，如图 9-61 所示。

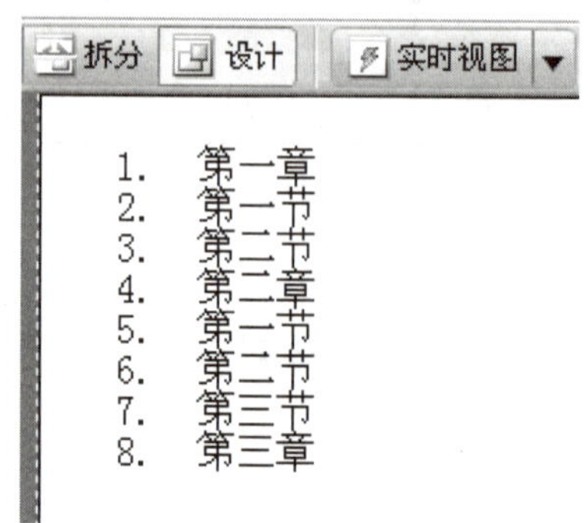

图 9-61 编号列表

Step 2 对于需要进行嵌套编号的行，将光标放入此行，单击“段落缩进”按钮，如图 9-62 所示，此行会自动进行嵌套编号。

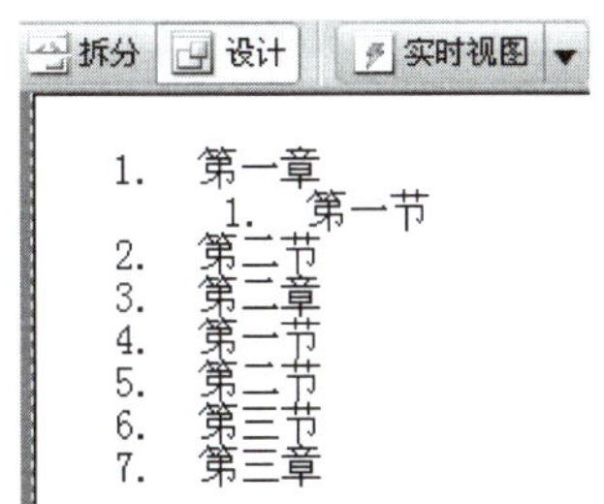

图 9-62 嵌套编号

Step 3 继续进行类似的操作，直到所有需要嵌套编号的行都已进行正确的缩进，最后的结果如图 9-63 所示。

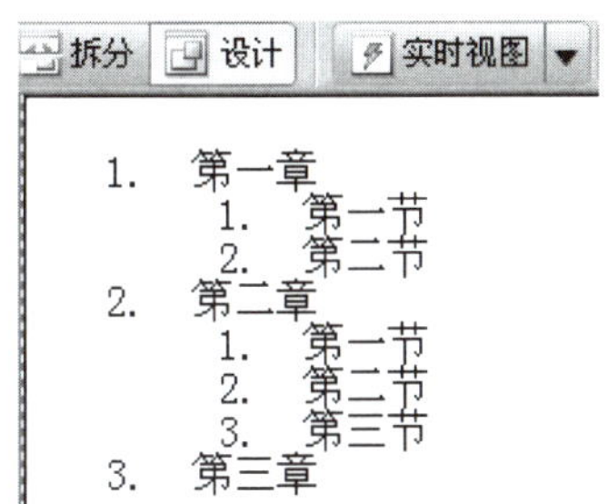

图 9-63 嵌套编号结果

9.3.5 插入及设置图像

在网店的描述中，加入图像几乎已经成为所有网店的共同做法。图文并茂的网页可以为网店增色不少，更能够吸引浏览者的注意。在本节中，我们将具体的介绍如何使用 Dreamweaver 来插入和编辑网页中的图片。

1. 插入图像

在网页中插入图像的具体操作步骤如下。

Step 1 使用 Dreamweaver CS4 新建 HTML 文档，如图 9-64 所示。

Step 2 将光标放在需要插入图像的位置，打开“插入”面板，如图 9-65 所示，单击“图像”按钮。

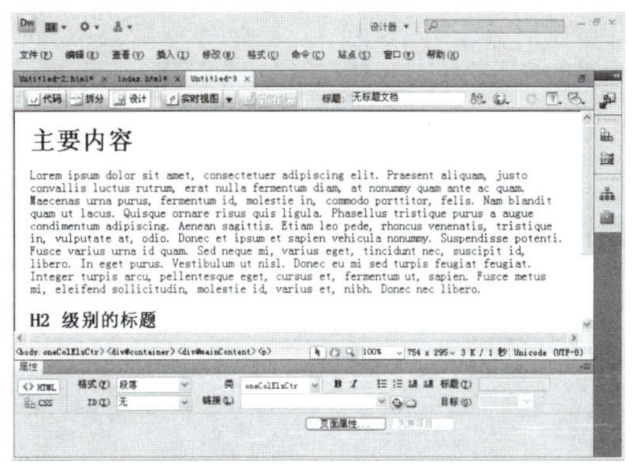

图 9-64 新建 HTML 文档

图 9-65 插入图像按钮

Step 3 弹出“选择图像源文件”对话框，如图 9-66 所示。在对话框中选择需要插入的图像，单击“确定”按钮完成添加。

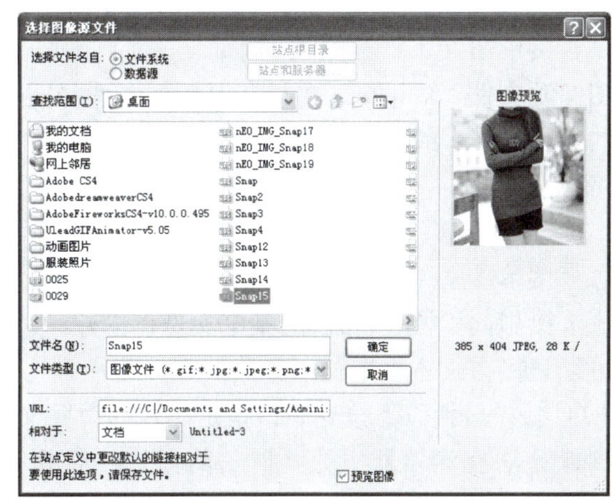

图 9-66 选择图像

Step 4 插入后的网页效果如图 9-67 所示。

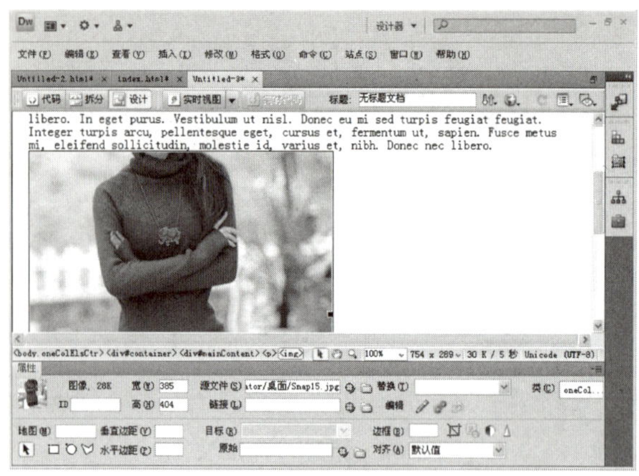

图 9-67　插入效果

2. 设置图像属性

在网页中插入图像后，还可以对图像进行进一步的设置，当光标位置为选定图像时，“属性”面板的样式转变如图 9-68 所示，大部分对图像的设置都可以在此面板中完成。具体的功能按钮介绍如下。

图 9-68　图片“属性”面板

①　“宽”和“高”文本框：可以设置浏览器中图片的宽度和高度，文本框中的数值以像素为单位，默认值为图片的真实大小。

②　“源文件”文本框：用于指定图片的路径，可以直接单击文本框右侧的“浏览”按钮，会弹出“选择图像源文件”对话框，可以在对话框中选择需要添加的图片文件，或者也可以直接在文本框中输入图像的路径。

③　“链接”文本框：可以指定文件的超链接。可以直接单击文本框右侧的“指向文件”按钮，使用箭头直接指向“文件”面板的某个文件以创建超链接，也可以直接在文本框中输入链接的文件路径。

④　“替换”下拉列表：指定图片的说明文字。当图像无法在浏览器中显示时，将显示“替换”中的文字。

⑤　编辑功能区：包含一组编辑工具对图像进行复杂的编辑。其中的主要功能包括⑥～⑩介绍的按钮。

⑥　“编辑”按钮：单击此按钮会弹出“图像预览”对话框，在此对话框中可以对图像的品质、大小、格式等进行详细的设置，如图 9-69 所示。

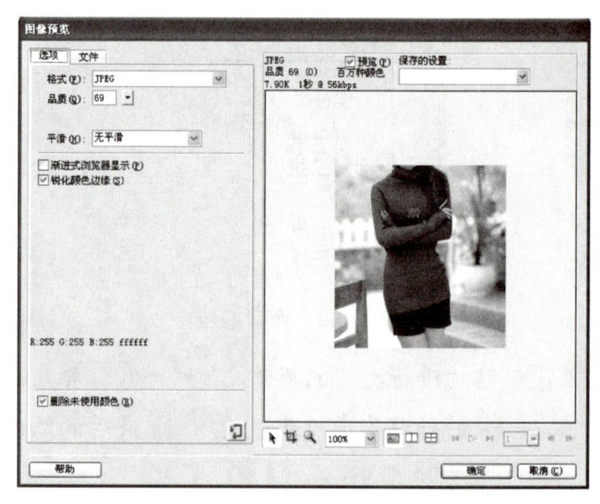

图 9-69　“图像预览”对话框

⑦　“裁剪”按钮：单击此按钮可以修剪图片的大小以及删除不需要的区域。

⑧　“重新取样”按钮：单击此按钮可以重新调整图片的大小，可以提高图片在新的大小和形状下的品质。

⑨　“亮度/对比度”按钮：单击此按钮弹出“亮度/对比度”对话框，如图 9-70 所示。在对话框中可以调整图片的亮度和对比度。

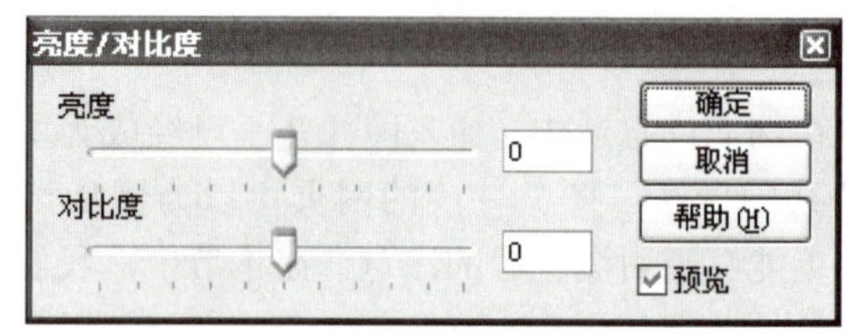

图 9-70　“亮度/对比度”对话框

⑩　“锐化”按钮：单击此按钮会弹出“锐化”对话框，如图 9-71 所示，在此对话框中可以调整图片的清晰度。

⑪　“地图”文本框：用于创建客户端图片的热区。

⑫　“热区工具”按钮：此区域的功能是创建图像的热区链接。

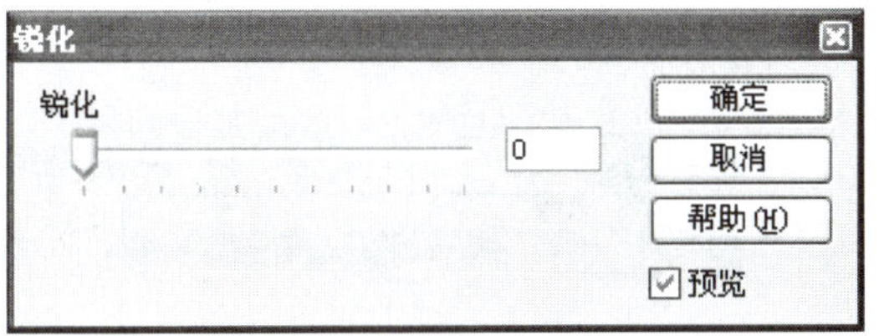

图 9-71 “锐化”对话框

⑬ “垂直边距”文本框：设置图片顶部和底部的边距。

⑭ “水平边距”文本框：设置图片、两侧的边距。

⑮ “目标”下拉列表框：用于指定链接页面在窗口中的打开方式，一共有 4 种选项。这 4 种选项的具体含义我们将在稍后的“创建超链接”一节中介绍。

⑯ “原始”文本框：设定原始图片的位置。原始图片用于在图片下载完成前显示的低质量图片。

⑰ “边框”文本框：用于设置图片边框的宽度，数字单位为像素，默认情况下为 0，即无边框。例如，设置 5 像素后的图片效果如图 9-72 所示。

Integer turpis arcu, pellentesque eget, cursus et, mi, eleifend sollicitudin, molestie id, varius et,

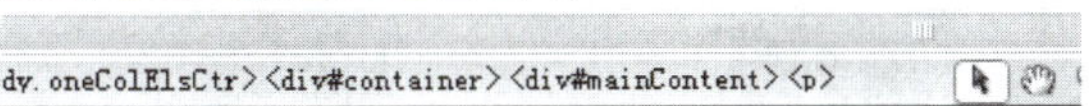

图 9-72 设置边框后的效果

⑱ “对齐”下拉列表框：用于设置图和文本的对齐方式。

介绍完图片“属性”面板后，下面我们来逐个介绍在网页中对于图片的基本操作。

3. 图片的对齐方式

图片的对齐方式主要是设置图片与同行的文本以及其他图片元素的对齐方式。在 Dreamweaver CS4 中，我们可以在“属性”面板中的“对齐”选项中设置图片和文本的对齐方式。图片的对齐方式如图 9-73 所示。一共有以下 10 种对齐方式。

- “默认值”：使用浏览器默认的对齐方式。绝大多数浏览器默认为基线对齐。
- “基线”和“底部”：文本或者同一段落中的其他元素的基线与选定的对象的底部对齐。
- “顶端”：图像的顶端与当前行中的最高项(既可以是图像也可以是文本)的顶端对齐。
- “居中”：图片的中部与当前的基线对齐。
- “文本上方”：图片的顶端与文本行中最高字符的顶端对齐。
- “绝对居中”：图片的中部与当前行中文本的中部对齐。
- “绝对底部”：图片的底部与文本行的底部对齐。
- “左对齐”：图片位于网页的左边，文本在图片的右侧换行，如果左对齐文本在行上处于对象之前，它通常强制左对齐对象换到一个新行。
- “右对齐”：图片位于网页的右边，文本在图片的左侧换行，如果右对齐文本在行上处于对象之前，它通常强制右对齐对象换到一个新行。

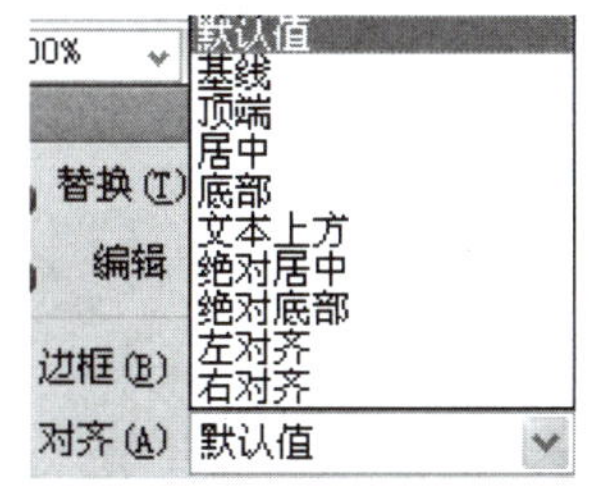

图 9-73 对齐方式

图 9-74 是使用“左对齐”选项后的效果。

4. 编辑图片

将图片插入到 HTML 文档后，我们可以使用 Dreamweaver 直接对图片进行简单的编辑操作，如果需要复杂的图片处理，建议读者启动 Fireworks，将图片导入到其中进行细致的修改，修改完成后，Dreamweaver 会自动地将修改后的图片导入到网页中。

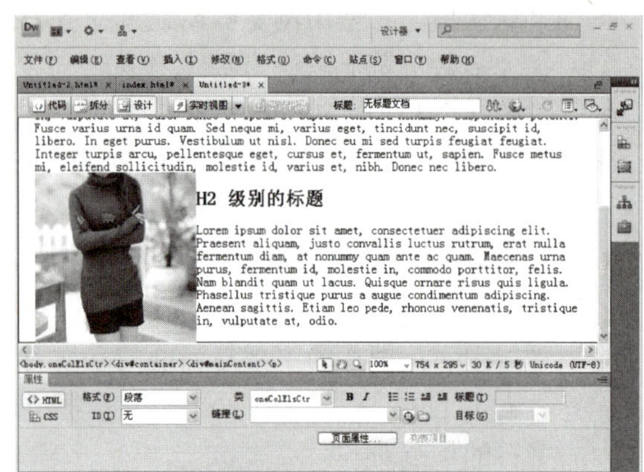

图 9-74　左对齐效果

下面我们来介绍使用 Dreamweaver CS4 对图片进行的一些基本操作。

(1)　编辑优化图片

在 Dreamweaver CS4 中可以使用“编辑”按钮对图片进行编辑、优化，其具体的操作步骤如下。

Step 1　使用 Dreamweaver CS4 打开网页，选中网页中的图片，单击“属性”面板中的“编辑”按钮，弹出“图像预览”对话框，如图 9-75 所示。

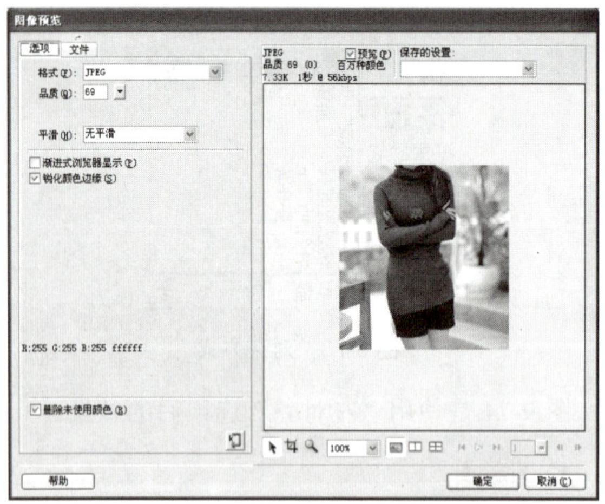

图 9-75　“图像预览”对话框

Step 2　在“选项”标签中可以对图片的“格式”、“品质”、“平滑”等进行设置。其中“格式”可以设置导出文件的格式，可以设置的导出格式有：JPEG、GIF、PNG 8、PNG 24 和 PNG32，如图 9-76 所示。

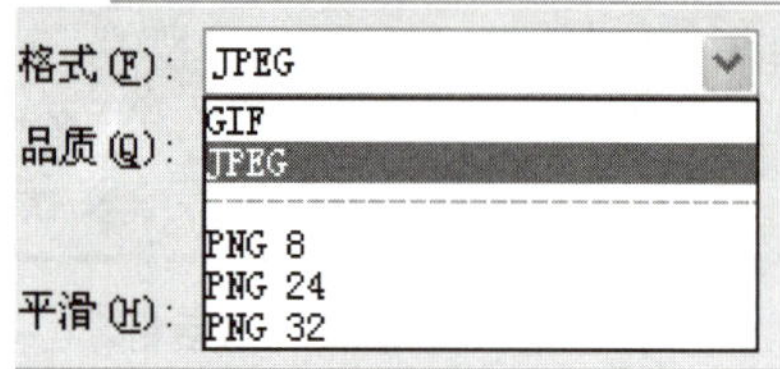

图 9-76　可转换的图片格式

Step 3　“品质”文本框可以设置图片的有损压缩程度，数值越大，品质越好；数值越小、压缩比越大、品质越差。图 9-77 给出了品质为 10 和品质为 90 的效果对比。

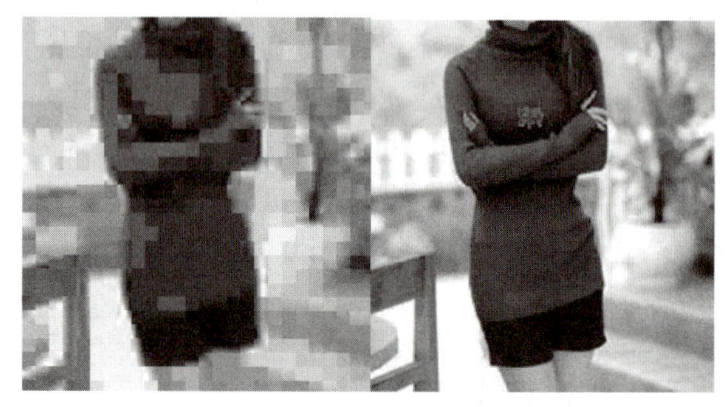

图 9-77　品质高低对比

Step 4　“平滑”文本框可以设置图片平滑的程度，平滑数值越高，图片越不清晰。图 9-78 是无平滑与最大平滑之间的对比。

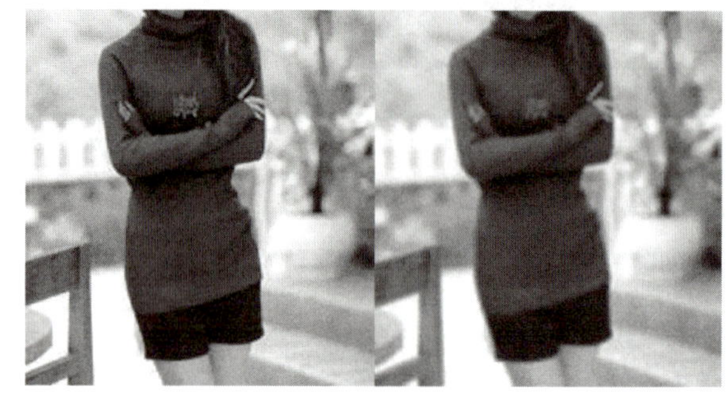

图 9-78　平滑图片对比

Step 5　单击对话框中的“文件”标签可以切换到“文件”选项卡。其中可以对图片的大小进行设置，如图 9-79 所示。

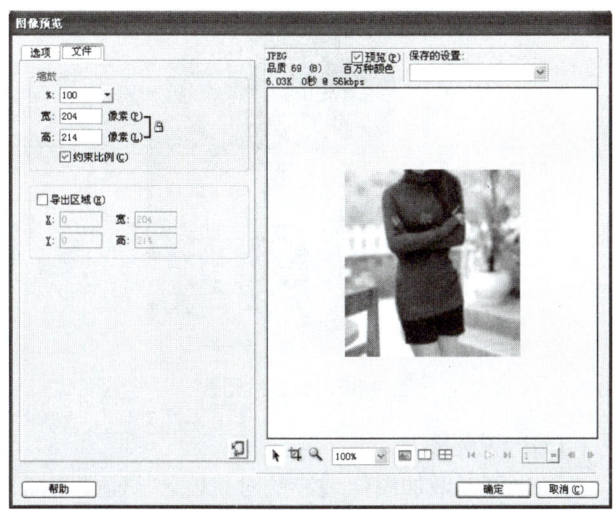

图 9-79　“文件”选项卡

Step 6　设置完成后的效果会即时显示在网页中，如图 9-80 所示。

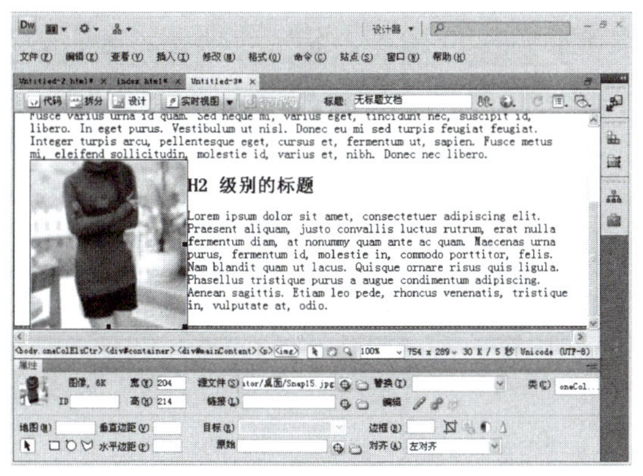

图 9-80　设置后的效果

(2)　裁剪图片

裁剪图片可以删除选定区域以外的多余部分，使用“裁剪”工具编辑图片的具体操作步骤如下。

Step 1　选择要裁剪的图片，单击“属性”面板中的“裁剪”按钮，弹出提示框，如图 9-81 所示，提示用户这是一种永久性的改变。

Step 2　单击“确定”按钮，在所选的图片中会出现裁剪的控制窗口，如图 9-82 所示。

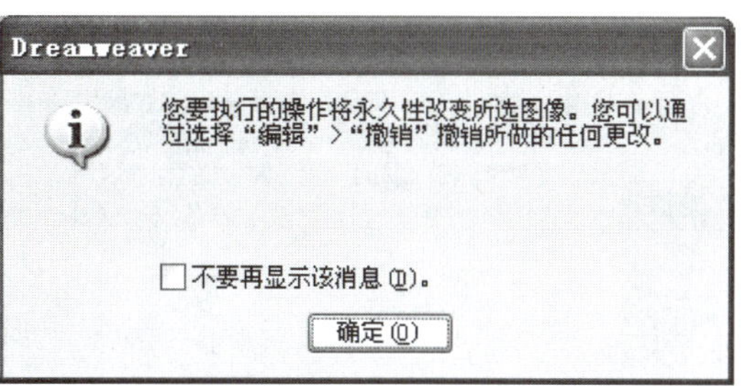

图 9-81　Dreamweaver 提示框

图 9-82　出现裁剪控制窗口

Step 3　用户可以拖动鼠标来控制裁剪区域中的控制点，调整裁剪区域符合需要的大小，如图 9-83 所示。

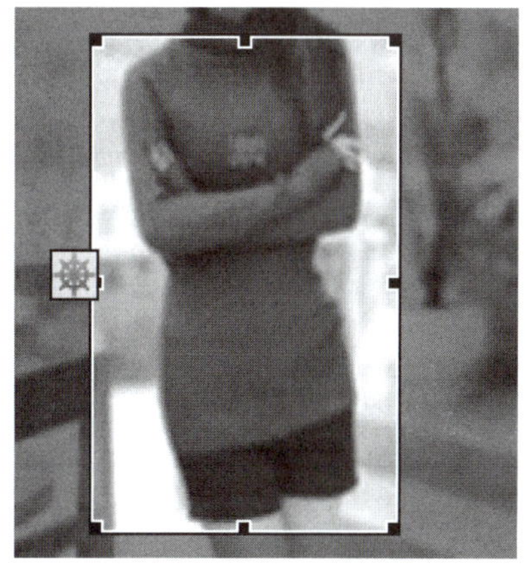

图 9-83　调整裁剪区域

Step 4　确定裁剪的边界后，双击鼠标左键即可确定裁剪图片，裁剪后的图片如图 9-84 所示。

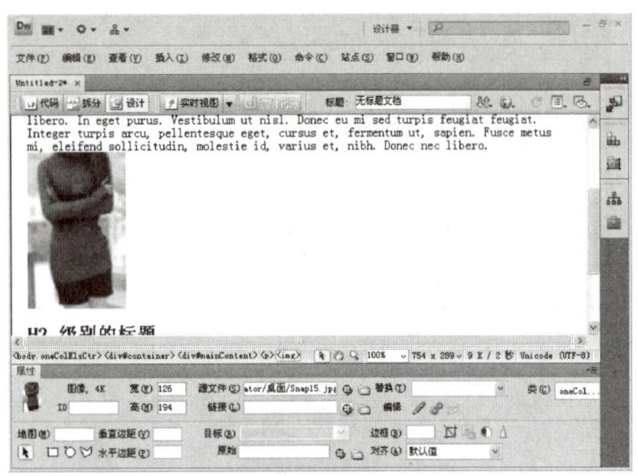

图 9-84　裁剪后的效果

提　示

与 Word 等文字处理软件不同，在网页中添加图片后，对图片的任何操作都会直接保存到图片的源文件中，所以，所有对网页中图片的操作都会出现类似上例中的 Dreamweaver 提示框，提示用户注意操作会直接改变图片的源文件，如果用户已经知晓，而不想每次操作都看到这个提示框，可以选中提示框中的“不要再显示该信息”复选框。

(3)　调整图片的亮度和对比度

修改图片的亮度和对比度可以影响图片中的阴影和中间色。可以用来修正过亮或者过暗的图片。调整图片的亮度和对比度的具体操作如下。

Step 1　选择要调整的图片，单击“属性”面板中的“亮度/对比度”按钮，弹出“亮度/对比度”对话框，如图 9-85 所示。

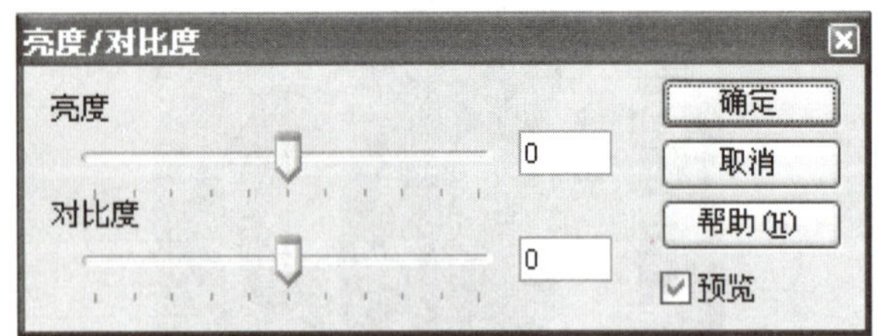

图 9-85　“亮度/对比度”对话框

Step 2　在对话框中拖动滑块进行调整，取值范围为 -100～100，可以实时观察调整的效果，调整后的效果如图 9-86 所示。

图 9-86　调整后图片

(4)　锐化图片

锐化可以增加图像边缘的对比度。从而使得图片更加清晰，调整图片锐化的具体操作步骤如下。

Step 1　选择要调整的图片，单击“属性”面板中的“锐化”按钮，弹出“锐化”对话框，如图 9-87 所示。

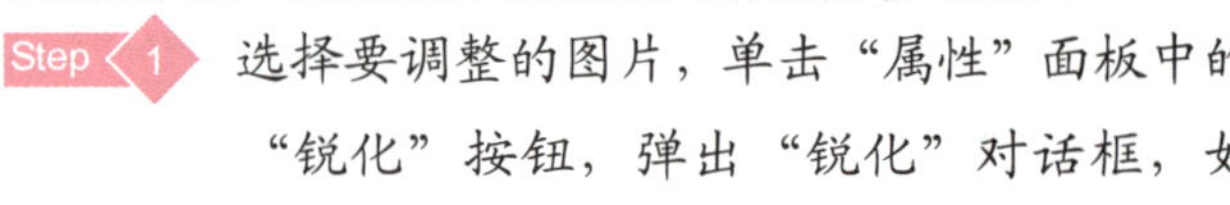

图 9-87　“锐化”对话框

Step 2　在对话框中拖动滑块进行调整，取值范围为 0～10 之间，可以实时观察调整的效果，调整后的效果如图 9-88 所示。

图 9-88　锐化后的图片

5. 设置图片效果

为图片增加多样的效果可以为网店增加更多的观赏性、美观性，在网页中可以设置的图片效果主要有：插入鼠标经过图像和插入图像占位符等。

(1)　插入鼠标经过图像

鼠标经过图像是指在浏览器中查看图片的时候，当鼠标经过图片时，图片将发生变化。鼠标经过图像是一种常用的网页技巧，在网店的装修中也经常使用。实际上，鼠标经过图像是由两张图片组成的，一张作为没有鼠标经过时的初始图像，另一张作为鼠标经过时的替代图像。

插入一个鼠标经过图像的具体操作步骤如下。

Step 1　打开 Dreamweaver CS4，创建一个空白的 HTML 文档，如图 9-89 所示。

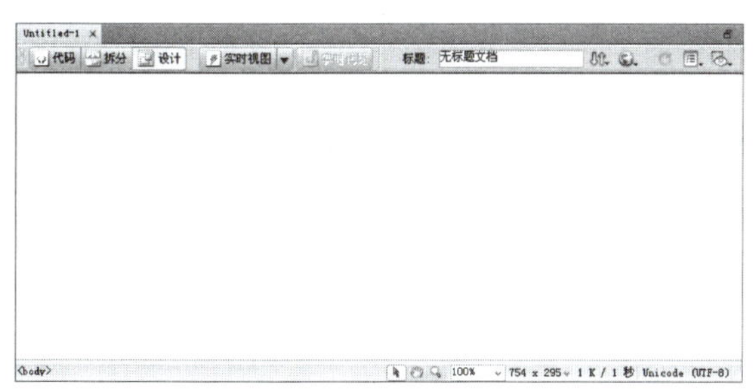

图 9-89　新建 HTML 文档

Step 2　选择菜单栏“插入”|“图像对象”|“鼠标经过图像”命令，如图 9-90 所示。

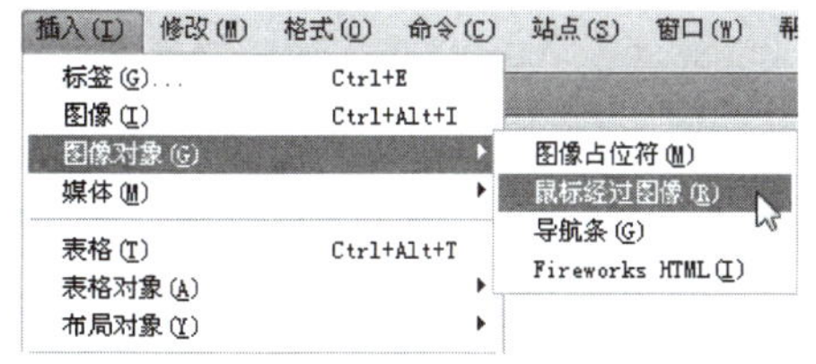

图 9-90　选择“鼠标经过图像”命令

Step 3　弹出“插入鼠标经过图像”对话框，如图 9-91 所示。在“图像名称”文本框中输入图像的名称，然后单击“原始图像”文本框右侧的“浏览”按钮。

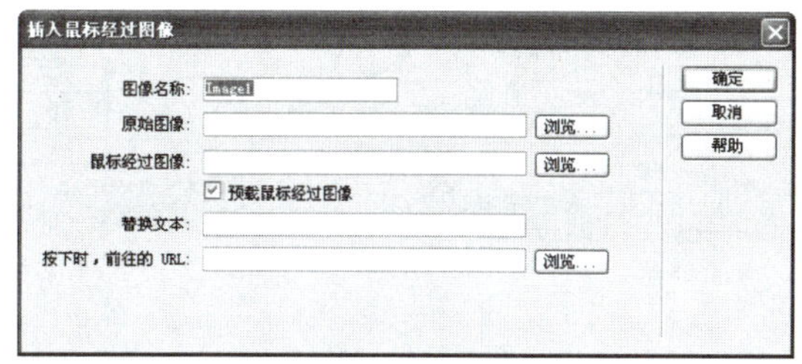

图 9-91　输入图像名称

Step 4　弹出“原始图像：”对话框，如图 9-92 所示。在对话框中选择原始图像的图片文件。

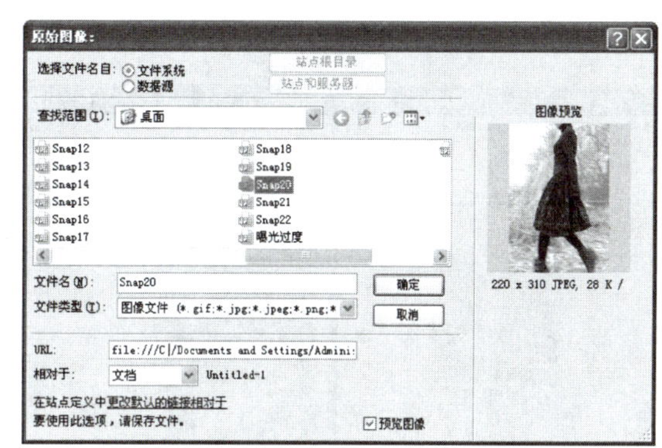

图 9-92　“原始图像”对话框

Step 5　选择图片后，单击“确定”按钮完成原始图片的添加。以类似的方法，添加“鼠标经过图像”，完成后的“插入鼠标经过图像”对话框如图 9-93 所示。

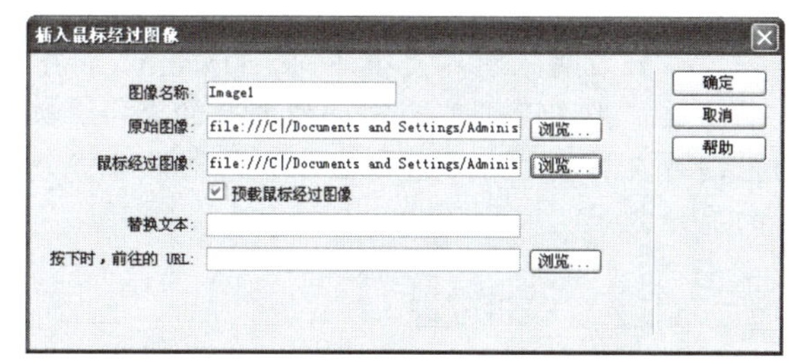

图 9-93　插入原始图片和替换图片

Step 6　在“替换文本”文本框中可以输入图片无法显示时的替换文本，如图 9-94 所示。另外，如果建立图片的超链接，还可以在“按下时，前往的 URL”文本框中输入 URL 地址。

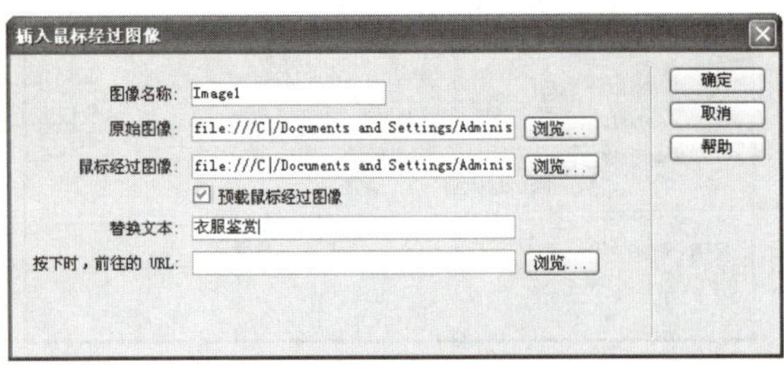

图 9-94　输入替换文本

Step 7 设定完成后，单击“确定”按钮关闭对话框，完成“鼠标经过图像”的添加，鼠标经过图像的效果如图 9-95 所示。

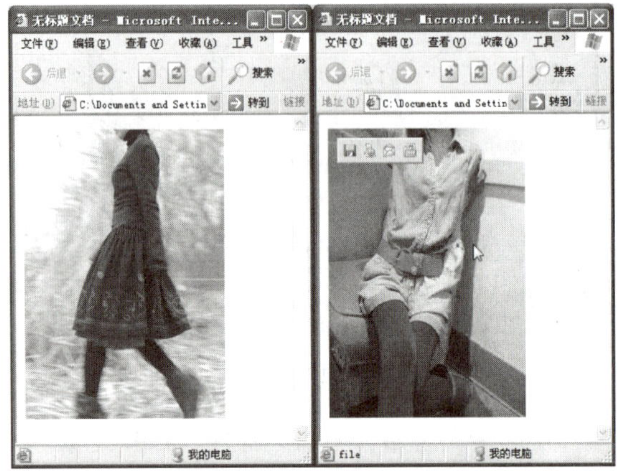

图 9-95　鼠标经过图像前后效果

提　示

用于创建鼠标经过图像的两张图片的大小必须一致，如果两张图片大小不同，Dreamweaver 会自动将第二张图片调整为第一张图片的大小，以使两张图片在转换过程中能够匹配，不会影响整个网页的显示效果。

(2)　插入图像占位符

在制作网页时，经常会遇到在没有图片或者图片还没有制作好的过程中就要先确定网页布局，等图片制作好后才加入图片，这个时候就可以先用“图像占位符”来替代图像的位置。

插入图像占位符的具体操作步骤如下。

 打开 HTML 文档，如图 9-96 所示。

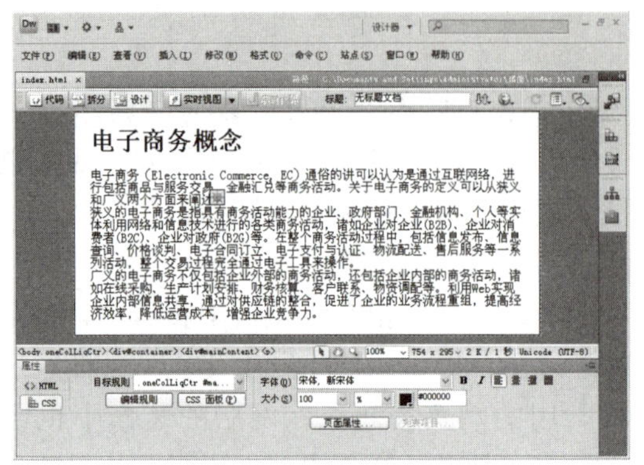

图 9-96　打开 HTML 文档

Step 2 将光标放在需要插入图像占位符的位置，选择菜单栏中的“插入”|“图像对象”|“图像占位符”命令，如图 9-97 所示。

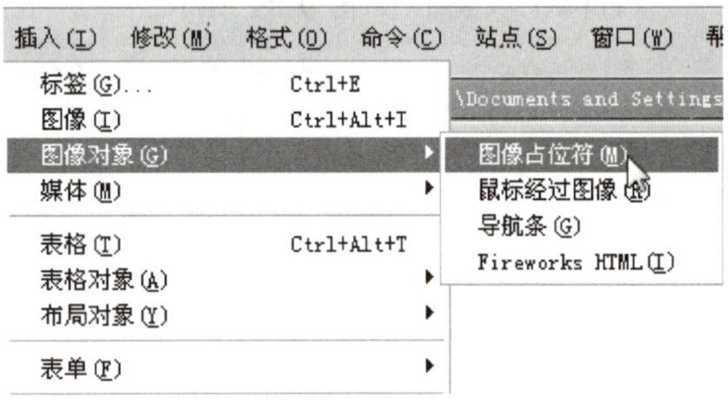

插入(I)　修改(M)　格式(O)　命令(C)　站点(S)　窗口(W)
标签(G)...　Ctrl+E
图像(I)　Ctrl+Alt+I
图像对象(G)　▸　图像占位符(M) / 鼠标经过图像(R) / 导航条(G) / Fireworks HTML(I)
媒体(M)
表格(T)　Ctrl+Alt+T
表格对象(A)
布局对象(Y)
表单(F)

图 9-97　选择“图像占位符”命令

Step 3 弹出“图像占位符”对话框，如图 9-98 所示。在名称文本框中可以输入图像占位符的名称，设置图像的宽度和高度。

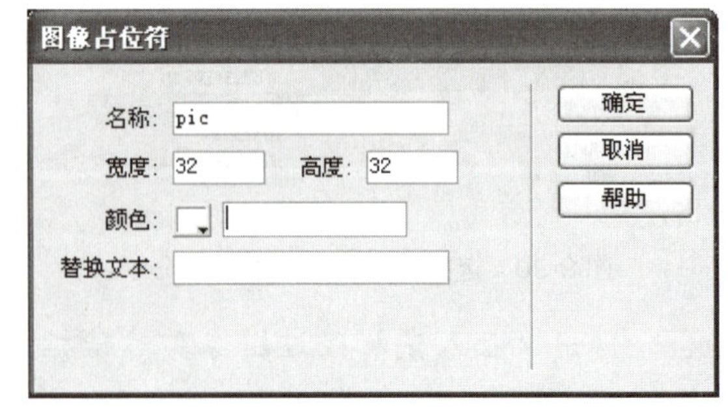

图 9-98　“图像占位符”对话框

 单击“颜色”按钮，弹出“颜色”选择器如图 9-99 所示。选择图像占位符的显示颜色。

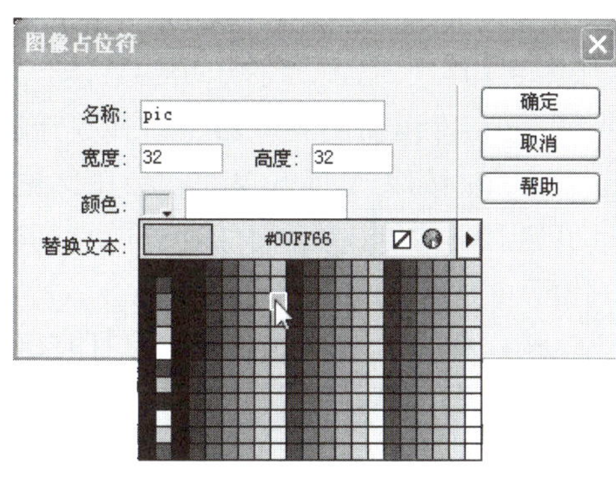

图 9-99　选择颜色

Step 5　在“替换文本”文本框中输入图像占位符需要替换的文本，如图 9-100 所示。

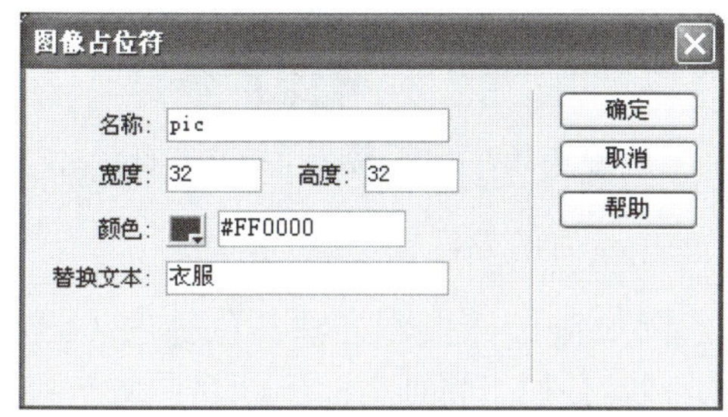

图 9-100　添加替换文本

Step 6　单击“确定”按钮，完成图像占位符的添加，添加的图像占位符如图 9-101 所示。

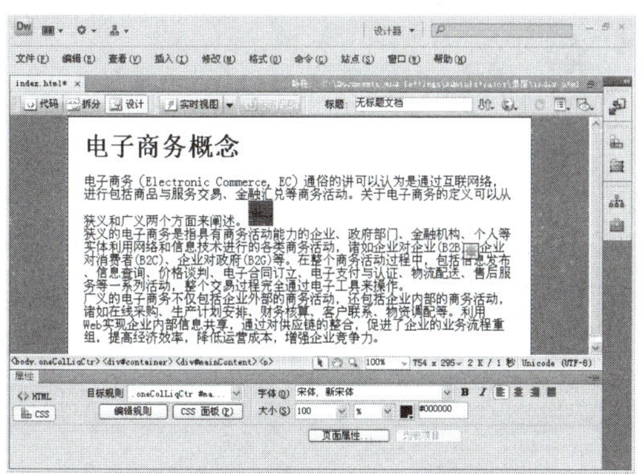

图 9-101　添加后的效果

9.3.6　插入超链接

链接是网页中非常重要的元素，不管是在普通网页中，还是在网店的网页中，链接都必不可少，如图 9-102 所示是淘宝网网店中经常使用的文本链接，单击链接即可跳转至相应的位置，使网站的所有页面真正形成网状关系。

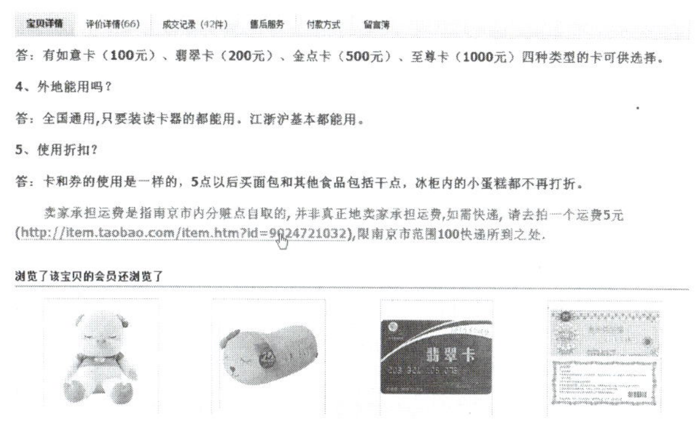

图 9-102　网店中的超链接

在 9.2 节中，我们已经介绍了如何使用 HTML 语言创建超链接，在本节中，我们将介绍如何使用 Dreamweaver 来创建各种超链接。

1. 创建网站内文本链接

使用 Dreamweaver 可以有多种方法来创建内部链接。可以使用菜单栏中的“修改”|“创建链接”命令选择指向的文件，也可以使用“属性”面板来链接文件，使用“属性”面板创建站内文本链接的具体操作步骤如下。

Step 1　启动 Dreamweaver CS4，打开素材文件，如图 9-103 所示。

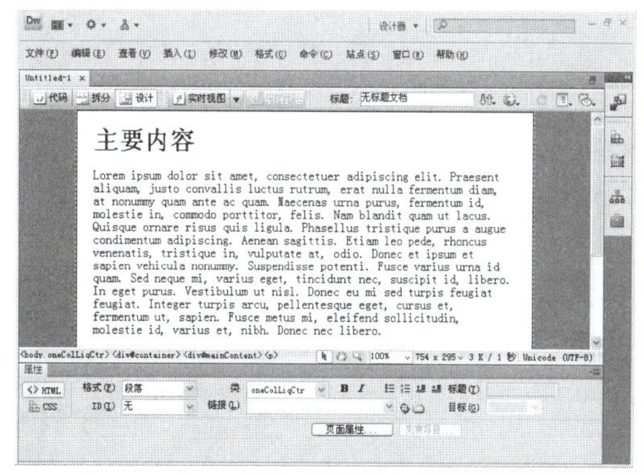

图 9-103　打开素材

Step 2　选择“主要内容”四个字，将其作为创建超链接的文本，单击“属性”面板的“链接”

文本框右侧的“浏览文件”按钮，如图 9-104 所示。

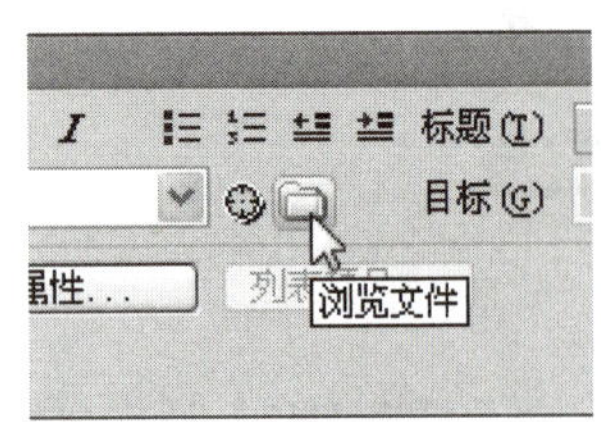

图 9-104　单击“浏览文件”按钮

 弹出“选择文件”对话框，如图 9-105 所示。选择想要链接到的文件，单击“确定”按钮。

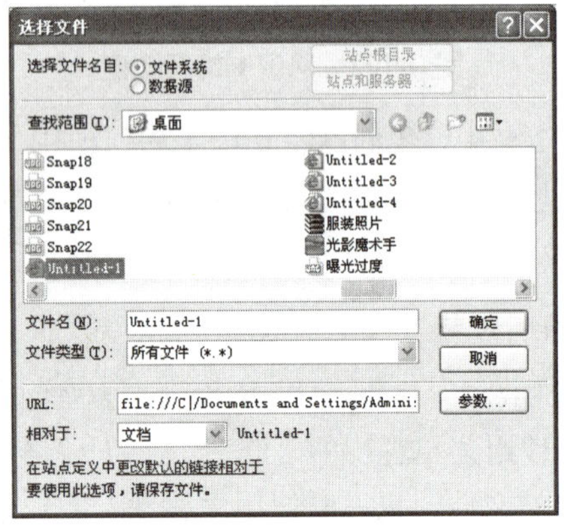

图 9-105　“选择文件”对话框

 超链接创建成功，我们可以看到，链接文本已经变为蓝色字体，并且带有下划线，如图 9-106 所示。

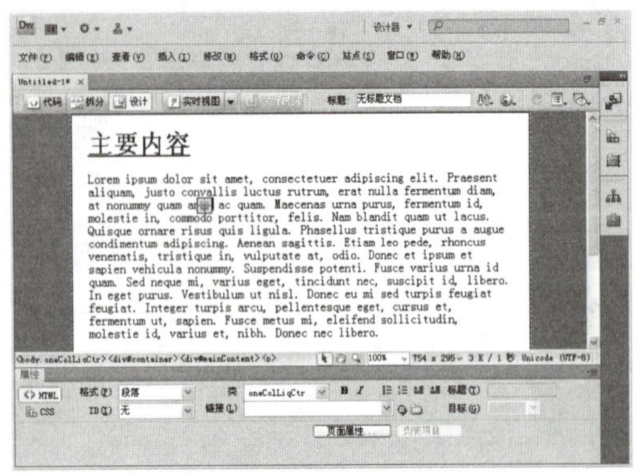

图 9-106　链接样式

另外，创建完超链接后，我们还可以看到在“属性”面板的“目标”下拉文本框中可以有四种链接文档打开的方式，它们分别是：_blank、_parent、_self 和_top。如图 9-107 所示，这 4 种选项的具体含义如下。

- _blank：弹出新的浏览器窗口并打开超链接。
- _parent：如果是嵌套窗口，会在父窗口中打开链接，否则，在现有的浏览器窗口中打开链接。
- _self：在当前网页所在的窗口打开链接，这是浏览器的默认设置。
- _top：在整个浏览器中打开链接，会替换所有的父框架。

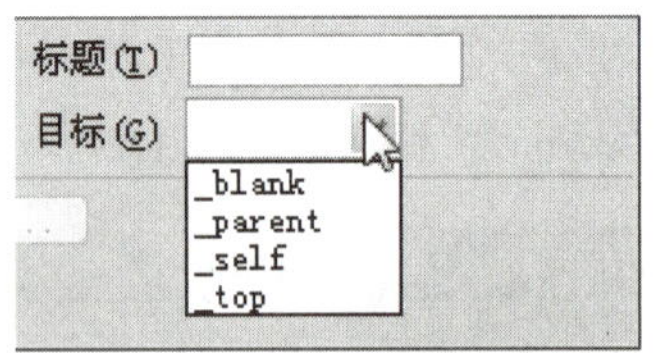

图 9-107　“目标”下拉文本框

2. 创建站内图像链接

创建图像链接的操作方法与创建文本链接的方法非常类似，使用“属性”面板创建图像链接的具体操作步骤如下。

Step 1 在刚才的文档中插入一张图片，设置为“左对齐”，如图 9-108 所示。

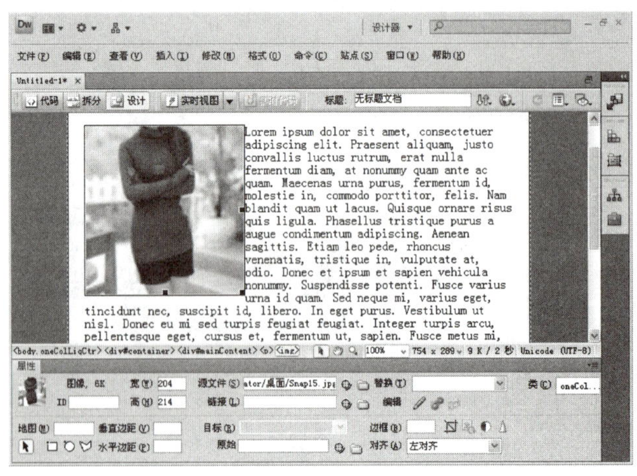

图 9-108　插入图片

 选择创建链接的图像，然后单击“属性”面板的“链接”文本框右侧的“浏览文件”按钮，如图 9-109 所示。

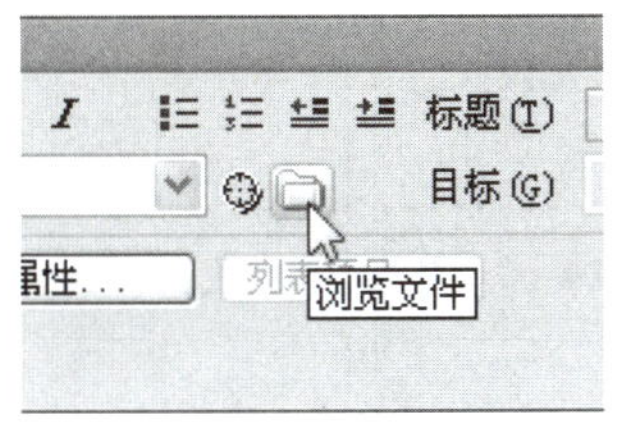

图 9-109　单击“浏览文件”按钮

Step 3 弹出“选择文件”对话框，如图 9-110 所示。选择需要链接到的文档，单击“确定”按钮关闭对话框。

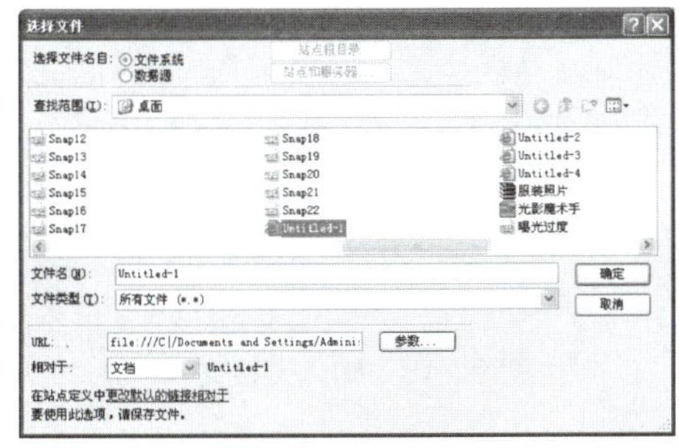

图 9-110　选择文件

Step 4 在“属性”面板中的“目标”下拉文本框中选择链接文档的打开方式，在“替换”文本框中输入图像的替换文本，如图 9-111 所示。

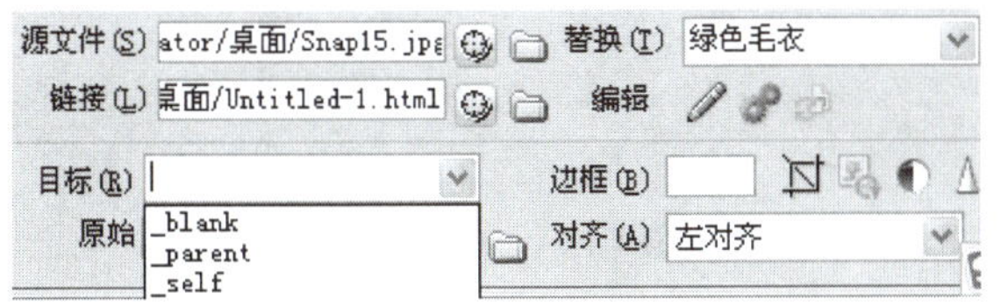

图 9-111　输入参数

提示

与文本链接一样，图片链接还可以使用直接输入链接地址的方法创建，请读者自行实际操作一次。

3. 创建外部链接

创建外部链接是将网页中的文字或者图像与站点外的其他站点文档相连，这就需要输入其他站点的完整 URL，所以，创建外部链接必须直接输入外部链接的完整 URL，而不能使用“选择文件”对话框的方式，具体的操作步骤如下。

Step 1 选择需要创建链接的文本或者图像，如图 9-112 所示，需要创建链接的文本已经被选中。

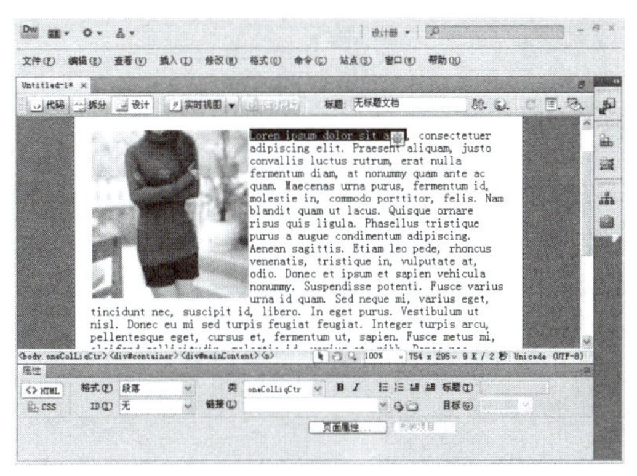

图 9-112　打开素材

Step 2 在“属性”面板中的“链接”文本框中输入完整的链接地址，例如 http://www.baidu.com，如图 9-113 所示，即可看到文字部分已经变为超链接的形式。

图 9-113　填写链接地址

4. 创建锚点链接

所谓锚点链接就是在 HTML 文档中指定位置设置标记，这个标记称为锚点，而通过将超链接指向锚点位置，从而实现快速访问的目的。锚点常常被用来实现到特定主题或者文档顶部的跳转链接，这一点在比较庞大的网页中非常有用，可以加快信息检索的速度。

要创建一个锚点链接，首先要设置一个命名锚点，然后建立指向锚点的超链接。

创建命名锚点的具体操作步骤如下。

Step 1 使用 Dreamweaver 打开素材网页，将光标放在需要设置锚点的位置(此处放在“相机家电”文字前)，如图 9-114 所示。

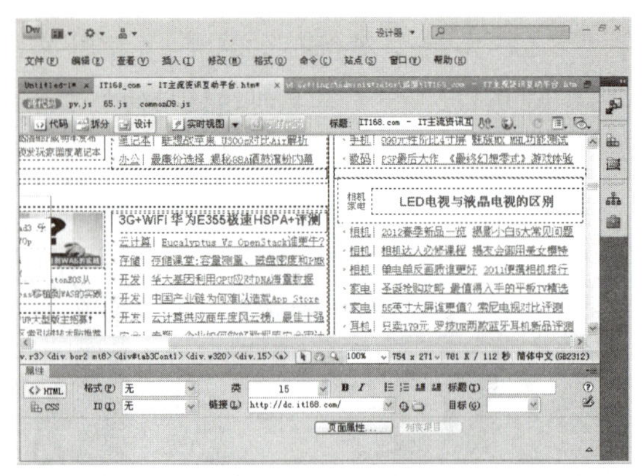

图 9-114　放置光标

Step 2 选择菜单栏中的“插入”|“命名锚记”命令，如图 9-115 所示。

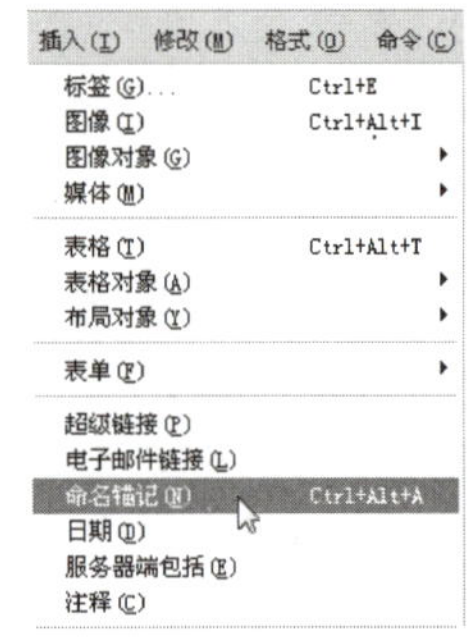

图 9-115　选择“命名锚记”命令

Step 3 弹出“命名锚记”对话框，如图 9-116 所示，输入锚记名称，单击“确定”按钮创建锚点。

图 9-116　“命名锚记”对话框

Step 4 光标所在位置出现图标，表示锚点已经创建成功，如图 9-117 所示。

在一个 HTML 文档中，锚点的命名是唯一的，而且锚点名称中也不能出现空格，创建好锚点后，下面我们就要对锚点创建超链接，实现快速的导航到锚点的位置，具体的操作步骤如下。

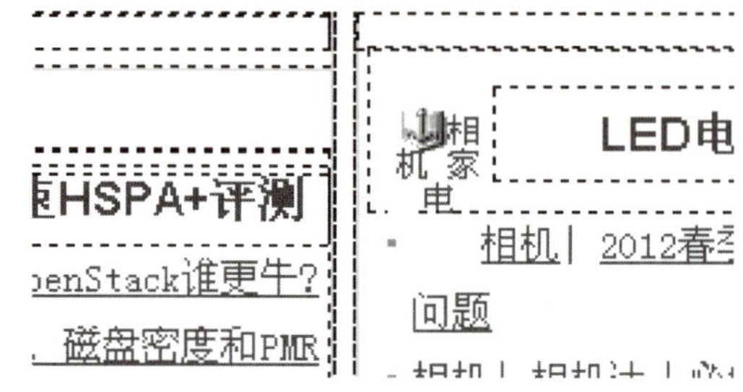

图 9-117　锚点式样

Step 1 在文档中输入导航文本，此处我们输入文字“转到相机家电”，如图 9-118 所示。

图 9-118　输入链接文本

Step 2 在“属性”面板“链接”文本框中输入“#+锚点名称”，如图 9-119 所示，此处输入“#type1”，锚点链接就创建成功了。

图 9-119　填写锚点名称

本章小结

本章主要介绍了 HTML 语言的基本语法，以 Dreamweaver CS4 为例，介绍了使用辅助软件开发软件的基本操作方法。在制作高级网店的过程中，学习 HTML 语言是必由之路，是开发出一个优秀网店的必备知识。在后面的章节中，我们可以发现学习 HTML 语法的必要性。

第 10 章 网店装修攻略

在前面的几章中，我们介绍了网店成交的关键因素，从而使我们学习到网店销售形式不同于传统的店铺销售形式，二者的根本区别在于：传统销售是买卖双方面商品直接沟通来达成交易。网店销售则是买卖双方依托互联网，借助于大量文字描述和图片信息来达成交易，是名副其实的视觉营销。既然网店是视觉营销，那么网店装修就承载了网店形象、网店文化的深刻内涵，网店装修给顾客的视觉冲击就成了网络交易成功的第一要素。

由于电子商务的迅猛发展，在浩瀚的网海当中，已经有千千万万的网店，在这大浪淘沙的商业竞争当中，得以生存发展的网店，必定有它独到的店铺装修和店铺形象。传统商铺中没有装修的店铺就是毛坯房，而没有装修的网店就如同我们传统店铺的毛坯房，简陋粗糙，网店装修是一件很细致很烦琐的事情，需要耗费很多的时间和精力，怎样才能做到事半功倍，在千千万万个网店当中，脱颖而出，动手装修之前，一定要掌握以下五个方面，那就是：一、网店消费群体的定位；二、网店装修的定位；三、网店色调定位；四、网店风格定位；五、网店素材收集。

学习要点

- 网店消费群体定位
- 网店装修定位宗旨
- 网店装修色调定位策略
- 网店装修风格定位原则
- 网店装修素材收集

10.1 网店消费群体定位

当“宅”字不单纯作为传统意义上的家的含义出现在互联网上的时候，当宅男宅女变成现代人的一种生活方式，网民们的衣食住行结构早已经悄悄发生了翻天覆地的变化，随着电子商务和快递业务的日臻完善，网店服务早已经覆盖了全球，下面请看中国互联网信息中心公布的两组基础调查数据，如表 10-1 所示，2011 年 6 月数据较 2010 年 7 月统计数字对照，网民数量增加了 0.55 个亿，我们国家互联网的普及已经达到一个较高的水平，电子商务的消费群体也有了很大的提升空间。

表 10-1 中国互联网信息中心基础数据

截至日期	2010-07-15	2011-06-30
网民数量	4.2 亿	4.85 亿
网站数	279 万	183 万
国际出口带宽数	998,217Mbps	1,182,262Mbps
IPv4	2.5 亿	3.32 亿
域名数	1121 万	786 万

2011 年 7 月 19 日，中国互联网络信息中心(CNNIC)在京发布了《第 28 次中国互联网络发展状况统计报告》。截至 2011 年 6 月底，中国网民规模达到 4.85 亿，较 2010 年底增加 2770 万人，增幅为 6.1%，大部分商务类应用保持平稳上行态势，其中网络购物半年用户增长了 7.6%； 40.7%的网民在最近一年内进行过网上购物，16.5%的网民经常访问购物网站，我国电子商务交易额预计 2010 年将达 15 万亿元。

中国互联网信息中心(CNNIC)数据显示，2010 年中国网络购物市场交易规模达到 5231 亿，占全年全国社会消费品零售总量的接近 3.3%。电子商务因其方便、快捷、支付安全、减少中间环节减少消费者支出等优势，逐渐成为人们日常消费的首选。从网购普及率看出电子商务正越来越走向普通大众。

看着图 10-1 统计数字，作为一个在网店销售的卖家，你不得不思索，电子商务市场规模的壮大，带来的是同质化严重，在诸多雨后春笋般冒出来的店铺当中，你的店铺怎样脱颖而出？网购人数的激增，带来需求的增长，你的商品要销售给谁？面向大众还是面向特定人群？无疑消费群体定位，是至关重要的一点，而消费群体的定位一定是装修定位的导向。

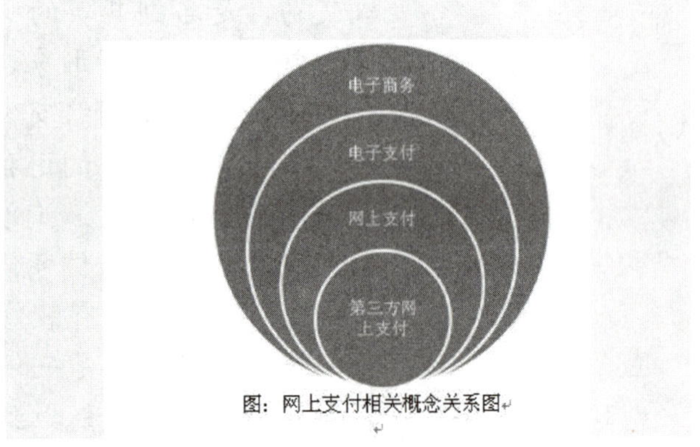
表 2009.6-2010.12网上支付用户对比

	2009年中		2012年底		变化	
	使用率	网民规模（亿人）	使用率	网民规模（亿人）	增长量（亿人）	增长率
网上支付	26%	3.38	35.1%	4.58	1.2	35.5%

图：网上支付相关概念关系图

图 10-1 网络购物市场数据

消费群体的定位绝对不是一个简单的事情，在店铺开业之前一定就要搞市场调研，经过比较分析，根据主营商品定位消费群体，意即明确你的商品面向男士还是面向女士？面向儿童还是面向老人？面向白领还是面向工人？还是面向农民？如果面向男士或者女士，又是哪个年龄段？只有清楚了消费群体才能更好地、有针对性地装修店铺，寻求适合消费群体的风格和品位。如果消费群体是白领，店铺装修就要按照白领喜欢的店铺形象去规划，如果消费群体是其他客户群则按照其他的人群去定位，并以此作为店铺装修的第一基点。店铺消费群体的定位对交易成败的作用是绝对不可小觑的，店铺消费群体的定位是店铺能否留住顾客的关键。

10.2 网店装修定位

网店装修在网店销售当中的作用是毋庸置疑的，

所以正式网店装修之前一定要做好网店装修定位，明确装修思路。

如果说传统的店铺是一所集人、情、物于一体的房子，那么网店就是一个集图、文、声、色、情为一体的一个多元化的多媒体世界。传统店铺要粉刷房子、架构柜台，网店要精选文字、美化图片，这样才能使得二者在各自的销售层面上打造完美的销售形象，创造最大的销售收益。

“好酒不怕巷子深”，这是我们流传了千年的俗语，意思是只要你的酒好，就是在很深的巷子里，也不愁买家来购买。作为网店的卖家，却恰恰相反，“好酒也怕巷子深”，在这个瞬息万变的信息时代，无人知晓无人浏览的网店，那就是彻底失败的网店。作为一个优秀的网店店主，一定要把自己的网店装修得美观大方、赏心悦目，把自己销售的商品修饰得吸引买家的眼球，才能提高商品转化率，在这个多媒体世界才能充分增加自己商品的竞争力，从而提高成交量。

宏观整个网购市场，依据所销售产品类别区分，网店大体分为专业型网店和杂货店型网店。

专业型网店所经营的产品一般为同一类或者同一品牌，如苏宁 e 购，海尔官方旗舰店、新华文轩网络书店。消费者进行网购的时候，只是单纯凭借网店的图片展示和文字介绍来选择，因为不能看到实际商品，消费者最担心的就是商品质量，“品质源于专业”，专业型网店给人以可靠和信赖的感觉，专业型店铺依托实体或厂商，目标是业界典范，这一类店铺目前不但受到消费者网购时候的青睐，也是投资者的投资热点。专业型网店的装修定位为高档，要“专和精”，专业型网店装修示例如图 10-2 所示。

杂货店型店铺顾名思义就是经营种类繁多，规模较大的网店，类似于我们的实体超市，属于连带销售，在这里消费者选择的空间比较大，想买的东西基本在这样一个店里都有销售，结合网店的特点，这一类店铺成功的话，店铺浏览量一般都非常大。与专业型网店相比，消费者对杂货店型店铺的信用度和评价会更加在意，消费者通常对杂货型网店的商品质量有所保留，一般不会在杂货店型店铺购买价格昂贵的商品，那么杂货店型网购的装修风格定位为中低档，要“小而全”。成功的杂货店型网店比如柠檬绿茶淘宝店，京东商城等。杂货铺型网店装修示例如图 10-3 所示。

图 10-2　专业型网店装修示例

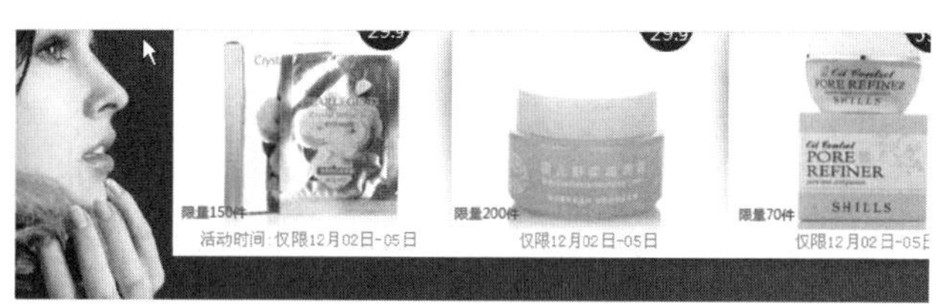

图 10-3　杂货铺型网店装修示例

网店的装修定位是店铺文化和经营理念的充分体现，作为一个优秀的网店店主，在店铺装修之前还要明确店铺的特色是什么？要把店铺装修成专业型网店？还是杂货铺型网店？

其次要细化装修方案，设计装修细节，定下装修步骤。网店装修定位即架构网店的基本框架，类似于我们传统店铺的房梁毛坯，只有先搭好框架，把不同区块逐渐累积起来，店铺才会更加完美。

10.3 网店色调定位

色彩是店铺给买家的第一直观印象，网店装修定位好了之后，我们就可以选店铺装修的色调了。在选择网店装修色调的时候，切忌杂乱无章，没有层次。

店铺色调定位要依照消费群体的定位和装修定位来选取主色，然后根据主色选取配色，配色一定要注意色彩的美学搭配，冷暖色调的选取依据所定位的消费群体和装修定位，整体色彩不但要漂亮，而且还要和谐。

目前常见的网店装修色调为灰色、黑色、绿色、粉色、红色、黄色、蓝色，其中灰色色调为高档定位，多用于高档商品；黑色为神秘、庄重定位，绿色为环保定位，粉色为温馨定位，红色为热烈定位，黄色为沉稳定位，蓝色为平凡定位，其中黄色为最吸引眼球的颜色，蓝色为当今店铺流行色。

网店装修的色彩搭配是一门很深奥的学问，按照主营商品来说，黑色、蓝色、灰色是商业氛围比较重的颜色，数码领域的店铺多采用这种色调；护肤品行业多采用绿色、蓝色、粉色，绿色强调天然，蓝色突出洁净，粉色为女士所喜爱的颜色；服饰配件行业多选用金色彰显高贵；女装行业的色彩多姿多样，既可以采用灰黑兰突出庄重；也可以采用粉色绿色，强调小清新；也可以选用紫色，定位高雅；还可以选用红色，突出民族气息。男装行业较多使用黑色、灰色，强调庄重，家纺产品偏重于棕色、草绿色，偏重温馨自然。

总体上网店装修色调定位原则通常情况下，将颜色控制在三种以内，因为太多了容易失去主题，杂乱无章，而太少了，则有些单调。

当今流行的网店装修色调定位技巧如下。

10.3.1 使用一种颜色

选定主色调后，利用同一色相颜色的深浅，制作出网店的层次感，使得整体看起来色彩和谐统一。网店装修使用一种颜色示例如图 10-4 所示。

图 10-4　网店装修使用一种颜色示例

10.3.2 使用两种颜色

选定主色调之后，选择主色调的对比色作为补充，这样的网店，整体色彩丰富而不花哨。

风格明显，表达强烈，一些自主服装品牌多采用这种装修风格。网店装修使用两种颜色示例如图 10-5 所示。

图 10-5　网店装修使用两种颜色示例

10.3.3 使用类似色

选定主色调后，选择紧邻的色谱颜色进行配色，视觉上平衡活泼，但这种色调定位一定要注意，以大面积为主色调，小面积为配色，否则会出现不平衡的视觉效果。网店装修使用类似色示例，如图 10-6 所示。

图 10-6 网店装修使用类似色示例

10.3.4 使用黑色

黑色是一种很强大的色彩，选定黑色主色调后，可搭配任何颜色，黑色是任何颜色的好搭档。网店装修使用黑色示例如图 10-7 所示。

图 10-7 网店装修使用黑色示例

10.4 网店风格定位

网店的风格是留给买家的第一感受，所以网店装修的时候，一定要注意装修风格的整体性和协调性。网店风格要符合自身的网店形象和所售商品的形象，同时充分表达出卖家的思想和网店的经营理念，打造自身独特的品牌内涵和网店文化。

随着电子商务的迅速发展，众多网购平台都为网店提供了风格模板，风格定位的时候，可以直接利用风格模板，根据自己的喜好和商品属性选择这些模板来设定整体装修风格，如果想让自己的网店更上一层楼，那么可以根据所经营的商品类别和想营造的销售氛围进行创意设计，可以到合作网站去挑选，也可以到专门提供网店装修的公司或网店去定制模板服务，以让自己的网店风格更独树一帜，更吸引消费者。

网店风格五花八门，丰富多彩。有的风尚流行、有的低碳环保、有的大气尊贵、有的活泼浪漫、有的温馨可爱、有的复古典雅，无论选择哪一种风格，都要和主题靠拢，让消费者感受到你网店环环相扣的主题风格。根据网店风格来设计、融会、突出你的网店装修，会让你的生意事半功倍。

在网店风格定位的时候，应该了解颜色知识，红色使人觉得热情热烈、绿色使人觉得清爽、橘色使人觉得温暖、蓝色使人觉得宽广舒服、黄色使人觉得明亮有朝气、黑色使人觉得厚重有质感、紫色使人觉得优雅、灰色使人觉得典雅大方。知道了这些，面对五颜六色的风格模板的时候就知道该怎样去定位了吧？请看淘宝网网店风格模板如图 10-8 所示。

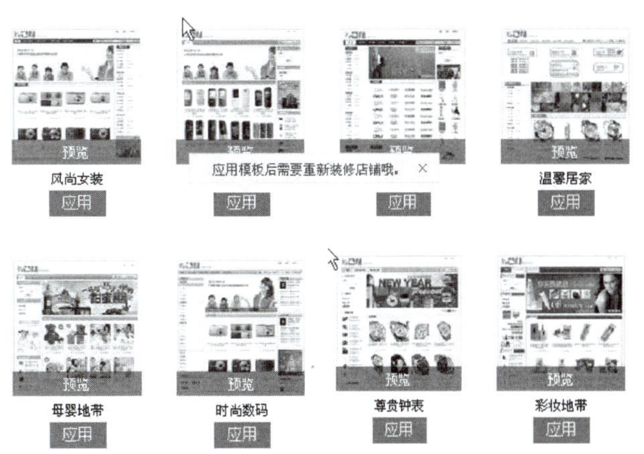

图 10-8 网店风格模板示例图

在这些模板里，颜色搭配各不相同，纵览所有店铺风格，网店可以根据店家自己的喜好进行选择设置，但在进行选择的时候，要掌握以下通用原则。

(1) 男装类和运动类网店，一般定位网店风格模板为尊贵，颜色选取黑色、灰色、蓝色和草绿色。

(2) 家居类网店，一般定位网店风格模板为温馨或者田园，颜色选取棕色系暖色调。

(3) 箱包类网店，一般定位网店风格模板为大气沉稳，颜色选取黑色、灰色。

(4) 女装类网店，一般定位网店风格模板为高贵典雅或青春洋溢，颜色选取灰色，青色，或粉色。

(5) 数码产品类网店，一般定位网店风格模板为强大，可靠，颜色选取黑色、蓝色。

(6) 母婴产品类网店，一般定位网店风格模板为人文、时尚，颜色选取黄色、紫色。

(7) 护肤产品类网店，一般定位网店风格模板为绿色、环保，颜色选取绿色、浅色。

10.5 网店素材收集

网店装修是个不小的工程，要用到非常多的装饰素材、图片资料和文字资料，网店装修前期定下装修方案以后，就得着手准备装修素材。在网店装修之前，素材准备得越充分，装修过程就越快捷，越完善。通常需要准备以下素材。

1. 商品图片

网店卖的是商品，当然网店装修首要素材是商品图片。

准备商品图片的时候，包括商家提供的官方图片，杂志图片和卖家自己拍摄处理过后的实物图、细节图和备用图，另外不可避免地还要用到一些网络图片，注意不要盗用有版权的图片，收集的时候要根据店铺特色和类型选择适合的图片，图片最好有连贯性，在整体网店装修中才能实现网店装修风格的统一。

2. 商品文字描述

商品文字描述包括商品基本资料、使用说明、售后服务等。

网店装修图片一定要有，文字描述也是必不可少的一个部分。因为除了商品图片，文字是买家了解店铺和产品更多信息的最重要途径，有了足够翔实的文字，可以解决很多客户的疑难问题，买家可以从这些文字中找寻自己需要的内容，这样就可以节省卖家大量的客服工作。

一段好的文字描述，如果能得到买家的认可，引发买家心灵共鸣，从而抓住买家的欣赏目光和购买欲……这样文字描述是成功的，不仅增加了商品的特性，深化了店铺的内涵，也是一座和买家建立沟通的桥梁。

没有雄厚的资料做基础，没有大量的阅读做基础，每天坐着空想，你是写不出来多少好的商品文字描述的，所以我们一定要提前收集。

3. 网店装修其他素材

网店装修除了图片和文字之外，有些时候会用到音乐、视频等。其中包括店铺公告文字、店铺介绍文字、广告推销语、分类文字、店招、分类图片、头像图片、网店 LOGO、动画 Flash 等。

这些素材也要提前准备好，以备网店装修时方便之用，当然了可以自己备份，可以上传到网上相册以备网店装修之用。

本 章 小 结

本章主要介绍了网店装修的基本知识和网店装修攻略，帮助网店卖家设计打造独具特色的网店，使得卖家为以后更好地装修网店打下坚实的基础。

第 11 章 网店装修通用技巧

网店装修是网店形象的一部分，传达着店铺的风格定位以及店铺主人的经营理念和店铺文化，在网店的长久发展来说起着十分重要的作用。虽然网络销售平台的功能越来越完善，但是要做一个有特色有吸引力的店铺并不容易，为避免千篇一律的店铺风格，店铺装修是一项重中之重的工作，面对数不胜数的网络销售平台，装修技巧不尽相同，但万法同宗，我们这一章就从网店装修通用技巧开始进行介绍。

学习要点

- 网店店名的思考
- 网店店标的制作
- 网店店招的制作
- 网店详情页的编辑
- 网店模板的选择
- 网店公告的编辑
- 网店动态签名的制作
- 网店海报的制作
- 网店导航的制作
- 图片空间介绍

11.1 网店店名

人们常说好名字决定人的一生，对网店店铺也一样，取个好店名是开一家好店的起跑线。网店的名字就是网店的金字招牌，好的店名会吸引更多的消费者，起到店铺的推广和促销的作用。网店店名应该有特色，能拉近卖家与买家的距离，朗朗上口达到良好的识别功能，具备悠长的传播功能。网店店名需仔细斟酌，用心起到一个好名字，最好简单易懂，契合商品属性，最终发展成自己的网络品牌。

11.1.1 网店起名时要注意的问题

1. 符合所售商品属性

网店名字与所售商品有联系或者统一，可以加深买家印象，有利于网店整体营销。

2. 有原创性和独特性

网店重名多多，原创的独特店名有助于在茫茫网海树立自己网店的自有风格，便于买家记忆和查找。

3. 符合网店形象定位

网店名字传达的是网店本身的形象和特色，因此要取一个与自己网店文化和经营理念相符合的店名。

4. 简单易懂

网店店名要照顾各个层面的消费群体，要便于记忆，易于传播。

5. 文化内涵

网店店名要抓住消费者的心理需求与精神需求，要有文化内涵，能引起消费者的心理共鸣，才能吸引消费者。

6. 用字考究

网店店名建议使用汉字，不使用数字和字母，不使用怪字符，便于记忆，便于登录，可以选择吉祥字眼，尽量符合国人审美。

7. 准备长久使用

网店店名是可以随时更换的，但在开店伊始起名的时候，就要有做大做强的远大目标，这样店名就不能轻易更换，慎重起好店名，长久使用。

好店名示例如图 11-1～图 11-6 所示。

图 11-1　店铺名称(1)

图 11-2　店铺名称(2)

图 11-3　店铺名称(3)

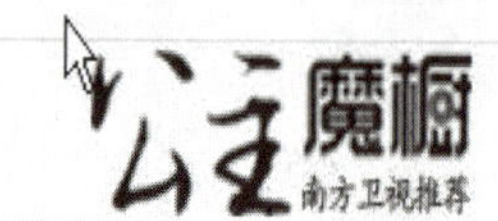

图 11-4　店铺名称(4)

图 11-5　店铺名称(5)

图 11-6　店铺名称(6)

11.1.2　网店店名设置方法

网店店名确定以后，设置到网店页面之中，具体设置方法以淘宝为例，说明设置和修改网店店名的方法，具体操作步骤如下。

Step 1　打开淘宝网首页(http://www.taobao.com/)，在“淘宝会员”对话框，输入淘宝网 ID 即账户名和密码，登录淘宝网，单击淘宝页面最上一行上的“卖家中心”链接，进入“卖家工作台”页面，如图 11-7 所示。

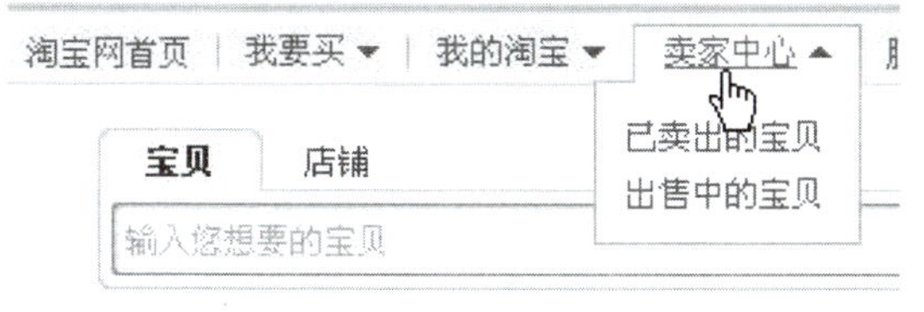

北商盟】☆水色靓妆☆ 抵制假货 正品专营 美国LAC烙色彩妆

图 11-7　“卖家工作台”页面

Step 2　单击“卖家工作台”页面左侧导航栏“店铺管理”按钮下的“店铺基本设置”链接，进入“店铺基本设置”页面，如图 11-8 所示。

店铺管理
查看我的店铺
官网店铺
淘宝店铺
店铺装修
图片空间
宝贝分类管理
店铺基本设置
手机淘宝店铺
域名设置
掌柜推荐

图 11-8　单击“店铺基本设置”链接

Step 3　在“店铺基本设置”页面，找到“店铺名称”设置文本框，输入已经起好的店铺名，“店铺基本设置”如图 11-9 所示。

我是卖家 > 店铺管理 > 店铺基本设置

淘宝店铺　手机淘宝店铺　官方网店

*店铺名称：【河北商盟】☆水色靓妆☆ 抵制假货

店铺标志：

图 11-9　店铺基本设置

Step 4　保存店铺名称。单击“店铺基本设置”页面下方“保存”按钮，店铺名称就设置好了，“保存店铺名称”如图 11-10 所示。

*主要货源：○ 线下批发市场　⊙ 实体　○ 自己生产　○ 代工

是否有实体店：⊙ 是　○ 否

*实体店地址：唐山市路北区

有工厂或仓库：○ 是　⊙ 否

保存

图 11-10　保存店铺名称

11.2　网店店标

完成了网店店名的设置之后，进行网店店标的设计。

网店店标是一个网店的象征标志，是网店的 Logo，它直接反映一个网店的整体形象，在搜索和收藏某一个网店的时候，都会看到该店的店标，这个小小的店标第一映入买家眼帘，最直接反映网店风格，小店标大用场，独特的店标能让人过目不忘，从而使得该网店在众多店铺中脱颖而出。

优秀店标示例如图 11-11~图 11-15 所示。

图 11-11　店标(1)　图 11-12　店标(2)　图 11-13　店标(3)

图 11-14　店标(4)　　图 11-15　店标(5)

设计网店店标，是卖家创意的展现，制作网店店标时，图案和文字可以配合使用，选择合适的字体和字号，颜色搭配要和谐，动画效果要醒目，总的原则是美观、突出、流畅、和谐，符合大众审美，符合网店装修风格，符合网店经营特色。随着通信覆盖的延伸，网络购物手机平台也在不断发展，手机店铺与普通网络店铺一样，麻雀虽小，五脏俱全，具备所有功能。那么店标也就分为普通店标和手机店标，下面我们分别介绍普通店标和手机店标。

11.2.1　普通网店店标

各个网络购物平台对网店的店标大小尺寸都有明确的规定，分别列举如表 11-1 所示。

表 11-1　网店店标规格要求列表

网络购物平台	店标尺寸大小	店标格式
淘宝网	80×80 像素 <80KB	GIF、JPG、JPEG、PNG
易趣网	100×100 像素<80KB	可引用外部图片链接
拍拍网	100×100 像素<80KB	GIF、JPG
百度有啊	100×100 像素<80KB	GIF、JPG

制作网店店标的时候，准备好文字和图片素材，用专用的图文处理软件，如 Photoshop，美图秀秀、GIF、光影魔术手等做加工。

网店店标的基本制作方法有以下几种。

1. 直接用店铺名称

直接采用店铺名称，利用图片处理软件里的文字工具，对汉字的字号字体和文字效果的设置，制作成网店店标，日积月累，将网店名称做成一个品牌。

如图 11-16 所示，即直接采用店铺名字，利用字体的变换和字体颜色效果的设置做成的网店店标，简洁明了。

2. 用几何图形

用几何图形制作店铺的 Logo 作为网店店标。

如图 11-17 所示，这是我们都熟悉的一个运动品牌，这个店招就是用几何图形制作店铺的 Logo 作为网店店标，个性风范十足，让人过目不忘，我想 80% 听说过这个品牌的人，看见这个图标，就知道这个几何图形堆积的标示就是该品牌的形象和 Logo 吧，那这不是无声的语言吗？好的品牌 Logo 和店标就应该具备这种功能，我们说这样的店标和 Logo 是成功的。

图 11-16　店铺名称店标　　图 11-17　几何图形店标

3. 用图片处理

把图片进行裁切、组合、拼接、抠图，融图等处理方式，利用不同图片处理软件的处理效果，打造出个性鲜明，风格突出的网店店标。

如图 11-18 所示，这个店标就是用图片裁切美化处理的，特色鲜明，让人一看就知道主营一定是鞋子。这个店标无形之中为店铺商品做了宣传。

图 11-18　图片处理店标

4. 制作动态店标

动态店标相比静态店标更吸引消费者的目光，用 photoshop、美图秀秀和 GIF 光影魔术手等图片处理软件均可以制作动态网店店标。学会动态店标的制作，静态店标就非常简单了，下面我们重点介绍一下，用图片处理软件 Photoshop 制作动态店标的方法和步骤如下。

Step 1　准备好自己在动态店标中需要使用的图片素材图，可以是自己喜欢的图片，也可以是商品图，这里我们准备两张，如图 11-19、图 11-20 所示。

图 11-19　店标素材(1)

图 11-20　店标素材(2)

Step 2　打开 Photoshop，在“文件”菜单中选择“新建”命令，在弹出的“新建”窗口中设置如下内容：名称为“店标 1”，参数：宽“80”像素，高“80”像素，分辨率“72”，颜色模式“RGB 颜色”，新建“店标 1”文件，背景颜色根据自己喜好设置，操作界面如图 11-21 所示。

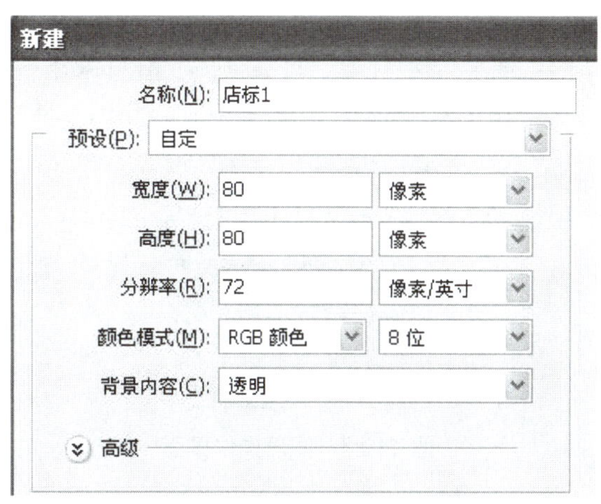

图 11-21　新建“店标 1”

Step 3　打开事先准备好，在店标里出现的图片，如图 11-19 和图 11-20 所示。然后用“工具栏”中的“裁切工具”将图片切成正方形。选择“图像”菜单中的“图像大小”命令，在弹出的窗口中，将像素大小下面的宽和高改成“80 像素”，单击“确定”按钮。这时图片尺寸就变为和“店标 1”文件一样大小了，操作界面如图 11-22 所示。

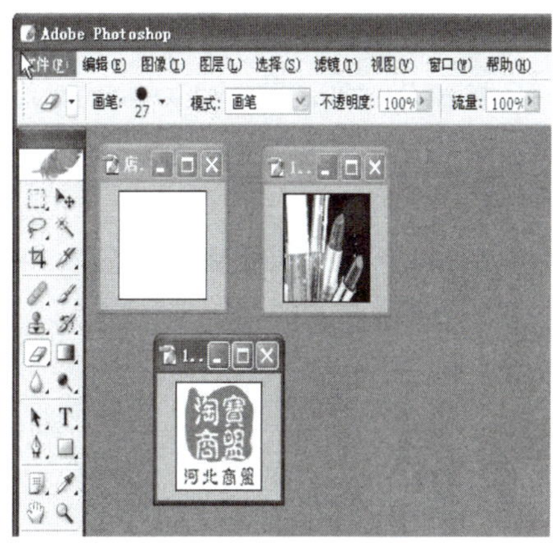

图 11-22　店标素材图界面

Step 4　选择“选择”菜单里的“全选”命令，这时图片四边出现流动的虚线框，选择“编辑”菜单中的“复制”命令，就将图片复制出来了。然后激活刚才建的“店标 1”文件(用鼠

标左键单击“店标 1”文件，文件上方的灰色条变成蓝条，即为激活），然后选择“编辑”菜单中的“粘贴”命令，此时“图层”窗口自动新建“图层 1”，图层操作界面如图 11-23 所示，图像操作界面如图 11-24 所示。

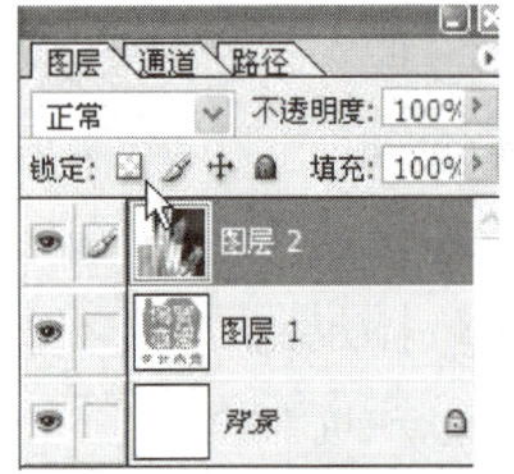

图 11-23　图层操作界面

图 11-24　图像操作界面

Step 5 文字编辑。首先用文字工具输入文字，用鼠标左键单击“工具栏”下面的“设置前景色”按钮，在弹出的“拾色器”窗口中选择喜欢的颜色，这里我们选择的是白色，如图 11-25 所示。

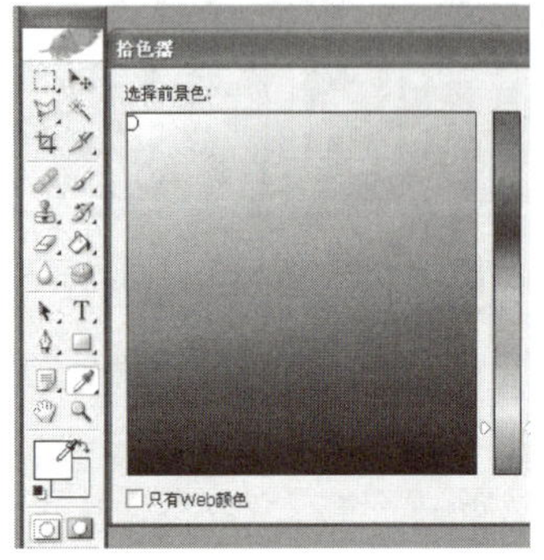

图 11-25　设置前景色

Step 6 单击工具栏中的“文字工具”(快捷键“T”)，在打开的“店标 1”文件中按住鼠标左键，拖动鼠标，出现一个闪动的文本区域，这时就可以在该文本区域输入店名或者想要输入的其他文字了。我们这里输入“文字输入”四个字，如图 11-26 所示。

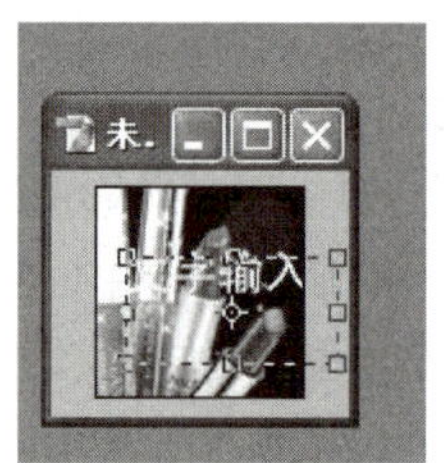

图 11-26　文字输入

Step 7 “文字输入”输入好以后，如需要设置文字效果，比如修改文字的大小、颜色和样式，全选刚才输入的“文字输入”文字，进行编辑，如图 11-27 所示。

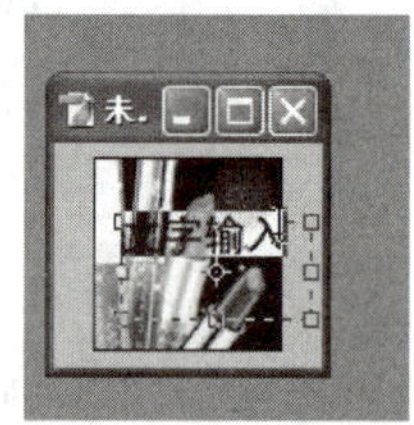

图 11-27　全选“文字输入”

Step 8 设置文字效果。在“窗口”菜单中选择“字符”命令，就可在弹出的“字符”窗口中修改文字的尺寸和字体以及字体效果了，这里我们为了突出字体显示，选择颜色为“绿色”，字体选择“黑体”，字体样式根据自己喜好选择“旗帜”。文字效果操作界面如图 11-28 所示。

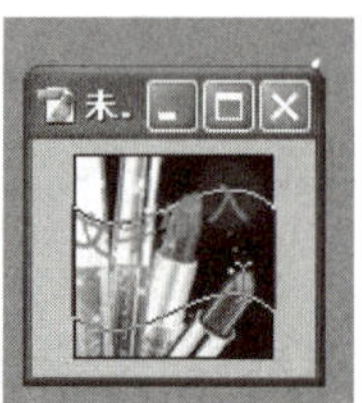

图 11-28　设置文字效果

Step 9 动画制作。切换到 imageready 窗口，首先选择“窗口”菜单下的“动画”命令，如图 11-29 所示。

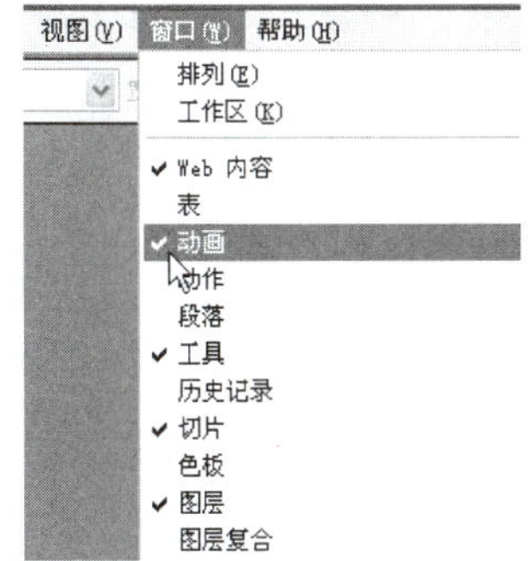

图 11-29　选择“动画”命令

Step 10 单击“动画”操作界面下方，第一帧下面的“0 秒”，选择帧延迟时间，设置为一直有效，将时间改为“0.2 秒”，　如图 11-30 所示。或单击“其他”按钮，手动输入数字设置帧延迟时间值，这个时间值是动画帧过渡时间，如图 11-31 所示。

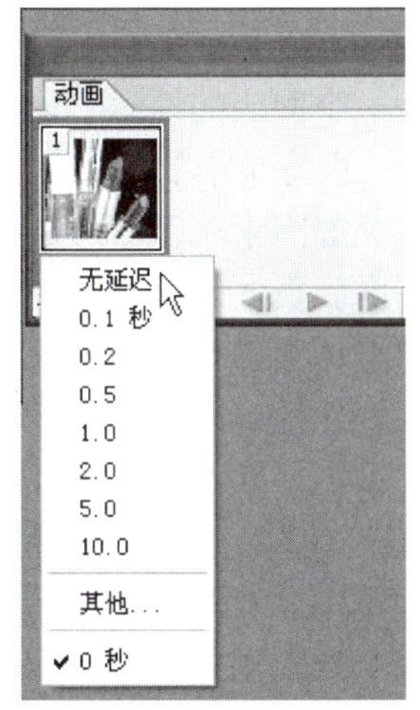

图 11-30　选择帧延迟时间

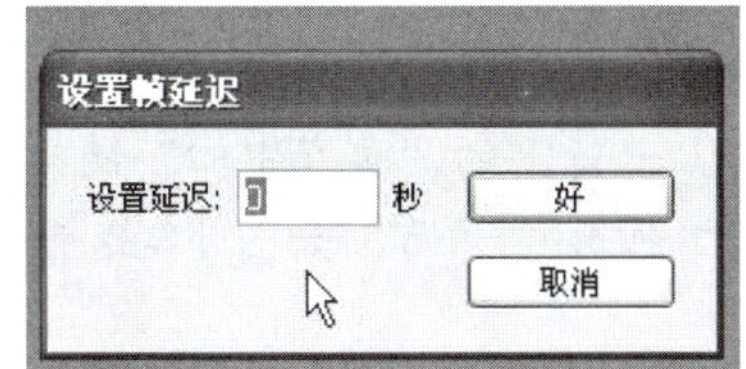

图 11-31　设置帧延迟时间

Step 11 单击第一帧下方的“一直有效”，设定“循环播放计数”，即设置当前帧的播放次数，如图 11-32 所示。

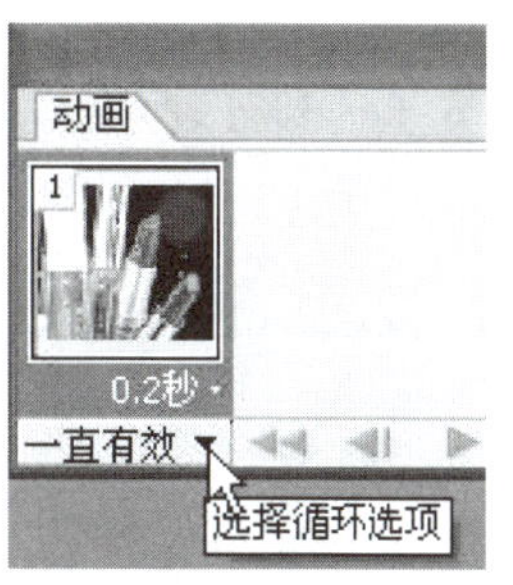

图 11-32　设定“循环播放计数”

Step 12 复制当前帧。单击“动画”面板的“复制当前帧”按钮，“动画”面板中就会出现第二帧，同样设置时间，如图 11-33 所示。

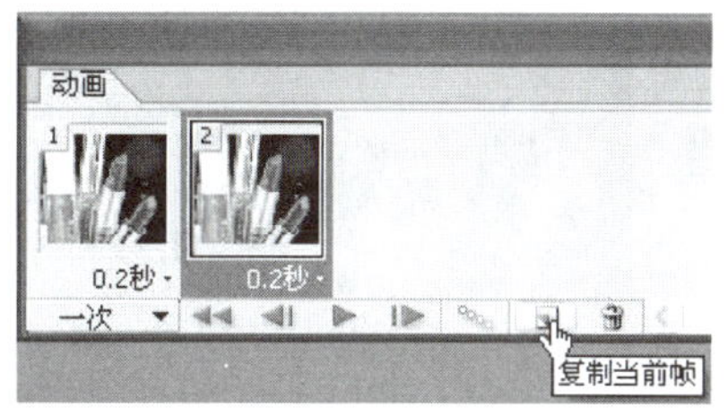

图 11-33　复制当前帧

Step 13 在“图层”面板中，单击最上面图层左侧对应的眼睛，关闭该图层的可视性。继续“复制当前帧”、再关闭该图层的可视性，每一帧均可以根据需要关闭对应某一图层的可视性，这样我们就可以将 Photoshop 里粘贴的图片全部做成动画帧。动画窗口帧排列如图 11-34 所示。

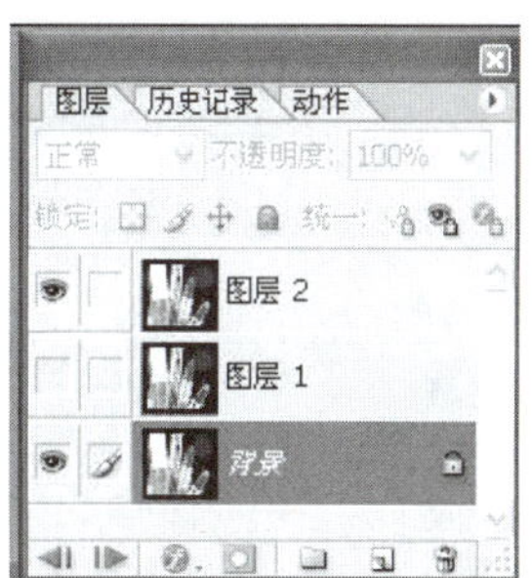

图 11-34　“图层”面板

Step 14 预览。此时我们就可以单击“动画”窗口中的“播放/停止”按钮来预览动态效果啦！如果觉得动画过渡的时间不理想，可以随意调整某一帧的过渡时间，或大或小，“播放”预览，直至达到最理想的动画效果为止，如图 11-35 所示。

图 11-35 “播放”预览

Step 15 优化。如图 11-36 所示优化命令，先在“窗口”菜单中选择“优化”命令，在弹出的“优化”面板中设置：预设为“GIF 128 仿色”，损耗：“0”，颜色：“128”，仿色：“88%”，这里损耗和仿色均可根据自己喜好进行调节。(注：损耗数值选择越大，图片效果损失越大，失真率越高，图片清晰度越差，图片文件 KB 值越小)

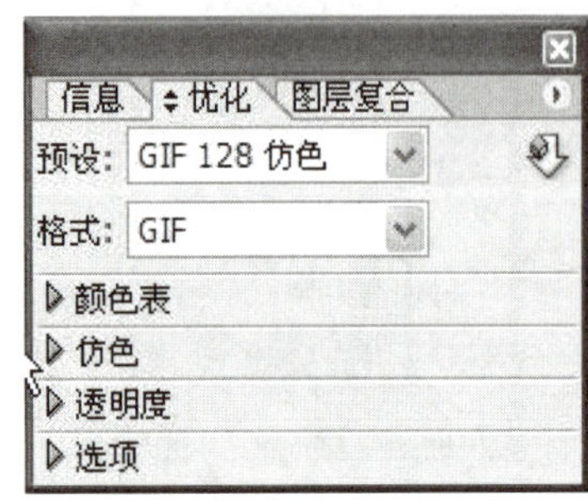

图 11-36 “优化”面板

Step 16 保存。选择“文件”菜单中的“将优化结果保存为”命令，保存即可！注意图片类型一定要选择“仅限图像(*.gif)”格式，如图 11-37“保存”界面所示，一个属于自己的动态店标就完成了。如果上传时发现文件超过 80KB，可以在上一步中提到的“优化”面板中，将“损耗”值改为较大一点的数值，重新保存即可，建议损耗值不要选择过大，否则图片失真模糊。

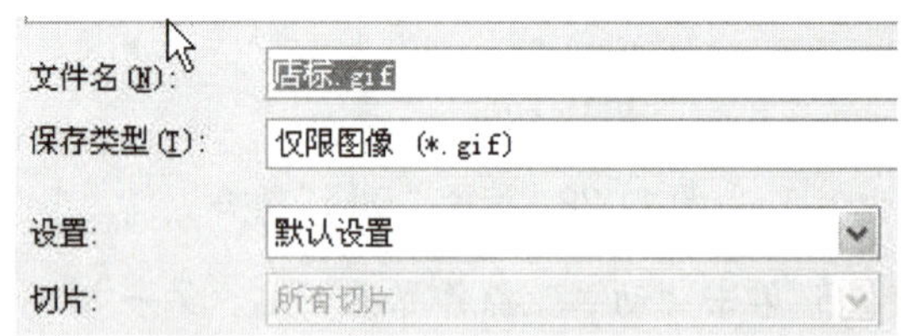

图 11-37 保存

5. 在线制作网店店标

到所在网购交易平台合作网站在线制作网店店标。

6. 网店店标上传

网点店标是一个网店的搜索 Logo，是一个网店给买家的第一印象，也许小小的店标就是决定买家选择进不进该店铺的关键因素，因此精心制作好的网店店标一定要上传到网店页面。本书以淘宝网为例，介绍网店店标上传的具体操作步骤和方法。

首先用制图软件做好店标，符合所在网购交易平台要求的格式和大小。即不大于 80KB，GIF、JPG、JPEG、PNG 格式任选其一，我们通常选择 JPG 格式，JPG 格式的图片因其压缩比大，失真率低被广泛采用。将制作好的店标上传步骤如下。

Step 1 打开淘宝网首页(http://www.taobao.com/)，在“淘宝会员”对话框中输入淘宝网 ID 即账户名和密码，登录淘宝网，单击淘宝页面最上一行上的“卖家中心”链接，进入“卖家工作台”页面，如图 11-38 所示。

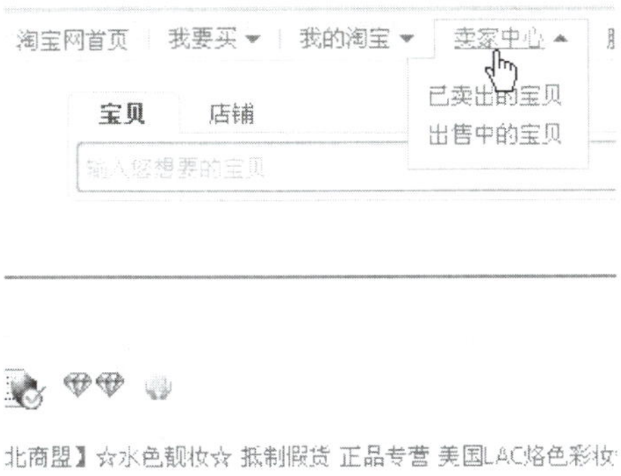

图 11-38 “卖家工作台”页面

Step 2 单击“卖家工作台”页面左侧导航栏“店铺管理”按钮下的“店铺基本设置”链接，如图 11-39 所示，进入“店铺基本设置”页面。

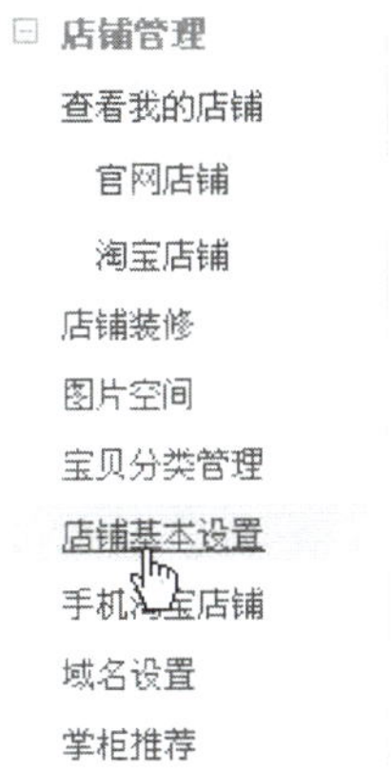

图 11-39 “店铺基本设置”链接

Step 3 单击“上传图标”链接，在打开的对话框中找到制作好的店标文件路径，浏览选择好店标文件，单击“打开”按钮，上传店标，在页面下方单击“保存”按钮，如图 11-40 所示，店标设置完成。

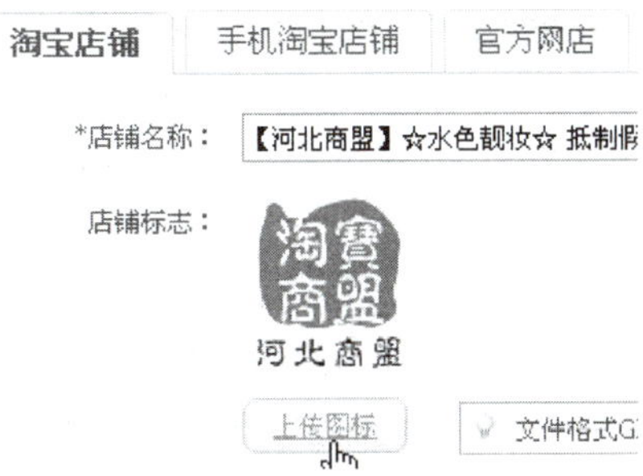

图 11-40 店标上传

Step 4 查看网店店标保存的搜索效果，如图 11-41 所示。

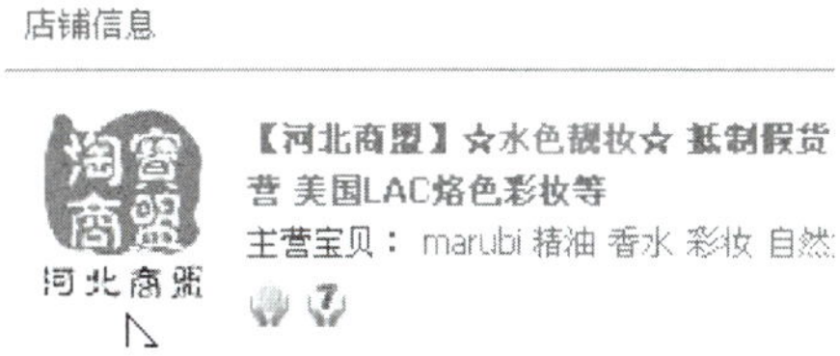

图 11-41 网店店标保存的搜索效果

网店店标可以随时更换，更换店标的时候要依照以上操作过程。

11.2.2 手机店标

随着移动通信网络的普及，随着移动手机上网业务的拓展，手机购物的热度已经空前高涨，越来越多的 80 后、90 后的拇指族，通过手机去上网，去购物，于是手机店铺应运而生。由于手机网络的特殊性，决定了手机店铺的特殊性，手机店铺店标的设置也成了网店装修的当务之急。

下面我们学习一下手机店标的基本知识。以淘宝手机店铺为例，介绍手机店标的制作方法和步骤。

1. 手机店标设计规范

手机上的淘宝店铺格式和传统网页上淘宝店铺格式有很多不同的地方，手机屏幕小而且网速慢，目前的手机上网资源都是按流量来计算，手机上过网的人都知道，网页图片量是占据较大的手机流量的，WAP 的 30KB 左右，WWW 的图片多的 2000KB，网页小的几百 KB 不等，因此手机店铺所有图片都要比传统网页的图片要小，而且图片颜色也是 256 的索引。具体的手机店标设计规范要遵照淘宝手机版的要求。手机店招图片具体要求的是：3KB 的容量大小，170px×30px 的尺寸大小。

2. 手机店标设计原则

由于手机店铺的特殊性，所以手机店招在设计上要尽量减少图片的使用，而是以一些特色文字和店铺的 Logo 为主。如果要放产品图片的话，也应该尽量做一些减小图片容量大小的处理。这样做的目的主要是让买家尽快地打开你的手机店铺，加快买家的浏览速度，减少买家的手机流量，以稳定客户来源，生意长足发展。

3. 手机店标的制作方法

手机店标与普通店标的制作方法大同小异，需额外多加注意的是，严格控制手机店标的图片大小。3KB 大小的图片很难看清楚，所以最好是店招素材的局部或者就是你店铺的 Logo 就很好了。这样手机店招的重点就在于文字，卖家可以使用图片处理软件的文字工具，输入网店的店铺名字，设置文字的大小和文字效果。当然如果卖家感觉不理想的话，随时可以通过文字工具来调整文字的大小和位置，为文字做好效果处理，那么网店的店名就是一张闪亮的手机店标。最后，通过图片处理软件把处理好的文字图片保存为 Web 格式输出就好了。虽然有时候 GIF 动画会很好看，但占用流量比较大，还是建议手机店标不要使用 GIF 动画，以利人利己。

最后在手机 IE 浏览器直接输入网店的手机店铺地址就可以看到所设置的手机店标效果。

11.3 网 店 店 招

买家进入一家网店的时候，在页面顶部，第一眼映入买家眼帘的便是网店店招。如图 11-42 所示无店招设计网店，我们看到网店店招在没有经过设计美化之前，是页面顶部的渐变色块，颜色同模板色调，上面无任何信息，是不是很呆板、单调？是不是让买家一头雾水？试想，这样的网店怎么能留住买家，怎么让买家有购买商品的欲望呢？

图 11-42　无店招设计网店

我们再看图 11-43 所示，经过网店店招设计上传之后，添加了网店店招的网店，店铺外观随之改变，是不是生动活泼了很多？是不是网店信息瞬间映入眼帘？在这块店招上，你可以看到卖家店铺名称，主营产品，品质保证，网店地址，是不是让买家对店铺的基本信息一目了然？可见网店店招跟现实店铺中的商店招牌是一样重要的。

图 11-43　添加网店店招的网店

在实体店铺中，一块精良的商店招牌包含许许多多的内容，通过它可以展示店铺名称、店铺文化、店铺主营项目、店铺产品特色甚至优惠信息，促销信息等，网店店招也一样涵盖了这些所有的功能。网店店招在页面顶部，是店铺整体形象的一个缩影，设计独特、制作精良的店招会为网店大大加分，因此卖家在设计网店店招的时候，一定要做好。下面我们分别介绍普通店铺店招和手机店招的制作方法和步骤。

11.3.1 普通店招

淘宝店铺现在分为普通网店和手机网店，这两种店铺的店招各自有各自的特点和规格，首先我们介绍普通店铺店招。

1. 普通店招设计规范

网店店招主要通过图文结合的方式呈现，在设计时要注意图文并茂。

普通店招设计过程中，要遵守以下设计规范：首先图片格式和大小必须符合所属网络平台的要求，各热门网络购物平台店招规格要求如表 11-2 所示，其次要更贴合网店经营项目的整体装修风格。

表 11-2　网店店招规格要求列表

网络购物平台	店招尺寸大小	店标格式
淘宝网	950×150 像素<100KB	GIF、JPG
易趣网	100×100 像素<80KB	GIF、JPG
拍拍网	950×150 像素<200KB	GIF、JPG
百度有啊	950×120 像素<128KB	GIF、JPG

2. 普通店招设计原则

网店店招为网店文化的缩影，要选择清晰度高的图片，需要注意图片、字体、背景的协调，最大限度地体现网店的独特性。在制作之前，要美化设计店招要展示的内容，把最重要的内容突出显示，以动态或静态的方式完美呈现。

3. 普通店招制作步骤和方法

(1)　处理软件自主创意设计制作静态店招

网店店主根据个人喜好，选择图片处理软件，比如 Photoshop、GIF、光影魔术手、美图秀秀等，将图片进行适当的美化和修饰，做成网店店招。

我们以淘宝网为例，介绍用 Photoshop 软件制作网店店招的方法和步骤。

在店招设计之前，先安装所要用的图片处理软件，然后构思店招风格。店招风格和色调确定以后，尽可能多的收集素材图片，到字体库下载安装一些自己喜欢的字体。目前淘宝流行字体微软雅黑、华康少女体、方正字体、迷你简娃娃篆等。微软雅黑常用于淘宝详情描述页面，华康少女体常用于一些卡伊娃商品的销售页面，方正简体则常用于比较端庄的男装销售页面，迷你简娃娃篆多用于童装类店铺，字体下载好后，到一些制图专业网站下载一些制图软件所用的图形笔刷，比如星光、心型、彩虹、翅膀、花纹、花边等在图片处理过程中经常用到的热门笔刷。这些在图片处理过程中，也是打造特色装修风格时候必不可少的基本素材。

所有材料准备好之后，那么开始制作吧，操作步骤如下。

Step 1　准备网店店招素材图。我们选择图 11-44～图 11-46 作为店招装修素材。注意选取素材图的时候，一定要选清晰度高的图片。

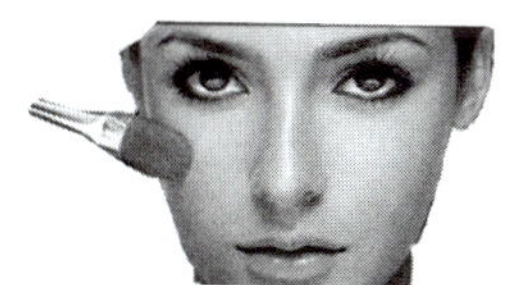

图 11-44　店招素材(1)

图 11-45　店招素材(2)

图 11-46　店招素材(3)

Step 2　打开软件 Photoshop，新建文件“宽度”和“高度”分别设置 950×150 像素，单击“确定”按钮，命名此新文件名为“网店店招”，如图 11-47 所示。

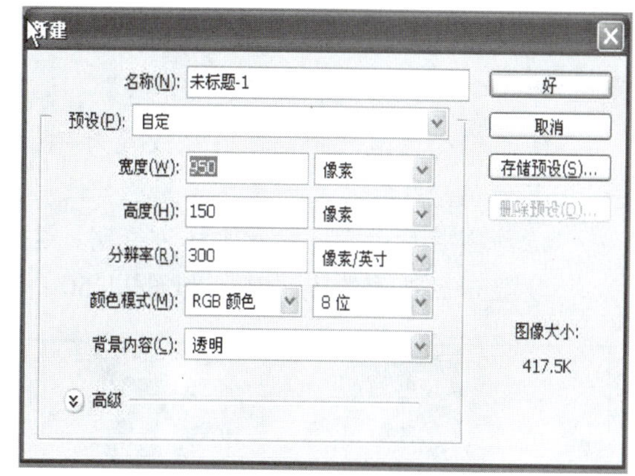

图 11-47　新建网店店招

Step 3　在“文件”菜单下，分别打开素材图，图 11-44～图 11-46，将这三张图片进行适当的裁切、美化和修饰，调整到合适的大小和适当的位置，然后将素材图 11-44 拖到新建的画布上，进行融图操作，如图 11-48 所示。

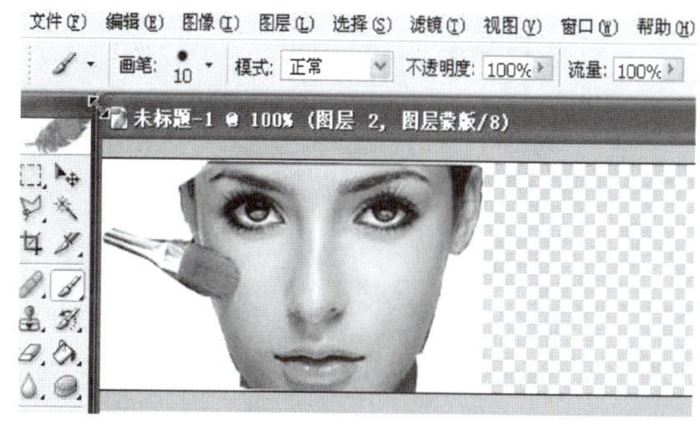

图 11-48　融图

Step 4　将拖动过去的素材图 11-48 去除背景。在图层窗口面板的下方，单击“添加图层蒙版”

按钮，如图 11-49 所示。

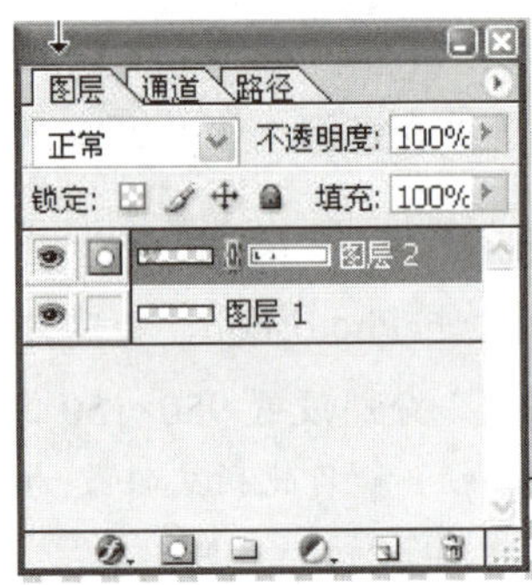

图 11-49　添加图层蒙版

Step 5 单击“工具箱”中的“画笔工具”，选择系统自带的画笔，将画笔直径设置为 10 或者其他值，然后设置前景色为黑色，使用画笔涂抹图片背景，将背景涂抹为透明，这时候要显示的头像清晰呈现，如图 11-50 所示。

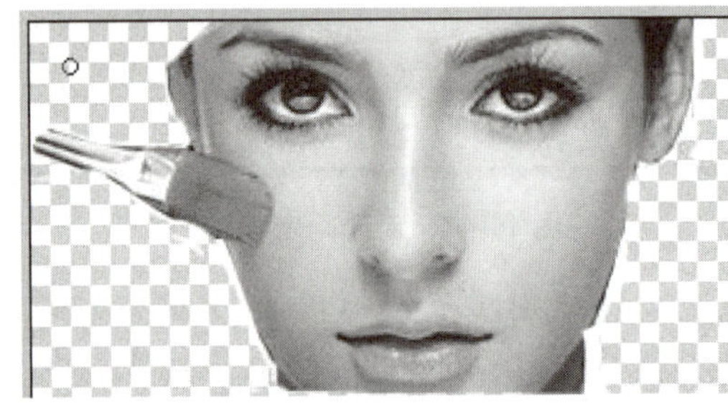

图 11-50　背景涂为透明

Step 6 使用上面的方法，将店招素材如图 11-44～图 11-46 分别也放置进新建的店招图片文件中，按上一步同样的操作再次进行融图，融图效果如图 11-51 所示。

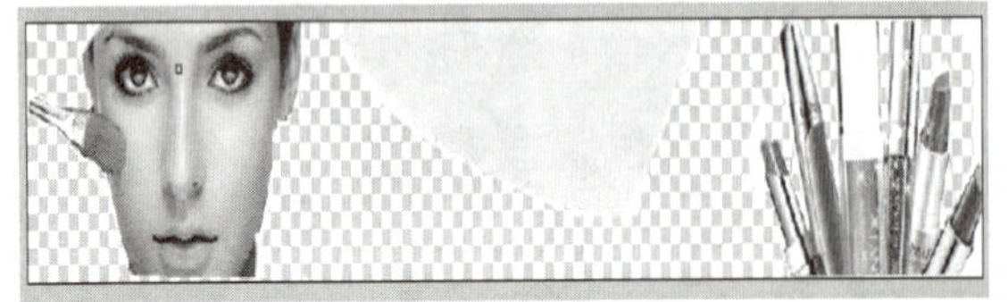

图 11-51　再次融图

Step 7 将透明背景变成黑色，在“通道”菜单中复制一个通道，按 CTRL+L 组合键调整(黑更黑白更白)，导入选区，回到全色通道，返回图层，填色，完成。如图 11-52 所示。

图 11-52　透明背景变成黑色

Step 8 在图片中添加网店名称、网店信息、网店标语、网店地址、品质保证等相关文字，静态店招制作完成，如图 11-53 所示。

图 11-53　静态店招

(2)　图片处理软件自主创意设计制作动态店招

Step 1 在 Photoshop 软件中，打开准备好的店招素材(这里我们采用前边做成的静态店标)，在“图层”菜单下，选择“新建”|“图层”命令，如图 11-54 所示。

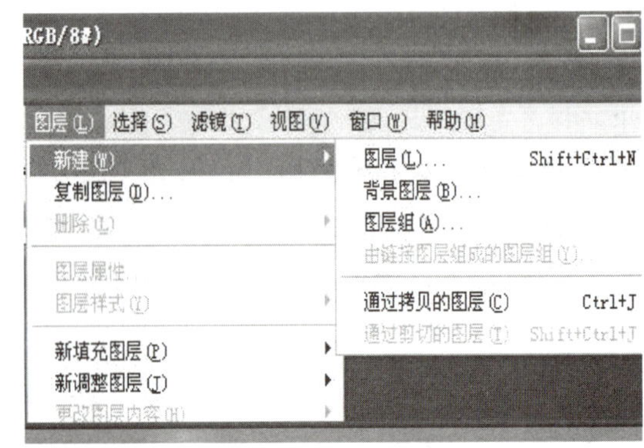

图 11-54　新建图层

Step 2 图层设置。单击“图层”菜单，选择“图层样式”，打开“图层样式”对话框，在其右侧“混合模式”选项中选择“正常”，如图 11-55 所示。

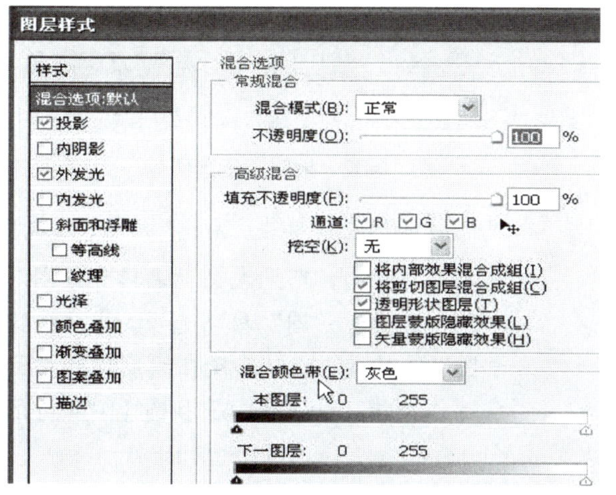

图 11-55 图层设置

Step 3 在“投影”选项中设置混合模式为“正片叠底”，不透明度为“100%”，角度为“30 度”，“等高线”，如图 11-56 所示。

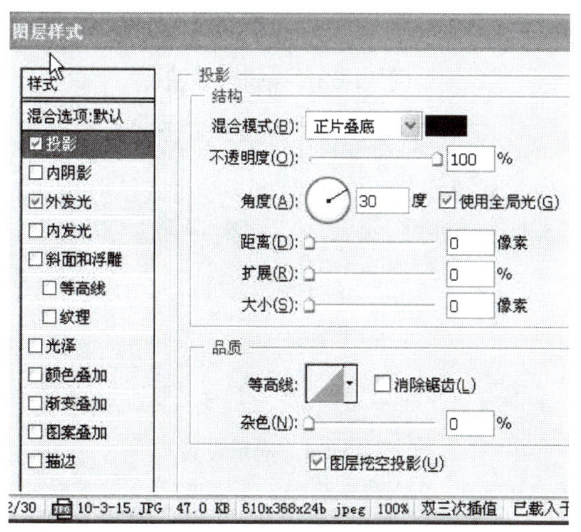

图 11-56 投影选项

Step 4 “外发光”选项中设置模式选择为“正常”，不透明度为“100%”，颜色选择白色，如图 11-57 所示。

Step 5 单击左侧菜单栏中的“画笔”工具，单击画笔大小旁边的小三角，出现选取画笔面板，选择星星图案，如图 11-58 所示。

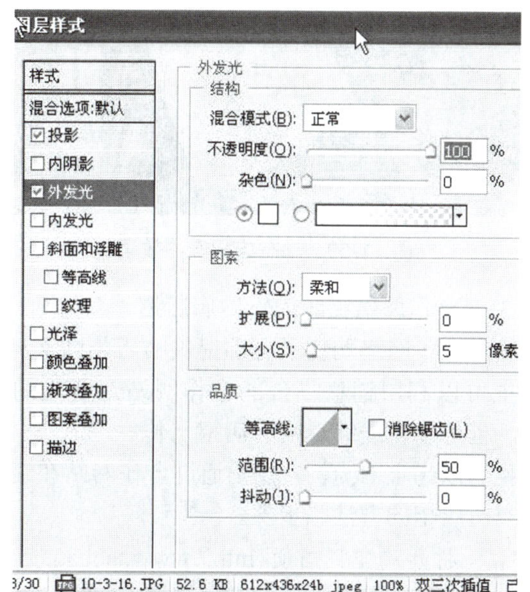

图 11-57 “外发光”选项

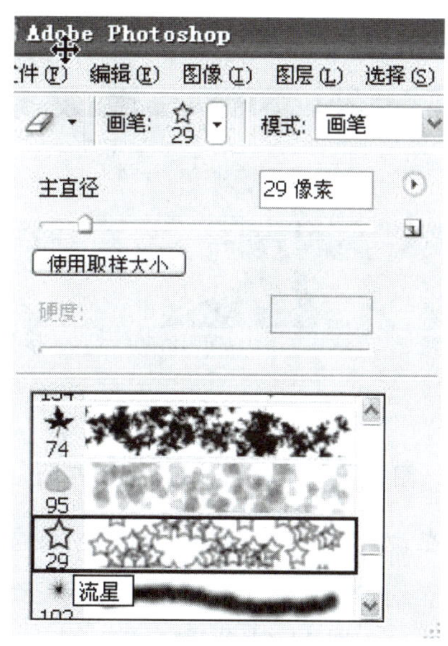

图 11-58 “画笔”工具

Step 6 根据需要选择笔刷大小、笔刷样式，最后将“前景色”设置为白色就可以开始在图片上点出星星图案。

Step 7 将做好的图片转到 Imageready 编辑，单击“窗口”菜单下的“动画”按钮，按个人喜好设置帧延迟时间，复制相同帧，设置不同可视性图层，达到动画显示效果，最终动态店招效果图如图 11-59 所示。

图 11-59　动态店招最终效果

(3)　合作网站在线编辑网店店招

现在很多网络购物平台都提供网店装修素材，网店店主可以利用销售平台的合作网站上现成的网店招牌，也可以在线编辑网店店招上传。

我们以淘宝网为例，介绍通过合作网站在线编辑制作网店店招的方法和步骤。

Step 1　打开淘宝网首页(http://www.taobao.com/)，输入淘宝网 ID，登录淘宝网，单击“卖家中心”链接，单击左侧导航栏“店铺装修”按钮，如图 11-60 所示。

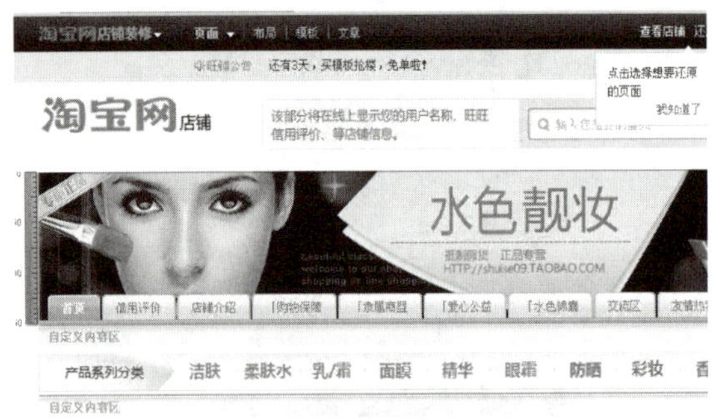

图 11-60　单击“店铺装修”按钮

Step 2　在“淘宝网店铺装修”页面中将鼠标左键放置到店招区域之上，店招区域泛白呈编辑状态，如图 11-61 所示。

图 11-61　店招区域泛白

Step 3　编辑店招选项，店招泛白区右上角出现“编辑”、“删除”以及上下箭头，单击这些链接分别对应相应的编辑操作，如图 11-62 所示。

图 11-62　编辑店招选项

Step 4　我们用鼠标左键单击“编辑”按钮，出现“编辑内容”页面，可见左侧“编辑背景图”和右侧“更换背景图”两个选项，在“编辑背景图”的时候，可以选择在线制作和自己创意制作上传，如图 11-63 和图 11-64 所示。

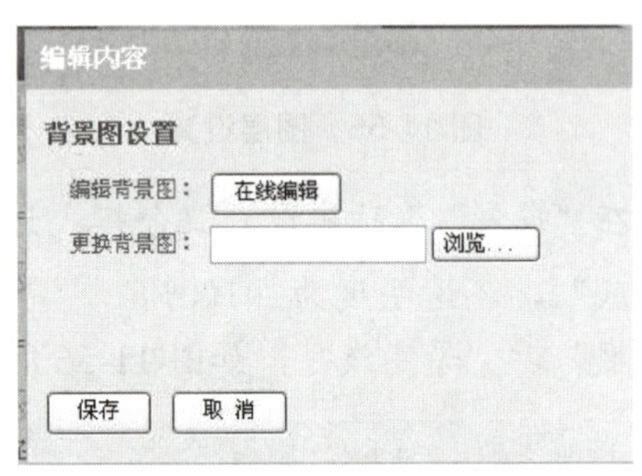

图 11-63　编辑背景图

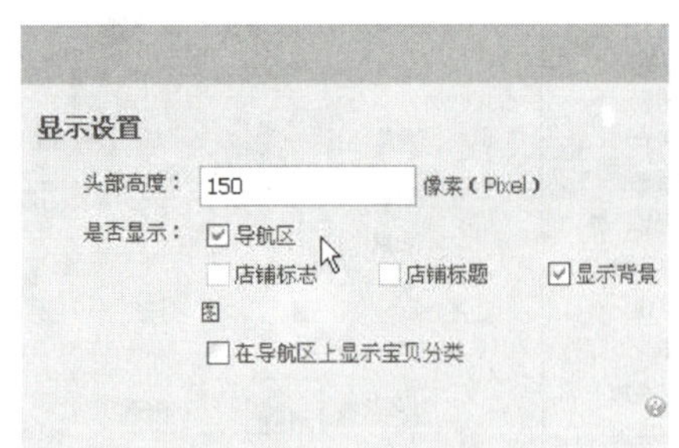

图 11-64　显示设置

Step 5　单击“编辑内容”页面的“编辑背景图”右侧“在线设计”按钮，如图 11-65 所示。

图 11-65　单击“在线设计”按钮

Step 6 单击“在线设计”页面左上角的“通栏/店招”按钮，显现设计店招，如图 11-66 所示。

图 11-66 单击“通栏/店招”按钮

Step 7 按“广告牌类目”选择网店店招的风格，包括“适用行业”、“模板主题”、“模板色系”、“价格区域”，如图 11-67 所示。

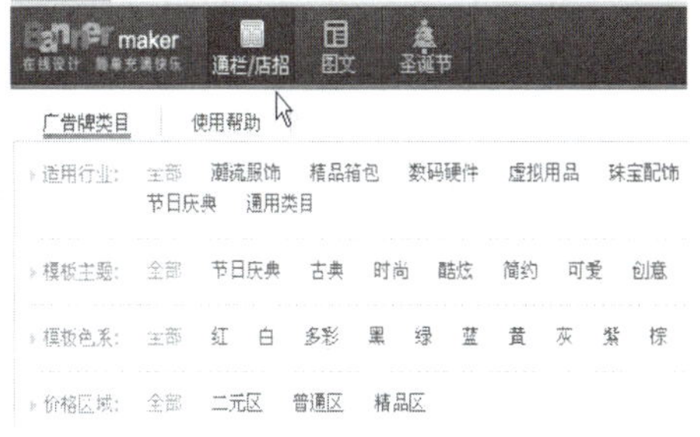

图 11-67 “广告牌类目”选择

Step 8 选择合适的广告牌，进行店招的编辑。我们选择图 11-68 所示的圣诞图作为编辑对象。单击“开始制作”按钮，依次设置基本属性、动态文字属性、图片属性、更改文字和动画，以符合自己的店铺装修风格。

图 11-68 广告牌

Step 9 基本属性。单击左上角的“设置”按钮，可以设置店招的尺寸，如图 11-69 所示。

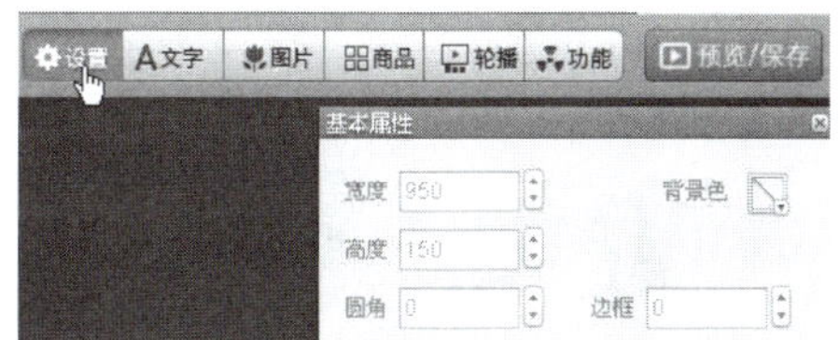

图 11-69 设置基本属性

Step 10 动态文字属性。单击“A 文字”选项，有“动画文字”和“静态文字”两个按钮，单击“动画文字”按钮后，单击右侧的“添加文字”按钮，在“请输入文字”文本框中，输入你想要的文字，单击“字体”按钮，选择喜欢的字体，如图 11-70 所示；单击“动画”按钮选择动画，如图 11-71 所示；单击色块选择颜色，如图 11-72 所示；单击“滤镜”按钮，选择文字特效，如图 11-73 所示。

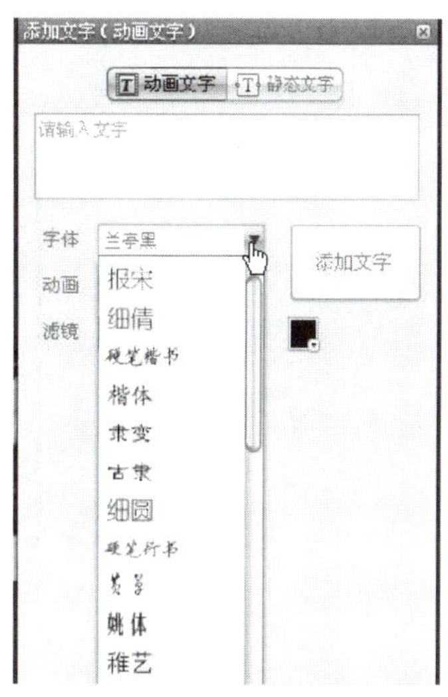

图 11-70 字体

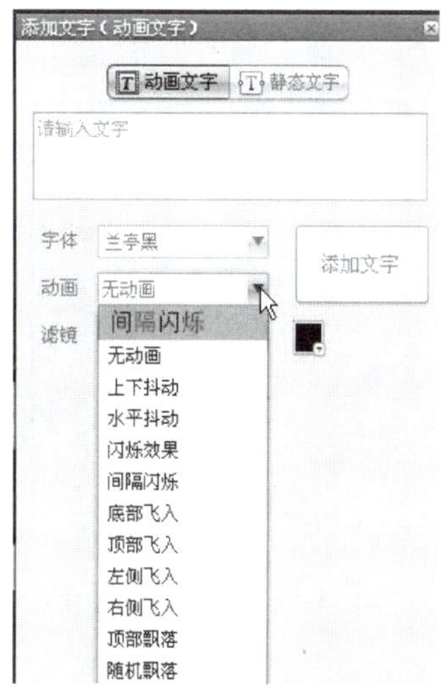

图 11-71 选择动画

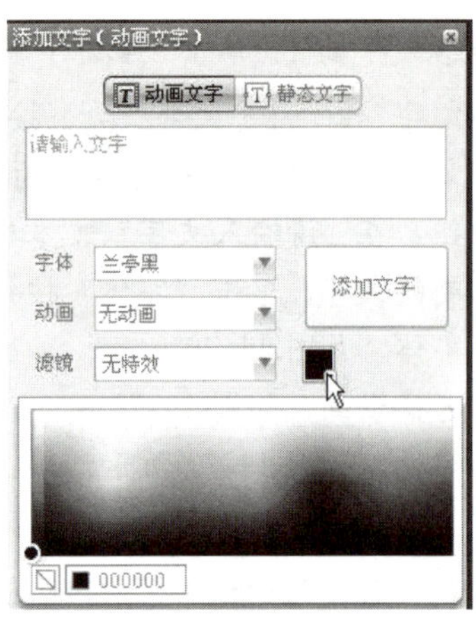

图 11-72　选择颜色

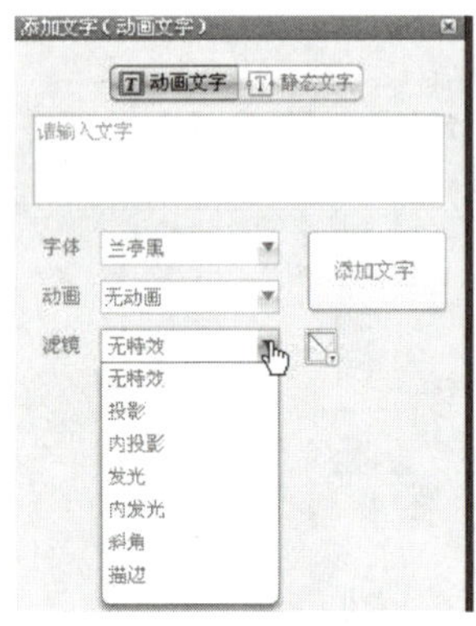

图 11-73　选择滤镜

Step 11 单击“静态文字”按钮，更改店招上的静态文字，如图 11-74 所示。

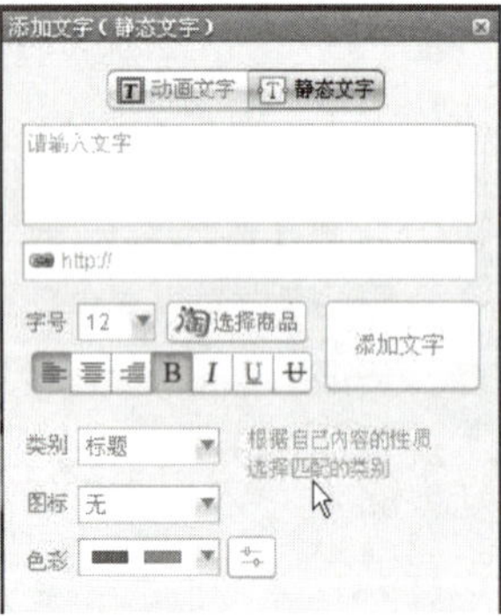

图 11-74　更改静态文字

Step 12 添加图片。单击图 11-69 中的“图片”按钮，会有很多素材供你选择，如图 11-75 所示的素材列表，另外如果店主自己有什么更好的图片，可以单击“我的素材”按钮，在“我的素材”对话框中单击“浏览”按钮，把自己的图片上传上来，如图 11-76 所示。

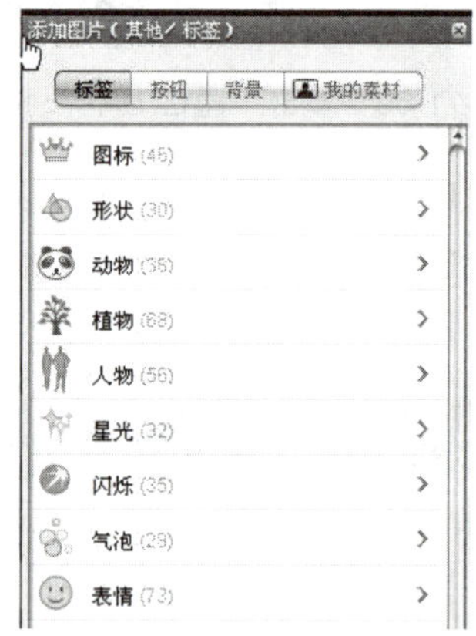

图 11-75　素材列表

图 11-76　上传图片

Step 13 匹配商品。单击图 11-69 中的“商品”按钮，根据自己的需要添加匹配的商品。还可以加些描述关键字等，如图 11-77 所示。

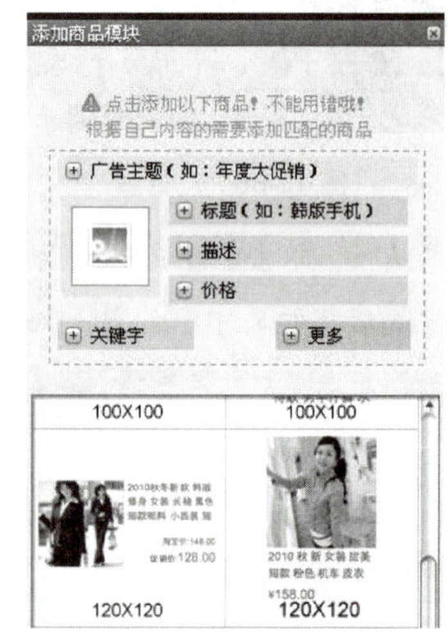

图 11-77　匹配商品

Step 14 添加图片轮播模块。单击“轮播”按钮，选择需要的模式，编辑图片，如图 11-78 所示，要查看模板所有图层或更改图片都是在页面左侧的“图层”中操作，如图 11-79 所示。

图 11-78　添加图片轮播模式

图 11-79　图层

Step 15 添加功能模块。单击“功能”按钮，看到如图 11-80 所示的功能模块，包括添加阿里旺旺、签名、或者其他促销信息等，单击相对应的模块进行完善就好了。

Step 16 保存。把所有想法都设计好之后就要保存，单击“预览保存”按钮，接着确定保存设计。如图 11-81 所示。

图 11-80　功能模块

图 11-81　保存

Step 17 单击“输出获取设计”按钮。如图 11-82 所示。

图 11-82　输出获取设计

Step 18 单击“应用到店招”按钮，如图 11-83 所示。

图 11-83　单击“应用到店招”按钮

最后在网店装修页面，单击“预览”按钮，满意以后单击“发布”按钮，在线店招制作就大功告成，显示到网店页头了。

4. 普通店招上传

Step 1 打开淘宝网首页(http://www.taobao.com/)，输入淘宝网 ID，登录淘宝网，单击“卖家中心”链接，单击左侧导航栏“店铺装修”按钮，如图 11-84 所示。

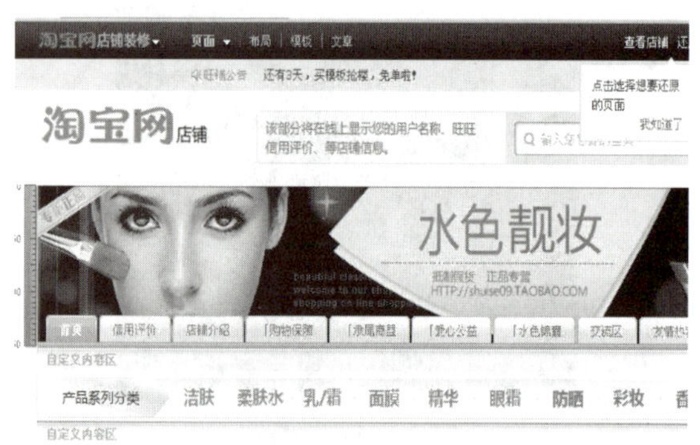

图 11-84　店铺装修

Step 2 在“淘宝网店铺装修”页面，将鼠标左键放置到店招区域之上，店招区域泛白呈编辑状态，如图 11-85 所示。

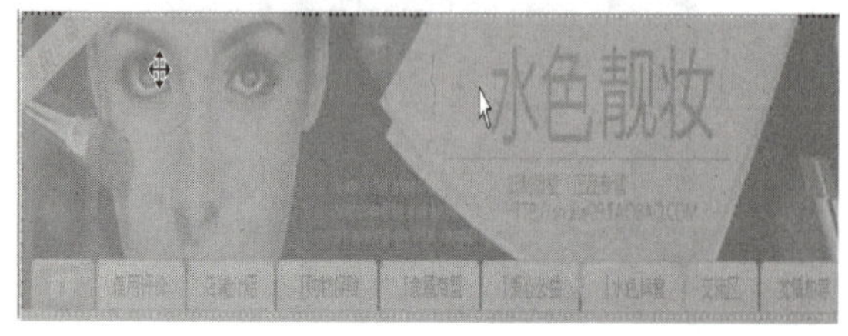

图 11-85　店招区域泛白

Step 3 编辑店招选项，店招泛白区右上角出现“编辑”、“删除”以及上下箭头，单击这些链接分别对应相应的编辑操作，如图 11-86 所示。

图 11-86　编辑店招选项

Step 4 我们用鼠标左键单击“编辑”按钮，出现“编辑内容”页面，可见左侧“编辑背景图”和右侧“更换背景图”两个选项，在“编辑背景图”的时候，可以选择在线制作和自己创意制作上传，如图 11-87 和图 11-88 所示。

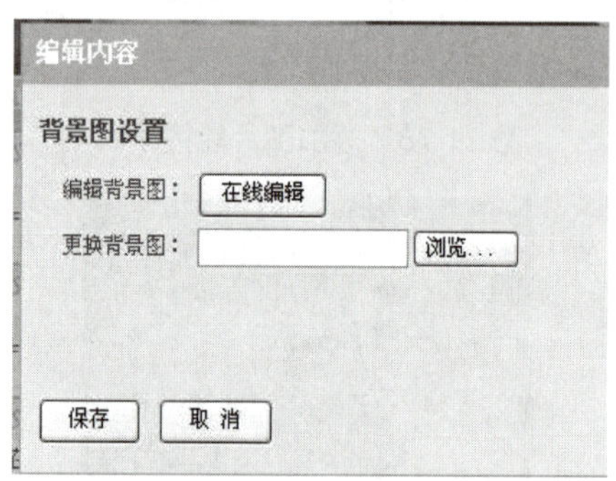

图 11-87　编辑背景图

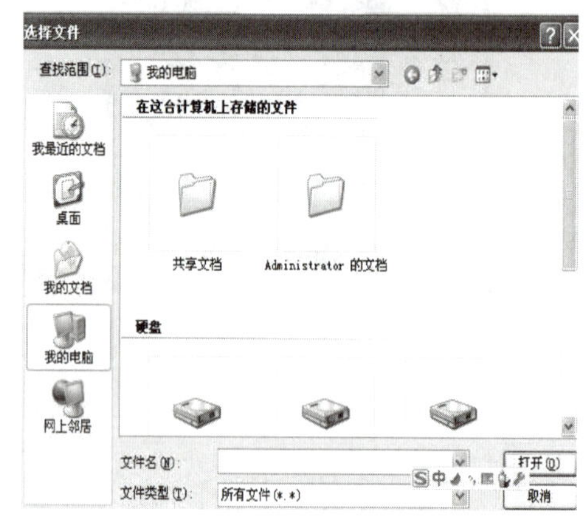

图 11-88　上传店招

Step 5 在淘宝网“装修店铺”页面，单击“浏览”按钮，打开“选择文件”对话框，选择要上传的店标路径，找到店标文件，单击“打开”按钮。如图 11-88 所示，网店店标即上传成功。

11.3.2 手机店招

在淘宝网，每一个拥有了网店的卖家，都可以免费开通手机店铺。开通手机店铺的卖家，只要成功上传了手机店招，买家就可以通过手机浏览该店铺，也可以搜索到该网店和该店铺所销售的产品了，由此看来手机网店最重要的工作就是上传手机店招。

有些人对手机店铺的认识有误区，我们这里说一下：一个手机店铺，不是说卖家必须用手机登录后台，而是可以手机登录，也可以电脑登录进行所有店铺操作，包括店铺装修、网店交易、评价、售后等所有功能，另外能手机上网的所有买家也同卖家一样，可以在手机端实现所有交易功能，比如搜索、砍价、交易、评价、维权等。

1. 手机店招设计规范

手机店铺是 WAP 版的，所有图片都要比传统页面的图片要小，图片颜色是 256 色。手机店招也不例外，淘宝网手机店招的规格要求如下：文件格式要求 GIF、JPG、JPEG、PNG，尺寸要求 280px × 50px，大小要求不超过 10KB。

2. 手机店招设计原则

手机店铺说起来神秘，其实手机店铺的难点就在手机店招的设计制作上，因为手机店招对像素和大小的苛刻要求，使得手机店招的上传成为手机店铺的一个瓶颈，手机店招上传不了，买家就搜索不到该店铺和该店铺的商品，手机店铺只要克服了手机店招制作的难点，手机店铺的上传就迎刃而解了，手机店铺有了店招当然就面向广大买家开门迎客了。

由于手机店招的特殊性和重要性，作为一个好的网店店主要确保手机店招的正常上传和显示。手机店招的设计要科学、合理、实用，手机店招设计原则要掌握以下几点：首先，选择清晰度高的图片素材，否则很容易为了满足 10KB 大小的要求而导致图片过度压缩而造成做成的手机店招模糊失真；其次推荐使用文字效果的店招，这样会比较容易符合手机店招的设计规范的要求。上传店招成功即可开通手机店铺，那么就真的如网络流行语所言：“手机淘宝，随时随地，想淘就淘啦！”

3. 手机店招制作方法

手机店招的制作有很多种途径，每个人根据自己的习惯和爱好选择适合自己的方式，但大体手机店招的制作分为用图片处理软件创意制作和在线制作两种方式，下面我们一一分述。

使用专业图片处理软件制作手机店招，可以使用 Photoshop、美图秀秀、ACDSee、光影魔术手等软件，也可以将这些软件综合利用，比如用 Photoshop 处理图片部分，用美图秀秀处理文字部分，用光影魔术手编辑美化，总而言之这些软件都可以打造出精美的手机店招。

下面我们以淘宝网为例，来介绍手机店招的制作和上传方法。

制作手机店招之前，我们先来看一下手机淘宝的页面，输入手机淘宝地址：http://m.taobao.com/，浏览打开的手机淘宝页面，如图 11-89 所示。

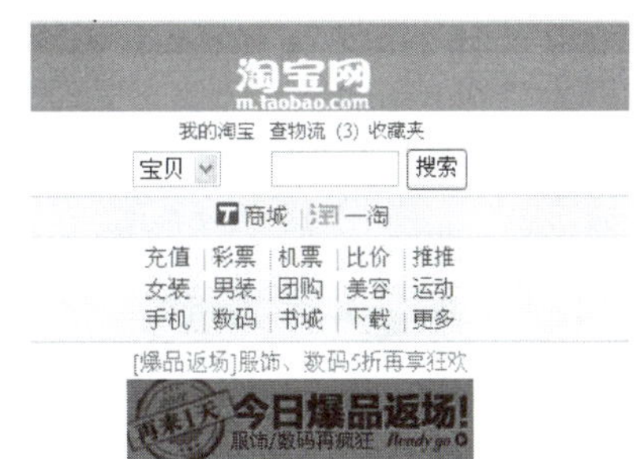

图 11-89 手机淘宝

看手机淘宝店铺，你会明显发现，图片小而且少了。那么手机店招的制作就有很明确的针对性了。我们已经了解到淘宝网手机店招的规格，大小 10KB 以内，尺寸为 280px × 50px 以内，格式 GIF、JPG、JPEG、PNG。那开始动手制作了。

(1) 用 Photoshop 软件制作手机店招的方法和步骤如下。

 准备手机店招素材，适当美化处理，裁切尺寸为 280px × 50px，保存文件，命名为“手机店招素材”，如图 11-90 所示。

图 11-90　手机店招素材

Step 2 打开 Photoshop 软件，新建文件，尺寸 280px × 50px，如图 11-91 所示。

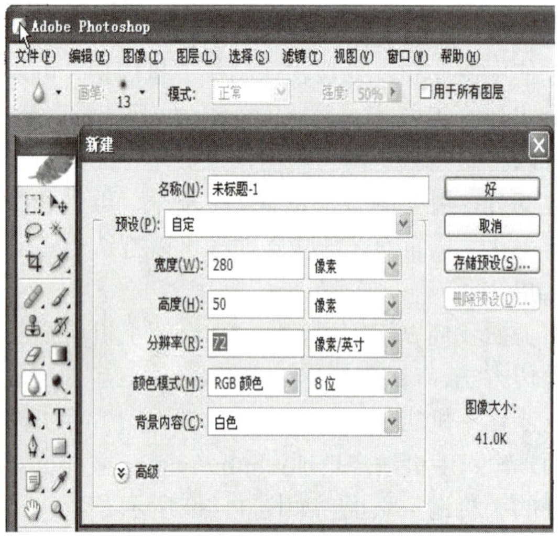

图 11-91　新建文件

Step 3 保存上一步新建的文件，命名该文件为“手机店招”，如图 11-92 所示。

图 11-92　手机店招

Step 4 在“编辑”菜单下，选“填充”命令，打开“填充”对话框，如图 11-87 所示。

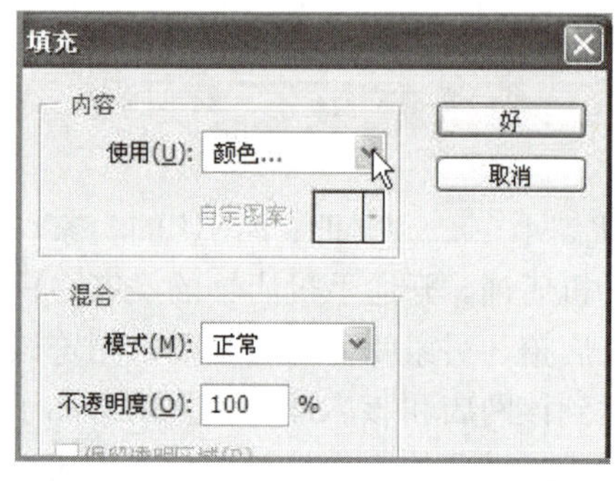

图 11-93　“填充”对话框

Step 5 单击“颜色”按钮，然后在拾色器中选择自己喜欢并贴合店铺风格的颜色，单击“好”按钮，我们这里选择“白色”，如图 11-94 所示。

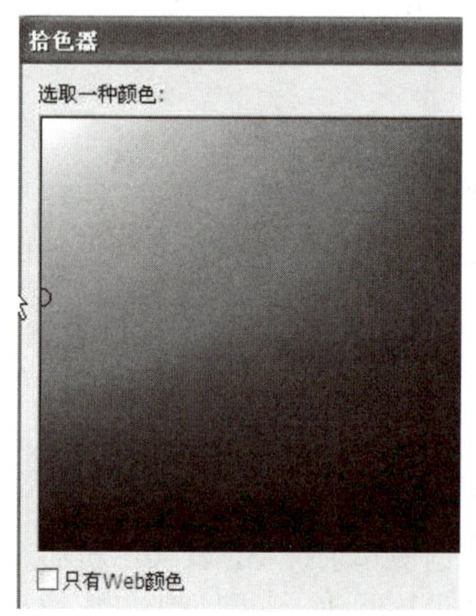

图 11-94　“拾色器”对话框

Step 6 根据个人喜好，在图层菜单下，设置图层参数，如图 11-95 所示。

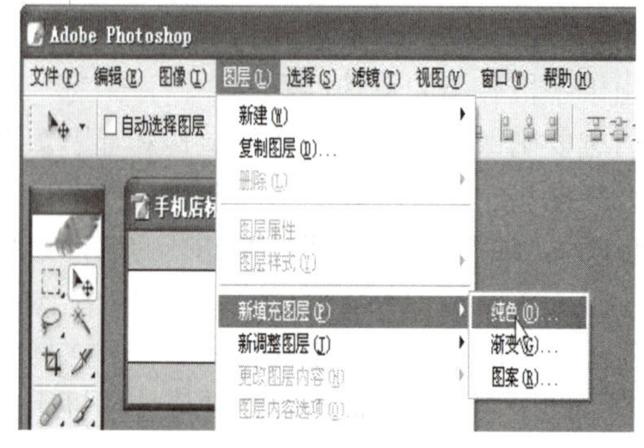

图 11-95　设置图层属性

Step 7 打开“店招素材”图片，操作界面如图 11-96 所示，然后在工具箱中拖动工具，将“店招素材”图片直接拖动到该图层，位置自己调整，如图 11-97 所示。

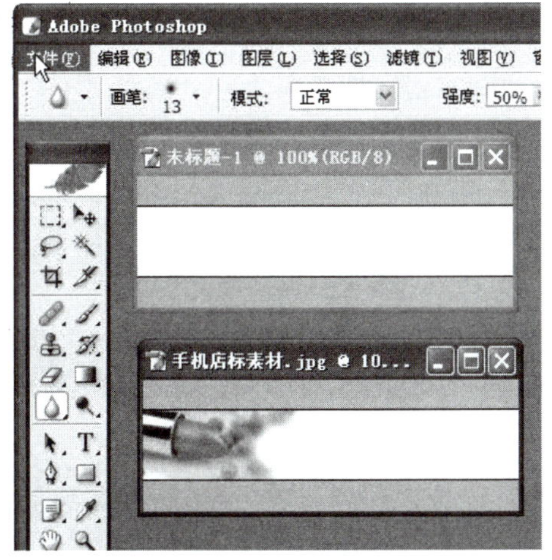

图 11-96 打开“店招素材”

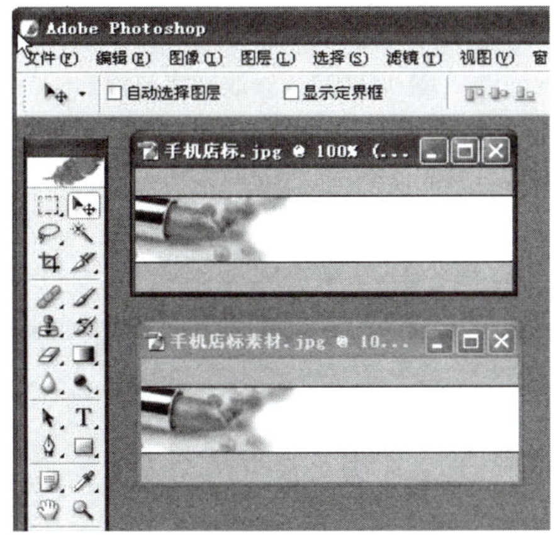

图 11-97 拖动到图层

Step 8 输入自己的店铺名字，这里我们输入“水色靓妆”和“名品折扣”，设置自己喜欢的字体颜色和字体属性。调整透明度和阴影效果，直至满意为止。如图 11-98 所示文字效果。

Step 9 保存手机店招，如图 11-99 所示。

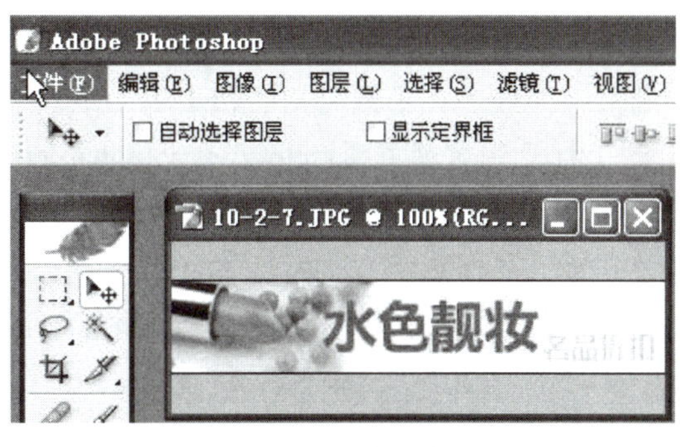

图 11-98 文字效果

图 11-99 手机店招

注意

将做好的店招用普通方式存储的话，一般会超过 10KB 不能上传，因此店招的保存很关键！保存手机店招的时候，在“文件”菜单下，选择“存储为 Web 所用格式”命令，如图 11-100 所示。直接点右上角 Save，命名文件名为“手机店招”，然后单击“保存”按钮完成存盘。我们把上面做成的这个手机店招，上传到手机店铺之后，我们能看到有手机店招的店铺显示。最终效果如图 11-99 所示。

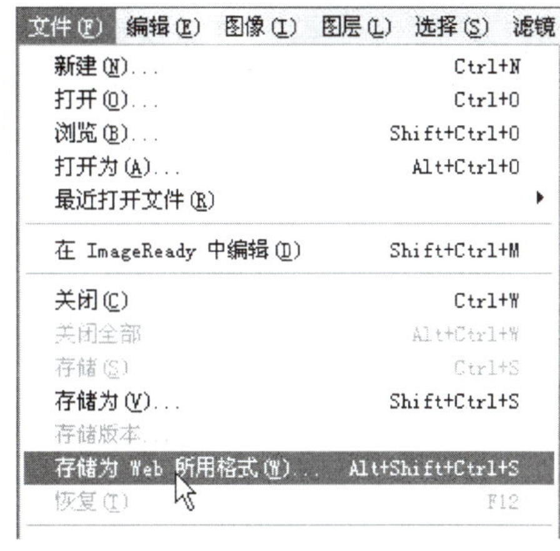

图 11-100 存储为 Web 所用格式

(2) 在线制作手机店招

随着网络购物平台的蓬勃发展，这些购物平台的合作网站也在日益强大，许许多多的网站都支持在线编辑和上传手机店招，我们以淘宝网为例介绍在线制作手机店招的方法。

淘宝网在线制作手机店招的和步骤如下。

Step 1 打开淘宝网首页(http://www.taobao.com/)，输入淘宝网 ID，登录淘宝网，用鼠标左键单击“卖家中心”链接，单击左侧导航栏“店铺管理”栏下的 “店铺基本设置”链接，进入淘宝“店铺基本设置”页面，如图 11-101 所示。

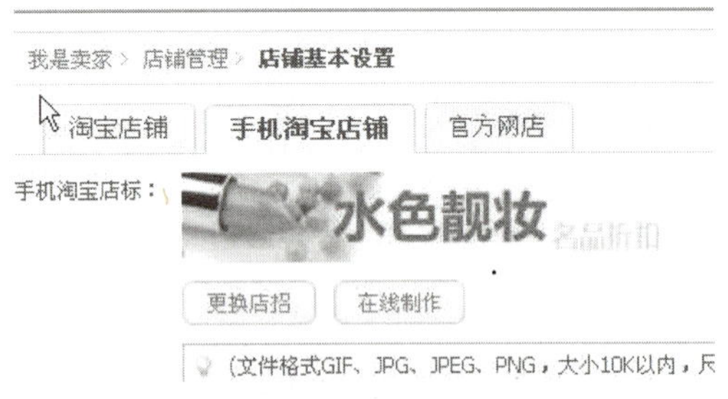

图 11-101 “店铺基本设置”页面

Step 2 单击“手机淘宝店铺”链接，单击“在线设计”按钮，显示供选择手机店招的合作网站，依据店铺主营商品选择所属行业类型，或者依据店铺风格选择主题风格，如图 11-102 所示。

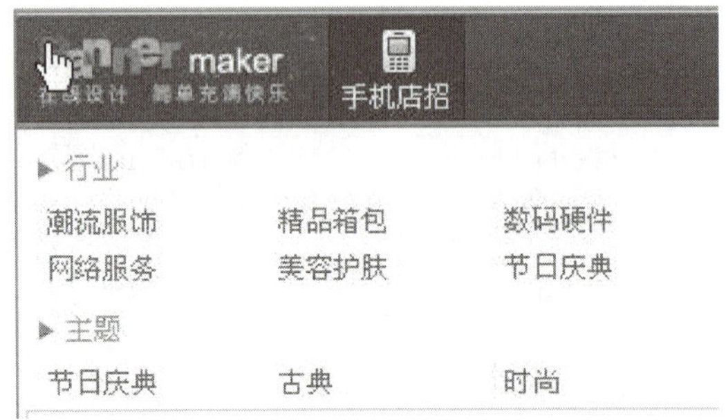

图 11-102 行业类型主题风格选择

Step 3 我们选定主题为简约，在搜索出来的手机店招列表中，选择“唯美手机店招”，如图 11-103 所示。

Step 4 单击“开始制作”按钮，在打开的新页面中，根据个人喜好，修改选中手机店招的属性，首先我们选中 banner.alimama.com 这一行字，在右侧的属性栏中修改成如下文字 shuise09.taobao.com，单击文字属性栏中的“确定修改”按钮，修改后的店招如图 11-104 所示。

图 11-103 选定主题

图 11-104 修改文字属性

Step 5 其他文字、图片的修改，均可以在设置菜单中进行设置调整，在预览按钮中查看效果，达到满意为止，设置菜单如图 11-105 所示。

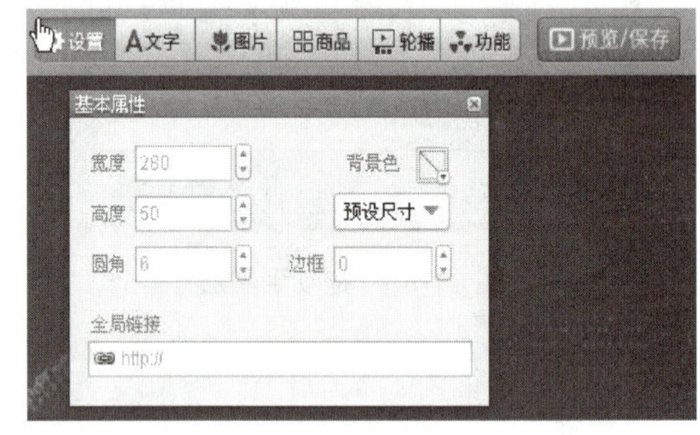

图 11-105 设置属性

Step 6 保存修改，输出获得设计，然后就可以应用到手机店铺了。在线编辑好的手机店招如图 11-106 所示。

图 11-106　在线编辑好的手机店招

Step 7 单击保存，在线制作手机店招完成。

手机店招应用到店铺，在淘宝手机店铺页面，搜索刚刚设置的手机店铺，可以浏览手机店铺页面效果如图 11-107 所示。

图 11-107　手机店铺页面效果

(3)　手机店招上传

手机店招上传的操作步骤如下。

Step 1 打开淘宝网首页(http://www.taobao.com/)，输入淘宝网 ID，登录淘宝网，用鼠标左键单击“卖家中心”链接，单击左侧导航栏“店铺管理”栏下的“店铺基本设置”链接，进入淘宝店铺基本设置页面。

Step 2 单击“手机淘宝店铺”链接，单击“更换店招”按钮，在打开的对话框中找到制作好的店招文件路径，浏览选择好店招文件，如图 11-108 所示。

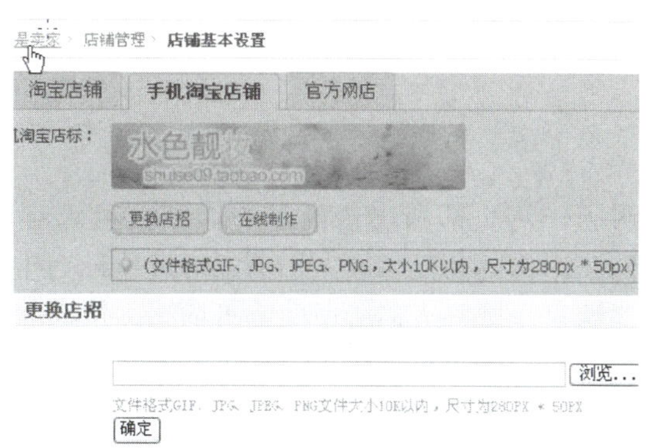

图 11-108　浏览选择好店招文件页面

Step 3 单击“打开”按钮，设置上传店标，在页面下方单击“保存”按钮，手机店招上传完成，如图 11-109 所示。

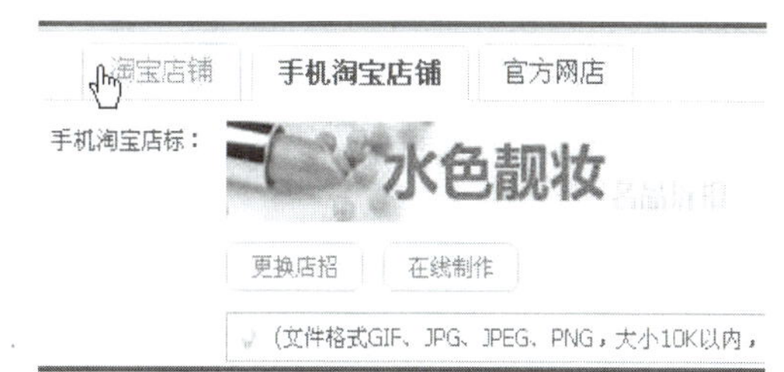

图 11-109　手机店招上传

Step 4 查看效果。在淘宝手机店铺页面，搜索刚刚设置的手机店铺，可以浏览手机店铺页面效果如图 11-110 所示。

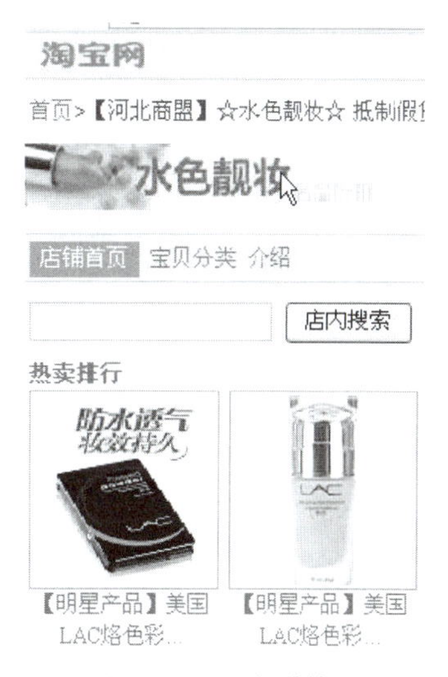

图 11-110　查看效果

11.4 网店详情页

网店详情页即所出售商品的详细信息。在淘宝网，网店出售的商品都被人们约定俗成地称为宝贝，网店详情页也就是人们所说的宝贝描述，包括“宝贝基础信息”、“宝贝详情”、“评价详情”、“成交记录”、“掌柜推荐”、“其他信息”、“自定义内容区”几大块。

网店详情页的作用是卖家介绍自己产品的页面，是买家了解商品信息的页面，可见网店详情页在交易成败当中所起的作用是不容小觑的。精美的网店详情页面一定是会吸引更多买家的。网店详情页装修的时候要与其他区域的设计保持协调性、统一性，好的网店详情页可以赏心悦目，获得买家的好感，从而帮助店铺提升转化率和客单价，那么网店详情页装修要做到独特、美观、详细、清晰。

网店详情页的装修方法如下。

Step 1 单击“卖家中心”，在左侧导航栏中找到“店铺管理”选项，单击该选项下的“店铺装修”，在打开的界面顶端中，找到“页面”，如图 11-111 所示。

图 11-111　页面

Step 2 在“页面”选项下，找到“管理所有页面”链接，如图 11-112 所示。

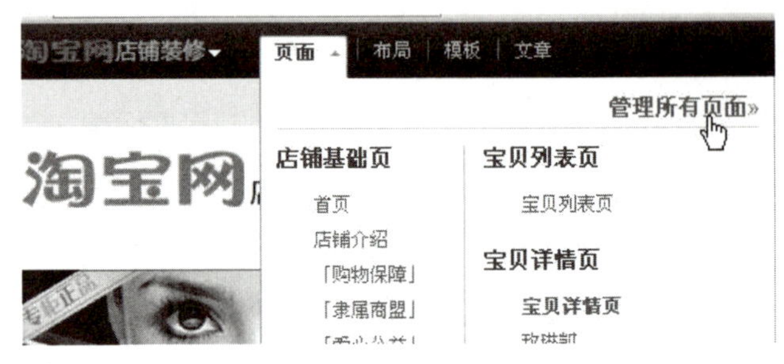

图 11-112　选择“管理所有页面”链接

Step 3 单击“管理所有页面”，我们看到如图 11-113 所示页面。

页面管理　使用帮助

模板名称	是否显示侧边栏	编辑
宝贝详情页	☑	
玫琳凯	☑	
烙色	☑	
欧珀莱	☑	
欧莱雅	☑	
自然堂	☑	
丸美	☑	
卡姿兰	☑	

店铺基础页　宝贝列表页　宝贝详情页　添加新模板

图 11-113　打开管理所有页

Step 4 单击“宝贝详情页”后边的“编辑”按钮，在这个页面中，我们就可以动手装修了。其中“基础信息页”、“评价详情”、“成交记录”、“其他信息”不可编辑，采用默认形式，如图 11-114 所示。

模板名称	是否显示侧边栏	编辑
宝贝详情页	☑	

图 11-114　单击“编辑”按钮

Step 5 “添加新模板”。如图 11-115 所示，为了方便卖家上传不同类商品，我们对不同的商品建立不同的详情页面模板，新建详情页面模板，要根据同一类模板共同的说明来做，我们给新建的宝贝模板命名“111”，然后单击“保存”按钮，以区分其他类商品，并作为备用。

丸美

卡姿兰

宝贝详情页　　+ 添加新模板

图 11-115　添加新模板

Step 6 我们以“111”模板为例，来展示装修“网店详情页”。单击“111”后边的“编辑”按钮，看到页面如图 11-116 所示。

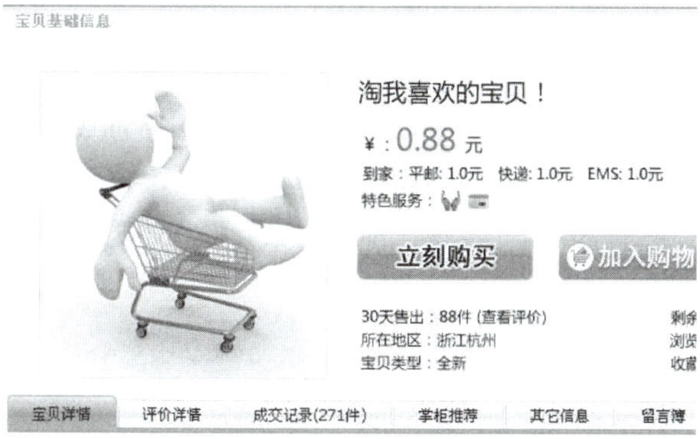

图 11-116　装修“网店详情页”

Step 7 添加“自定义内容区”如图 11-117 所示，在“自定义内容区”可以设置相关信息，一般会添加“常见问题”、“物流信息”、“注意事项”、“联络方式”等个性化内容，新模板大功告成。

Step 8 “宝贝详情页”模板应用。在发布宝贝的时候直接选择合适的详情页面模板应用，可以节省工作量，还可以批量编辑已发布宝贝的详情模板，应用合适的模板，就不需要一个个宝贝重复编辑了，宝贝编辑就事半功倍了。

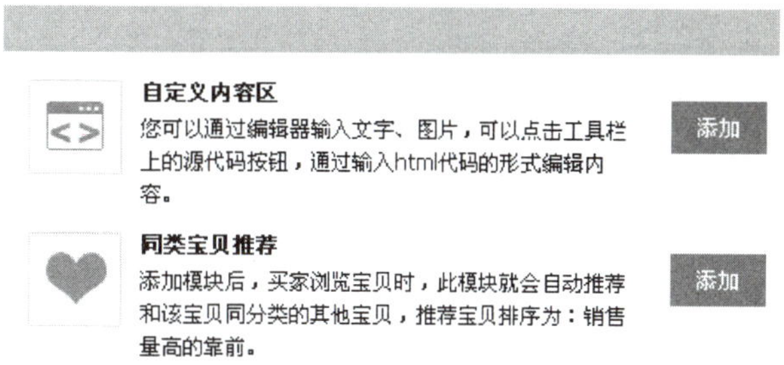

图 11-117　添加“自定义内容区”

11.5　网店模板

网店模板通俗地说就是网店通用网页。网店模板是网店装修常用的网页制作方法，网店店主用模板能快速创建网页和统一网页风格，有了模板，同类商品网页就都可以套用该模板，快速制作风格、结构与模板相同的网页，迄今为止，模板在网店装修中是被广泛采用的网页制作方法。

模板的一个很好的作用是，当网店里某一类商品的信息需要修改时，只需要修改该类商品的模板，所有应用该模板创建的商品信息就同时进行更新，简化了网店装修中在不同商品页面一页一页修改的麻烦，节约了工作量又节约了时间。

模板按网页各功能区域的划分，分为店招模板、宝贝描述模板、公告模板、促销模板、分类模板、收藏店铺模板、旺旺运行模板、E 客服模板、悬浮窗口模板等。

11.5.1　网店模板种类

目前的网店模板有两种：一种是免费的，一种是付费的。

1. 免费模板

免费的网店模板有两种：一种是两栏结构，一种是三栏结构，如图 11-118 所示。

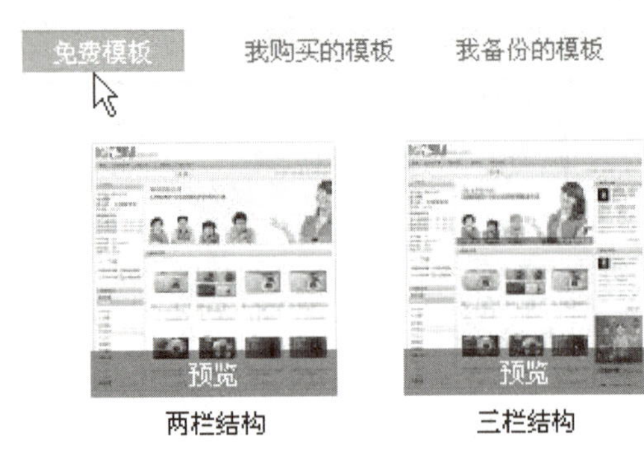

两栏结构　　三栏结构

图 11-118　免费模板

2. 付费模板

付费的网店模板是在线制作，提供不同风格，可以直接应用到店铺，操作简单。付费的网店模板只需在模板管理页面上方单击“装修市场”链接去选择需要的就行了，如图 11-119 所示。

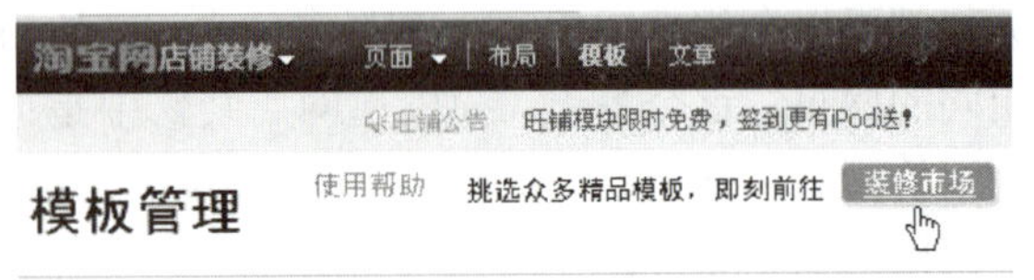

图 11-119　单击“装修市场”链接

在卖家服务装修市场，可以按照页面左侧导航栏的分类，分别按照行业选择模板、按照色系选择模板、按照风格选择模板、按照价格范围选择模板、按照特色选择模板，还可以分别按照页面上方的分类，按照销量价格、限时折扣、高级模板来搜索，如图 11-120 和图 11-121 所示。

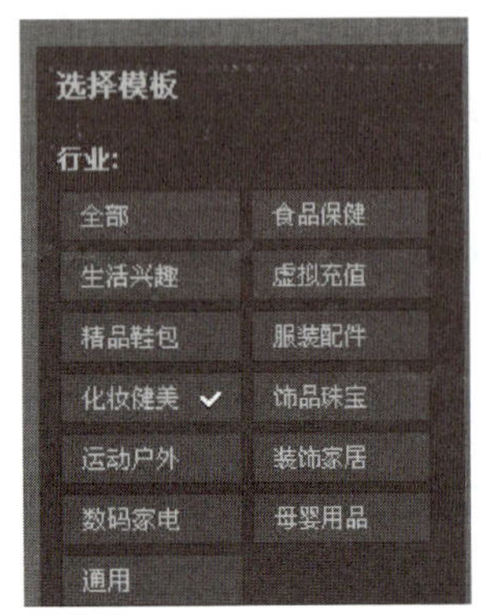

图 11-120　按行业选择模板

图 11-121　付费模板选择

3. 付费模板的订购

旺铺付费装修模板在装修市场购买以后，就可以在网店页面应用模板，购买的模板会显示在“我购买的模板”之中，一键预览、一键应用，具体订购的方法步骤如下。

Step 1 打开淘宝网首页(http://www.taobao.com/)，输入淘宝网 ID，登录淘宝网，用鼠标左键单击“卖家中心”链接，如图 11-122 所示。

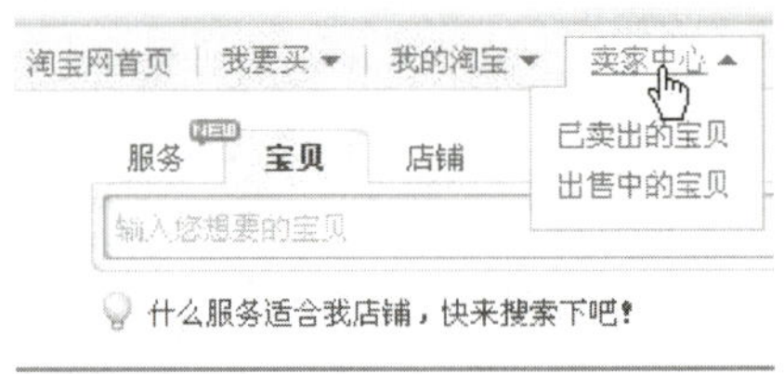

图 11-122　单击“卖家中心”链接

Step 2 在“我是卖家”页面的左侧导航中，找到“店铺管理”，单击“媒体中心”链接，如图 11-123 所示。

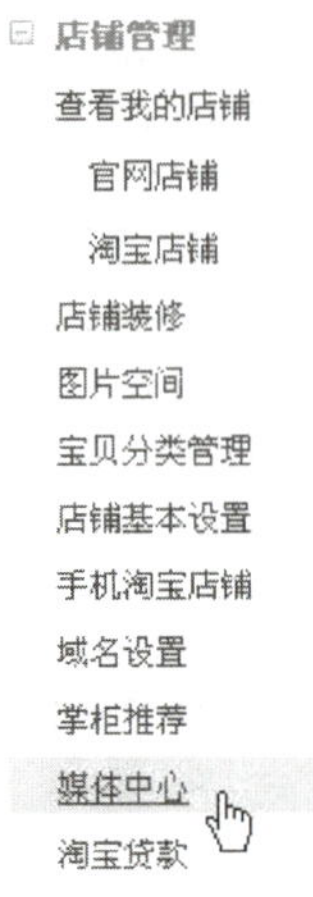

图 11-123　单击“媒体中心”链接

Step 3 在“媒体中心”页面中找到“旺铺装修模板”，单击“订购”按钮，如图 11-124 所示。

图 11-124 单击“订购”按钮

Step 4 选择您需要的旺铺装修模板的套餐，如图 11-125 所示。

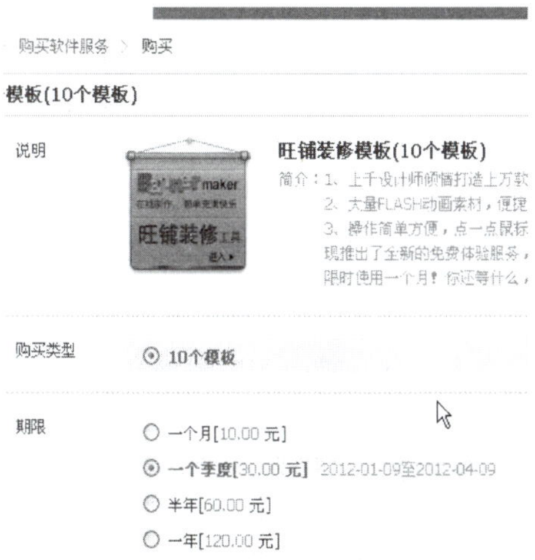

图 11-125 套餐选择

Step 5 选中“我已阅读并同意协议”，然后付款完成，就成功了。

11.5.2 网店模板的管理

网店模板采用免费的或者付费的方案定下来以后，如何进行查看模板、备份模板、应用模板等模板管理呢？具体操作步骤如下。

Step 1 “店铺装修”。打开淘宝网首页(http://www.taobao.com/)，输入淘宝网 ID，登录淘宝网，用鼠标左键单击“卖家中心”链接，单击左侧导航栏“店铺管理”栏下的 “店铺装修”链接，进入店铺装修页面，如图 11-126 所示。

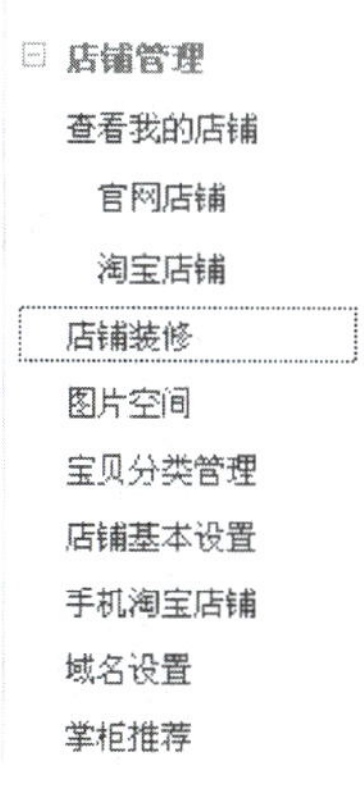

图 11-126 店铺装修

Step 2 “模板”。单击“店铺装修”进入淘宝“店铺装修”页面后，单击页面顶部“模板”链接，如图 11-127 所示。

图 11-127 单击“模板”链接

Step 3 “模板管理”。进入“模板管理”页面，如图 11-128 所示。

图 11-128 模板管理

Step 4 “查看模板”。单击装修页面左上角的“模板”。“免费模板”或者“我购买的模板”，如图 11-129 所示。

图 11-129　查看模板

Step 5 “模板备份”。模板备份的时候，单击左上角的“模板”按钮，单击下方的“备份”按钮，修改备份名称，并单击“保存”按钮，如图 11-130 所示，如果非第一次装修，在应用新模板之前，要备份正在使用的模板，不然如果有错误发生，就还原不回现在的装修。

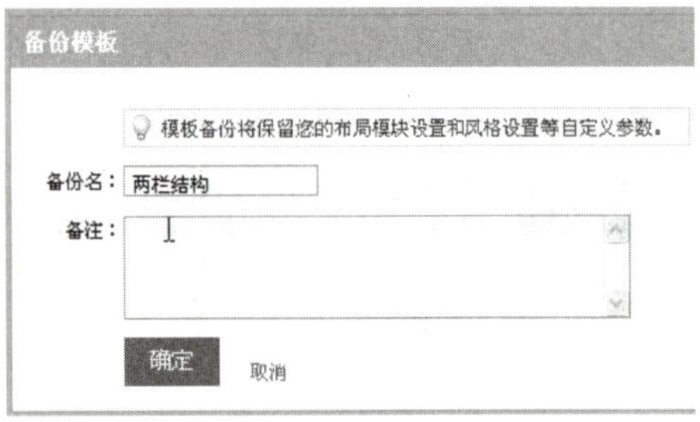

图 11-130　模板备份

Step 6 应用模板。单击“应用”按钮，会跳出如下对话框，如图 11-131 所示。

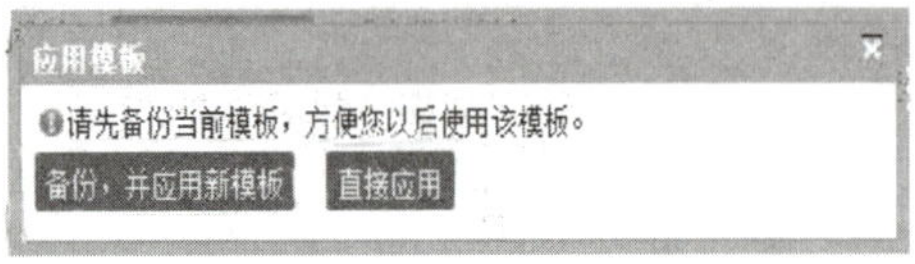

图 11-131　应用模板

Step 7 “备份并应用新模板”。单击“备份并应用新模板”按钮，系统会把模板做一个备份，方便下次查找和修改。单击“直接应用”按钮，这时，模板会直接应用到装修页面的店铺上，如图 11-132 所示。

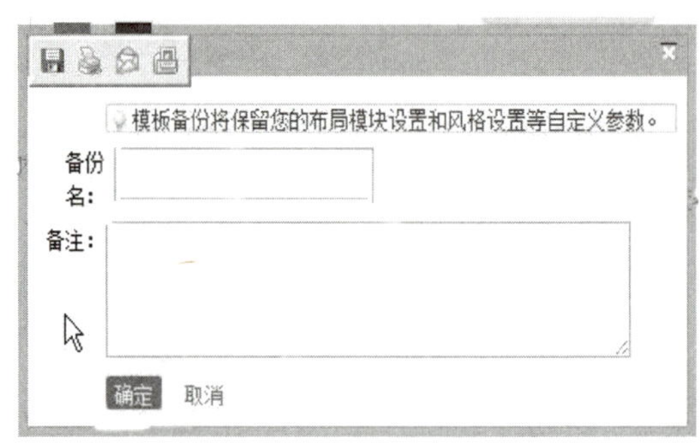

图 11-132　备份并应用新模板

Step 8 “发布”。单击装修页面右上角的“发布”按钮，模板应用成功，如图 11-133 所示。

图 11-133　发布模板

11.6　网店公告

网店公告，顾名思义就是店铺的展示窗口或者促销广告，内容通常是吸引买家眼球的“新款到货”、“促销信息”等，我们常见的有“5 折大促”、“满 168 包邮”，“2 件 8 折”之类的广告语，也有些是店铺的事件动态、店铺宗旨、服务承诺、物流信息等，但总的来说网店公告区是被用来展示新品、促销品、发布店铺活动等信息的。

网店公告占据网店最显要的位置，是店铺的脸面，也是店铺的黄金地段，毋庸置疑好的网店公告对于店铺的推广和销售起着正面的积极推动作用，所以卖家要好好设置网店公告的内容和页面。

网络购物平台对不同等级店铺会提供不一样的店铺公告设置服务，比如淘宝普通版店铺和拓展版店铺的公告区域设置有很大区别，普通版、扶植版、拓展版店铺公告栏显示分别如图 11-134～图 11-136 所示。

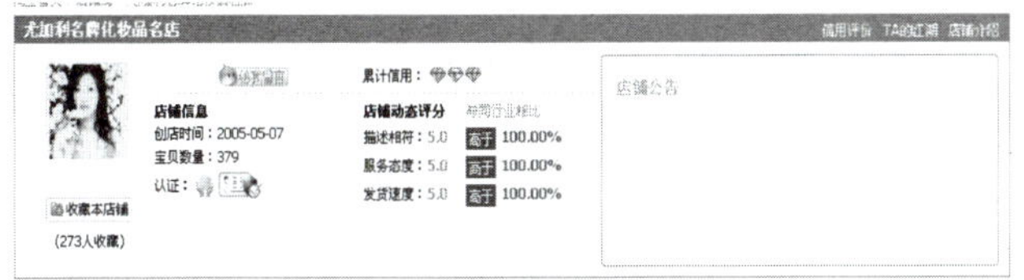

图 11-134 普通版店铺公告

图 11-135 扶植版店铺公告

图 11-136 拓展版店铺公告

从示例图 11-134～图 11-136 我们看出，淘宝普通版店铺公告在页面顶图的右侧，显要位置，扶植版在中部自定义模块显要位置，拓展版公告在中部自定义模块显要位置，虽然各自的部位不一样，但是店铺公告的功能是一样的，都是吸引买家顾客，发布店铺信息，所以总体的设置宗旨是相同的。

11.6.1 网店公告的设计宗旨

网店公告的设计宗旨有以下内容：

主题突出。网店公告要将想表达的内容以醒目的设计使买家快速浏览到，要抓到买家的视线，提高购买转化率。

言简意赅。网店公告要短小精悍，避免拖沓冗长，让买家心生厌倦，不愿意看完。

实时更新。网店公告要贴合网店的经营现状，让买家即时了解店铺信息，一来能说明卖家尽心尽责的职业道德，二来也不会让买家产生不信任感。

独具特色。网店公告要有自己的店铺特色，或有趣、或贴心、或温婉等，但都要尽量力求生动，让买家对店铺商品更感兴趣，购物愉悦。

11.6.2 网店公告的设计方案

网店公告设计的时候，可以设计成各种类型模块，可以是为了即时体现小店的一些最新消息，比如特价、打折、红包等优惠信息，可以是物流消息、突发事件等，还可以是背景音乐、计数器、挂件、浮动公告等多种方案。

网店公告里的优惠信息通常会设置得非常醒目，跃然屏幕之上，吸引买家的注意力。

网店公告里好的背景音乐，也会使得买家由音乐而喜欢上店铺。但是在选择背景音乐的时候，背景音乐越大，页面载入速度就越慢。建议考虑到买家的上网环境、买家是否方便听音乐等因素，在添加网店背景音乐的页面，设置 ESC 停止播放按钮，让买者根据个人的喜好或需求来选择听或者不听音乐。

网店公告里的计数器，可以使得卖家随时了解自己店铺的访问量，转化率。根据这些数据，再不断调整网店页面以及各种运营手段，使得店铺更大限度地良性循环。

网店公告里好的挂件，可以使网店蓬荜生辉，店主尽可以把特价活动等最新消息放在里面。

网店公告里的浮动公告是曾经大肆盛行，随着网店不断的发展，浮动公告被采用数量的相对在减少，卖家可根据自己的喜好和店铺的需要自主选择。

11.6.3 网店公告的制作方法

网店公告有很多种制作方法，基本是图文混排，所以采用图像处理软件制作图片的比较多，代码的快速性和全面性，使得代码在网店公告中也被广大卖家广泛采用。

1. 图文制作

制作网店公告的时候，卖家可以根据设计方案自由输入文字、插入图片，用店铺页面自带的基本编排工具进行制作。

2. 图片制作

制作网店公告的时候，卖家可以按照自己的要求设计图片、排版和链接，使用 Photoshop 等图像处理软件，卖家可以根据设计方案把所有内容做到图片上上传。

3. 在线制作

制作网店公告的时候，有很多合作网站，有免费的，也有付费的，但只要你去那些网站选择喜欢的编辑应用就可以。很多网店的图片就是在那里的公告模板里编辑好，下载后使用。

前边我们说到网络购物平台对不同等级店铺会提供不一样的店铺公告设置服务，比如淘宝普通版店铺和拓展版店铺的公告区域设置有很大区别，那么在有公告栏模块的版本里，你在那个模块设置，在没有单独公告栏模块的版本里，添加自定义模板来完成。

4. 代码制作

制作网店公告的时候，卖家可以用代码实现网店公告，可以直接使用店铺页面自带的代码编辑功能，也可以将代码在其他软件中写好，比如 Dreamweaver 和 FrontPage 软件，都可以用来写公告代码，写好了以后再复制放到店铺代码编辑页面。

在网店公告的制作当中，用代码制作是最常用的方法，网店公告常用代码如下：

(1) 在店铺公告里插入图片代码。

```
<img src="图片链接地址" />
```

注：先把图片上传到图片空间，把图片地址复制下来，放到代码编辑页面。

此代码也可以应用于分类栏及宝贝描述内。

(2) 在店铺公告里插入公告栏挂饰代码。

```
<img src="图片链接地址" style="left:20px;
position: relative; top:0px" />
```

> **注意**
>
> 先把挂饰图片上传到图片空间，把挂饰地址复制下来，放入代码编辑页面。
>
> 此代码也可以应用于分类栏及宝贝描述内。

(3) 在店铺公告里附加背景音乐代码。

```
<bgsound loop="-1" src="音乐地址"></bgsound>
```

> **注意**
>
> 先把音乐上传到网络空间，把音乐地址复制下来，放入代码编辑页面。
>
> 此代码也可以应用于宝贝描述内。

(4) 在店铺公告里附加浮动的图片代码。

```
<img alt="1" height="150" src="这里放图片地址"/>
```

(5) 在店铺公告里添加悬浮挂饰代码。

```
<img src="这里放图片地址" style="left:20px;
position: relative; top:0px" />
```

(6) 在店铺公告里添加文字链接代码。

```
<a href="网页地址">链接的文字</a>
```

(7) 在店铺公告里添加移动文字代码。

```
<marquee>从右到左移动的文字</marquee>
```

(8) 在店铺公告里添加计数器代码。

```
<a href="http://00counter.com"
target="_blank">
<img src="计数器地址"border=0
alt="00Counter.com"></a>
```

(9) 在店铺公告里添加个性的鼠标指针代码。

```
<table style="CURSOR: url('上传后的鼠标指针的网址
'"><tr><td>
<table border="0" style="TABLE-LAYOUT: fixed">
```

(10) 在店铺公告里设置在一定区域内让文字向上滚动。

“scrollamount=”可改变速度。

```
<font size=3 color=ff0000>
<b>
<center>
<marquee width=150 height=100 direction=up
scrollamount=2>文字</marquee>
```

```
</font>
</b>
</center>
```

(11) 在店铺公告里添加阿里旺旺在线代码。

```
<atarget="_blank"
href="http://www.taobao.com/webww/ww.php?ver
=3&touid=%E9%98%BF%E9%87%8C%E6%97%BA%E6%97%B
A%E8%B4%A6%E6%88%B7%E5%90%8D&siteid=cntaobao
&status=1&charset=utf-8">
<imgborder="0"
src="http://amos.alicdn.com/realonline.aw?v=
2&uid=%E9%98%BF%E9%87%8C%E6%97%BA%E6%97%BA%E
8%B4%A6%E6%88%B7%E5%90%8D&site=cntaobao&s=1&
charset=utf-8" alt="单击这里给我发消息" />
</a>
```

(12) 在店铺公告里插入 Flash 动画。

```
<embed src="动画地址"
width="400"height="290"></embed>
```

(13) 在店铺公告里让文字左右来回流动。

```
<marquee behavior="alternate">文字</marquee>
```

(14) 在店铺公告里让文字由下至上滚动。

```
<marquee direction="up">文字</marquee>
```

(15) 在店铺公告里让文字由左向右流动。

```
<marquee direction="right">文字</marquee>
```

(16) 在店铺公告里如何让文字滚动起来。

```
<marquee>文字</marquee>
```

(17) 在店铺公告里让文字变色代码。

```
<font color="#FF0000">文字</font>
```

11.7 网店动态头像签名

由于网店营业的特殊性，网店的交易是通过素昧谋面的买家和卖家通过网络聊天的交流来实现的。淘宝网的即时聊天软件是阿里旺旺，拍拍网的即时聊天软件是腾讯 QQ，易趣网的即时聊天软件是易趣通，百度有啊的即时聊天软件是百度 Hi，这些软件都是买卖双方沟通的桥梁，这些软件除了有即时沟通的功能之外，都有意想不到的妙用。如图 11-137～图 11-139 分别为阿里旺旺、腾讯 QQ 、百度 Hi 的对话界面，上面签名头像位置均在系统的设置位置。

图 11-137　阿里旺旺

图 11-138　腾讯 QQ

图 11-139　百度 Hi

买家如果想咨询某款产品，点开某一个卖家的对话框，那么第一眼看到的就是左上角卖家的头像，卖家可以通过完善个人资料来上传这个头像，为了树立自己的店铺形象和加深对买家的印象，卖家一定要制作上传一个有亲和力、有特色的头像。

每一个即时聊天软件安装完成以后，要设置个人资料。卖家头像和签名档的设置一般在个人资料里完成。另外，淘宝网的可以在淘江湖设置，拍拍网的可以在 QQ 基本资料设置，百度 Hi 可以在百度账号完成设置。

我们以淘宝网为例，说明上传头像和设置签名档的方法。

11.7.1 头像

卖家的头像可以是卖家的真实照片，也可以是代表卖家本人和网店形象的图片，也可以是品牌 Logo 等。使用真实图片作头像可以增加卖家的真实度和可信任度，让买家觉得更安全可靠。除此之外，还可以展示卖家妆容，仪表品位，所以，用真实照片作为头像是被广泛采用的一种方式。选择其他图片作为卖家头像时，要顾及卖家的兴趣爱好、网店主营产品等，比如卖知名品牌的产品时，可以选择该品牌店 Logo 或者代言人图片作为自己的头像。我们以淘宝网为例，介绍上传头像的方法。

1. 阿里旺旺头像的设置

主要操作步骤如下。

Step 1 准备一张头像素材图，用图片处理软件加工制作成：图像大小要求 100KB 以内，120 像素×120 像素，格式 JPG、JPEG、PNG、GIF 任选其一，以备作为头像用的图片，这里我们选择河北商盟的盟徽，按要求处理成合格的图片，作为头像之用，如图 11-140 所示。

图 11-140 头像素材

Step 2 打开阿里旺旺，输入淘宝账号、密码，然后登录，如图 11-141 所示。

Step 3 单击阿里旺旺聊天框左上角个人名片的小图片，修改个人资料，设置阿里旺旺的个人名片，如图 11-142 所示。

Step 4 单击个人名片页面上的“修改头像”按钮，如图 11-143 所示。

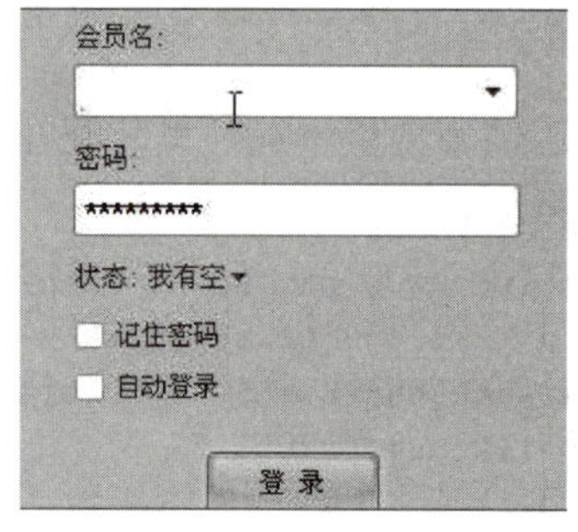

图 11-141 登录阿里旺旺

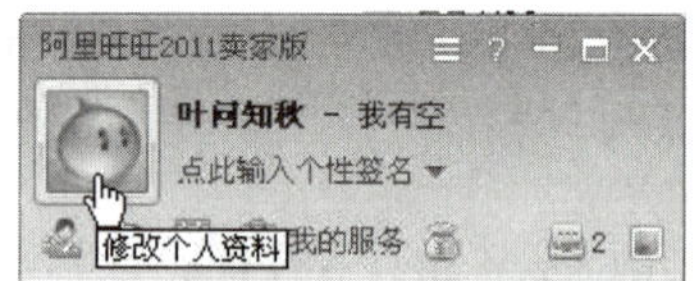

图 11-142 设置个人名片

图 11-143 单击“修改头像”按钮

Step 5 在打开的“选择文件”对话框中，单击“浏览”按钮，找到我们准备的头像素材如图 11-140 所示，单击选中，如图 11-144 所示。

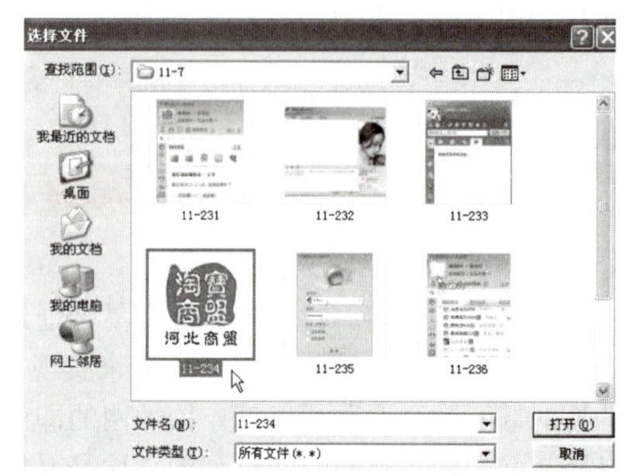

图 11-144 选择头像素材

Step 6 单击“修改头像”按钮，然后单击“上传图片”按钮，如图 11-145 所示。

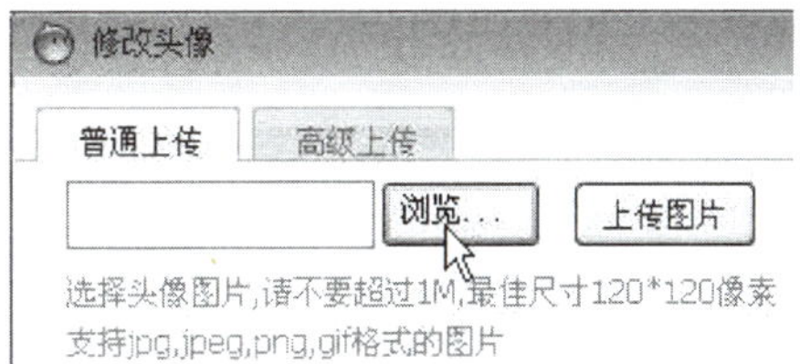

图 11-145 上传图片

Step 7 单击“保存”按钮，阿里旺旺的头像就设置成功了，我们看一下设置以后个人名片的效果，如图 11-146 所示。

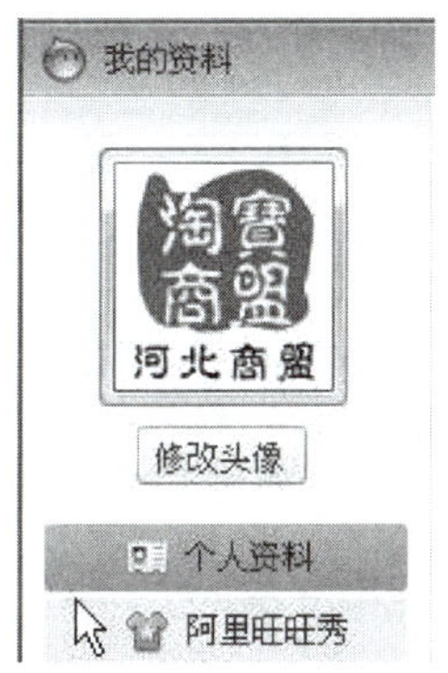

图 11-146 修改个人名片成功

Step 8 阿里旺旺头像设置成功，阿里旺旺聊天窗口头像显示效果，如图 11-147 所示。

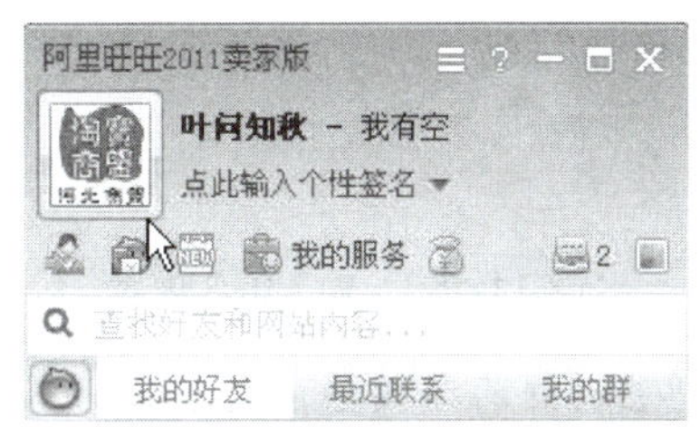

图 11-147 聊天窗口头像显示效果

2. 淘江湖头像的设置。

主要操作步骤如下。

Step 1 打开淘宝网首页，输入淘宝账户和密码，登录淘宝网，单击“我的淘宝”，在左侧导航栏中找到“社区信息”链接，如图 11-148 所示。

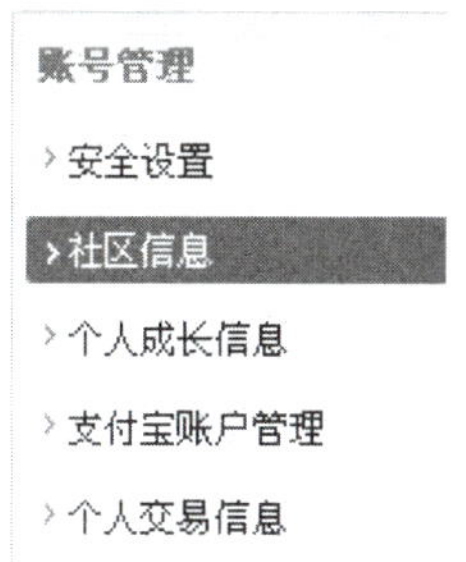

图 11-148 社区信息

 Step 2 进入“社区信息”链接后，单击“个人资料”按钮，进入“头像照片”页面，如图 11-149 所示。

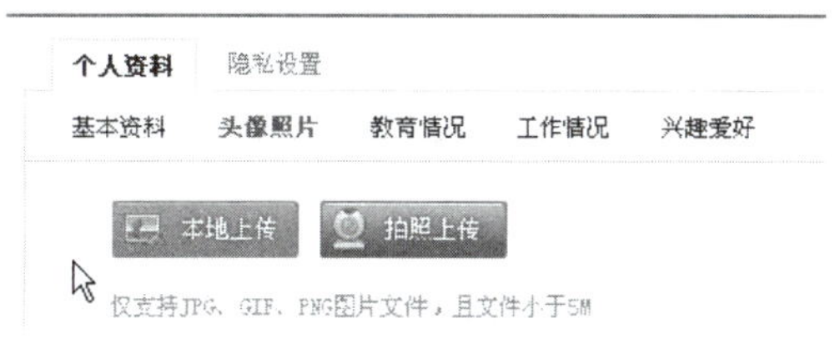

图 11-149 头像照片

 Step 3 单击“本地上传”按钮，单击“浏览”按钮，选择准备好的头像图片(见图 11-140)上传，操作界面如图 11-150 所示。

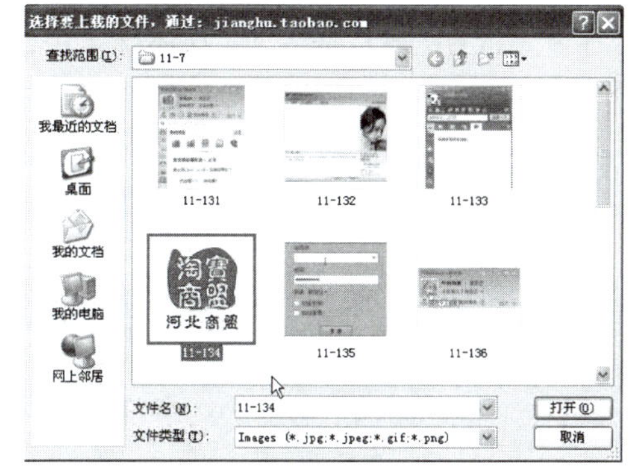

图 11-150 本地上传

 Step 4 单击“上传图片”按钮后，在图片预览框里调整合适的大小，单击“预览”按钮如图 11-151 所示。

 Step 5 头像设置完成，淘江湖头像效果如图 11-152 所示。

图 11-151　预览头像

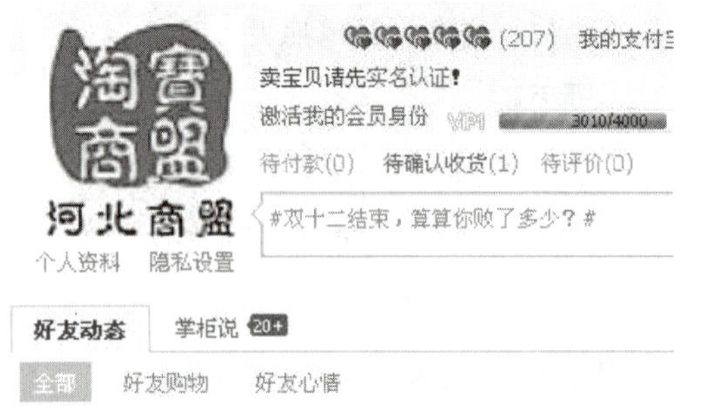

图 11-152　头像效果

11.7.2　签名

签名是通过在个人名片右侧的文本框中输入签名档内容来完成，在设置签名时，具体操作步骤如下。

Step 1 找到个人名片后边的文本框，单击文本框后边的黑三角按钮，出现一个下拉列表，如图 11-153 所示。

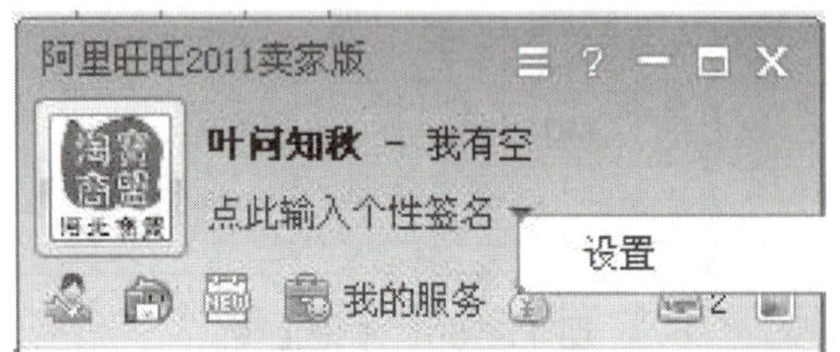

图 11-153　设置签名

Step 2 在列表中单击"设置"按钮，出现系统设置对话框，单击"个性签名"按钮，如图 11-154 所示。

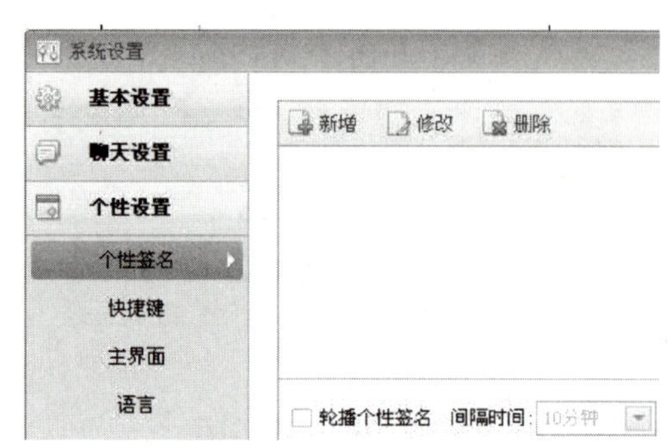

图 11-154　个性签名

Step 3 单击"新增"按钮，出现"新增个性签名"输入对话框，如图 11-155 所示。

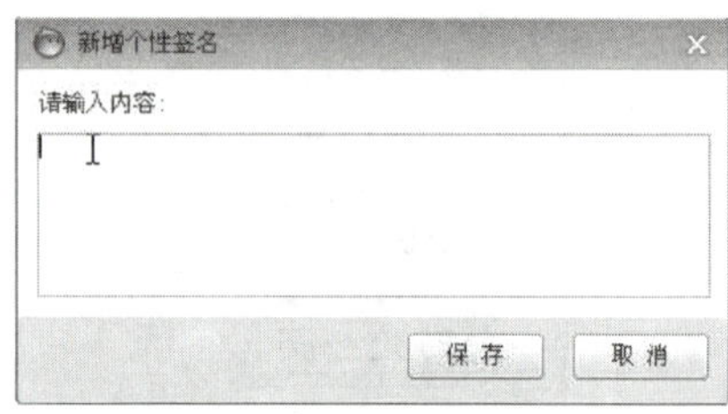

图 11-155　"新增个性签名"对话框

Step 4 在"请输入内容"文本框中输入"抵制假货，正品专营"文字内容，如图 11-156 所示。

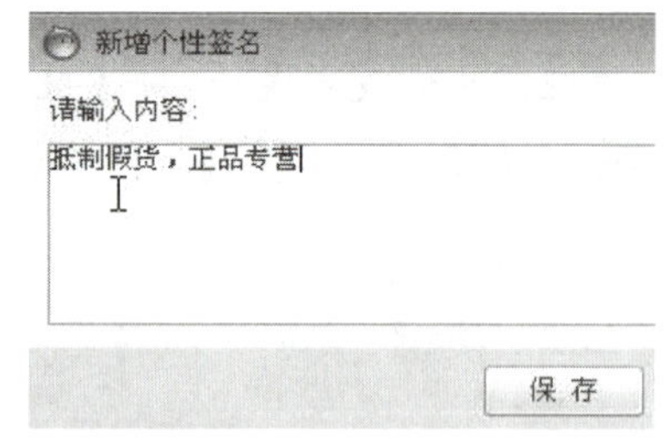

图 11-156　输入签名内容

Step 5 单击"保存"按钮，签名就设置完成了。如图 1-157 所示。

图 11-157　设置完成

Step 6 查看签名显示效果，如图 1-158 所示。

从淘江湖设置的头像和签名信息也会应用到淘宝社区的个人资料中，卖家为自己设置好淘江湖个人头像和个人签名之后，去淘宝社区进行活动，比如论坛发帖、回帖等，头像和签名都能起到很好的宣传作用，达到隐性促销的目的。

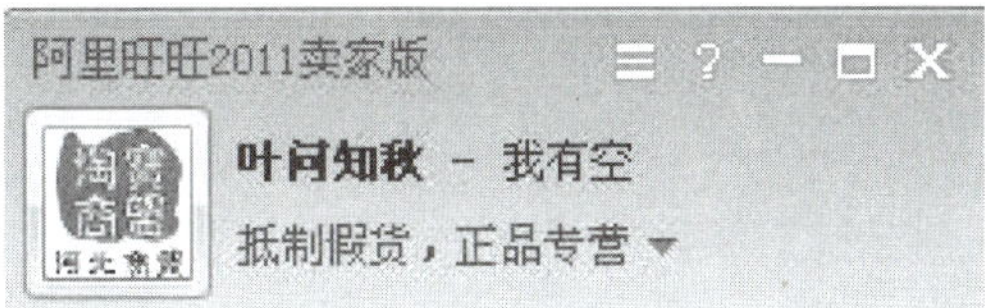

图 11-158 查看签名

11.7.3 动态头像及动态签名

前面的内容我们讲述了设置头像和签名的方法，头像占用的位置不大，但如何在有限的位置上更多地体现出店铺的特点及重要信息，是网店卖家要考虑的事情。

前边示例我们用的是静态的图片，如果卖家想要自己制作动态头像和动态签名的话，要用到一些专业的作图软件，目前最为常见的是 Photoshop 和 GIF 软件，我们可以用它们来制作动态头像、动态签名。

头像和签名档的样式因人的设计而异，不同的设计理念会影响到动画的复杂程度，当然也会产生不同的艺术效果，我们本着通俗易懂的原则，讲讲简单的用 GIF 制作动态效果的例子。

1. 制作动态头像

操作步骤如下。

Step 1 构思动态头像，准备动态头像素材，初步决定用 4 帧图片，第一帧是商盟盟徽如图 11-159 所示，第二帧是主营产品代言人如图 11-160 所示，第三帧是主营产品图片如 图 11-161 所示，第四帧准备用店铺名字。

图 11-159

图 11-160

图 11-161

Step 2 打开软件 GIF，单击“动画向导”，如图 11-162 所示。

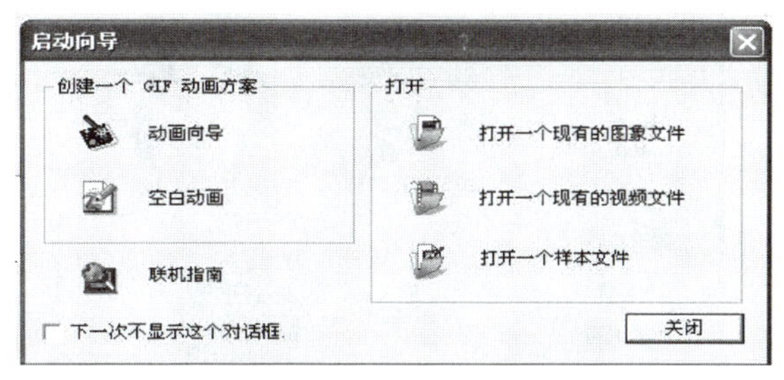

图 11-162 动画向导

Step 3 设置参数大小，宽度和高度都改为 100，然后单击“下一步”按钮，如图 11-163 所示。

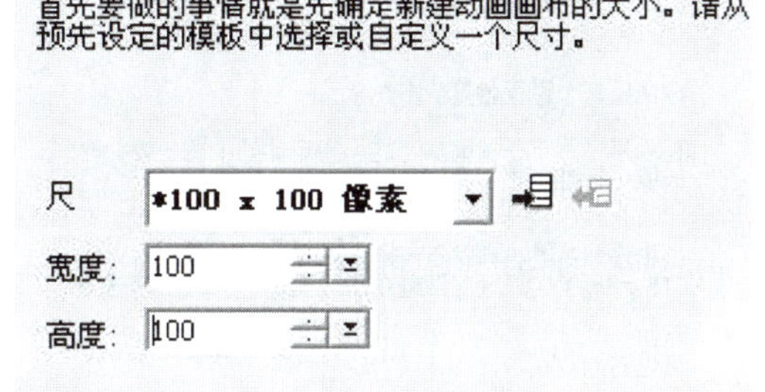

图 11-163 设置参数

Step 4 在“动画向导”页面中选择“文件”窗口，单击“添加图象”按钮，如图 11-164 所示。

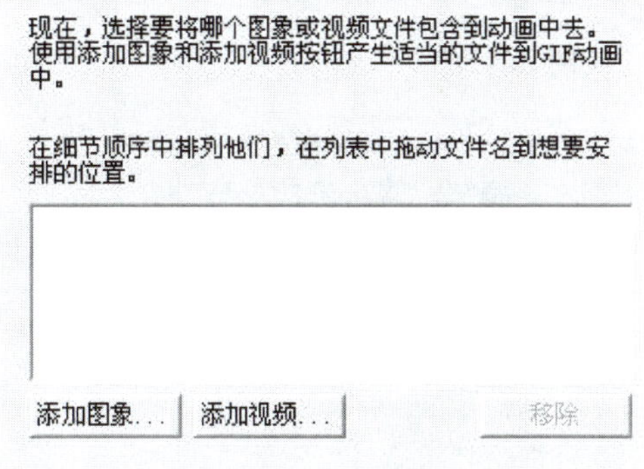

图 11-164 添加图像

Step 5 选择素材图片，图 11-159～图 11-161 全部添加上，然后单击“下一步”按钮，如图 11-165 所示。

图 11-165　选择图片

Step 6　选择自己认为合适的延迟时间。单击“下一步”按钮，如图 11-166 所示。

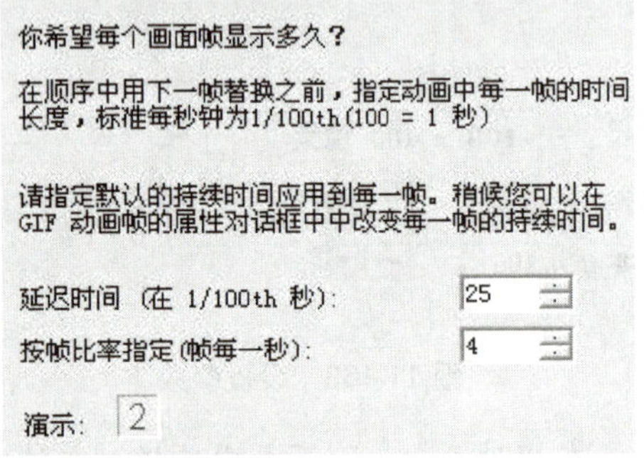

图 11-166　延迟时间

Step 7　单击“下一步”按钮，添加图像完成，如图 11-167 所示。

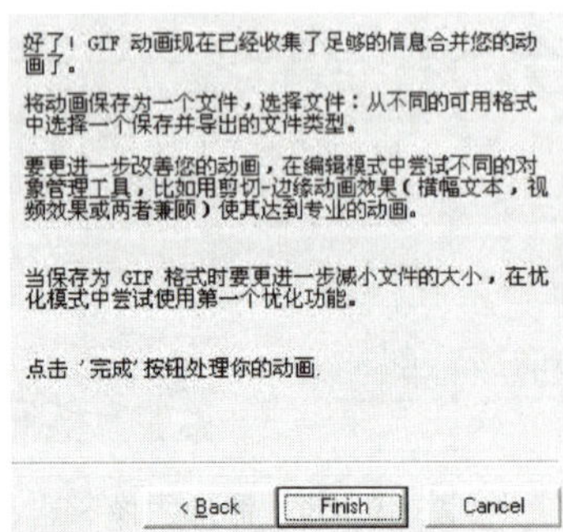

图 11-167　添加图像完成

Step 8　在对话框下部帧排列图片中，按照自己的意愿随意调整图片排序。然后单击“预览”按钮查看效果，如图 11-168 所示。

图 11-168　帧排列调整

Step 9　添加帧。添加一个空白帧，输入店铺名称或者其他文字，如图 11-169 所示。

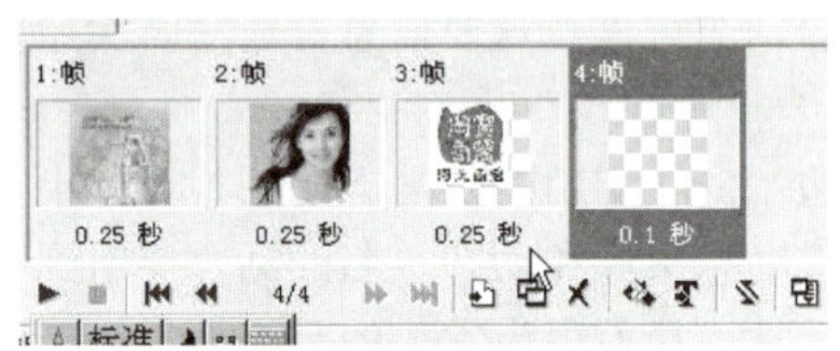

图 11-169　添加帧

Step 10　使用文字工具 T，在空白帧上面输入店铺名称或者其他店铺信息，如图 11-170 所示。

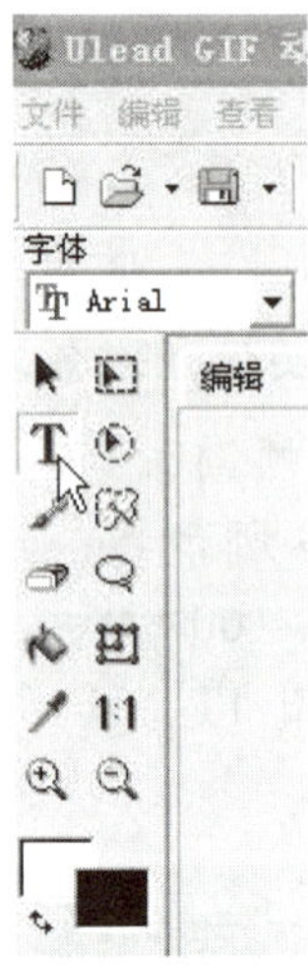

图 11-170　文字工具

Step 11　文字条目框。在单击文字 T 工具后，输入“水色靓妆”字样，如图 11-171 所示。

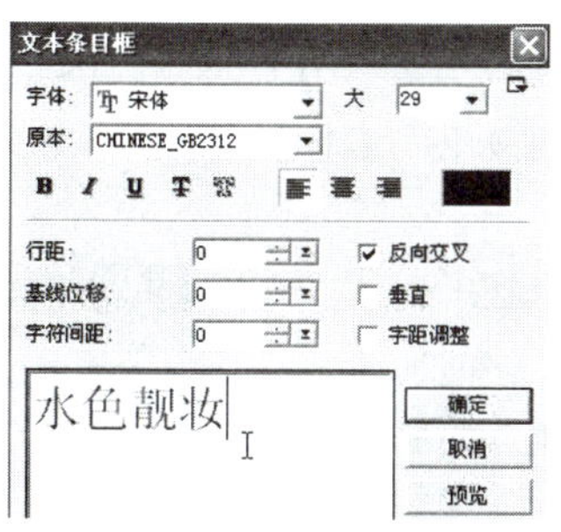
图 11-171 文本条目框

图 11-174 修改帧

Step 12 设置文字效果。在文本条目框中间一排的文字工具中选择相应的工具，设置文字大小、字体、颜色、效果，如图 11-172 所示。

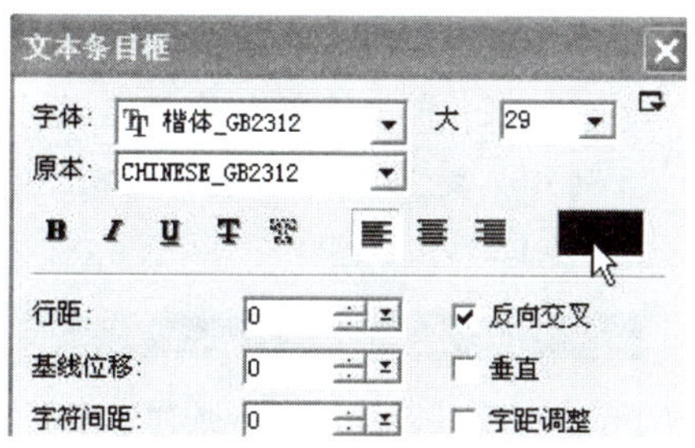
图 11-172 设置文字效果

Step 13 设置好字体属性之后，预览效果。

Step 14 更改帧属性。如果预览效果不满意，可以选中帧排列的每一帧图片，单击鼠标右键，在弹出的快捷菜单中选择“对象属性”命令，调整延迟时间，如图 11-173 所示。

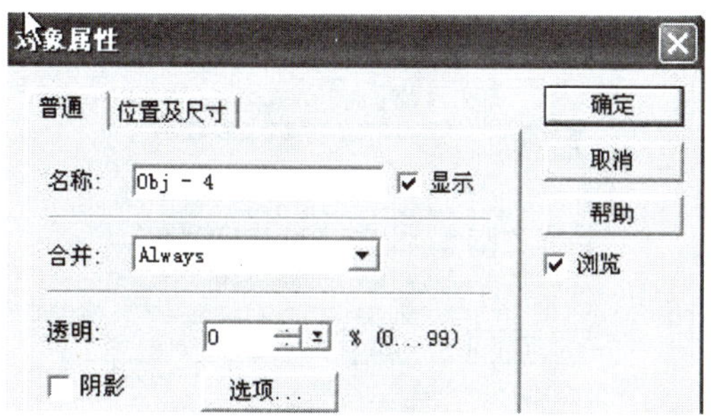
图 11-173 更改帧属性

Step 15 修改帧属性之后“预览”，发现文字帧太长了，如图 11-174 所示。

Step 16 修改帧之后的排列帧如图 11-175 所示。

图 11-175 修改帧

Step 17 预览效果，如果对帧顺序不满意，可以在“帧”菜单下，调整帧的相对位置，如图 11-176 所示。

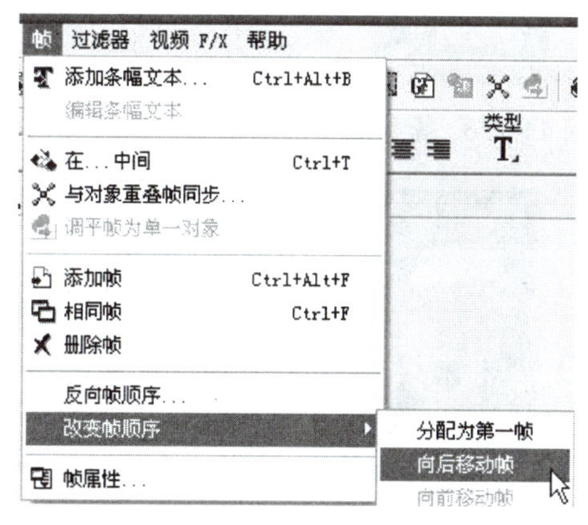
图 11-176 调整帧顺序

Step 18 认为图片达到预期的效果，就可以保存了。选择菜单栏中“文件”|“另存为”|“GIF 文件”命令，如图 11-177 所示。动态头像就完成了，可以上传查看效果。

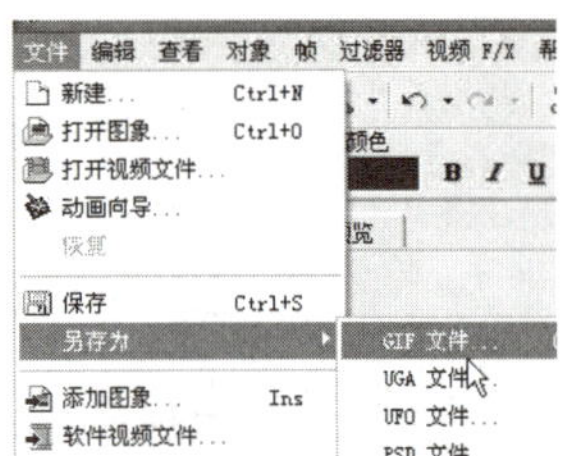

图 11-177　另存为 GIF 文件

2. 制作动态签名

网购平台对所有图片规格都有明确规定，签名档也不例外，淘宝规定签名图片规格：尺寸是宽 468×60 像素、大小在 100KB 以内，JPG 或者 GIF 格式，动态或者静态均可。下面我们介绍使用 GIF 制作动态签名的方法步骤。

Step 1 准备签名素材图，如图 11-178～图 11-184 所示。

图 11-178　素材(1)

图 11-179　素材(2)

图 11-180　素材(3)

图 11-181　素材(4)

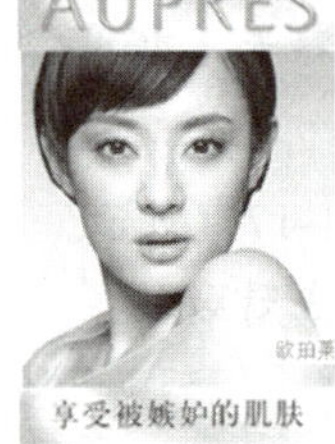

图 11-182　素材(5)

图 11-183　素材(6)

Step 2 新建。打开 GIF，选择“文件”|“新建”命令，如图 11-185 所示。

图 11-184　素材(7)

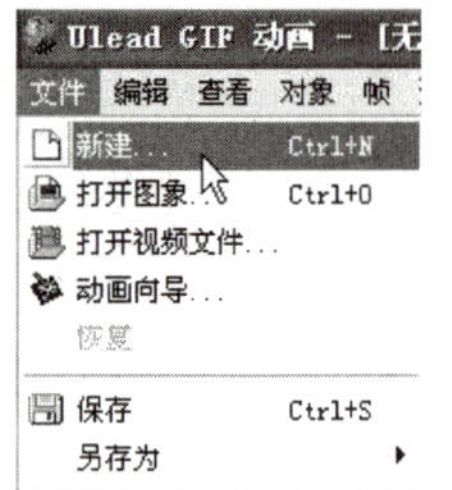

图 11-185　选择“新建”命令

Step 3 设置尺寸。在新建对话框设置画布尺寸，标准签名尺寸 468×60 像素，为了更好地展示动态效果，我们选择标准签名尺寸的 2 倍进行制作，这里我们设置 936×120 像素，如图 11-186 所示。

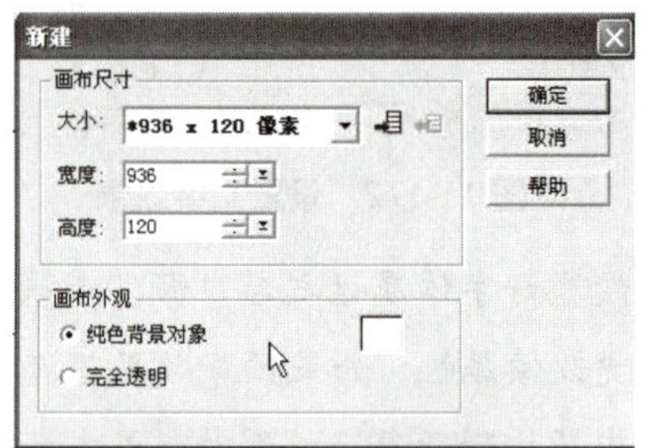

图 11-186　设置尺寸

Step 4 选择图像。选择第一步准备好的素材图，如图 11-187 所示。

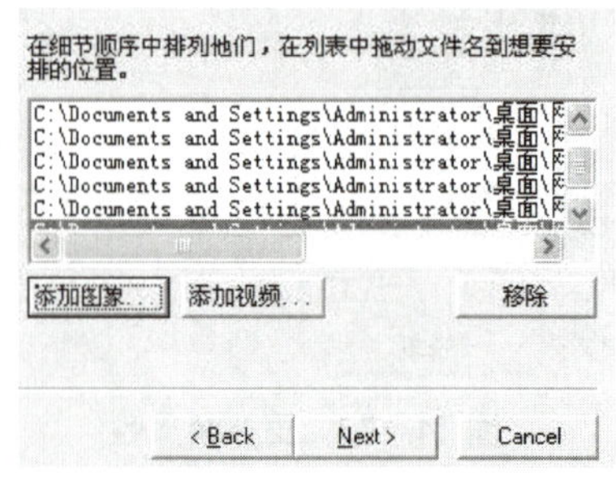

图 11-187　选择图像

Step 5 添加图像。单击“打开”按钮，添加图像，如图 11-188 所示。

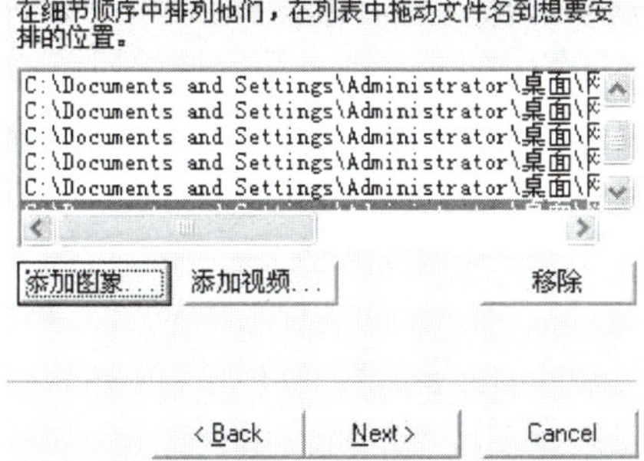

图 11-188　添加图像

Step 6 参数设置。单击“下一步”按钮。设置延迟时间和帧比率，如图 11-189 所示。

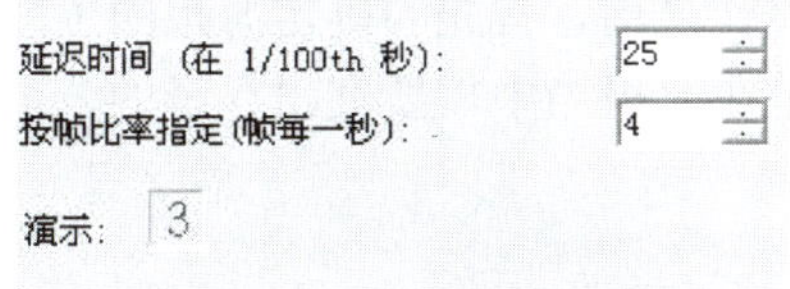

图 11-189　参数设置

“显示对象”。单击“下一步”按钮，单击“完成”按钮，显示对象如图 11-190 所示。

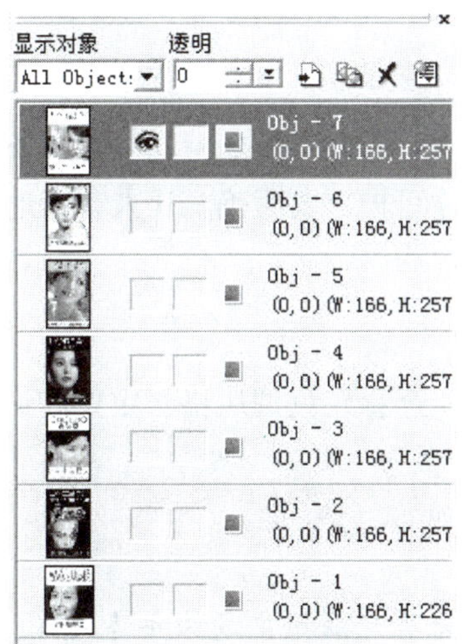

图 11-190　显示对象

Step 8 设置对象属性。在界面右侧的显示对象管理器面板中选中第一个图片，单击鼠标右键，在弹出的快捷菜单中选择“对象属性”命令，如图 11-191 所示。

Step 9 在对象属性窗口，单击“位置及尺寸”选项卡，将宽度改为 120，比例不变。并且要改变位置，左 0，顶部 0，如图 11-192 所示。后边的图片依次设置，改完全部图片，如图 11-193 所示。

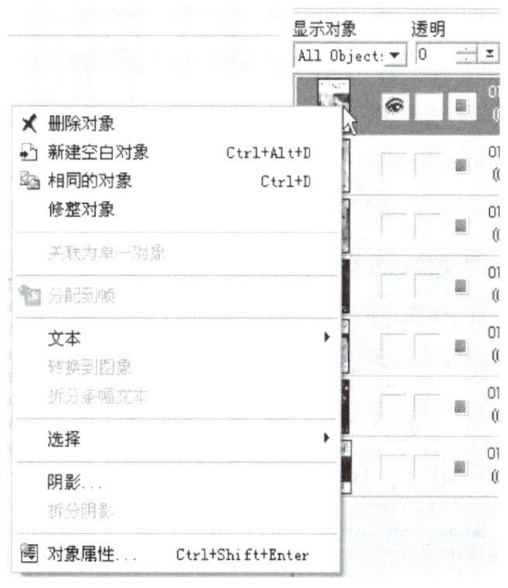

图 11-191　选择“对象属性”命令

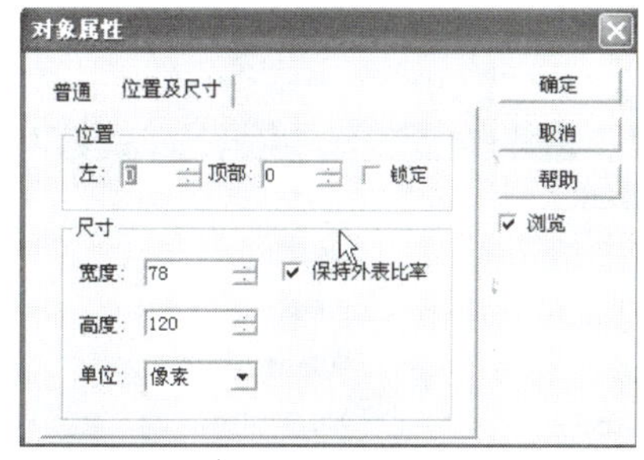

图 11-192　位置及尺寸

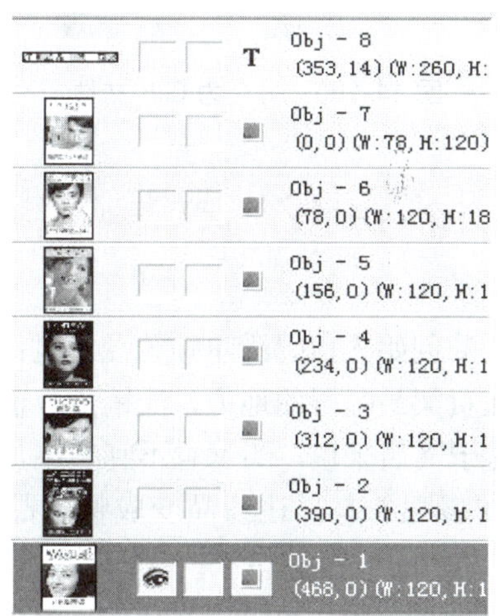

图 11-193　依次设置

Step 10 添加帧。在菜单栏中选择“帧”|“添加帧”命令，在此帧中输入广告横幅，我们这里输入“保真正品，假一罚万”字样，如图 11-194 所示。

保真正品，假一罚万

图 11-194 添加帧

Step 11 预览。这时需要看一下效果。如果不满意，可以再改。

Step 12 保存。查看效果。如果满意就可以保存。选择“文件”|“另存为”|“GIF 文件”命令，如图 11-195 所示。

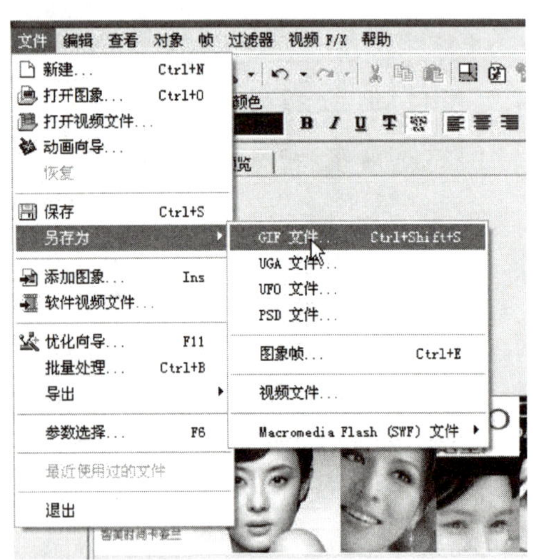

图 11-195 另存为 GIF 文件

11.8 网店海报

沃尔玛的创始人山姆沃尔顿曾经说过：“只要是把商品放在货架最显眼的地方，滞销货，也会变成畅销品。”对于网店来说，买家看不到货架，那最显眼的位置是在哪呢？怎样让商品变成畅销品呢？那一定就是网店海报了。

网店海报是一种比较吸引眼球的广告促销形式，一张图文并茂的海报，可以生动地传达店铺所经营产品信息和各类促销活动情况，可以吸引众多买家，海报是打折、促销、包邮、秒杀等促销手段的必备良方。有这么至关重要的作用，海报的制作当然就很重要了，下面我们以淘宝网为例介绍海报的制作步骤和方法。

11.8.1 网店海报制作原则

1. 网店海报的尺寸

淘宝通栏的宽度是 950 像素，侧栏是 750 像素。

2. 网店海报的主题

海报制作之前，首先要确定海报的主题，促销的力度。这是在海报当中需要突出显示的，事先一定要构思好。

3. 网店海报的色调

海报制作之前，先选定海报色调，主题颜色不要超过 3 个，颜色过多会让人感觉杂乱，失去重心焦点，一般会选用亮度比较高的红色或橙色，比较引人注目，当然要根据具体产品作相应调整。

4. 网店海报活动时间

海报制作的时候，活动时间一定标明。活动开始时间、截止时间一定要明确，让人有紧迫感，更容易促进买家动心购买。

5. 网店海报的风格

海报整体查看，色调风格一定要和谐统一。

11.8.2 普通网店海报制作步骤

Step 1 首先确定海报主题为年终大促。促销力度为全场 5 折，2 件包邮。关键词为包邮、低价、正品。

Step 2 准备素材。因为主题是年终大促，要符合我们的民俗习惯，我们选用红色色调，喜庆气氛素材，如图 11-196、图 11-197 所示，选用这两个民俗新年元素作为点缀。

图 11-196　素材(1)

图 11-197　素材(2)

Step 3　打开 Photoshop，选择“文件”|“新建”命令，如图 11-198 所示。

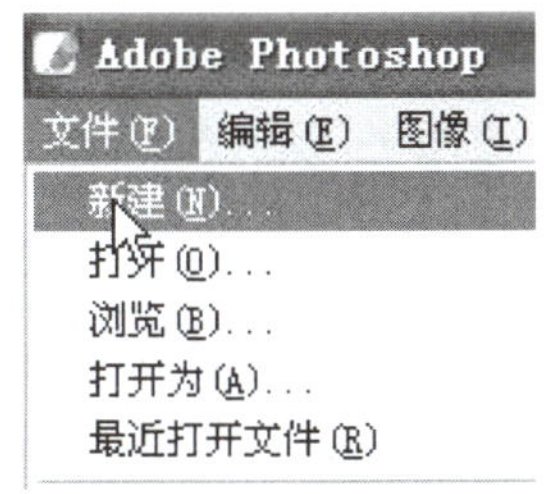

图 11-198　选择“新建”命令

Step 4　新建文件，尺寸 750×350 像素，分辨率 72，颜色模式 RGB，背景透明，如图 11-199 所示。

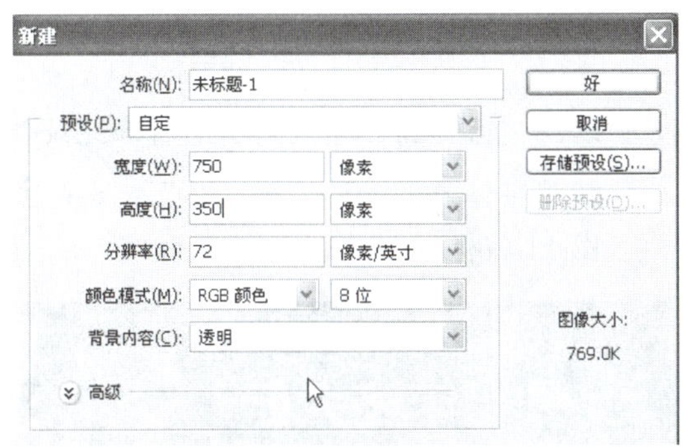

图 11-199　新建文件

Step 5　“编辑”菜单下，选择“填充”命令，如图 11-200 所示。

Step 6　在填充对话框，在“颜色”下拉菜单中选择颜色为暗红色。如图 11-201 所示，填充背景，如图 11-202 所示。

Step 7　打开素材，如图 11-196，使用磁性套索工具，将金币拖动到新建图片窗口，融图。改变大小，放置到合适的位置，如图 11-203 所示。

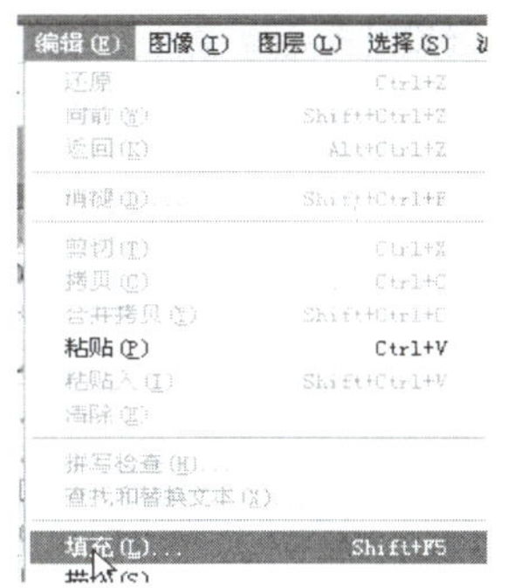

图 11-200　“填充”命令

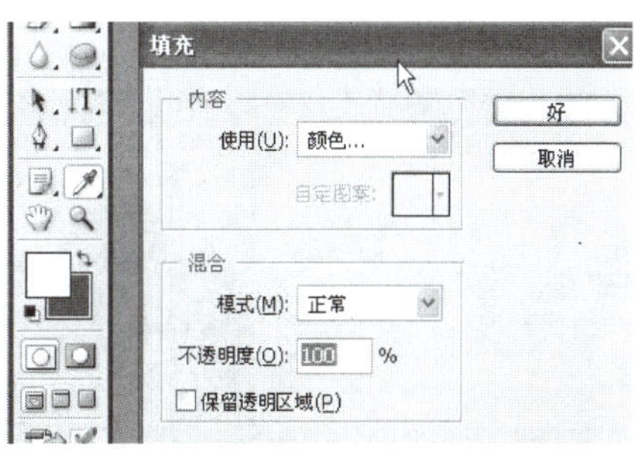

图 11-201　选择颜色

图 11-202　填充背景

图 11-203　融图

Step 8　打开素材图 11-197，使用磁性套索工具，将灯笼拖动到新建图片窗口，放置到合适位置，调整到合适大小，调整透明度，如图 11-204 所示。

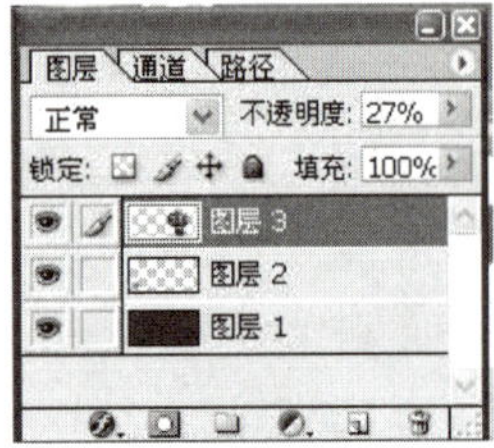

图 11-204　调整透明度

Step 9 保存。选择“文件”|“存储为”命令，如图 11-205 所示。

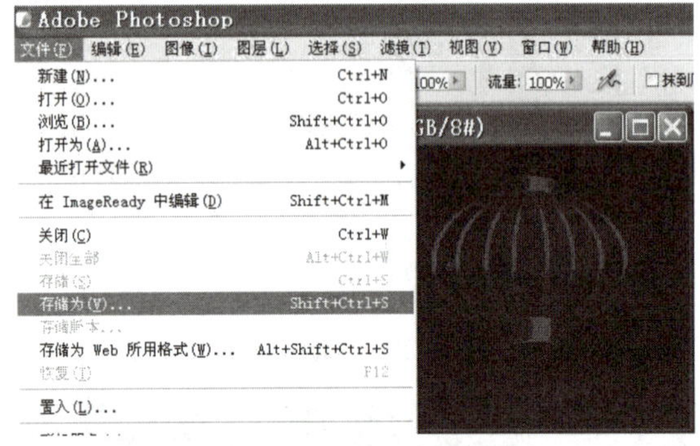

图 11-205　保存

Step 10 打开美图秀秀，在美图秀秀“打开”菜单下，打开 Photoshop 编辑的图，如图 11-205 所示。

Step 11 单击“文字”按钮下的“输入静态文字”按钮，如图 11-206 所示。重点突出的“年终大促”放在中间部位，突出显示。

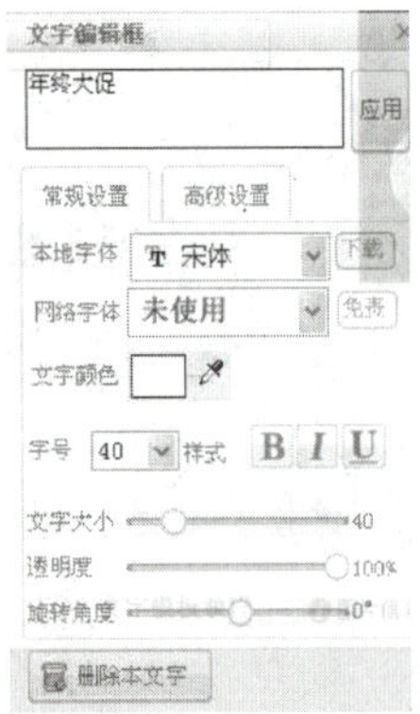

图 11-206　输入静态文字

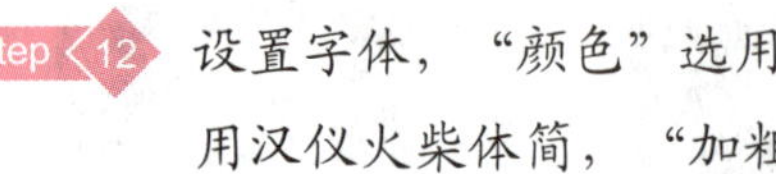

Step 12 设置字体，“颜色”选用白色，“字体”选用汉仪火柴体简，“加粗”，“字号”60，“高级”选项框下设置“阴影”，效果如图 11-207 所示。

图 11-207　设置字体

Step 13 继续使用文字工具，输入“全场 5 折”，“2 件包邮”，“央视上榜品牌”的优惠信息，分别放置，如图 11-208 所示。

图 11-208　文字工具

Step 14 以促销为目的，输入店铺名称和地址信息，调整字体效果和透明度，以免喧宾夺主，如图 11-209 所示。

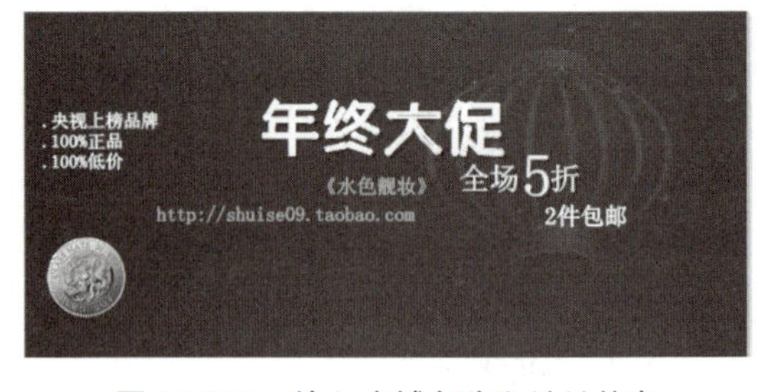

图 11-209　输入店铺名称和地址信息

Step 15 选择“文字”|“动画闪字”命令，选择右侧“左右渐变”模式，输入“迎新年欢乐购，买到就是赚到”放在最右侧，如图 11-210 所示。

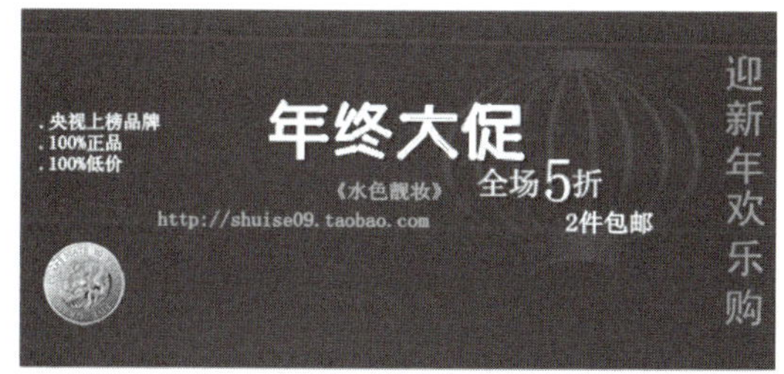

图 11-210　动画闪字

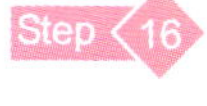

Step 16 添加辅助元素。整体查看，弥补不足，锦上添花。选择“饰品”|“炫彩水印”命令添加辅助元素，如图 11-211 所示。

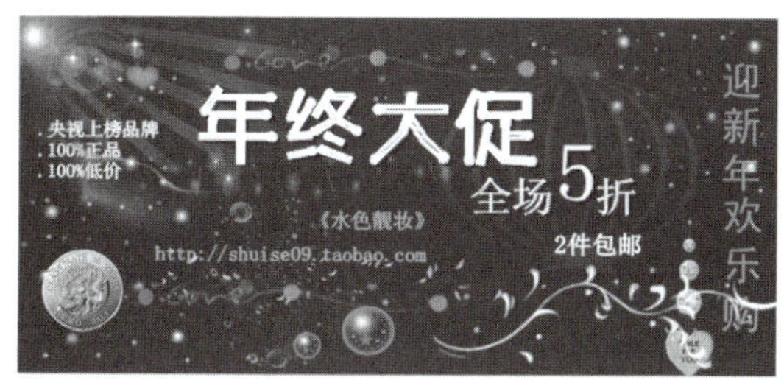

图 11-211　添加辅助元素

11.8.3　热点海报制作步骤

热点海报即是在一张图片的局部加链接，我们以淘宝网为例，讲述一个 750×550 像素，两行三列六个商品的热点海报的制作。

制作的具体步骤如下。

Step 1 打开 Photoshop，选择“文件”|“新建”命令，在“新建”对话框中输入参数 750×550 像素，分辨率 72，颜色模式 RGB，背景透明。命名为“海报”，如图 11-212 所示。

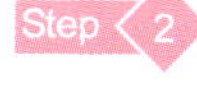

Step 2 打开需要海报促销的宝贝图片，图 11-178～图 11-184，用裁切图像工具把每个图像裁切成合适的尺寸，如图 11-213 所示。

Step 3 将裁切好的图片，利用图片移动工具，拖动进新建的文件“海报”里面。打开右侧图层窗口，如图 11-214 所示。

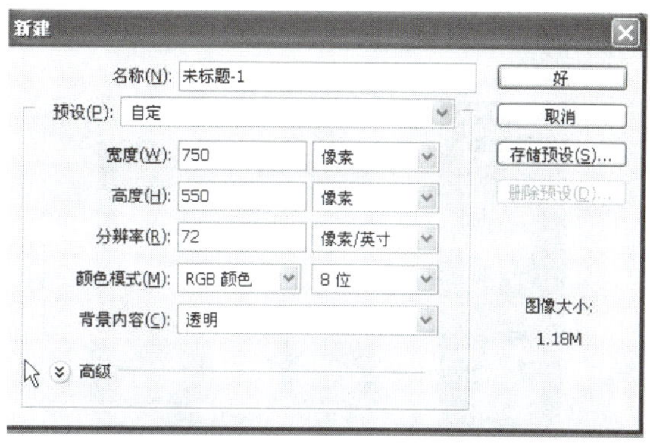

图 11-212　“新建”对话框

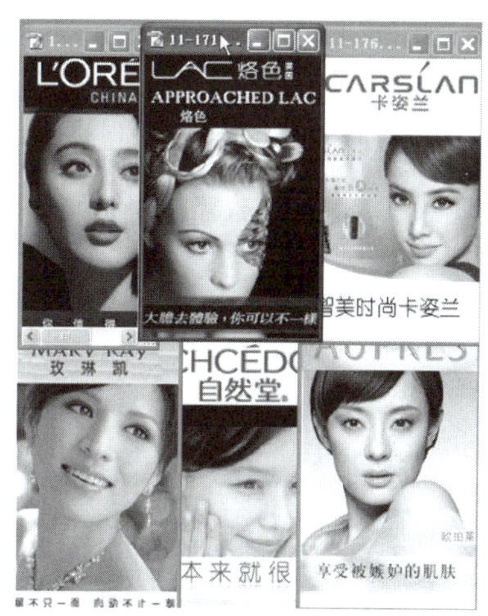

图 11-213　裁切图片

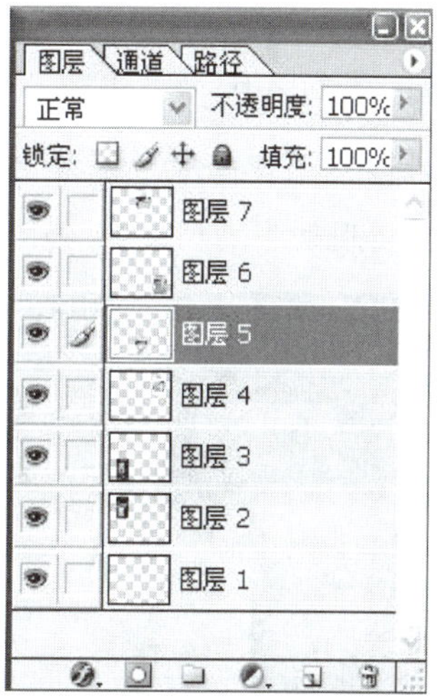

图 11-214　“图层”面板

Step 4 在右侧“图层”窗口，调整促销宝贝图 11-178～图 11-183 的位置分布，排列整齐，如

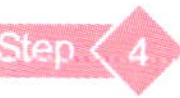

图 11-215 所示。

图 11-215 调整图层

Step 5 图片切割。单击左侧工具箱中“切片”按钮，将整张图切割成 7 个部分：6 个宝贝图片和 1 个文字描述图片，如图 11-216 所示。

图 11-216 图片切割

Step 6 编辑切片。在单个切片图片上面，单击鼠标右键，出现切片编辑菜单，如图 11-217 所示。

图 11-217 编辑切片

Step 7 选择“编辑切片选项”命令，在“切片选项”对话框中设置每个切片所对应的商品地址链接，如图 11-218 所示。

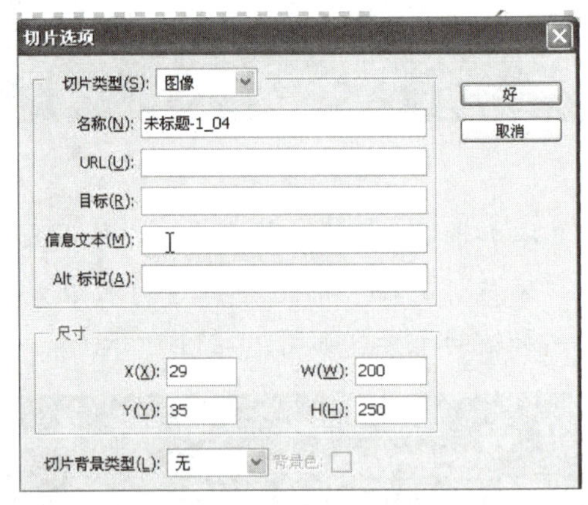

图 11-218 “切片选项”对话框

Step 8 保存。在“文件”菜单下，选择“存储为 Web 所用格式”命令，如图 11-219 所示。

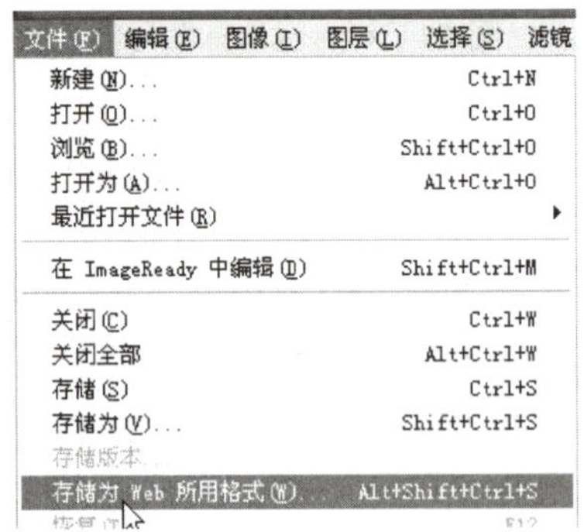

图 11-219 选择“存储为 Web 所用格式”命令

Step 9 在存储页面右侧选项的“预设”下拉列表框中，选择“JPEG 高”，如图 11-220 所示。

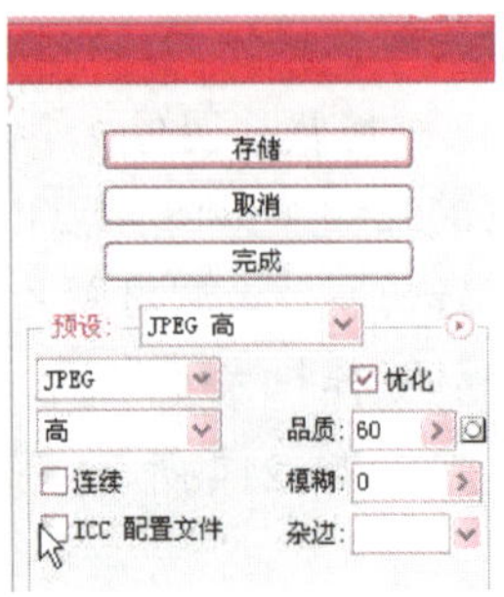

图 11-220 预设

Step 10 单击“存储”按钮，命名文件名为“海报”，如图 11-221 所示，生成一个“海报”文件，一个 images 文件夹。

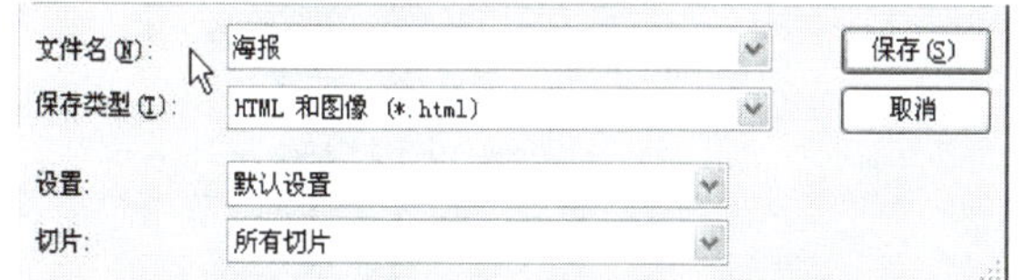

图 11-221 存储

Step 11 将 images 文件夹下的切片图片“海报-01”、“海报-02”……“海报-07”上传到淘宝“图片空间”，取得图片地址。

Step 12 获取代码。找到存储成 Web 格式的“海报”文件，鼠标右键单击，在弹出的菜单中，选择“打开方式”|“记事本”命令，如图 11-222 所示，在打开的记事本文件中，就是我们设置的海报的代码。

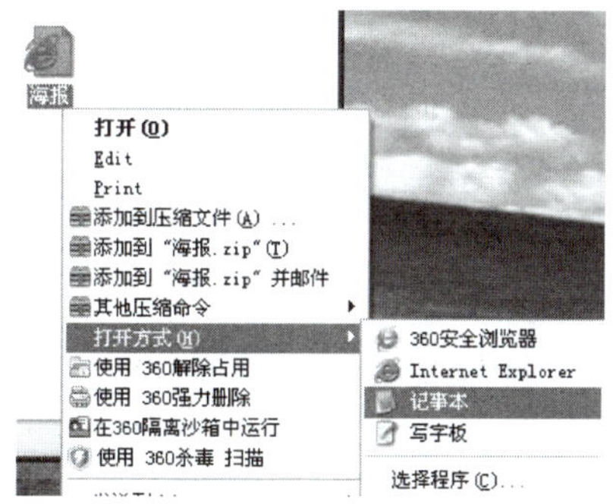

图 11-222 打开方式

编辑代码。将代码中切片图片地址换成图片空间中。以切片“海报-01”为例。

切片“海报-01”图片地址为右图重点标记部位，将此地址更换成淘宝图片空间的地址就行了，以此类推，将 7 个切片更换完毕，海报“年终大促”代码就大功告成了。网店装修时直接应用到淘宝页面即可。

```
<html>
<head>
<title>未标题-1</title>
<meta http-equiv="Content-Type"
content="text/html; charset=gb2312">
</head>
<body bgcolor="#FFFFFF" leftmargin="0"
topmargin="0" marginwidth="0"
marginheight="0">
<!-- ImageReady Slices (未标题-1) -->
<table id="__01" width="751" height="551"

border="0" cellpadding="0" cellspacing="0">
   <tr>
        <td colspan="4" rowspan="3">
             <img src="images/海报_01.jpg"
width="274" height="35" alt=""></td>
```

11.8.4 在线制作网店海报

在线制作网店海报，首先打开合作网站：http://banner.alimama.com/，在图文页面，选中喜欢的模板，单击“我要制作”按钮，修改后输出，应用到店铺，在线制作就完成了。这里我们不再一一赘述。

11.9 网店导航

随着网店商品的不断增多，网店卖家需要把所出售的商品进行分类，以使得卖家和买家都能更方便快捷地查找到自己所需要的商品。网店导航就是实现商品归类功能，让买家迅速地找到需求商品。网店导航显示在店铺首页和宝贝详情页面的左边，卖家可以通过上传图片等使导航栏更美观，并与店铺整体的装修达成一致。我们以淘宝网为例，具体介绍网店导航。

11.9.1 网店导航栏设计规范

网店左侧导航栏设计规格为 190 像素，高度没有特殊要求，支持 HTML 格式。

11.9.2 网店导航栏设计原则

网店导航栏设计风格要与店铺整体装修风格一致，设计应以简洁醒目为主。

11.9.3　网店导航栏分类

1. 文字导航

文字导航简单清晰，一目了然，如图 11-223 所示。

2. 图片导航

图片导航相比文字导航更具特色，使店铺风格更有个性，如图 11-224 所示。

3. 图文结合导航

图文结合导航是把文字导航和图片导航结合使用，更简洁美观，如图 11-225 所示。

4. 通栏导航

随着拓展版和旗舰版的发展，越来越多的大卖家把自己的店铺装修成通栏结构，这种装修页面下促使了通栏导航的诞生。通栏导航除了尺寸上比普通导航大之外，设计更加大气和细腻，通栏的宽度为 950 像素，高度也跟普通导航栏一样没有具体规定，如图 11-226 所示为某网店的通栏导航。

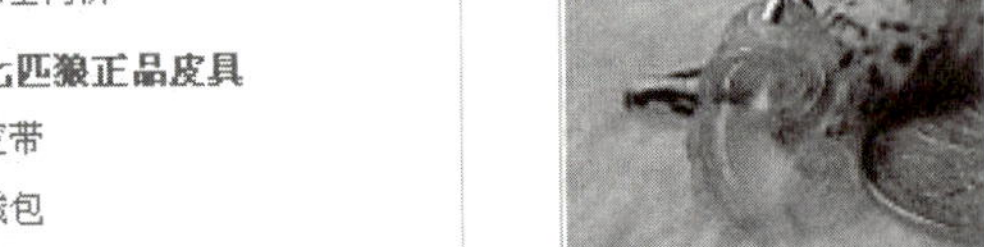

图 11-223　文字导航 　　图 11-224　图片导航

图 11-225　图文导航

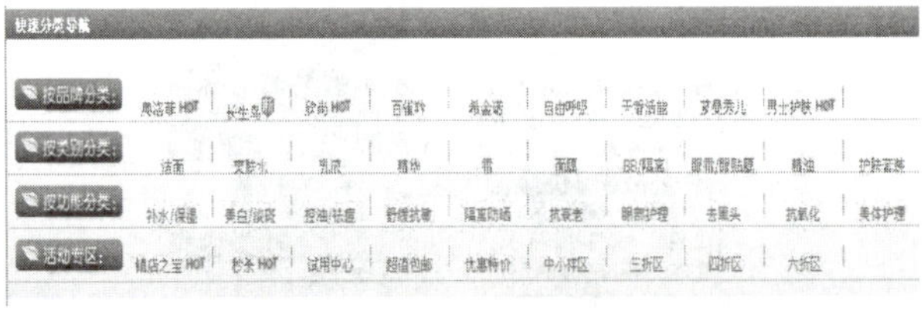

图 11-226　通栏导航

上面所展示的通栏导航为纯文字导航，其导航功能的实现是通过热点切片设置而成的，具体操作跟海报热点导航设置大同小异，不再一一赘述。

11.9.4　网店导航设置方法

Step 1 打开淘宝网首页(http://www.taobao.com)，输入账号密码登录，单击页面顶部“卖家中心”链接，找到左侧导航栏中“店铺管理”下面的“宝贝分类管理”，这个就是我们要添加店铺分类导航的地方了，如图 11-227 所示。

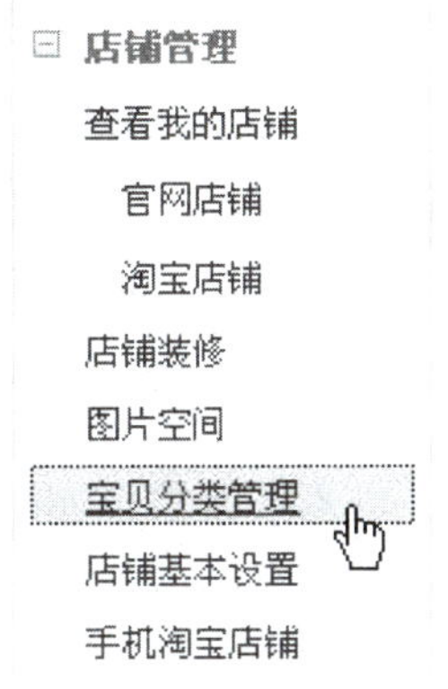

图 11-227 宝贝分类管理

Step 2 单击“宝贝分类管理”链接，出现“编辑分类”页面，如图 11-228 所示。

图 11-228 编辑分类

Step 3 添加新的分类，单击“添加新分类”按钮，如图 11-229 所示。

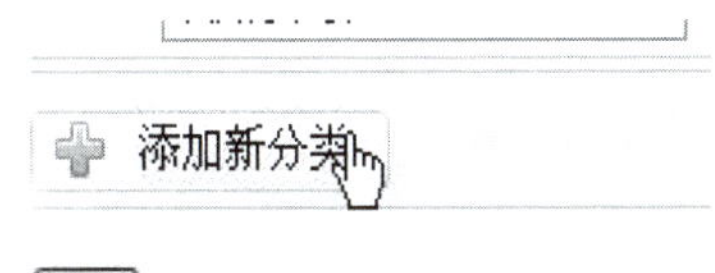

图 11-229 添加新分类

Step 4 保存分类。单击“添加新分类” 按钮后，在输入分类名字的文字框的位置上，有个光标在闪动，这里就是可以添加分类文字的地方了，输入文字“保真正品 儿童护肤”，单击左下角“保存”按钮，这样一个分类就添加好了。如图 11-230 所示。

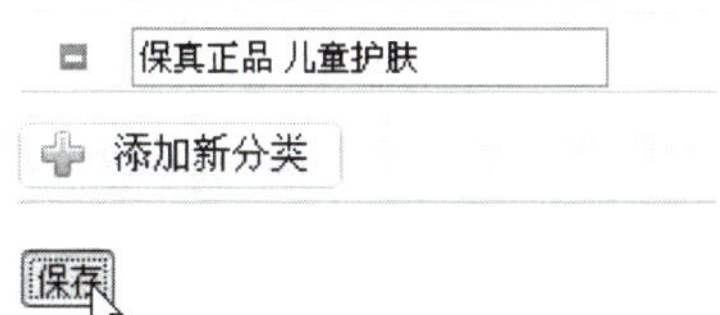

图 11-230 保存分类

Step 5 添加子分类。在刚刚添加好的“保真正品 儿童护肤”分类后边，单击“展开子分类”链接，“保真正品 儿童护肤”左下方会出现“添加子分类”按钮，如图 11-231 所示。

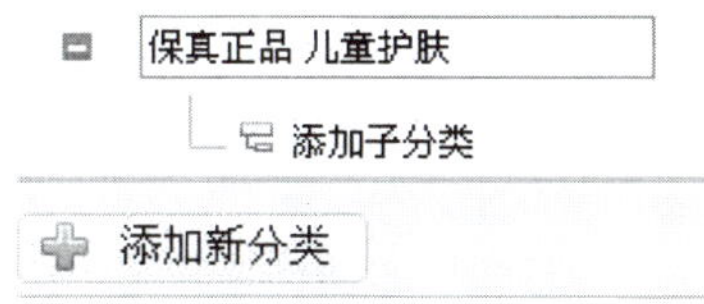

图 11-231 添加子分类

Step 6 单击“添加子分类”按钮，输入文字“喜洋洋”，然后单击“保存”按钮，分类和子分类就都添加好了，如图 11-232 所示。

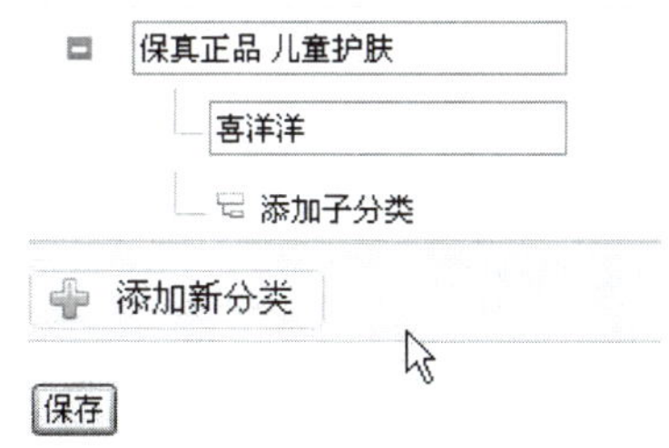

图 11-232 保存子分类

Step 7 添加图片。在编辑分类的页面上，单击“添加图片”按钮，就可以把分类导航图片设置好了，如图 11-233 所示。

图 11-233 添加图片

Step 8 "在添加图片"文字框中输入导航图片地址，在图片空间找到该分类图片的地址，复制过来，粘贴到地址框，然后保存。一个完整的分类导航就创建好了，如图 11-234 所示。

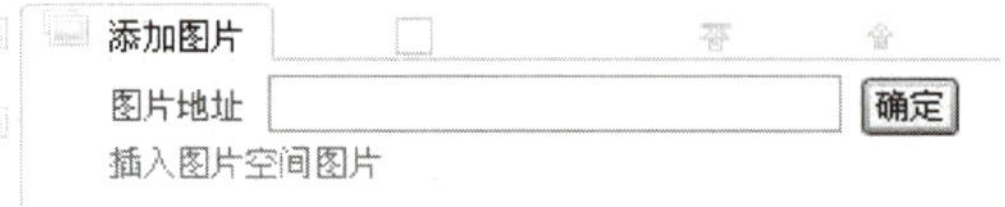

添加图片
图片地址 确定
插入图片空间图片

图 11-234　设置完成

Step 9 调整分类。如果想删除某个分类，直接单击"删除"按钮，如果想调整分类的上下布局，直接单击列表中的上下箭头，如果想修改分类，直接单击"编辑"按钮。

11.10　图片空间

图片空间是用来进行图片存储和展示，专业存储和展示店铺装修的图片和宝贝详情图片。本节我们以淘宝网为例来讲述图片空间。

淘宝图片空间，顾名思义是用来储存淘宝商品图片的官方存储空间，能迅速提高页面和宝贝图片打开速度，从而提高买家单击宝贝数量，进而提高宝贝曝光度，实现销售额增长。

2010 年起，淘宝为了降低卖家开店成本，对全部开店卖家永久性的免费赠送 30M 淘宝图片空间，开淘宝店，首选淘宝图片空间。

淘宝官方图片空间具有以下优点：

- 淘宝官方产品，稳定、安全。
- 管理方面，批量操作，价格便宜。
- 宝贝详情页图片打开速度快，提升成交量。

淘宝官方图片空间具有以下功能。

放大镜功能，而其他图片相册没有此功能，如图 11-235 所示。

图 11-235　放大镜功能

多图多色功能如图 11-236 所示。

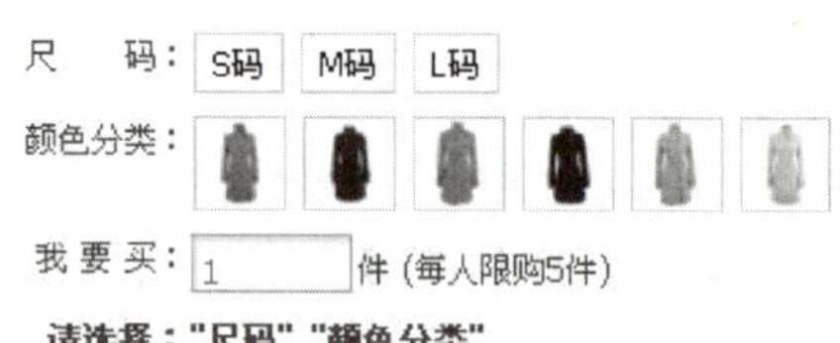

图 11-236　多图多色功能

宝贝图片直接插入功能。免去烦琐的上传再复制链接的操作，卖家一天能节省很多时间，如图 11-237 所示。

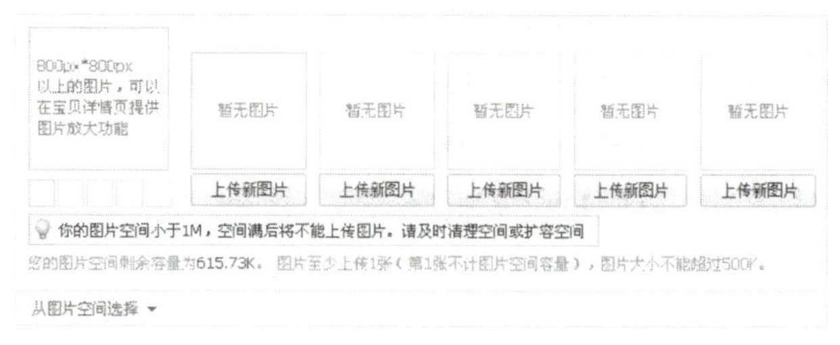

图 11-237　宝贝图片直接插入功能

多尺寸功能如图 11-238 所示。

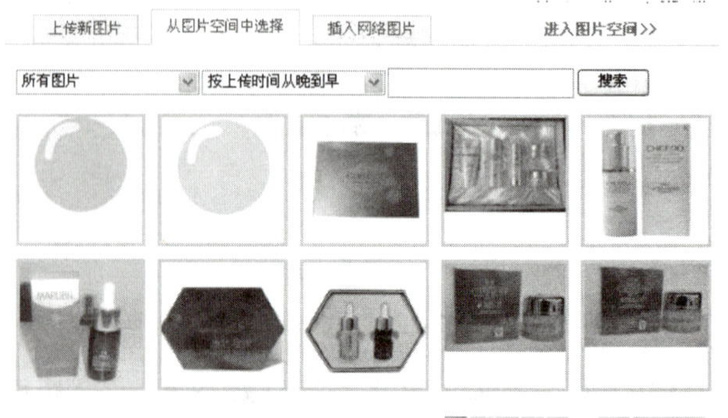

图 11-238　多尺寸功能

淘宝官方图片空间和其他家相册打开速度相比

要快得多。

淘宝官方图片空间新功能具体介绍如下。

- 支持二级分类。
- 支持在线一键搬家。
- 支持按宝贝和图片名称搜索图片。
- 支持查看图片是否被引用，未被应用的图片可以删除，以节省空间。
- 支持图片授权给多个店铺使用。

1. 图片空间进入

(1) 方法一

登录淘宝网首页，单击“卖家中心”，从左侧导航栏的“店铺管理”中，找到“图片空间”链接，单击链接进入，如图 11-239 所示。

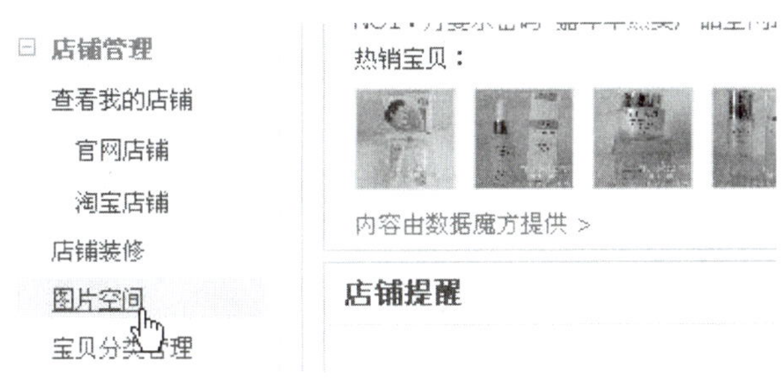

图 11-239　图片空间

(2) 方法二

在阿里旺旺窗口右下角，单击“淘宝官方图片空间”下的图标，直接进入，如图 11-240 所示。

图 11-240　阿里旺旺图片空间

2. 图片浏览方式

登录淘宝网首(http://www.taobao.com)，单击“卖家中心”，找到左侧导航栏中“店铺管理”按钮，单击“图片空间”链接，进入“图片空间”首页。在这个页面我们可以看到“图片空间”的编辑菜单，如图 11-241 所示，空间中的图片有排列图标和列表两种浏览模式。

图 11-241　图片空间首页菜单

(1) 排列方式浏览

单击“浏览”按钮后边的第一个浏览方式按钮，即选择图标排列方式浏览，图片显示方式为图 11-242 所示。

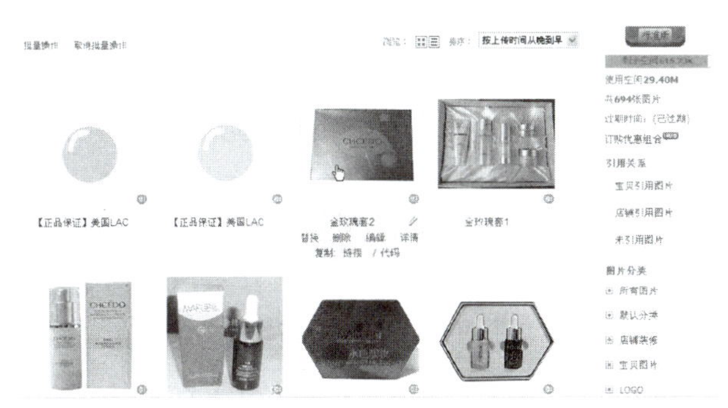

图 11-242　排列方式浏览

(2) 列表方式浏览

单击“浏览”按钮后边的第二个浏览方式按钮，即选择图标列表方式浏览，图片显示方式为图 11-243 所示。

图 11-243　列表方式浏览

3. 图片上传

单击“图片上传”按钮，出现“通用上传”、“高速上传”、“普通上传”、“设置水印”四个菜单项，默认界面是“高速上传”界面，高速上传一次最多上传 200 张图片，只支持 JPG、JPEG、GIF、PNG 的图片格式上传。单张图片大小要控制在 3MB 以内，如果超出会被压缩。另外需注意高速上传需安装控件，且只支持 IE 浏览器，如果不能上传，建议使用 Flash

上传。

(1) 高速上传

Step 1 单击“高速上传”按钮，选择图片分类，或创建新分类，如图 11-244 所示。

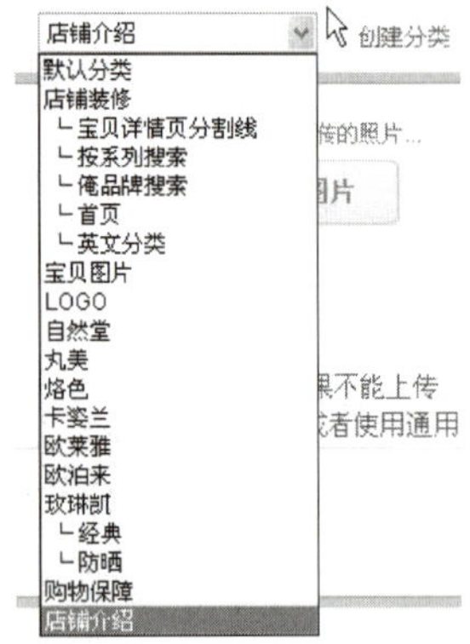

图 11-244 选择图片分类

Step 2 单击“添加图片”按钮，勾选要上传的图片，如图 11-245 所示，选好以后，单击“选好了”按钮，在弹出的对话框中查看核实要上传的图片，如图 11-246 所示。

Step 3 查看核实要上传的图片之后，在对话框的下方出现三个上传选项：“添加水印”、“自动压缩以节省空间”、“压缩至淘宝推荐画质”，如图 11-247 所示，在页面这三个选项当中默认是“自动压缩以节省空间”，在上传过程当中，建议不要勾选，以免图片模糊失真。

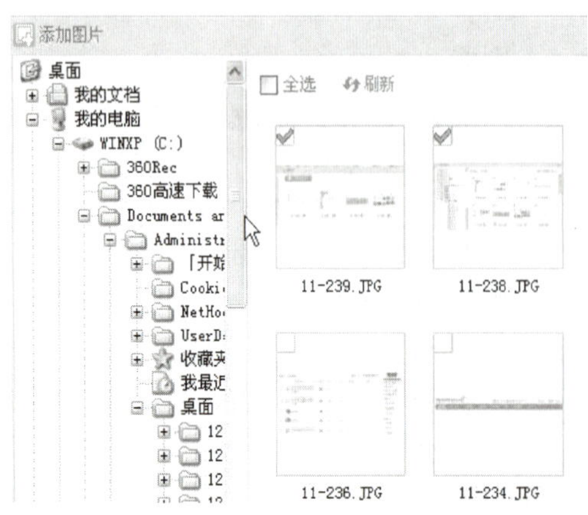

图 11-245 勾选图片

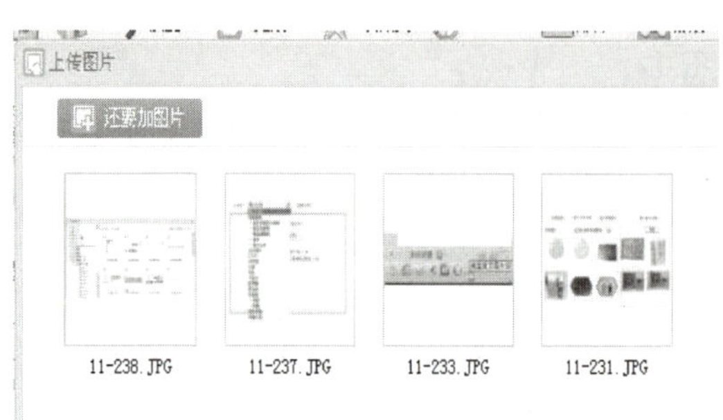

图 11-246 核查要上传的图片

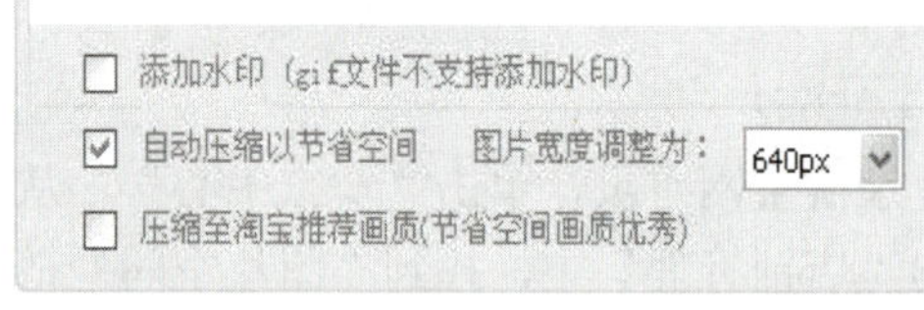

图 11-247 上传选项

Step 4 单击“立即上传”按钮，上传成功后，如果继续上传单击“继续”按钮，如果上传结束，单击“完成”按钮，如图 11-248 所示

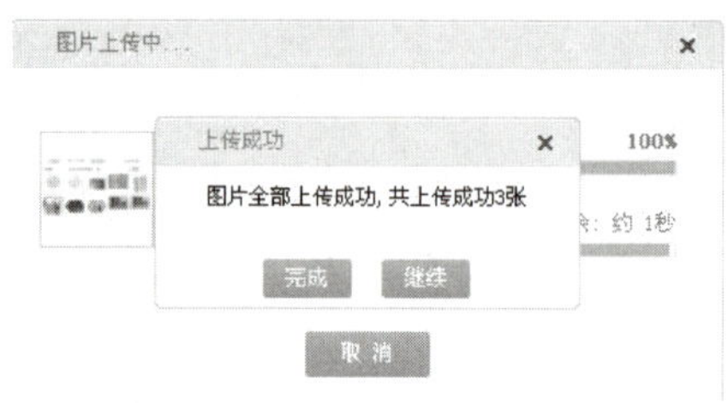

图 11-248 上传成功

Step 5 在图片空间“首页”，可看到刚刚上传的图片，要对图片进行操作，鼠标应放在对应的图片上面，图片操作菜单显示，如图 11-249 所示。

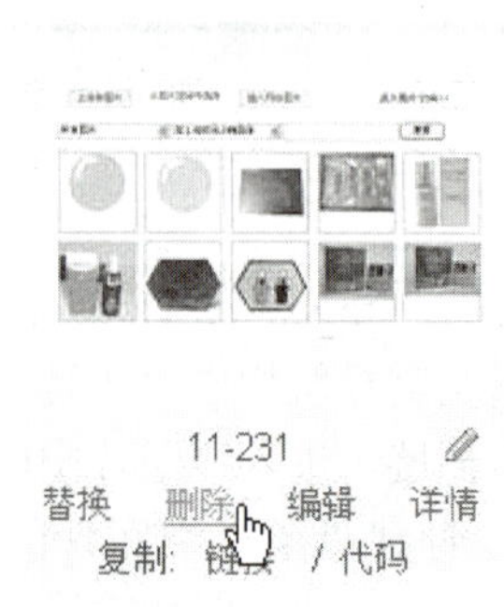

图 11-249 图片操作

(2) 通用上传

通用上传的图片，单张图片如大于 3MB 可选择强制压缩，支持 JPG、JPEG、PNG、GIF、BMP 格式，一次上传不限张数，可添加水印，可调整图片尺寸。

Step 1 单击“通用上传”按钮，选择图片分类，或创建新分类，如图 11-250 所示。

图 11-250 通用上传

Step 2 单击“添加图片”按钮，选中要上传的图片，选中“添加水印”复选框，单击“立即上传”按钮，如图 11-251 所示。

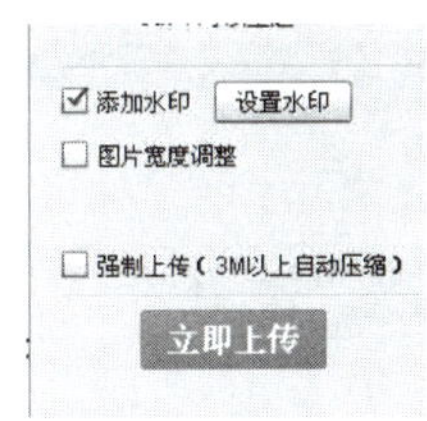

图 11-251 立即上传

Step 3 出现“文件上传结束”页面，单击“查看”按钮，跳转到图片空间首页，单击“确定”按钮，跳转到“通用上传”界面，如图 11-252 所示。

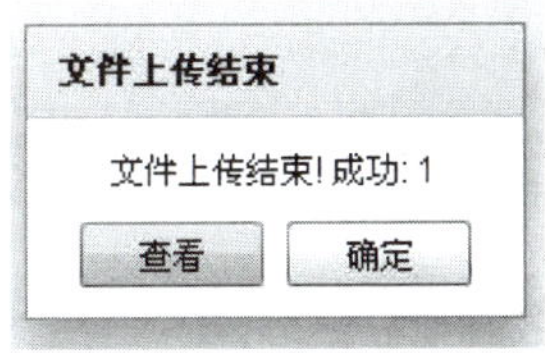

图 11-252 文件上传结束

(3) 普通上传

普通上传，每张图片大小都不能超过 3MB，支持 jpg、jpeg、png、gif 格式，为了更好地上传体验请使用 Flash 上传或高速上传。每次上传最多可同时上传 5 张图片。上传过程中可添加水印。

具体操作步骤如下。

Step 1 单击“图片上传”菜单下的“普通上传”按钮，选择分类或者创建分类，单击“浏览”按钮，选择要上传的图片，如图 11-253 所示。

Step 2 单击“开始上传”按钮，上传成功后页面自动跳转到图片空间首页面。

(4) 设置水印

图片空间设置水印功能大大节省了卖家的工作强度和时间，有了这个功能卖家再也不用一张一张去给自己的宝贝图片添加水印。这里的设置水印分为“添加文字水印”和“添加图片水印”两种，“添加文字水印”可设置字号、颜色、距离、阴影效果等，如图 11-254 所示。

图 11-253 普通上传

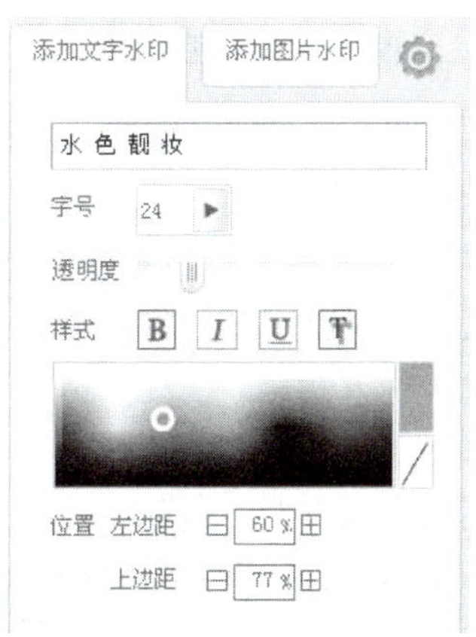

图 11-254 文字水印

“添加图片水印”是将事先做好的水印图片，添加进每一个宝贝图片，水印图片推荐使用 PNG 格式，

30KB 以内，透明度和边距随自己的需要随时调整，如图 11-255 所示。

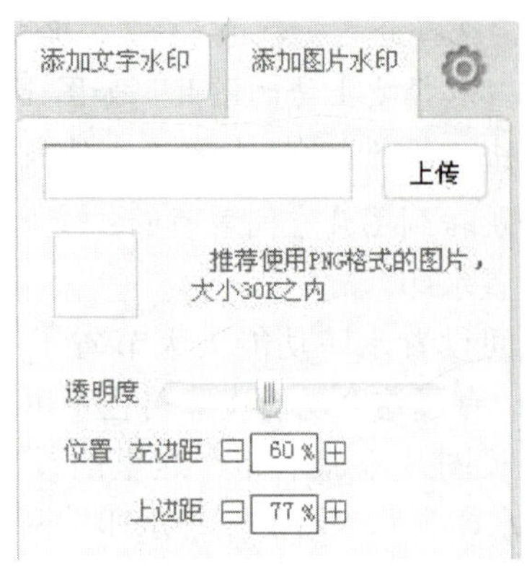

图 11-255　图片水印

4. 图片搬家

图片搬家操作界面如图 11-256 所示。

图 11-256　图片搬家

图片搬家分为：“一键搬家”，“店铺间搬家”，“按 HTML 源码搬家”(仅支持 IE 浏览器)。店家可以按照自己的需要选择不同的搬家方式，其中“按 HTML 源码搬家”是首页图片搬家的方式，宝贝图片搬家可以任选一种方式。

图片搬家将图片从源网站下载下来，将图片复制一份并存在到淘宝服务器，自动将宝贝描述中的图片替换成存在淘宝服务器的图片。将图片搬回淘宝后，不需要自己去更改宝贝描述的图片，图片成功搬回淘宝的同时，会自动替换宝贝描述中的图片。

淘宝官方图片空间不限流量，不限制外链，流量再高也不怕图片显示不出来，所以笔者感觉淘宝官方图片空间是卖家选择图片空间的首选。

图片搬家支持的图片格式有 JPG、JPEG、PNG、GIF，单张图片大小不能超过 3MB，将宝贝图片从外网搬回到自己的图片空间，不用多处管理，使用方便、快捷又安全！

图片搬家功能越来越强大，卖家只需要轻轻动一下鼠标，就能完成你意想不到的事情，轻松完成大量复制剪贴图片的任务。搬家流程按照图片空间操作提示就会很好地实现。我们以“一键搬家”为例，讲述一下图片搬家的流程。

Step 1 单击“图片搬家”按钮，选择“一键搬家”方式，如图 11-256 所示。

Step 2 在“选择搬家方式”页面，单击“按整店搬”按钮，如图 11-257 所示。

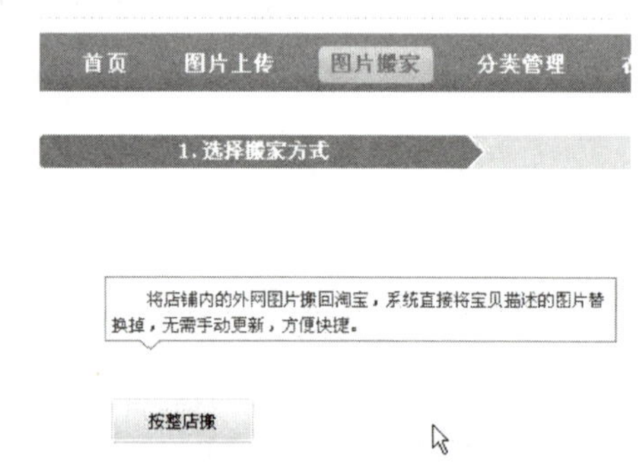

图 11-257　按整店搬

Step 3 出现搬家进度界面，如图 11-258 所示。

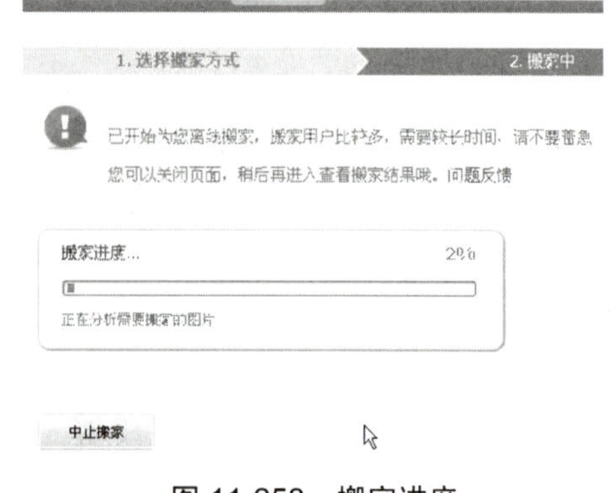

图 11-258　搬家进度

Step 4 成功搬家后的图片自动按宝贝分类和店铺装修创建图片分类。系统将自动全部替换新的链接，如图 11-259 所示。

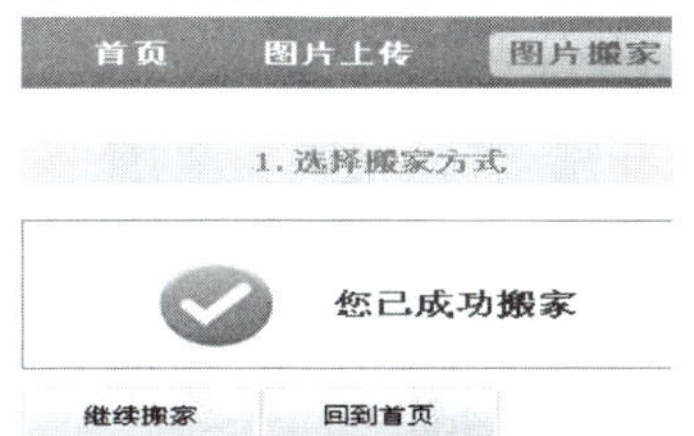

图 11-259 成功搬家

5. 分类管理

单击“图片空间”中的“分类管理”按钮，如图 11-260 所示。

首页 图片上传 图片搬家 分类管理 在线编辑 授权 旺铺画报

分类名称	添加子分类	上移	下移	删除
店铺装修	添加子分类	↑	↓	
宝贝详情页分割线		↑	↓	×
按系列搜索		↑	↓	×
按品牌搜索		↑	↓	×
首页		↑	↓	×
英文分类		↑	↓	×
宝贝图片	添加子分类	↑	↓	
LOGO	添加子分类	↑	↓	×
自然堂	添加子分类	↑	↓	×
丸美	添加子分类	↑	↓	×
焙色	添加子分类	↑	↓	×
卡姿兰	添加子分类	↑	↓	×
欧莱雅	添加子分类	↑	↓	×

图 11-260 分类管理

在图 11-260 分类管理中，可以单击“添加新分类”按钮来增加一级分类，可以单击“添加子分类”增加二级分类。可以编辑“分类名称”，分类的位置可以用上移、下移箭头来调整。

分类管理的时候，调整完所有分类，记住千万不要忘记，单击“保存”按钮，否则所有的操作都会前功尽弃，如图 11-261 所示。

添加新分类 | 导入宝贝分类

保存

图 11-261 保存分类

6. 在线编辑

图片空间的在线编辑功能加入了图片处理功能的各大元素，操作方便、快捷，它在原有的图片处理功能的基础上增加了打开图片空间的图片、打开网络图片地址、打开本地图片进行在线编辑处理、还可以利用电脑自身工具“视频”在线边用视频拍摄边处理图片，合并了别的图片处理软件的功能，并更简洁，更贴近淘宝图片功能处理的需求。在线编辑过的图片保存后，会自动应用到淘宝店铺里，无须再进店铺一一进行修改。

具体在线编辑功能操作步骤如下。

Step 1 单击“图片空间”的“在线编辑”按钮，进入图片编辑页面，如图 11-262 所示。

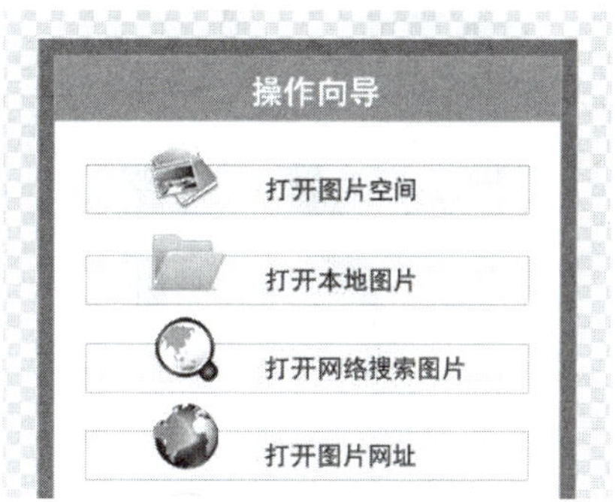

图 11-262 在线编辑图片

Step 2 单击打开“空间图片”，选择一张图片如图 11-263 所示。

图 11-263 打开空间图片

Step 3 单击“编辑”菜单下的“美容”按钮，选择“影楼效果”里的“魅丽冷紫”，调整参数，如图 11-264 所示。

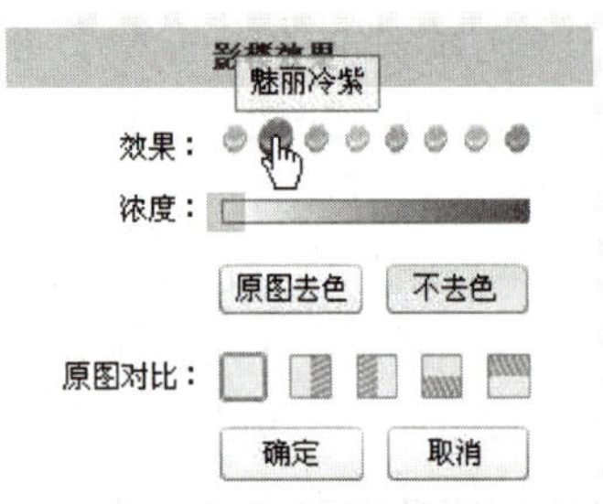

图 11-264　影楼效果参数

Step 4　单击“效果”选项，选择第二个“魅丽冷紫”，浓度调到最低，对比度无对比，编辑完的图片如图 11-265 所示。

图 11-265　影楼效果

Step 5　单击“特效”选项中“奇幻色彩”选项，设置参数，如图 11-266 所示。

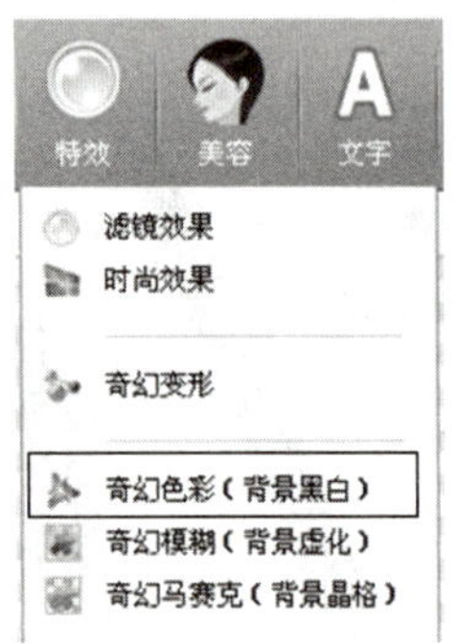

图 11-266　奇幻色彩

Step 6　单击“奇幻色彩”(背景黑白)，图片变成黑白效果，如图 11-267 所示。

图 11-267　背景黑白

除了以上操作之外，在线编辑还可以完成菜单中所列的其他操作，如图 11-268 所示。

图 11-268　在线编辑菜单

由以上操作可见，利用图片空间的在线编辑器可以轻松地完成图片处理，这里我们就不再赘述每一项的具体操作。

7. 授权

最多可将图片授权给 10 家淘宝店铺使用，且 30 天内不能取消该授权。

随着淘宝的发展，越来越多的商家是品牌商、厂家或授权总代，出于渠道拓展需求，这些商家希望依托分销平台寻找更多店铺卖家帮其分销，那么 “授权” 功能就是个绝对的福音了。“授权” 操作如图 11-269 所示。

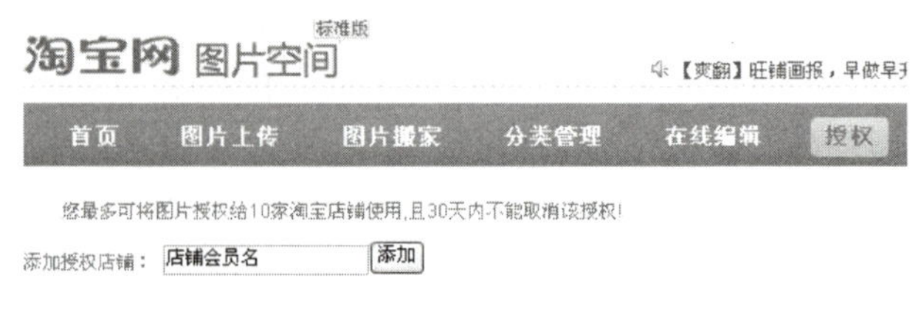

图 11-269　授权

8. 旺铺画报

在单击“旺铺画报”链接的时候，出现以下操作界面，如图 11-270 所示。

具体操作是在店铺装修中，添加新页面，选择“预

置内容页 - 精彩淘画报”，即可展示您的画报。返回旺铺画报，展示窗口可以查看设置的画报。

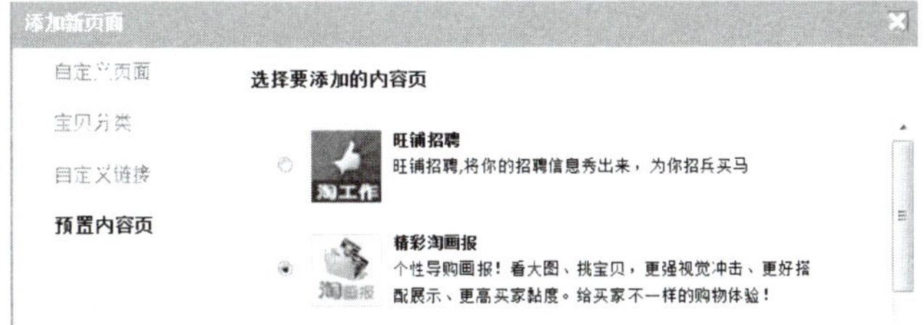

图 11-270

网店内的画报，是店家最有利的宣传工具。

在店铺装修界面中选择“店铺基础页”|“添加新页面”选项，然后选择“预置内容页”|“精彩淘画报”选项，并保存，如图 11-271 所示。

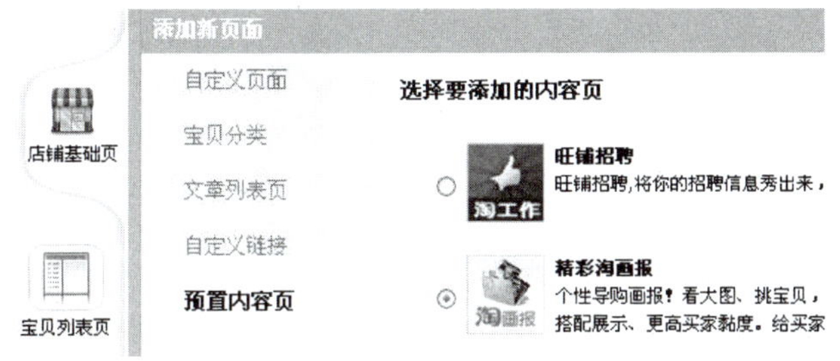

图 11-271 淘画报

9. 回收站

图片被删除后将保留 7 天，然后系统自动清除图片。

本章小结

网络店铺，随着电子商务的发展，店铺功能越来越强大，店铺版面越来越新颖，也越来越人性化。基于网店装修的针对性和店铺美化的重要性，本章讲述网店基本的装修技巧，使卖家按照自己的思路设计、制作、排版，成功在众多店铺中打造出自己店铺独有的特色，来吸引更多的买家，从而把自己的店铺做强做大。

第 12 章 网店精装修

网店装修对于在网上开设网店的用户来说是一个必修课程，通过网店装修可以提升网店的品牌价值、加强网店的宣传推广、促进网店商品的交易等重要作用。本章主要介绍了网店版本的选择、网店布局、自定义创意页面、字体设置、安装计数器、背景音乐、使用淘宝助理等内容。通过本章内容的学习，能够提高用户对网店装修技术的应用。

学习要点

- 店铺版本
- 店铺布局
- 计数器、背景音乐设置
- 使用淘宝助理

12.1 网店版本选择

为了网购用户拥有更好的购物体验，提升网购用户的购买欲望，淘宝增加了一项能使店铺界面更具个性的增值服务。普通店铺自带的模板风格有限，淘宝旺铺向用户提供更多的自主设计和功能的延伸。

根据卖家的特点和使用权限，淘宝旺铺有四个核心版本分别为扶植版、标准版、拓展版、旗舰版，除此之外的虚拟版是为交易虚拟商品类目的卖家开发的。淘宝旺铺是一个专业的店铺装修工具，各个版本在店铺装修方面的比较如表 12-1 所示。

表 12-1　店铺版本装修特点比较

店铺装修	扶植版	标准版	拓展版	旗舰版	虚拟版
修改店招	√	√	√	√	√
装修备份功能		√	√	√	
店铺 LOGO			√	√	
页面布局管理			√	√	
页面背景			√	√	
页头可添加模块			√	√	
页尾自定义			√	√	
自定义页面布局			√	√	
完全自定义(CSS)				√	
独立官网店铺				√	
预制模板数					3
详情页宝贝描述模板		3	10	10	
默认风格套数	16	24	24	24	19
单页面可添加模块数	40	40	40	40	40
店铺支持最大页面数	9	11	60	60	9
宝贝页面模板个数	1	3	10	10	1
布局结构	两栏结构	两栏结构	通栏/两栏/三栏	通栏/两栏/三栏	两栏结构

淘宝旺铺是一套专业性很高的店铺装修管理系统，通过使用旺铺可以让用户的网店在专业性、用户体验及店铺功能上更加优化。它的具体功能有：对产品和店铺的管理，组织促销与活动，更加高效、便捷地管理用户的店铺；通过旺铺版本对店铺装修可以自主设计和搭配模块，对商品进行个性化展示；购买适合用户自己风格的店铺装修模板，一键快速完成装修；店铺功能拓展，选择各种各样的店铺应用，扩展各种各样的功能，使用户的店铺充满生机和想象力。各个版本在功能和模块上的比较如表 12-2 所示。

表 12-2　店铺版本功能模块比较

	扶植版	标准版	拓展版	旗舰版	虚拟版
二级域名	√	√	√	√	√
手机版店铺	√	√	√	√	√
店铺交流区	√	√	√	√	√
友情链接	√	√	√	√	√
客服中心	√	√	√	√	√
掌柜说	√	√	√	√	√
掌柜推荐	√	√	√	√	√
宝贝推广区(自动)	√	√	√	√	√
宝贝推广区(手动)		√	√	√	
宝贝自动分类		√	√	√	
图片轮廓		√	√	√	
宝贝属性筛选			√	√	
宝贝销量展示			√	√	
同类宝贝推荐			√	√	
淘画报功能			√	√	
文章模块			√	√	
淘宝客充值中心		√	√	√	√
店铺内充值中心					√
价格	1 钻以下免费	30 元/月	60 元/月	2400 元/年	10 元/月

12.1.1 扶植版

为了给淘宝的小卖家降低网店开设成本，提供良好的创业环境，淘宝网推出了一钻以下的卖家免费使用的旺铺扶植版。这里一钻以下的用户不包括一钻的用户，如果卖家达到一钻以后，旺铺扶植版会自动变回普通店铺，卖家可以通过付费订购后继续使用旺铺。

用户可以通过以下操作步骤查看自己的旺铺版本。

Step 1 登录淘宝网首页，单击“请登录”按钮登录淘宝账户，如图 12-1 所示。

图 12-1 登录淘宝账户

Step 2 登录成功后，单击“卖家中心”链接，如图 12-2 所示。

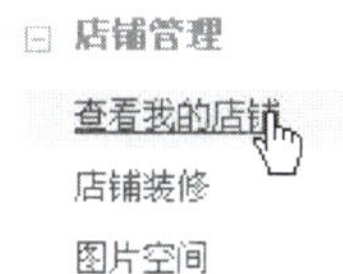

图 12-2 进入卖家中心

Step 3 单击店铺管理子菜单中的“查看我的店铺”链接，如图 12-3 所示。

图 12-3 单击“查看我的店铺”链接

Step 4 查看店铺版本。如果没有字幕显示，就说明是普通店铺，未使用旺铺。如图 12-4 所示。

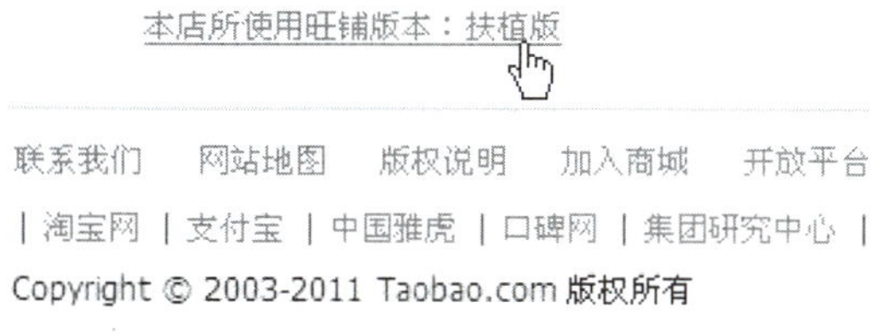

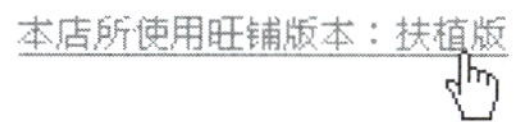

图 12-4 显示店铺版本

旺铺扶植版的布局功能如图 12-5 所示。

图 12-5 扶植版布局功能图

在上述旺铺扶植版的布局功能图中，分为左右两栏的结构，网页的上部位置固定不变的是店招的位置，左侧的宝贝分类等功能模块，卖家可以根据需要更改它们的上下位置，右边栏内的自定义内容区等功能模块也可以根据需要更改它们的上下位置。

旺铺扶植版的功能模块包括：店招、自定义内容区、搜索、宝贝分类、宝贝排行榜、友情链接、掌柜推荐宝贝、新品上架、热卖宝贝、人气宝贝、店铺交流区等。

卖家可以通过“卖家中心”>“店铺管理”>“店铺装修”进行如图 12-5 所示的店铺装修页面，当你的鼠标移动到任何一个模块的时候，相应的模块就会成为获得鼠标的操作热点，可以进行的操作有编辑、向上移动、向下移动和删除。用户可以单击相应的按钮进行相应的操作，如图 12-6 所示。

图 12-6 扶植版旺铺可以操作的按钮

在有些功能模块部分还有一些提示性的文字告诉卖家，这个模块功能主要是什么，这里应该填写什么内容，如图 12-7 所示。

图 12-7 扶植版旺铺功能图

来自“淘宝网”典型扶植版旺铺实例，如图 12-8 所示。

图 12-8　扶植版旺铺示例

12.1.2　标准版

淘宝旺铺标准版不是免费提供给卖家使用的，它的使用需要付费，卖家需要向淘宝每月交纳 30 元订购费才能使用，在用户的使用上没有限制，任何一个卖家都可以使用。标准版拥有强大的功能、灵活的设计，对于一个大卖家的需求基本可以满足。

相比淘宝扶植版只有一个位置固定在店招下方右侧的自定义区，淘宝标准版只要在一个页面中，模块数量没有超过 40 个，那么就可以随意添加多个自定义区，并且位置不固定，可以在页面左侧，右侧等位置添加，如图 12-9 所示。

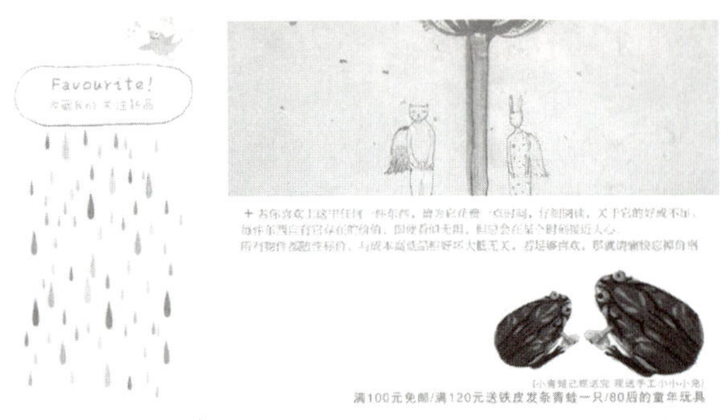

图 12-9　标准版旺铺自定义区

相比扶植版没有图片的轮播模块，淘宝标准版可以增加一个模块宽度不变，高度可以更改的免费的图片轮播模块，来进行促销图片的轮换展示，如图 12-10 所示。

图 12-10　扶植版旺铺图片轮播图

淘宝标准版可以拥有导入、导出、备份功能，可以在装修后台导入、导出、备份已经制作完成的页面，可以返回修改，可以通过备份恢复以前的页面，如图 12-11 所示。

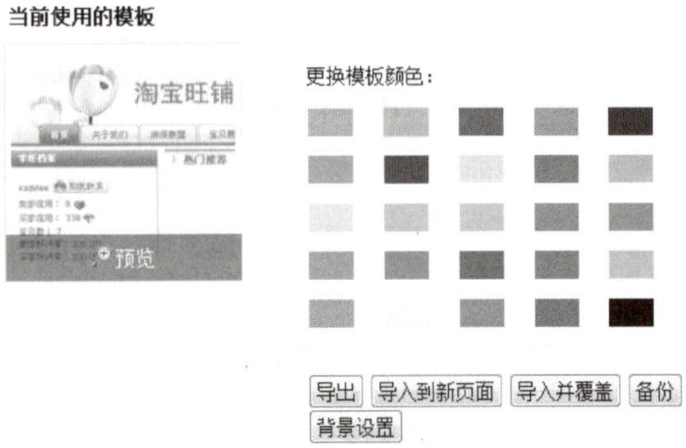

当前使用的模板

淘宝旺铺

预览

更换模板颜色：

导出　导入到新页面　导入并覆盖　备份

背景设置

图 12-11　标准版旺铺导出备份功能

标准版宝贝支持自动分类，可以按照商品的某个属性自动进行筛选，让不同的买家可以呈现不同的装修风格，如图 12-12 所示。

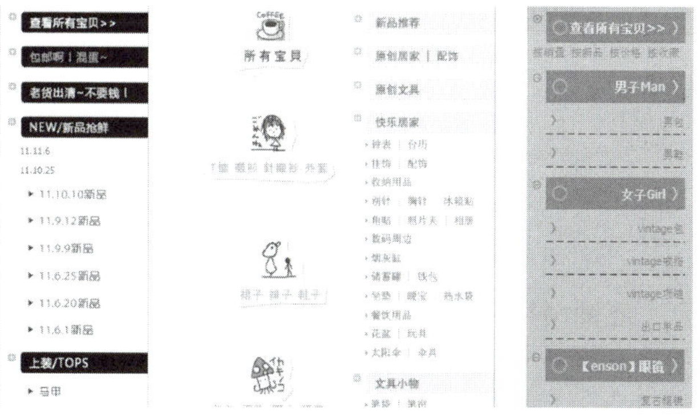

图 12-12 标准版旺铺宝贝自动分类

淘宝标准版提供三个可选的自定义的宝贝描述模板，不同的宝贝设置不同宝贝的描述页面，可以提升转化率和客单价，如图 12-13 所示。

图 12-13 标准版旺铺宝贝描述

淘宝标准版可以进行宝贝列表页及宝贝详情页的装修设计，如图 12-14 所示。

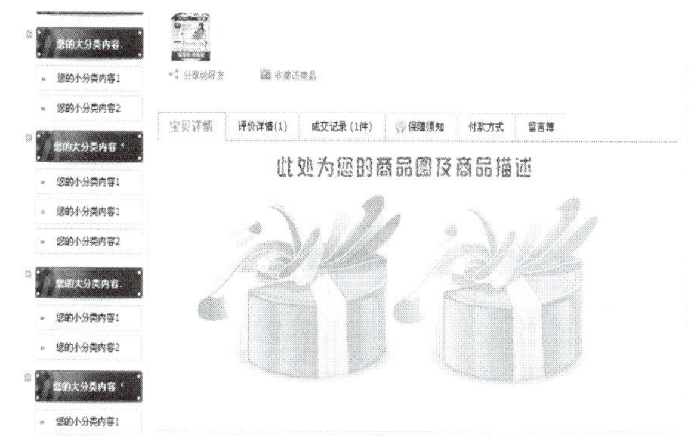

图 12-14 标准版旺铺列表和详情页面装修

淘宝旺铺标准版自由度高，可以手动填写推荐的宝贝列表图，如图 12-15 所示。

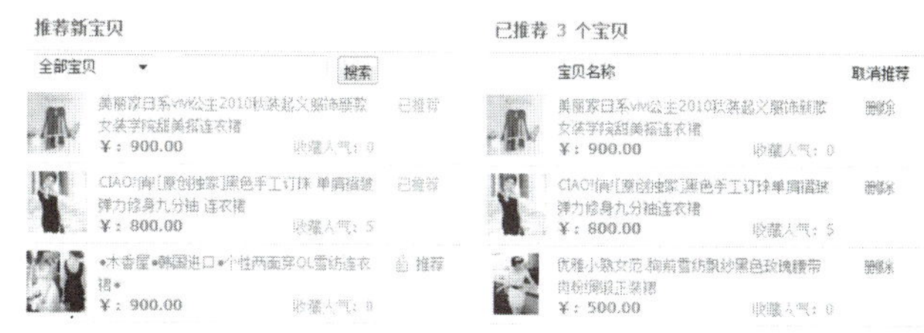

图 12-15 标准版旺铺手动填写推荐宝贝列表

12.1.3 拓展版

旺铺拓展版相比前两个版本来说，装修设计功能进一步加强和完善，增加了“页头标识”、“头部店招”、“店铺背景”、“布局管理”、“宝贝销量展示”、“同类宝贝推荐”、“旺铺画报”、“文章模块”、“页头设计”、“页尾设计”等。

页头标识。卖家可以设计一个固定大小为：230×70 像素的店铺的 Logo，为用户提供单击“店铺 Logo”返回店铺首页的功能，如图 12-16 所示。

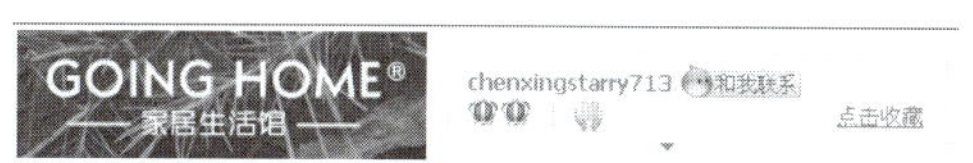

图 12-16 拓展版旺铺页头 Logo

布局管理更加灵活。卖家可以根据需要设计两栏或者三栏的布局设置，如图 12-17 所示。

图 12-17 拓展版旺铺布局

页面背景设置。卖家可以根据店铺的整体色彩设计搭配合理的页面背景底纹，营造店铺氛围，如图 12-18 所示。

图 12-18　拓展版旺铺页面背景

页头设计。卖家可以根据需要自由添加一个高为 250 像素的固定区域，这个页面会出现在店铺的网站中的每一个页面，如图 12-19 所示。

图 12-19　拓展版旺铺页头设计

页尾设计。卖家还可以根据需要添加一个展示服务信息、促销信息、联系方式等详细店铺信息的公用固定区域，这个页面和页头页面一样，也会出现在店铺网站中的每一个页面中，如图 12-20 所示。

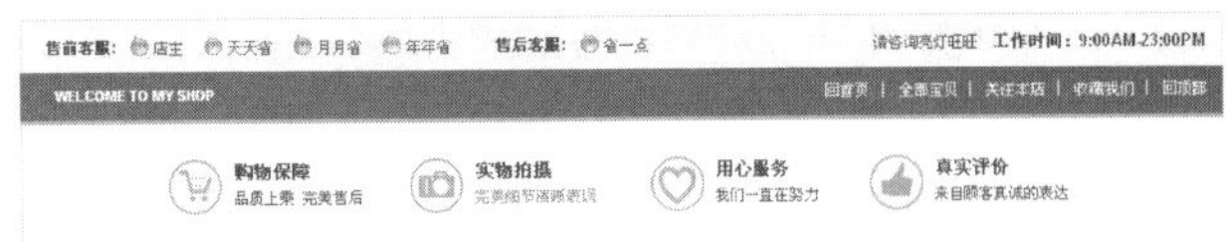

图 12-20　拓展版旺铺页尾设计

销量展示。提供 30 天商品出售的情况，用销量来打动顾客，如图 12-21 所示。

李宁时尚LNG官方正品时尚运动男开衫卫衣|GWDE009-1
120.00 元
已销售： 12 件
(已有8人评论)

李宁时尚LNG官方正品时尚生活男开衫卫衣|GWDE001-2
102.00 元
已销售： 3 件
(已有1人评论)

李宁时尚LNG正品时尚生活男开衫卫衣|GWDE007-1
132.00 元
已销售： 13 件
(已有1人评论)

图 12-21　拓展版旺铺销售量展示

旺铺画报。此模块利用淘画报的大图浏览、图片精准导购功能和旺铺相结合，为顾客提供淘画报旺铺频道的自主推荐，吸引商品流量，如图 12-22 所示。

图 12-22　拓展版旺铺画报

文章模块。此模块为顾客提供店铺帮助、活动预告、店铺故事等，如图 12-23 所示。

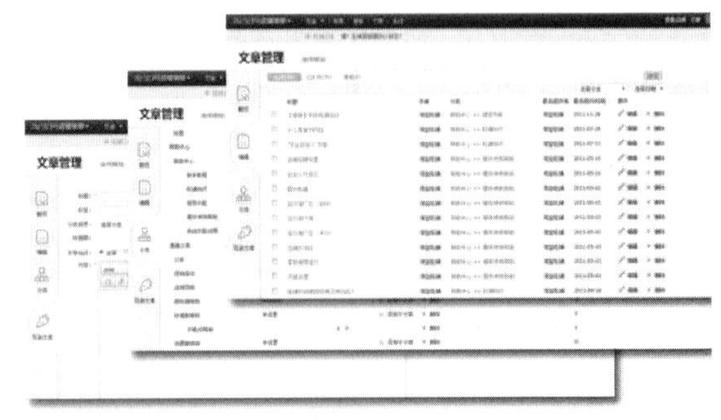

图 12-23　拓展版旺铺文章模块

12.2 网店布局

所谓网店的页面布局，就是以单元格的形式将网店的网页分为若干个区域，各个区域负责不同的功能，共同组成一个有机的整体。

12.2.1 网店中的布局元素

淘宝店铺主要是由 3 个页面组成：店铺首页、店铺列表页、商品详情页。

> **注意**
>
> 在扶植版中，只能装修店铺的首页，而标准版和拓展版可以装修这 3 个页面。

1. 店铺首页

店铺首页就是打开网店的第一个页面，是整个店铺索引和展示商品的地方。在一个完整的旺铺中，通常包括：店招、促销区、宝贝分类导航、签名(更多的用在论坛或自己的宝贝描述里面)、宝贝描述、计数器、挂件、欢迎欢送图片、掌柜在线时间、联系方式等。这些元素并不是所有的店家都需要，其中绝大多数店家都会使用的元素有：页头(即店招)；左侧栏；促销区；推荐宝贝；页尾，如图 12-24 所示。

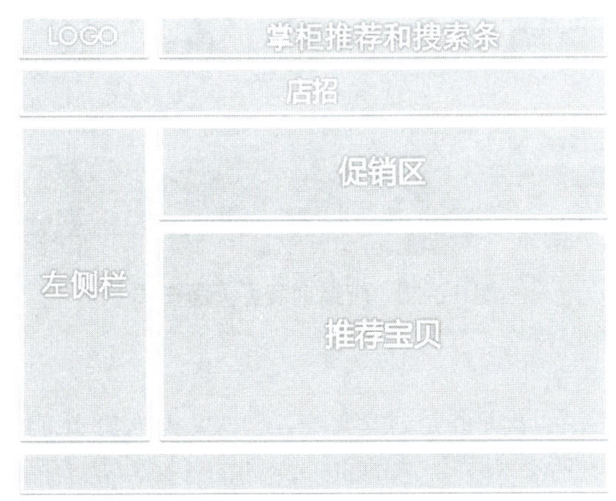

图 12-24　大多数网店都会用到的区域

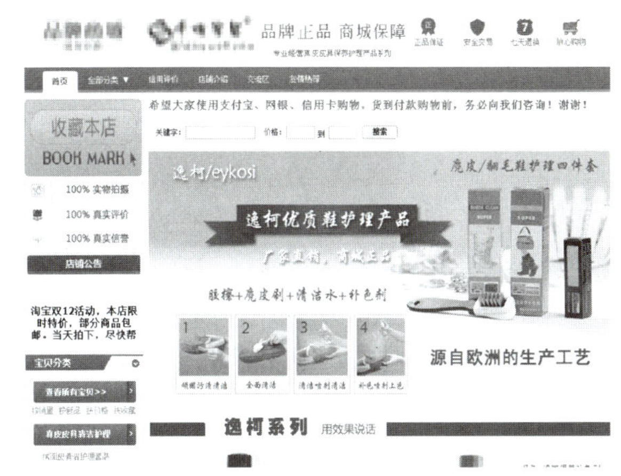

图 12-24　大多数网店都会用到的区域(续)

淘宝网的平台也为我们提供了 7 种风格的大环境。前面所说的这些元素可以给网店带来一些意想不到的收获。

下面我们简单介绍一下各个店铺首页元素的作用。

(1)　店招

店招是一个店铺的招牌。对于一个网店的店招来说，淘宝规定了店招必须放在店铺的最上方，用来说明经营内容、并招揽顾客之用。店招要尽量美观大方，能够体现出网店的整体风格，还要注意大小尺寸。

(2)　公告

公告是用来向顾客展示自己店铺里有什么新品、新优惠活动的绝佳平台。不过在很多淘宝店铺中，会将“公告”这一元素包含在整个促销栏中，它的大小可以自定，所以在设计模板的时候需要注意，也可以多多参考其他网店的公告样式。

(3)　促销区

整个促销区的大小是宽 7.3 厘米，高没有限制，促销区往往比店招有更重要的广告价值。通常是越大越好，但高度不能太高，否则会使店铺首页过长，占据“推荐宝贝”区域的空间，促销区填充的内容要有动感，能够吸引住顾客的眼球，内容也不要过于单一，动态的内容最好是置于整个促销栏的左上方，因为这里正处在顾客视野正中央，最容易引起注意。

(4) 宝贝分类导航

宝贝分类导航是每个店铺都有的，它的宽度也是固定的，高度理论上可以无限高。我们需要在此区域中创建商品的分类目录树，在各个分类下面放入具体的宝贝，在建立目录树的时候也应该遵循一些原则，比如说按字母顺序排序产品分类，并在顶上面加以注解，这样就会更人性化，节省顾客搜寻所需宝贝的时间，为了装修的美观性，还可以将目录树中的分类链接做成精美的按钮。

(5) 计数器

计数器是一个非常有用的店铺辅助工具，有了它，店家能够发现自己存在的问题和更好地揣摩顾客们的心思。但是，计数器是一把双刃剑。首先，如果店铺没有进行大力推广，那么一开始的浏览量肯定会很少，即使有顾客看到了店铺的商品，当他注意到你的计数器上浏览量少时，可能想买都会放弃；但是，如果店铺的人气很高，人们看到计数器的浏览很大的话，就能够确定店铺的质量是有保障的，并且售后可能也不会差，就留下了一个很好的印象，非常有利于成交。

计数器最适合添加的地方。一是在公告栏里，二是在产品的分类导航栏里，三是在描述模板里。对于人气不旺的店铺来说，最好不要将计数器添加到公告栏里，可以添加在分类导航的底端。对于何时添加计数器，我们可以在添加后观察效果再确定是否保留，如果发现自己的推广做得不到位，计数器的数字变化非常慢，那就应该赶紧取下来，重新策划一番之后再添加上去看看。直到发现人气比较旺时，就可以一直放在网页中。

在后面的章节中，我们会详细地介绍计数器的使用方法。

(6) 挂件、欢迎欢送图片

这些最好是放在分类导航的底端或者是描述模板的中下端。这样可以避免顾客的视觉疲劳。

(7) 掌柜在线时间、联系方式

这些内容最好是放在促销模板里的右下角，因为人们的习惯通常都是把署名、联系方式、日期等放在右下角，在描述模板的顶端或底端都可以添置这些内容。也可以放在公告栏或者是分类的顶端，或放在描述模板的顶部也比较好。

2. 店铺列表页

店铺列表页就是单击某一类别宝贝时打开的展示整个店铺此类目下所有商品的页面。

列表页一般包括以下几个板块：页头；左侧栏；搜索列表；页尾。如图 12-25 所示是店铺列表页默认的页面布局。

图 12-25 店铺列表页页面布局

3. 商品详情页

商品详情页是顾客单击某一宝贝而打开的展示此宝贝所有相关信息的页面。如图 12-26 是商品详情页的默认页面布局。

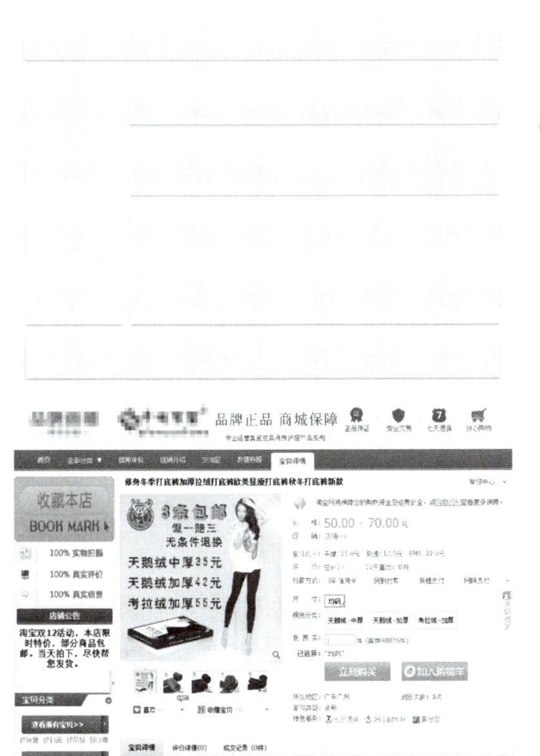

图 12-26 商品详情页默认页面布局

12.2.2 网店布局管理

布局管理是指在装修时，可以设置网页的多种不同分栏结构的布局，从而达到店铺形式多样性的目的。

淘宝网中的布局管理分为“模块管理”和“布局单元管理”两部分。其中，“模块”是指网页中具有单一功能的一个功能区的管理。而“布局单元”是指控制各个模块在网页中放置位置的基本单元。

下面，我们将以旺铺拓展版为例，介绍管理网页布局的具体操作。我们先来学习一下，如何添加、删除店铺中的模块，管理页面模块的具体操作步骤如下。

Step 1 登录淘宝网，进入“卖家中心”，如图 12-27 所示。

Step 2 单击左侧工具栏中的“店铺装修”命令，如图 12-28 所示。

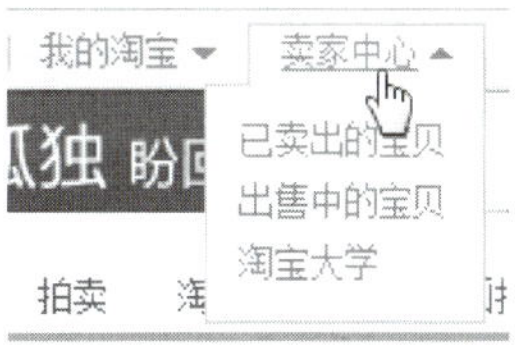

图 12-27 卖家中心

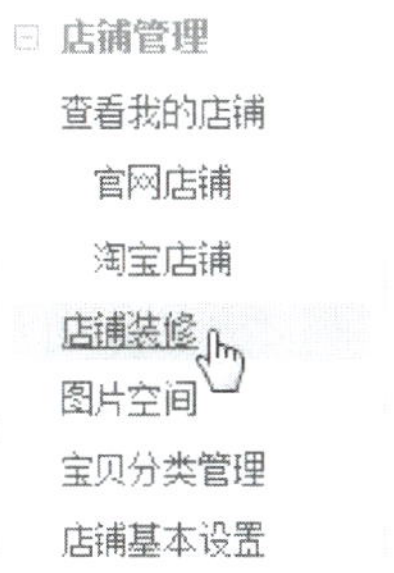

图 12-28 店铺装修

Step 3 进入“店铺装修”页面，如图 12-29 所示。单击上边框中的“布局”按钮。

图 12-29 布局

Step 4 进入“布局模块管理”页面，如图 12-30 所示，店家可以在此网页中设置店铺的页面布局，我们可以看到，网店中已经添加了若干模块，如果店家想添加新的模块，店家可以单击“添加模块”按钮。

图 12-30 添加模块

Step 5 弹出“模块管理”网页，如图 12-31 所示。模块管理中共分为三大类，它们是“基础模块”、“文章模块”、“第三方模块”。

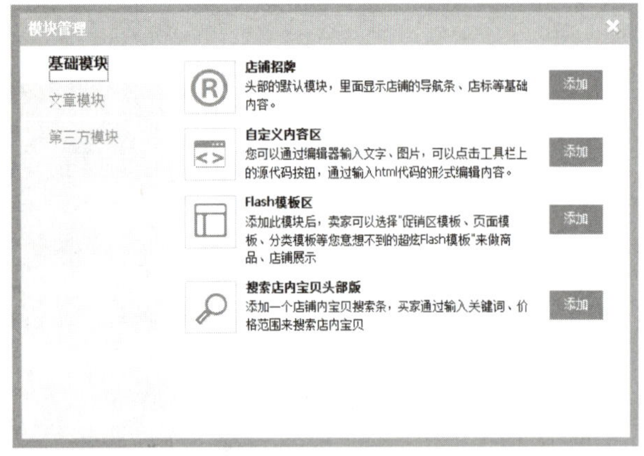

图 12-31　模块管理

提示

- 店铺招牌

  头部的默认模块，里面显示店铺的导航条、店标等基础内容。
- 自定义内容区

  用户可以通过编辑器输入文字、图片，可以单击工具栏上的源代码按钮，通过输入 HTML 代码的形式编辑内容。
- Flash 模板区

  添加此模块后，卖家可以选择促销区模板、页面模板、分类模板等意想不到的超炫 Flash 模板来做商品、店铺展示。
- 搜索店内宝贝头部版

  添加一个店铺内宝贝搜索条，买家通过输入关键词、价格范围来搜索店内宝贝。

而“第三方模块”是由非官方开发、由淘宝认证的功能模块。

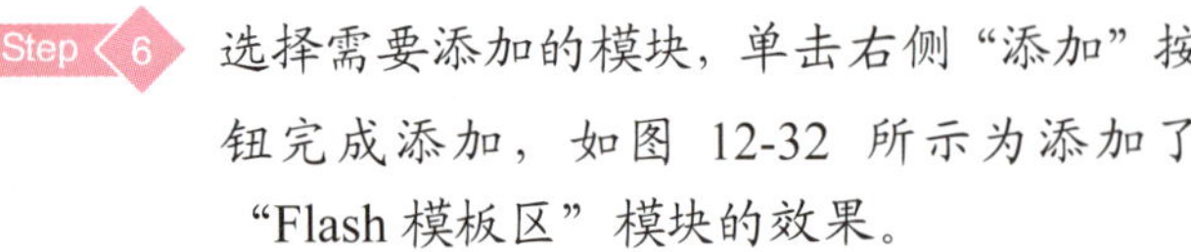

Step 6 选择需要添加的模块，单击右侧“添加”按钮完成添加，如图 12-32 所示为添加了“Flash 模板区”模块的效果。

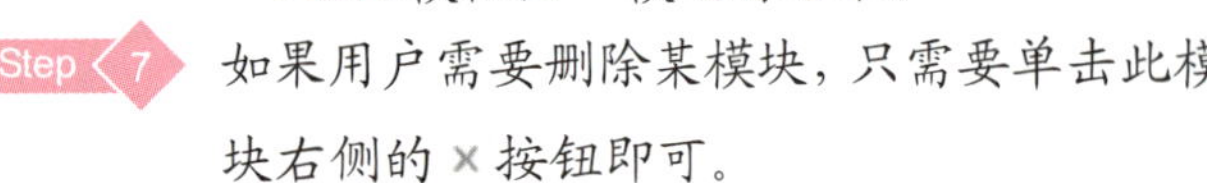

Step 7 如果用户需要删除某模块，只需要单击此模块右侧的 × 按钮即可。

图 12-32　添加了 Flash 模块

Step 8 设置完成后，单击“店铺装修”页面下方的“保存”按钮即可

请读者注意，所有的模块都必须处于某一个布局单元下，所以设置布局单元是必需的，设置布局单元的具体操作步骤如下。

Step 1 进入淘宝网“店铺装修”页面，单击“添加布局单元”按钮，如图 12-33 所示。

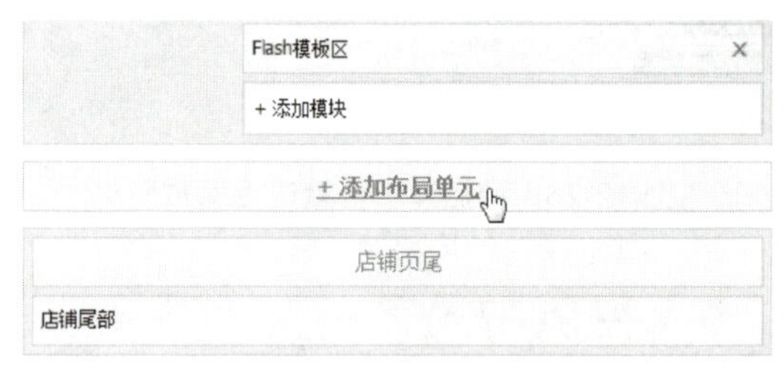

图 12-33　添加布局单元

Step 2 弹出“布局管理”页面，如图 12-34 所示。一共有 6 种页面布局供用户选择。

- 950 大通栏布局。
- 190:750 布局。
- 190:550:190 布局。
- 750:190 布局。
- 550:190:190 布局。
- 190:190:550 布局。

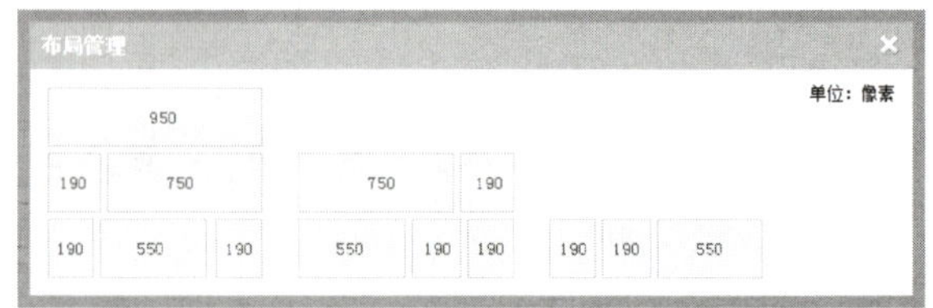

图 12-34　页面布局的分类

以上数字都是以像素为单位。

Step 3 单击需要添加的页面布局类型，本例中选择 190:550:190 布局，此页面布局即被添加到页面管理界面中，如图 12-35 所示。

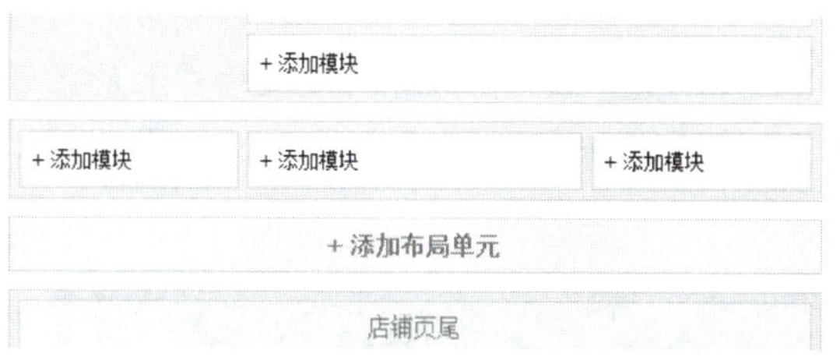

图 12-35 添加的布局

如果要删除此布局单元，单击单元右侧 × 按钮即可。

12.3 网店自定义创意页面

要制作一款独具一格的网店，仅仅学习网店的布局设计和模块的使用方法是不够的，我们还需要学习一些更加实用的技巧和方法。

12.3.1 添加“晒宝贝”模块

当店家的网店已经聚集了一些人气，有了一定的销量后，我们可以在店铺里搭建一个买家交流、展示的平台，特别是对于销售服饰以及小商品的店家，可以发动买家分享自己购买宝贝的照片和感受，不但可以聚集人气，还可以吸引更多的顾客关注，大大地促进销售。

在淘宝网店装修的免费模板中，免费提供了一款“晒宝贝_店铺模块”帮助我们实现这个功能，此模块的效果如图 12-36 所示。

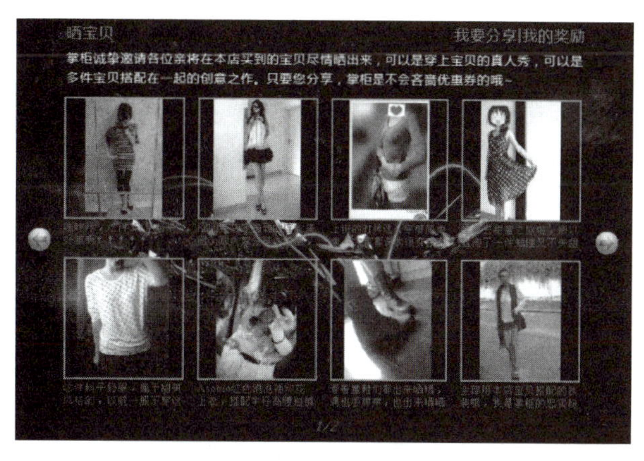

图 12-36 “晒宝贝”模块效果图

1. 添加模块

第一步，我们需要将“晒宝贝”模块添加到我们的网店中，具体的操作步骤如下。

Step 1 进入“卖家中心”，选择左侧工具栏中的“软件服务”|“我要订购”命令，如图 12-37 所示。

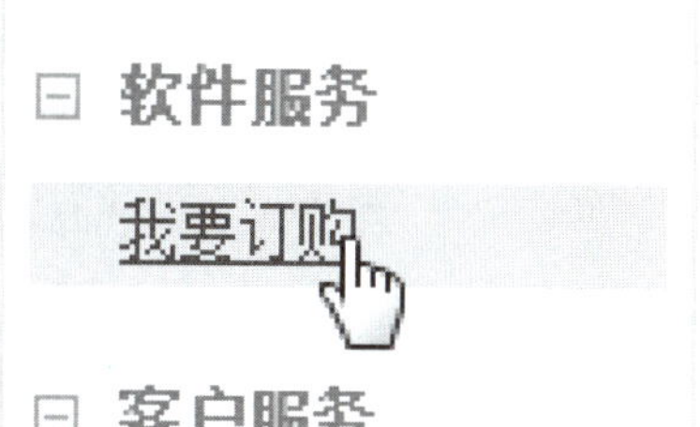

图 12-37 订购模块

Step 2 进入“淘宝网卖家服务”网页，如图 12-38 所示，在搜索栏中输入“晒宝贝”进行搜索。

图 12-38 搜索模块

可以在搜索结果中查找到“晒宝贝_店铺模块”，如图 12-39 所示，单击“立即订购”按钮。

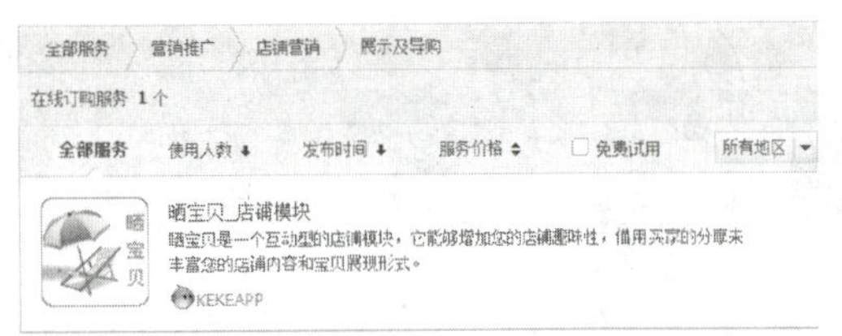

图 12-39　立即订购

Step 4　进入店铺装修页面，选择右下方的“在此处添加新模块”按钮，如图 12-40 所示。

图 12-40　添加新模块

Step 5　弹出“添加模块”页面，如图 12-41 所示，单击左侧类别列表中的“我购买的模块”类型，找到“晒宝贝_店铺模块”，并单击“添加”按钮即添加成功。

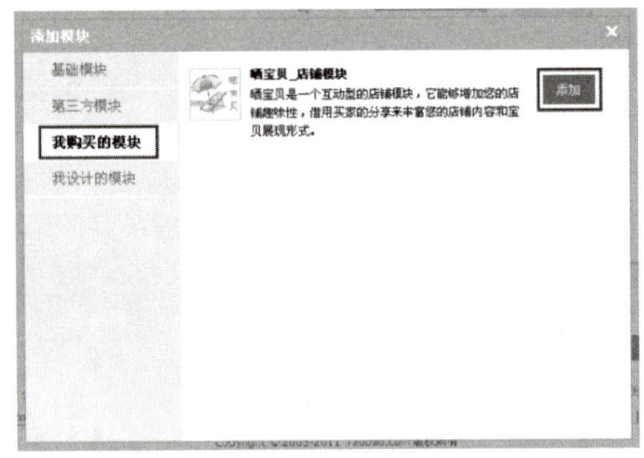

图 12-41　添加“晒宝贝”模块

Step 6　首次添加模块成功后，必须访问一次模块后台，否则模块上会显示以下提示框，如图 12-42 所示。

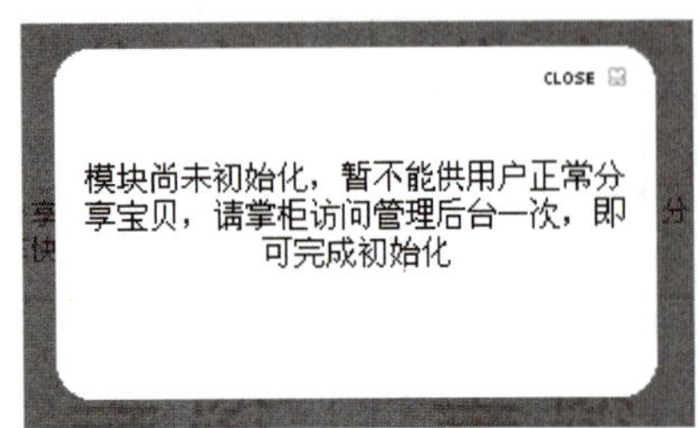

图 12-42　初始化模块

2. 编辑“晒宝贝”模块

添加完“晒宝贝”模块后，我们还可以对其显示个数，外观样式进行进一步的设置。具体的操作步骤如下。

Step 1　进入“店铺装修”页面，将鼠标移动到“晒宝贝”模块上，可以看到模块的右上角显示“编辑”按钮，单击此按钮，如图 12-43 所示。

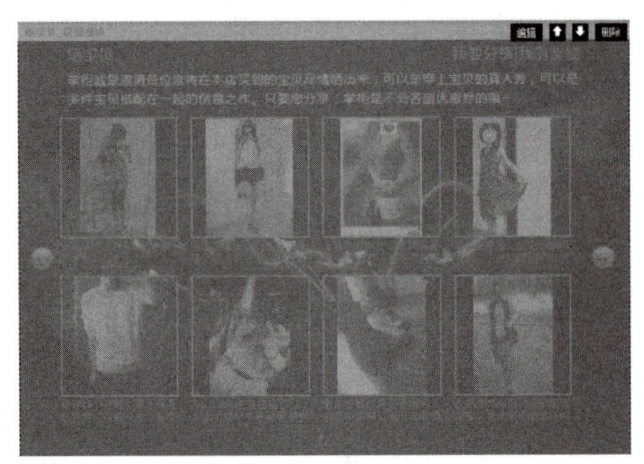

图 12-43　编辑模块

Step 2　进入“晒宝贝管理中心”页面，如图 12-44 所示。

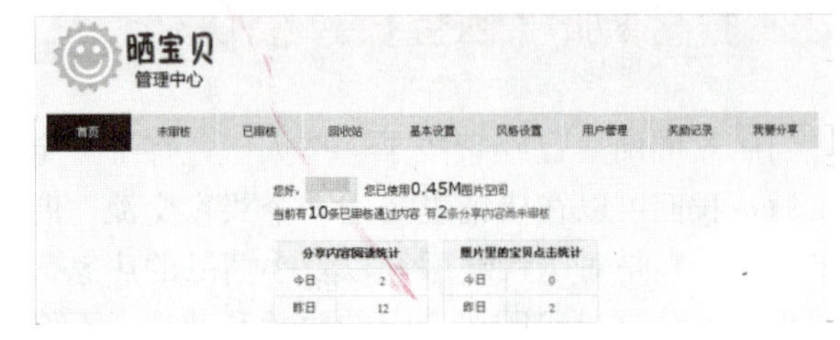

图 12-44　晒宝贝管理中心

Step 3　在“模块管理后台”|“风格设置”里，可以对“晒宝贝”模块进行界面风格的设置。可以自己配色，预览到满意的时候单击“确定”按钮即可保存。当然，用户也可以通过一键设置使用模块默认提供的几种风格，如图 12-45 所示。

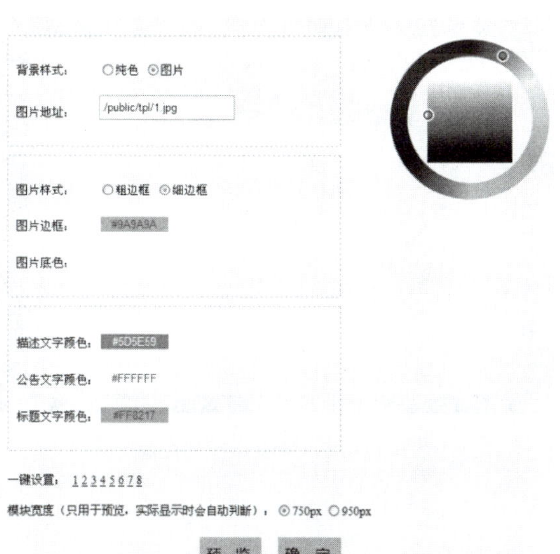

图 12-45 配色模块

3. 分享宝贝

当买家在店铺购买商品并且确认收货后，就可以进行分享操作。

买家需要进入店家的店铺首页，在晒宝贝模块中单击“我要分享”按钮，然后会弹出“晒宝贝”窗口，如图 12-46 所示。

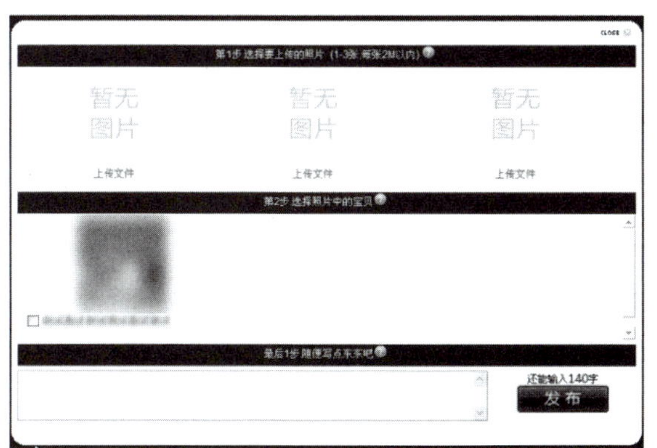

图 12-46 “晒宝贝”窗口

首先买家需要选择上传的照片(例如身着买到的服饰配上自己的小饰品，摆个自信的 POSE；或者在本店铺买到的几件宝贝一起穿上来)。

其次，在窗口的“第 2 步 选择照片中的宝贝”中会显示买家在本店铺买过的商品，买家只需要如实选择照片中出现的宝贝即可。

然后，买家还需要添加文字说明，例如对商品的感受，或者商品的使用心得等。

最后，单击“发布”按钮，即可完成提交。提交后，需要经店铺掌柜审核才可以在模块中显示。

4. 审核发布

买家发布的内容都会自动进入到模块管理后台的未审核列表，待审核内容的条数会在后台首页中进行提醒，如图 12-47 所示。

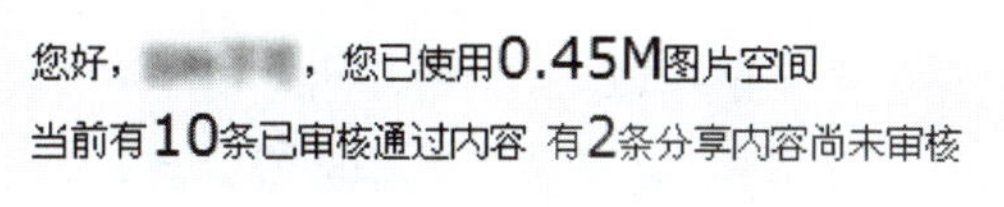

您好，，您已使用0.45M图片空间
当前有10条已审核通过内容 有2条分享内容尚未审核

图 12-47 查看审核状态

店家审核发布的具体操作步骤如下。

Step 1 单击导航栏中的“未审核”命令，进入未审核列表，如图 12-48 所示。

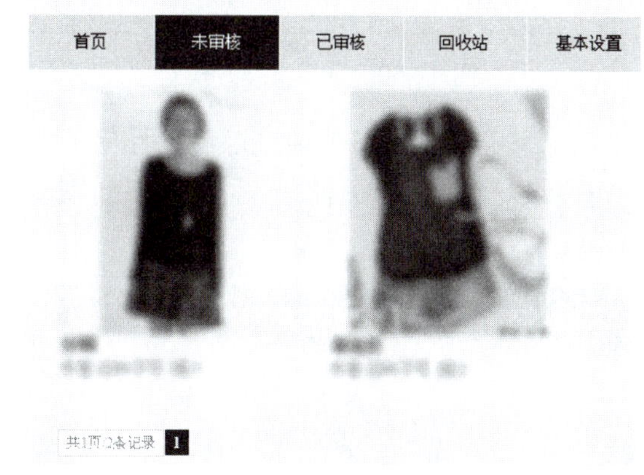

图 12-48 查看未审核列表

弹出审核窗口，如图 12-49 所示。如果店家对于买家发布的内容感到满意，可以直接单击“审核通过”按钮，该条内容即可显示在“晒宝贝”模块中；如果用户想要修改买家发布的内容，可以单击“编辑”按钮进行进一步的编辑，直到店家满意为止；如果店家对买家的作品不满意，可以直接单击“删除”按钮永久删除它。

图 12-49 审核窗口

Step 3 单击审核通过时，会弹出“请选择奖励方式”对话框，要求店家选择奖励方式，如图 12-50 所示，如果店家订购了优惠券服务，就可以奖励买家优惠券；否则，也可以奖励买家积分。

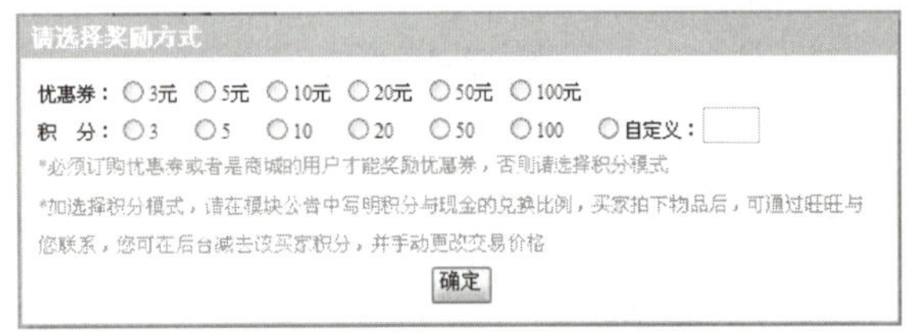

图 12-50 选择奖励方式

当买家发布的信息审核通过以后，所有光顾店铺的顾客都可以查看这些分享的商品信息，如图 12-51 所示。

图 12-51 查看分享的宝贝

另外，照片里链接的商品可以直接单击进入商品详情页面，这无形中又增加了一个展示商品的途径，如图 12-52 所示。

图 12-52 查看链接的商品

5. 积分的管理

从上面的审核通过后弹出的窗口可以看出，买家为宣传店家的商品做出了贡献，店家自然要对买家进行奖励，奖励分为两种，一种是给予优惠券，另一种是给予积分。

积分主要提供给没有订购优惠券且不是商城的店家使用，店家可以自己设定一个积分与金额的抵消比例，例如 100 积分抵消 10 元。另外，店家应该把这个比例写在网店的公告里，以告知所有的顾客。

同时，店家需要自己定一个标准，比如非常精彩的内容奖励 500 积分，中等的奖励 200 积分，普通的奖励 50 积分。当审核内容时，照自己定好的标准进行奖励。

当得到奖励的买家需要使用积分抵消他在店铺新买到的宝贝时，买家需要通过“淘宝旺旺”联系店家，店家只需要到“管理后台”|“用户管理”界面，如图 12-53 所示，搜索出这名买家，然后选择“使用积分”命令，减去相应的积分，然后再手工修改买家的订单金额就可以了。

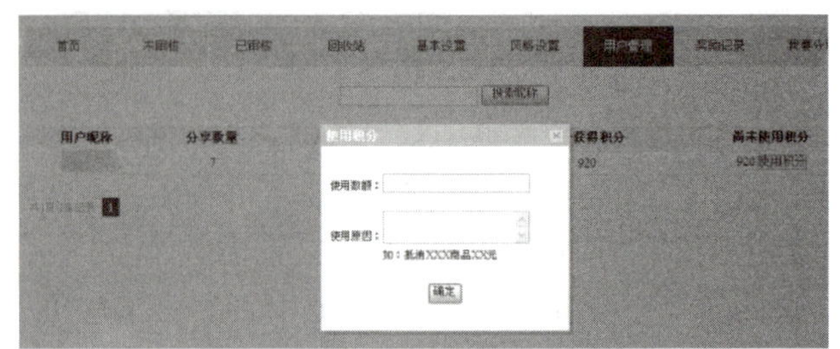

图 12-53 使用积分

为了鼓励顾客能够将自己购买的商品分享到“晒宝贝”中，店家设置的奖励额度要有一定的吸引力。另外，模块公告中要写得清晰明了，统一标准，让买家明白能做些什么以及能获得什么奖励；最后店家还要注意，不要在一开始的时候让“晒宝贝”模块空着没有内容，可以自己先发布一些内容，例如店家自己设计的各种款式裤子或者其他配件搭配的效果。把第一页的内容填满，在宝贝详情页面中添加对此功能的介绍和引导链接。

12.3.2 巧妙的页尾设计

页尾是一个公用的固定区域，如果店家设置了页尾，那么它会出现在店铺的每一个页面。

现在很多店铺忽略了页尾的设置，认为页尾没有作用。实际上，只要在页尾设置合适的信息，店家就会发现使用页尾是非常方便并且会取得很好的效果的。

实际上，页尾是一个自定义区域，没有预设的模块，需要店家自行编辑网页内容，需要一定的网页制作基础，这也使许多店家对页尾望而却步。但如果读者在前几章中已经认真学习了 HTML 语言开发和 Dreamweaver 的使用，填写页尾是完全没有问题的。

一般情况下，店家使用页尾主要有以下几种用途。

1. 店铺导航/返回顶部

如图 12-54 所示，店家可以在页尾设置店铺的主要栏目，最新内容的导航以及“返回顶部”按钮等功能，不但可以为顾客提供便捷的服务，还可以提高店铺重点内容的访问量。

图 12-54 店铺导航

2. 在线客服展示

如图 12-55 所示，店家可以将客服地的“淘宝旺旺”链接放在页尾。这样，可以非常方便地随时联系到客服，提供需要的服务。当然，这要求我们的店铺首先要有一支比较强大的客服团队。

图 12-55 在线客服展示

3. 购物流程

如图 12-56 所示，店家将店铺的购物流程清晰地写在页尾，这样，不管在店铺的任何页面，顾客都可以随时看到购物的具体流程，特别是提醒顾客评价购买的商品。

图 12-56 购物流程

4. 店铺承诺和发货信息

如图 12-57 所示，此店铺将其店铺的相关承诺放入页尾中，特别是给出了每天的发货时间，不但可以避免顾客因物流推迟造成的麻烦，还可以提醒顾客每天合适的购物时间，也方便了店家。

图 12-57 店铺承诺和发货信息

5. 心情故事

如图 12-58 所示，店家将自己的心情故事和相对顾客说的内容写在页尾中，提供了一种店家与顾客交流的方式，所写内容能够为整个店铺定下基调，体现店家的个性，往往都能收到很好的效果。

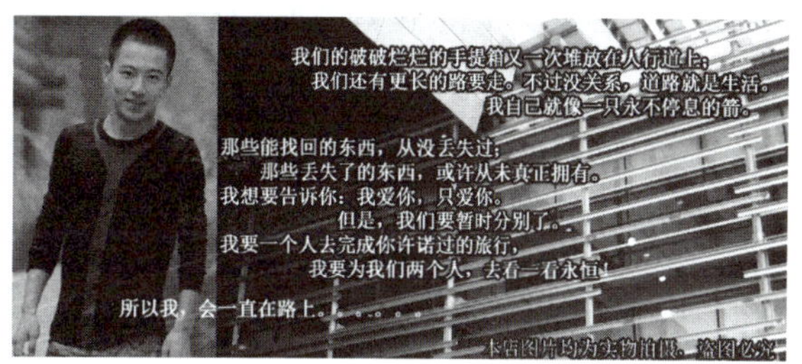

图 12-58 心情故事

6. 收藏店铺

如图 12-59 所示，店家将“收藏本店”功能放入页尾中，只要顾客需要，随时可以将店铺收藏在自己的收藏夹中，可以显著增加店铺的回访率。

图 12-59　收藏店铺

其实，店铺尾页还有很多其他很好的用途，需要大家自己去发掘。

学习了店铺尾页的一些基本功能后，下面我们来介绍一下如何修改店铺尾页。装修店铺尾页的具体操作步骤如下。

Step 1　进入淘宝网，登录账号，进入“卖家中心”，单击左侧菜单中的“店铺装修”链接，如图 12-60 所示。

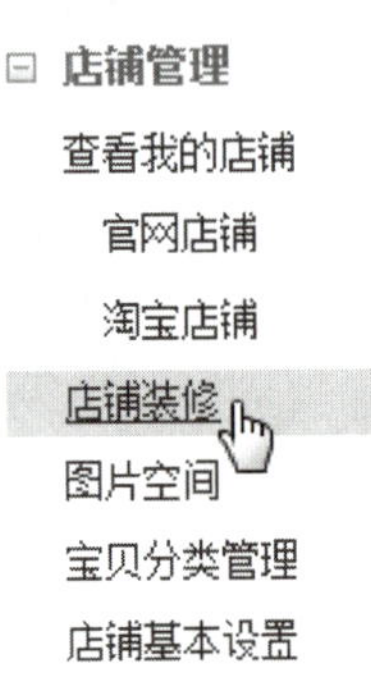

图 12-60　单击“店铺装修”链接

Step 2　进入店铺装修页面，将网页拉到最下面，找到“店铺尾部”，当鼠标放在此区域时，右侧会出现“编辑”按钮，如图 12-61 所示，单击“编辑”按钮。

图 12-61　编辑尾页

Step 3　弹出“编辑内容”对话框，如图 12-62 所示。用户可以在此窗口中对店铺尾页进行编辑。

图 12-62　编辑内容

Step 4　在店铺尾页放入一张事先编辑好的图片，单击“保存”按钮，尾页即编辑成功。如图 12-63 所示。

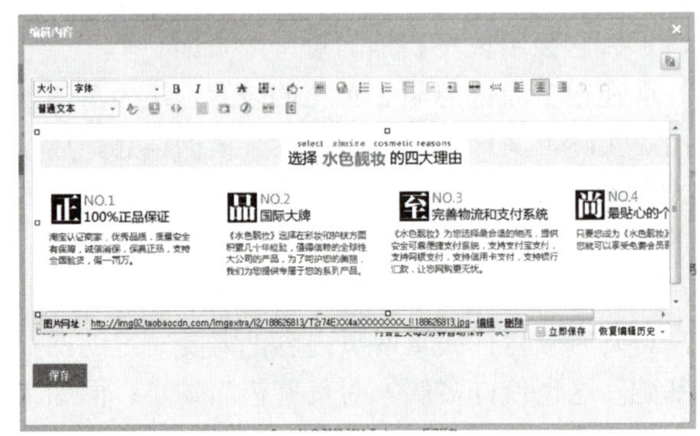

图 12-63　添加图片

提示

其实编辑尾页属于编辑自定义区域的一种，而编辑自定义区域的功能非常强大，不仅仅限于添加文字和上传图片，关于自定义区域的内容我们会在后面的章节中做具体的介绍。

12.4　安装计数器

对于现实世界的店铺，我们可以通过每天的人员光顾情况知道店铺的客流量情况，相比较现实世界的店铺来说，卖家很难通过观察顾客的访问情况来了解店铺商品的访问量。如何解决这个问题呢？卖家一般情况下可以通过添加店铺计数器对访问网店的顾客进行统计。

网店计数器是一种网上开设店铺的辅助工具，它的主要功能是统计店铺网页和店铺商品访问数情况，从而进一步为卖家提供经营数据，进行店铺各个方面的优化和完善。

店铺计数器所记录的数据包括店铺首页和店铺中每个商品页面被访问的流量情况，具体内容有：访问顾客都来自哪个地区；顾客都在什么时间段访问的网店页面。从这些重要的数据中，卖家就可以获得店铺的顾客访问流量、哪个时间段是顾客比较集中访问的时间段、店铺中的哪些商品最受顾客青睐，访问店铺的顾客都是来自哪个地区等。有了这些数据，卖家就可以分析和总结这些数据反映的情况，比如卖家可以在访问时间比较集中的时间段，加大客服人数，加大顾客喜欢的商品的数量等。这些都为店铺的经营提供了强大的数据支持和指导作用。

1. 店铺计数器的几个数据

关于店铺计数器的应用中，需要卖家弄清楚几个数据定义(以下定义为量子恒道官方提供)。

- PV(访问量)：即 Page View，即页面浏览量或单击量，用户每次刷新即被计算一次。
- UV(独立访客)：即 Unique Visitor，访问您网站的一台电脑客户端为一个访客。00:00～24:00 内相同的客户端只被计算一次。
- IP(独立 IP)：指独立 IP 数。00:00～24:00 内相同 IP 地址只被计算一次。
- 新访客：某客户端首次访问为一个新访客。
- 最近访客：最近一段时间内访问您网站的客户端。目前显示 50 条。
- 当前在线人数：15 分钟内在线访问的 UV 数。
- 24 小时独立 IP：指每小时独立的 IP 地址。因为该数据每个小时是独立去重，所以叫 24 小时独立的 IP。
  例如 192.168.1.1 在 0～1 点访问了您网站，在这个时段算一个 IP。
  如果 192.168.1.1 在 0～1 点再次访问您的网站，去重不计算 IP。
  如果 192.168.1.1 在 1～2 点又访问您的网站，在这个时段也算一个 IP。
- 最高 IP：指选择时间段范围内，某日访问 IP 最多的数值。
- 最高 PV：指选择时间段范围内，某日访问量最高的数值。
- 日均流量：指选择时间范围内，平均每日流量。(日均流量=总访问量/总天数)
- 人均访问量：指选择时间范围内，每个访客访问网站的 PV 数。(计算公式：人均访问量=访问量/唯一访客数)。
- 访问过程：每个访问者从进入您的网站开始访问，一直到最后离开您的网站，整个过程中发生的一切单击访问行为，称为一次访问过程。
- 访问入口：每次访问过程中，用户进入的第一个页面为访问入口页面。
- 访问出口：每次访问过程中，用户结束访问，离开前单击的最后一个页面为访问出口页面。
- 平均停留时间：所有访客的访问过程，访问持续时间的平均值。
- 平均访问页数：所有访客的访问过程，连续访问页面数的平均值。
- 贡献用户数：每个访问来源带来的独立访客数，即 UV 数。
- 贡献 IP 数：每个访问来源带来的独立 IP 数。
- 贡献 PV 数：每个访问来源带来的访客的一切后续访问行为所产生的 PV 数。

2. 添加计数器

卖家可以用的计数器有好多种，比如三角梨、量子恒道、51 计数器等。但是有一些计数器是免费的，有些计数器是要收费的。免费的有三角梨计数器等，收费的有量子恒道。在功能方面三角梨计数器基本能够满足买家的需要，但是功能最强大的是量子恒道计数器。

下面以三角梨计数器为例来介绍它的使用操作步骤。

Step 1 打开三角梨官方网站(www.sanjiaoli.com)单击“点击进入”按钮，如图 12-64 所示。

图 12-64 进入三角梨计数器官网

Step 2 单击“用户注册”按钮，如图 12-65 所示。

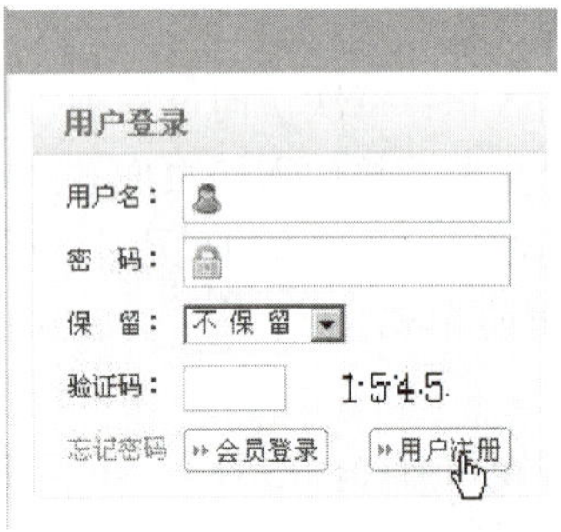

图 12-65 用户注册

Step 3 进入填写基本资料页面，填写用户名、密码、电子邮箱、主页名称、店铺网址等内容，如图 12-66 所示。

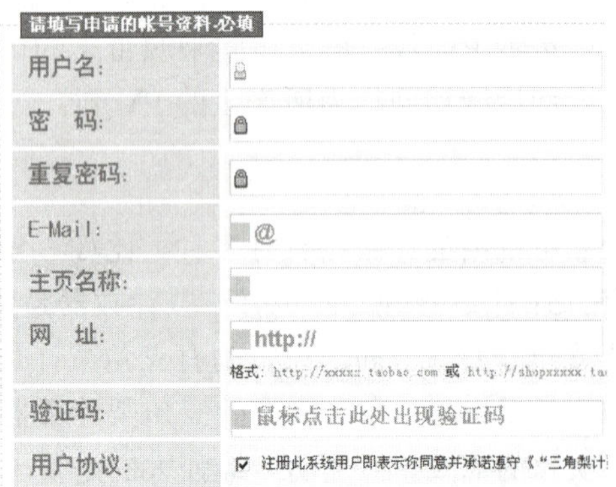

图 12-66 填写基本资料

Step 4 输入用户名，这里提供用户名的重复检查功能，可以避免和已有的用户名重复，单击“检查用户名”按钮，如图 12-67 所示。

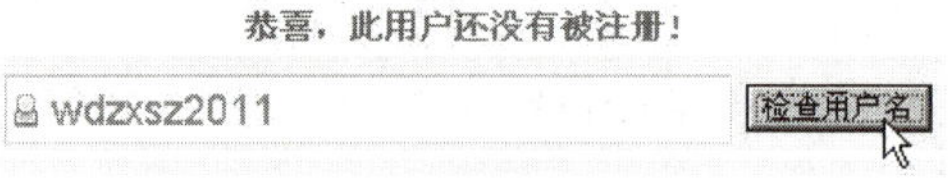

图 12-67 检查用户名

Step 5 完成信息的输入后，单击“提交”按钮，如图 12-68 所示。

图 12-68 完成基本信息输入

Step 6 注册成功，单击“确定”按钮，如图 12-69 所示。

图 12-69 注册成功

Step 7 进入管理页面，可以对计数器参数设置。单击“参数设置”按钮，如图 12-70 所示。

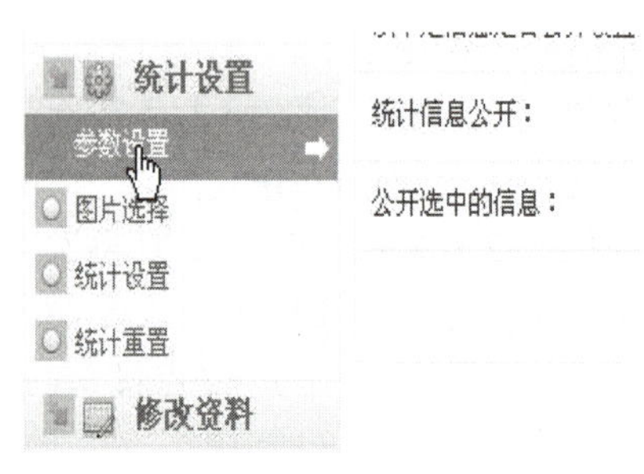

图 12-70 参数设置

Step 8 单击“图片选择”按钮，进行图片显示设置，如图 12-71 所示。

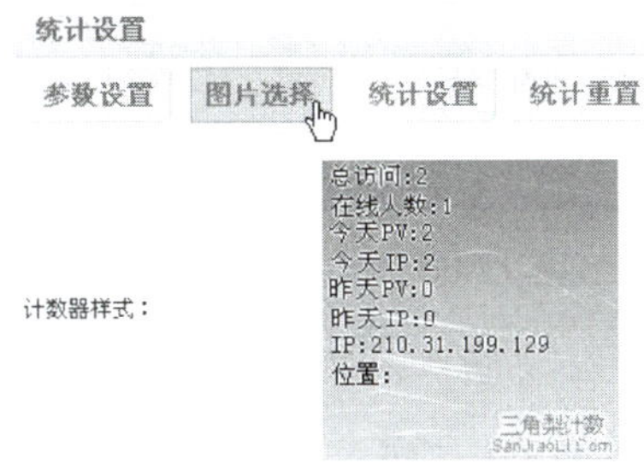

图 12-71 图片选择

Step 9 选择自己想用的图片，单击图片下面的“点此使用”按钮，如图 12-72 所示。

图 12-72 应用图片设置

Step 10 系统提示修改成功，单击“确定”按钮，如图 12-73 所示。

图 12-73 设置成功

Step 11 页面已经显示出用户刚才应用的图片格式，如图 12-74 所示。

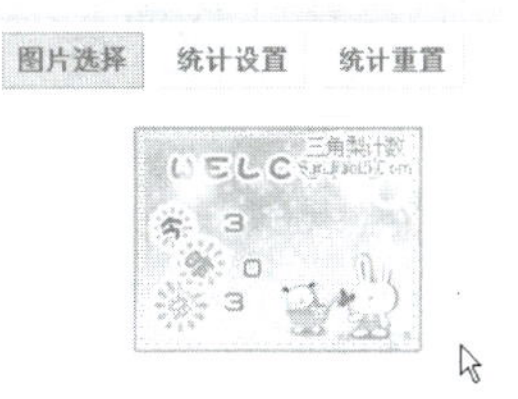

图 12-74 图片设置完成图

Step 12 进行计数器统计设置，单击“统计设置”按钮，如图 12-75 所示。

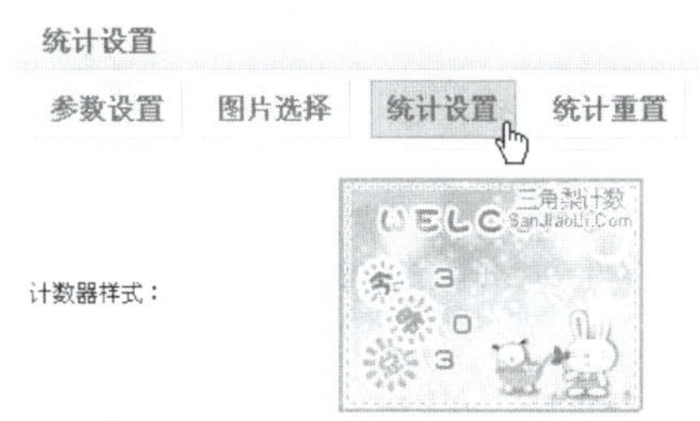

图 12-75 计数器统计设置

Step 13 打开统计设置页面，用户可以对页面中的设置进行修改，完成后单击“修改按钮”完成设置的修改，如图 12-76 所示。

统计设置

文字是否闪烁：	○ 是 ⊙ 否	
文字横向播放速度：	1	数值越大播放越快，;
文字竖向播放速度：	0	数值越大播放越快，;
播放速度：	200	数值越小播放越快。(
选择字体：	Hot Pizza	
字体大小：	14	象素（默认10象素）
字体颜色：	#88AA00	
字体背景颜色：	#ffffff	
字体距离左边：	46	象素（默认15象素）
字体距离顶部：	44	象素（默认15象素）
字体每行高度：	6	象素（默认15象素）
统计标签：	{todaytotal} {yesterdaytotal} {imgcounter}	

修改　取消

图 12-76 统计设置信息页面

Step 14 单击“获取统计代码”按钮，如图 12-77 所示。

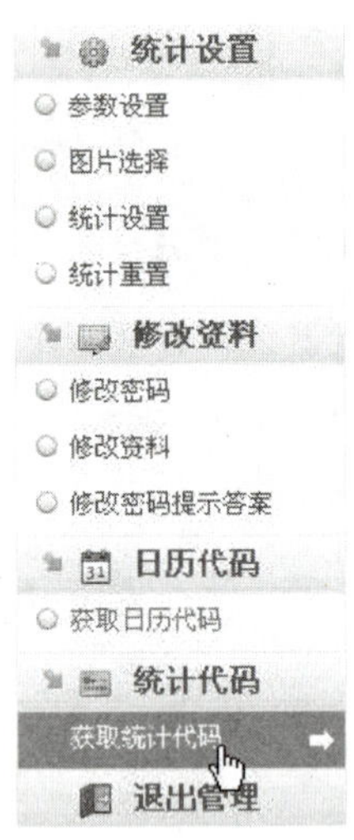

图 12-77 获取统计代码页面

Step 15 单击“复制”按钮，如图 12-78 所示。

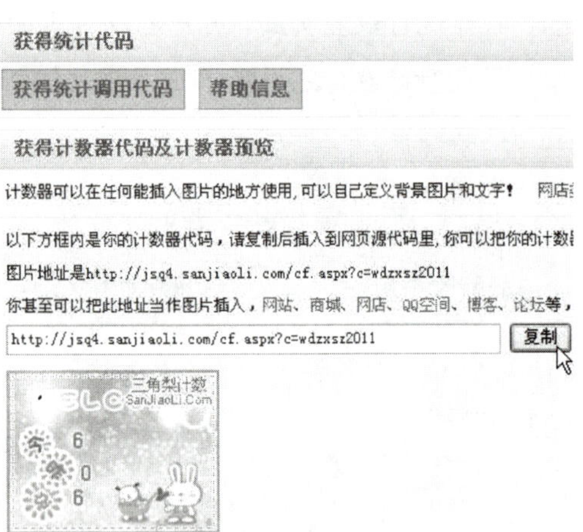

图 12-78 复制统计代码

Step 16 单击“允许访问”按钮，如图 12-79 所示。

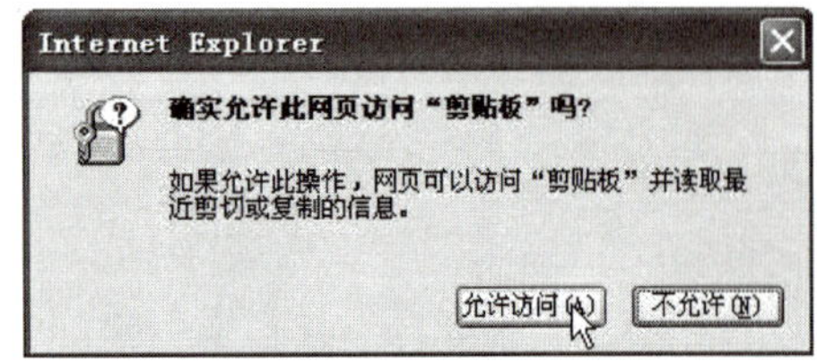

图 12-79 是否允许访问

Step 17 单击“确定”按钮，如图 12-80 所示。

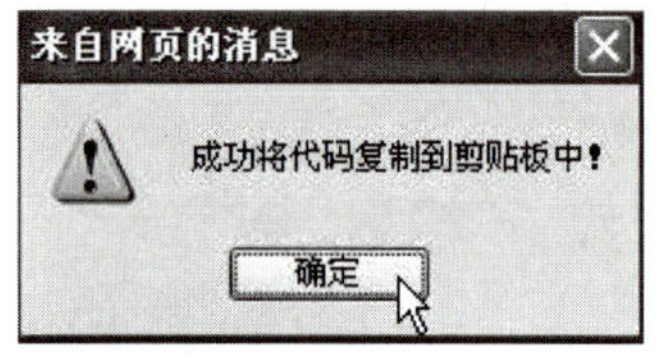

图 12-80 复制代码成功

Step 18 登录淘宝账户，单击“卖家中心”超链接，如图 12-81 所示。

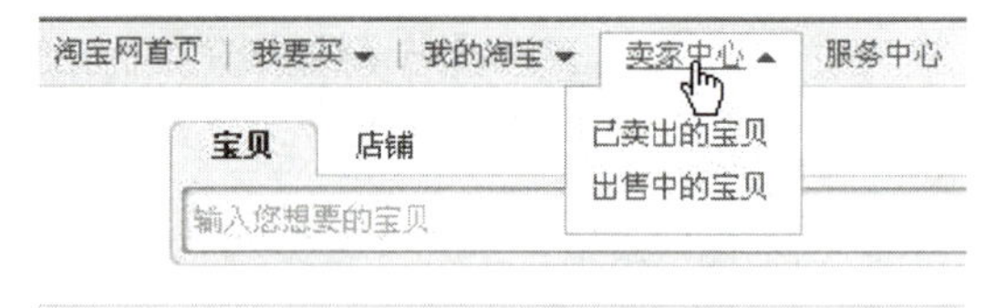

图 12-81 登录淘宝卖家中心

Step 19 单击“宝贝分类管理”链接，如图 12-82 所示。

图 12-82 单击“宝贝分类管理”链接

Step 20 单击“添加新分类”按钮，如图 12-83 所示。

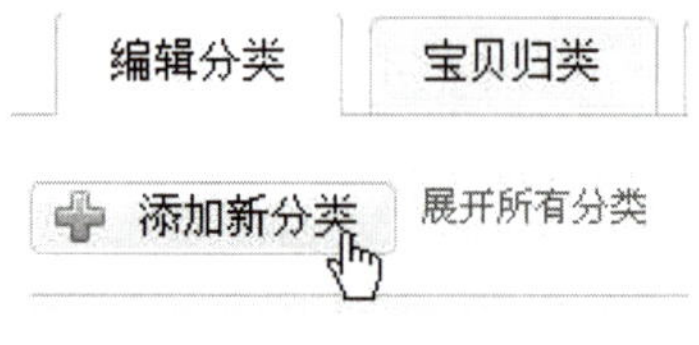

图 12-83 添加新分类

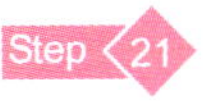

Step 21　在分类名称栏中输入“三角梨计数器”，单击“添加图片”按钮，如图 12-84 所示。

添加新分类
展开所有分类
分类名称
添加图片
三角梨计数器
添加图片
添加子分类

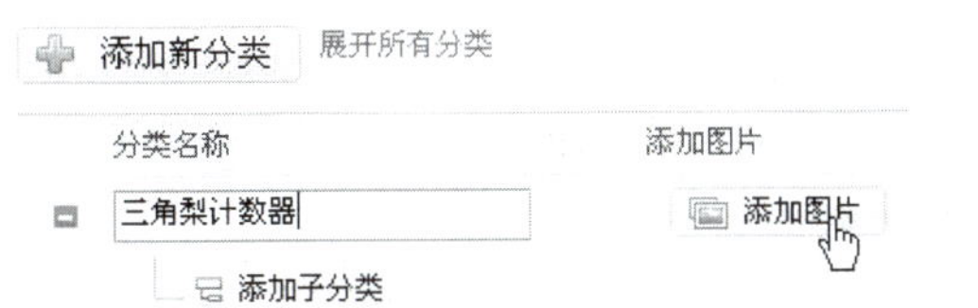

图 12-84　输入新分类名称

Step 22　把刚才复制的统计代码粘贴到这里，单击“确定”按钮，如图 12-85 所示。

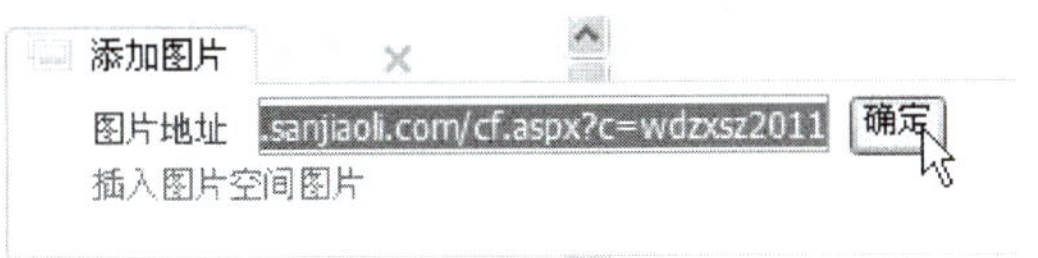

添加图片
图片地址
.sanjiaoli.com/cf.aspx?c=wdzxsz2011
确定
插入图片空间图片

图 12-85　添加计数器代码

Step 23　单击“保存”按钮，如图 12-86 所示。

添加新分类
保存
我对宝贝分类有意见或建议，跟淘宝说两句

图 12-86　保存设置

Step 24　回到我的店铺页面，单击“查看我的店铺”超链接，刚才添加的三角梨计数器已经添加到了页面中，如图 12-87 所示。

宝贝分类
查看所有宝贝>>
按销量　按新品　按价格　按收藏
三角梨计数
SanJiaoLi.Com

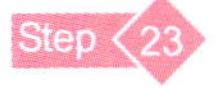

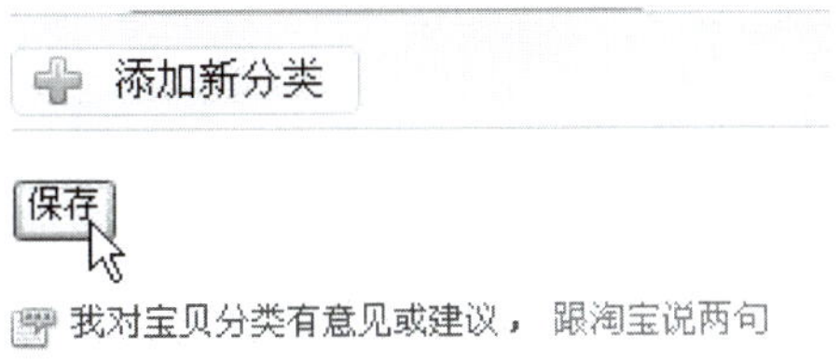

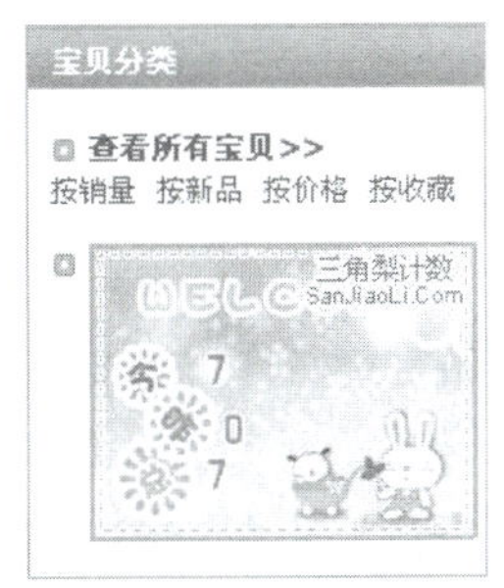

图 12-87　计数器页面展示

3. 查看详细统计结果

通过刚才添加到页面上的计数器只能简单地了解几个统计数据，这对于卖家来说是远远不够的，要想获得详细的统计资料，用户可以登录三角梨计数器后台进行查看。用户从三角梨官方网站进入，输入用户名和密码后单击“登录”按钮，打开计数器后台页面。用户可以查看统计概况和流量分析的详细数据，如图 12-88 所示。

统计概况
在线情况
流量分析
基本信息
http://shop61104500.taobao.com/
2011-12-26 11:21:57

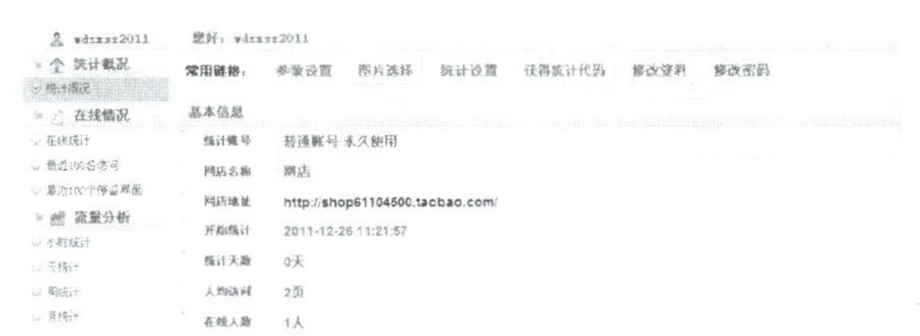

图 12-88　统计概况页面图

单击“统计概况”链接，可以查询相关详细信息，如图 12-89 所示。

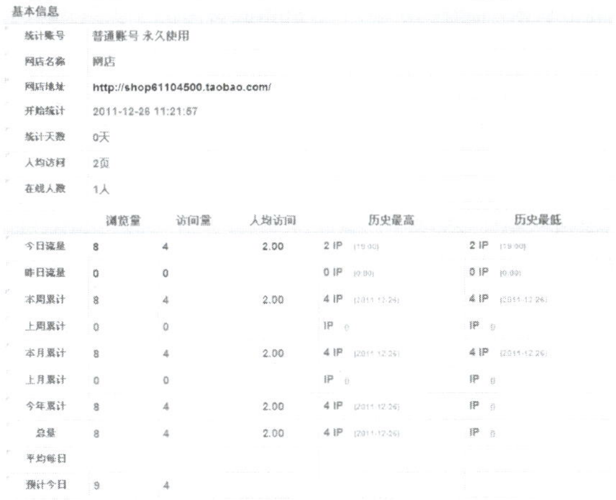

基本信息
统计账号　普通账号 永久使用
网店名称　网店
网店地址　http://shop61104500.taobao.com/
开始统计　2011-12-26 11:21:57
统计天数　0天
人均访问　2页
在线人数　1人
浏览量　访问量　人均访问　历史最高　历史最低
今日流量　8　4　2.00　2 IP　2 IP
昨日流量　0　0　0 IP　0 IP
本周累计　8　4　2.00　4 IP　4 IP
上周累计　0　0　IP　IP
本月累计　8　4　2.00　4 IP　4 IP
上月累计　0　0　IP　IP
今年累计　8　4　2.00　4 IP　IP
总量　8　4　2.00　4 IP　IP
平均每日
预计今日　9　4

图 12-89　统计概况信息页面图

单击“在线统计”链接可以查看在线情况的详细统计信息，如图 12-90 所示。

在线情况
在线统计　最近100名访问　最近100个停留界面
在线人数统计
IP　PV数量　屏幕分辨率　屏幕色彩　操作系统　浏览器　开始访问时间　最后访问时间
121.21.186.186　1　0×0　0　Windows XP　360SE　19:44:39　19:44:39
来源：http://jsq.sanjiaoli.com/User_Manage.asp?Action=imgset
受访页：http://jsq.sanjiaoli.com/User_Manage.asp?Action=imgset

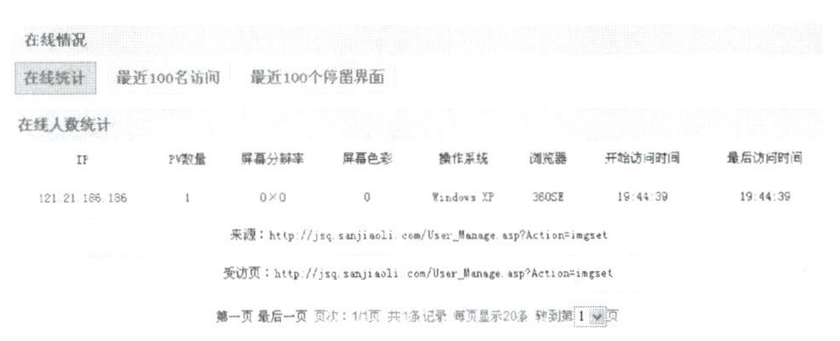

图 12-90　在线情况统计页面

流量分析的统计数据分为图表和报表两种形式，

报表数据如图 12-91 所示。

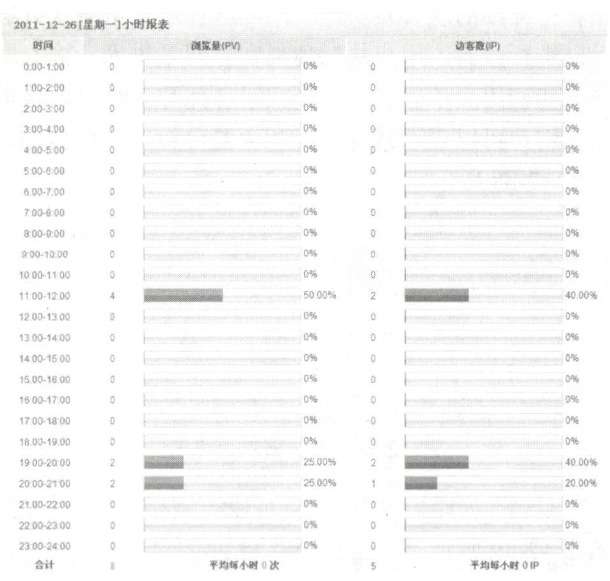
2011-12-26[星期一]小时报表

时间	浏览量(PV)		访客数(IP)	
0:00-1:00	0	0%	0	0%
1:00-2:00	0	0%	0	0%
2:00-3:00	0	0%	0	0%
3:00-4:00	0	0%	0	0%
4:00-5:00	0	0%	0	0%
5:00-6:00	0	0%	0	0%
6:00-7:00	0	0%	0	0%
7:00-8:00	0	0%	0	0%
8:00-9:00	0	0%	0	0%
9:00-10:00	0	0%	0	0%
10:00-11:00	0	0%	0	0%
11:00-12:00	4	50.00%	2	40.00%
12:00-13:00	0	0%	0	0%
13:00-14:00	0	0%	0	0%
14:00-15:00	0	0%	0	0%
15:00-16:00	0	0%	0	0%
16:00-17:00	0	0%	0	0%
17:00-18:00	0	0%	0	0%
18:00-19:00	0	0%	0	0%
19:00-20:00	2	25.00%	2	40.00%
20:00-21:00	2	25.00%	1	20.00%
21:00-22:00	0	0%	0	0%
22:00-23:00	0	0%	0	0%
23:00-24:00	0	0%	0	0%
合计	8	平均每小时 0 次	5	平均每小时 0 IP

图 12-91 报表数据页面图

图表数据如图 12-92 所示。

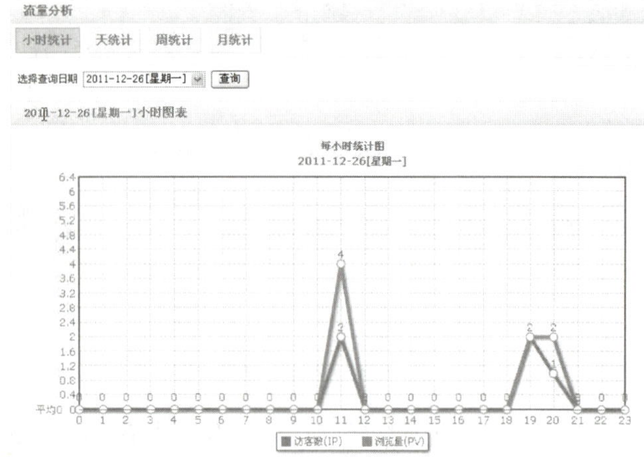

图 12-92 图表数据页面图

4. 量子恒道统计工具

量子恒道统计工具是淘宝官方专门为淘宝用户设计了店铺统计工具，为淘宝用户提供流量分析、推广效果、客户分析等相关数据分析的店铺的流量数据。它不需要另外注册账户，只要拥有淘宝账户就可以使用，但是免费试用有一定的期限，过了这个期限用户就需要付费来订购服务。所以量子恒道统计对刚刚创业的淘宝卖家来说需要在资金上做考虑。

量子恒道统计工具提供了比三角梨更为强大的统计功能。卖家可以快速获取最近 30 天内商品每天的流量数据和对比情况，如图 12-93 所示。

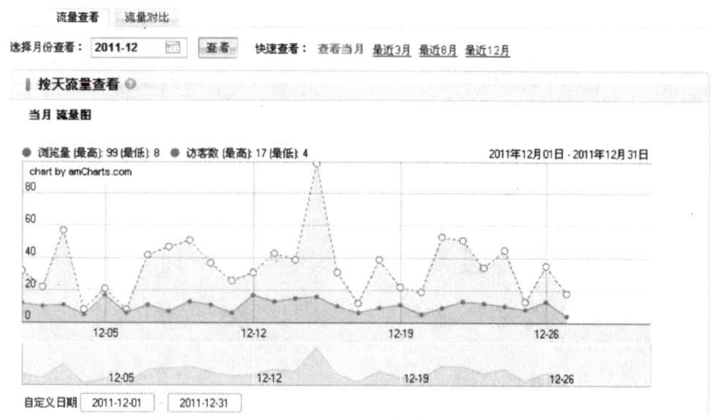

图 12-93 量子恒道统计流量数据图

通过数据卖家还可以获得商品被访问的趋势和来源地区，从各个角度各个方面了解商品的销售数据，如图 12-94 所示。

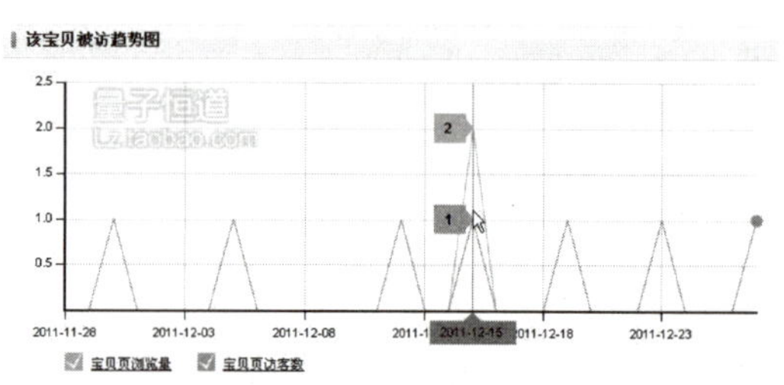

图 12-94 商品被访问趋势图

12.5 设置背景音乐

当顾客打开某个店铺时候如果能够听到一种悦耳动听的音乐，那么对于顾客购物来说可以说是一种享受。

在店铺中添加背景音乐的操作步骤如下。

Step 1 搜索适合自己店铺的音乐，打开浏览器，进入百度网站，单击 MP3 超链接，如图 12-95 所示。

图 12-95 搜索音乐

Step 2 打开百度 MP3 首页，在搜索框中输入想要搜索的音乐的名称，如图 12-96 所示。

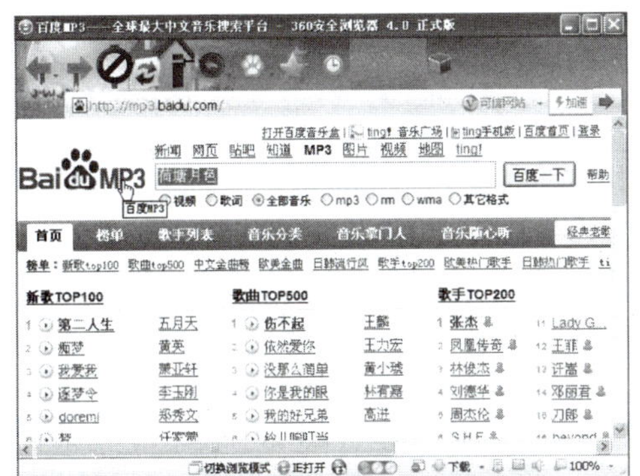

图 12-96 搜索音乐

Step 3 单击“百度一下”按钮，打开搜索到的音乐列表页面，如图 12-97 所示。

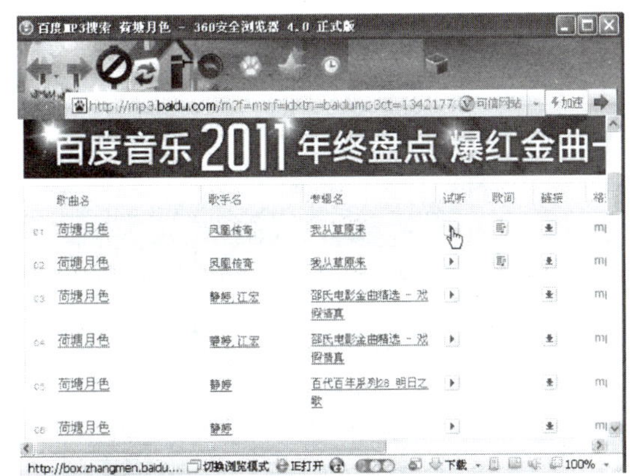

图 12-97 音乐列表

Step 4 单击“试听”按钮，进行音乐的试听来确定是否应用此音乐，如图 12-98 所示。

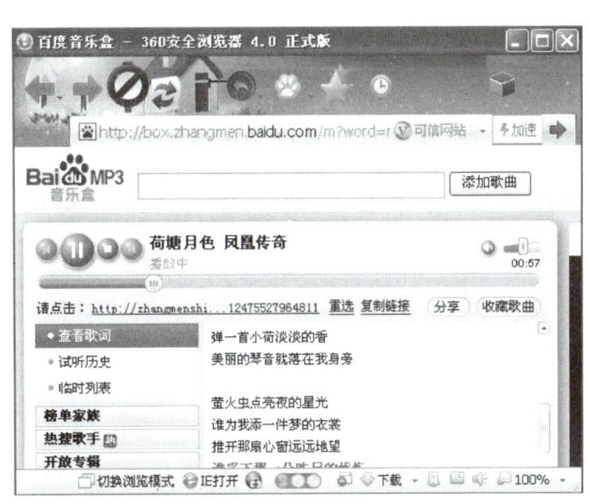

图 12-98 试听音乐

Step 5 用户如果满意，单击“复制链接”链接，如图 12-99 所示。

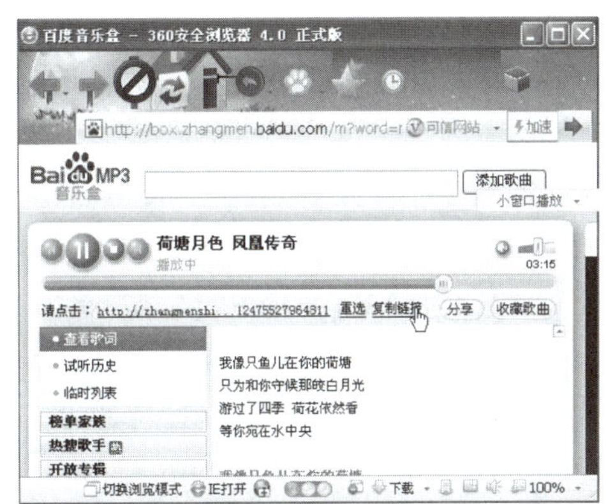

图 12-99 复制音乐链接

Step 6 登录我的淘宝，单击“卖家中心”链接，如图 12-100 所示。

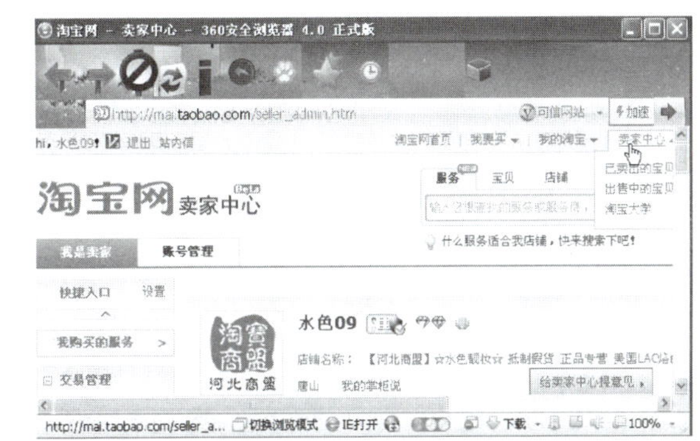

图 12-100 登录淘宝

Step 7 单击“店铺装修” 链接，如图 12-101 所示。

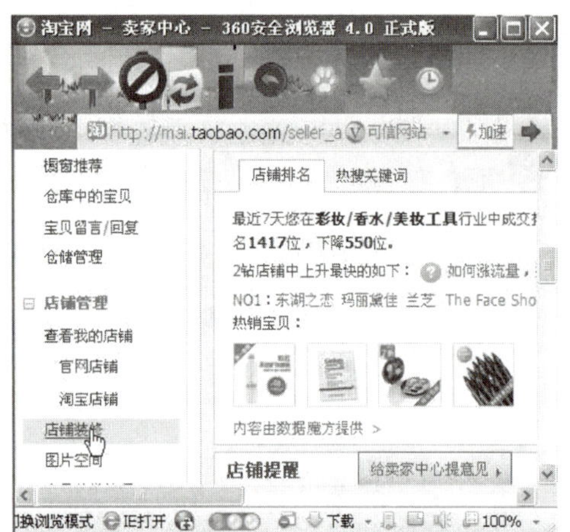

图 12-101　店铺装修

Step 8 进入店铺装修编辑页面，在自定义内容区，单击“编辑”按钮，如图 12-102 所示。

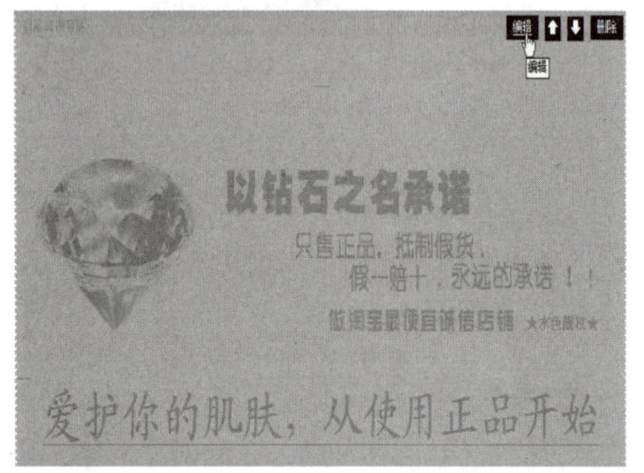

图 12-102　编辑自定义内容区

Step 9 打开自定义内容区编辑页面，单击“编辑 HTML 源码”，如图 12-103 所示。

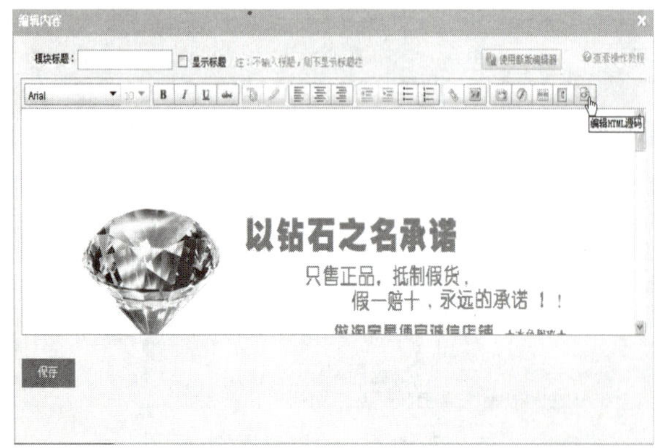

图 12-103　编辑 HTML 源码

Step 10 在代码编辑页面输入代码：<bgsound loop="-1" src="复制链接的地址"/> <bgsound>，如图 12-104 所示。

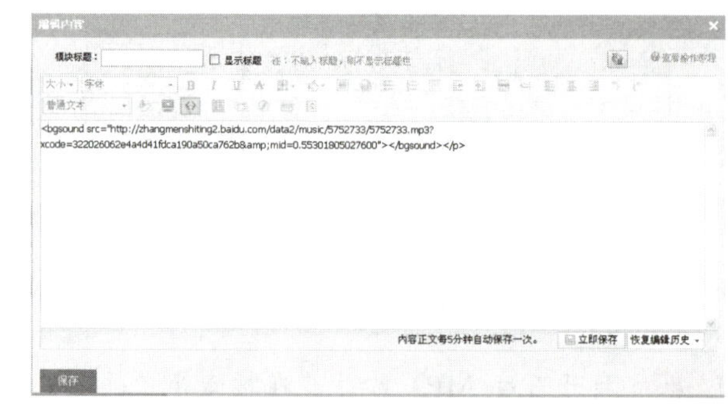

图 12-104　添加背景音乐代码

12.6　巧妙使用淘宝助理

淘宝助理是一款提供给淘宝卖家使用的免费、功能强大的客户端工具软件，它可以使您不登录淘宝网就能直接编辑宝贝信息，快捷批量上传宝贝。其强大的批处理功能将省去大量卖家上传和修改商品等信息的时间，大大提高开店效率。从而使卖家有更多的时间关注经营和其他工作。

1. 下载安装淘宝助理

操作步骤如下。

Step 1 打开淘宝官方网址，登录淘宝助理下载页面。

Step 2 双击下载的软件，如图 12-105 所示。

图 12-105　安装淘宝助理

Step 3 单击“下一步”按钮，如图 12-106 所示。

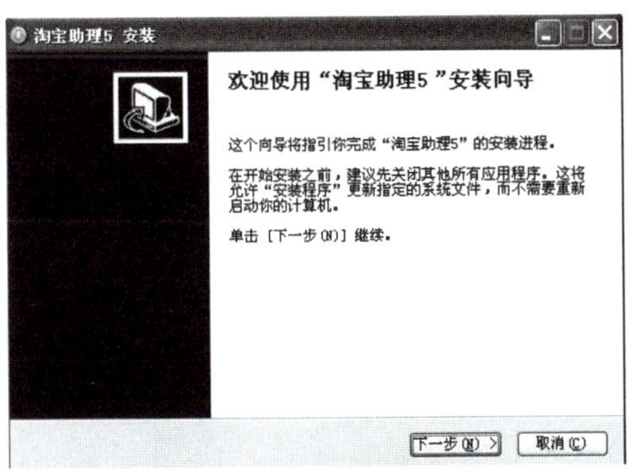

图 12-106　安装淘宝助理向导

Step 4　选择安装软件位置，如图 12-107 所示。

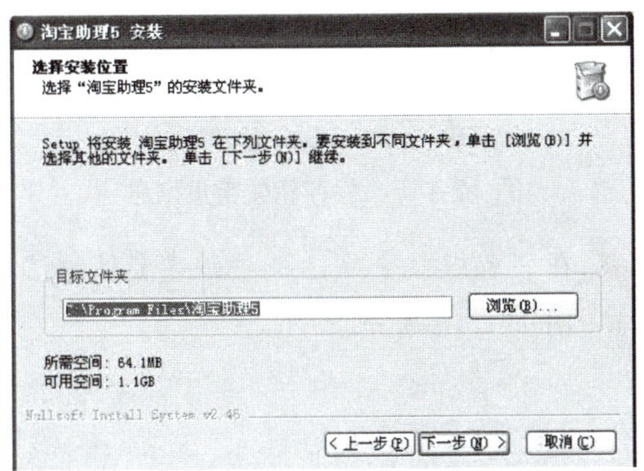

图 12-107　选择淘宝助理安装位置

Step 5　选择完成后，单击"安装"按钮，如图 12-108 所示。

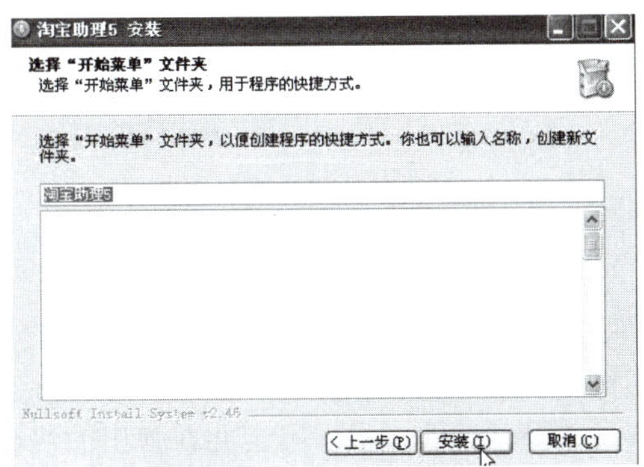

图 12-108　进行淘宝助理安装

Step 6　进入安装过程，如图 12-109 所示。

Step 7　完成安装，如图 12-110 所示。

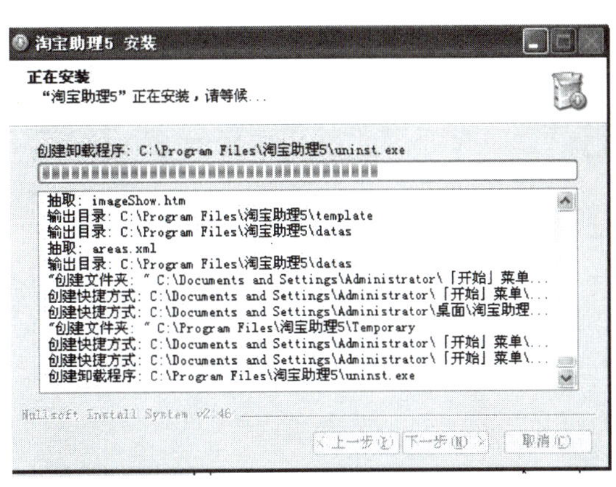

图 12-109　淘宝助理安装过程

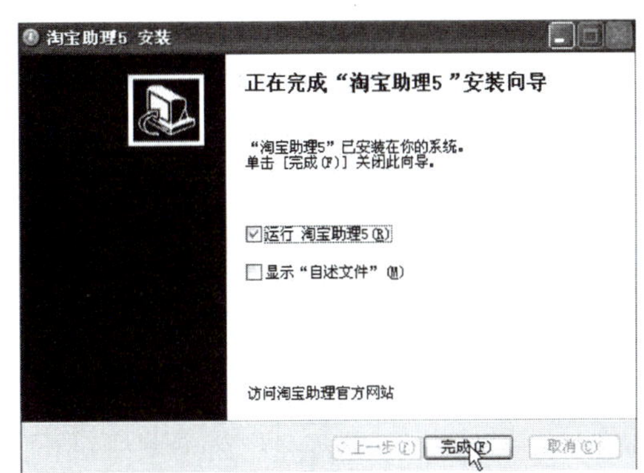

图 12-110　完成淘宝助理安装

2. 通过淘宝助理添加商品

操作步骤如下。

Step 1　双击淘宝助理快捷方式，打开登录界面且输入会员名及密码，单击"登录"按钮，如图 12-111 所示。

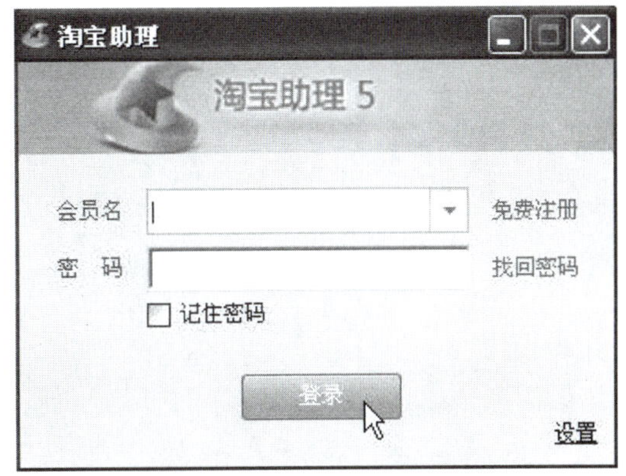

图 12-111　登录淘宝助理

Step 2 单击“宝贝管理”链接，如图 12-112 所示。

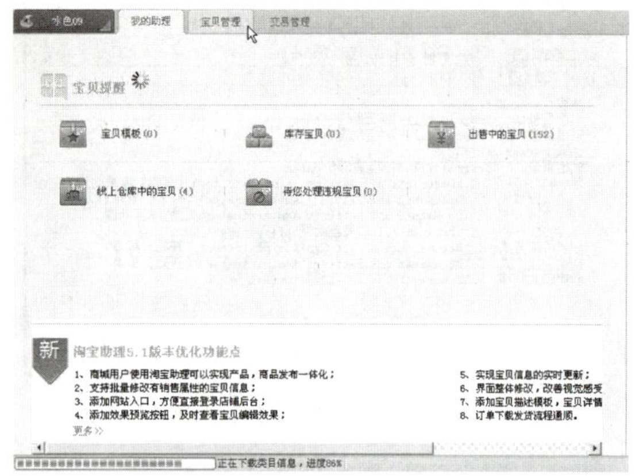

图 12-112　单击“宝贝管理”链接

Step 3 单击“新建”按钮，然后单击“新建宝贝”按钮，如图 12-113 所示。

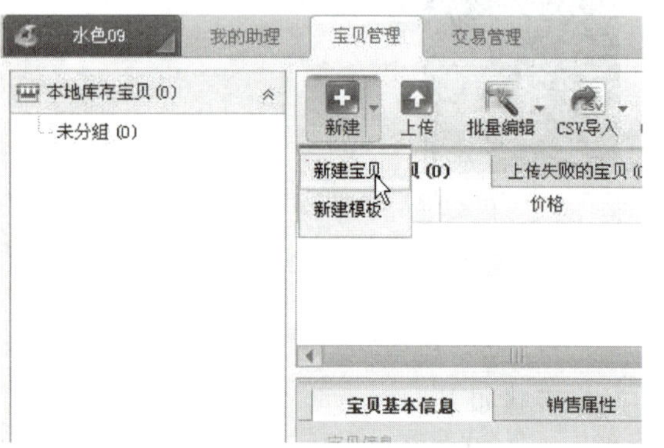

图 12-113　新建宝贝

Step 4 打开“新建宝贝”对话框，填写宝贝的基本信息，如图 12-114 所示。

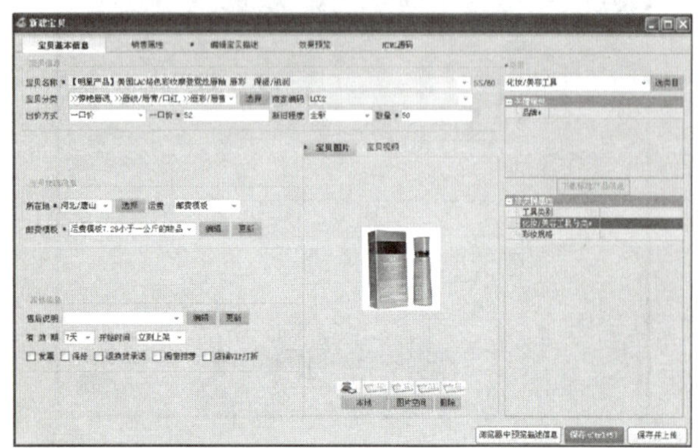

图 12-114　填写宝贝信息页面

Step 5 填写完成后，单击“保存”按钮，如图 12-115 所示。

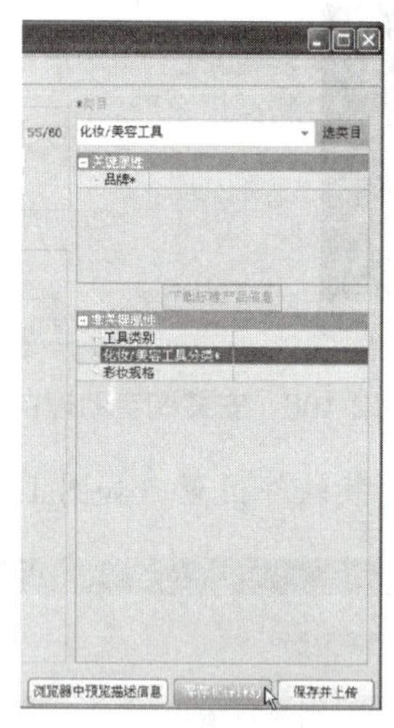

图 12-115　保存新建宝贝信息

Step 6 在列表中就会显示刚才新建宝贝的信息，如图 12-116 所示。

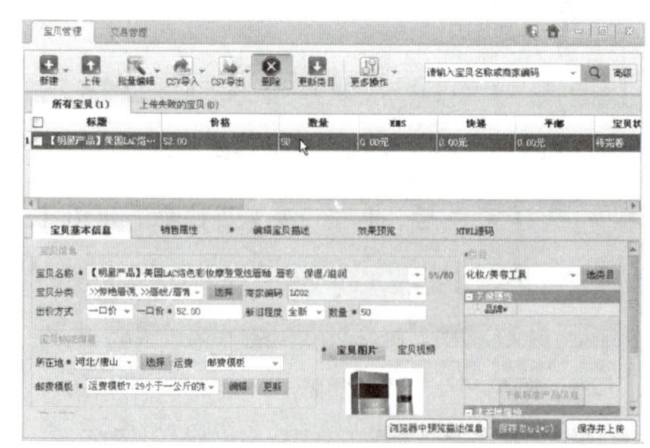

图 12-116　新建宝贝列表

3. 复制宝贝

有些时候新建宝贝的大部分属性和已有宝贝的属性相同的时候可以通过复制宝贝来完成新建宝贝的操作。选择已有的宝贝，右击并在弹出的快捷菜单中选择“复制宝贝”命令，就可以复制宝贝成功，如图 12-117 所示。

4. 粘贴宝贝

复制完成以后还需要粘贴宝贝完成已有宝贝的复制，进一步来编辑复制宝贝的属性。右击宝贝列表的空白处，单击“粘贴宝贝”，在所有宝贝列表中就会出现复制成功的宝贝，如图 12-118 所示。

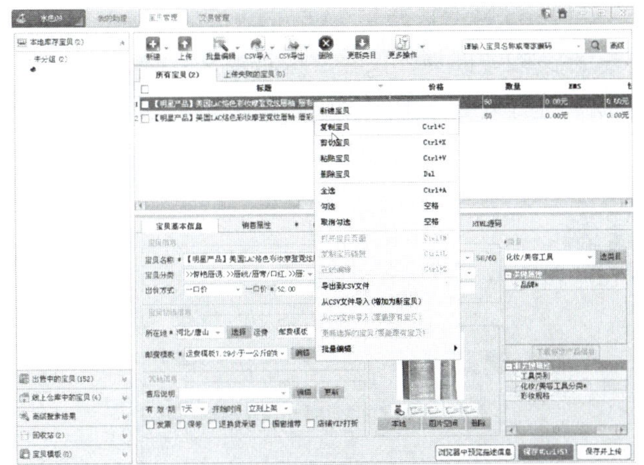

图 12-117 复制宝贝

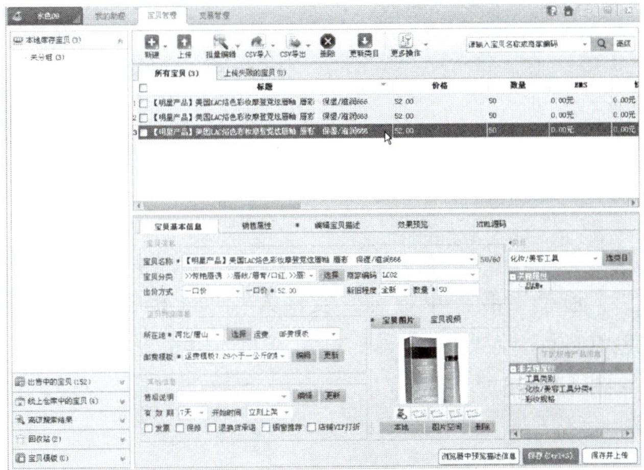

图 12-118 粘贴宝贝列表

5. 上传宝贝

新建完成的宝贝需要通过上传到店铺中才能出现在卖家的店铺中让顾客来浏览和购买。在淘宝助理宝贝管理页面，所有宝贝列表中，勾选想要上传的宝贝前面的复选框，然后单击“上传”按钮，就可以上传宝贝到店铺中，如图 12-119 所示。

如果想上传所有宝贝，可以勾选宝贝列表中最上面的复选框，这样所有的宝贝都会被选中上传，如图 12-120 所示。

6. 更新类目数据

为了及时、阶段性地更新淘宝网页上的店铺类目信息，来保证本地和店铺网页上的信息一致，避免出现商品发布属性错误的问题，淘宝助理提供了更新类目的功能。可以通过单击宝贝管理中的“更新类目”按钮来更新类目信息，如图 12-121 所示。

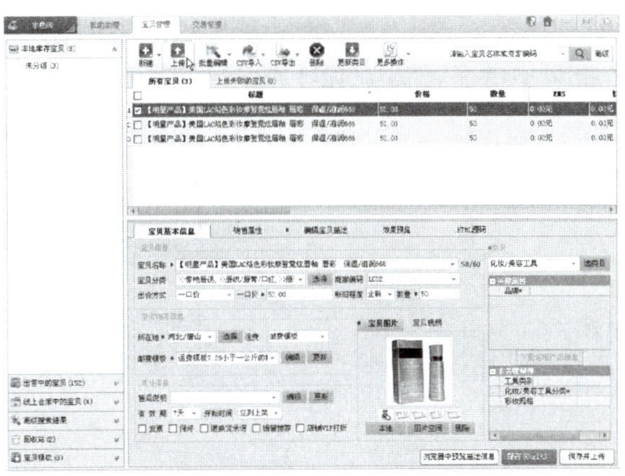

图 12-119 上传宝贝

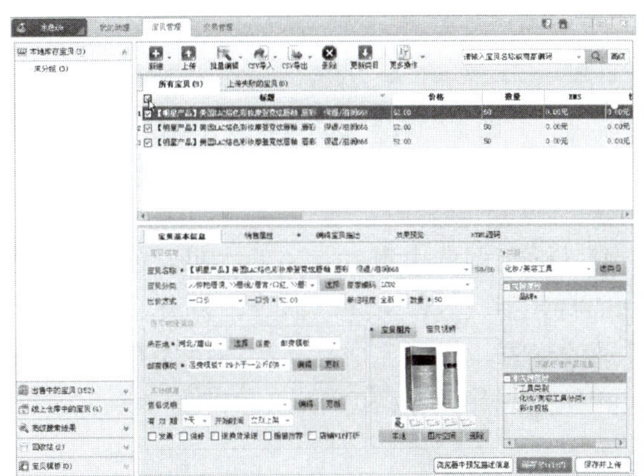

图 12-120 批量上传宝贝

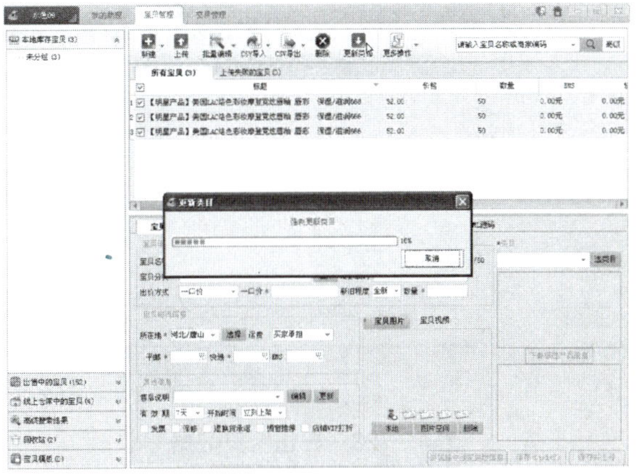

图 12-121 更新类目信息

7. 批量编辑宝贝属性

有些时候很多宝贝的属性是相同的，这种情况下就可以通过批量编辑宝贝实现对大批量宝贝属性的更改。用鼠标左键选中想要修改的所有宝贝，单击“批量编辑”按钮，来选择要批量编辑宝贝的属性就可以进行批量更改了，如图 12-122 所示。

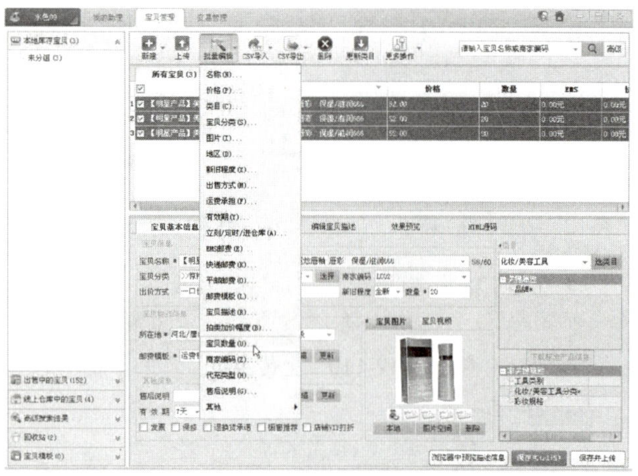

图 12-122 批量编辑宝贝属性

8. 导出宝贝数据

用鼠标左键选中想要导出的宝贝，选择“CSV 导出”|“导出到 CSV 文件”命令，打开文件名称及保存目录的设置，设置完成后，单击“保存”按钮完成数据的导出，如图 12-123 所示。

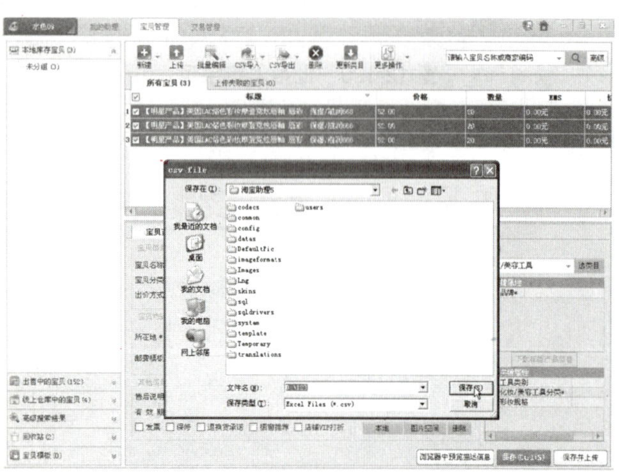

图 12-123 导出宝贝数据

9. 导入宝贝数据

通过导入宝贝数据文件可以实现数据的批量导入。登录淘宝助理，选择“宝贝管理”|“CSV 导入”命令，选择要导入的数据文件，单击“打开”按钮，完成后单击“确定”按钮完成数据导入，如图 12-124 所示。

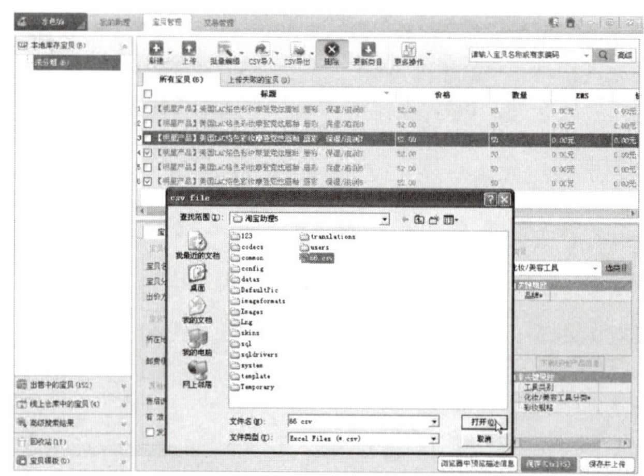

图 12-124 淘宝助理导入数据

10. 交易管理

包括下载订单管理、发件人管理、模板管理、快递单打印、发货单打印、批量发货、批量好评等功能。如图 12-125 所示。

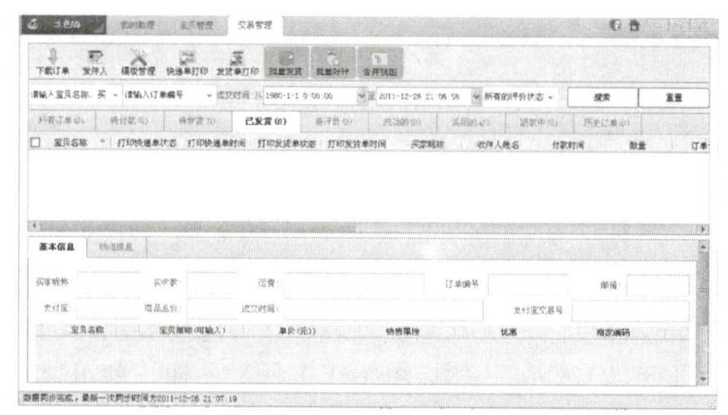

图 12-125 交易管理页面

11. 备份数据

通过此功能在文件损坏或者数据误删的情况下，可以帮助用户及时恢复数据。用户还可以启用每日自动备份功能，这样淘宝助理将会在每日关闭前完整备份用户的数据。如图 12-126 所示。

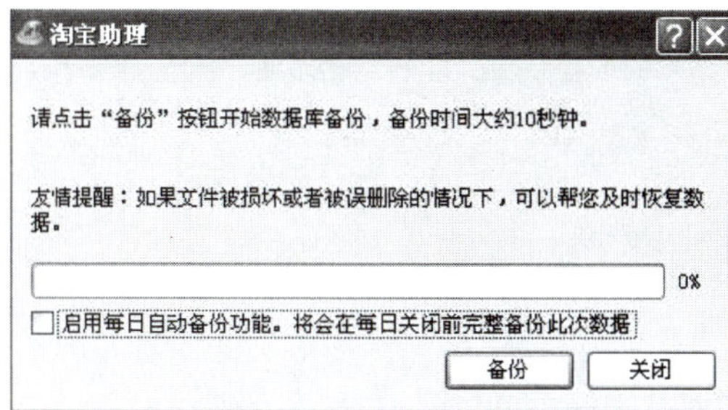

图 12-126　备份淘宝数据

本章小结

在本章的一开始，我们介绍了淘宝网店的各种版本的特点和区别，让读者对淘宝网店的版本有一个比较清楚的认识。读者可以根据自己的需要，选择合适的版本来进行装修。然后，我们介绍了淘宝网店的基本布局的设置和在装修时使用的各种技巧，包括使用"晒宝贝"模块来增加店铺的交互性；设置尾页；安装计数器；设置背景音乐以及使用淘宝助理，希望读者通过认真学习来领会这些装修技巧。

第 13 章 网店装修拓展

通过前面章节的学习，我们了解了网店装修的内容，掌握了通用的装修技巧。但是网店装修是一门学无止境的学科，随着社会的进步和人们审美意识的变更，网店装修也会不断地发生新的变革。因此，网店装修并不单纯是图文的罗列，在一定的历史阶段，在一定的生活状态下，在你处理了大量的宝贝图片和纷繁的促销海报之后，请千万不要忘记，网店还有很多隐形促销的手段，无论是淘宝店铺还是拍拍等其他电子商务平台的网店都一样，都有大量更细致的工作去做，都有更深层次的装饰细节可以拓展。下面我们就来学习装修拓展这一部分的内容。

学习要点

- 网店店内宣传
- 网店友情链接
- 网店留言区
- 网店社区宣传
- 网店评价管理
- 网店平台的特色营销

13.1 网店店内宣传

所谓宣传，是运用各种符号传播一定的观念以影响人们的思想和行动的社会行为。网店的宣传当然就是利用一定的信息，促使买家购买的行为。逐渐模块化的宣传工具逐渐成为网店装修必不可少的材料元素。

网店店内宣传的攻略跟实体店铺的宣传有异曲同工之效。每逢节假日我们到商超购物的时候，会看到商家大幅大幅的宣传栏，漫天飞舞的宣传册，热热闹闹的发布会，买家秀等，这些宣传方式无一例外是吸引买家顾客多多购买。我们网店也一样，要抓住一切节假日的契机，提前做好宣传，将宣传内容放在网店页面最醒目的位置，或者干脆设立一个醒目的区域，吸引买家的眼球，这样就可以以宣传为依托，提高商品搜索率和商品转化率。

网店最主要的宣传手段就是店内海报，其次当属店内的促销活动。海报我们在前边的内容从制作到发布都一一介绍了，我们下面以淘宝网为例介绍一下网店的店内宣传之促销广告。

随着淘宝的不断发展，淘宝的促销模块也已经集成化，卖家可以自己设置自己喜欢的促销方式和促销广告，然后装修到自己店铺页面，也可以利用淘宝现成的软件模块来设置，将促销信息放到页面的醒目位置，成为装修必备要素。淘宝促销要素基本包括团购、聚划算、淘金币、满就送、限时打折、搭配套餐、店内优惠券、抽奖、红包、换购、包邮等，下面我们来看一下集成化的促销活动设置。

进入淘宝营销中心，单击促销管理我们可以看到，淘宝店内可以使用淘宝工具设置的主要促销方式有“满就送”、“限时打折”、“搭配套餐”、“店铺优惠券”，如图 13-1 所示。

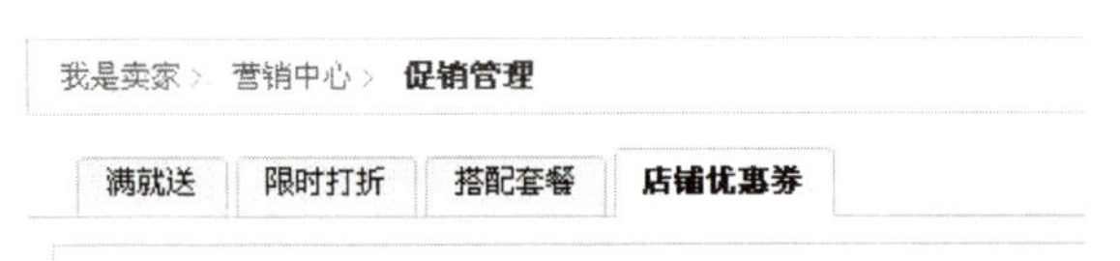

图 13-1　促销管理方式

13.1.1 满就送

淘宝网满就送优化上线，无论是界面的美化和活动的设置，都更吸引买家，卖家可以把满就送功能模块装饰到自己的店铺，既是一个很好的装修饰材，又是一个很好的促销模块，漂亮的图标和界面足以吸引买家的注意力和购买欲。

设置成功的满就送界面如图 13-2 所示，这样一个多级的广告信息放置在店铺页面醒目位置，优惠幅度一目了然，优惠效果对比明显，是不是会比平淡的页面更能促进买家的购买欲？那么，如何设置满就送呢？

春季促销 2011年3月01日 ~ 2011年4月30日
单笔订单满50元， 送3.00元店铺优惠券
单笔订单满100元，免运费， 送3.00元店铺优惠券
单笔订单满200元减5元，减后满200元， 送5.00元店铺优惠券 ，免运费
特大优惠开始啦：全场满百包邮。包邮只包快递可以到的地方。快递不到的需要发EMS的加5…

图 13-2　多级满就送广告

满就送具体设置路径是：登录“我的淘宝”—单击“我是卖家”—选择“营销中心”—单击“促销管理”—设置“满就送”。

满就送设置的操作步骤如下。

Step 1 打开淘宝网首页 http://www.taobao.com，登录淘宝网 ID，单击页面顶部“卖家中心”链接，找到左侧导航栏的“营销中心”，单击“促销管理”链接，如图 13-3 所示

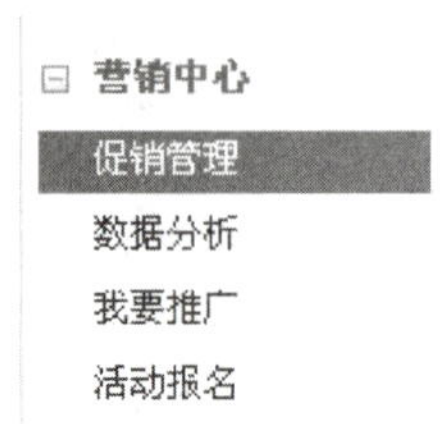

图 13-3　促销管理

Step 2 单击“满就送”，在该页面中设置“满就送”，添加活动信息。但要注意，如果有多家店铺，活动店铺选择，第一次确认后不可再更改，如图 13-4 所示设置活动店铺。

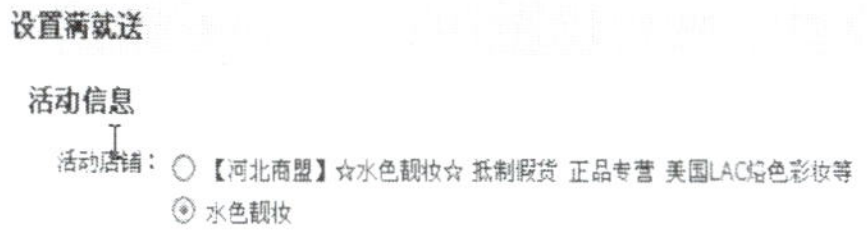

设置满就送

活动信息

活动店铺：○【河北商盟】☆水色靓妆☆ 抵制假货 正品专营 美国LAC彩色彩妆等
⊙ 水色靓妆

图 13-4　设置活动店铺

Step 3　确定活动名称和活动时间，如图 13-5 所示。

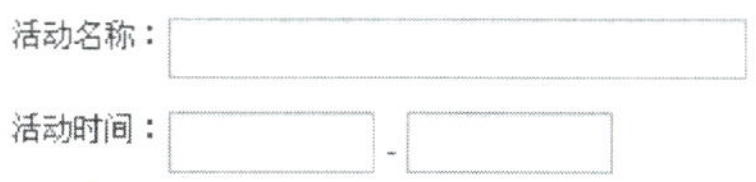

活动名称：

活动时间：　　-

图 13-5　活动名称活动时间

Step 4　设置“活动信息”，可选择优惠方式为“普通优惠“，优惠条件可以选择“上不封顶”，再选择优惠内容，如图 13-6 所示。

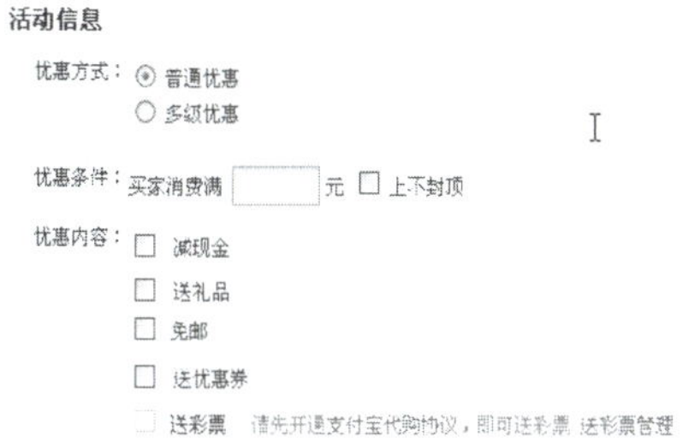

活动信息

优惠方式：⊙ 普通优惠
○ 多级优惠

优惠条件：买家消费满　　元 □ 上不封顶

优惠内容：□ 减现金
□ 送礼品
□ 免邮
□ 送优惠券
送彩票　请先开通支付宝代购协议，即可送彩票 送彩票管理

图 13-6　设置活动信息

Step 5　如果设置“多级优惠”，最多可增加 5 级，层级添加的时候，单击页面下部的“继续添加层级”按钮来完成，如图 13-7 所示。

继续添加层级

优惠备注：

图 13-7　继续添加层级

Step 6　设置好以后，单击“预览”按钮，如图 13-8 所示。

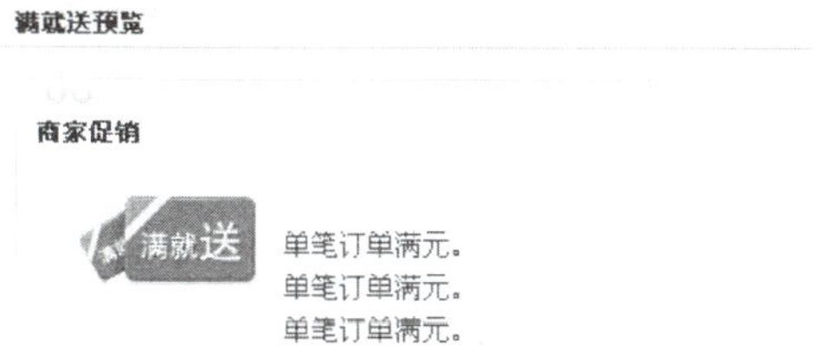

满就送预览

商家促销

满就送　单笔订单满元。
单笔订单满元。
单笔订单满元。

图 13-8　预览

Step 7　复制代码。设置好，检查无误后，单击预览对话框右下角的“复制代码”，复制代码到其他页面，如图 13-9 所示。

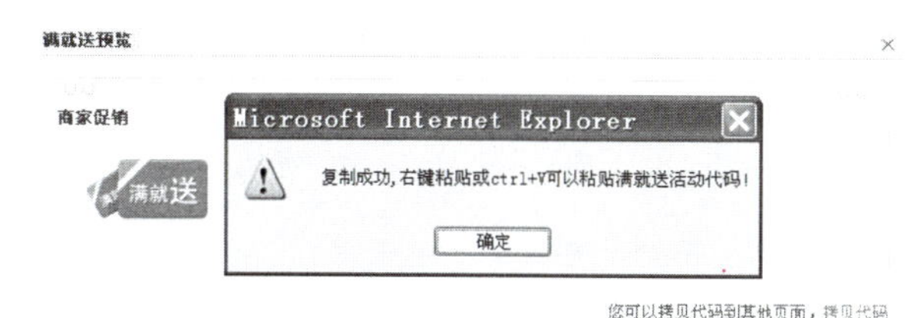

图 13-9　复制代码

Step 8　完成设置。单击满就送页面下方的“完成设置”，设置成功。

13.1.2　限时打折

限时打折是淘宝功能化的一款促销工具，既然功能化了，当然也就有现成的广告模块了，店家尽可以拿来主义，设置好了，直接挂到店铺醒目的位置就可以，操作起来就跟我们实体店定做一块广告牌一样简单，也起到了店铺装修的装饰模块作用。

在淘宝网，只要是限时打折(秒杀)的用户，买家搜索关于秒杀关键字时，秒杀商品预告就都有机会出现在搜索首页，黄金展示位，帮助卖家流量翻倍、从而提升销量，这么好的事情，卖家能不尝试吗？我们来看一下某店铺限时打折的一个广告，如图 13-10 所示。

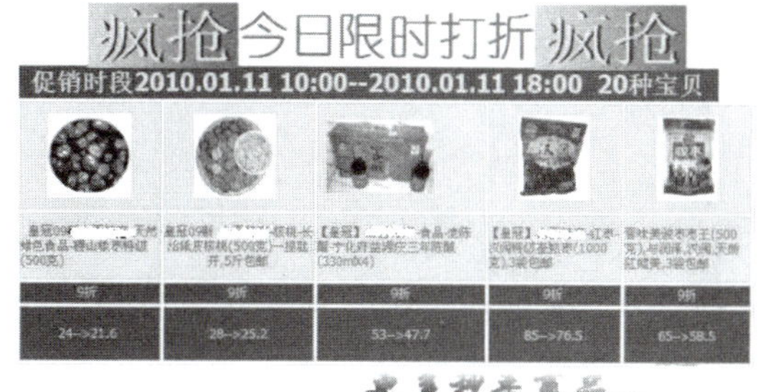

图 13-10　限时打折

看到这样一幅限时打折的广告，你会不会觉得装修到店铺里很有吸引力？对买家而言，是很刺激消费的。那么我们来看一下限时打折工具具体的使用方法

和步骤。

限时打折的设置路径：“我的淘宝”—“卖家中心”—“营销中心”—“促销管理”—“限时打折”。

限时打折的设置路径：“设置促销时段”—“选择宝贝”—“设置折扣”—“完成创建”，如图 13-11 所示。

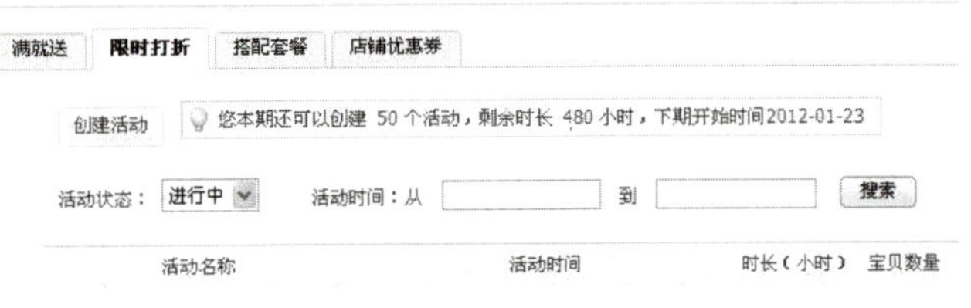

图 13-11 限时打折

设置限时折扣的具体操作步骤如下。

Step 1 单击“限时打折”选项，在该页面下单击“创建活动”，设置活动名称和促销时段，如图 13-12 所示。

第一步 设置活动名称和促销时段 2011.12.24 12:00 -- 2011.12.24 12:00

设置促销名称：*

促销开始时间：* 12:00

促销结束时间：* 12:00

确定

13-12 设置名称和时段

Step 2 选择宝贝。在列表中勾选参加活动的宝贝，单击“参加打折”按钮，如图 13-13 所示。

图 13-13 选择宝贝

Step 3 设置限时打折。在“限时折扣”后边的文本框内输入折扣数值，在“每人限购数”后边设置限制数量，如图 13-14 所示。

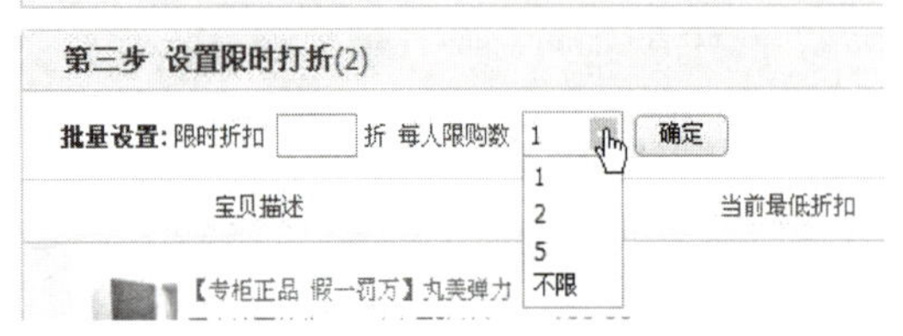

图 13-14 设置限时打折

Step 4 修改创建。在创建限时打折的过程当中，如果有修改，直接单击页面右侧，每一步的“修改”或“删除”按钮，如果重新创建，则直接单击“放弃创建”按钮，如图 13-15 所示。

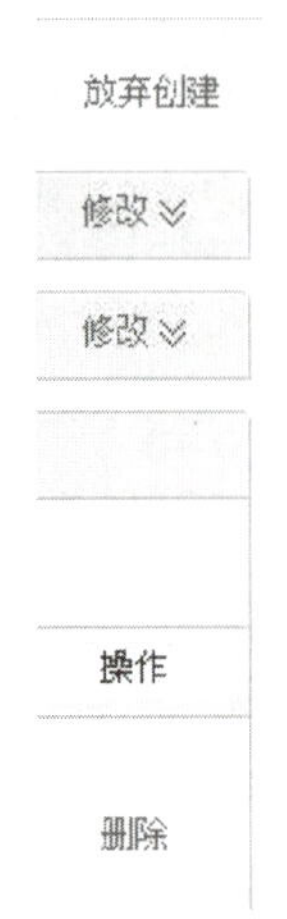

图 13-15 修改创建

Step 5 完成创建。单击左下角的“完成创建”按钮。

限时打折在设置过程当中，可以创建 50 个活动，活动时间 240 小时可以延长到 480 小时。促销时段最短 1 个小时，活动未开始，可以修改开始时间，还可删除活动，活动开始后，只可延长活动时间，不允许修改和删除。参加活动的产品每次可添加 20 个，一件产品只能出现在一个活动里，折扣范围从 0.1～9.5 自行设置，折扣后价格需高于 1 元，且必须低于淘宝 VIP 折后价格。设置成功后，在活动开始前 24 小时，商品详情页会出现秒杀信息的预告，卖家可以提前做营销活动，活动开始后，宝贝页面的显示折扣会一直显示，并且显示剩余购买时间，让买家有一种紧迫感，促使购买，那么对于卖家来说，这个显示折扣展示就是最好的装修了，如图 13-16 所示。

图 13-16 限时折扣展示

13.1.3 搭配套餐

搭配套餐是将两个或者两个以上的商品，以搭配组合的形式进行关联销售。

在我们日常生活当中，搭配的方式司空见惯，比如衣服+裤子、背心+短裤、洗发+护发、爽肤水+乳液、剃须刀+刀片、情侣衫等，综合起来，搭配分为同类搭配和不同类搭配，但凡是符合买家的购物习惯的搭配，就会刺激购买。

在淘宝店铺，搭配套餐工具也已经模块化，优化上线。卖家只需简单设置一下，就可以直接拿来应用。如图 13-17 所示，套餐是帽子+围巾，即为典型的搭配套餐。

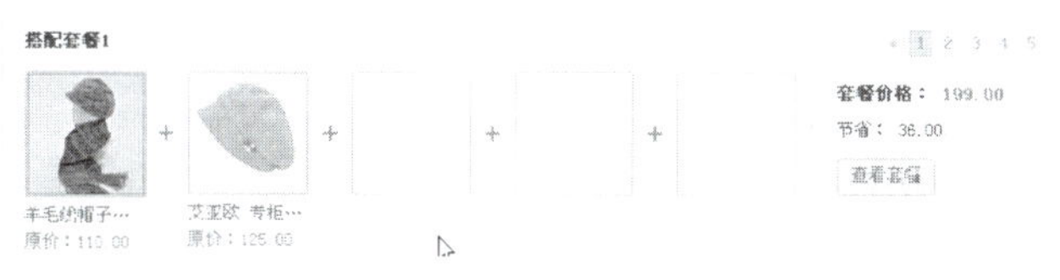

图 13-17 搭配套餐

图中展示的套餐，选择的是有关联性的产品，来做搭配套餐的活动，并且设置了对买家有吸引力的价格，买套餐比买两件单品都要实惠，这样的图，这样的设置，对买家更有吸引力，更有感官的刺激，达到事半功倍的宣传效果。

搭配套餐的设置路径：“我的淘宝”—“卖家中心”—“营销中心”—“促销管理”—“搭配套餐”—“创建搭配套餐”。

搭配套餐的创建路径：添加“套餐标题”—“搭配宝贝”—“设定套餐产品与价格”—“挑选套餐图片”—“套餐介绍说明”—“发布”。

下面我们就学习搭配套餐的具体设置步骤。

Step 1 单击“搭配套餐”选项，在该页面下单击“创建搭配套餐”按钮，设置活动名称和促销时段，如图 13-18 所示。

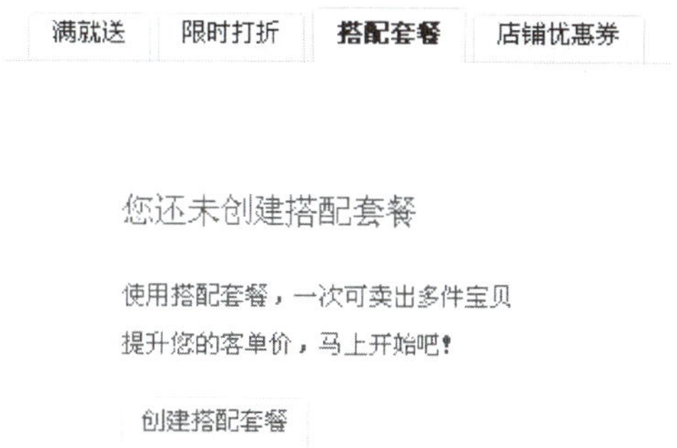

满就送 限时打折 搭配套餐 店铺优惠券

您还未创建搭配套餐

使用搭配套餐，一次可卖出多件宝贝

提升您的客单价，马上开始吧！

创建搭配套餐

图 13-18 创建搭配套餐

Step 2 设置基本信息。在“套餐标题”文本框后边输入 30 个字以内的主题，单击“添加搭配宝贝”按钮选择参加活动的商品，最多添加 5 件宝贝，如图 13-19 所示。

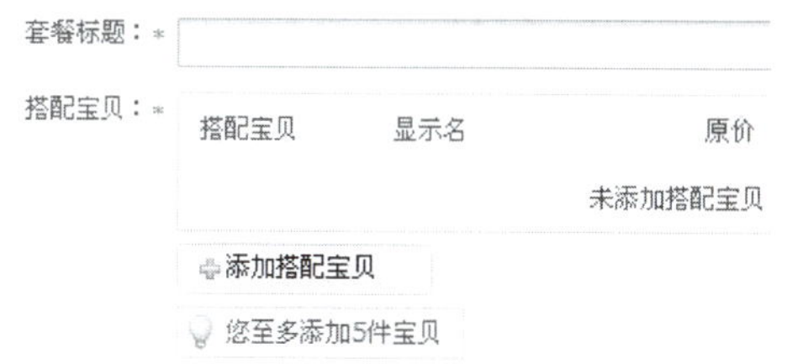

图 13-19 设置基本信息

Step 3 添加套餐商品。在搜索栏中输入要添加的商品类别，单击“添加”按钮添加套餐商品，如图 13-20 所示。

Step 4 保存已添加商品。添加参加套餐搭配的商品后，单击“保存”按钮，如图 13-21 所示。

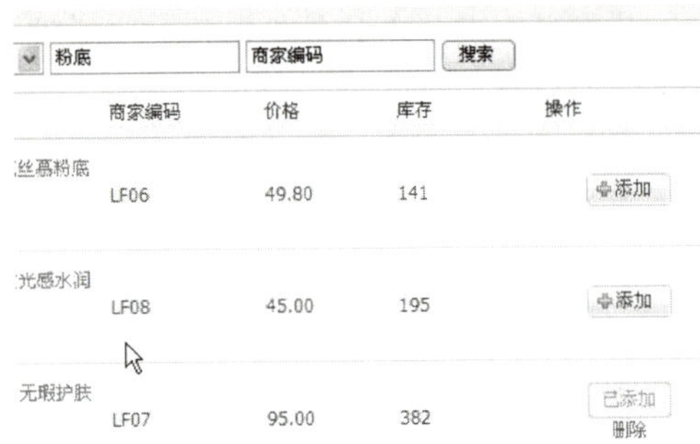

图 13-20　添加套餐商品

已添加的宝贝　【明星产品】美国LAC烙色彩妆
【明星产品】美国LAC烙色彩妆

保存　取消

图 13-21　保存参加套餐商品

Step 5　设置套餐一口价，如图 13-22 所示。

图 13-22　套餐一口价

Step 6　套餐描述。在套餐描述模块，自行设计添加套餐描述，图文均可，如图 13-23 所示。

图 13-23　套餐描述

Step 7　设置物流信息。卖家根据自己的定位，设置运费，如图 13-24 所示。

Step 8　发布。设置完成，检查无误后，单击“发布”按钮，成功发布，如图 13-25 所示。

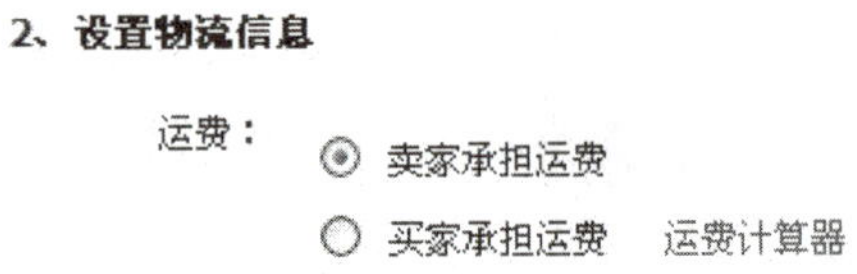

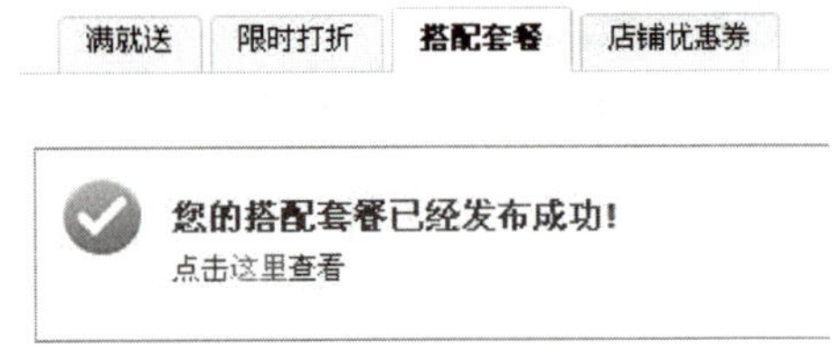

图 13-24　设置物流信息

满就送　限时打折　搭配套餐　店铺优惠券

您的搭配套餐已经发布成功！
点击这里查看

图 13-25　发布

13.1.4　店铺优惠券

说起优惠券，我想大家都不陌生，现在的经济形势，只要你上街，优惠券就比比皆是，服装的、餐饮的、演唱会的、体育赛事的，五花八门。杂志上、媒体上、传单上、甚至公交车上随处可见。随着商家竞争日益激烈，商家大打价格战的同时，优惠券越来越成为一种竞争手段。

网店优惠券作为一种虚拟币，也同商场的优惠券一样，成为店铺宣传的宠儿，成为卖家的一种促销竞争手段，卖家通过选择不同面额的优惠券，发放给店铺内的顾客，从而提升顾客回头率，增加第二次购买的愿望，提升顾客对店铺的黏性和忠诚度。

淘宝店铺优惠券也作为一种营销工具面对广大买家和卖家开放，其广告性和观赏性都达到了非比寻常的水准，下面请看一组优惠券，如图 13-26～图 13-29 所示。

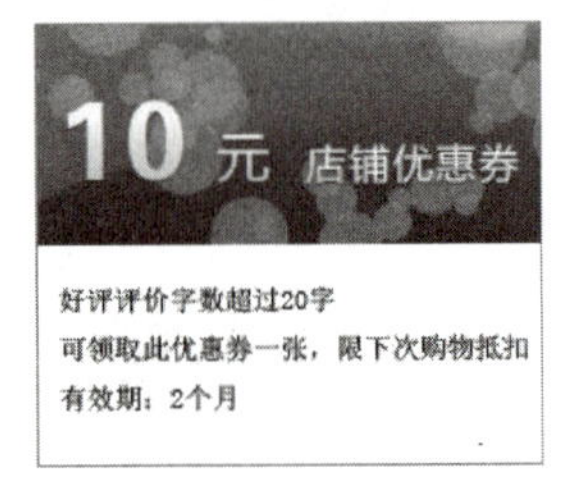

图 13-26 优惠券(1)

图 13-27　优惠券(2)

图 13-28 优惠券(3)

图 13-29 优惠券(4)

图 13-26～图 13-29 所列优惠券都是淘宝店铺设置的优惠券，我们看到这些店铺形状各异，但无一例外是装点在店铺之中，让顾客了解自己的优惠特权，而这些店家都在首页和详情页中做了展示，醒目地呈现在顾客面前，既是很好的装修素材，又是很好的促销广告，一举两得，何乐而不为呢？

淘宝店优惠券设置路径：单击“我的淘宝”—“卖家中心”—“营销中心”—“促销管理”—“店铺优惠券”—“添加优惠券”。

淘宝优惠券设置的添加方法：单击“店铺优惠券”—“添加优惠券”—“创建活动”。

下面我们详细介绍店铺优惠券的设置步骤。

Step 1 单击“我的淘宝”|“卖家中心”，找到左侧导航栏的“营销中心”，单击“促销管理”，选中“店铺优惠券”，单击“添加优惠券”按钮，如图 13-30 所示。

图 13-30 添加优惠券

Step 2 创建优惠券。单击“添加优惠券”按钮，选择优惠券面额，如图 13-31 所示。

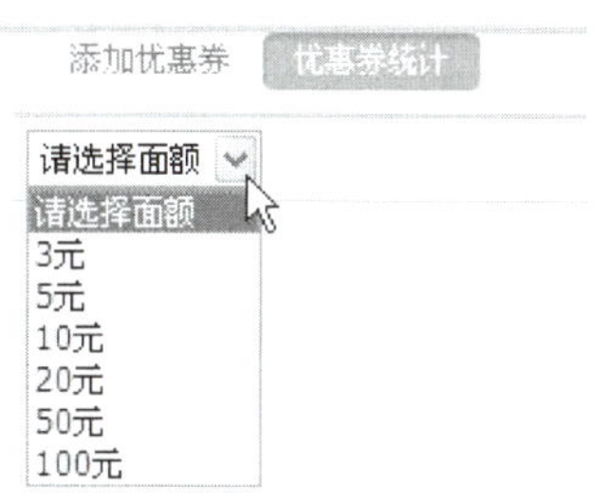

图 13-31 选择优惠券面额

Step 3 选择优惠券面额后，设置有效日期和总领用量，规定使用条件，如图 13-32 所示。

图 13-32 创建优惠券

Step 4 选择皮肤。选择推广文案的显示，选择优惠券的皮肤，如图 13-33 所示。

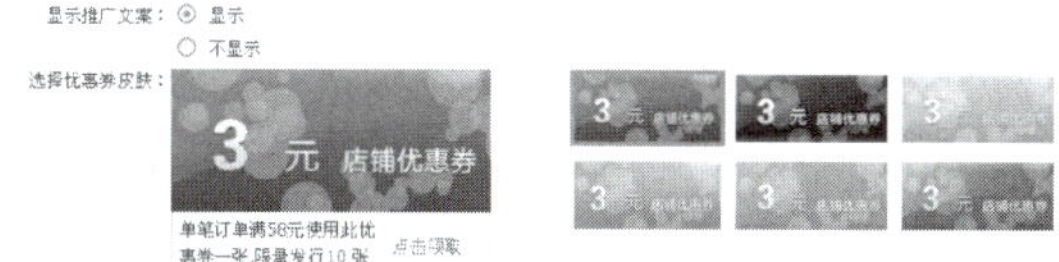

图 13-33 选择优惠券皮肤

Step 5 创建成功。单击“确定”按钮，优惠券创建成功，如图 13-34 所示，单击领取。

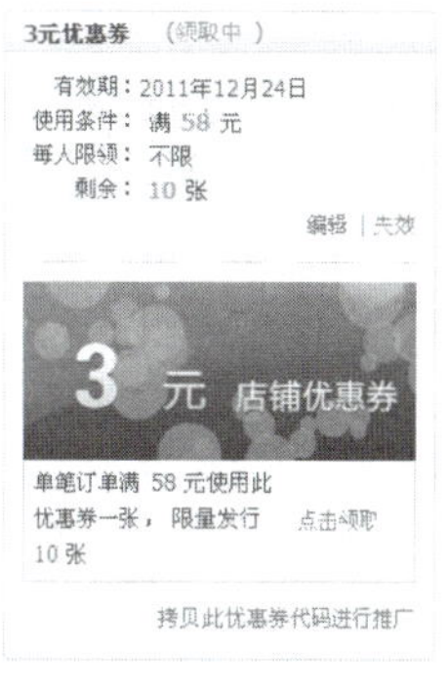

图 13-34 创建成功

Step 6 复制设置成功后，可以复制代码到所有页面推广应用。

13.1.5 会员卡

会员卡是商家促销的一种手段，能够刺激顾客的回头率。现实一些大品牌一般都设置会员卡，通常分为普通会员、金卡会员、白金卡会员。网店店铺同样实行会员制，一般分普通会员、高级会员、VIP 会员，同样也是刺激买家的回头率。我们看一下淘宝会员价格和会员标志，以及会员特权，如图 13-35 所示。

图 13-35 会员专享

请看上面这款会员专享的商品，一个小小的 VIP 标志，价格之差竟然是如此之大，定价 399 元，VIP 价格 179.55，如果是 VIP 会员看到这个能不动心吗？这个小小的 VIP 标志对 VIP 客户能没有吸引力吗？可见这个小小的 VIP 标志也是网店装修中一个很重要的不可忽视、不可或缺的小元素。那作为卖家该怎样设置店铺 VIP 呢？下面我们来学习一下设置店铺 VIP 的方法。

设置会员卡路径：登录“阿里旺旺”—“网店版”—“淘关怀”—“客户”—“买家级别”。

设置会员价商品：“售中宝贝”—勾选参加活动宝贝—设定“会员卡”折扣—设定参加活动平台—完成。

具体设置会员卡的操作步骤如下。

Step 1 登录阿里旺旺，单击网店版导航，如图 13-36 所示。

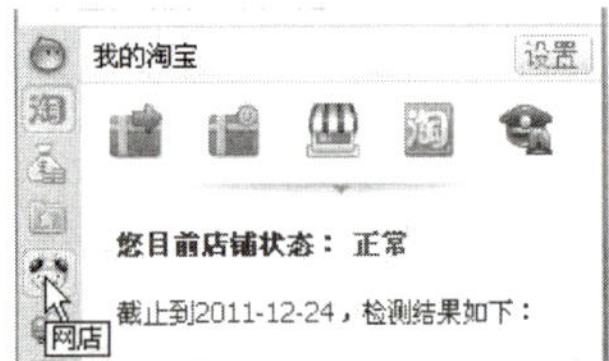

图 13-36 网店版导航

Step 2 进入网店版，单击页面上“淘关怀”图标，如图 13-37 所示。

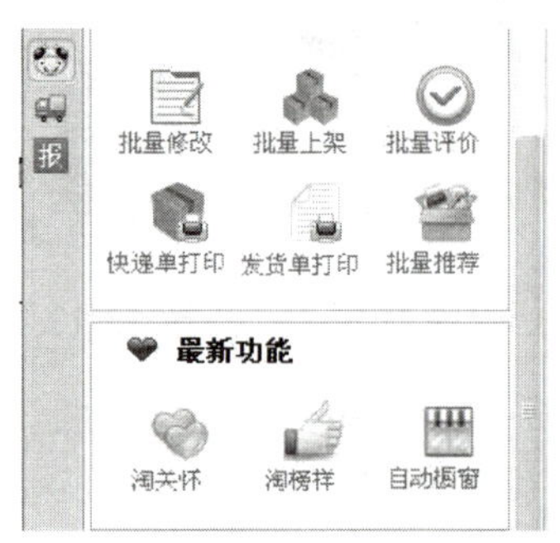

图 13-37 淘关怀

Step 3 单击“客户”按钮，打开“买家级别”链接，进行设置，可见 4 个会员级别的设置，如图 13-38 所示。

图 13-38 会员级别设置

Step 4 单击“售中宝贝”按钮，在售中商品列表页，单击“设置促销”按钮，如图 13-39 所示。

图 13-39 设置促销

Step 5 选中“支持淘宝会员卡”复选框，设定折扣值，如图 13-40 所示。

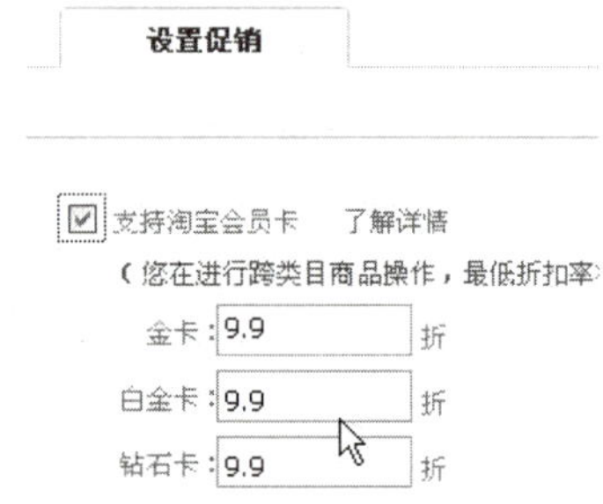

图 13-40 支持淘宝会员卡

Step 6 设置活动加入的平台，如图 13-41 所示。

图 13-41 设置活动加入平台

13.1.6 抽奖

抽奖是我们在现实生活中购物的时候，司空见惯的促销方式，一般情况下，店家会设置消费满一定金额可以抽奖一次，或者设定某个幸运数字抽奖，抽奖的规则通常是根据商家促销的目的来设置，刺激买家消费，网店也是一样，抽奖的形式也被网店商家所采纳。

淘大奖就是淘宝网发布的通过抽奖大转盘抽奖中奖后“派送奖品”的方式，来帮助卖家宣传自身产品的工具，同时也是吸引买家的宣传工具，如图 13-42 所示，即为淘大奖的界面。

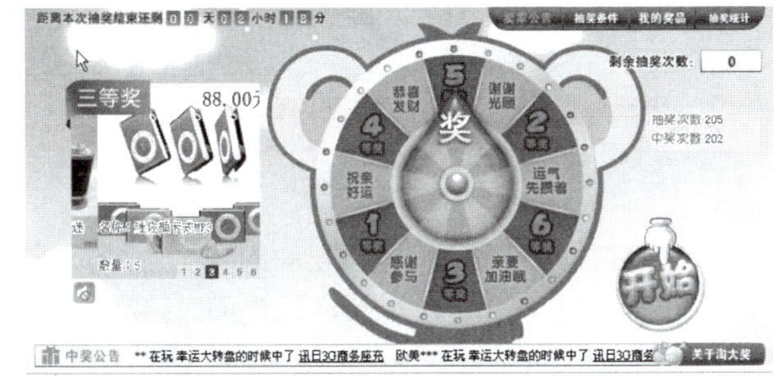

图 13-42 淘大奖

抽奖转盘中有：免费抽奖，一等奖 1 个 238 元，二等奖 2 个 168 元，三等奖 5 个 88 元，四等奖 1 个 68 元，看到这个不停滚动的信息，看到免费抽奖的字样，每个进到店铺的人，是不是都想试试手气？单击一下“开始”按钮，就有中奖的几率，能不淘这个大奖吗？是不是都想做一位快乐的抽奖者？顾客抽奖了，不管中奖与否，不管成交与否，店铺流量增加了，这个漂亮的不停旋转的转盘，确定无疑是个很好的宣传店铺的装修素材，淘宝已经将淘大奖功能模块化，只要付费就可以自行设置，合理应用，让转盘带动店铺流量突飞猛进。

13.2 网店友情链接

网店店铺有友情链接的功能，友情链接是买家在浏览某店铺页面时候，只需用鼠标轻轻一点该店铺的友情链接，就可以直接跳转到友情链接的店铺页面，浏览友情链接店铺的商品。

我们看一下下面知名店铺的友情链接，如图 13-43 所示为李宁官方旗舰店友情链接，图 13-44 是淘宝名店麦包包的友情链接。

图 13-43 李宁官方旗舰店的友情链接

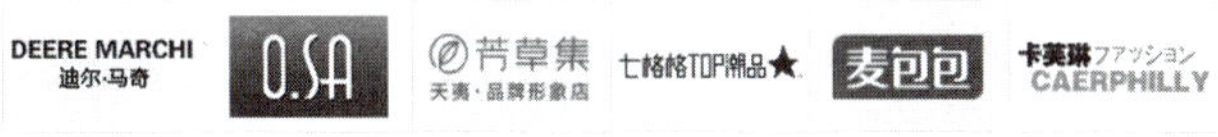

图 13-44 麦包包的友情链接

从图 13-43 和图 13-44 中不难看出，李宁官方旗舰店的友情链接为同类运动品牌的链接，麦包包为同等实力店铺的友情链接，二者均如虎添翼，更大地提高了店铺点击率。可见，一个店铺与另一个优秀店铺，特别是知名店铺的友情链接展示，不仅仅可以大大提高自己店铺的曝光率和店铺访问量，而且更能提高成交量和转化率，比任何装修模块的展示效果都更有重磅刺激消费的效应。

现在大家都知道了淘宝店铺有友情链接的功能，那么怎样合理利用可以增加店铺的人气呢？本节想告诉大家的就是，在友情链接之前，你要合理选择链接，巧妙利用友情链接，让友情链接做到资源优势最大化。我们在设置友情链接的时候要谨慎遵循以下原则。

- 淘宝规定友情链接的店铺数量不超过35个。
- 友情链接要选择有特色信誉好的店铺。
- 友情链接要有能互补的产品，比如食品店和茶叶店的链接。
- 友情链接相关联的产品，比如孕婴店可以链接早教产品店。
- 友情链接强强联合的专卖产品，麦包包和OSA的链接。

掌握了链接原则，我们就可以设置友情链接了，具体的操作步骤如下。

Step 1 登录淘宝网首页，找到“卖家中心”，单击“店铺装修”按钮，如图13-45所示。

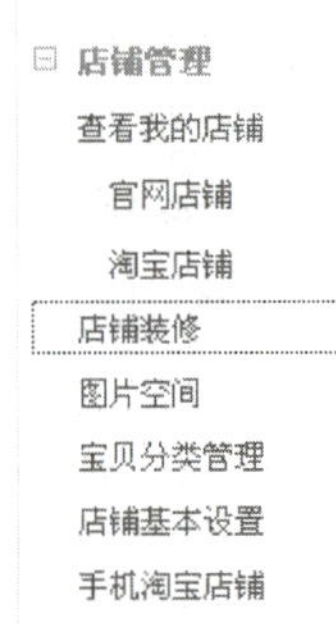

图13-45　店铺管理

Step 2 单击“店铺装修”按钮，进入装修页面，如图13-46所示。

图13-46　店铺装修

Step 3 找到左侧导航栏的“友情链接”模块，单击“编辑”按钮，如图13-47所示。

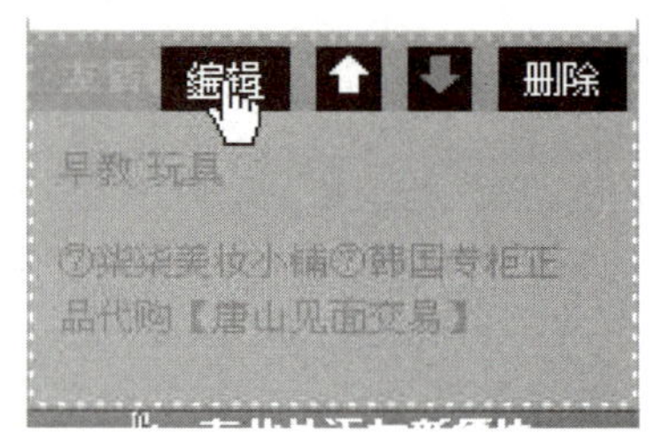

图13-47　编辑

Step 4 进入“编辑内容”界面，如图13-48所示。

图13-48　编辑内容

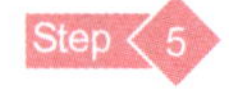

Step 5 输入淘宝会员名，然后单击“添加链接”按钮，设置完成，如图13-49所示。

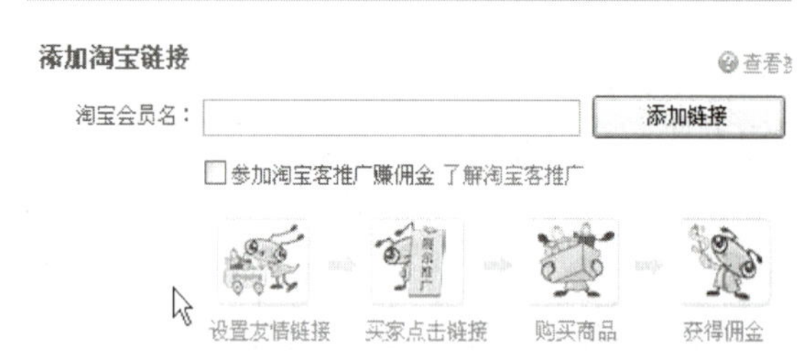

图13-49　添加链接

合理的友情链接会带来更大的流量和销售量，友情链接这种变相的宣传作用，使得友情链接模块成为店铺与其他店铺之间进行交换推广宣传的模块。这个模块的装修作用，自然是不言而喻了。

13.3　网店留言区

网店留言区是买家和卖家互动的一个区域，买家和卖家都能在这里发帖，买家可以提问，可以转让商品，卖家可以回答，可以发帖等。好的留言区，有良好的氛围，老买家在这里反馈购买体验，新买家在这里表达购买欲望，卖家在这里解惑答疑，接待老顾客，开发新顾客。

一块小小的留言区，成为卖家的一块镜子，折射出店铺的交易信息，成为店铺形象很重要的一部分，当然也成为店铺装修不可忽略的部分。

各平台对留言区的称呼不尽相同，淘宝网的称为店铺交流区，拍拍网的叫做拍友留言，易趣网的叫做留言本，百度有啊称为店铺留言。怎样才能把留言区做好呢？我们以淘宝网为例，学习留言区的管理。

在淘宝网的店铺交流区，通常位于店铺的最下方，也有的大店把交流区单独设置一个页面，无论在哪个位置，它的功能是一样的。卖家可以在店铺交流区发布购买提醒，比如店铺优惠信息，购买注意事项等，也可以回复买家的提问，和买家做充分的互动。卖家良好的态度、周到的答复和恰到好处的购买提醒，无形中会提升店铺的形象，增加买家的信任感。设置店铺交流区的操作比较简单，具体操作步骤如下。

Step 1 登录淘宝网首页(http://www.taobao.com)，单击页面顶部“卖家中心”链接，找到左侧导航栏的“店铺装修”按钮，如图 13-50 所示。

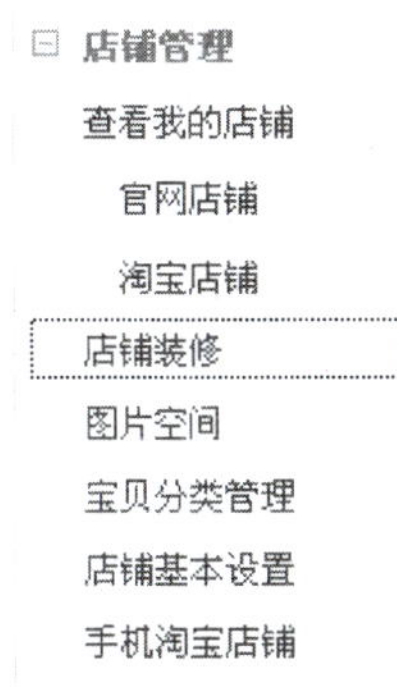

图 13-50　店铺管理

Step 2 找到页面下方的“店铺交流区”，如图 13-51 所示。

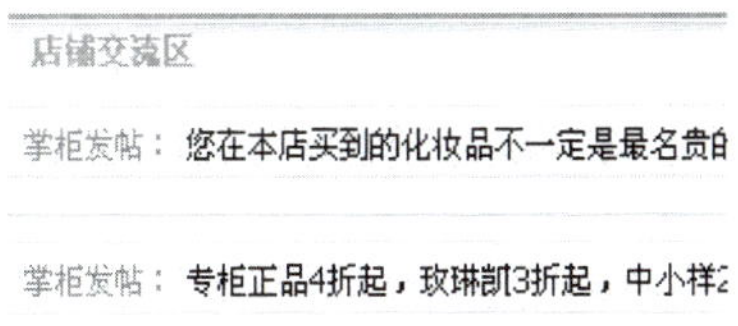

店铺交流区
掌柜发帖： 您在本店买到的化妆品不一定是最名贵的
掌柜发帖： 专柜正品4折起，玫琳凯3折起，中小样2

图 13-51　店铺交流区

Step 3 单击“我要发帖”按钮，在“发表新帖”区输入“标题”和“内容”，单击“确定”按钮提交，如图 13-52 所示。

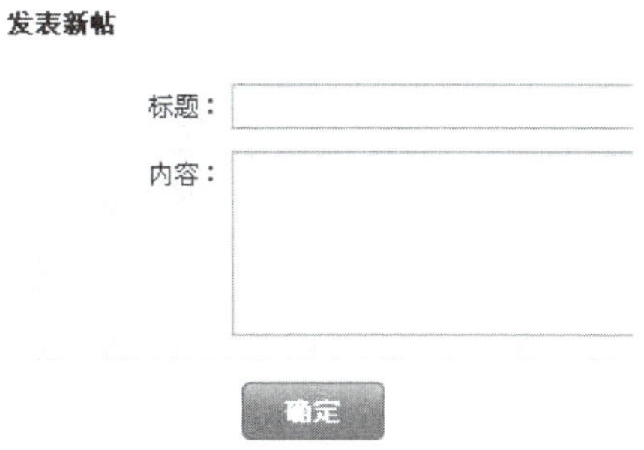

发表新帖
标题：
内容：
确定

图 13-52　发表新帖

Step 4 留言操作。卖家可以对买家的留言进行操作，比如回复、删除、置顶、批量删除等，如图 13-53 所示，但是卖家不回复的帖子，买家是看不到的。

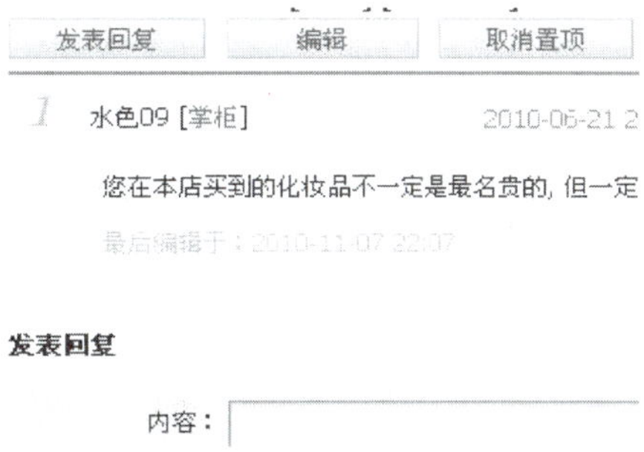

发表回复　编辑　取消置顶
1　水色09 [掌柜]　2010-06-21 2
您在本店买到的化妆品不一定是最名贵的，但一定
最后编辑于：2010-11-07 22:07
发表回复
内容：

图 13-53　留言操作

13.4　网店社区宣传

每个网店平台都有自己的社区，买家和卖家会聚在这里，参加的人数众多，很多人既是买家又是卖家，在社区活跃着，参加各种平台发起的活动，也会有组织地主动发起各种活动，一系列的交流、互动，无形中给自己的店铺打上了隐形的标签，那么网店社区宣传也成为店家隐形装修的一部分。对于淘宝网来说，更是注重社区的发展，不断在完善，不断在升级，也不断在拓展，我们以淘宝网社区为例来说一下这个隐形装修点对店铺的推动作用。淘宝主要社区版块为掌

柜说、淘论坛和淘帮派，下面我们一一分述。

13.4.1 掌柜说

提起掌柜说，也许我们感觉有些陌生，但是淘江湖大家一定是知道的吧，其实掌柜说就是以前淘江湖模块升级而来的，为了顺应新的营销模式，掌柜说的功能比以前的淘江湖更SNS化，运营模式更贴近于一个微博，支持手机平台，我们可以说掌柜说是淘宝专为卖家量身打造的一款社交化自营销平台，在这里有丰富的工具和插件，使卖家和买家随时可以近距离互动沟通，使卖家营销的知晓度成本降低，并得到快速传播。

在掌柜说页面，卖家可以随时在日志页面更新店铺信息，一旦有买家关注了卖家就自动成为卖家的粉丝，卖家的动态都可以在买家的个人主页新鲜事中显示，那么卖家的新品上市、折扣信息等都以最快的速度通知到买家的掌柜说页面，如图12-54所示。

图13-54 掌柜说日志页面

从掌柜说页面左侧导航列表中我们可以看到，掌柜说的功能有日志、好友、关注、宝贝分享、相册、转帖、叽歪、投票、淘帮派、帮我挑等，如图13-55所示。

图13-55 掌柜说功能

在掌柜说页面中买家和卖家都可以享受最快捷的资讯获取通道，卖家发布一些粉丝感兴趣的话题吸引买家的目光，以此来增加店铺流量，增加自己店铺商品的曝光率，买家可以分享自己的购买物品，使得淘宝掌柜说的口碑营销得以充分体现，那么这么一大块低成本高效益的页面，怎样装修它就是个很值得卖家去思考的问题。

掌柜说可以添加到店铺页面的链接模块是功能化的，但掌柜说后台给了卖家足够的发展空间，卖家可以尽情去展示，去发挥。下面我们讲述掌柜说的页面管理和掌柜说怎样添加到店铺页面，以及掌柜说跟店铺页面关联的具体设置。

1. 掌柜说管理

Step 1 打开淘宝网首页，登录淘宝网ID，单击“我的淘宝”，在“我是卖家”界面，单击店铺名称后边的“我的掌柜说”链接，如图13-56所示。

图13-56 我的掌柜说

Step 2 单击“介绍下自己”按钮，在“编辑资料”选项下，店铺同步过来的数据，检查核实店铺名称、所在地、类别，如图 13-57 所示。

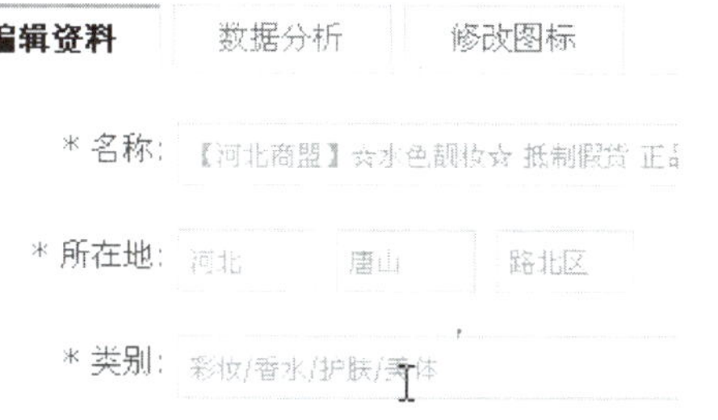

图 13-57 编辑资料

Step 3 完善资料，添加“标签”内容，编辑“介绍”内容，如图 13-58 所示。

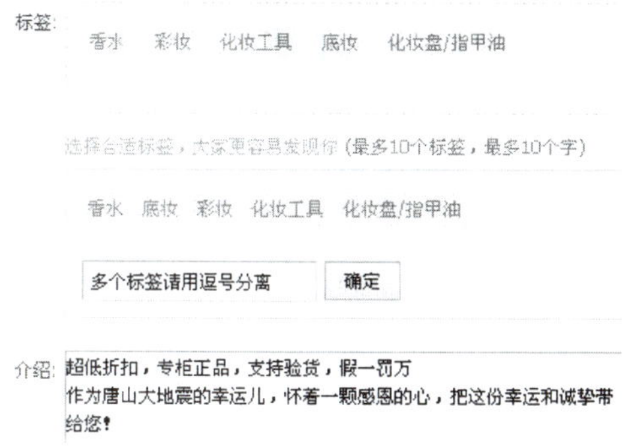

图 13-58 完善资料

Step 4 设置头像。切换到“修改图标”选项卡，选择要上传的头像，设置显示尺寸，单击“保存”按钮，如图 13-59 所示。

图 13-59 修改图标

Step 5 话题类型选择。在掌柜说发表话题前，切换到“话题”选项卡，在下拉列表中选择话题类型，如图 13-60 所示。

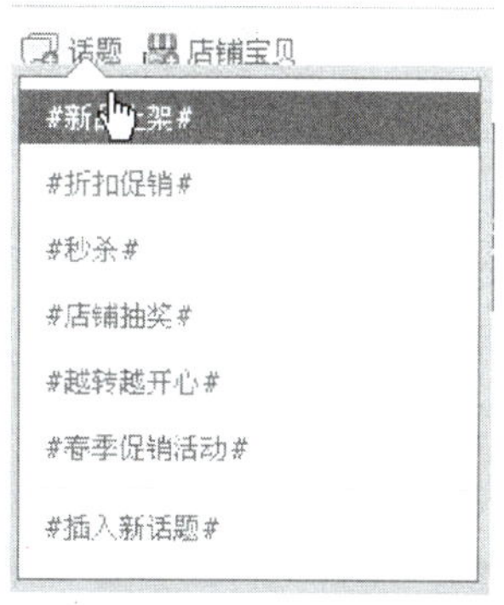

图 13-60 话题

Step 6 表情。在发表掌柜说的时候，可以单击文字框下表情图标，在出现的表情列表中选择喜欢的表情，插入到文字框，如图 13-61 所示。

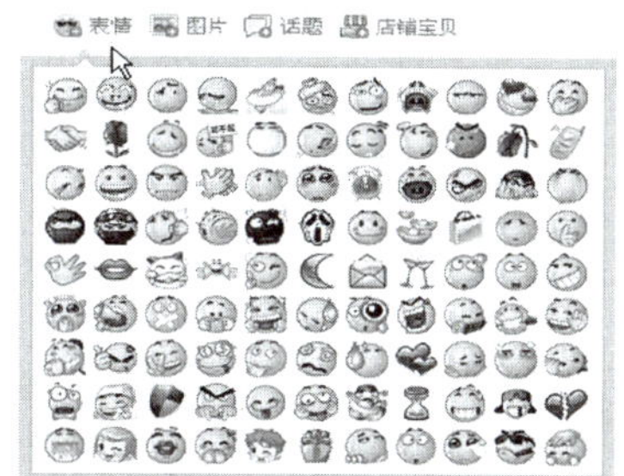

图 13-61 插入表情

Step 7 图片。发表掌柜说的时候，可以单击文字框下图片按钮，插入本地图片，如图 13-62 所示。

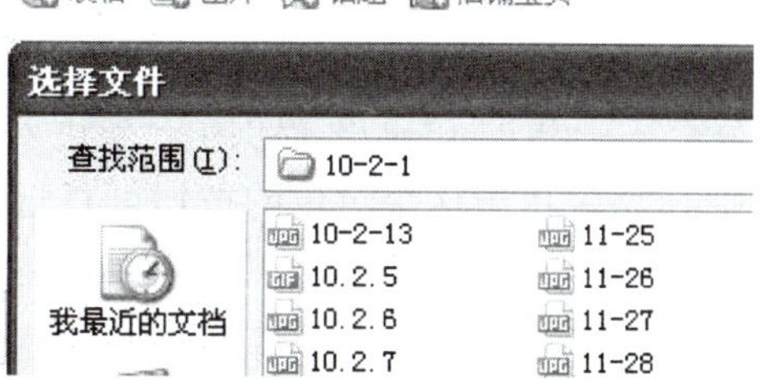

图 13-62 插入图片

Step 8 店铺宝贝。发表掌柜说的时候，如果发布宝贝，只需输入宝贝在淘宝空间的地址就可以，如图 13-63 所示。

图 13-63　插入店铺宝贝

Step 9　动态和粉丝管理。切换到“动态”选项卡可以查看已关注店铺的掌柜说，切换到“粉丝留言”选项卡可以查看粉丝留言及回复留言，如图 12-64 所示。

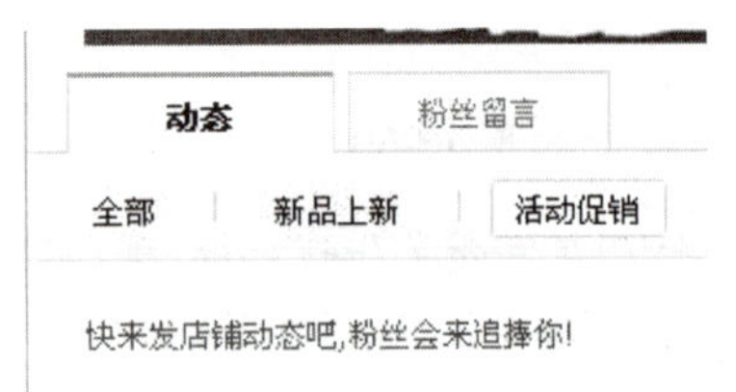

图 13-64　动态及粉丝留言

Step 10　发表。所有设置完成以后，要输入的内容检查无误，单击“发表”按钮，掌柜说就发布出去了，关注到店铺的粉丝们就可以看到最新消息了，如图 13-65 所示。

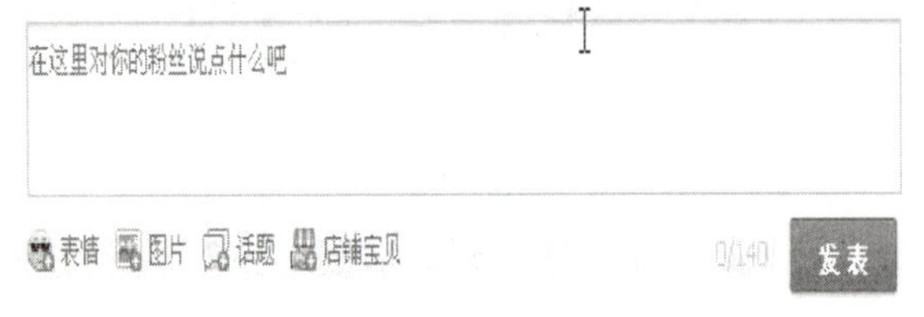

图 13-65　发表

掌柜说信息发表出去后，细心的朋友会发现，掌柜说右侧导航，有一个很明显的“进入店铺”链接按钮，这个给掌柜说页面的顾客提供了一条进入网店页面的快捷通道，单击这个黄色的按钮可直抵网店首页，如图 13-66 所示。

图 13-66　进入店铺

2. 展柜说关联到店铺

所有关注掌柜说的人都可以看到了掌柜的新信息，那么没来到掌柜说的新顾客呢？怎么让这些人在店铺页面看到掌柜说呢？下面我们讲述，掌柜说同步到店铺页面的具体操作步骤。

Step 1　进入到店铺页面，单击首页右侧“装修此页面”按钮，如图 13-67 所示。

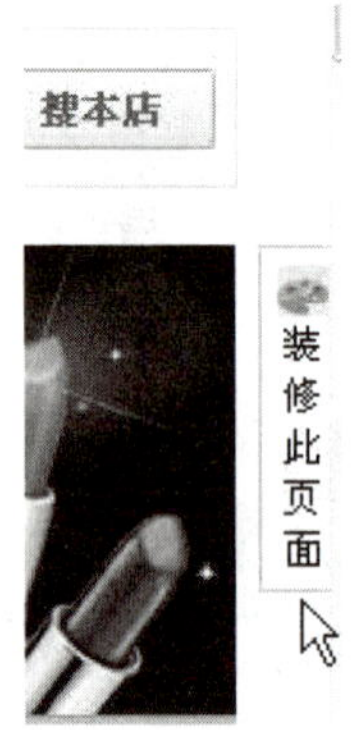

图 13-67　装修此页面

Step 2　在左侧导航栏的底部，单击“在此处添加新模块”按钮，如图 13-68 所示。

图 13-68　在此处添加新模块

Step 3　关注掌柜说。“在添加模块”页面，选择基础页面下，“关注掌柜说”模块，单击“添加”按钮，如图 13-69 所示。

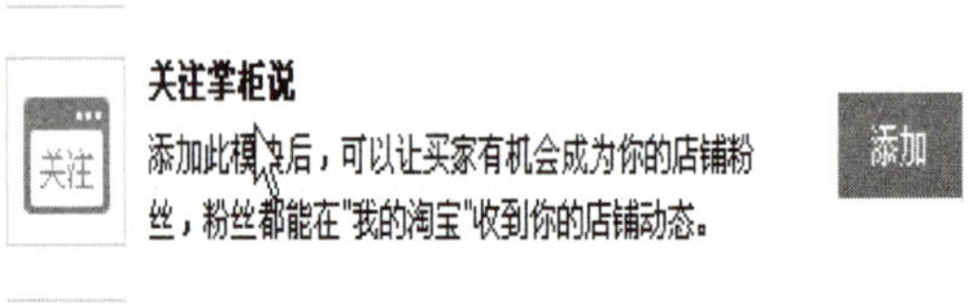

图 13-69　关注掌柜说

Step 4　添加后的页面效果，如图 13-70 所示。

图 13-70 页面效果

Step 5 预览，发布。单击页面右上角“预览”按钮，无误后，单击“发布”按钮。

看整个店铺页面，添加了掌柜说模块的效果，店铺功能又拓展了一大块，社区的力量是不可预测的，只要你利用好，只要你设置好，店铺和社区一定是互相促进，相辅相成。

13.4.2 淘论坛

论坛，又叫网络电子公告板，或者公告板服务。是一种电子交互服务，每个用户都可以在上面书写、讨论、聊天等。淘宝论坛亦然，我们看一下淘宝论坛首页，如图 13-71 所示。

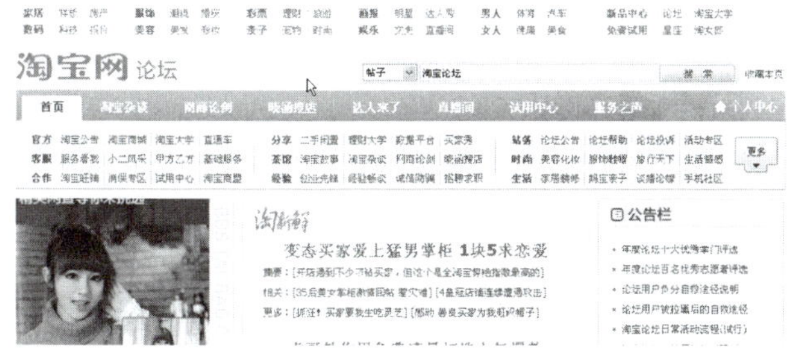

图 13-71 淘宝论坛首页

看首页导航有：官方、客服、合作、分享、茶馆、经验、站务、时尚、生活，链接多到数不过来。看板块有：淘宝杂谈、网商论剑、晓涵搜店、达人来了、直播间、使用中心、服务之声、个人中心等。

2011 年 12 月 25 日淘宝论坛晓涵搜店版块首页浏览量和帖子回复数目，如图 13-72 所示。

主题	发表	回复/查看
【淘友曝料团】维护权益反被五冠卖家上门暴打！最新进展	小炒蛋烩饭 2011-12-02	34259/601585
晓涵搜店论坛事务及问题汇总！自助答复！有问题看这里！	草帽草鞋 2011-03-21	1512/37936
【我和快递那点事儿】我是快递，我有话说	村_叶 2011-12-21	3440/77927
【卖家自爆】[illegible]	[illegible] 2011-12-17	36247/215568
【我和快递那点事儿】快递变慢递给8个差评惨遭活动下架	Oo流浪的风oO 2011-12-21	3396/59725
感动加惊喜！善良好买家为我赶织帽子！！！	hhzzyw 2011-12-14	3462/21771
【卖家自爆】抓狂：遇到这样的买家无语！要我生吃灵芝！	yingdongboy 2011-12-16	5578/20317
85后男文事柜[illegible]回帖 [illegible]上门	hongnanhua [illegible]	15067/120727

图 13-72 晓涵搜店

三组较高的回帖/浏览数据分别是，34259/601585、36246/215568、15067/120727，小小的论坛帖子会有 60 多万个浏览，一个帖子会有三四万的回帖，无声的数字却强有力地说明，论坛的力量是不可小觑的，那么理所当然卖家在论坛形象也就很万分重要了。一个浏览量巨大的帖子的力量是你做多少网店装修的图片都换不来的，论坛形象的塑造是网店装修拓展的重中之重。

在淘宝网活跃着的人群当中，无非就是两种：一是买家，二是卖家。而这两种人中，很大比例的卖家也是买家，他们每个人来论坛都有自己的方式和目的，新卖家为了学习开店知识，老卖家为了销售推广，买东西的人寻求商品信息，买家秀的人为了突出自己，玩乐的人为了游戏，闲散的人为了观摩，淘金的人为了心理安逸，而这所有的方式和目的都有一个相同的途径，那就是发帖回帖展示自己。发帖回帖页面显示个人信息，如图 13-73 所示。

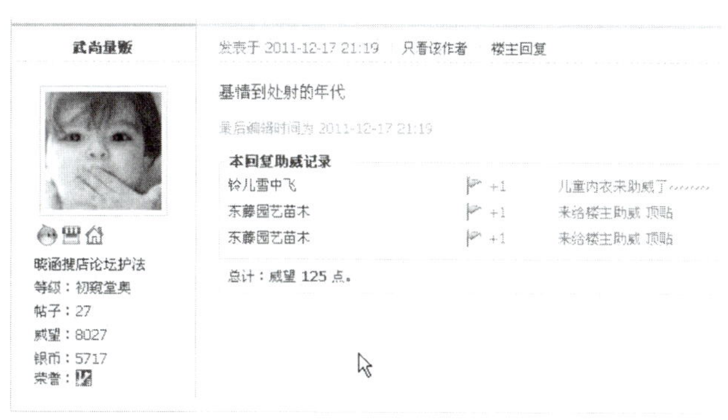

图 13-73 回帖显示

从图 13-73 可以看出，在发帖回帖的时候，均显示作者的 ID、头像、阿里旺旺、店铺地址、个人主页，级别等，这些信息对店铺的宣传起到一个关键作用，如果这些信息设置得好，会吸引买家，如果帖子写得好，更会招徕顾客，一个精华帖的看帖量和回帖量使作者的头像和签名拥有更多曝光的机会，如果 60 万的浏览量，即便转化率按 1%计算，也还有 6000 笔交易，论坛的效应是相当可观的。具体的头像和签名设置，我们在前边的内容已经讲述过，这里我们学习一下怎样发帖回帖。

1. 发表帖子

在社区发表帖子，可与他人分享自己的心得，向他人请教自己未知的区域，以淘宝网论坛为例，介绍具体发帖的操作步骤。

Step 1 进入淘宝论坛首页，输入淘宝网 ID，选择论坛版块，我们这里选择“经验畅谈居”，如图 13-74 所示。

图 13-74 经验畅谈居

Step 2 单击帖子列表区右上角的“发表”按钮，在下拉列表中选择类型，如图 13-75 所示。

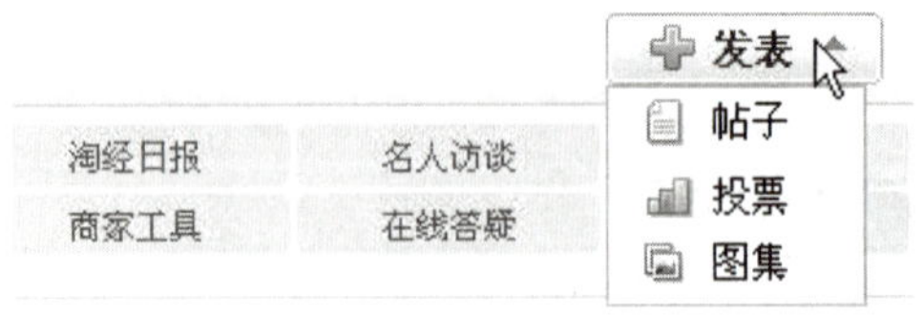

图 13-75 发表

Step 3 选择“帖子”命令，输入帖子标题，选择发表版面，如图 13-76 所示。

Step 4 内容正文。在内容正文菜单下的空白文字区，输入帖子内容，设置字体大小、颜色等等，如图 13-77 所示。

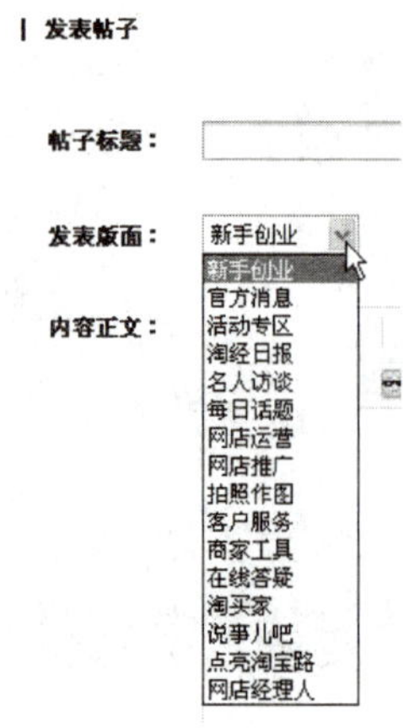

图 13-76 发表帖子

图 13-77 内容正文

Step 5 发表。帖子输入完成，设置成功之后，单击“发表”按钮，帖子就显示在论坛列表中了。

2. 回复帖子

回复帖子的操作比较简单，在帖子列表页，单击帖子标题，进入帖子详细页面，单击页面右上方“回复”按钮，在出现的“回复”对话框中，输入要回复的内容，用文字框顶部的小按钮分别设置效果，设置好以后，单击“回复”按钮，回帖完成，如图 13-78 所示。

图 13-78 回复

回复帖子的另一种方法是直接将帖子页面拉到最底端，在空白文字框内，输入要回复的内容，设置完成后，单击底部的“回复”按钮，回帖完成。

若卖家想做市场调查，则可以发起投票，再选择相关选项，确定投票方式，结束时间等就可以了，如图 13-79 所示。

图 13-79　发起投票

购物网站为了提高浏览量，调动买家和卖家的积极性，提高商品成交量，经常会组织各种活动，比如辩论赛、写帖比赛、培训、促销等各种线上线下活动，卖家要依托论坛，利用一切相关的活动，充分展示自己的商品和店铺，旨在塑造自己的店铺形象，提高知名度，为店铺的长远发展打好坚实的基础。

13.4.3　淘帮派

淘帮派是淘宝网的淘友，按个人主观意愿会聚在一起，完全自由自主的群体。淘宝官方为每个淘帮派都提供公共资源位，使得每个淘帮派成为帮派会员展示自己的空间和平台。由于淘帮派也是可以链接到店铺页面的，于是淘帮派也成为店铺装修的一个隐形拓展素材。

淘帮派的入口在淘宝首页，右上角网站导航，如图 13-80 所示。

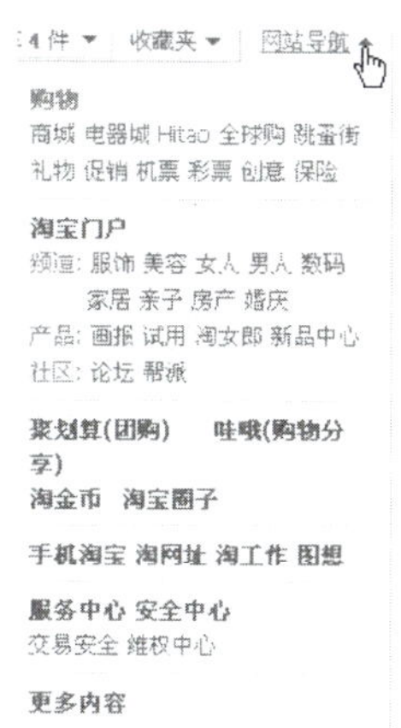

图 13-80　淘宝网站导航

单击淘宝页面导航里的“帮派”链接，进入帮派主页，可以看到帮派类目，包括网店、美容、购物、官方等，如图 13-81 所示。

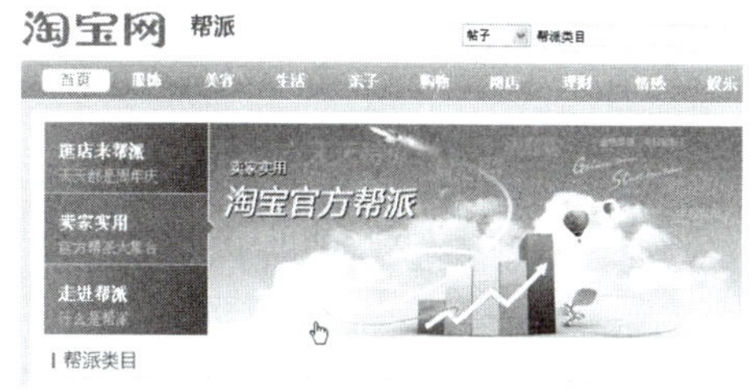

图 13-81　帮派首页

任选一个帮派类目查看，帮派的页面形式类似于论坛，也是发帖、回帖。不同的是论坛由淘宝管理，帮派是由帮派创建人管理，论坛的受众是面向所有淘宝会员，帮派相对有一些局限性，一般帮派的群体小于论坛，帮派大致有两种，一种是行业性创建，一种是地域性创建，淘宝网注册的每个人都有权利创建帮派，具体操作步骤如下。

在帮派首页的右上角，在官方模块下面，有一个“创建帮派”按钮，如图 13-82 所示。

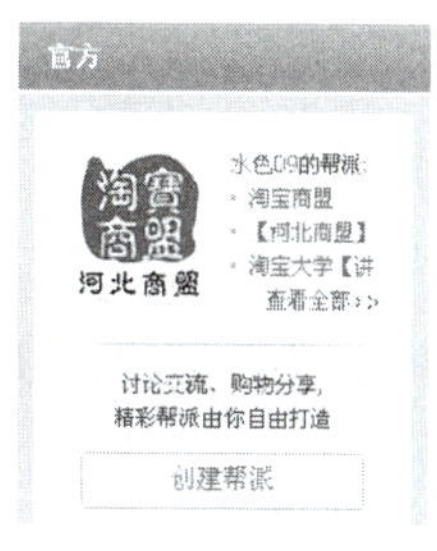

图 13-82　创建帮派

单击“创建帮派”按钮，首先选择帮派类目，如图 13-83 所示。

图 13-83　选择帮派类目

填写帮派资料，如图 13-84 所示。

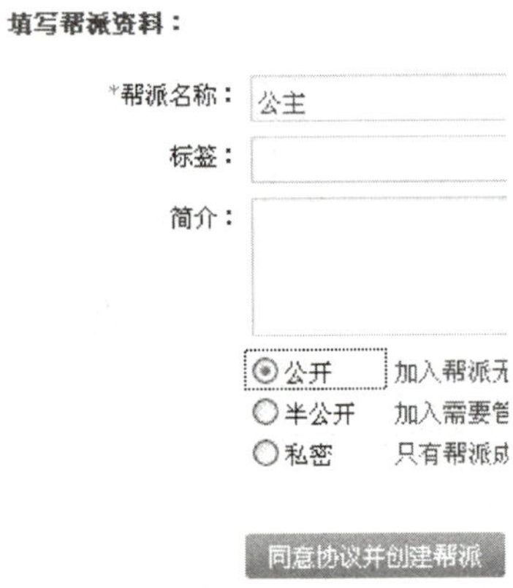

填写帮派资料：

*帮派名称：公主

标签：

简介：

公开 加入帮派无

半公开 加入需要管

私密 只有帮派成

同意协议并创建帮派

图 13-84 填写帮派资料

创建帮派。单击“同意协议并创建帮派”按钮，成功，如图 13-85 所示。

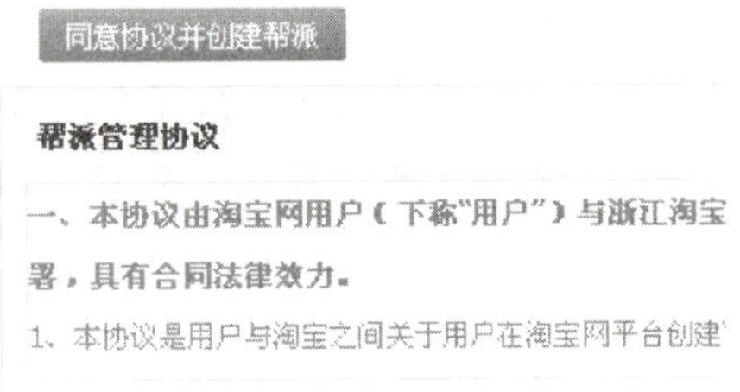

同意协议并创建帮派

帮派管理协议

一、本协议由淘宝网用户（下称“用户”）与浙江淘宝

署，具有合同法律效力。

1、本协议是用户与淘宝之间关于用户在淘宝网平台创建

图 13-85 创建帮派

学会了创建帮派，加入帮派就是相对简单的事情了，我们找到官方帮派，选择帮派“淘宝旺铺”，单击进入该帮派主页，如图 13-86 所示。

图 13-86 “淘宝旺铺”帮派

单击“淘宝旺铺”帮派首页，可以看到右上角的“加入这个帮派”和“关注这个帮派”两按钮，如图 13-87 所示。

在“我的帮派”里查看和管理加入的帮派，每个人最多可加入 15 个，如图 13-88 所示。

图 13-87 加入帮派和关注帮派

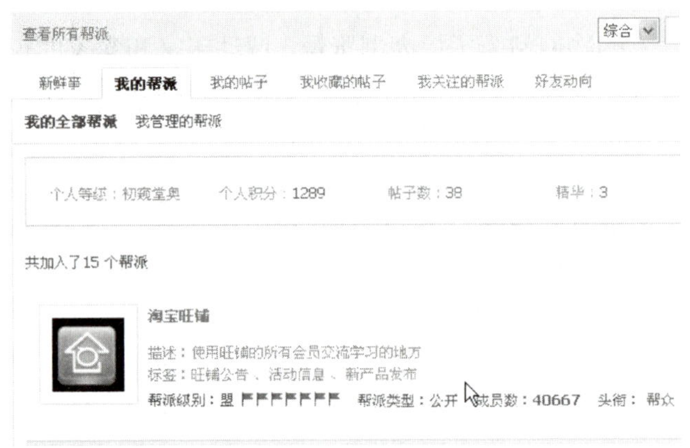

图 13-88 我的帮派

淘帮派中地域性的帮派家叫做商盟，其目的是促进电子商务进程，致力于强调诚信度，整合资源优势，从而推动整个商盟成员网店业务的发展。加入商盟的店铺，在首页都会悬挂正式盟员标志和盟徽，商盟还会经常举办线上线下活动，还有专门的推荐位，在一定程度上，盟员有很大机会上推荐位，这样可以增大自己店铺的浏览量。这个隐形的装修拓展也是促进店铺发展的重要元素。

13.5 合理选用平台特色营销功能

网店装修拓展除了淘宝发售的固定装饰化促销模块之外，还有很多特色营销活动，比如直通车，旺铺，阿里妈妈等。这些活动架构与店铺之外，又出现在店铺之内，将店铺打扮的风格十足，吸引力十足，无一不跟网店装修挂钩，买家根据自己的商品特点去选择合适的平台特色营销功能，这里我们不再一一详述。

13.6 评价管理

评价对网店来说就是关乎生存的大事，“1 千个人心中有 1 千个哈姆雷特”，对于网店亦是如此，每个人的要求不一样，每个人的评判标准也不一样，网店的评价也会参差不齐。

我们以淘宝网为例来介绍一下评价管理对于店铺装修的潜在意义。

每一个进到网店的顾客，我想第一是浏览商品，在选中喜爱的款式和心理价位之后，在确定购买之前，买家一定会考察卖家的信誉度，网店的评级及信誉度是买家购买商品时考虑的决定性因素，我想卖家的信誉度是买家必看的，那么评价就成了网店形象生死存亡的大事。

按照淘宝网的规定，信用评价是买卖双方在淘宝网交易成功后，在评价有效期内(成交后 3～45 天)，就该笔交易互相评价的一种行为。评价分为“好评”、“中评”、“差评”三档，每档评价对应一个信用积分，“好评”加一分，“中评”不加分，“差评”扣一分。店铺好评不可以修改，中评和差评在一定期间内是可以修改的，评价的打分不可以修改，评价内容可以修改。具体的评价修改和评价管理在“卖家中心”的“交易管理”选项中，如图 13-89 所示。

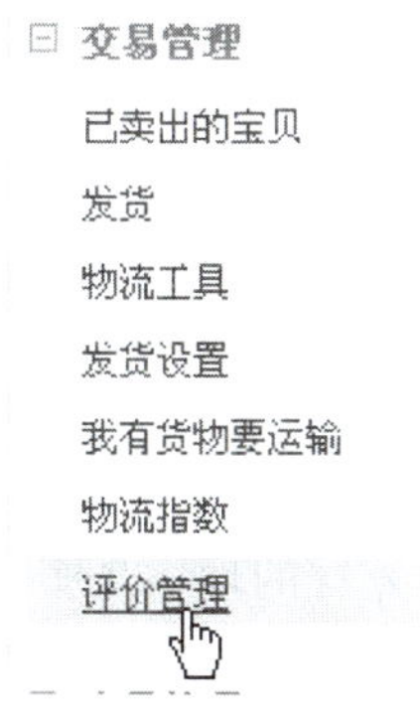

图 13-89 评价管理

评价有买家给卖家的评价，还有卖家给买家的评价，我们看一下评价的详细信息，如图 13-90 所示。

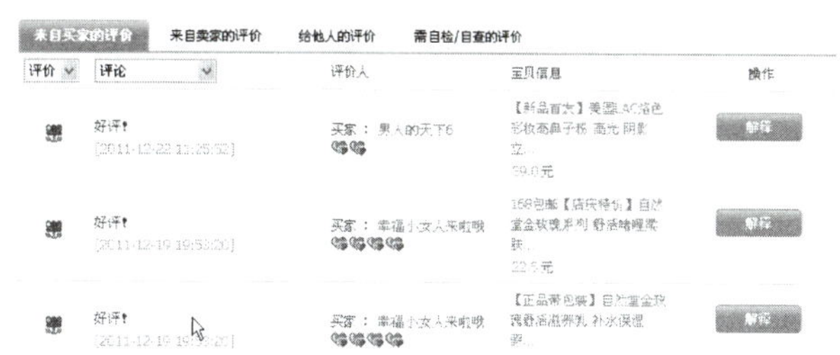

图 13-90 评价详细信息

评价管理直接显示在店铺，作为一个卖家，店铺的信誉其实是卖家展示自己的商品和服务的一个最直接的证明，比任何装修素材都更好看，更有魅力，我想店铺 100%的好评对于买家来说，是会比任何的文字和图片都更有说服力。

每一笔交易结束，对于卖家来说，首先要评价对方，那么这个评价是有学问的，因为买家势必会关注的，所以卖家一定不能放过这个展示自己的评价机会，比如把近期促销信息转达给买家，或者把商品保证，售后信息转达给买家，总之尽可能地展示自己，吸引买家下一次进店购买，也展示给其他买家，让潜在顾客尽可以放心购买。

请看两条卖家给买家的评价，“我们将在下周进行全场商品九折活动，欢迎再次光临”，“谢谢您的光临。本店所有商品均来自大型实体专柜，支持验货，假一罚万。祝亲购物愉快，欢迎您下次光临。”这样一来，评判留言栏就成了一个促销信息的发布专区。

对于买家给卖家的评价，如果一旦出现意料之外的中差评，卖家一定要想办法去挽回，不合理的中差评联系买家修改，联系淘宝小二修改等，如遇买家不愿意修改或者不会修改的情况，卖家一定要在评价之后解释。单击“解释”按钮，输入想要说的话，单击“提交”按钮，如图 13-91 所示。

一个成熟的买家是会根据具体评价内容来很理性地去分析看待评价的。新手买家在交易成功后给了评价，打了分数，店主联络买家沟通，买家发现自己有些误会做得不妥，但是不会修改评价，遇到这样的买家，卖家只好自己在解释里做文章了，以便让后来的顾客看到评价的时候有个公正的判断。如下这样一个评价。

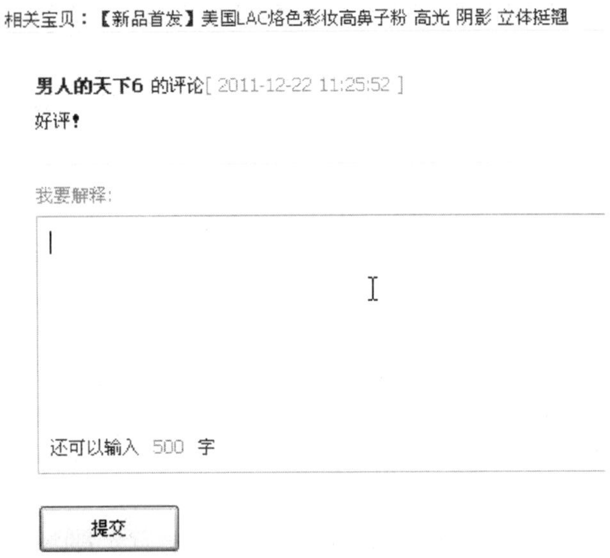

相关宝贝：【新品首发】美国LAC烙色彩妆高鼻子粉 高光 阴影 立体挺翘

男人的天下6 的评论[2011-12-22 11:25:52]
好评！

我要解释：

还可以输入 500 字

提交

图 13-91 解释

我们看这位新手买家给出的评价是：“不好，和我看的图片不一样，颜色也不是我喜欢的，很差，我有点怀疑是不是正品，但还是谢谢卖家。”

遇到这样的买家，卖家无奈，回复的评价是：“亲，我给您发货时候保留了防伪码，您可以拿到专柜去验货，也可以到国家商品质量监督网查询监管码，保证正品，假一罚万，看了您的记录才知道您是第一次网购，很荣幸成为您网购的第一个商家，谢谢您的选择与信任。真诚地提示您作为新手买家，网购的时候，不能单纯凭想象去判断，另外显示器不同，图片颜色或多或少会有一些色差，这点也需注意。亲，祝您购物愉快，欢迎常来，期待您下次光临！”不动声色的解释，起到恰到好处的澄清和宣传作用。如图 13-92 所示

我们再看淘宝著名讲师岚姐姐的评价管理，一个买家买了岚姐姐的签名售书，给出的评价是：“书我收到了！内容不错，很容易懂！差评的理由是服务态度！客服星期天，星期一都不在线，我实在是想买书，就用旺旺发了信息！他才上的线！ “客服在线，优质服务不变”我质疑这句话，这就是岚姐姐所说的优质服务？如果淘大讲师家的客服是这样的，那实在是给淘大讲师丢份儿！希望岚姐姐严厉批评该客服，不认真上班就算了！跟普通的集市店的客服根本就不是一个档次的！不包邮就不包邮吧！你不能把话说得软一点？字打得多一点？经过货比三家，我发现岚姐姐家的书比别家的都贵，我买三本想让客服包个邮，不包因为超重，不能包就不能包呗，那我退一步，给我包个首重吧！不能！不能就不能呗，运费还收得那么贵！首重 12 元，续重 10 元！擦擦擦，非洲来的吧！还有~~~对于是不是本人的签名我很是怀疑！评价完毕~”。

图 13-92 评价修改展示

如图 13-93 所示是买家给出的评价。

图 13-93 差评

从评价中看出差评的理由是服务态度，我们来看岚姐姐的评价解释，如图 13-94 所示：

“[解释] 开店 7 年，服务顾客数千，第一次遇到砍价未遂就报复性差评的不良买家。我看了你和客服旺旺对话的全部记录，了解了交易的过程与真相。本店周日休息，店铺首页就有公告说明。交易就是周一上午完成，何来“客服周一不在线”？你想造谣诽谤

却掌了自己第一嘴！你要求“包邮”被拒又纠缠客服给你“包首重”，客服耐心地告知：3 套书共 4 本超重，需收 10 元续重费，共计 22 元，你认可后才拍下改价、付款，你我都有快递单为凭。收到书你又质疑我们“运费还收得那么贵！”，到底是你强买还是客服强卖？你的出尔反尔又掌了自己第二嘴！岚姐姐签售是以飨粉丝，你“发现岚姐姐家的书比别家的都贵”，却偏要舍廉求贵，再用恶意评价掌了自己第三嘴！你怀疑签名是否出自岚姐姐本人，我觉得你无知又可笑，难道几本书的利润能聘用一个“签名客服”？我的笔迹网上有图为证，签名未经核实就不负责任地乱加猜疑，你的信口开河再次掌了自己第四嘴！你真的是个“蛮团子”……你购书是为拜师学艺，但没有尊师重道的好品质；经验一字值千金，这个道理你却不懂。请别假借“上帝”之名行不义之举，用恶意差评来“打广告”也不是正确的推广方法……恭喜！本店空置 7 年的“奇葩展览馆”里，你一枝独秀！”

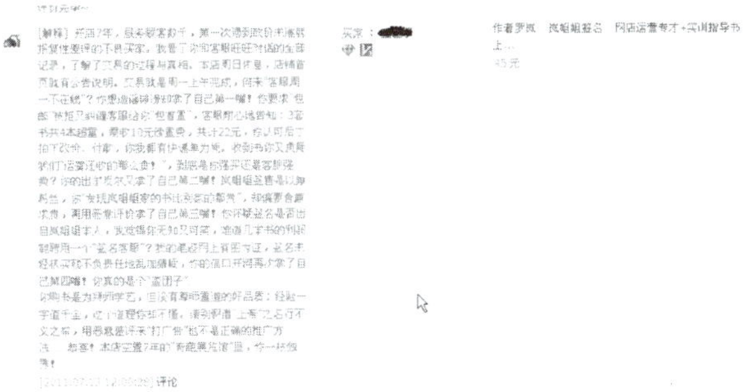

图 13-94 差评解释

看到这样的评价，你还会觉得店铺有疑问吗？我想岚姐姐说得很明白了。

淘宝给许多人提供了创业的机会，淘宝给许多人带来了财富，但世界之大，无奇不有，淘宝也有不良的东西滋生，由于淘宝运营模式决定了一些事情的可能性，比如职业差评师，在淘宝上有那么一群人，他们以差评为生，他们知道评价对店铺的重要性，于是故意购买一些价格低廉的物品，故意差评，然后勒索钱财修改差评。对于这样的人，不同卖家有不同态度，但是无论怎么样，卖家都要学会评价管理，让评价这块装修牌匾，在店铺永远是光亮的促进作用。

本章小结

本章重点介绍了几款淘宝工具，通过这些知识的学习，了解到这些作为装饰性小模块的店铺中所起的重要作用。作为装修拓展，这些小模块的作用都是不容小觑的。

第 14 章 网店装修实例分析

网店装修会把商品衬托得更漂亮，更能吸引买家的浏览量，进而提高网店的成交量，无形中增加网店的竞争力。本章我们以美容护肤品店为例，进一步熟悉网店的装修流程。

学习要点

- 护肤品店装修实例展示
- 护肤品店装修详解
- 护肤品店装修实例分析

14.1　护肤品店装修实例展示

在护肤品网店装修前，对于没有装修经验的店家来说，万事开头难，最好的开始便是多多浏览护肤品名店，吸取装修经验。

我们先来选择一些护肤名品店逐个浏览，以了解护肤品店大致的装修趋向，寻找一些装修启发和灵感。下面我们看某护肤品名店的装修效果。

进入该护肤品店首页，可以看到该店使用的旺铺版本为网店旗舰版，全店装修以绿色作为主色调，切合了护肤品绿色天然的概念，置以醒目的红色作为配色，凸显出了 5 周年店庆及节日气氛。店招下第一版块为广告区位，广告形式为图片轮播；左右两侧的快速导航和客服中心采用悬浮窗，方便快捷，网店装修效果如图 14-1 首页上部展示；店铺中上部区域是店铺 5 周年店庆活动区及 12 月累计销售统计，效果如图 14-2 首页中上部活动区域展示；该店取消了左侧导航栏而代之以通栏导航，效果如图 14-3 首页中下部分类导航展示；底部添加推荐产品及返回页首链接，如图 14-4 首页下部展示。

图 14-1　首页上部展示

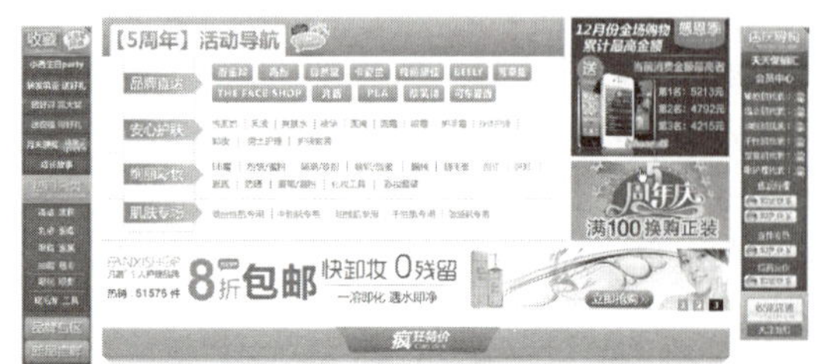

图 14-2　首页中上部活动区域

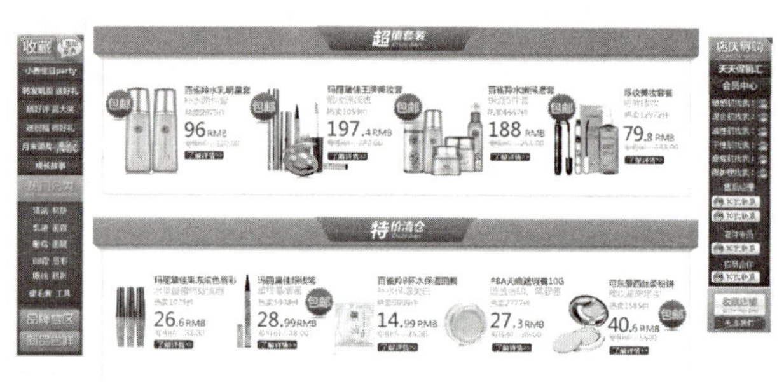

图 14-3　首页中下部分类导航

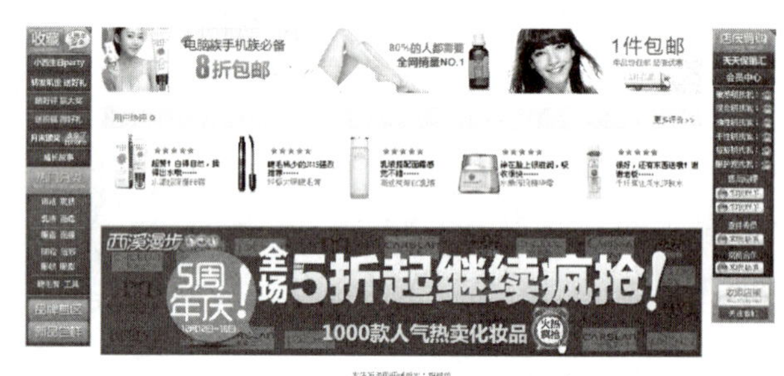

图 14-4　首页下部展示

该店的图片全部采用实物拍摄，推荐有力，促销够低，分类清晰，详情页多图多角度多方位展示，加真人秀，加使用体验对比，清晰精美，展示到位。

14.2　护肤品店装修方案

本节以淘宝护肤品店为例，详细介绍网店的设计和制作过程，进一步熟悉网店装修的流程和装修技巧。

14.2.1　装修定位

1. 店铺版本选择

拓展版旺铺基本涵盖了各种版本的所有版块和功能，为了更好地了解每一个页面、每一个版块的装修，我们示例店铺选用拓展版。为了让大家对各版本有更清晰的认识，我们把旺铺各版本模块异同点比较如表 14-1 所示。

表 14-1 淘宝旺铺版本装修模块比较

店铺装修比较项	扶植版	标准版	拓展版	旗舰版
资费标准	免费(一钻以下可用)	30 元/月	68 元/月	200 元/月
布　局	两栏	两栏	两栏/三栏/通栏	两栏/三栏/通栏
店　招	可修改	可修改	可修改	可修改
首页版面	固定	可修改	可修改	可修改
详情页模板数		3	10	10
店铺最大页面数	9	11	60	60
宝贝页面模板数	1	3	10	10
宝贝推广区	自动	自动/手动	自动/手动	自动/手动
装修备份		有	有	有
页头/页尾模块			可添加	可添加
宝贝自动分类		有	有	有
宝贝销量展示			有	有
同类宝贝推荐			有	有
图片轮播		有	有	有

淘宝网店以上这几个不同的版本，版本不同架构不同，装修也会相应有所不同。每个人可以根据自己的不同需求和喜好，选择不同的版本。

2. 店铺定位

护肤品店的顾客群是女性朋友，因此在设计网店的时候更多的考虑女性朋友的特点，打造符合女性审美和色调的店铺。定位干净、温馨、淡雅为店铺风格，选取黄色作为基准色调，白色作为背景色。为加快浏览速度不设置背景图片，为办公一族上班购物考虑，不设置背景音乐。

示例店铺装修总体设计方案如下。

店铺名称：水色靓妆

主营：护肤品

版本：拓展版。

色调：黄色。

首页：使用两栏的结构，自上而下分布；添加店铺基础页面。

店招：在线制作，体现出店铺重要信息，包括品质保证、店铺名称、店铺地址、主营商品。

导航：设计使用各品牌代言人，在左侧模块使用详细的商品分类链接。

导航栏添加收藏店铺功能。导航栏添加店主联系方式。导航栏添加友情链接。

导航栏添加掌柜说。导航栏添加计数器。

广告：采用图片轮播。

页尾：添加自定义模块。

字体：微软雅黑。

14.2.2 装修准备

1. 装修所用软件下载安装

下载安装装修所用软件：Photoshop CS4、光影魔术手、美图秀秀、Ulead Gif Animator、Dreamweaver CS4、Fireworks、FrontPage。

2. 下载安装

下载安装装修所用字体：微软雅黑字体。

3. 装修所用素材收集

搜集素材图片，包含各品牌代言人头像、广告图等。

14.2.3 装修设计

1. 店铺基本设置

登录淘宝网，从“卖家中心”进入“店铺管理”，单击“店铺基本设置”按钮，完成如下页面设置。

店铺名称：【河北商盟】☆水色靓妆☆ 抵制假货 正品专营 美国 LAC 烙色彩妆等。

店铺标志：上传河北商盟盟徽。
店铺类目：彩妆/香水/护肤/美体。
店铺简介：专柜正品 支持验货 假一罚万。
经营类型：个人兼职。
联系地址：河北省唐山市路北区。
邮政编码：063000。
店铺介绍：事先制作好图文，上传到图片空间，然后添加到文字框。
主要货源：实体店拿货。
是否有实体店：有。
实体店地址：唐山市路北区。
是否有工厂或仓库：是。
以上内容添加完毕，单击“保存”按钮。

店铺介绍部分，用图文效果，店铺名字、主营产品展示其中，经营理念，产品保障亦展示其中，制作效果，并撰写一段软文附在页面，更清晰地表达自己的经营理念，如图14-5所示。

图 14-5 店铺介绍

2. 手机淘宝店铺

淘宝平台支持所有的卖家开通手机店铺，只要上传手机店招就免费开通。

制作好手机店招，在“卖家中心”，进入“店铺管理”，单击“手机淘宝店铺上传”按钮，上传手机店招，《水色靓妆》同步手机店铺开通！界面如图14-6所示。

3. 域名设置

所有淘宝网店一旦创建成功，淘宝网就会自动分配给该网店一个初始二级域名，《水色靓妆》的二级域名为shop61104500.taobao.com，这个自动配给的域名是可以更改的，店主可以根据自己的思考和喜好更改域名，但需注意，域名更改次数只有两次。

图 14-6 手机店铺

修改店铺《水色靓妆》的二级域名为：http://shuise09.taobao.com，如图14-7所示。

图 14-7 域名设置

拓展版可以开通官方网店，设置官方网店的三级域名为http://shuiseliangzhuang.dian.taobao.com。

4. 模板

(1) 在“卖家中心”，单击“店铺装修”按钮，在出现的店铺选择界面，选择“淘宝店铺”装修，如图14-8所示。

淘宝网 店铺管理平台

图 14-8 淘宝店铺

(2) 在打开的装修界面，单击“模板”按钮，进入“模板管理”，如图14-9所示。

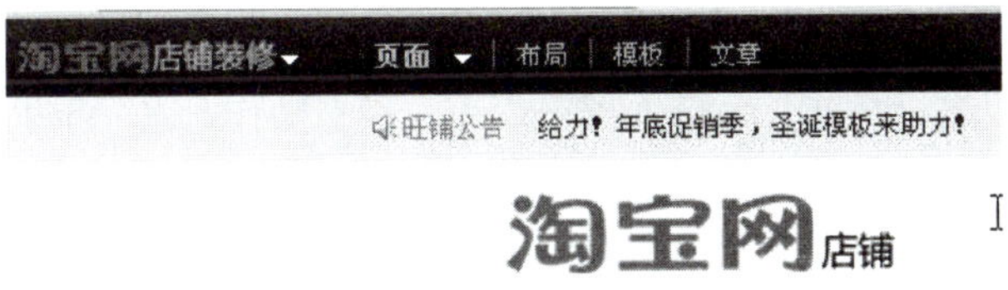

图 14-9 单击“模板”按钮

(3) 在打开的模板管理页面，我们可以预览，根据预览的效果选择喜欢的风格模式，模板可以是免费的，也可以是在装修市场购买的外链模板，自己选择模板的颜色，且颜色可以随时更换。这里我们选择使用免费模板里的两栏模式，如图 14-10 所示。

图 14-10 选择模板

5. 页面

单击装修页面的“页面”按钮，进入页面管理。

在页面管理当中，“信用评价”页是不能编辑的，其他页面均可以编辑设置进行装修。

(1) 店铺基础页

在“店铺基础页”下添加新页面，分别命名为「购物保障」、「隶属商盟」、「爱心公益」、「水色锦囊」，如图 14-11 所示。

(2) 宝贝列表页

此页可以编辑成自己喜好的样子，这里我们采用默认排列。

图 14-11 添加新页面

添加新页面后，首页效果如图 14-12 所示。

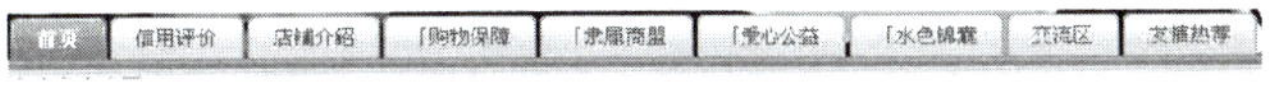

图 14-12 店铺基础页

(3) 宝贝详情页

根据销售品牌的不同，每个品牌分别对应一个宝贝详情页，做成宝贝描述模板，以备发布宝贝的时候使用，如图 14-13 所示。

图 14-13 宝贝详情页

6. 布局

调整布局，添加模块后，根据喜好添加布局单元，如图 14-14 所示。

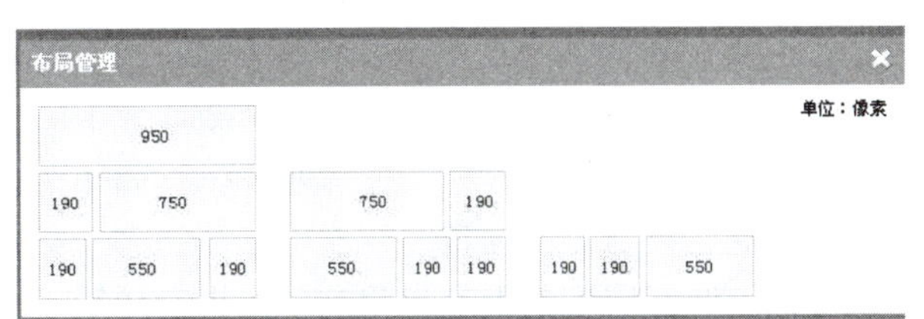

图 14-14 添加布局单元

7. 文章

文章页可以轻松发布如公告、帮助、促销等内容。并给他们设置不同的展示风格，支持全文搜索。我们选择默认，如图 14-15 所示。

页面名称	编辑
帮助中心详情页	
帮助中心列表页	
普通文章详情页	
普通文章列表页	

图 14-15　文章页面

14.3 装修详解

护肤品店装修方案设计好后，就可以实施制作。

首先，一步一步将店招、基础页面、宝贝详情页、导航栏、公告栏，页尾设计制作出来，发挥创造性，打造独一无二的个性店铺。

14.3.1 首页装修

店铺首页是网店装修的重中之重，是每个店主都要去花费心思和力气精心打造的。我们看一下我们实例护肤品网店。

进入网店首页装修的入口有两个，一个是在“卖家中心”—“店铺装修”，进去直接编辑。另一个是直接进入网店首页，单击右上侧“装修此页面”按钮，进行操作。两个入口都可进入到首页编辑装修页面。

1. 店招

店招是买家进到店铺的第一直观印象，可以自己制作，也可以在线编辑，一般在线编辑的店招 Flash 效果会更好，会更有视觉效果和感官刺激，为了给买家留一个好的第一印象，我们选择在线编辑店招，将鼠标放到店招区域，鼠标自动变成十字花状态，店招区域反白，此时我们单击右上角的“编辑”按钮，然后选择在线编辑，如图 14-16 所示。

进入到 Banner Maker 页面，你会发现这是个庞大的装修市场，单是店招模板就有 9800 多个之多，等着店主去挑选，店主可以按照行业和主题选择店招模板进行编辑，编辑过程很简单，容易操作，适合新手。

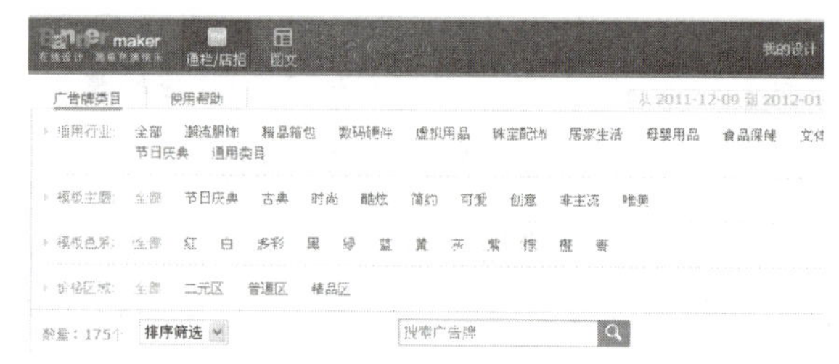

图 14-16　在线编辑店招

店主在选中某个店招模板之后，不需要任何计算机知识，不需要任何图片处理技能，只需要微调店铺名称、店铺地址等等，就能编辑出漂亮、炫目、独特的、适合自己店铺的店招。

店招编辑好了之后，在“我的设计”里查看，预览满意之后，单击“应用到店招”按钮，店招就会在店铺首页闪闪发光了。

如果喜欢的店招模板比较多，一时难以取舍，那可以多编辑几个，编辑好了之后，统一在“我的设计”里查看效果，编辑过的店招会出现在同一个页面，便于比较选择，编辑店招数目没有限制，可以随便操作，直到用户选择到一个最满意的店招。

护肤品店的店招当然要按照护肤类的搜索，另外考虑元旦圣诞，还可以按节日搜索，这样分别按圣诞和护肤两个类别选出来两个店招，分别把两个店招按自己的主观思想编辑修改，编辑好之后，在“我的设计”中对比查看效果，选择下面最满意的一个应用到店招，如图 14-17 所示。

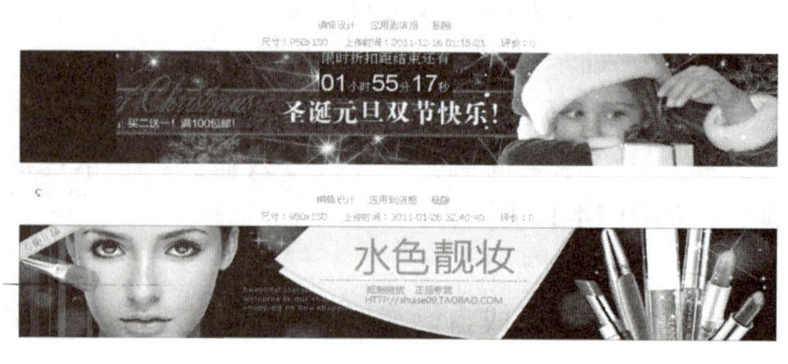

图 14-17　店招比较

编辑当中需注意的是：在线编辑的店招有免费的有计费的，我们选择的这款 5 元/3 月。

2. 店铺基础页

店招装修好了之后，我们自上而下，看店招下部的店铺基础页导航，有“首页”、“信用评价”、“店铺介绍”、“交流区”和“友情热荐”5 个页面。为了使店铺更丰富、更完善，我们添加自定义页面“购物保障”、“隶属商盟”、“爱心公益”和“水色锦囊”4 个页面。除了“信用评价”页面不能编辑，我们可以对其余页面分别装修。

(1)　购物保障

买家对店铺的信任度是决定买家购买与否的重要因素，怎样取得买家的最大信任，卖家要尽量提供最真诚、最翔实的证明。本护肤品店用自定义页面“购物保障”阐述经营理念、质量信息、售货承诺等等来打消买家的顾虑，加强买方对店铺的认知和信任度。在“店铺装修”的“页面”下，编辑自定义页面“购物保障”，采用柔和的灰色和浅粉色做分割条，同时分隔条兼具返回按钮的作用，编辑页面如图 14-18 所示，自定义页面“购物保障”编辑完成后，预览、发布。

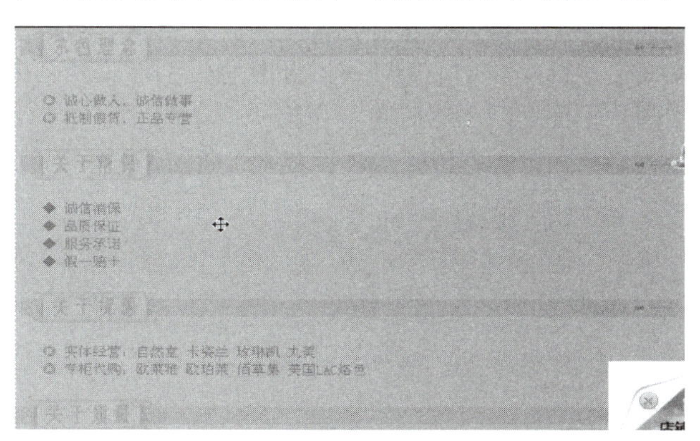

图 14-18　购物保障编辑

(2)　隶属商盟

《水色靓妆》店铺加入了帮派和商盟，其中之一的河北商盟为地域性官方帮派，因为店铺的规模还不大，店铺的信誉度还不高，本着热爱商盟、依托商盟、壮大商盟的信念，店主将商盟作为一个自定义页面来推出，加入商盟要经过层层审核，一些店铺主人的努力，侧面反映出店主的诚信度和基本条件得过硬，旨在提升店铺的公众形象，提高可靠性和可信度。隶属商盟页面的编辑与“购物保障”同为自定义页面，操作方法大同小异，不再一一赘述，如图 14-19 所示为隶属商盟编辑页面。

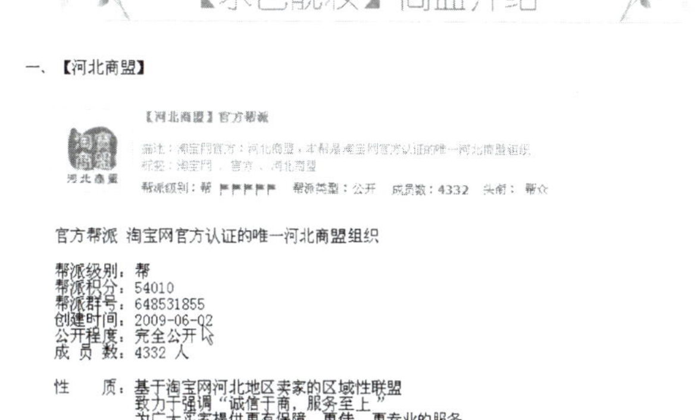

图 14-19　隶属商盟编辑页面

(3)　爱心公益

《水色靓妆》参加了淘宝公益，作为一个经历过灾难，得到过无私援助的店主是感恩的是善良的，把爱心公益当做是一种传承，一种信念，一种美好，这么乐善好施的一个店铺，你觉得会坑人害人吗？会卖假货吗？会骗人吗？我想人们的答案是否定的，那么信任则相对更得到提升。爱心公益页面采用红色凸显爱心，贴近红十字的色调，让人们有贴近感，有信任感。页面效果如图 14-20 所示。

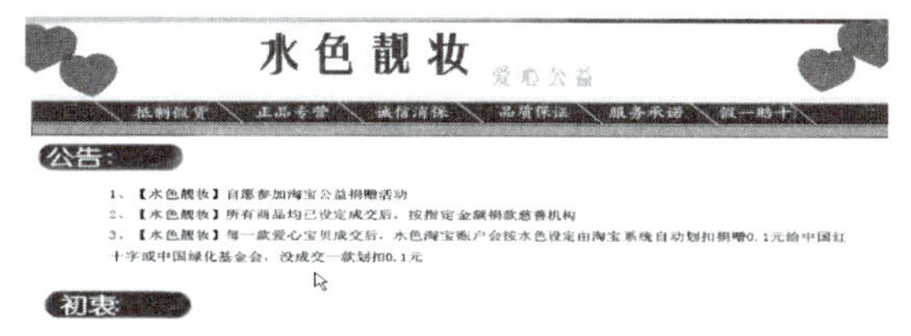

图 14-20　爱心公益页面

(4)　水色锦囊

水色锦囊罗列的是一些淘宝知识，有店铺所售品牌的所有官方网站链接地址，有常用快递公司的查件跟踪地址，有美容护肤小常识，有化妆品真伪查询方法，这样一个自定义页面，为买家提供一些方便，解答买家的问题，减少买家的疑虑，同时减少卖家的咨询回复工作量，节约人力，节省时间。这个页面的编辑同其他自定义页面，效果如图 14-21 所示。

图 14-21　水色锦囊页面

3. 快速导航

在自定义页面导航下面，我们为了方便买家浏览购买，添加自定义模块，设置了快速导航栏，放置在店招下部的醒目位置。

自定义模块的添加：进入到首页的“店铺装修”页面，我们看到在编辑状态下，鼠标放置到店招区域下方，反白显示一个通栏的自定义内容区，如图 14-22 所示。

图 14-22　添加页头模块

在此区域上的任何一个位置，单击鼠标左键，在弹出的对话框中，就可以设置新模块的格式了，如图 14-23 所示。

图 14-23　添加新模块

用图片处理软件制作各品牌快速导航按钮的时候，选用浅灰色色调制作，凸显其高贵、简洁，上传到图片空间备用，添加两个通栏自定义页面。

放置快速导航按钮，第一区域按系列放置，第二个区域按品牌放置，如图 14-24 所示。

图 14-24　快速导航栏

4. 店内搜索

右上角第一模块添加自定义模块，让顾客更方便找到自己需要的宝贝，如图 14-25 所示。

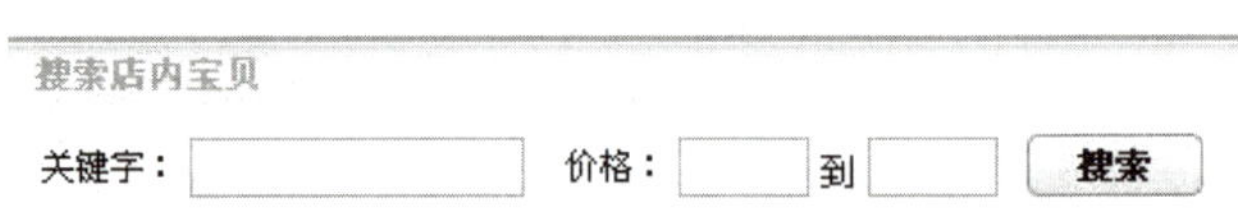

图 14-25　店内搜索

5. 海报

在搜索模块下添加海报，用自定义模块实现。首先用图片处理软件做好 4 张海报图，将主要店铺信息和优惠信息，比如折扣、包邮、新品、赠品等促销幅度及促销商品表达清楚，将做好的海报素材图片上传到图片空间备用。然后在右侧第一个模块添加自定义模块，大小类型采用图片轮播模式，如图 14-26 所示。

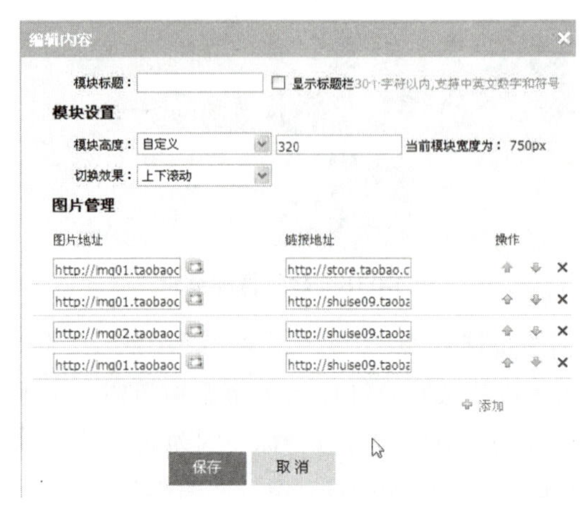

图 14-26　图片轮播

将制作好的自定义海报模块发布到页面，效果如图 14-27 所示。

图 14-27　海报

6. 收藏模块

为便于买家收藏店铺下次再来，我们设置店铺收藏功能。

在左侧导航栏，添加自定义模块，上传已经用制图软件制作好的收藏图片，上调到左侧导航栏第一位置，如图 14-28 所示。

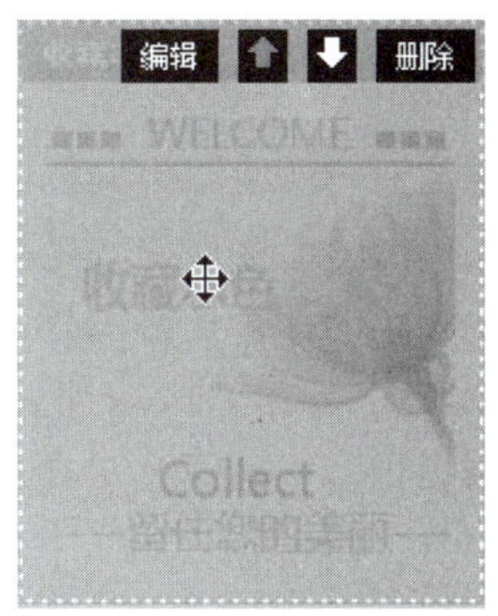

图 14-28　收藏模块

7. 联系方式

纵览店铺，为便于买家更方便地找到店主，我们在店铺首页醒目位置添加店主的联系方式。

在收藏模块下添加自定义模块，标题为联系方式，内容为电话号码、QQ 号、所处地区，如图 14-29 所示。

8. 分类导航

(1)　在店铺商品越来越多的情况下，为便于买家按系列快速查找不同商品，我们为每一类商品设置标签，节约买家的购货时间，也便于卖家对商品的管理，这个标签就是我们所说的分类导航。用制图软件制作圆角矩形按钮，不同品牌使用不同线条色，添加各品牌系列文字，制成简洁清晰的分类导航条，上传到图片空间，如图 14-30 所示。

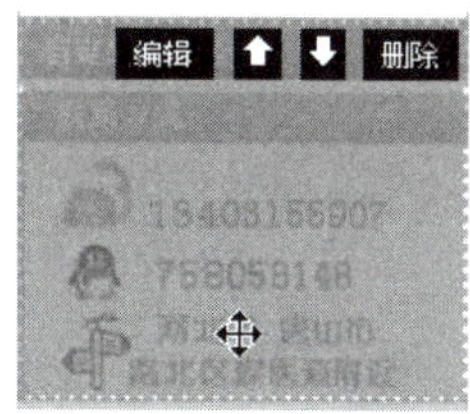

图 14-29　联系方式

图 14-30 分类导航

(2)　品牌分类导航用各品牌的代言人图片裁切加工，并在该图片上添加品牌标志和品牌理念，用作首页品牌分类导航，如图 14-31 所示。

图 14-31　品牌分类导航

9. 分类导航模块

单击“卖家中心”中的“宝贝分类管理”按钮，可以整理商品分类。

(1)　按品牌添加新分类，并链接到各分类品牌的导航条。

(2)　各品牌分类下添加系列分类为子分类，链接到分类导航条，如图 14-32 所示。

(3)　分类模块的装修效果如图 14-33 所示，分类模块同步到其他页面。

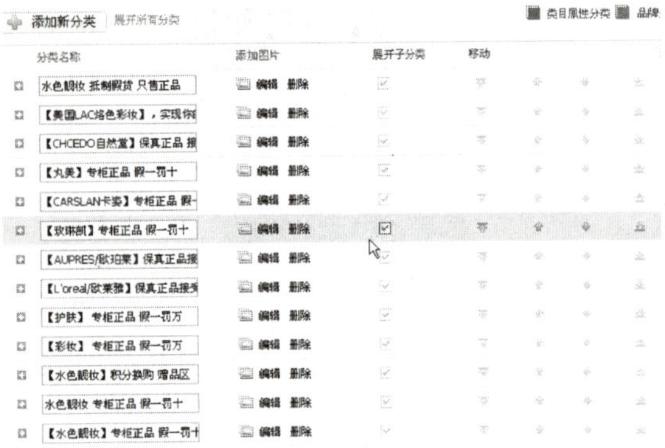

图 14-32　宝贝分类管理

图 14-33　首页分类导航

10. 友情链接

在首页左侧导航栏底部添加友情链接店铺，如图 14-34 所示。

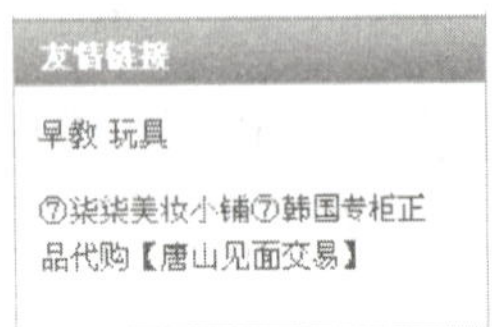

图 14-34　友情链接

11. 页尾

在页面底部添加通栏自定义模块，将用制图软件制作的底图上传，同步到其他页面作为页尾，如图 14-35 所示。

图 14-35　页尾

12. 发布

首页所有模块设置完成之后，单击页面右上角预览按钮，查看效果，满意后单击“发布”按钮，同步到其他页面，首页装修完成。

14.3.2　宝贝详情页

在“页面管理”项下，编辑“宝贝详情页”的时候。宝贝详情页顶部店招和快速导航已经同步到首页，左侧导航已经同步到首页，无须编辑。

1. “宝贝基础信息”模块

“宝贝基础信息”模块即为淘宝商品索引图及购买相关部分。此索引图通俗地说就是买家搜索商品时候，搜索页面能看到的那个商品图标。宝贝详情页自上至下，右侧版块上部第一版块即为“宝贝基础信息”，此模块固定模式，卖家只可在发布商品时候，添加宝贝索引图片，布局和其他均不可编辑，效果如图 14-36 所示。

2. “宝贝详情”模块

宝贝详情页右侧第二版块即为“宝贝详情”模块，卖家发布商品的时候，可在这个模块输入商品相关信息，可以添加文字、图片、动画、音乐、代码等各种不同的信息方式，但模块布局固定不可更改，模式固定，宝贝详情页第二版块“宝贝详情”的效果，如图 14-36 所示。

3. 自定义模块

(1)　添加新模块

我们在编辑“宝贝详情页”的时候，很多时候内容比较多，放置在一个模块的话，会不方便操作，也会使该模块的功能拖沓，为了简化操作，我们在页面右侧“宝贝详情”模块后边可以自定义添加新模块，所添加的新模块类别可以任选，选择界面如图 14-37

所示。

图 14-36 宝贝详情页中的宝贝基础信息和宝贝详情模块

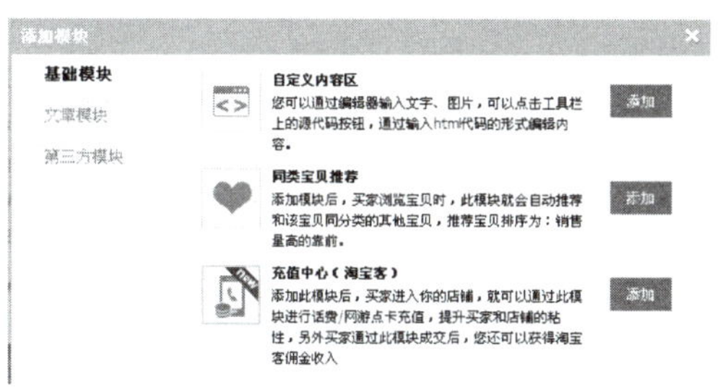

图 14-37 添加新模块

(2) 同类宝贝推荐模块

买家在购买商品的时候，往往会比较选择，为了迎合买家的心理，我们在宝贝详情页选择添加一个“同类宝贝推荐”模块，给买家一个购物参考，买家就不用再去翻看寻找同一类商品，而是直接一目了然也通过这个模块看到同类商品，价格和商品信息都可以比较查看，同类宝贝推荐模块的页面效果如图 14-38 所示。

图 14-38 同类宝贝推荐

(3) 自定义内容模块

我们在编辑宝贝详情页的时候，如果给买家介绍的信息比较多，可以将每一个项目类别分别放置到一个单独模块，这样卖家编辑宝贝的时候，就可以分块局部编辑，不用全部调整，做到事半功倍。

比如要在《水色靓妆》的详情页里，添加快递收费标准以及购物须知等温馨提示。这两块内容并无太大关联，那么就可以添加两个自定义模块，一份放置快递运费信息，定义它为“运输及邮资说明”，购物须知放置到另外一个模块，定义它为“温馨提示”，这样编辑邮资标准不用去关心购物须知模块，编辑购物须知模块的时候，不用去关心邮资标准模块。这样做的好处是工作更加清晰，条理性更强，尤其是进行代码编辑的时候，不再冗长拖沓，分块了，简介了，效果就更好了，编辑宝贝详情页的工作也就更明了，快捷了许多，而在店铺页面显示上面的显示效果也更一目了然，如图 14-39 所示。

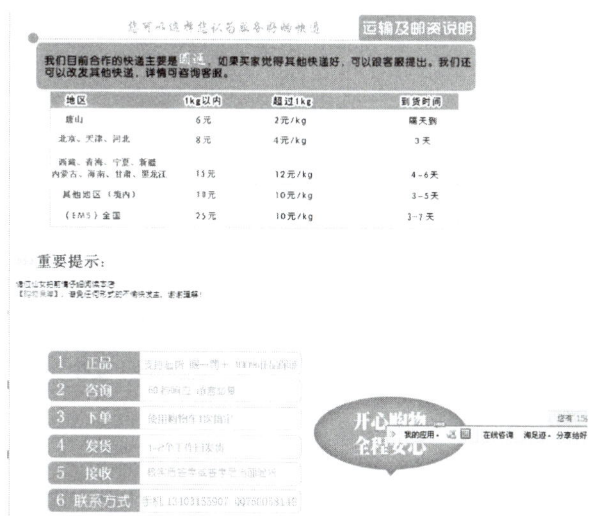

地区	1kg以内	超过1kg	到货时间
唐山	6元	2元/kg	隔天到
北京、天津、河北	8元	4元/kg	3天
西藏、青海、宁夏、新疆 内蒙古、海南、甘肃、黑龙江	15元	12元/kg	4～6天
其他地区（境内）	10元	10元/kg	3～5天
（EMS）全国	25元	10元/kg	3～7天

图 14-39 自定义模块

14.3.3 店铺交流区

这个区域默认在右侧分栏的底部可以编辑。是买家和卖家互动的一块版面，卖家可以在这里发帖，将自己的心得和最新消息写在这里。买家也可以在这里发帖，询问宝贝及店铺情况。唯一不同的是，买家的帖子是必须卖家回复了之后，页面才会有显示，否则只有店主可以看到，具体的显示设置，卖家根据自己的喜好操作。我们编辑示例护肤品店铺交流区，设置参数如图 14-40 所示。

图 14-40　店铺交流区设置

为了进一步扩大店铺宣传力度，在店铺交流区发两个帖子，吸引买家的注意力，帖子内容要准确传达店铺信息，又要顾及店铺整体形象，发表后页面效果如图 14-41 所示。

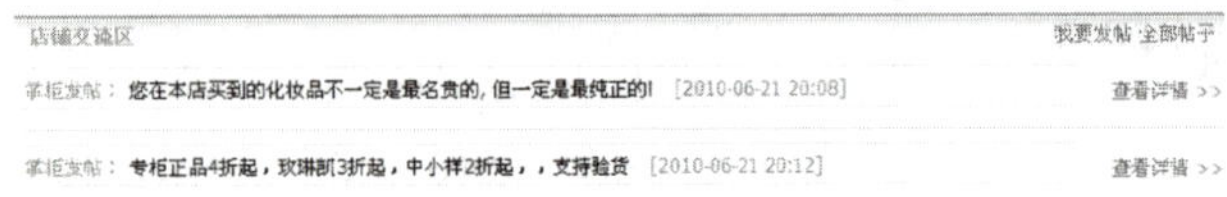

图 14-41　店铺交流区

14.4　装 修 拓 展

通过前边内容的学习，所有的装修大类已经完毕。但网店装修跟我们现实一样，有很多不容忽视的边边角角，只有细致地做好每一点，才能使店铺更加完善。下面我们来学习这些画龙点睛的装修小细节，让细节打造完美。

14.4.1　真实秀

淘宝有很多店铺，有真人秀，有照片墙。店家这么做的目的无非就是创造一种氛围，让买家有一种真实感、信赖感。淘宝网店的存在形式是虚拟的，但这些真实的照片、视频，拉近了买家和实物的距离，让买家感觉踏实，不再虚幻。

我们的示例护肤品店是依托实体专柜建立的，于是拍了实体店的照片，贴在首页，一来给买家一种家的归属感，二来证实自己的网店有实体支持的实力，吸引更多的买家来。页面效果如图 14-42 所示。

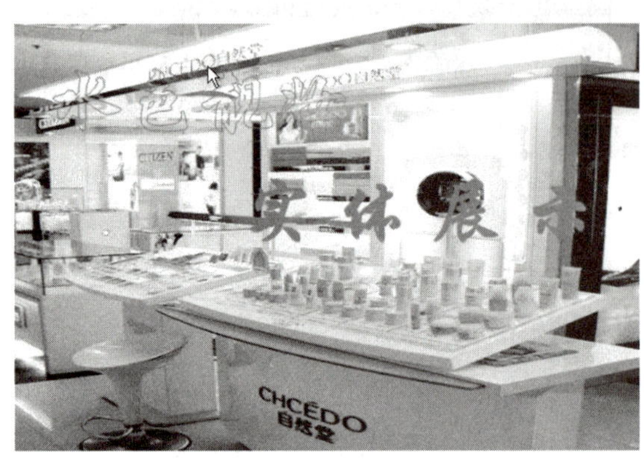

图 14-42　真实秀

14.4.2　掌柜说

掌柜说是淘宝新改版的淘江湖页面，类似于微博，支持手机平台。在移动网络快速发展的今天，掌柜说无疑是手机上网一族的乐事，又多了一个方便的途径。作为一个信息时代的店铺，能不参与其中吗？如图 14-43 所示，店铺掌柜说添加成功。

图 14-43　掌柜说

掌柜说的页面可以同步到店铺页面，显示动态信息，意即掌柜可以随时发布最新消息，内容可以是文字，可以是表情，可以是图片，可以是店铺宝贝，掌柜所发表的内容超过三条以后，有粉丝评论，动态就会同步显示到店铺页面。同步后的页面如图 14-44 所示，不难看出，从这个小小的掌柜说我们可以读到的信息是：新年祝福、快递爆仓、满 198 包邮、搭配减价，真的是小模块大用途。

图 14-44　同步页面掌柜说

14.4.3　淘论坛

作为一个小店铺的卖家，多到论坛发帖、回帖，去人气高人员密集的地方，比方故事居、经验居、晓涵搜店，借以寻找合适的契机，结识更多的朋友，提高店铺形象，增加店铺浏览量。论坛不一定要写多么轰动的事情，只要是自己有感而发，什么内容都可以。用本章示例护肤品店主的 ID 去论坛，发帖，出乎意料，一个小小护肤品店卖家的感想帖，也能引来 1097 个浏览量，请看图 14-45 论坛页面所示。

图 14-45　论坛页面

14.4.4　计数器

作为一个店主，对于自己的店铺数据要心中有数，每天有多少个浏览量，转化率是多少，跳失率是多少，都要每天留心观察，这样，店铺未来的发展才有准确的方向。计数器是衡量店铺流量最直接的工具，免费计数器很多，推荐安装。

我们在本章的护肤品店里使用了量子统计，量子是淘宝官方统计工具，统计功能强大。选用量子统计的计数器，可以将量子统计作为分类，添加到店铺首页左侧分类导航，因为店铺规模比较小，客户浏览量较低，因此最好将量子统计图标设置为页面隐藏，而只是店主心中有数就可以了。

14.4.5　淘帮派

所有淘宝帮派当中地域性的帮派是官方的，建议店主一定要加入，一则有群体有组织，可以多参加一些活动，二则官方帮派都有广告位，商品会有曝光机会，虽然有一些加入的门槛，但一般不会太苛刻。在每个地域性帮派都会不定期组织一些活动，远比论坛的活动曝光几率要高得多。

每个人可以加入帮派的数量是 15 个，除了要加入地域性帮派之外，还建议加入一个行业性帮派，其他可以选择自己喜欢的和自己需要的。

本章示例护肤品店加入了所在地区的河北商盟，加入了行业所属的淘宝化妆品大联盟。其余选择了一些学习帮派，比如淘宝旺铺、淘宝大学、拍照作图帮等。

帮派是可以随时退出的。加入帮派视每个帮派的规定有所不同，但均是来去自由。每个店主都可以创建一个帮派，创建与否视自己的实力和精力而定。

14.4.6　淘宝工具

随着卖家群体和买家消费的不断壮大，淘宝的研发也越来越完备，越来越多的功能模块化，这些模块被越来越多的淘宝人采用，并在不断的应用中，同时又刺激淘宝的研发，这样不断的良性循环着。

随着时间的推移，淘宝工具越来越完善，越来越强大。那我们就要好好利用这些工具了。

1. 阿里旺旺

阿里旺旺作为聊天工具是每个店家必备的，示例护肤品店使用卖家版阿里旺旺。阿里旺旺使用的时候，也是店铺的第一形象，我们首先要给阿里旺旺设置贴切漂亮的头像，具有潜移默化的作用，更是最直观的宣传广告，千万不要忽视。

2. 消保

消保是消费者保障服务的简称。消费者保障服务是用户按其选择的消费者保障项目，向买家提供相应的售后服务。对于每一个卖家来说，消保是要申请的，等待淘宝网批准。消保主要条款是：“商品如实描述”、“7 天无理由退换货”、“假一赔三”、“虚拟物品闪电发货”、“数码与家电 30 天维修”。如图 14-46 所示消保宝贝，消保标志依次为：“消费者保障”、“七天退还”、“正品保障”。图 14-47 所示宝贝与图 14-46 宝贝为同一种商品，但没加入消保，每个买家搜索到这样两个宝贝的时候，肯定都会选择第一个带消保的。

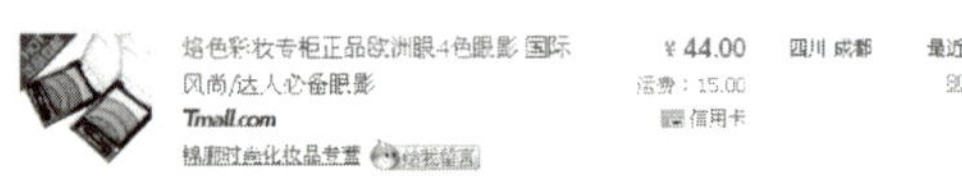

图 14-46　消保宝贝

图 14-47　无消保宝贝

加入了消保的店铺，如图 14-46 一样，在商品上加上相关服务的特殊标记，这样的商品可信度高，买家更容易接受，店铺也加上消保标志，如图 14-48 所示店铺首页消保标志，图 14-49 店铺信用评价页消保标志。

这样消保标签很大程度上影响买家购买与否的抉择，这个小图标就是网店装修中务必要让它显出来的，可见消保图标对网店装修也是意义非同一般，示例护肤品店选择加入消费者保障服务。

3. 旺铺

淘宝旺铺似乎已经成为一种必然，实际上淘宝店铺的起始只是普通版，旺铺是一种服务，就像附带着一个特大的工具箱，旺铺的多个模块和多个区域，使得店铺装修简化了太多太多。

图 14-48　首页消保

图 14-49　评价页消保

4. 淘宝助理

淘宝助理是淘宝很强大的一个版本，有很多便捷的地方，比如可以批量编辑宝贝，可以用模板简化宝贝上传过程，间接简化网店装修的工作量。

5. 促销工具(满就送、搭配套餐、限时折扣、直通车、钻石展位、淘宝客)

满就送、搭配套餐、限时折扣使促销更专业，界面更美化，使促销活动流程化，增加商品曝光率，提升店铺购买转化率。

直通车和钻石展位，多数情况是为大卖家的更高需求而设置的，更适于店铺、品牌的推广。

淘宝客让网上更多的人浏览店铺商品，成交后付费。

以上工具从外观到内涵都是店铺的隐性装修，卖家利用好这些工具，一定会收益大增。

14.5 护肤品店装修实例分析

网店装修是一个繁杂而有创意的过程，网店的装修依据网店商品属性和网店消费群体定位的不同而不同，制定出设计方案以后，在设计首页的时候，其他页面风格就基本确定，装修过程中用得最多的是图片，所以对一些图片处理软件要精通。

不同的店铺类型，装修方法基本相同，区别只是风格的选择，准确定位是装修的第一关键因素，有了风格就可以定下装修步骤，一步一步地去实现，直到打造出一个完美的特色店铺。

14.6 本 章 小 结

本章以一个护肤品店为示例，详细讲解网店装修的步骤和流程，更细化了网店装修的整个过程，旨在通过本章的学习，强化装修技巧，使大家都能动手装修自己的店铺。

第 15 章 网店成功案例分析

网店装修、网店推广、网店销售是一个网店成功与否的三大关键要素，而网店装修是第一位的。一个网店从起步，到步入正轨，到成为网络名店，网店装修会贯穿网店发展的始终。本章我们来分享淘宝名店的成功案例。

学习要点

- 网店局部装修案例
- 网店整店装修成功案例
- 网店成功秘诀

15.1　网店局部装修案例

网店装修要按照整体的风格分步进行，如店招、店标、详情页、海报，都要通过各个局部的处理达到整体的统一，有层次而不凌乱，一旦局部失衡，整体风格必定不协调，从而失去美感和协调性。网店装修是一个由局部到整体的过程，如果不注意细节的制作，则必定会影响整店的总体装修效果。在我们分享名店的成功之前，让我们先来看一些其他店铺的装修实例。

15.1.1　店标实例

店标的设置在前边的章节中我们学习过了，一个店标是一个网店的第一门面。我们来看李宁官方网店和丝绸睡衣宝航专营，这两家店的规模都比较大，都属于淘宝商城，再来看他们的店标设置，图 15-1 是李宁官方网店淘宝搜店显示，图 15-2 是丝绸睡衣宝航专营淘宝搜店显示。

图 15-1　李宁官方网店店标

图 15-2　丝绸睡衣宝航专营店标

从图中我们看到，李宁官方网店和丝绸睡衣宝航专营，这两家规模不小的淘宝网店都没有店标，我们再来看看他们的营销量。图 15-3 是李宁官方网店的销售情况，图 15-4 是丝绸睡衣宝航专营网店的销售情况。

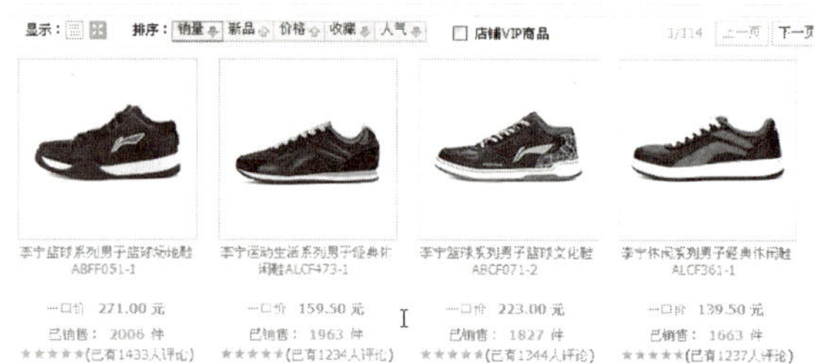

图 15-3　李宁官方网店的销售情况

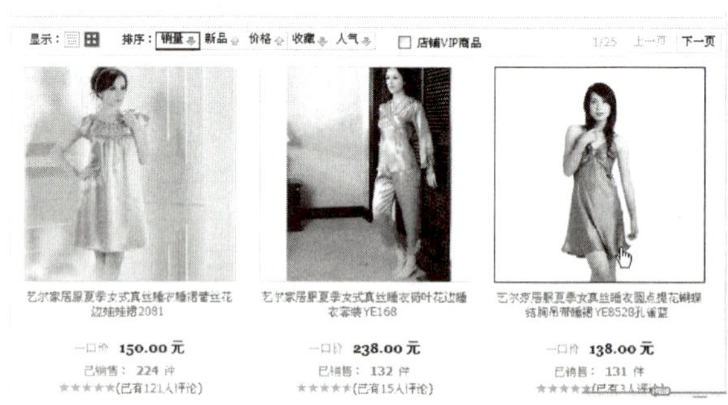

图 15-4　丝绸睡衣宝航专营的销售情况

从图中可以看出，李宁官方网店的最高单品销售 2006 件，丝绸睡衣宝航专营最高单品销售 224 件，规模和销量都相当可观的两个店铺，却都没有店标，没有了这搜店第一眼的店标，算是店铺装修的遗憾或者装修的小失败了。

15.1.2　店招实例

店招是网店的门面，也是网店文化和理念的缩影，处在页面顶部的关键位置，更是买家进店的第一印象。一个网店的招牌，一定要凸显出网店的经营内涵。我们先来看一些店招实例。

1. 普通版店招

如图 15-5 所示，是一个普通网店的店招。该店铺名为“万年特产小店”，是卖珍珠粉的，看店内商品也确实是珍珠粉和珍珠，但看该店的店招，却是一座欧式建筑，店招图片很漂亮，但跟所经营的商品却是风马牛不相及的，我们只能说这是一个失败的店招，是一个不知所云的店招。

图 15-5 普通版店招

2. 标准版店招

如图 15-6 所示为一个标准版店铺店招，该店主营杭派女装。该店招是一个图片，没有附加任何文字，没有店铺和商品信息，是一个现成的图片，该图片的尺寸超过标准尺寸，遮挡了店铺页面导航，是一个真正失败的店招。

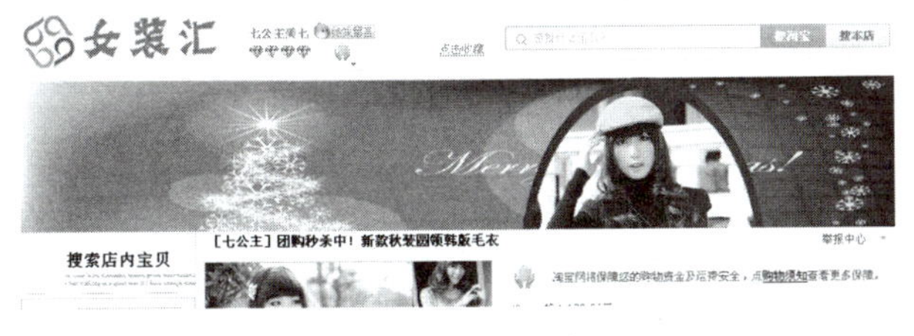

图 15-6 标准版店招

3. 拓展版店招

如图 15-7 所示为一个拓展版店铺店招，该店主营童装。该店招是一个图片，附加了店铺名称，没有商品信息，是一张在线生成的图片，该图片尺寸标准，风格单调，跟店招下面的大红促销内容和整个页面色调比较起来，头轻脚重，风格不搭调，是个风格不统一的店招。

图 15-7 拓展版店招(1)

如图 15-8 所示为另一个拓展版店铺店招，该店主营女装。该店招是一张图片，经过软件处理，附加了店铺名称、促销信息及活动时间，添加有店铺 LOGO，不失为一张信息全面的店招，但遗憾的是店招尺寸过大，超出显示范围，整个店招显示不全，而且遮挡了页面导航栏，也是一张很失败的店招。

图 15-8 拓展版店招(2)

4. 商城店招

如图 15-9 所示为一个淘宝商城店招，该商城主营童装。该店招是一张图片，经过软件处理，附加了店铺名称、添加有店铺 LOGO，同样遗憾的是店招尺寸过大，超出显示范围，整个店招显示不全，而且遮挡了页面导航栏，也是一张失败的店招。

图 15-9 淘宝商城店招

15.1.3 海报实例

海报是网店店铺最主要的促销手段，通常海报放置在淘宝最显眼的位置或店铺最显眼的位置，海报的色调一般选择冲击视觉的颜色搭配，海报的布局要合理、和谐、独特，海报的内容要囊括促销主题、促销方式、促销时段、促销商品、促销力度、促销商家。下面我们看一组海报。

1. 失误海报

图 15-10 是淘宝美食频道首页海报，细看这个海

报，你会发现，海报的价格138元、促销力度138/198元、促销商家在上海，海报色彩搭配很好，突出有机绿色，如果这张海报单拿出来的话没什么问题，但放到美食频道首页广告栏中，则促销主题“有机蔬菜圣诞大礼包打折优惠”的字样被遮挡，我们说这是一张考虑不够周全的海报，是有失误的。

图 15-10　淘宝美食频道首页海报(1)

图15-11也是淘宝美食频道首页海报，细看这个海报，商品展示充分，色调配色和谐，突出商品质量，表达了促销力度，单独图片也是没有问题，但作为首页海报，同样有图片文字被遮挡的问题。

图 15-11　淘宝美食频道首页海报(2)

首页海报一般是轮播的，淘宝首页和各频道首页均如此，那么我们制作首页海报的时候，一定要考虑到轮播图号的问题，否则若主要信息被遮挡，那海报的效果就会大打折扣。

2. 风格海报

图15-12是美食频道一个外卖店的冬日海报，这个海报特别的一点是：在左下方加了一段软文，这段软文成为它独特的风格，可以让人在寒冷的冬日感到一丝温暖。

图 15-12　风格海报外卖店

图15-13是淘宝首页的一个海报，这个海报推出的是云南特色美食，就整张海报来说，具有浓郁的民族风味，色调和背景都极具中国传统特色，海报上标识了店铺名称、优惠方式、优惠产品，是一张成功的海报。

图 15-13　风格海报云南特色美食

3. 主题海报

图15-14是一张店内海报，这个海报推出的是婚庆主题，就整张海报来说，主题鲜明、制作精美，活动详情表达清楚，完全贴合主题，尤其是人物的添加，使整张海报更加生动。

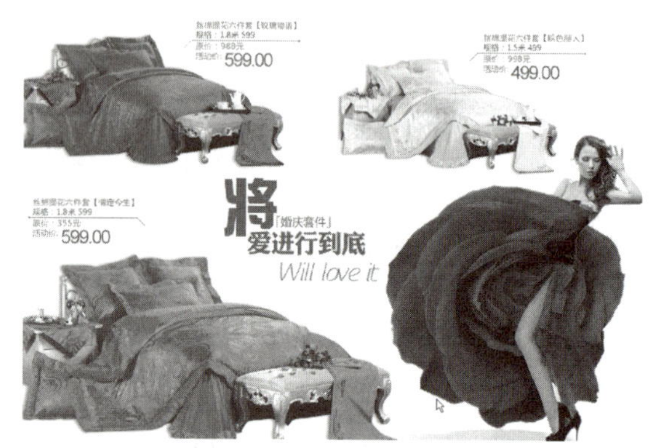

图 15-14　主题海报

15.1.4 公告实例

图 15-15 为一张节日公告，此公告节日色调祥和，气氛浓郁，表达清晰，店铺优惠简洁明了，是一张非常好的公告。

图 15-15 节日公告

图 15-16 为一张低价清仓公告，此公告有浓厚的节日气氛，公告主题鲜明，既“低价清仓保暖 5 折”，用“2011 最后一班车、火车票、回家”的字眼给买家一种紧迫感，促使买家尽快交易。

图 15-16 清仓公告

15.1.5 索引图实例

如图 15-17～图 15-19 所示均为爽肤水索引图，所谓索引图，就是在搜索宝贝时，宝贝列表页面显示的小图片，下面我们分别看这三个图。

图 15-17 是一上一下两个店铺的两个索引图，上面这家店的图片无法看到完整形状，图片虚化，效果很差，下面的图片相对稍好一些。

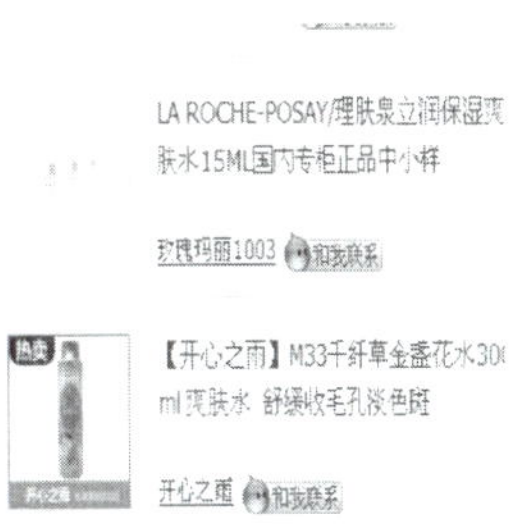

图 15-17 索引图(1)

图 15-18 为某店铺爽肤水索引图，这张索引图是自己拍摄的，加了店铺水印，但背景太花哨了，抢了爽肤水本身的风采，主次不分明，是一张失败的索引图。

图 15-18 索引图(2)

图 15-19 也是一张爽肤水的索引图，该索引图陈列元素过多，画面杂乱，没有突出主题，由图中看不出销售的是什么商品，是一张失败的索引图。

图 15-19 索引图(3)

图 15-20 为某店宠物出售索引图，该索引图是店主自拍的，一行绿色店铺信息增加了图片防盗，但图

片模糊，旁边放了一个瓶子，跟宠物同高，还另外有一张狗垫，主题不突出，是一张很失败的索引图。

图 15-20　索引图(4)

图 15-21 是一张丝瓜水的索引图，该图标注了商品容量，秒杀价格，品质保障，算是一张不错的索引图。

图 15-21　索引图(5)

图 15-22 是一张透气鞋的索引图，该图创意了气孔的烟雾效果标示透气性，标注了品质保障、优惠价格、促销时段，是一张非常好的索引图。

图 15-22　索引图(6)

15.1.6　详情页实例图

宝贝详情页的图片有多种，其中典型的有：实拍型、实用型、艺术摄影型、亲民型、实力佐证型、真人秀型。展示如下。

1. 实拍型

如图 15-23 和图 15-24 所示是某店的袜子详情图，图片均为店主的实拍型详情展示图，特点是真实，但是整个图片美感不够。

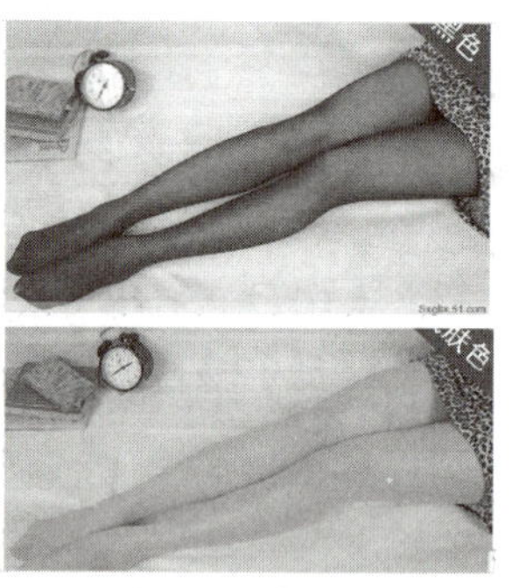

图 15-23　实拍型(1)

图 15-24　实拍型(2)

2. 实用型

如图 15-25 和图 15-26 所示是某店的羽绒服详情图，图片均为店主对羽绒的展示，图中标示出羽绒的来源，羽绒采集的位置、羽绒的性能，此类详情图片为典型的实用型，特点是给买家的感觉是高可靠性和高可信度。

图 15-25　实用型(1)

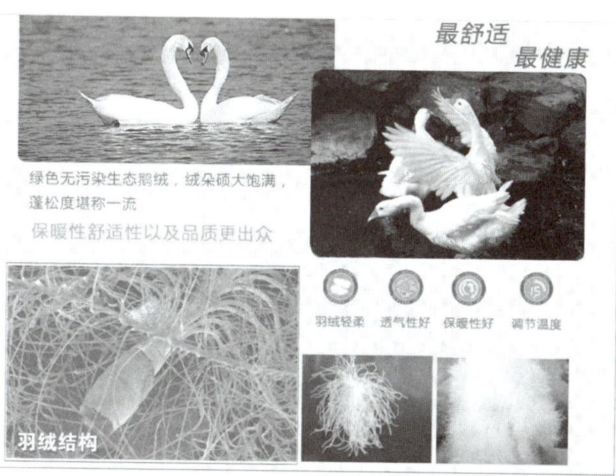

图 15-26　实用型(2)

3. 艺术摄影型

如图 15-27 和图 15-28 所示为某自主设计品牌服装店的艺术摄影型详情图片，该类型一般都具备艺术风范，风格独特，图 15-27 所示页面配置以软文，给人以诗情画意的氛围。图 15-29 给人的整体感觉是人面桃花，轻盈婉转，个性十足。

图 15-27　艺术摄影型(1)

4. 亲民型

图 15-29 所示为一个珠宝店老板在详情页教买家识别真假钻石，贴出的是店主本人真实照片，使店铺氛围很亲民，缩小了买家与珠宝店的距离感，从而促成交易达成。

图 15-28　艺术摄影型(2)

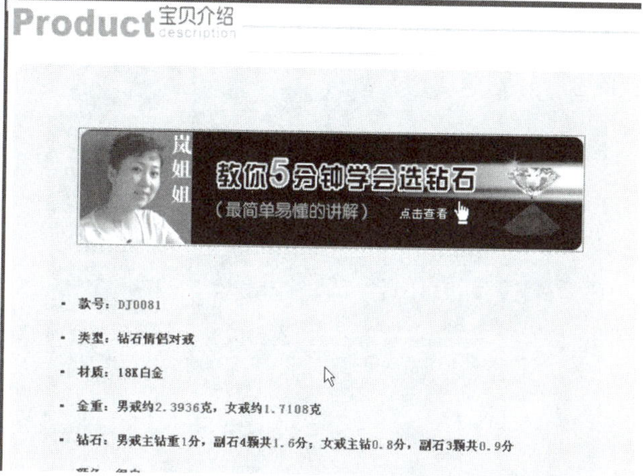

图 15-29　亲民型

5. 实力佐证型

淘宝有很多店铺有实体店的支持，或有品牌代理的实力，这些人有强大的后盾，一般会在店铺展示自己的实力，让买家对产品更放心，这种实力佐证型图片如图 15-30 和图 15-31 所示。

6. 真人秀型

有很多店铺，有买家秀，有卖家秀，旨在拉近买卖双方的距离，增加信任度，提高交易成交量，如图 15-32 和图 15-33 所示。

图 15-30 实力佐证型(1)

图 15-31 实力佐证型(2)

图 15-32 买家真人秀

图 15-33 卖家真人秀

15.1.7 装修失败实例展示

店铺公告失败，店铺公告栏装修失败，图片不显示，如图 15-34 所示。店铺导航栏失败，店铺导航栏装修失败，图片不显示，如图 15-35 所示。

图 15-34 店铺公告栏失败

图 15-35 店铺导航栏失败

店铺商品无效分类，该分类下无商品，如图 15-36 所示。

收藏本店
联系我们
Contact us
哈尔滨特色美味
搜索整店
关键字：
价格
显示：
排序：
销量
新品
价格
收藏
人气
店铺VIP商品
没有对应的宝贝
OPEN TIME

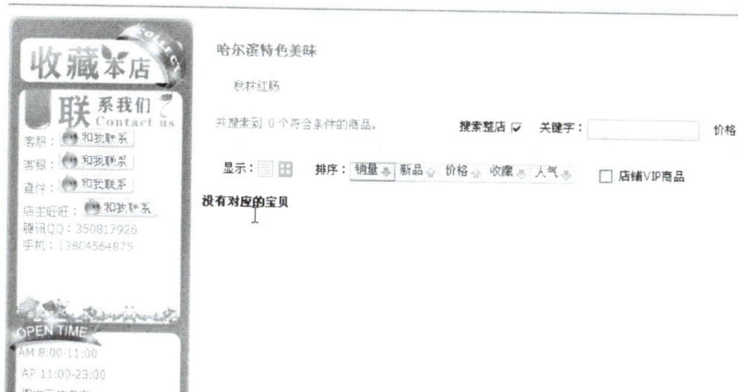

图 15-36　商品无效分类

店铺图片格式错误，图片不显示，如图 15-37 所示。

UNIQUE SPACE
RMB：15
RMB：10
RMB：70
正品 特价 尚赫心肝宝贝健康套组

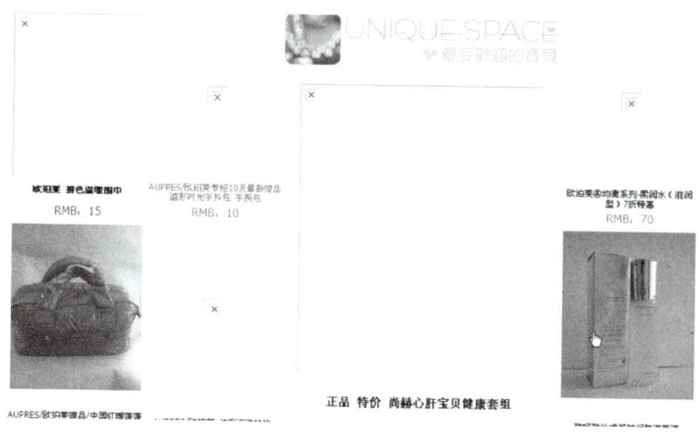

图 15-37　图片格式错误

店铺外链图片失败，图片不显示，如图 15-38 所示。

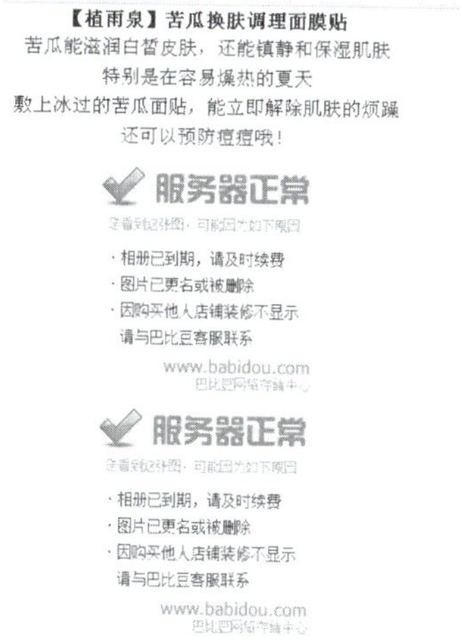

【植雨泉】苦瓜换肤调理面膜贴
苦瓜能滋润白皙皮肤，还能镇静和保湿肌肤
特别是在容易燥热的夏天
敷上冰过的苦瓜面贴，能立即解除肌肤的烦躁
还可以预防痘痘哦！
服务器正常
·相册已到期，请及时续费
·图片已更名或被删除
·因购买他人店铺装修不显示
请与巴比豆客服联系
www.babidou.com
服务器正常
·相册已到期，请及时续费
·图片已更名或被删除
·因购买他人店铺装修不显示
请与巴比豆客服联系
www.babidou.com

图 15-38　外链图片失败

店铺利用模板失败，模板内容不显示，如图 15-39 所示。

买家须知
自定义模块，内容编写一次即可运用到所有宝贝页面，标题可自行更改
如果有任何疑问请联系我们
邮费说明
自定义模块，内容编写一次即可运用到所有宝贝页面，标题可自行更改
如果有任何疑问请联系我们
联系我们
自定义模块，内容编写一次即可运用到所有宝贝页面，标题可自行更改
如果有任何疑问请联系我们

图 15-39　利用模板失败

15.2　网店整店装修成功案例

网店装修风格各异，根据产品和审美的区别，有很多时候很难判断好与不好。下面我们分享两个特色店铺，从装修的角度来说，他们无疑是成功的。

15.2.1　公主魔橱博客式小清新店铺

公主魔橱，创建于 2009 年 6 月 22 日，主营亚麻小清新文艺女装。因店铺风格独特，2010 年 5 月曾接受南方卫视 TVS-2 “E 时代”采访，同年 8 月接受厦门《海峡生活报》采访，并先后担任淘宝店铺街帮主、文案写手、论坛护法等多个职位，多次接受淘宝媒体采访，多次成为淘画报合作店铺，负责店铺街分类策划。下面我们来看看“公主魔橱”的装修。

1. 首页

“公主魔橱”整体风格清新雅致，文艺气息浓厚，首页更是唯美浪漫、精致典雅，页面配店主自拍唯美图片，穿插店主自撰诗意软文，打造出了一个脱离凡尘的小资公主意境，又不失时机地展示了被媒体采访的画面，店铺风格更多为女性喜爱。“公主魔橱”首页如图 15-40 所示。

2. 宝贝列表

“公主魔橱”宝贝列表页面以绿色为主基调，突出亚麻的自然风范，意境图片配诗意软文作分类导航，宝贝列表独具匠心，如图 15-41 所示。

图 15-40 “公主魔橱”首页

图 15-41 “公主魔橱”宝贝列表

3. 宝贝详情页

“公主魔橱”宝贝详情页为店主实拍图，附拍摄手记，配诗意软文，附细节图，列尺码表，附亚麻常识，链接以往成交交易记录，细致而周到，如图 15-42 所示。

图 15-42 “公主魔橱”详情页

4. 分类导航

人物图为分类导航，附诗词为子分类导航，意境优美，引发买家共鸣，如图 15-43～图 15-45 所示。

图 15-43 衫分类　　图 15-44 裙分类

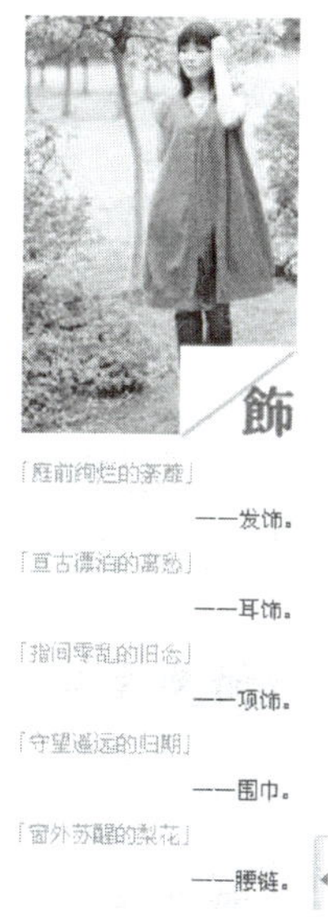

图 15-45　饰分类

5. 添加基础页面

“公主魔橱”根据店主设计，添加自定义页面，完善并拓展店铺功能，展示店铺不同层面，如图 15-46 所示。

图 15-46　添加基础页面

6. 开通微博

“公主魔橱”开通微博，吸纳粉丝，拉近距离，提高店铺转化率，如图 15-47 所示。

图 15-47　“公主魔橱”微博

7. 创建帮派

“公主魔橱”自创帮派公主后花园，吸引有共鸣有共识的人，打造店铺品牌效应，扩大店铺影响力，如图 15-48 所示。

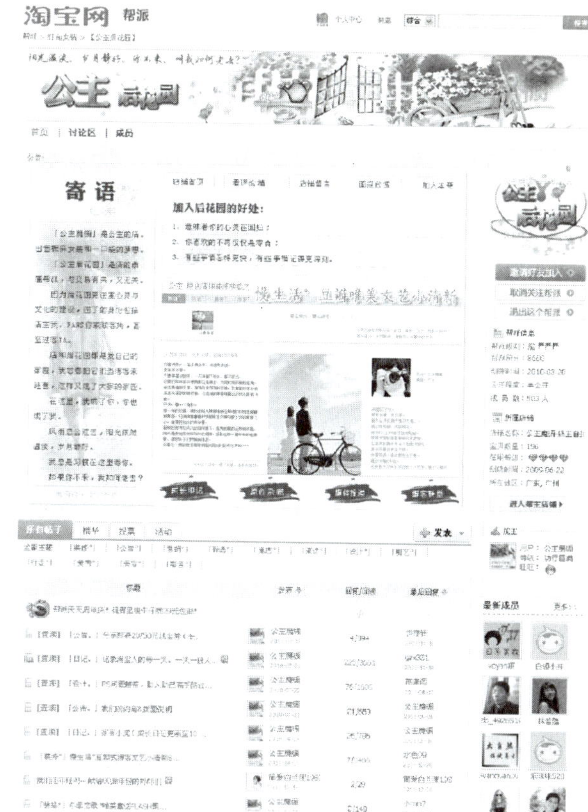

图 15-48　“公主魔橱”帮派

15.2.2　天熙外贸量贩

“天熙外贸量贩”，创建于 2004 年 8 月 19 日，主营外贸服装。店主为农村小伙，大学毕业后，自主创业，闯进淘宝，一路走来，日渐壮大，现为淘宝大学红带讲师、淘公仔潮玩设计师、淘宝网络创业先锋。下面我们来看一下“天熙外贸量贩”的装修。

“天熙外贸量贩”整体风格大气简洁，风格自然真实，贴近百姓，不失为普通百姓的网购佳选。

1. 首页

“天熙外贸量贩”的首页以蓝色为主色调，页面简洁、自然，图片和页面均以白色为底色，和谐清新，如图 15-49 所示。

2. 宝贝列表

“天熙外贸量贩”宝贝列表页面以白色为背景色，用导航栏分类列表显示，方便快捷，便于买家查看，如图 15-50 所示。

图 15-49 “天熙外贸量贩”首页

图 15-50 “天熙外贸量贩”宝贝列表

3. 宝贝详情页

“天熙外贸量贩”宝贝详情页为店主实拍图，突出简洁的自然风范，实拍图片、真人出境、贴近大众生活，附材质说明、尺码表、近期评论，吸引买家购买，如图 15-51 所示。

图 15-51 “天熙外贸量贩”详情页

4. 分类导航

“天熙外贸量贩”分类导航：简洁的灰色和黑色矩形条为分类导航，色调的选取和图案的选取，突出简洁风范，清晰明了，如图 15-52 所示。

5. 添加基础页面

“天熙外贸量贩”根据店主设计，添加自定义页面，完善并拓展店铺功能，展示店铺不同层面，如图 15-53 所示。

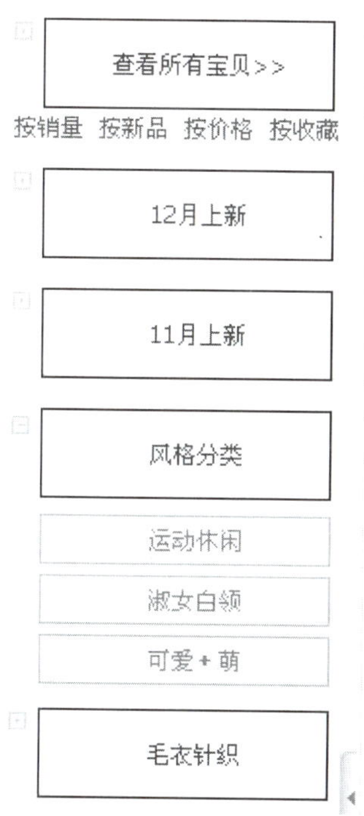

图 15-52　“天熙外贸量贩”分类导航

图 15-53　添加基础页面

6. 开通微博

“天熙外贸量贩”开通微博，吸纳粉丝，拉近距离，提高店铺转化率(即进店人数达成交易数与人数比率)，如图 15-54 所示。

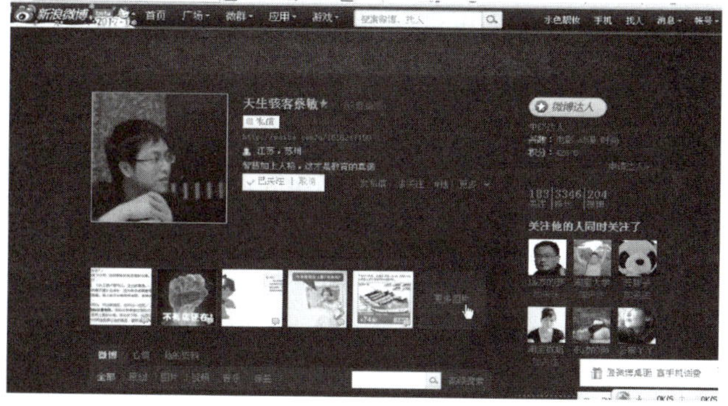

图 15-54　“天熙外贸量贩”微博

7. 创建帮派

“天熙外贸量贩”自创帮派“天熙帮”，组织各种形式的活动，吸引买家，打造店铺品牌效应，扩大店铺影响力，如图 15-55 所示。

图 15-55　天熙外贸量贩帮派

8. 掌柜说

“天熙外贸量贩”开通掌柜说，随时发布最新消息，吸引买家前来购买，如图 15-56 所示。

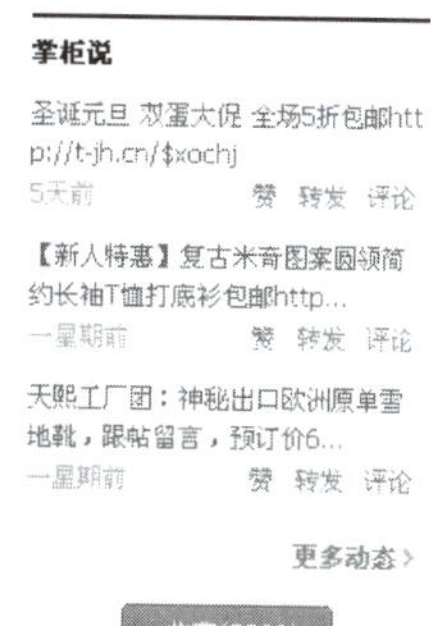

图 15-56　天熙外贸量贩掌柜说

15.3 网店成功秘诀

网店的数量在与日俱增，成功者自不在少数，那么网店成功的秘诀是什么呢？

首先，网店要做好装修、推广和营销，缺一不可。第一是装修，因为网店是视觉营销，只有美观了，才能吸引买家购买，另外要树立自己的独特标志，逐步打造店铺品牌形象，充分利用网络平台推广，比如微博、阿里妈妈、淘宝客、淘宝社区等，要懂得营销，只有装修、推广和营销三方面做到了，成功之路才会畅通。

本章小结

本章我们通过对淘宝店铺的实例分析学习了网店装修失败的可能原因和改正方法，通过分享淘宝名店，进一步掌握装修知识，从而打造精美店铺，成为成功网商。

附录 A　开设网店常见问题

A.1 前期准备

1. 开设网店能不能赚钱的因素

有些人开网店赚了很多钱，有些人开网店却赔了不少钱，究其原因主要从这几个方面入手：①技巧；②魄力；③经验；④资本；⑤资源。

2. 开设网店难易度

开设网店必须有基本的计算机操作知识，比如最最基础的打字速度、工具软件的使用等，还需要懂得店铺的装修和推广知识。

3. 适合开设网店的群体

开设网店较适合的群体大致可以分为三类：第一类大学毕业生，面对当前巨大的就业压力使越来越多的大学生开始了自己的网店创业之路，其特点是大学生没有丰厚的资金，只要有一个能上网的计算机就可以在网上开店赚钱；第二类是个人创业者；第三类是下岗职工。

4. 现在开设网店是否已经过时

据有关数据显示，电子商务现在还没有发展到顶峰时代，并且网上购物的人员在最近几年一直处于增长态势，据有关人士预测，未来十年将是电子商务高速发展的时期。

5. 如何定向和选择商品

定向和选择商品主要注意三点：第一，尽可能在自己熟悉的行业里选择商品，只有自己熟悉的商品才能更加懂得客户的需求，为客户提供满意周到的服务。第二，商品的货源一定要充足，商品种类越丰富，客户的流量才会越大，那么商品的销售率也会越高。第三，商品的价格要低，商品的价格越低，自己的利润就越高。

6. 禁止销售的商品

要确保您销售的商品没有违反国家的规定，比如说香烟、盗版及仿制品等。

7. 开设网店要先做实物还是虚拟产品

实物网店需要的资金比较多，需要有好的货源和充足的资金。虚拟产品不需要大量的起步资金，几百元就可以开设自己的网店，并且拥有起步快，信誉度累积快等优点，因此建议对于没有实体店经验的新手来说最好先从虚拟产品做起。

8. 可以开设网店的网络平台

可以开设网店的网络平台国内主要有淘宝、拍拍、易趣等。网站 Logo 如图 A-1 所示。

图 A-1　主流电子商务网站 Logo 图

9. 在网络上销售商品的具体要求

在网络上销售商品大致需要选择网络交易平台、注册会员、学习交易规则、开通网上银行、实名认证、上传商品等。

10. 怎样注册会员

一般情况下，每个电子商务网站在主页上都有一个注册登录的链接，用户可以通过这个链接，按照网站的提示一步一步进行注册成为会员。比如淘宝网注册登录页面如图 A-2 所示。

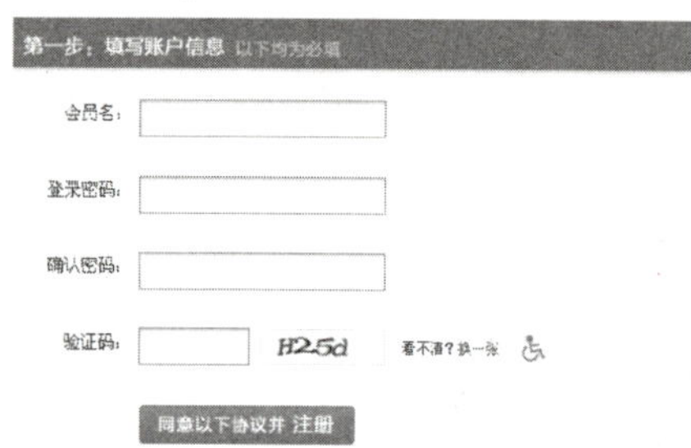

图 A-2 淘宝网会员注册页面图

图 A-3 验证码更换

11. 怎样开通网上银行

大部分银行都提供网上银行的业务，用户只要选择一家距离较近，服务较好的银行，带上自己的相关证件到银行的营业大厅在工作人员的帮助下办理就可以了。

12. 淘宝会员账户名称能不能修改

如果账户提交注册成功，就不能修改账户名称了。

13. 一个人可以注册几个淘宝账户

一个人可以注册多个淘宝账户。

14. 一个身份证可以开设几个店铺

一个身份证只能开设一个店铺。

15. 注册为淘宝账户的方式有哪些

用户要想注册淘宝账户可以通过两种方式：电子邮箱和手机。

16. 注册淘宝账户是否必须有手机

不管用户使用哪种方式在淘宝网注册，都必须要用手机进行验证，没有手机无法完成注册。

17. 在某些操作中，系统提示输入的验证码错误，如何处理

用户可以单击换一张清晰的图片，重新输入，如图 A-3 所示。

18. 注册时提示输入的会员名不能用如何处理

用户可以在会员名后面加一些数字或者换一个新的会员名进行注册。

19. 注册淘宝收费吗

注册成为淘宝会员是免费的。

20. 淘宝会员与支付宝会员有什么区别

用户在淘宝网上的所有商品交易都需要用支付宝，支付宝除了在淘宝网购物时需要，还有其他功能。

21. 一个电子邮箱能否重复注册

一个电子邮箱只能注册一个账号，不能重复注册。

22. 一个手机号码可以用于多少淘宝账号的验证

一个手机号码可以给多个淘宝账户做验证，但是一天内一个手机号码只允许验证注册 5 个淘宝账户。

23. 淘宝账户有没有默认的登录密码

淘宝账户登录密码需要在注册时设置，没有默认的登录密码。

24. 淘宝注册时手机无法收到校验码怎么办

淘宝账户注册时手机无法收到验证码的原因有几点：①服务商网关异常，用户可以更换时间段重新注册；②不支持的手机号段；③在境外使用；④手机本身原因。

25. 支付宝可以取消绑定吗

支付宝账户可以取消绑定，但是需要有一定条件。

26. 支付宝账户绑定的次数是多少次

淘宝账户绑定或者解绑支付宝账户操作在 24 小时内只可以进行 5 次，超过限制就会提示无法操作成功，如图 A-4 所示。

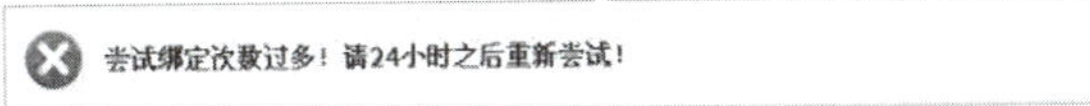

图 A-4　绑定次数限制

27. 怎样绑定支付宝账户

用户打开淘宝网首页，登录淘宝账户，依次进入“我的淘宝”|“账户管理”|“支付宝账户管理”页面进行支付宝账户设置。如图 A-5 所示。

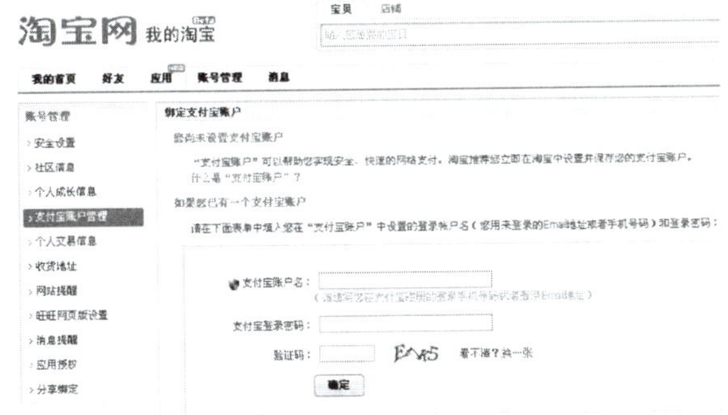

图 A-5　支付宝账户管理

28. 为什么账户无法正常登录

账户无法正常登录的原因：①用户输入的账户名密码不正确；②输入格式错误；③账户被淘宝暂时监管；④用户账户有严重违规行为；⑤没有安装必需的安全控件。

29. 淘宝账户常用的登录方式有哪些

(1)　标准登录，如图 A-6 所示。

图 A-6　淘宝会员标准登录方式

(2)　安全控件登录，如图 A-7 所示。

(3)　使用手机号码登录，如图 A-8 所示。

图 A-7　淘宝会员安全控件登录方式

图 A-8　淘宝会员使用手机号码登录方式

A.2　工具软件

1. 开设网店的常用软件

常用的软件类型分为：图片处理软件、动画制作软件、代码软件、联络工具软件。

2. 图像处理软件有哪些

图像处理软件有：Photoshop、光影魔术手等。Photoshop 软件界面如图 A-9 所示。

图 A-9　Photoshop 软件界面

3. 动画制作软件有哪些

制作动画的软件有：ImageReady、Fireworks CS5，如图 A-10 所示。

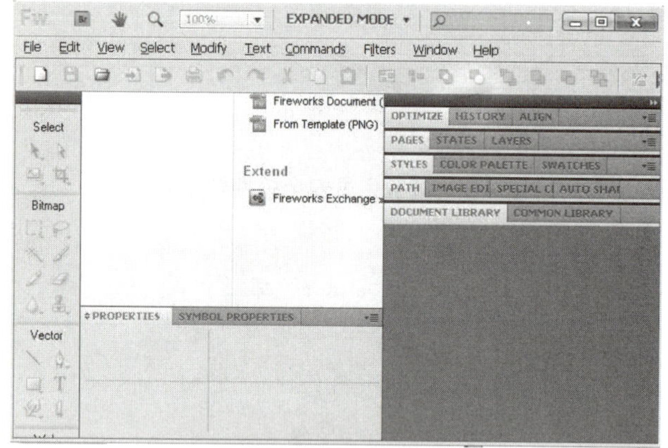

图 A-10 Fireworks 软件图

4. 制作代码的软件有哪些

代码软件有：Dreamweaver，如图 A-11 所示。

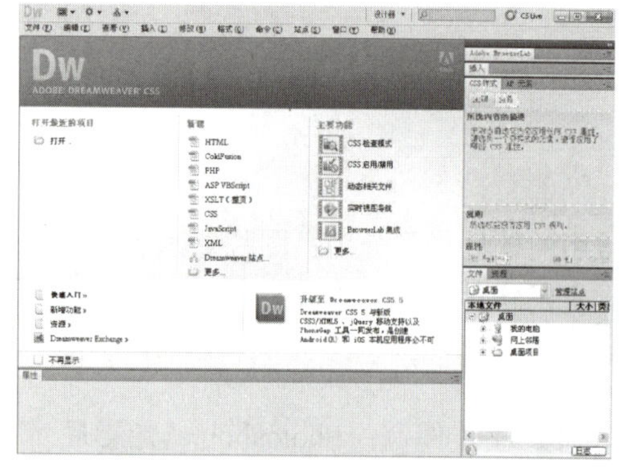

图 A-11 Dreamweaver 软件界面

5. 开设网店助手软件有哪些

助手软件主要有：淘宝助理、阿里旺旺、快递单打印。

淘宝助理可以离线管理宝贝、批量上传、把交易方式存入模板。界面如图 A-12 所示。

阿里旺旺是一款和腾讯 QQ 比较相似的网络联络工具，操作简单，对卖家和买家来说都很实用，常用的功能有好友管理、进入店铺管理等。界面如图 A-13 所示。

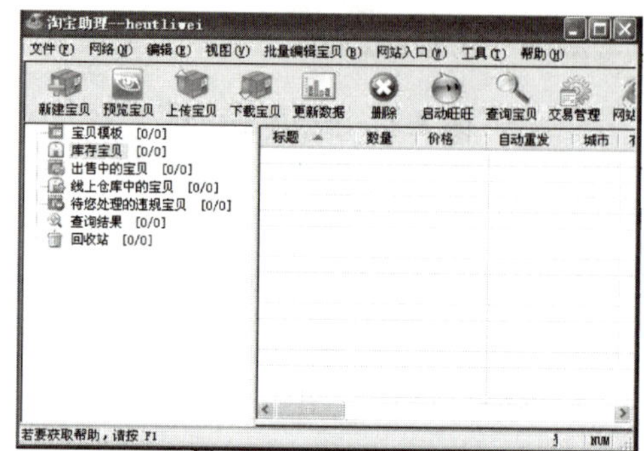

图 A-12 淘宝助理界面

图 A-13 阿里旺旺界面

除了上述所讲的软件以外还有常用的就是淘宝流水账、淘宝推推推、淘宝导购器、淘宝一箩筐、淘宝大买家等，这些软件对卖家和买家进行商品交易起到了很大的作用。

6. 淘宝助理在哪里下载

淘宝助理下载网址为：http://zhuli.taobao.com/。

7. 淘宝助理使用的要求是什么

目前，淘宝助理免费提供给会员使用，但是信用级别的不同，一天内发布商品的数量限制也不同，不做限制的是书籍和音像类目。

8. 营销推广工具有哪些

营销推广工具有满就送、限时打折、店铺优惠券、会员关系管理、淘宝直通车、钻石展位、超级卖霸、淘宝客、信用卡支付、COD 货到付款、二维码。

9. 数据分析工具有哪些

数据分析工具有量子统计和数据魔方。

A.3 宣传推广

1. 让网店“火”起来的手段有哪些

让网店“火”起来总体推广手段分为四方面：网络中的推广；社区论坛的推广；淘宝客加强推广与营销；淘宝直通车的推广。

2. 怎样做网络中的推广

在阿里旺旺中：一是添加淘友给他发广告，二是给指定的淘友发广告，就像现实中发广告传单一样。

3. 怎样给淘友发广告

Step 1 下载“阿里旺旺”并安装。

Step 2 启动运行“阿里旺旺”，在“会员名”和“密码”文本框中分别输入名称和密码。

Step 3 单击“确定”按钮，在已登录的阿里旺旺面板中，单击“添加联系人”按钮，这样就可以添加指定的淘友。

Step 4 打开“添加好友”对话框，选择“精确查找”，然后在“会员名”文本框中输入要查找的对象名称(会员名可以是店主的 ID，也可以是普通买家的 ID)。单击“查找”按钮，如图 A-14 所示。

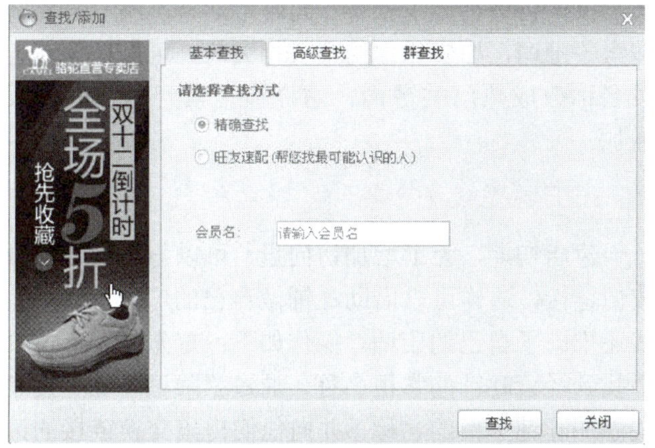

图 A-14 查找好友界面

Step 5 在打开的向导界面中选择好友，然后单击“加为好友”按钮，如图 A-15 所示。

图 A-15 添加好友界面

Step 6 输入验证信息，等到对方确认加为好友后，就可以聊天了。

Step 7 在打开的与淘友聊天的对话框内，输入广告信息，单击“发送”按钮，即发送给对方，如图 A-16 所示。

图 A-16 给淘友发布广告消息界面

4. 怎样利用阿里旺旺个性签名

阿里旺旺面板的上方有一个显示信息状态的模板，内容可以随时更改，就像电子屏广告一样，随时更换，所以我们可以通过它迅速传递新品上架，打折信息等，如图 A-17 所示。

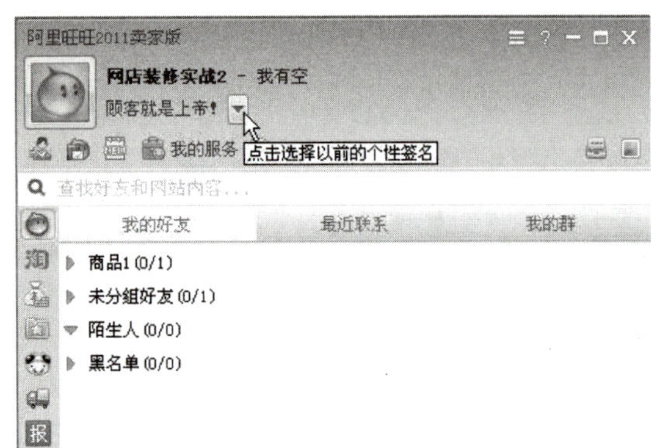

图 A-17 阿里旺旺个性签名界面

5. 怎样管理个性签名

(1) 在已登录的阿里旺旺中，单击“菜单”按钮，在弹出的菜单中选择“系统命令”，然后单击“个性设置”下的“个性签名”。

(2) 单击右侧的“新增”按钮来添加需要的个性签名，例如，“圣诞节到，本店部分商品半折销售，惊喜不断！”如果原来已有个性签名，可单击“修改”按钮作更换，如果不需要可以单击“删除”按钮进行删除，如图 A-18 所示。

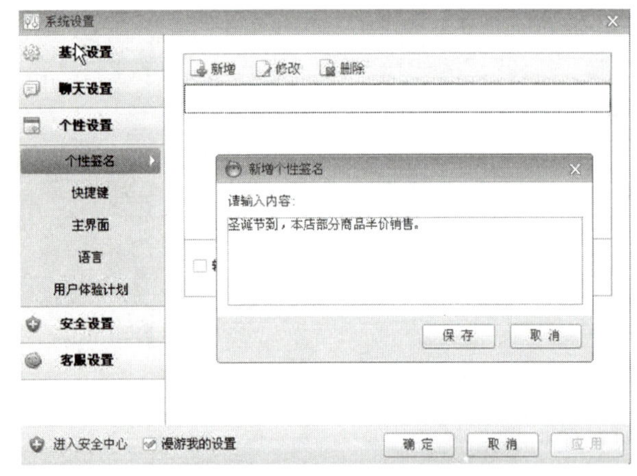

图 A-18 添加个性签名界面

(3) 单击“保存”按钮，并再次单击“确定”按钮后，就可以在旺旺面板上看到你的个性签名了，如果选中“滚动显示”复选框则可以显示多条个性签名，时间间隔也可以自行设定，这样你的旺旺好友也都可以看到，从而起到推广作用，这种推广比较隐蔽，是一种隐性推广方式。

6. 怎样在 QQ、MSN 好友中的宣传推广

现在大多数的朋友都会使用 QQ、MSN，那么当你的网店建好后，你就可以告诉你 QQ、MSN 上聊天的好友，同时把网店的链接地址，个性签名等信息发给对方，这样一传十，十传百，会有更多的朋友知道你的店铺，并来光顾，这是店铺初建时期最有效的推广方式，如图 A-19 所示。

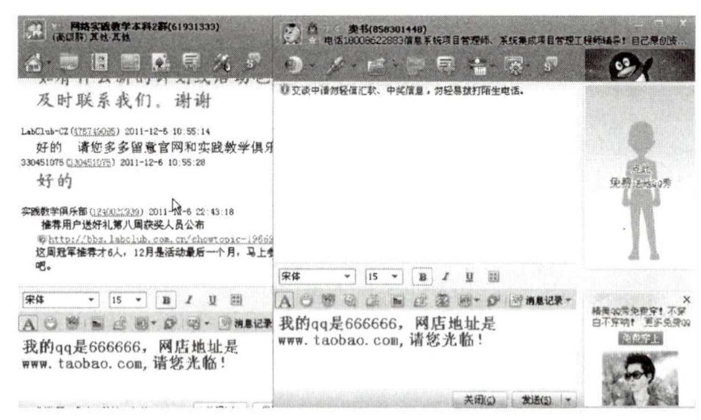

图 A-19 在 QQ 好友中宣传界面图

7. 怎样利用淘宝橱窗推荐

淘宝提供的“橱窗推荐”功能是专为卖家服务的，当买家搜索或是单击“我要买”根据类目搜索时，橱窗推荐宝贝就会出现在搜索结果页面中，“橱窗推荐”功能设置操作：打开“我的淘宝→我是买家→出售中的宝贝”，选择要推荐橱窗中的宝贝，单击“橱窗推荐”按钮完成。我们需要注意的是已经推荐到首页的宝贝不能再进行橱窗推荐，同时定期查看淘宝网热门搜索关键词，如果和你的宝贝相关时，可以把你的宝贝名称改成热门关键词，这样被搜索到的几率大大增加。

8. 怎样做交换链接

建店初期，为了增加访问量，可以与经营旺铺做友情链接，这样可以借助旺铺做自己的广告，既不花钱还推广了自己的店铺。操作如下：首先在淘宝主页上找到经营旺铺的掌柜名称，通过“阿里旺旺”搜索并添加旺铺掌柜的名称，并向他们提出交换链接的请求，如对方答应，只需进入“店铺管理”，在左侧单击“友情链接”，然后输入掌柜名称，单击“确定”按钮完成。如要删除“友情链接”，在该页下面勾选

掌柜名称，单击“删除”按钮即可。

9. 怎样利用“淘宝群发”强势推广

强势推广是利用“淘宝群发”工具来实现的，首先下载并启动“淘宝群发”软件。进入主界面，单击界面上的“服务器验证”按钮，此时软件自动完成验证。之后，我们需要添加联系人，单击主界面上的“加入收信人”按钮，一个一个的添加。再单击主界面“设置”按钮，添加发信人也就是你自己的阿里旺旺号码。在新弹出的窗口中单击“+”号，输入你自己的淘宝用户名和密码。此时，我们可以在主界面下方看到自己的账号了，这样设置后软件会自动启动你的阿里旺旺，并登录和群发器紧密地嵌套在一起，在加入用户名变量下的文本框中输入自己的宣传广告，单击“发送”按钮，这样软件会自动启动阿里旺旺，并按照预先设置好的条件将信息发给对应名字的收件人，达到强势推广效果。此软件不仅可以对好友而且可以对很多陌生人进行群发广告，非常的方便。

10. 怎样利用合伙进行联合推广

在网页上找其他类别的网店合作，例如你是经营儿童玩具的，可以找儿童图书的网店，商品类目不一样，但是目标是一致的，尽可能找互补的店，根据店主自己的需求来设定联合方式，在你店里买价值多少的玩具，就可以在图书店里买到优惠 5%不等的价格的图书，或是掉过来，这样的联合促销，是双赢的经营方式，双方都会有发展，开网店的朋友不妨来试试。

11. 推广方式的经验有哪些

这些都是经验之谈，但是很重要，如果这些都能掌握并运用，你的网店一定“火”起来，首先要卖特色商品，有特色可以申请淘宝首页特色店推荐；要尽可能多地在淘宝和许多其他论坛上发言，多发好文章，引起别人的关注(签名档，一定不要忘)，这样别人就愿意点击并浏览你的店铺；随时增加新货，不断增加品种，能留住老顾客，更能引来新顾客；学会抓住一切机会进行店铺宣传，发现别人有需求你在卖的宝贝，就给对方留言或发站内信；随时保证店铺有一件商品是 1 元起拍的，这招很能聚集人气；多看回头帖，多学习经验；最后一样很重要就是要讲诚信，刚起步的，难度很大，很多人都是到信誉高的店去买东西。

12. 怎样利用社区论坛来推广

论坛是现在广大网民广泛使用的网络交流平台，利用好论坛，可使自己的店人气旺盛。论坛选择有五方面参考项：一是选择有自己潜在客户在的论坛，二是要选人气旺的论坛，人气旺也有弊病，登录困难，帖子很快就被淹没，三是要选择有签名功能的论坛，四是要选择有链接功能的论坛，五是要选择有修改功能的论坛。这样来实现增加自己店铺的访问量的目的。

13. 怎样利用帖子来推广

发帖是最常用也是最便宜的宣传方式，发帖内容认真对待，不要全部发表转贴，最好是发自内心的、原创帖，写的内容能引起大家注意，起到学习交流和互动的作用，千万不要直接整成广告帖，这样很令人反感，并且容易被删除，要发精帖图文并茂最好。除了发帖，还要多回帖，及时回答买家对你商品的提问，回帖的语言最好与主题相关，不要尽是沙发、路过等语言，这样的语言给人留不下什么印象。文章越吸引人，点击你的店铺的几率当然就越大。还要多参加社区活动，为赚更多利润展开广告宣传。

14. 怎样利用个人空间

还有一个方法很多人都在用，但是却不容易想到，就是把自己的店铺地址放到自己的个人空间中，这样网友在浏览你的个人空间的时候就可以链接到你的网店了。

15. 社区里推广技巧有哪些

在社区里推广网店有技巧，首先要选择恰当的社区，最好是网店类的社区，否则你发了信息后，不仅会被删除，还会被封账号；要发原创帖，好的标题、内容、图片、好的策划都会吸引顾客的眼球，进入你的网店浏览，在社区里最常用的展示地方有头像、签名、昵称等展示网店，而且不会让人觉得厌烦。避免重复发帖，多顶自己的帖，多跟别人的帖，让你的帖子跳到最前头，便于展示你的网店(签名广告等)。

16. 怎样利用电子邮件

平时也可以留心收集大量电子邮件地址，你拥有的电子邮件数量越多，就意味着你的主页蕴藏着越大的访问量。然后利用邮件群发工具把你的店铺情况发到这些邮箱。这样做标题一定要简单名了，内容不存在欺诈性，排版要清晰。

17. 店铺的名字设置有哪些技巧

服务好顾客，与顾客建立良好的朋友关系，店铺的名称不要太长，不要有不明符号，一般别人介绍你的店铺时，只会说店铺名字，不会说那些符号，所以主营关键字最好用汉字、并且好记、便于通过搜索方式找到你。

18. 现实生活中的推广方式有哪些

在日常生活中，动员亲戚朋友，利用大家的智慧帮你做宣传，你也可以印制名片，名片上印上你网店的地址，通过日常名片来往宣传你的网店。

19. 怎样利用淘宝客加强推广与营销

淘宝客推广是一种按成交计费的推广模式，淘宝客只要从淘宝客推广专区获取商品代码，任何买家(包括您自己)经过您的推广(链接、个人网站、博客或者社区发的帖子)进入淘宝卖家店铺完成购买后，就可得到由卖家支付的佣金。无须投入成本、无须承担风险。淘宝客指的是个人或者网站，淘宝客推广成功三要素：一是合适的推广平台是坚实的基础；二是选择好的商品推广是成交的关键；三是坚持就是胜利，有付出才会有收获。

20. 淘宝客推广的限制和方式有哪些

淘宝客推广对于刚开业的店主来说是一个很好的选择，目前采用淘宝客推广，要求你的店铺信誉要一星以上，从淘宝客网站来说，目前主要进行的有“淘宝店铺推广”和“淘宝单品推广”。

21. 淘宝店主如何吸引淘宝客来给你做推广

方法：一是足够多的宝贝，二是足够多的提成。一般大的淘宝店来说，宝贝种类和数量都足够多，通过淘宝客销售的宝贝数量也很多，所以淘宝客网站一般会选择大的店铺和产品做推广，但是由于淘宝大店一般都是薄利多销，因此给淘宝客的提成会较低，在1.5%～5%之间。

22. 如何通过提成比例来吸引淘宝客

一名资深的淘宝客的文章中说，最喜欢价格在80元到120元之间的产品，佣金在15%左右。这种产品不会因为价格过高而难销，也不会因为价格过低而销售了几百个也没什么佣金。另外佣金高不一定是最好的，佣金高，这种产品利润就高，利润高的产品通常都不怎么畅销。如果你的货源足够好，低于网络价格，或者你有足够勇气，不怕亏本，你可以将佣金设置到50%，这会很大地吸引淘宝客，佣金的设置越高。店主的付出越多。对淘宝客越吸引，反之则相反，必须在三者之间找到平衡点。这要因人和行业而定，如服装鞋帽行业就比电子行业利润高，所以佣金设置比例要看每家店铺利润多少，原则是能高就高。

23. 如果我们的店铺什么都没有呢，怎么办

可以通过下面的方法操作淘宝联盟社区，这是一个聚集了大量淘宝客的地方，其中有一个“找淘宝客”的版块，在里面可以尽情做广告，与那些淘宝客多多交流，让他们多推广你的东西。

24. 怎样利用淘宝直通车做推广

淘宝直通车是淘宝网推出的商品推广方式，即一种广告方式，需要付费使用，使用淘宝直通车的效果就是让推广的商品出现在搜索结果的首页，如进入淘宝网，之后搜索“点读笔”，在搜索结果页面中，右侧和下方都有具体的“点读笔”产品推荐，用户可以直接点击进入，这就是淘宝直通车的妙处，让用户快速找到你的商品。

25. 怎样利用淘宝直通车中的活动功能

淘宝首页热卖单品、周末疯狂购、午间欢乐购等大家熟悉的活动。加入了淘宝直通车，就可以参加活动报名，一旦审核通过，就会有小二通知您上活动，一定要做好参加活动的准备，看好活动的要求，如图片大小、价格优势等。

A.4 商品交易

1. 卖家发布的拍卖商品是否必须包邮

目前在淘宝网卖家要想以拍卖的方式发布商品，那么邮费必须由卖家承担，也就是说必须包邮。所以，卖家在选择拍卖商品方式的时候要慎重。

2. 一口价和拍卖两种商品的出售方式能互相修改吗

卖家不管以这两种方式的哪种方式发布商品成功，都不再重新修改发布方式，如果卖家实在想更换发布方式，办法是重新发布商品。

3. 以拍卖方式发布的商品价格什么时候可以修改

以拍卖方式发布的商品，在没有买家出价的情况下，可以修改商品信息。一旦有人出价就无法再修改商品信息了。

4. 什么叫违规拍卖终止

在拍卖过程中，如果发现商品违规，则会终止拍卖。

5. 卖家在什么情况下可以关闭交易订单

关闭交易订单之前，一定要通知买家和买家达成一致意见后，在等待买家付款的状态中才能关闭交易订单。

6. 卖家能不能单方面关闭交易订单

如果在没有通知买家并达成一致意见时，单方面关闭交易订单，买家有可能投诉卖家，给卖家造成不必要的麻烦。

7. 卖家修改商品价格次数有限制吗

目前还没有对商品价格次数修改的限制。

8. 买家在付款后，卖家还能修改商品价格吗

这种情况下，卖家是不能修改商品的价格的。可以通过买家确认收货后，申请退款处理。

9. 如何知道我的商品被拍下了

卖家可以通过查看卖家中心，已卖出的宝贝页面查看。

10. 买家付款后商品缺货怎么处理

卖家应尽快联系买家说明情况，协商延迟发货或者申请退款。

11. 卖家如何避免商品缺货

卖家应随时关注自己的商品数量，在知道缺货的第一时间进行商品下架处理。

12. 买家在收到货物后没有确认收货也没有申请退款怎么办

系统会在自卖家发货时间起某个特定的时间内，如果买家没有确认收货或者申请退款，款项会自动打到卖家账户。

13. 卖家发货操作后在什么时间收到货款

如果买家确认收货后，交易订单状态变为成功后，货款就会立即到达卖家账户。

14. 在什么情况下出售商品要交手续费

如果买家加入了信用卡支付或者推广服务，那么就会收取一定的手续费。

15. 为什么卖家收到的货款比商品的价格少

卖家可能参加了某项收费服务导致从商品价格中扣除了一定手续费。

16. 为什么买家已经付款，卖家却没有收到款项

买家付款以后要等到确认收货后，款项才能到达卖家账户。

17. 什么是交易评价

交易评价主要是买家对发生的交易情况的一个评价，包括内容有商品的质量、卖家的服务、物流的速度等内容。

18. 所有交易都可以进行评分吗

不是所有的交易都可以进行评分，只有使用支付宝交易才可以评分。

19. 评价分为几类

评价分为好评、中评、差评三大类。

20. 如何评价

用户登录淘宝找到交易成功的订单，单击“评价”按钮就可以进行评价，如图 A-20 所示。

图 A-20　评价

21. 评价修改的期限是多少天

在做出评价后的 30 天内可以对评价进行修改。

22. 在哪里查看评价情况

登录淘宝，在“交易管理”|“评价管理”中查看评价情况。

23. 什么情况下信用度会减少

如果出现炒作信用度情况，淘宝网站系统会删除评价，同时会删除一定正常交易的评价。

24. 评价修改的次数是多少

评价只能在规定的时间内修改一次。

25. 评价有没有上限限制

评价没有上限限制，交易越多，评价越高，信用度也越高。

26. 好评可以修改吗

提交成功的好评既不能修改也不能删除。

A.5 数据安全

1. 安全管理主要有哪些方面

定期修改淘宝密码、申请密码保护、支付宝安全设置。

2. 怎样修改淘宝密码

首先使用注册的淘宝用户名和密码，登录淘宝，其次单击“我的淘宝”，在弹出的下拉菜单中找到“个人信息/密码”链接，最后单击以上选项，在打开的网页中，单击“密码管理”按钮，而后输入现在的密码和新密码，还需输入你的身份证号，根据提示完成密码更改，如图 A-21 所示。

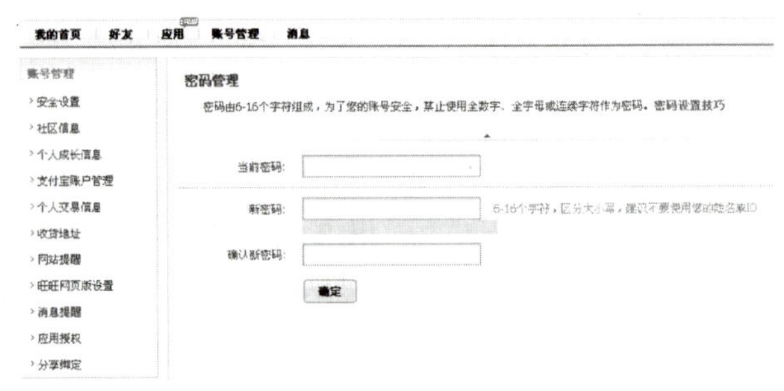

图 A-21　修改淘宝密码界面

3. 怎样申请密码保护

(1)　进入“密码管理”界面，选择密保问题设置，如图 A-22 所示。

图 A-22　设置密保问题界面

(2)　设置好后，单击“提交”按钮，设置成功如图 A-23 所示。

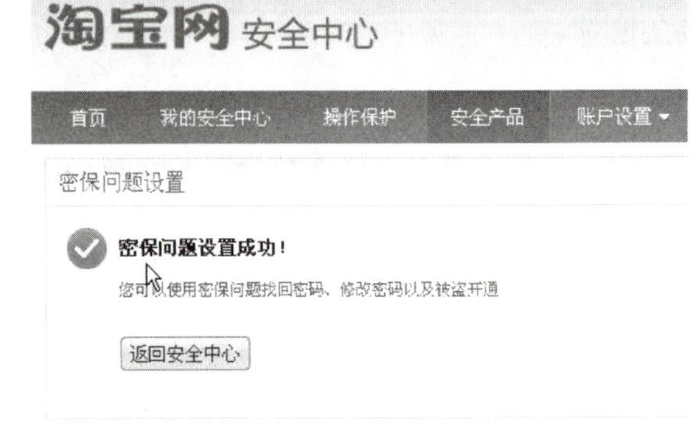

图 A-23　密保问题设置成功界面

4. 什么样的密码比较安全

尽量使用一定长度的字母和数字的组合，所用的密码没有任何意思表示，要经常更换密码。

5. 账户被盗怎样处理

用户可以在获悉账号被盗的第一时间通过电话或者客服留言系统通知客服，并做好电脑杀毒和后期数据保密工作。

6. 支付宝数字证书的有效期是多久

自申请成功之日起有效期一年。

7. 数字证书的备份密码忘记了怎么办

建议重新申请数字证书。

8. 安全证书出现错误：80090016 怎么处理

设置系统的 Protected Storage 服务为自动启动并且启动该服务即可。

9. 淘宝交易安全技术措施有哪些

做好交易安全要注意钓鱼网站、恶意挂马网站、卖家更换 ID、差评要挟卖家等。

10. 网上银行的安全隐患有哪些

盗号软件记录密码和虚假网上交易。

附录 B　HTML 中常用的元素标签

元素标签	描　述	DTD
<!--...-->	定义注释	STF
<!DOCTYPE>	定义文档类型	STF
<a>	定义锚	STF
<abbr>	定义缩写	STF
<acronym>	定义只取首字母的缩写	STF
<address>	定义文档作者或拥有者的联系信息	STF
<applet>	逐渐被淘汰。定义嵌入的 applet	TF
<area>	定义图像映射内部的区域	STF
<b>	定义粗体字	STF
<base>	定义页面中所有链接的默认地址或默认目标	STF
<basefont>	逐渐被淘汰。定义页面中文本的默认字体、颜色或尺寸	TF
<bdo>	定义文字方向	STF
<big>	定义大号文本	STF
<blockquote>	定义长的引用	STF
<body>	定义文档的主体	STF
 	定义简单的折行	STF
<button>	定义按钮 (push button)	STF
<caption>	定义表格标题	STF
<center>	逐渐被淘汰。定义居中文本	TF
<cite>	定义引用(citation)	STF
<code>	定义计算机代码文本	STF
<col>	定义表格中一个或多个列的属性值	STF
<colgroup>	定义表格中供格式化的列组	STF
<dd>	定义列表中项目的描述	STF
<del>	定义被删除文本	STF
<dir>	逐渐被淘汰。定义目录列表	TF
<div>	定义文档中的节	STF
<dfn>	定义项目	STF
<dl>	定义列表	STF
<dt>	定义列表中的项目	STF
<em>	定义强调文本	STF
<fieldset>	定义围绕表单中元素的边框	STF
<font>	逐渐被淘汰。定义文字的字体、尺寸和颜色	TF

续表

元素标签	描　述	DTD
<form>	定义供用户输入的 HTML 表单	STF
<frame>	定义框架集的窗口或框架	F
<frameset>	定义框架集	F
<h1> to <h6>	定义 HTML 标题	STF
<head>	定义关于文档的信息	STF
<hr>	定义水平线	STF
<html>	定义 HTML 文档	STF
<i>	定义斜体字	STF
<iframe>	定义内联框架	TF
<img>	定义图像	STF
<input>	定义输入控件	STF
<ins>	定义被插入文本	STF
<isindex>	逐渐被淘汰。定义与文档相关的可搜索索引	TF
<kbd>	定义键盘文本	STF
<label>	定义 input 元素的标注	STF
<legend>	定义 fieldset 元素的标题	STF
<li>	定义列表的项目	STF
<link>	定义文档与外部资源的关系	STF
<map>	定义图像映射	STF
<menu>	逐渐被淘汰。定义菜单列表	TF
<meta>	定义关于 HTML 文档的元信息	STF
<noframes>	定义针对不支持框架的用户的替代内容	TF
<noscript>	定义针对不支持客户端脚本的用户的替代内容	STF
<object>	定义内嵌对象	STF
<ol>	定义有序列表	STF
<optgroup>	定义选择列表中相关选项的组合	STF
<option>	定义选择列表中的选项	STF
<p>	定义段落	STF
<param>	定义对象的参数	STF
<pre>	定义预格式文本	STF
<q>	定义短的引用	STF
<s>	逐渐被淘汰。定义加删除线的文本	TF
<samp>	定义计算机代码样本	STF
<script>	定义客户端脚本	STF
<select>	定义选择列表(下拉列表)	STF

续表

元素标签	描　述	DTD
<small>	定义小号文本	STF
<span>	定义文档中的节	STF
<strike>	逐渐被淘汰。定义加删除线文本	TF
<strong>	定义强调文本	STF
<style>	定义文档的样式信息	STF
<sub>	定义下标文本	STF
<sup>	定义上标文本	STF
<table>	定义表格	STF
<tbody>	定义表格中的主体内容	STF
<td>	定义表格中的单元	STF
<textarea>	定义多行的文本输入控件	STF
<tfoot>	定义表格中的表注内容(脚注)	STF
<th>	定义表格中的表头单元格	STF
<thead>	定义表格中的表头内容	STF
<title>	定义文档的标题	STF
<tr>	定义表格中的行	STF
<tt>	定义打字机文本	STF
<u>	逐渐被淘汰。定义下划线文本	TF
<ul>	定义无序列表	STF
<var>	定义文本的变量部分	STF
<xmp>	逐渐被淘汰。定义预格式文本	

附录 C　HTML 事件属性

C.1　窗 口 事 件

窗口事件(Window Events)仅在 body 和 frameset 元素中有效。

属　性	值	描　述
onload	脚本	当文档载入时执行脚本
onunload	脚本	当文档卸载时执行脚本

C.2　表单元素事件

表单元素事件 (Form Element Events)仅在表单元素中有效。

属　性	值	描　述
onchange	脚本	当元素改变时执行脚本
onsubmit	脚本	当表单被提交时执行脚本
onreset	脚本	当表单被重置时执行脚本
onselect	脚本	当元素被选取时执行脚本
onblur	脚本	当元素失去焦点时执行脚本
onfocus	脚本	当元素获得焦点时执行脚本

C.3　键 盘 事 件

键盘事件(Keyboard Events)在下列元素中无效：base、bdo、br、frame、frameset、head、html、iframe、meta、param、script、style 以及 title 元素。

属　性	值	描　述
onkeydown	脚本	当键盘被按下时执行脚本
onkeypress	脚本	当键盘被按下后又松开时执行脚本
onkeyup	脚本	当键盘被松开时执行脚本

C.4 鼠标事件

鼠标事件(Mouse Events)在下列元素中无效：base、bdo、br、frame、frameset、head、html、iframe、meta、param、script、style 以及 title 元素。

属　性	值	描　述
onclick	脚本	当鼠标被单击时执行脚本
ondblclick	脚本	当鼠标被双击时执行脚本
onmousedown	脚本	当鼠标按钮被按下时执行脚本
onmousemove	脚本	当鼠标指针移动时执行脚本
onmouseout	脚本	当鼠标指针移出某元素时执行脚本
onmouseover	脚本	当鼠标指针悬停于某元素之上时执行脚本
onmouseup	脚本	当鼠标按钮被松开时执行脚本

附录 D 常用颜色代码及颜色名

下表提供了大部分浏览器支持的颜色名。但实际上，在 HTML 4.0 文档中仅支持 16 中颜色。它们是：aqua、black、blue、fuchsia、gray、green、lime、maroon、navy、olive、purple、red、silver、teal、white、yellow。

颜 色 名	十六进制颜色值	颜 色 名	十六进制颜色值
AliceBlue	#F0F8FF	Cyan	#00FFFF
AntiqueWhite	#FAEBD7	DarkBlue	#00008B
Aqua	#00FFFF	DarkCyan	#008B8B
Aquamarine	#7FFFD4	DarkGoldenRod	#B8860B
Azure	#F0FFFF	DarkGray	#A9A9A9
Beige	#F5F5DC	DarkGreen	#006400
Bisque	#FFE4C4	DarkKhaki	#BDB76B
Black	#000000	DarkMagenta	#8B008B
BlanchedAlmond	#FFEBCD	DarkOliveGreen	#556B2F
Blue	#0000FF	Darkorange	#FF8C00
BlueViolet	#8A2BE2	DarkOrchid	#9932CC
Brown	#A52A2A	DarkRed	#8B0000
BurlyWood	#DEB887	DarkSalmon	#E9967A
CadetBlue	#5F9EA0	DarkSeaGreen	#8FBC8F
Chartreuse	#7FFF00	DarkSlateBlue	#483D8B
Chocolate	#D2691E	DarkSlateGray	#2F4F4F
Coral	#FF7F50	DarkTurquoise	#00CED1
CornflowerBlue	#6495ED	DarkViolet	#9400D3
Cornsilk	#FFF8DC	DeepPink	#FF1493
Crimson	#DC143C	DeepSkyBlue	#00BFFF
DimGray	#696969	LightCoral	#F08080
DodgerBlue	#1E90FF	LightCyan	#E0FFFF
Feldspar	#D19275	LightGoldenRodYellow	#FAFAD2
FireBrick	#B22222	LightGrey	#D3D3D3
FloralWhite	#FFFAF0	LightGreen	#90EE90
ForestGreen	#228B22	LightPink	#FFB6C1
Fuchsia	#FF00FF	LightSalmon	#FFA07A
Gainsboro	#DCDCDC	LightSeaGreen	#20B2AA
GhostWhite	#F8F8FF	LightSkyBlue	#87CEFA
Gold	#FFD700	LightSlateBlue	#8470FF

续表

颜 色 名	十六进制颜色值	颜 色 名	十六进制颜色值
GoldenRod	#DAA520	LightSlateGray	#778899
Gray	#808080	LightSteelBlue	#B0C4DE
Green	#008000	LightYellow	#FFFFE0
GreenYellow	#ADFF2F	Lime	#00FF00
HoneyDew	#F0FFF0	LimeGreen	#32CD32
HotPink	#FF69B4	Linen	#FAF0E6
IndianRed	#CD5C5C	Magenta	#FF00FF
Indigo	#4B0082	Maroon	#800000
Ivory	#FFFFF0	MediumAquaMarine	#66CDAA
Khaki	#F0E68C	MediumBlue	#0000CD
Lavender	#E6E6FA	MediumOrchid	#BA55D3
LavenderBlush	#FFF0F5	MediumPurple	#9370D8
LawnGreen	#7CFC00	MediumSeaGreen	#3CB371
LemonChiffon	#FFFACD	MediumSlateBlue	#7B68EE
LightBlue	#ADD8E6	MediumSpringGreen	#00FA9A
MediumTurquoise	#48D1CC	Red	#FF0000
MediumVioletRed	#C71585	RosyBrown	#BC8F8F
MidnightBlue	#191970	RoyalBlue	#4169E1
MintCream	#F5FFFA	SaddleBrown	#8B4513
MistyRose	#FFE4E1	Salmon	#FA8072
Moccasin	#FFE4B5	SandyBrown	#F4A460
NavajoWhite	#FFDEAD	SeaGreen	#2E8B57
Navy	#000080	SeaShell	#FFF5EE
OldLace	#FDF5E6	Sienna	#A0522D
Olive	#808000	Silver	#C0C0C0
OliveDrab	#6B8E23	SkyBlue	#87CEEB
Orange	#FFA500	SlateBlue	#6A5ACD
OrangeRed	#FF4500	SlateGray	#708090
Orchid	#DA70D6	Snow	#FFFAFA
PaleGoldenRod	#EEE8AA	SpringGreen	#00FF7F
PaleGreen	#98FB98	SteelBlue	#4682B4
PaleTurquoise	#AFEEEE	Tan	#D2B48C
PaleVioletRed	#D87093	Teal	#008080
PapayaWhip	#FFEFD5	Thistle	#D8BFD8
PeachPuff	#FFDAB9	Tomato	#FF6347

续表

颜 色 名	十六进制颜色值	颜 色 名	十六进制颜色值
Peru	#CD853F	Turquoise	#40E0D0
Pink	#FFC0CB	Violet	#EE82EE
Plum	#DDA0DD	VioletRed	#D02090
PowderBlue	#B0E0E6	Wheat	#F5DEB3
Purple	#800080	White	#FFFFFF
WhiteSmoke	#F5F5F5	YellowGreen	#9ACD32
Yellow	#FFFF00		